Heiner Boehncke | Hans Sarkowicz

Literaturland Hessen

Heiner Boehncke | Hans Sarkowicz

Literaturland Hessen

Literarische Streifzüge durch die Mitte Deutschlands

Waldemar Kramer

FSC
www.fsc.org
MIX
Papier aus verantwortungsvollen Quellen
FSC® C089473

Bibliografische Information der Deutschen Nationalbibliothek
Die Deutsche Nationalbibliothek verzeichnet diese Publikation in der Deutschen Nationalbibliografie; detaillierte bibliografische Daten sind im Internet über http://dnb.d-nb.de abrufbar.

Covergestaltung: Network! Werbeagentur GmbH, München
Bildnachweis: Summer vineyard © istock/instamatics
Satz und Bearbeitung: SATZstudio Josef Pieper, Bedburg-Hau
Der Titel wurde in der MinionPro gesetzt.
Gesamtherstellung: Beltz Bad Langensalza GmbH, Bad Langensalza

ISBN: 978-3-7374-0458-7

www.verlagshaus-roemerweg.de

Karoline Sinur und Andrea Enk.
Für ihre Arbeit im Literaturland Hessen.

Inhalt

Vorwort

Literaturland Hessen. So heißt seit 2004 ein Projekt, das in vielfältiger Weise an die Fülle von bedeutenden Autorinnen und Autoren, an literarische Traditionen, an Epochen, Verlage, Dichterhäuser, literarische Landschaften und Orte in Hessen erinnert. Es wird von hr2-kultur, der Kulturwelle des Hessischen Rundfunks, dem Hessischen Ministerium für Wissenschaft und Kunst sowie dem Hessischen Literaturrat getragen.

Ein solches Projekt kann nur wachsen und gedeihen, wenn bei den Banketten der Literatur die Hauptspeise nicht vergessen wird: die Texte. Die Romane, Gedichte, Erzählungen, Reisebeschreibungen, Essays, Biographien oder Pamphlete, Chroniken und Theaterstücke. Zu allererst die Texte. Sie wollen immer wieder und immer wieder anders gelesen und interpretiert werden. Literaturland Hessen: Das ist die erstaunliche, die überwältigende Menge von Texten aller Art. Hessen ist dabei der Resonanzboden. Ob eine Autorin, ein Autor hier geboren wurde, ob sie hierher oder von hier geflüchtet sind, verzogen, ob sie fünf oder fünfzig Jahre hier gelebt haben: In unserem Buch kommen sie zu Wort. Das mag sich als Grenzziehung willkürlich anhören, zumal im Lauf der Geschichte nicht selten der Zuschnitt des hessischen Territoriums verändert wurde. Aber in der Zusammensetzung von Literatur und Land steckt auch die Annahme, dass zwischen beiden eine lebendige Beziehung besteht. Literatur ist grenzenlos, aber nicht ortlos. Das Haus, das Dorf, die Stadt, die Landschaft und auch die Verlage, Schulen, Bibliotheken bilden zusammen ein Literaturland. Und dazu gehören ganz unmittelbar die Institutionen der Literaturförderung, die Lesekultur, die Assoziationen der Schriftsteller.

In einem solchen Literaturland bestehen zwischen dem Land, der Region oder gar der Heimat und ihren Autoren Beziehungen sehr unterschiedlicher Art. Enge wie flüchtige, positive wie negative und manchmal auch (fast) gar keine.

Nimmt man alles zusammen, so muss oder kann in jedem einzelnen Fall, bei jedem Autor und seinem Text das Verhältnis – um es kühl zu formulieren – zur Umgebung anders bestimmt werden.

Grimmelshausen wurde in Gelnhausen geboren. Wen wundert's, wenn von da aus eine Renaissance seiner Lektüre ausging. Goethe stammt aus Frankfurt. War er Hesse? Das kann man in diesem Buch lesen. Der Rheingau hat die Romantiker verzückt – und Goethe. Nur der Wein? Die Brüder Grimm haben ihr Leben lang von der Kindheit in Steinau gezehrt. Was weiß man darüber? Ulrich von Hutten ist auf einer Burg im heutigen Bergwinkel zur Welt gekommen. Und hat sich alsbald davon gemacht. Warum? Peter Kurzeck wird auch der „Proust aus Staufenberg“ genannt. Wieso Proust? In Wiesbaden entstanden Spielschulden und Literatur. In Kassel lebte mit Georg Forster ein Weltbürger und ein Dadaist in Frankenau. Beide gingen, wie viele andere, nach Berlin. Merkwürdig, dass zwei Träger des Büchner-Preises in Frankfurt geblieben sind. Mögen sie die Stadt?

Das Literaturland Hessen ist ein sehr aufgewecktes Land, vielleicht, weil hier seit je der gewöhnliche Aufenthalt, oft die Durchreise war. Die Kreuzung von Ideen, Tendenzen, Meinungen und Stilen.

Literaturland Hessen ist keine Literaturgeschichte und will es nicht sein. Vielmehr entspricht seine Struktur, seine Aufteilung in zehn „Streifzüge“ durch die literarischen Welten des Landes, möglichen – jedenfalls von uns für möglich gehaltenen – Hauptlinien der Literatur in Hessen. Es gab und gibt hier viele Bäder, die einst schreibende Menschen aus aller Welt anzogen. Frankfurt ist und bleibt die literarische Metropole, besaß aber auch eine mundartliche Heimatliteratur. Goethe, Grimm, die Romantiker – das sind eigene Kapitel. Und Büchner war nicht allein im Vormärz in Hessen.

Seit 2011 gibt es den Verein der Freunde und Förderer des Literaturlands Hessen e. V.

Darin kann mitwirken, wer möchte. Die Topographie dieses Literaturlands will weitergeschrieben werden. Wiederentdeckungen zu Unrecht vergessener Autorinnen und Autoren, alter Dichterhäuser – und neue Ideen: Alles ist erwünscht. Um verdiente Menschen in Hessen zu ehren, die sich in besonderem Maße stark machen für die Literatur, hat dieser Verein den „Hessischen Literaturlöwen“ erfunden. Den ersten seiner Art bekam Rotraud Pöllmann für ihre unermüdliche Arbeit für das Büchnerhaus in Goddelau.

Die älteren Texte in diesem Band haben wir orthographisch leicht modernisiert. Satzbau und Interpunktion sind aber unberührt geblieben. Bei einigen Texten haben wir uns dafür entschieden, die originale, sehr charakteristische Schreibweise beizubehalten.

Für das sorgfältige Lektorat bedanken wir uns bei Anna Schloss und Stefan Gücklhorn.

Ein herzliches Dankeschön gilt ebenfalls Jonas Mähler für seine vielfältige, wertvolle Hilfe bei Text und Bild.

Besonders bedanken möchten wir uns bei Peter Hoffmann von der Sparda-Bank Hessen eG für die Unterstützung bei diesem Buchprojekt.

Heiner Boehncke und Hans Sarkowicz

1. Literaturstadt Frankfurt: Von Karl dem Grossen bis zur Gegenwart

Sagenhafte Gründung

Frankfurt wurde von Karl dem Großen und einer Hirschkuh gegründet, so wenigstens berichten es die Brüder Grimm in ihren *Deutschen Sagen* (1816/18). „Als König Carl von den Sachsen geschlagen floh, und zum Main kam, wussten die Franken die Furt nicht zu finden, wo sie über den Fluss gehen und sich vor den Feinden retten könnten. Da soll plötzlich eine Hirschkuh erschienen, ihnen vorangegangen und eine Wegweiserin geworden sein. Daher gelangten die Franken über den Main, und seitdem heißt der Ort Frankenfurt“[1].

Die Sage, die in verschiedenen Varianten existiert, liefert so etwas wie den Gründungsmythos für Frankfurt. Sie ist keine Erfindung der Brüder Grimm, wurde ihnen auch nicht von fleißigen Zuträgern erzählt, sondern entstammt einer Chronik, die um das Jahr 1000 entstanden ist. Thietmar, Bischof von Merseburg, hatte darin die Geschichte seines Bistums festgehalten und bei dieser Gelegenheit auch das Weltgeschehen seiner kritischen Inspektion unterzogen. Er ließ keine Anekdote oder Abschweifung aus und musste sich gelegentlich selbst ermahnen, zum Kern seiner Darstellung zurückzukommen. So auch, als er die Ereignisse des Jahres 1017 Revue passieren ließ. Als sorgfältiger Chronist berichtete er, dass Kaiser Heinrich II. das Weihnachtsfest in Frankfurt verbracht hatte, und nutzte diese eigentlich unbedeutende Kleinigkeit, um die Herkunft des Namens Frankfurt zu erklären. Angeblich hatte er die Geschichte von „glaubwürdigen Männern“ gehört. Als Sachse erzählte er nicht ohne Stolz, dass die Franken damals „von den Unsrigen besiegt“ worden waren. Als sie nun, „unkundig einer Furt, über den Main zurück mussten, ging vor ihnen eine Hirschkuh hinüber und zeigte ihnen so durch Gottes Erbarmen gleichsam den Weg; ihr folgten sie und erreichten frohen Mutes das rettende Ufer. Danach heißt der Ort Frankfurt“[2].

So unterschiedlich sind die Versionen nicht, außer dass Thietmar die Franken frohen Mutes das rettende Ufer erreichen sah, wohl glücklich „seinen“ Sachsen entkommen zu sein. Und als frommer Kirchenmann wusste Thietmar auch, wer Karl und dessen Mannen letztlich gerettet hatte: nicht die Hirschkuh, sondern Gott.

Verlässt man sich aber lieber auf Urkunden als auf die sagenhafte Überlieferung, dann findet sich der Name „Frankfurt“ zum ersten Mal unter Karl dem Großen. In der Urkunde, die der König am 22. Februar 794 für das Kloster St. Emmeran in Regensburg ausstellen ließ, wird Frankfurt als „francono furt" erwähnt. Am 1. Juni 794 lud Karl der Große zu einer Synode und Reichsversammlung nach Frankfurt, um dem oströmischen Kaiser die eigene Stärke und Entscheidungsbefugnis, auch in kirchlichen Fragen, zu demonstrieren. Aus allen Teilen des Frankenreichs kamen geistliche und weltliche Würdenträger an den Main. Mit diesem Ereignis wurde Frankfurt zu einem der wichtigen Orte des große Teile von Europa umspannenden Königreichs.

Auch nach dieser glanzvollen Synode blieb Frankfurt einer der zentralen fränkischen Orte. Dank der hervorragenden geographischen Lage am Kreuzungspunkt wichtiger alter Handelsstraßen konnte Frankfurt seine Bedeutung trotz gelegentlicher Rückschläge wahren. Königliche und kaiserliche Privilegien begünstigten diese Entwicklung. So wurde Frankfurt schnell ein bedeutender Marktort. Bereits in der zweiten Hälfte des 12. Jahrhunderts fanden regelmäßig Messen statt, die schon bald höchste Anerkennung genossen. Am 11. Juli 1240 erteilte Kaiser Friedrich II. Frankfurt das Messeprivileg. Dieser offiziellen Bestätigung der Herbstmesse ließ Kaiser Ludwig der Bayer 1330 seine Genehmigung einer Ostermesse folgen. Damit war der wirtschaftliche Aufstieg Frankfurts gesichert. Ihre einzigartige politische Stellung im Heiligen Römischen Reich (Deutscher Nation) hatte die Stadt bereits 1147 erworben – mit der in ihren Mauern erfolgten Wahl des jungen Staufers Heinrich zum deutschen König. Der Vater, Konrad III., wollte mit diesem eigentlich verfrühten Akt seine Nachfolge sichern, falls er den ihm bevorstehenden Kreuzzug nicht überleben würde. Konrad kehrte zurück; sein Sohn sollte nie die Kaiserkrone erlangen, er starb vor dem Vater. Frankfurt blieb die Wahlstätte der deutschen Könige. 1356 machte Kaiser Karl IV. mit der Goldenen Bulle aus diesem Gewohnheitsrecht ein ewiges Gesetz. Die Kaiserkrönung erfolgte weiterhin in Aachen – bis zum Jahr 1562, als Maximilian II. nach der Wahl auch die Krone in Frankfurt empfing. An dieser Regelung sollte sich bis zur Auflösung des Heiligen Römischen Reichs Deutscher Nation nichts ändern.

Diese äußerst günstigen Konstellationen (glänzende Lage, zwei große Messen, Königs- bzw. Kaiserwahl und -krönung) führten namhafte Reisende nach Frankfurt, ganz abgesehen von den Persönlichkeiten, die in der Mainmetropole geboren wurden oder dort gestorben sind. Einer der ersten, der über einen Besuch in Frankfurt Aufzeichnungen anfertigte, war Enea Silvio Piccolomini. Der spätere Papst Pius II. 1442 kam er zu einem Reichstag in die Stadt und zeigte sich durchaus beeindruckt. Erwähnenswert fand er die bereits im 12. Jahrhundert erbaute Alte Brücke, die Messen und selbstverständlich die Königswahlen. In seinen autobiographischen *Commentara-*

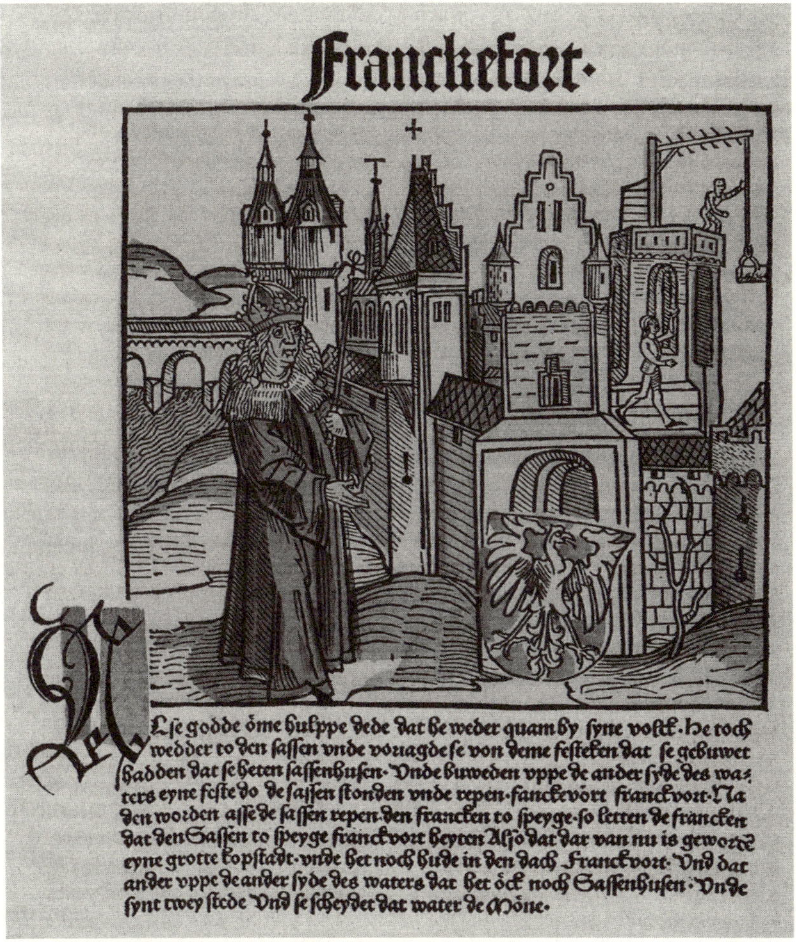

Holzschnitt aus Konrad Botes *Sachsenchronik* (Mainz 1492)

rii rerum memorabilium (Frankfurt/Main 1614), die er noch kurz vor seinem Tod 1464 fertigstellte, schilderte Piccolomini auch, wie das Stadtbild auf ihn gewirkt hatte:

> „Die Kirchen, die der Gottheit geweiht sind, sind hier sehr prächtig und die Häuser der Bürger ansehnlich, obgleich sie zum größten Teil aus Lehm bestehen. Alle sind bedeckt mit einem sehr dünnen Schiefer von der Farbe des Bleies, der bei uns abbacus heißt. Kleine Stücke sind so zusammengesetzt, dass sie wie Fischschuppen angeordnet erscheinen und im Sonnenschein einen wunderbaren Glanz erhalten."[3]

Piccolomini war in Frankfurt eine besondere Ehre zuteil geworden. Der König und spätere Kaiser Friedrich III. hatte ihn am 22. Juli 1442 auf dem Reichstag zum Dichter gekrönt. Das besondere Ereignis, das zum ersten Mal auf deutschem Boden stattfand, ist auf einem Fresko in der Dombibliothek von Siena festgehalten[4]. Piccolomini durfte nun mit ausdrücklicher Zustimmung (und wohl auch unter dem Schutz des Königs) öffentlich lehren und seine Werke herausbringen. Es ist also kein Wunder, dass der so Geehrte Frankfurt in bester Erinnerung behielt.

Frankfurter Passionsspiele und Reformation

Als Piccolomini Frankfurt besuchte, kam er in eine Stadt mit einer reichen literarischen Tradition. Bei den Reichstagen und Hoffesten der staufischen Kaiser hatten die berühmtesten Minnesänger ihrer Zeit für das literarische Rahmenprogramm gesorgt (davon mehr im 5. Kapitel). Die volkstümliche Literatur war noch christlich geprägt gewesen. Vom Anfang des 14. Jahrhunderts ist die sogenannte *Frankfurter Dirigierrolle* erhalten. Es handelt sich dabei um ein über vier Meter langes, auf zwei Holzstäbe gerolltes Regiebuch für mehrtägige Passionsspiele. Aus dem deutschen Sprachraum ist kein älteres Exemplar überliefert. Aufführungen des Passionsspiels, das im Umfeld des Frankfurter Bartholomäusstifts entstanden ist und eventuell von einem Kanoniker als Regisseur geleitet wurde, sind nicht sicher verbürgt, aber wahrscheinlich. Genauso wenig bekannt ist, ob im 14. Jahrhundert weitere geistliche Spiele entstanden, ob sich möglicherweise sogar eine Tradition herausbildete. Gesicherte Zeugnisse liegen erst wieder ab der Mitte des 15. Jahrhunderts vor.

Die öffentliche Darstellung der Passion Jesu, versetzt mit Prophetenauftritten, theologischen Gesprächen und der Aufforderung an die Juden, sich christlich taufen zu lassen, war vor allem am Ende des 15. und zu Beginn des 16. Jahrhunderts sehr beliebt.

Um 1492 wurde in Frankfurt eine Spielbruderschaft gegründet, die es sich zum Ziel setzte, regelmäßig Passionsspiele aufzuführen. Der Bruderschaft gehörten Laien und Kleriker an, sie scheint aber nicht im Auftrag der Kirche gehandelt zu haben, sondern war ein Zeugnis tiefer Frömmigkeit neben den institutionalisierten Formen von Religiosität. Drei große Inszenierungen sind überliefert: 1492, 1498 und 1506.

Der Text der Passionsspiele von 1492 (der auch die Vorlage für die beiden folgenden Passionsspiele gewesen sein dürfte) ist in einer Abschrift aus dem Jahr 1493 komplett erhalten. Er stammt von der Hand des Frankfurter Gerichtsschreibers Johannes Kremer. Wenn Kremer den Text nicht nur sauber abgeschrieben, sondern auch selbst bearbeitet haben sollte, wäre er der erste namentlich bekannte Frankfurter Schriftsteller. Angelegt waren die Passionsspiele auf drei Tage. Sie konnten aber auch, wie 1498, fünf Tage dauern. Sechs bis acht Stunden täglich waren 200 bis 280 (Laien-)Darsteller in einem zum Teil anstrengenden körperlichen Einsatz.

1506 wurde das letzte Passionsspiel aus dieser Reihe in Frankfurt aufgeführt. Es lässt sich darüber nur spekulieren, warum es zu keiner Fortsetzung kam. Sicher dürfte ein wichtiger Grund gewesen sein, dass weder der Klerus der Stadt noch der Rat eine Massenveranstaltung fördern wollten, die nicht ihrem direkten Einfluss unterworfen war und letztlich in Konkurrenz zu den großen städtischen Prozessionen stand.

Im Frankfurter Stadtleben war die (mit-)prägende Rolle der Kirche unumstritten. Das dokumentiert auch eine Handschrift, die heute in der Frankfurter Universitätsbibliothek aufbewahrt wird. Sie stammt aus dem Jahr 1497 und war lange Zeit die einzige bekannte Überlieferung der vor allem im 16. Jahrhundert sehr populären *Theologia Deutsch*. Unterdessen sind sieben weitere Überlieferungen gefunden worden. Die Frankfurter Handschrift ist die jüngste erhaltene und gibt schon eine erweiterte Fassung des ursprünglichen Textes wieder. Die *Theologia Deutsch* entstand im späten 14. oder frühen 15. Jahrhundert. Von dem Autor ist fast nichts bekannt. Nur in der Frankfurter Handschrift findet sich ein knapper biographischer Hinweis. Dort heißt es in der Vorrede, er sei „deutscher Herr, ein Priester und ein Custos am Deutschherrenhaus zu Frankfurt" gewesen, also ein Priester des Deutschherrenhauses in (Frankfurt-)Sachsenhausen. In der Überlieferung wird er allerdings nur „Der Frankfurter" genannt. Seine *Theologia Deutsch* ist eine volkstümlich gehaltene Mahnung an die Menschen, sich nicht neben Gott zu stellen, sondern sich bedingungslos seinem Willen zu unterwerfen. Die Handschrift endet, in der Übertragung von Joseph Bernhart, mit dem Appell, sein Leben dem Glauben zu widmen und stets gehorsam gegenüber Gott (und damit auch der Kirche) zu sein:

> „Es gibt für Gott nichts Lieberes und für den Menschen nichts Nützlicheres als einen demütigen Gehorsam. Gott ist lieber ein gutes Werk, das da geschieht aus wahrem Gehorsam, als hunderttausend, die da geschehn aus Eigenwillen wider den Gehorsam. Darum, wer den hat, der braucht sich nicht zu fürchten, denn er ist auf dem rechten Wege und folget Christo nach. Dass wir uns selber verleugnen und aufgeben und alle Dinge durch Gott verlassen, unserm Eigenwillen absterben und Gott allein und seinem Willen leben, dazu verhelfe uns der, der seinen Willen seinem himmlischen Vater dahingegeben hat, Jesus Christus, unser lieber Herr, der da gebenedeit ist über alle Dinge ewiglich. Amen."[5]

Nachdem Martin Luther den mystischen Traktat gleich zweimal, 1516 und 1518, mit lobenden Vorbemerkungen herausgegeben hatte, setzte eine intensive Beschäftigung mit dem Text ein, die nicht unwesentlich dazu beitrug, ihn populär zu machen – obwohl er von Theologen wie Calvin heftig kritisiert wurde. (Noch Arthur Schopenhauer zählte die *Theologia Deutsch* zu seinen Lieblingsbüchern.)

Luthers Lob zielte aber nicht nur auf das Buch selbst. So zählte er den Autor zu den „besten Theologen" überhaupt. Während er also „Den Frankfurter" schätzte, hatte er für die Stadt Frankfurt selbst wenig übrig. Für ihn verkörperte das Messetreiben die Macht des Mammons. Obwohl die Frankfurter Messen gerade für seine Schriften ein bedeutender Umschlagsplatz waren, hätte er sie als Ursache vieler Übel am liebsten ganz abgeschafft. So heißt es 1524 in seiner Schrift *Von Kaufshandlung und Wucher*:

> „Rechen du, wie viel gellts eyne Messe zu Franckfurt aus deutschem land gefurt wird on nott und ursache, so wirstu dich wundern, wie es zu gehe, das noch eyn heller ynn deutschen landen sey. Franckfurt ist das sylber und gollt loch, da durch aus deutschem land fleusst, was nur quillet und wechst, gemuntzt odder geschlagen wird bey uns. Were das loch zugestopfft, so durfft man itzt der klage nicht horen, wie allenthalben eytel schuld und keyn gellt, alle land und stedte mit zinsen beschweret und ausgewuchert sind."[6]

Die Anfänge der Frankfurter Buchmesse

Wann genau die Frankfurter Buchmesse als Messe in der Messe begonnen hat, ist nicht überliefert. Es liegt nahe, die Herbstmesse des Jahres 1454 als den Beginn anzusehen, denn auf dieser Messe präsentierte der Mainzer Buchdrucker Johannes Gutenberg seine 1282-seitige lateinische Bibel. Der Buchdruck mit beweglichen Lettern, dessen Siegeszug zunächst niemand voraussehen konnte, benötigte einen zentralen Ort, um sich der gelehrten Welt präsentieren zu können. Die Wahl fiel, durch glückliche Umstände, auf Frankfurt. Und die Handelsmetropole mitten in Europa bewies, dass sie die Bühne für eine spektakuläre Entwicklung bereiten konnte. Bevor die Konkurrenz etwas Ähnliches zu Wege bringen konnte, strömten die Drucker und Verleger aus allen Ländern Europas nach Frankfurt. Da die meisten Bücher in Latein – der damals universell gebrauchten Gelehrtensprache – abgefasst waren, konnten sie europaweit vertrieben werden. Das machte einen zentralen Handelsort sowohl für deutsche als auch für ausländische Verleger besonders attraktiv.

Der aus Paris stammende Gelehrte und Buchdrucker Henri Estienne, der sich Henricus Stephanus nannte, verstieg sich 1574 gar zu einem so hohen Lob der Messe, dass die Frankfurter ihm aus Dankbarkeit für seine Schrift einen vergoldeten Becher schenkten. Albrecht Dürer dagegen überlieferte von seinem Besuch in der freien Reichsstadt nur eine sorgfältige Kassenführung. Statt der Frankfurter Sehenswürdigkeiten zählte er seine ausgegebenen Weißpfennige, Gulden und Heller.

Die Messe. Titelkupfer mit Römerberg zu Albrecht Jormanns Buch *Wahrhafter und Eigentlicher Schauplatz der Welt berühmten Francfurter Meß* (1696)

Ein überschwängliches Lobgedicht auf Frankfurt verfasste auch der aus Nürnberg stammende Schuster Hans Sachs – vielleicht weil er am Main 1515 einen seiner ersten erfolgreichen Auftritte als Meistersinger hinter sich gebracht hatte (es könnte sogar sein erster überhaupt gewesen sein). Daran mochte er sich erinnern, als er 1568 seine gereimte Chronik der Stadtgeschichte schrieb. In Paarreimen schilderte er die wichtigsten historischen Ereignisse von Pippin bis zur vergeblichen Belagerung durch den Kurfürsten von Sachsen und den Markgrafen von Brandenburg im Jahr 1552:

„1552 jar
Stat Franckfurt hart pelegert war
Von herczog Moricz, dem curfürsten
Von Sachsen, den nach krieg was düersten,
Und auch von margraffen Albrecht
Von Brannenburg on füeg und recht.
Die stat det dapfer gegen-wer
Mit gschüecz der feinde großem heer,
Etlich hern und adel erleget.
Darfan der feint heer wart peweget,
Herczog Moricz darfor abzoch,
Die stat blieb ungewunnen doch;
Nach wenig Dagen sich pegab,
Das margraff Albrecht auch zug ab
Mit großem schaden paider Dail.
Got der wol geben glüeck und hail:
Franckfurt, die stat, hüet und pewachs
Vor alm unfal, wünscht ir Hans Sachs.“[7]

Hans Sachs

Hans Sachs reihte sich damit würdig unter die ein, die Frankfurt undifferenziert verklärten. Vor allem die Messen waren es immer wieder, die gereimte Begeisterungsstürme auslösten. Und weil den Frankfurtern das Lob von außen offenbar noch nicht genügte, spornten sie auch ihre eigenen Dichter an, Ruhm und Ehre der Freien Reichsstadt zu besingen. Besonders beliebt wurde ein Spruchgedicht, das der Stadtarzt Johann von Soest 1501 verfasste und in dem die beiden Messen natürlich breiten Raum einnahmen. Einmalig im ganzen Reich seien sie, voll Gold, Silber, Perlen, Edelsteinen und kostbaren Gewändern, sodass „al fursten suchen dich“:

„Waß nymantz hott, vynd men by dyr.
Du bist dem romschen rich eyn zyr.“[8]

„Was niemand hat, find man bei dir,
Du bist dem Römischen Reich ein Zier.“

In der Tat blieben die beiden Messen über Jahrhunderte so zentrale Ereignisse, dass Reisende immer wieder über sie berichteten. So notierte der Diplomat Picarde Blainville 1705, nach einem Besuch in Frankfurt, in sein Tagebuch:

„Es ist auch ein großer Buchhandel hier, und man kann Bücher in allen Sprachen, die aus allen Winkeln Europas herkommen, haben. Daher ist zu dieser Zeit ein gewaltiges Lärmen und Drängen hier. Auf dieser Messe wird auch eine große Menge Pferde auf einem großen freien Platz, der zum Pferdemarkt an der Nordseite der Stadt bestimmt ist, verkauft.“[9]

Historia von D. Johann Fausten

Auf dem „großen Buchhandel hier“, den Blainville, wie viele andere, besonders herausstellte, ließ 1587 der Frankfurter Buchdrucker und Verleger Johann Spieß einen kleinen Band erscheinen, der angeblich auf einem authentischen Fall beruhte. Spieß hatte die Geschichte, wie er in der Vorrede behauptete, „newlich durch einen guten Freundt von Speyer“ erhalten, „mit begeren / daß ich dieselbige als ein schrecklich Exempel deß Teuffelischen Betrugs / Leibs vnd Seelen Mords / allen Christen zur Warnung / durch den öffentlichen Druck publicieren und fürstellen wolte“[10]. Ob Spieß den Text wirklich von einem Freund erhalten oder selbst geschrieben hatte, ist heute nicht mehr zu klären. Sicher gab es aber eine Handschrift als Vorlage. Das Buch jedenfalls, die *Historia von D. Johann Fausten*, machte Sensation, wurde verändert und unverändert nachgedruckt, übersetzt und literarisch bearbeitet. „Von diesem Buch“, so die beiden Faust-Herausgeber Stephan Füssel und Hans Joachim Kreutzer, „nahm das gesamte weltliterarische Fortleben der Gestalt Fausts und seiner Lebensgeschichte seinen Ausgang. […] Es existiert zwar eine ältere Version der Faust-Historia in Gestalt einer Handschrift der Herzog August Bibliothek Wolfenbüttel. Zwischen ihr und der Drucküberlieferung besteht jedoch keine unmittelbare Verbindung“[11]. Es scheint aber durchaus eine erzählerische Tradition „neben und außerhalb, zeitlich durchaus auch schon vor der Abfassung der Spießschen *Historia*“[12] zu geben. Nur wenige Jahre nach der (deutschen) Erstveröffentlichung brachte der englische Schriftstel-

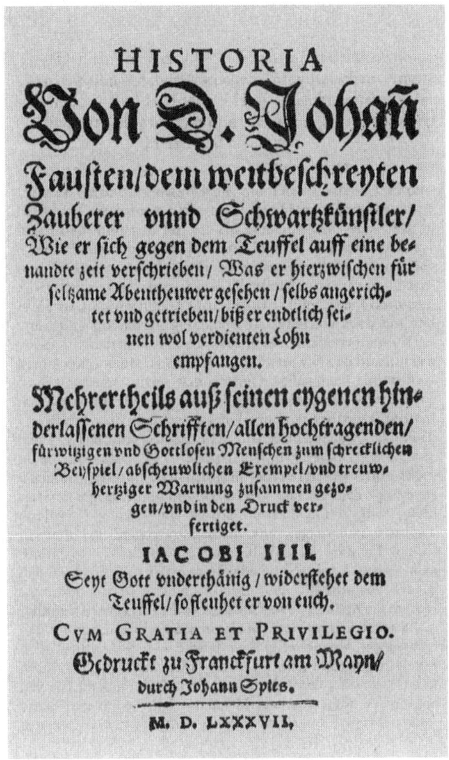
HISTORIA
Von D. Johañ
Fausten/dem weitbeschreyten
Zauberer vnnd Schwartzkünstler/
Wie er sich gegen dem Teuffel auff eine be-
nandte zeit verschrieben/ Was er hierzwischen für
seltzame Abentheuwer gesehen / selbs angerich-
tet vnd getrieben/ biß er endtlich sei-
nen wol verdienten Lohn
empfangen.
Mehrertheils auß seinen eygenen hin-
derlassenen Schrifften/ allen hochtragenden/
fürwitzigen vnd Gottlosen Menschen zum schrecklichen
Beyspiel/ abscheuwlichen Exempel/ vnd treuw-
hertziger Warnung zusammen gezo-
gen/ vnd in den Druck ver-
fertiget.
IACOBI IIII.
Seyt Gott vnderthänig / widerstehet dem
Teuffel/ so fleuhet er von euch.
CVM GRATIA ET PRIVILEGIO.
Gedruckt zu Franckfurt am Mayn/
durch Johann Spies.
M. D. LXXXVII.

Titelblatt des *Faust*-Buches von 1587 (Exemplar der Österreichischen Nationalbibliothek)

ler Christopher Marlowe sein Faust-Drama auf die Bühne, das 1604 in Buchform erschien. Spieß behauptete, die Lebensgeschichte des Arztes und Magiers Johannes Faust richtig wiedergegeben zu haben. Das war aber nicht der Fall. Der wirkliche Faust könnte zwischen 1480 und 1540 gelebt haben und war wohl schon für seine Zeitgenossen eine sagenhafte Figur, um die sich allerhand Geschichten rankten. Spieß stellte ihn als Mann vor, der mit dem Teufel im Bund war, „dem Geist / so Mephostophiles genennt wirdt[13]".

Das Buch von Johann Spieß hat auch in Deutschland zahlreiche Schriftsteller zu eigenen *Faust*-Bearbeitungen angeregt. Am berühmtesten ist Goethes zweiteiliges *Faust*-Drama geworden, in das der Dichter auch die Geschichte der Frankfurter Kindsmörderin Susanna Margaretha Brandt („Gretchen") eingewoben hat. Am 14. Februar 1772 war sie auf der Hauptwache hingerichtet worden.

Friedrich Maximilian Klinger

Goethes Drama, dessen erster Teil als Fragment 1790 erschien, beeindruckte den ebenfalls aus Frankfurt stammenden Friedrich Maximilian Klinger so stark, dass er 1791 einen eigenen *Faust*-Roman verfasste, allerdings ohne die göttliche Erlösung am Ende: *Fausts Leben, Thaten und Höllenfahrt in fünf Büchern*. Der Vater des am 17. Februar 1752 in Frankfurt am Main geborenen Klinger hatte bei der städtischen Artillerie gedient und war früh gestorben. Die Mutter arbeitete danach als Wäscherin und Krämerin. Nach dem Besuch des Gymnasiums ermöglichte Goethe dem jungen Klinger das Jurastudium in Gießen. Nach ersten Erfolgen mit seinen Dramen *Otto*, *Das leidende Weib* (beide 1775) und *Simsone Grisaldo* (1776) beendete er sein Studium und ging nach Weimar, wo die Verbindung zu Goethe abbrach. Trotzdem widmete ihm Goethe in seiner Autobiographie *Aus meinem Leben. Dichtung und Wahrheit* (1811–33) ein von Sympathie getragenes Porträt:

> „Alles was an ihm war, hatte er sich selbst verschafft und geschaffen, so dass man ihm einen stolzen Zug von Unabhängigkeit, der durch sein Betragen durchging, nicht verargte. Entschiedene natürliche Anlagen, welche allen wohlbegabten Menschen gemein sind, leichte Fassungskraft, vortreffliches Gedächtnis, Sprachengabe besaß er in hohem Grade; aber alles schien er weniger zu achten als die Festigkeit und Beharrlichkeit, die sich ihm, gleichfalls angeboren, durch Umstände völlig bestätigt hatten"[14].

Klinger schrieb das Drama *Sturm und Drang*, das einer ganzen Epoche den Namen gab. Am 1. April 1777 wurde es in Leipzig von der Seylerschen Theatertruppe uraufgeführt, der sich Klinger im Jahr zuvor angeschlossen hatte.

Das Stück, das zunächst zutreffender „Wirrwarr" hatte heißen sollen, sieht der Bühnenautor Wolfgang Deichsel in seinem Klinger-Porträt als gerade nicht typisch für die Epoche des Sturm und Drang an:

Friedrich Maximilian Klinger aus der *Gallerie berühmter und merkwürdiger Frankfurter* (1861)

> „Mit *Sturm und Drang* lässt sich kaum zeigen, was mir der Sturm und Drang bedeutet und was ihn modern macht. In unserer Literaturgeschichte steht der Sturm und Drang abgesondert. Doch strömen – vorbei an seinen Kindern, den feindlichen Geschwistern Klassik und Romantik – noch immer Impulse zu uns.
>
> Immer noch ist anregend, wie das Gezerre zwischen dem einzelnen und dem Allgemeinen in einer Sprache sinnfällig wird, die im Erhabenen platt, im Banalen feierlich ist. Der Zusammenprall von idealem Wollen und alltäglichem Stückwerk wirkt grandios, weil diese ‚verrückten' Autoren das Ideale noch ernst nahmen. Das unterscheidet deren Realismus von unserem."[15]

1778 überwarf sich Klinger mit der Theatertruppe und nahm als Offizier am Bayerischen Erbfolgekrieg teil. Zwei Jahre später vermittelte ihn Johann Georg Schlosser, der Schwager Goethes, als Vorleser zum russischen Thronfolger, dem Großfürsten Paul. Er wurde Ordonnanzoffizier und Leutnant im Marinebataillon, später sogar Generalmajor und Leiter des Kadettenkorps. Ab 1803 beaufsichtigte er den Schulbezirk und die Universität Dorpat in Estland. Im Zuge der Restauration nach den Napoleonischen Kriegen verlor er 1816 seine Ämter und zog sich ins Privatleben zurück. Am 9. März 1831 ist er im estnischen Tartu gestorben. Obwohl er bis zu seinem Lebensende weiter Theaterstücke und Romane schrieb, ist sein Werk fast vollständig vergessen. Seine Dramen werden nur noch selten aufgeführt und wenn, dann meist als literaturhistorische Dokumente.

Johann Kaspar Riesbeck

Zu den großen Unbekannten der Frankfurter Literatur zählte neben Klinger auch lange Johann Kaspar Riesbeck. Der Sohn eines Leinewebers und Schnupftuchfabrikanten wurde am 12. Januar 1754 im damals selbstständigen Höchst geboren. Er sollte Priester werden, studierte aber in Mainz und Gießen Jura, um sich auf den höheren Verwaltungsdienst vorzubereiten. Mit dem Tod des aufgeklärten Mainzer Kurfürsten Emmerich Josef, unter dessen Beratern er bedeutende Gönner hatte, änderte sich seine Situation entscheidend. Zudem soll er, wie sein Freund und Biograph Johann J. Pezzl schreibt, aus „Temperamentshitze“[16] einen einflussreichen Domherrn tätlich angegriffen haben. 1775 verließ er jedenfalls fluchtartig Mainz und ging über München nach Wien, wo er Bühnenstücke bearbeitete und als Schauspieler auftrat. Schon damals muss er als aufmüpfig bekannt gewesen sein, sonst wäre er wohl kaum aufgefordert worden, die freisinnigen *Briefe über das Mönchswesen* (1771–1781) fortzuführen, die von dem kurtrierischen Kanzler Georg Michael Frank La Roche (dem Mann von Sophie La Roche und Großvater Bettine von Arnims) und Johann Jacob Brechter begonnen worden waren.

Wahrscheinlich auf Vermittlung Goethes wurde Riesbeck 1780 als Redakteur an die neugegründete und zunächst von Salomon Gessner redigierte *Zürcher Zeitung* berufen. Das konnte nicht gut gehen, obwohl er für den Verlag auch als Lektor, Korrektor und Übersetzer arbeitete. In der von ihm weitgehend allein geschriebenen Zeitung sparte er nicht mit ironischen Seitenhieben und erregte damit nicht nur beim Rat der Stadt Anstoß. Anfang 1783 musste er Zürich verlassen und ging nach Aarau, wo er sein zweibändiges Hauptwerk, die *Briefe eines Reisenden Franzosen über Deutschland An seinen Bruder zu Paris*, beendete. Die anonym erschienenen Reisebeschreibungen, die in wenigen Jahren mehrere Auflagen erreichten und als Übersetzungen auch in England, Frankreich, Irland, Holland und Schweden weite Verbreitung fanden, machten den „Reisenden Franzosen“ zu einem vielzitierten Begriff. Auch Goethe, der nicht ahnte, dass Riesbeck das Werk verfasst hatte, zeigte sich beeindruckt von den glänzenden Schilderungen.

Von dem Erfolg profitierte Riesbeck selbst nur in einem bescheidenen Maß. An Tuberkulose erkrankt und verarmt, begann er eine vierbändige *Geschichte der Deutschen bis auf die Reformation*, die Joseph Milbiller 1790 abschloss, vier Jahre nach Riesbecks Tod. Der Unangepasste und Verfemte war völlig verarmt am 8. Februar 1786 in Aarau gestorben.

Der Erfolg seiner Reisebriefe beruhte darauf, dass Riesbeck nicht nur eines der gegen Ende des 18. Jahrhunderts beliebten Reisebücher mit genauen statistischen Angaben und exakten Landschafts- sowie Stadtbeschreibungen verfasst hatte, sondern dass er darüber hinaus auch ein Sittenbild seiner Zeit lieferte. Mit satirischer Schärfe attackierte er Landesherren und Kirchenfunktionäre, sparte aber auch nicht mit Lob für einzelne Fürsten, die sich seiner Meinung nach besonders um ihre Untertanen kümmerten. Riesbeck konnte im Wesentlichen auf seine eigenen Erfahrungen zurückgreifen, die er während seiner zahlreichen Reisen zwischen 1770 und 1780 gesammelt hatte. Hessische Städte und Landschaften, ihre Bewohner und Regenten nehmen in seinen Reisebriefen breiten Raum ein. Da seine Leidenschaft das Theater war, unterzog er auch das damalige Bühnengeschehen einer kritischen Revision. Besonders die Autoren, die später zu den Stürmern und Drängern gezählt wurden, erregten sein Missfallen, wobei er Goethe ausdrücklich ausnahm:

> „Die meisten der jetzt lebenden deutschen Schauspielschreiber haben das mit dem übrigen Pöbel gemein, dass sie die Fugen und das Spiel des bürgerlichen Lebens gar nicht kennen. Viele derselben sind Studenten, die noch auf der Schule sitzen, oder soeben davon zurückgekommen sind und das Schauspielmachen zu ihrem Metier erwählt haben. Da schmauchen sie ohne alle Weltkenntnis hinter ihrem Ofen, phantasieren sich in den Tabakswolken eine Riesenwelt, worin sie als Schöpfer handeln können, wie es ihnen beliebt, und ihren Kreaturen keine Schonung, keine Ausbildung, keine Polizei und keine Gerechtigkeit schuldig sind."[17]

Die Frankfurter Judengasse im Spiegel zeitgenössischer Berichte

Unter der Maske eines französischen Offiziers hatte sich Riesbeck auch in Frankfurt umgetan. In seiner Beschreibung der Judengasse sprach er auch die Doppelmoral des Frankfurter Magistrats an. Der Magistrat habe, schreibt Riesbeck, „das Gesetz gemacht, dass es platterdings keinem Juden erlaubt sein soll, außer dieser Straße zu wohnen. Er sah durch die Finger, und nun erneuert er periodisch dies Gesetz, um von den Juden, welche außer ihrer Straße wohnen, von Zeit zu Zeit eine außerordentliche Abgabe zu ziehn"[18].

So liberal und weltoffen sich die heimliche Hauptstadt Deutschlands während der Messen und bei den Krönungsfeierlichkeiten präsentierte, so intolerant und überheblich waren Frankfurter Bürger, wenn es um die jüdischen Bewohner ihrer Stadt ging. In Juden sahen sie Menschen zweiter Klasse und wollten mit ihnen nichts zu tun haben. Selbst Goethes Großoheim Johann Michael von Loen stellte 1740 in seiner *Beschreibung der Stadt Franckfurt* vor allem den „Schmutz" und die „Unreinigkeit"[19] in der Judengasse heraus. Nach den Gründen dafür, nämlich die mehr als drangvolle Enge und die feh-

Heinrich Heine. Radierung von Ludwig Emil Grimm (1827)

lenden sanitären Anlagen, fragten die Frankfurter wohlweislich nicht. Das blieb den zahlreichen Fremden vorbehalten, die die unnachgiebige Haltung des Frankfurter Bürgertums oft genug, allerdings ohne Erfolg, anprangerten.

Wie es in der Judengasse im späten Mittelalter ausgesehen haben könnte, schildert Heinrich Heine in seinem Romanfragment *Der Rabbi von Bacharach* (1840). Gerade einem Pogrom entkommen, gelangen der Rabbi und seine Frau Sara nach Frankfurt an die Pforte des Gettos:

> „‚Sieh, schöne Sara' – sprach er seufzend – ‚wie schlecht geschützt ist Israel! Falsche Freunde hüten seine Tore von außen, und drinnen sind seine Hüter Narrheit und Furcht!' Langsam wanderten die beiden durch die lange, leere Straße, wo nur hier und da ein blühender Mädchenkopf zum Fenster hinausguckte, während sich die Sonne in den blanken Scheiben festlich heiter bespiegelte. Damals nämlich waren die Häuser des Judenviertels noch neu und nett, auch niedriger wie jetzt, indem erst späterhin die Juden, als sie in Frankfurt sich sehr vermehrten und doch ihr Quartier nicht erweitern durften, dort immer ein Stockwerk über das andere bauten, sardellenartig zusammenrückten und dadurch an Leib und Seele verkrüppelten. Der Teil des Judenquartiers, der nach dem großen Brande [1711, *d. A.*] stehen geblieben und den man die alte Gasse nennt, jene hohen, schwarzen Häuser, wo ein grinsendes, feuchtes Volk umherschachert, ist ein schauerhaftes Denkmal des Mittelalters."[20]

Einer der ersten Reisenden, der sich näher mit dem Judengetto beschäftigte, war der schon erwähnte Picarde Blainville. Er begleitete die Söhne des englischen Kriegssekretärs Blathwayt auf einer Europareise und besuchte dabei im April 1705 Frankfurt. Dabei kam er auch in die Judengasse zu den „armen Kindern Methusalems", deren Verfolgungen und Lebensweise er seinen Lesern ausführlich beschrieb:

> „Die Straße, worin sie wohnen, ist sehr enge, aber über eine Viertelstunde lang und ausnehmend kothig. An jedem Ende ist ein Thor, welches alle Abend sorgfäl-

tig geschlossen wird, und die Schlüssel werden der Obrigkeit eingehändiget. [...] Das vornehmste Gewerbe, das diese Juden treiben, bestehet in Kaufen und Verkaufen alter Waaren, und im Herumlaufen von einem Wirthshause zum andern, um den Fremden ihre Kleinigkeiten und Trödeleyen zu zeigen, und das Geld, was hier nicht gangbar ist, zu verwechseln. Es ist ihnen nur fünf Tage in der Woche erlaubet, dieses elende Geschäfte zu treiben, denn am Sonnabend ist, wie bekannt, ihr eigener Sabbath, und am Sonntage dürfen sich diese armen Geschöpfe nicht auf der Straße blicken lassen, denn sie werden in Deutschland so sehr gehasset, daß ihnen der Pöbel in diesem Falle sehr übel mitspielen würde."[21]

Plünderung der Judengasse. Kupferstich von Matthäus Merian

Blainville erinnerte anschließend an den Fettmilch-Aufstand mit der Plünderung der Judengasse 1614. Eine so interessierte und um Verständnis bemühte Darstellung des jüdischen Lebens in Frankfurt ist selbst für das aufgeklärte 18. Jahrhundert ungewöhnlich, obwohl es engagierte Autoren wie Adolph von Knigge an herber Kritik nicht fehlen ließen. Der Freiherr veröffentlichte seine Erinnerungen an den Besuch in Frankfurt im 1783 erschienenen vierten Teil seiner Autobiographie *Roman meines Lebens*. Knigge, der u. a. Hofjunker in Kassel war und zu den führenden Mitgliedern des mit der Aufklärung verbundenen Illuminatenordens gehörte, ist heute vor allem mit seinem Erziehungsbuch *Über den Umgang mit Menschen* (1788) bekannt. Die darin propagierten ethischen Werte, die ihn zum Anhänger der Französischen Revolution machen sollten, prägen auch seinen autobiographischen Bericht. In der Passage über die Judengasse ergreift er vehement Partei für die Unterdrückten. Für Knigge offenbarte sich in der Frankfurter Judengasse „unsere christliche Art mit einem Volke umzugehen, dass dieselben Freiheitsrechte der Menschheit wie wir hat“[22].

Auch der in Deensen bei Holzminden geborene Verleger und Pädagoge Joachim Heinrich Campe nahm bei seiner Schilderung der Judengasse kein Blatt vor den Mund. Mit seinen an den Idealen der Aufklärung orientierten Schriften stieß er auf eine breite Resonanz. Campe, der 1792 zum Ehrenbürger der Französischen Revolution ernannt wurde, versuchte seine Ziele in von ihm gegründeten Erziehungsanstalten und als Schulrat in die Praxis umzusetzen. In seinen Büchern wandte er sich vor allem an Kinder und Jugendliche. Besondere Aufmerksamkeit erregte seine *Sammlung merkwürdiger Reisebeschreibungen für die Jugend*, die in mehreren Bänden zwischen 1779 und 1803 erschien und immer wieder neu aufgelegt wurde. Im zweiten Teil der ersten Sammlung findet sich der Absatz über die Judengasse, die er 1785 besucht hatte. Campe glaubte seinen jungen Lesern eine Ungeheuerlichkeit nicht vorenthalten zu dürfen: An Sonn- und Feiertagen war es den Juden nicht erlaubt, ihr Getto zu verlassen:

> „Ich sah an einem solchen Tag durch das Thor hinein und erschrak über den Anblick. Das Steinpflaster war mit Kindern bedeckt; die Treppen, Schwellen und Dielen konnten vor Menschen kaum gesehen werden, und aus den Fenstern von unten bis unters Dach ragte eine unzählbare Menge von Köpfen hervor, welche alle nach Luft zu schnappen schienen.“

Auf die Frage, warum dies so sein müsse, wurde Campe geantwortet, dass die Juden sonst den Bürgern beim Lustwandeln den Weg versperren würden. „Ich glaubte anfangs, man scherze; allein so oft ich die nämliche Frage in anderen Gesellschaften aufwarf, erhielt ich jedes Mal die nämliche Antwort.“[23]

Auch der aus dem liberaleren Preußen kommende Wilhelm von Humboldt, ein Schüler Joachim Heinrich Campes, konnte in Frankfurt die Vorurteile des Bürgertums gegen die jüdische Bevölkerung nicht verstehen. Wie sein Lehrer wunderte er sich darüber, dass den Juden „öffentliche Spaziergänge“ verboten waren. Ihm wurde, wie er am 24. September 1788 in seinem Tagebuch notierte, noch als zusätzliches „Argument“ genannt, dass die Frankfurter Juden ständig Tabak rauchten, „welches die spazierenden Christennasen beleidigen würde“[24].

Um der Frankfurter Judengasse auch eine idyllische Seite abgewinnen zu können, musste man schon ein Märchenerzähler sein. Der dänische Schriftsteller Hans Christian Andersen jedenfalls konnte es. In seinem *Bilderbuch ohne Bilder*, das 1840 in dänischer Sprache und 1841 in Berlin auf Deutsch erschien, schildert der Mond am „25. Abend" das Haus der Familie Rothschild, in dem die berühmte Bankiersdynastie ihren wirtschaftlichen und gesellschaftlichen Aufstieg begann. In den Mittelpunkt seiner idealisierenden Schilderung stellte er die fast legendäre „Stammmutter" Gutle Rothschild, die ihr Haus in der Judengasse nicht verlassen wollte, weil sie fürchtete, dadurch könne sich das Glück von der Familie wenden. Andersen war Anfang Mai 1833 in Frankfurt gewesen. Er hatte die Judengasse besichtigt und den Landsitz der Rothschilds vor den Toren der Stadt.

Seit der napoleonischen Zeit war es den Juden mehr oder weniger offiziell erlaubt, auch außerhalb des Gettos zu wohnen. Viele machten von dieser Möglichkeit Gebrauch und organisierten z. B. auch, wie Wilhelm Hauff in seinen *Mitteilungen aus den Memoiren des Satan* (1825/26) schildert, gesellige Ausflüge nach Bornheim. Die Judengasse selbst wurde zur Touristenattraktion. Am 19. August 1853 notierte der Schriftsteller und Diplomat Karl August Varnhagen von Ense anlässlich eines Besuches in Frankfurt in sein Tagebuch:

> „Wir wollten durch die Judengasse gehen. Sie hat ihren früheren Eindruck völlig verloren, die Juden wohnen in allen Straßen, in der Judengasse schon Christen; das Gedränge, der Schmutz, die Schauerlichkeit von ehmals sind nicht mehr zu finden. Das Haus, wo Rothschild geboren worden und seine alte Mutter bis zuletzt lebte, wird gezeigt; das Haus, wo Börne geboren worden, ist durch eine Gedenktafel ausgezeichnet; die Juden nennen ihn ihren Börne und stellen seine Verehrung neben die Goethe's."[25]

Von Ludwig Börne stammt auch die liebevollste Schilderung der Judengasse, in der er am 6. Mai 1786 geboren worden war. Er hatte in Berlin, Halle, Heidelberg und Gießen studiert. Kurz vor seiner Promotion kehrte er 1807 nach Frankfurt zurück und beschrieb, was er sah:

> „Das Herz pochte mir vor Erwartung, als ich die finstere Behausung wiedersehen sollte, in der ich geboren war, die Wiege meiner Kindheit. Es war grade am ersten Tage des Osterfestes, als ich in die Judengasse trat. Es tat mir wohl, dass mir nach einer siebenjährigen Trennung von allen meinen Glaubensgenossen noch so viel Herzlichkeit und jüdischer Sinn übriggeblieben war, dass ich bei einem Anblick, der lächerlich ist, nur gutmütig lächeln konnte. Die Sonne hing brütend über der engen schmalen Gasse, und mir fiel wohl ein im Schweiße meines Angesicht, wir Juden müssten doch des Himmels Lieblingskinder sein, dass er unsere Wohnung wärmer beschien als den übrigen Teil der Stadt, wo es zur selben Zeit ziemlich kühle war. Wenn man hineinsieht in die langen schmalen Gänge der Häuser, so findet das Auge kein Ziel und keinen Ruhepunkt. Da herrscht eine Dunkelheit, die wohl dienen kann zur Rückerinnerung an die zehn Plagen des Pharao und ein

Symbol abgibt von der Geisteskultur der Juden. Um so reizender hingegen nehmen sich, an den Pforten dieser finstern Höhlen, die Töchter Abrahams aus, die im nachlässigsten Morgengewande, halb sitzend, halb liegend, des Betrachters Auge um so reiner vergnügen, da die Anschauung ihrer Schönheit kein Herz ungefährdet lässt und durch gleichzeitige Beschäftigung des Ohres nicht gestört wird."[26]

Hauptsynagoge der Frankfurter Judengasse, um 1860

Das Ende des Alten Reichs

Als Börne geboren wurde, existierte das Heilige Römische Reich Deutscher Nation noch. Die Französische Revolution sollte erst drei Jahre später Europa in Aufruhr versetzen und das Ende der alten politischen Ordnung einläuten. Am 5. Juli 1792 fand zum letzten Mal die Wahl eines deutschen Kaisers in Frankfurt statt. Franz II. wurde am 14. Juli gekrönt und damit an einem besonders geschichtsträchtigen Tag. Genau drei Jahre zuvor hatten die Pariser Bürger die Bastille gestürmt und damit die Französische Revolution ausgelöst. Mit dem symbolischen Akt der Krönung an diesem Datum wollte das

Ancien Régime in Deutschland demonstrieren, dass es noch fest im Sattel saß und keine Angst vor Revolutionären hatte. Dem französischen Spuk sollte eine Koalition unter Führung Österreichs und Preußens ein schnelles Ende bereiten. Aber es kam anders. Das französische Volksheer errang Sieg auf Sieg. Seit 1799 stand der Korse Napoleon Bonaparte an der Spitze des französischen Staates, erst als Konsul und ab 1804 als Kaiser Napoleon I.

Bis 1806 wurde Frankfurt fünfmal von französischen Truppen besetzt. Gewaltige Summen waren als Kontributionen aufzubringen, um die Vernichtung der Stadt zu verhindern.

Trotz der ständigen militärischen Bedrohung, der hohen Geldzahlungen und dem von französischen Truppen besetzten Mainz in der Nachbarschaft verlief das wirtschaftliche und gesellschaftliche Leben in Frankfurt weiter in geordneten Bahnen. So, als ob das Heilige Römische Reich Deutscher Nation noch Jahrhunderte bestehen würde.

Die Vorzüge dieses Stadtlebens genoss von 1797 bis 1800 auch der junge, aus Stuttgart stammende Philosoph Friedrich Hegel, der als Hauslehrer bei der Familie Gogel am Roßmarkt tätig war. Seine Briefe aus dieser Zeit vermitteln nichts von einer krisenhaften Stimmung in der Stadt, ganz im Gegenteil. Er gehe, schrieb er seiner Freundin Nanette Endel am 13. November 1797, in Frankfurt fleißiger in die Komödie als in Stuttgart.

> „Es sind einige artige Mädchen unter den Aktricen, welche schöne Charaktere ihres Geschlechts ebenso gut und natürlich spielen, als sie ihnen außer der Bühne fremd sein sollen, – ich sage ‚sollen', denn ich weiß es nicht durch eigene Kenntnis und bin geneigt, die vorgegebene Gerechtigkeitsliebe der Menschen, ihr Strenghalten auf Tugend und Vollkommenheit im Urteil über andre eher für Unfähigkeit zu halten, irgend etwas Reines und Schönes außer sich anzuerkennen."[27]

Sein Frankfurter Aufenthalt ließ Hegel genügend Zeit, um an seinem ersten großen philosophischen Werk zu arbeiten, das 1801 unter dem Titel *Differenz des Fichteschen und Schellingschen Systems der Philosophie* in Jena erschien. Die Stelle bei dem angesehenen Weinhändler und Kunstsammler Gogel war ihm von Friedrich Hölderlin vermittelt worden. Am 24. Oktober 1796 hatte der Freund begeistert von „einer äusserst vorteilhaften Stelle" berichtet: „Du wirst an HE. und Frau Gogel anspruchslose, unbefangne, vernünftige Menschen finden, die, so viel sie Beruf zum geselligen Leben haben, durch ihre Jovialität und ihren Reichtum, doch größtenteils sich selbst leben, weil sie und besonders die Frau, mit den *Frankfurter Gesellschaftsmenschen* und ihrer Steifigkeit, und Geist- und Herzensmut nicht sich befassen und verunreinigen und ihre häusliche Freude verderben mögen."[28]

Hölderlin und seine „Diotima“

Der 1770 in Lauffen am Necker geborene Friedrich Hölderlin hatte während seines Theologie- und Philosophiestudiums in Tübingen zeitweise zusammen mit Hegel und Schelling in einem Zimmer im Stift gelebt. Seit 1793 war er, weil er nicht Pfarrer werden wollte, Hofmeister geworden, zunächst bei der Familie von Kalb in Waltershausen und ab Januar 1796 Hauslehrer bei dem Bankier Jakob Friedrich Gontard am Großen Hirschgraben in Frankfurt. Sein Freund, der homburgische Diplomat und Schriftsteller Isaak von Sinclair, hatte ihm die attraktive Stelle besorgt. Bis zum September 1798 blieb Hölderlin in Frankfurt, nur unterbrochen durch eine kriegsbedingte Reise im Sommer 1796 nach Kassel und Bad Driburg. Der Aufenthalt im Haus Gontard war für Hölderlin eine glückliche und traurige Zeit zugleich. Er schrieb an seinen Fragment gebliebenen philosophischen Briefen, überarbeitete den ersten Teil des *Hyperion* (der Mitte April 1797 bei Cotta erschien) und begann mit dem zweiten, bereitete den *Empedokles* vor und verfasste zahlreiche Gedichte, darunter *Der Wanderer, Die Eichbäume, An den Aether, An die Parzen* und immer wieder *(An) Diotima*. Diotima, das war Susette Gontard, die 1769 geborene Gattin seines Dienstherrn, die Hölderlin für die Verkörperung des griechischen Schönheitsideals hielt. Er verliebte sich leidenschaftlich in sie und spürte bald, dass die Zuneigung beiderseits war. An seinen Freund Christian Ludwig Neuffer schrieb er (wohl Anfang Juli 1796):

Büste von Susette Gontard

> „Lieber Freund! es gibt ein Wesen auf der Welt, woran mein Geist Jahrtausende verweilen kann und wird, und dann noch sehn, wie schülerhaft all unser Denken und Verstehn vor der Natur sich gegenüber findet. Lieblichkeit und Hoheit, und Ruh’ und Leben, und Geist und Gemüt und Gestalt ist *ein* seliges Eins in diesem

> Wesen. Du kannst mir glauben, auf mein Wort, dass selten so etwas geahndet, und schwerlich wieder gefunden wird in dieser Welt."[29]

Über das Liebesverhältnis zwischen Hölderlin und Susette Gontard ist viel spekuliert worden, vor allem wie innig und harmonisch es gewesen sein soll. Das abrupte Ende, herbeigeführt durch den erzürnten Hausherrn, lässt darauf schließen, dass es über platonische Verehrung weit hinausging. Fast fluchtartig verließ Hölderlin Frankfurt und fand bei Sinclair in Homburg freundliche Aufnahme. Bis zu Susette Gontards frühem Tod am 22. Juni 1802 wechselten die beiden Verliebten heimlich Briefe.

Schon bevor es zur Trennung von Susette gekommen war, hatte sich Hölderlin verächtlich über die Frankfurter Gesellschaft geäußert und bereits seinen Rückzug aus dem Haus Gontard geplant. In Frankfurt, schrieb er seiner Schwester Mitte April 1798, „siehst du, wenig echte Menschen ausgenommen, lauter ungeheure Karikaturen. Bei den meisten wirkt ihr Reichtum, wie bei Bauern neuer Wein; denn grad so läppisch, schwindlich, grob und übermütig sind sie. Aber das ist auch gewissermaßen gut; man lernt *schweigen* unter solchen Menschen, und das ist nicht wenig"[30].

„Es ist überall Wohlstand"

Im Gegensatz zu Hölderlin wäre der passionierte Wanderer Johann Gottfried Seume, wenn es ihm seine finanziellen Verhältnisse erlaubt hätten, 1802, auf der Rückreise von Syrakus, gern in Frankfurt geblieben:

> „Es ist überall Wohlstand und Vorrat; man bauet und bessert und erweitert von allen Seiten, und die ganze Gegend rund umher ist wie ein Paradies; besonders nach Offenbach hinüber. Man glaubt in Oberitalien zu sein. Unser Leipzig kann sich nicht wohl mit ihm messen, ob es gleich vielleicht im Ganzen netter ist.
>
> Von hier kann Dir jeder Kaufmann Nachrichten genug von der Messe mitbringen. Ich besuchte nur einige alte Bekannte und machte einige neue. Wenn ich ein Kerl mit der Börse à mon aise wäre, würde ich vermutlich Frankfurt zu meinem Aufenthalt wählen. Es ist eine Mittelstadt, die gerade genug Genuss des Lebens gibt für Leib und Seele, um nicht zu fasten und sich nicht zu übersättigen. Im Falle eines Krieges mit den Franzosen liegt es freilich schlimm: die Herren können alle Nächte eine Promenade von Mainz herüber machen, den Morgen hier zum Frühstück und zum Abendbrote wieder zu Hause sein."[31]

Seume vermutete, Frankfurt habe durch die Koalitionskriege sogar gewonnen. Er war auf seinem Weg nach Frankfurt auch über Mainz gekommen, und sah, wie nah Frankreich dem noch bestehenden Deutschen Reich gekommen war. Die französische Bedrohung spürte auch der aus Weimar stammende Dramatiker und Journalist August von Kotzebue, als er zwei Jahre später den Kaisersaal im Römer betrachtete. „Auf dem Römer", notierte er, „sind ringsumher alle Kaiser, die seit Anbeginn des heil. Römischen Reiches gekrönt worden, in schmalen Nischen abkonterfeit; aber so schmal die Nischen auch sind (denn wirklich hat hier kein gemalter Kaiser so viel Platz als eine Schildwache in ihrem Häuslein), so ist dennoch für einen künftigen Caesar kein Plätzchen mehr übrig." Und er zitierte den französischen General Adam-Phillipe de Custine, der prophezeit habe, „der jetzige Kaiser werde der letzte sein"[32]. Trotzdem glaubte Kotzebue nicht an das Ende des Deutschen Reiches. Er wurde bald eines Anderen belehrt.

Von Napoleons Gnaden

Die stürmische politische Entwicklung, die schließlich am 6. August 1806 den Kaiser zur Abdankung zwang, brachte für Frankfurt neue französische Einquartierungen und finanzielle Opfer. Der Rat verlor seine Macht. Neuer Gebieter der Stadt wurde der Fürstprimas des von Napoleon gebildeten Rheinbundes, Carl Theodor von Dalberg.

Fürstprimas Carl Theodor von Dalberg

Der 1744 in Mannheim geborene Dalberg stammte aus einem mittelrheinischen Adelsgeschlecht. Er war ab 1771 Statthalter des Mainzer Erzbischof in Erfurt, ab 1787 Koadjutor und seit 1802 selbst Erzbischof und Kurfürst von Mainz. Vor allem in seiner Erfurter Zeit suchte er Kontakt zu Künstlern und befreundete sich unter anderen mit Wieland, Herder und Schiller, den er auf vielfältige Weise förderte. Goethe, den er in Weimar oft besuchte, nannte ihn 1817 einen „Freund und Gönner [...], der wohl verdient hätte, das ihm angeborene und zugedachte Glück in friedlichen Zeiten zu erreichen"[33]. Allerdings hatte Goethe schon 1780 erkannt, dass Dalbergs Pläne, „so klug und brav" sie auch seien, „einer nach dem anderen scheitern" müssen. Er habe aber „eine treffliche Gewandtheit in bürgerlichen und Politischen Dingen, und eine beneidenswerte Leichtigkeit"[34]. In seinen philosophischen Betrachtungen, die zum Teil stark beachtet wurden, versuchte Dalberg seine tief in der Klassik verwurzelten humanistischen Ideale mit den politischen Ideen des aufgeklärten Absolutismus zu verbinden.

Schon als frischgebackener Kurfürst, gerade ein Jahr im Amt, verlor er seine Mainzer Besitzungen, erhielt aber für sein neues Fürstentum Aschaffenburg, Wetzlar und Regensburg. 1806 kam mit der Rheinbundakte die bis dahin Freie Reichsstadt Frankfurt hinzu. Das war für die Frankfurter Patrizier ein harter Schlag. Die Wahl- und Krönungsstätte der deutschen Könige hatte ihre Selbstständigkeit verloren und war nun Teil eines Fürstentums, das Napoleon 1810 wieder umgestaltete. An die Stelle von Regensburg traten Hanau und Fulda. Aus dem Fürstentum wurde das Großherzogtum Frankfurt mit Dalberg an der Spitze. Die Frankfurter Bürgerschaft blieb zwar reserviert, aber der Fürstprimas fand trotzdem genügend Helfer, um in der gesellschaftlich und politisch verkrusteten Stadt mit durchgreifenden Reformen beginnen zu können. Er modernisierte das Rechts- und Bildungssystem, garantierte die Religionsfreiheit, hob die Leibeigenschaft auf, richtete eine Handelskammer ein, ließ die Festungswälle schleifen und gewährte den lange in ihrem Getto eingesperrten Frankfurter Juden 1811 die vollen Bürgerrechte – allerdings gegen die gigantische Ablösesumme von 440 000 Gulden. Die Freude darüber, endlich als gleichberechtigte Bürger anerkannt zu sein, währte für die Frankfurter Juden aber nur gut vier Jahre. Nach der Niederlage der napoleonischen Armeen und dem damit verbundenen Ende des Großherzogtums drehten die Frankfurter Stadtoberen das Rad der Geschichte wieder zurück. Die meisten der Dalbergschen Reformen wurden aufgehoben, darunter auch die Judenemanzipation. Dalberg selbst starb 1817 als Erzbischof von Regensburg.

Die durchreisenden Gäste hatten von den durchgreifenden Reformen unter Dalberg wenig oder gar nichts gemerkt – wie der schwäbische Dichter Justinus Kerner, der am 7. Mai 1809 an Ludwig Uhland schrieb, er sei „allhier und fast erfreut über die Herrlichkeit dieser Stadt. Großes Leben, Reichtum, Frohsinn, schöne Frauen, Blumen und Musik, alles herrlich. Du siehst hier vier bis fünf Stunden um die schöne Stadt herum am herrlichen Main nichts als lustige Gärten mit den allerschönsten Landhäusern."[35] Die Ansicht Kerners teilte 1816, nach dem Ende der napoleonischen Herrschaft in Europa und damit auch in Frankfurt, die Schriftstellerin Dorothea von Schlegel, die es als besonders angenehm empfand, dass Frankfurt „keine Vorstädte hat.

Unmittelbar um die Stadt geht der sehr hübsche Spaziergang, und dicht an diesen, eigentlich nur als Fortsetzung dieses Spaziergangs, reihen sich unzählige Gärten und einzelne Gartenhäuschen, zwischendurch gehen die wohl unterhaltenen grossen und kleinen Landstrassen“[36]. Den Lyriker und Dramatiker August von Platen konnten 1822 die „Anlagen um die Stadt, die allerdings köstlich sind, mit den schönsten und seltensten Blumen und Blüten zu allen Jahreszeiten besetzt“, nicht davon abhalten, Frankfurt ein wenig schmeichelhaftes Zeugnis auszustellen: „Von außen ist Frankfurt sehr schön, von innen eng, finster, mit hölzernen Häusern und jedes Haus ein Kaufladen.“[37]

Die Geschwister Brentano

Aber auch in Frankfurter Kaufläden konnte die Literatur gedeihen. Das zeigt das Beispiel der Geschwister Brentano. Ihr Vater Peter Anton Brentano hatte erfolgreich vor allem mit Gewürzen gehandelt. Er war dreimal verheiratet und hatte 20 Kinder, von denen aber nicht alle das Erwachsenenalter erreichten. Die Familie lebte von 1776 an in dem geräumigen Haus zum Goldenen Kopf in der Großen Sandgasse (also etwa dort, wo heute das Parkhaus Hauptwache steht). Das Vermögen des Vaters, das auf eine Millionen Gulden geschätzt wird, garantierte den Geschwistern Brentano ein von finanziellen Sorgen freies Leben. Eine gute Voraussetzung also für Clemens, Bettine und Christian, sich ihren schriftstellerischen Neigungen widmen zu können, während ihre Brüder Franz und Georg die Geschäfte weiterführten.

Der älteste der drei schreibenden Geschwister, Clemens, war am 9. September 1778 im Haus seiner Großeltern Georg und Sophie von La Roche in Ehrenbreitstein geboren worden. Als er 15 Jahre alt war, starb seine Mutter Maximiliane. Dieser Verlust wurde prägend für seinen weiteren Lebensweg und auch für sein literarisches Werk. Immer wieder suchte er in den Frauen, die ihn umgaben, das Bild seiner geliebten Mutter. In seinem einzigen vollendeten Roman, *Godwi oder Das steinerne Bild der Mutter*, der 1801 in zwei Bänden erschien, versuchte er den Tod der Mutter zu verarbeiten. In diesem Roman hat Clemens Brentano auch eigene Gedichte aufgenommen, darunter die Ur-*Lore Lay*, die später Joseph von Eichendorff und Heinrich Heine zu ähnlichen Gedichten anregte.

Nach dem Tod des Vaters 1797, der die Geschwister zu Vollwaisen machte, blieb das Leben von Clemens unstet. Er konnte eine Ausbildung nicht abschließen und fand erst im Kreis der Frühromantiker die Freiheit, die sein Schreiben beflügelte. Man traf sich auf dem zwischen Hanau und Gelnhausen gelegenen Hofgut Trages, das in *Godwi* als Gut des Titelhelden Eingang fand. Es gehörte dem ebenfalls elternlosen Jurastudenten (und späteren Professor der Rechte in Marburg) Friedrich Carl von Savigny, der 1804 Gunda Brentano, die Schwester von Clemens, Christian und Bettine, heiratete. Oder man machte Ausflüge an den Rhein nach Oestrich-Winkel, wo Bruder Franz (seit 1804) einen repräsentativen Landsitz besaß.

1803 heiratete Clemens Brentano in Marburg die acht Jahre ältere Schriftstellerin Sophie Mereau, die er fünf Jahre zuvor im Jenaer Salon von Caroline Schlegel kennengelernt hatte. Sie hatte zwei Kinder und war noch verheiratet. Erst 1801 wurde sie geschieden. Clemens hatte in Jena für kurze Zeit Medizin studiert. Seine geliebte Sophie, in der er eine literarische Mitstreiterin erkannte und die für ihn auch Muttersatz sein sollte, starb schon drei Jahre später im Kindbett – wieder ein schmerzlicher Verlust. „Nach Sophies Tod ist Clemens im Leben wie im Dichten uferlos", schreibt der Schriftsteller und Brentano-Herausgeber Henning Boëtius in seinem Porträt der Geschwister Brentano, „er treibt, er dümpelt. Und er verfasst seine schönsten Verse aus dem Brunnen eines abgrundtiefen Schmerzes. ‚Ich bin durch die Wüste gezogen / Des Sandes glühende Wogen / Verbrannten mir den Fuß …' Als einer der wenigen schafft er es, der deutschen Sprache den Hang zum Begrifflichen auszutreiben. Ihm gelingt zuweilen das fast Unmögliche: den Begriff zu poetisieren, so in Klang, in Gesang zu verwandeln, dass er sich selber entschlüpft. Natürlich sind derartige Highlights auch bei ihm sehr selten. Oft lässt er nur fleißig die Versmühle klappern, verliert er sich in Reimexperimenten, suhlt sich in Gattungen, die ihm nicht liegen, wie dem Drama"[38].

Zwischen 1806 und 1808 brachte er mit Achim von Arnim seine Sammlung alter deutscher Lieder heraus, die als *Des Knaben Wunderhorn* die deutsche Lyrik des 19. Jahrhunderts maßgeblich beeinflusste.

Sein Vagabundenleben, das Frankfurt nur für Zwischenaufenthalte streifte, schloss auch die unglückliche Liebe mit der gerade 17-jährigen Auguste Bußmann ein, dem Mündel des Frankfurter Bankiers Moritz von Bethmann. Diese Geschichte trägt Züge eines Kolportageromans mit stürmischen Liebesbeweisen, Entführung und Flucht, erzwungener Heirat, Ehehölle mit körperlicher Gewalt, Selbstmordversuchen, Trennung, Versöhnung und schließlich, nach sieben Jahren, mit der Scheidung als vorläufigem Schlusspunkt.

Die Lebens- und Sinnsuche von Clemens Brentano mündete in einem dogmatischen Katholizismus, dem sein am 21. Januar 1784 in Frankfurt geborener Bruder Christian schon lange huldigte.

Christian Brentano hatte Medizin studiert und bis 1815 mit wenig Erfolg das Familiengut Bukowan in Böhmen bewirtschaftet. Nach Frankfurt zurückgekehrt, schrieb er 1816 für eine Aufführung im Familienkreis sein Schattenspiel *Der unglückliche Franzose oder Der Deutschen Freiheit Him-*

Napoleon Sauteauciel Ballettmeister. Scherenschnitt aus dem Schattenspiel *Der unglückliche Franzose*

melfahrt, das mit sprühendem Witz den Franzosenhass karikierte. Als er es 1850 in Aschaffenburg drucken ließ, versah er das Stück mit einem Vorwort, in dem er seine damaligen Beweggründe erläuterte. Es hatte ihn geärgert, dass nach dem Ende der napoleonischen Herrschaft die Reformen in Frankfurt rückgängig gemacht worden waren und der „kleine Freistaat" keine fortschrittliche Verfassung erhalten hatte. Stattdessen wurde „der rücksichtsloseste Franzosenhaß" gepredigt, der „vor allen Gesetzen weit obenan stand. Selbst die Kinder wurden in seinem Geiste wenn nicht getauft, doch gefirmt, denn allgemein beeiferte man sich, schon diesen harmlosen Herzen diesen bitteren Trank zu reichen, mit dem Wunsche, er möge in ihnen zur Quelle lebendiger Galle werden"[39]. Napoleon („Napoleon Sauteauciel") stellte Christian Brentano in seinem Schattenspiel abwechselnd als Mensch, Bär, Seelöwe und Freiheitsvogel dar.

„Zuschauer 1: Was war das!? – (Deutet auf das Fell.) Da liegt der Bär und ist todt. – Er war vom Teufel besessen, und der ist eben aus ihm ausgefahren.
Zuschauer 2: Ja, in Gestalt einer Fledermaus.
Zuschauer 3: Nein! einer Heuschreck.
Zuschauer 4: Nein! eines Storchs.
Zuschauer 5: Nein! eines Drachens.
Charmante [das ist im Stück die Europa, die Napoleon erobern wollte, d. A.]: Ach nein, ihr lieben Leute, glaubt mir – es war ein Mensch!
Alle: Ein Mensch! nimmermehr! Es war
Zuschauer 1: eine Speckmaus;
Zuschauer 2: eine Heuschreck;
Zuschauer 3: ein Storch;
Zuschauer 4: ein Drachen.

Charmante: Ach ja wohl nein! es war ja Monsieur Sauteauciel, es war ein Franzos.
Alle: Ein Franzos? – ja, das kann sein, das ist möglich; ja, ja, ein Franzos! D'rum, das sah man deutlich, daß es kein Mensch war; es war ein Franzos."[40]

Aus dem etwas verträumten Schöngeist wurde spätestens nach einem längeren Rom-Aufenthalt von 1823 bis 1827 der kämpferische Publizist Christian Brentano, der für eine vom Staat unabhängige und auch politisch mächtige Kirche eintrat. So veröffentlichte er regelmäßig in der Zeitschrift *Katholik*. Er war es auch, der seinen Bruder Clemens auf die stigmatisierte Nonne Anna Katherina Emmerick in Dülmen hinwies. Von 1818 bis zum Tod der von vielen Zeitgenossen inbrünstig verehrten Nonne im Jahr 1824 saß Clemens Brentano immer wieder am Krankenbett der schwer leidenden Frau. Aus ihren Betrachtungen formte er 1833 ein religiöses Erbauungsbuch mit dem Titel *Die bitteren Leiden unseres Herrn Jesu Christ*. 1852 folgte postum das *Leben der heiligen Jungfrau Maria*. Im selben Jahr begann die siebenbändige Ausgabe seiner *Gesammelten Schriften* beim Frankfurter Verlag Sauerländer, die 1855 abgeschlossen wurde. Zusammengestellt hatte sie sein Bruder Christian, in dessen Aschaffenburger Haus Clemens Brentano am 28. Juli 1842 gestorben war. Auch Christian Brentano erlebte das Erscheinen der Werkausgabe nicht mehr. Er starb am 27. Oktober 1851. Die Brüder sind auf dem Altstadtfriedhof von Aschaffenburg begraben.

Bettine Brentano war die jüngste der drei schreibenden Geschwister. Sie wurde am 4. April 1785 in Frankfurt geboren. Nach dem Tod ihrer Mutter kam sie 1794 ins Pensionat der Ursulinen in Fritzlar. Seit 1797 lebte sie bei ihrer Großmutter, der Schriftstellerin Sophie von La Roche, in Offenbach. In dieser Zeit begann ihre Freundschaft mit Karoline von Günderrode, die fünf Jahre älter war als sie. Die am 11. Februar 1780 geborene Tochter eines Kammerherrn am badischen Hof stammte aus Karlsruhe. Nach dem Tod des Vaters war die Familie zunächst nach Hanau und dann nach Frankfurt gezogen, wo Karoline das Cronstetten-Hynspergische Damenstift besuchte. 1804 erschien ihr erster Band *Gedichte und Phantasien* unter dem männlichen Pseudonym „Tian". Im selben Jahr lernte Karoline von Günderrode den Heidelberger Altertums- und Mythenforscher Friedrich Creuzer kennen. Ihre unglückliche Liebe zu dem verheirateten Mann, der ihr zunächst Hoffnungen machte, sie dann aber enttäuschte, ist zu einem klassischen Fall romantischer Unglückssehnsucht geworden. Über den Selbstmord der Günderrode am 26. Juli 1806 in Winkel wurde ihr literarisches Werk vergessen, zu dem auch die 1805 veröffentlichten *Poetischen Fragmente*, weitere Gedichte, Theaterstücke und ihre bewegenden Briefe gehören, die eine auch starke und selbstbewusste Frau zeigen.

Das Bild der Günderrode als einer tragisch Liebenden hat Bettine von Arnim ganz wesentlich mitgeprägt. 1840 veröffentlichte sie ihren Briefroman *Die Günderode*, dessen schmale Basis reale Gespräche und verschiedene Briefwechsel nicht nur zwischen den beiden Freundinnen bilden. Bettine von Arnim hatte erst spät mit dem Schreiben begonnen, nämlich nach dem Tod ihres Mannes Achim von Arnim (1831). Zwanzig Jahre war sie mit dem Freund ihres Bruders Clemens verheiratet gewesen und hatte sechs Kinder zur Welt gebracht. Ihr erstes Buch, *Goethes Briefwechsel mit einem Kinde*, erschien 1835 und dokumentiert ihre fast schon naive Goethe-Verehrung ebenso wie ihre Freundschaft mit der Frau Rat Goethe, die sie immer wieder und gern besucht hatte. Für ihre sozialkritischen Schriften, *Dies Buch gehört dem König* (1843) und *Gespräche mit Dämonen* (1852), wurde sie heftig angegriffen, was sie allerdings wenig beeindruckte. Sie nutzte ihre gesellschaftliche Stellung, um sich gegen das Elend der Massen ebenso zu engagieren wie für verhaftete Oppositionelle. Ihr Königsbuch, in dem sie sich auch mit der Armut in Preußen auseinandersetzte, war zeitweilig in Bayern und in Preußen verboten. Auch ihrem Bruder hat sie 1844 mit *Clemens Brentano's Frühlingskranz aus Jugendbriefen geflochten* einen eigenen Band gewidmet, der auf rund 80 Briefen der Geschwister aus den Jahren 1800 bis 1803 beruht. Bettine hatte die Briefe bearbeitet und zum Teil stark erweitert, aber nicht, wie in der *Günderode*, neue hinzuerfunden. Sie starb am 20. Januar 1859 in Berlin.

Frankfurt hatte sie endgültig 1814 den Rücken gekehrt, als sie mit ihrem Mann Achim von Arnim nach Aufenthalten in Landshut, München, Wien und Berlin auf Schloß Wiepersdorf in Brandenburg gezogen war.

Die Freie Stadt Frankfurt

1815 war der Deutsche Bund an die Stelle des Heiligen Römischen Reichs Deutscher Nation mit dem Kaiser an der Spitze getreten. Der Deutsche Bund besaß kein Oberhaupt mehr, wurde aber von Österreich und Preußen dominiert. Ziel des Bundes war die „Erhaltung der äußeren und inneren Sicherheit Deutschlands und der Unabhängigkeit und Unverletzbarkeit der einzelnen deutschen Staaten". Die deutsche Einigung stand nicht auf dem Programm. Frankfurt wurde Sitz des Bundestags, der im Palais Thurn und Taxis zusammentrat. In ihm saßen die Vertreter von 37 Fürsten und vier Städten. Mit unserem heutigen demokratisch gewählten Bundestag ist er nicht zu vergleichen.

Frankfurt erhielt den Status einer ‚Freien Stadt' und stand damit „rein rechtlich" auf der „gleichen Stufe wie der Kaiser von Österreich und der Kö-

Frankfurt um 1810 nach einem Stich von Wizani

nig von Preußen oder die übrigen 35 Dynasten des Deutschen Bundes", so der Frankfurter Historiker Wolfgang Klötzer. „Nun war die Stadt mit einer Souveränität ausgestattet, die sie zu keiner Zeit vorher besessen hatte, denn immer war der deutsche König ihr Souverän gewesen."[41]

Auf die zahlreichen Besucher, die in die heimliche Hauptstadt Deutschlands kamen, wirkte Frankfurt sehr anziehend. So beeindruckten die „äußerst hübschen Umgebungen" Wilhelm von Humboldt, als er 1828 Frankfurt besuchte. Gegenüber seiner Freundin Charlotte Diede meinte er, „dass die Bewohner fast im allgemeinen eines großen oder wenigstens hinreichenden Wohlstandes genießen. Der wahre, große Reichtum, der sich daselbst befindet, ist nicht so, wie oft an anderen größeren Orten, von Armut und schreiendem Elend begleitet"[42].

Dass aber in Frankfurt die Unterschiede zwischen Arm und Reich keineswegs aufgehoben waren, stellte der Wiener Dramatiker und konservative Kulturfunktionär Johann Ludwig Deinhardstein 1831 in seinen *Skizzen einer Reise* fest. „Die Reicheren", so Deinhardstein, „gehen an Sonntagen auf ihre Villen, die ärmere Klasse geht ins Forsthaus, um Kaffee, oder nach Bornheim und Bockenheim, um Apfelmost zu trinken. Die strenge Trennung der Reicheren von den Ärmeren fällt hier unangenehm auf und stört die eigentlich gesellige Unterhaltung. Das Geld spielt überhaupt in Frankfurt eine große Rolle."[43]

Für den in Magdeburg geborenen Schriftsteller Karl Immermann hat die „Opulenz dieser großen Bürgerhäuser etwas Grauenvolles. Hier hat der Tag gebaut, und der nächste kann wieder einreißen"[44]. Immermanns Besichtigungsroute im Jahr 1833 war typisch für diese Zeit: Von der Messe kommend, standen zuerst das Städelsche Kunstkabinett, der Kunstverein und Danneckers *Ariadne* im Landhaus der Familie Bethmann auf dem Programm; es folgten der Dom, der Römer, das Schauspielhaus und die Oper. Wer Lust hatte, konnte dieses Rumpfprogramm jederzeit erweitern und zum Beispiel über die Mainbrücke nach Sachsenhausen wandern. Von dort sah man, wie der zum fortschrittlichen „Jungen Deutschland" zählende Heinrich Laube 1837 in seinen *Reisenovellen* schrieb, „nach dieser und jener Richtung fern an den einschließenden Bergen die alten Türme, welche einst Warttürme Frankfurts gewesen sind und durch Feuer- und sonstige Zeichen den nahenden Freund oder Feind für die Patrizier angekündigt haben"[45]. Er nahm seine Beschreibung Frankfurts zum Anlass, um den der deutschen Einheit entgegenstehenden „Kleinpatriotismus" anzuprangern, der „die Macht Deutschlands gebrochen, sie in die Schar von Ohnmachten zersplittert" habe.

Andere Besucher, die nicht so politisch wie Laube dachten, verschwendeten keinen Gedanken an die deutsche Kleinstaaterei und an die Rolle Frankfurts darin. Sie faszinierte, wie den Wiener Schriftsteller Ignaz Franz Castelli 1839, die „große, reiche und teilweise sehr schön Stadt". Sie habe „große, schöne Plätze und herrliche öffentliche und auch viele Privat-Gebäude, welche man Paläste nennen kann. Vor allen Straßen zeichnet sich die Zeil und neue Mainzerstraße aus. Die letztere wird auch die Millionsstraße genannt, weil jeder der Bankiers, welche darin Häuser besitzen, mit einer Million gesegnet sein soll"[46]. An die Zeil hatte auch Friedrich Schiller bei der Abfassung seines Gedichts *Die Theilung der Erde* gedacht. Am 16. Oktober 1795 schickte er es Goethe mit den Worten: „Hier erhalten Sie einige Schnurren von mir. Die *Theilung der Erde* hätten Sie billig in Frankfurt auf der Zeil vom Fenster aus Lesen sollen, wo eigentlich das Terrain dazu ist."[47]

„Nehmt hin die Welt! rief Zeus von seinen Höhen
  Den Menschen zu, nehmt, sie soll euer sein.
Euch schenk ich sie zum Erb' und ew'gen Lehen,
  Doch teilt euch brüderlich darein.

Da eilt was Hände hat, sich einzurichten,
  Es regte sich geschäftig jung und alt.
Der Ackermann griff nach des Feldes Früchten,
  Der Junker birschte durch den Wald.

Der Kaufmann nimmt, was seine Speicher fassen,
  Der Abt wählt sich den edlen Firnewein,
Der König sperrt die Brücken und die Straßen,
  Und sprach, der Zehente ist mein.

Ganz spät, nachdem die Teilung längst geschehen,
Naht der Poet, er kam aus weiter Fern'.
Ach! da war überall nichts mehr zu sehen,
Und alles hatte seinen Herrn!

Weh mir! So soll ich denn allein von allen
Vergessen sein, ich, dein getreuster Sohn?
So ließ er laut der Klage Ruf erschallen,
Und warf sich hin vor Jovis Thron.

Wenn du im Land der Träume dich verweilet,
Versetzt der Gott, so hadre nicht mit mir.
Wo warst du denn, als man die Welt geteilet?
Ich war, sprach der Poet, bei dir.

Mein Auge hing an deinem Angesichte,
An deines Himmels Harmonie mein Ohr,
Verzeih dem Geist, der, von deinem Lichte
Berauscht, das Irdische verlor!

Was tun! spricht Zeus, die Welt ist weggegeben,
Der Herbst, die Jagd, der Markt ist nicht mehr mein.
Willst du in meinem Himmel mit mir leben,
So oft du kommst, er soll dir offen sein."[48]

Nur einen Abstecher nach Frankfurt machte der französische Schriftsteller Victor Hugo, als er 1840 das Rheintal bereiste. Zwei Jahre später ließ er seine Aufzeichnungen unter dem Titel *Le Rhin* erscheinen. Er verband darin die Hinweise eines nützlichen Reiseführers mit kurzen Exkursen zur deutschen Geschichte. In Frankfurt waren es vor allem der Römer und der Dom, die ihn als Wahl- und Krönungsorte der deutschen Könige faszinierten. Als Autor des *Glöckner(s) von Notre-Dame* (1831) ließ er es sich nicht nehmen, den Domturm zu besteigen und von der Plattform die Aussicht zu genießen, die er romantisch verklärte:

„Plötzlich ließ sich ein kleines Geräusch neben mir vernehmen; ich wandte den Kopf, es war ein ganz junges Mädchen von 14 Jahren, das, aus der Dachlücke halb vorgebeugt, mich lächelnd ansah. Ich wagte einige Schritte, ging um eine Ecke des Pfarrturms, an der ich noch nicht vorbeigekommen, und befand mich inmitten der Turmbewohner. Hier lebte eine kleine, friedliche und glückliche Welt. Das junge Mädchen strickt, eine alte Frau, wahrscheinlich ihre Mutter, spinnt am Rade; ein gastfreundlicher Affe streckt die Pfoten aus seinem Käfig heraus […]. Auf dem einen der unvollendeten Türme hat die Mutter den Herd mit dem kleinen Feuer der Witwe gemacht, worauf ihr ärmlicher Topf siedet. So ist die Höhe des Pfarrturms von Frankfurt. Wie und warum diese Ansiedlung dort oben ist und was sie dort macht? Ich weiß es nicht, aber ich bewundere es. Die stolze Kaiser-

> stadt, die so viele Kriege bestanden, die so viele Kugeln ausgehalten, die so viele Cäsaren auf den Thron gesetzt, deren Mauern wie eine Rüstung waren, deren Adler in seinen zwei Fängen Diademe hielt, die der österreichische Adler auf seine zwei Köpfe setzte, ist heutzutage beherrscht und gekrönt von dem bescheidenen Herde einer alten Frau, aus dem ein wenig Rauch aufsteigt."[49]

Für Victor Hugos Landsmann Alexandre Dumas war auf seiner Rheinreise 1838 Frankfurt nicht nur ein Nebenschauplatz, sondern das Ziel – wegen Goethe und den deutschen Kaisern, die im Dom gekrönt worden waren. Am 27. August 1838 traf er in Frankfurt ein und blieb bis zum 21. September. Als berühmter Autor wurde er gefeiert und hofiert. Für ihn wurde sogar, wie Michael Hohmann in seinem Essay über europäische Reisende an Rhein und Main schreibt, „der Theaterplan geändert und sein Stück *Kean* aufgeführt (1.9.1838), er ist Gast bei den Bethmanns, den Rothschilds und dem russischen Gesandten, er wird zur Jagd eingeladen und verführt die Gattin seines Gastgebers"[50]. Bei der Suche nach Goethes Geburtshaus erlebte er allerdings eine Enttäuschung, als er einen „honorigen Herrn" nach dem Weg fragte:

> „Ich erkundigte mich mit der ganzen mir zur Verfügung stehenden Höflichkeit, ob er französisch spreche. ‚Ob ich französisch spreche, mein Herr?' antwortete er. ‚Ein Bankier muss alle Sprachen sprechen, und ich bin Bankier im Ruhestand.'
>
> Ich verbeugte mich mit allem Respekt, den ich dieser schätzenswerten Klasse der Gesellschaft zolle. Als er meinen Gruß erwidert hatte, sagte ich: ‚Es handelt sich um folgendes, mein Herr, könnten Sie mir die große Freude machen, mir das Goethehaus zu zeigen?'
>
> ‚Das Goethehaus? Das Goethehaus?' stammelte der gute Mann und griff sich ans Kinn, um sich alle Erinnerungen wachzurufen. ‚Das Goethehaus? Hm! Hm! Mein Herr, das muss ein Haus sein, das bankrott gemacht oder das sich keinen Ruf erworben hat, denn ich kenne es nicht.'"[51]

Nicht nur einmal besuchte der russische Schriftsteller Nikolai Gogol Frankfurt. Der Autor von *Die Nase* und *Der Revisor* war im Juli 1836 erstmals nach Frankfurt gekommen, als er von Lübeck in den Süden reiste. Bei dem kurzen Aufenthalt beeindruckte ihn vor allem die Internationalität der Stadt. Von allen Enden der Welt würden Ausländer nach Frankfurt strömen, schrieb er seiner Mutter. Von April 1844 bis Juni 1845 wohnte er dann, von zwei längeren Unterbrechungen abgesehen, in Frankfurt bei seinem Freund, dem russischen Übersetzer Wassili Schukowski, in der heutigen Villa Metzler. Er wollte an dem zweiten Teil seines 1842 erschienenen Romans *Die Toten Seelen* arbeiten, scheint aber nicht so recht vorangekommen zu sein. Vielleicht ließ er sich auch, wie er am 14. Dezember 1844 in einem Brief klagte, von der „Menge verschiedener deutscher Gogols" von der Arbeit abhalten, die ihn zu seinem „Leidwesen" wohl öfters aufsuchten, weil sie „oft genug unsere Briefe"[52] erhalten hatten. Bei undeutlichen Handschriften auf den Briefumschlägen war das leicht möglich. Mit dem Ergebnis seiner Frankfurter Arbeit war Gogol nicht zufrieden. Denn kurz nach seiner Abreise aus Frankfurt verbrannte er das Manuskript. Der zweite Teil der *Toten Seelen* ist nie erschienen. Dafür hat er zwei Jahre später, wie der Literaturkritiker Florian Balke schreibt, „sein bedauerlichstes Werk veröffentlicht, das ihm nach seiner schweren Erkrankung im Frühjahr 1845 ausgerechnet in Frankfurt eingefallen ist: Die *Ausgewählten Stellen aus dem Briefwechsel mit Freunden* zeigen Gogol 1847 als schwärmerisch religiösen Sozialkonservativen und schaden seiner Reputation"[53].

Wer immer Hoffnungen gehegt hatte, mit dem Ende der französischen Besatzung würde etwas mehr Freiheit in Deutschland einziehen, sah sich schon bald bitter getäuscht.

Ludwig Börne

Die Gründung der auf einen Nationalstaat zielenden Deutschen Burschenschaft 1815 in Jena (mit den Reichsfarben Schwarz-Rot-Gold), das gegen den Deutschen Bund gerichtete Wartburgfest 1817 und schließlich die Ermordung des Dichters August Kotzebue 1819 durch einen Burschenschafter lieferten den Anlass für massive staatliche Repressionen. Die Rechtsgrundlage schufen die „Karlsbader Beschlüsse" vom August 1819. Sie waren vor allem das Werk eines Mannes, des österreichischen Außenministers und späteren Staatskanzlers Klemens Wenzel Fürst von Metternich. Zusammen mit Preußen und acht weiteren Staaten setzte er im Deutschen Bund einen ganzen Maßnahmenkatalog durch, der „demagogische Umtriebe" verhindern sollte. Presse und Universitäten wurden streng überwacht. Alle Druckschriften unter 320 Seiten (das waren 20 Bogen) mussten vor der Veröffentlichung einer Vorzensur vorgelegt werden. Die Burschenschaften wurden aufgelöst. Und damit sich nirgends unerkannt eine revolutionäre Bewegung bilden konnte, entstand in Mainz eine „Zentraluntersuchungskommission", die ein Heer von Spitzeln beschäftigte.

Widerstand dagegen kam im besonderen Maß von Schriftstellern und Publizisten, die mit dem politischen Vormärz die biedermeierliche Behäbigkeit störten und die Nationalversammlung von 1848 vorbereiteten. Einer ihrer Wortführer war der in der Frankfurter Judengasse geborene Juda Löb Baruch, der sich nach seiner christlichen Taufe 1818 Ludwig Börne nannte. „Ich weiß das unverdiente Glück zu schätzen, zugleich ein Deutscher und ein Jude zu sein", schrieb Börne 1832, „nach allen Tugenden der Deutschen streben zu können und doch keinen ihrer Fehler zu teilen. Ja, weil ich als Knecht geboren, darum liebe ich die Freiheit mehr als ihr. Ja, weil ich die Sklaverei gelernt, darum verstehe ich die Freiheit besser als ihr. Ja, weil ich in keinem Vaterland geboren, darum wünsche ich ein Vaterland heißer als ihr, und weil mein Geburtsort nicht größer war als die Judengasse und hinter dem verschlossenen Tor das Ausland für mich begann, genügt mir auch die Stadt nicht mehr zum Vaterlande, nicht mehr ein Landgebiet, nicht mehr eine Provinz; nur das ganze große Vaterland genügt mir, soweit seine Sprache reicht."[54]

Als Sohn eines Geschäftsmanns und Bankiers hatte Börne zunächst Medizin in Halle, danach Staats- und Kameralwissenschaften in Heidelberg und Gießen studiert, wo er 1808 promoviert wurde. Unter der liberalen Regierung Dalbergs konnte er 1811 eine Verwaltungslaufbahn beginnen, die aber mit dem Sturz Dalbergs abrupt endete.

Ludwig Börne aus der *Gallerie der berühmten und merkwürdigen Frankfurter* (1861)

In dieser wiedererstandenen alten Ordnung, die eine bittere Phase der Restauration einleitete, hätte Börne in Frankfurt einem Mann begegnen können, der in seiner Jugend die Französische Revolution begrüßt und sich selbst als Jakobiner gesehen hatte, aber nun in das andere Lager gewechselt war: Friedrich Schlegel. Als einer der führenden Vertreter der Jungromantik hatte Schlegel das republikanische gegen das aufgeklärte Denken gesetzt. Nach seiner Zeitschrift *Athenaeum*, die er von 1798 bis 1800 zusammen mit seinem Bruder August Wilhelm herausgegeben hatte, gründete Friedrich Schlegel 1803 die *Europa*, die bis 1805 in vier Heften bei dem Frankfurter Verleger Friedrich Wilmans erschien (bei dem auch Clemens Brentano seinen *Godwi* und Karoline von Günderrode ihre *Poetischen Fragmente* herausbrachte). Europa verstand Schlegel zunächst im umfassendsten Sinn als Kontinent, als pluralistischen Nationenverbund, als Geburtsstätte der modernen Dichtung, Philosophie und Wissenschaft, aber mit den Kriegen und Siegen

Napoleons konzentrierte sich die Zeitschrift immer stärker auf Deutschland. Damit nahm sie den politischen Positionswechsel Schlegels vorweg, der sich 1809 in den Stab des österreichischen Erzherzogs Karl berufen ließ und eine Armeezeitung herausgab. Er trat zum Katholizismus über und wurde zum Anhänger Metternichs, für den er von 1815 bis 1818 als Legionsrat am Frankfurter Bundestag arbeitete. (Nach dem Tod ihres Mannes 1829 zog die Romanautorin und Übersetzerin Dorothea Schlegel nach Frankfurt, das sie in dieser Zeit kennengelernt hatte; sie konzentrierte sich allerdings ganz aufs Briefeschreiben und veröffentlichte kein Buch mehr; 1839 wurde sie auf dem Frankfurter Hauptfriedhof zu Grabe getragen.) Zu den Aufgaben Schlegels gehörte es, die amtliche *Ober-Post-Amts-Zeitung* zu beaufsichtigen, das heißt nichts anderes als: vor Erscheinen zu zensieren.

Dabei hätten sich Schlegel und Börne in die Quere kommen können. Denn Börne überlegte 1817 zusammen mit dem Herausgeber des *Frankfurter Journals* bei Cotta eine preußenfreundliche und gegen das Österreich Metternichs gerichtete Zeitschrift herauszubringen. Aus diesem Plan wurde zwar nichts, aber schon wenig später gründete Börne *Die Wage*, die von 1818 bis 1821 erschien. Als Herausgeber und wichtigster Autor von mehreren Blättern, wie *Die Wage* oder die Offenbacher *Zeitschwingen* (Juli bis September 1819), als Rezensent und Essayist für Cottas *Morgenblatt für gebildete Stände* und andere Zeitungen schrieb Börne über Theateraufführungen, neue Bücher und immer wieder über politische Missstände, die er mit Geist und Witz deutlich benannte. Da er deshalb ständig im Kampf mit der Zensur lebte, entwickelte er einen raffinierten Schreibstil, hinter dem sich oft etwas anderes verbarg, als auf dem Papier stand. Auch als er am 22. März 1820 in Frankfurt verhaftet wurde, hatte er für die „fürsorgliche“ Stadtregierung nur Spott übrig. Schon 1753 hatte der Frankfurter Senat Voltaire auf Geheiß des preußischen Königs insgesamt 15 Tage festgehalten und sich dabei der Lächerlichkeit preisgegeben.

Kurze Zeit später ohne Anklage aus der Haft entlassen, pendelte Börne zwischen Frankfurt und Paris, um sich schließlich 1830 ganz in der französischen Hauptstadt niederzulassen. Als Kritiker wurde Börne mit seinen *Briefen aus Paris*, die zwischen 1831 und 1834 bei Hoffmann und Campe erschienen, zu einem der Begründer des deutschen Feuilletons. Immer wieder wurden seine Bücher beschlagnahmt oder verboten. „Mutig und vehement“, schreibt Alfred Estermann in seinem Börne-Porträt, „werden demokratische Forderungen den überkommenen Machtstrukturen gegenübergestellt, werden utopische Ideen eines zukünftigen Europas artikuliert: Gedanken eines revolutionären Republikaners und Weltpatrioten. Die einzigartige publizistische Leistung gelingt“[55].

Gegen Ende seines Lebens geriet Börne noch in einen heftigen Konflikt mit seinem Kollegen Heinrich Heine, der ihm politisch nicht radikal genug war. Sein letztes Buch, das 1837 in Paris erschien, richtete sich gegen den konservativen Literaturkritiker Wolfgang Menzel, der mit antifranzösischen und antisemitischen Ausfällen die Autoren des „Jungen Deutschland" verfolgte und Verbote ihrer Bücher durchsetzte. In der Streitschrift *Menzel, der Franzosenfresser* findet sich auch das Bekenntnis Börnes, dass er nicht mit „Dinte und Worten", sondern „mit dem Blute meines Herzens und dem Safte meiner Nerven"[56] schreibe. Ludwig Börne starb am 12. Februar 1837 in Paris. Er liegt auf dem Friedhof Père Lachaise begraben.

Die Frankfurter Nationalversammlung

Es wurde immer deutlicher, dass die von selbstherrlichen Fürsten regierten Staaten den neuen Herausforderungen nicht gewachsen waren. So entstanden erste Zirkel, die die politische Situation in Deutschland diskutierten. Eine einheitliche Linie gab es dabei aber nicht. Die Liberalen wollten nur die Macht der Fürsten beschränken und durch ein gewähltes Parlament kontrollieren lassen. Das war auch zunächst das Ziel der Demokraten. Aber je stärker der staatliche Druck gerade gegen die Demokraten wurde, desto radikaler entwickelten sich ihre Forderungen. Schließlich kämpften sie dafür, die Adelsherrschaft ganz abzuschaffen und durch eine parlamentarische Demokratie zu ersetzen. Das gemeinsame Ziel war es, ein vereinigtes Deutschland zu schaffen.

In diesem Sinn fand im September 1846 in Frankfurt der erste Germanistentag statt, an dem auch der Tübinger Dichter Ludwig Uhland und die Brüder Grimm teilnahmen. Jacob Grimm sprach über die Bedeutung des von ihm und seinem Bruder schon lange angekündigten *Deutschen Wörterbuchs* für die deutsche Sprache, die er in einem verwilderten Zustand sah. Wilhelm Grimm hielt ein flammendes Plädoyer für die „ungenauen Wissenschaften" zu denen er auch die Germanistik zählte, denn das Menschliche (und damit meinte er auch den nationalen Gedanken) in Dichtung, Sprache, Recht und Geschichte stünde dem Herzen näher als Tiere, Pflanzen und Elemente, die nicht einer nationalen Kultur zugerechnet werden könnten.

Nach dem Germanistentag wurde der Ruf nach einem deutschen Einheitsstaat immer lauter. Die Opposition hatte sich also formiert. Sie wartete nur auf den Funken, der das explosive politische Gemisch zur Explosion bringen würde. Und der kam erneut aus Frankreich. Ähnlich wie im Juli 1830 brachen im Februar 1848 wieder in Paris soziale Unruhen aus. Der Bürgerkönig Louis-Philippe, dem das Großbürgertum zur Macht verholfen hatte, musste abdanken und damit der Republik Platz machen, die allerdings nur kurze Zeit Bestand haben sollte.

Unterdessen bereiteten sich die oppositionellen Politiker in Deutschland darauf vor, ein gesamtdeutsches Parlament einzuberufen. Ein Vorparlament, das nur durch die revolutionäre Aktion und nicht durch ein Votum der Bürger legitimiert war, sollte die Wahlen für die Nationalversammlung vorbereiten. Wählen durften dann allerdings nur Männer, die über selbstständige Einkommen verfügten. Wer Leistungen von staatlichen Stellen bezog, bekam kein Wahlrecht. Damit war von vornherein ein Viertel der erwachsenen männlichen Bevölkerung von der Wahl ausgeschlossen. Frauen saßen weder im Vorparlament noch durften sie zur Urne gehen. An die Gleichberechtigung von Männern und Frauen dachte Mitte des 19. Jahrhunderts noch kein Politiker.

Die Nationalversammlung in der Frankfurter Paulskirche 1848

So zogen auch nur Männer am 18. Mai 1848 in die Frankfurter Paulskirche ein. Die 585 Abgeordneten waren Beamte, Richter, Rechtsanwälte, Ärzte, Unternehmer, Pfarrer oder Großgrundbesitzer. Zu den wenigen Schriftstellern in der Nationalversammlung gehörten Ernst Moritz Arndt, Wilhelm Jordan, Ludwig Uhland und Jacob Grimm, der das Parlament aber schon am 2. Oktober 1848 enttäuscht verließ. Unter den Autoren war der schwäbische

Dichter und Advokat Ludwig Uhland der einzige, der sich, obwohl er keiner Fraktion angehörte, konsequent zu den Ideen der Linken bekannte. Allerdings war er weder ein radikaler Revolutionär noch ein Republikaner, sondern ein Demokrat, dem eine freiheitliche Verfassung am Herzen lag. Er stimmte gegen Erzherzog Johann als Reichsverweser und hätte lieber Heinrich von Gagern in dieser Rolle gesehen. Trotzdem gehörte für ihn Österreich zu dem neuen Deutschland. Mit einer kleindeutschen Lösung wollte er sich nicht abfinden. Bemerkenswert sind seine Gedanken zur Wahl eines Reichsoberhaupts, die er am 22. Januar 1849 vortrug. Er forderte die Abgeordneten auf:

> „Verwerfen Sie die Erblichkeit, schaffen Sie keinen herrschenden Einzelstaat, stoßen Sie Österreich nicht ab, retten Sie das Wahlrecht, dieses letzte fortwirkende Wahrzeichen des volksmäßigen Ursprungs der neuen Gewalt. Glauben Sie, meine Herren, es wird kein Haupt über Deutschland leuchten, das nicht mit einem vollen Tropfen demokratischen Oels gesalbt ist! (Lebhaftes Bravo und Beifallklatschen auf der Linken und dem linken Centrum)“[57].

Da das erste frei gewählte Parlament keine militärischen Ressourcen besaß, seine Beschlüsse und vor allem die Reichsverfassung durchzusetzen, endete der erste Versuch, in Deutschland ein demokratisches Regierungssystem einzuführen, mit blutigen Kämpfen. Die alten Fürstenmächte, die noch einmal gesiegt hatten, wüteten unter den „aufrührerischen Mördern und Bluthunden“, wie Friedrich Wilhelm IV. die Revolutionäre nannte. Todesurteile wurden im Schnellverfahren verkündet, und viele, die an die Zukunft der Demokratie geglaubt hatten, verschwanden für Jahre hinter Gefängnismauern. Am 30. Mai 1849 hatte die Deutsche Nationalversammlung nach 230 Sitzungstagen ihre Arbeit eingestellt. Ihr wichtigstes Ergebnis war die Reichsverfassung, die zwar keine Gültigkeit erlangte, aber Vorbild für spätere Verfassungen wurde. Vor allem der Teil über die Grundrechte hat das demokratische Denken in Deutschland entscheidend mitgeprägt.

Der deutsche Casanova

Während die Abgeordneten der Frankfurter Nationalversammlung noch tagten und eine deutsche Verfassung berieten, erschienen in Tübingen die angeblich „hinterlassenen Papiere eines französisch-österreichischen Offiziers“. Der Autor des dreibändigen Memoirenwerks *Vierzig Jahre aus dem Leben eines Todten* blieb lange unbekannt, vielleicht auch, weil in dem Buch gelogen wurde, dass sich die Balken bogen. Schon das Geburtsdatum des kühnen (Frauen-)Helden war gefälscht. Johann Conrad Friederich, der wirkliche und sehr lebendige Autor, war nämlich nicht am 14. Juli 1789 (dem Beginn der Französischen Revolution), sondern am 5. Dezember 1789 in Frankfurt geboren worden. Schon auf der Schule hatte er es nicht lange ausgehalten und war von seinem Vater 1805 in das Fremdenregiment Isenburg gesteckt worden. Als Soldat lernte Friederich halb Europa kennen und schmückte sich bereits als 18-Jähriger mit dem Titel Hauptmann. In Napoleons Diensten half er mit, die Insel Capri zu erobern und den Papst in Angst und Schrecken zu versetzen. Schließlich war er auf der Insel Korfu interniert. Auch will er als 21-Jähriger die Schwester Napoleons, Pauline, verführt haben. Ob dieses erotische Abenteuer nur gut erfunden war oder wirklich stattgefunden hatte, blieb genauso Friederichs Geheimnis wie die zahlreichen anderen Liebschaften, mit denen er seine Autobiographie würzte. Friederich verstand es, das Interesse seiner Leser zu wecken. Bereits 1852 soll ihn sein Verlag werbewirksam als „deutschen Casanova" bezeichnet haben. Er selbst schreibt in seinen Memoiren nicht ohne gespielte Reue, dass ihm schaudere, so ein „wilder Wüstling" gewesen zu sein. Er habe bisweilen einem ganzen Dutzend Frauen und Mädchen zugleich den Hof gemacht. Vielleicht war das auch nur Werbung für ihn selbst und für sein Buch, dem er 1854 einen zweiten Teil, *Noch fünfzehn Jahre aus dem Leben eines Todten*, folgen ließ. Der Friederich-Kenner Eckart Kleßmann meint, dass die Autobiographie mit viel Witz und einem sehr genauen Gefühl für Spannung komponiert worden sei, aber zu einem deutschen Casanova hätte es nicht gelangt: „Anders als für Casanova, der seine Geliebten als Individuen schildert und rücksichtsvoll ihre Namen chiffriert, ist für Friederich Rücksichtnahme ein unbekannter Begriff, und seine zahlreichen Liebschaften wirken austauschbar, weil kaum eine seiner Geliebten als Persönlichkeit erkennbar wird."[58]

Friederich wusste allerdings auch, was er dem politischen Zeitgeist schuldig war und attackierte mit großer Lust die alte Adelsherrschaft:

> „Das heilige deutsche Reich war jetzt ein altes, baufälliges und morsches Gebäude, welches der erste Sturm zusammenstürzen musste; seine mehr als dreihundert Eigentümer waren zum Teil gar komische und sonderbare Käuze, besonders die Duodezsouveränchen, von denen fast jeder in seinem Ländchen seine eigenen, oft sehr kostbaren Spielereien hatte, die seinen armen Völkchen nicht selten die Haut über den Kopf abziehen machten."[59]

Aber so weit ging Friederichs Mut nicht, dass er im zweiten Teil, der 1830 einsetzte, auch auf die Nationalversammlung und die deutsche Einheitsbewegung eingegangen wäre. Den zweiten Band ließ er im sicheren Abstand zur (missglückten) Revolution enden, nämlich 1845.

Friederich war ein unermüdlicher Schreiber, der Zeitschriften herausbrachte, vielbändige Geschichtswerke als „Carl Strahlheim" verfasste und 1847 unter dem Titel *Dämonische Reisen in alle Welt* eine kühne Vision veröffentlichte, wie die Welt in 100 Jahren aussehen würde.

Die Luftschiffer in Friederichs *Dämonische Reisen in alle Welt* (1847)

Von 1826 bis 1831 hatte er seine *Geschichte Unserer Zeit* (auch nur: *Unsere Zeit*) in 30 Bänden und mit einer Reihe von Beilagen herausgebracht. Die Reihe war sehr populär und stand in vielen privaten und öffentlichen Bibliotheken. Georg Büchner nutzte Auszüge aus dem Werk, das in seinem Elternhaus wohl in einzelnen Bänden oder Heften vorhanden war, für sein Drama *Danton's Tod* (1835). Friederich starb am 1. Mai 1858 in Le Havre.

Der Vater des *Struwwelpeter*

Der am 13. Juni 1809 in Frankfurt geborene Arzt Heinrich Hoffmann engagierte sich vielfältig, vor allem für die sozial Schwachen und Kranken. Er gehörte zu den Gründern der Armenklinik, lehrte an der Anatomie im Senkkenbergischen Institut und war zuletzt Leiter der Anstalt für Irre und Epileptische in Frankfurt. Er bemühte sich sehr, die Fortschritte in der Psychiatrie möglichst schnell in die Tat umzusetzen. 1864 entstand seine neue

Anstalt auf dem „Affenstein“ (wo heute das ehemalige IG-Farben-Hochhaus steht), die für damalige Verhältnisse geradezu mustergültig war, denn er achtete streng darauf, dass die Kranken human behandelt, sinnvoll beschäftigt und vernünftig ernährt wurden. „Affenstein“ hatte rein gar nichts mit Affen zu tun, sondern ist eine Verballhornung eines „Ave Maria-Steins“.

Berühmt geworden ist Hoffmann aber nicht als fortschrittlicher Nervenarzt, sondern als Kinderbuchautor – und das auch nur durch Zufall. Kurz vor Weihnachten 1844 suchte er für seinen Sohn Carl ein passendes Bilderbuch und fand keines, das seinen Vorstellungen entsprach. Kurzerhand zeichnete er es selbst. Ganz ohne Vorarbeiten musste Hoffmann nicht beginnen. Seine Figuren hatte er schon an den Betten von kranken Kindern erprobt, denen er mit einem Trick die Angst vor der Untersuchung verscheuchte:

> „Da nahm ich rasch das Notizbuch aus der Tasche, ein Blatt wird herausgerissen, ein kleiner Bube mit dem Bleistift schnell gezeichnet, und nun erzählt, wie sich der Schlingel nicht die Haare, nicht die Nägel schneiden lässt; die Haare wachsen, die Nägel werden länger, aber immer lässt er sich dieselben nicht schneiden, und immer länger zeichne ich Haare und Nägel, bis zuletzt von der ganzen Figur nichts mehr zu sehen ist als die Haarsträhne und Nägelklauen. Das frappiert den kleinen Desperaten derart, dass er schweigt, hinschaut, und mittlerweile weiß ich, wie es mit dem Pulse steht, wie seine Temperatur sich erhält, ob der Leib oder die Atmung schmerzhaft ist – und der Zweck ist erreicht.“[60]

Das fertige Bilderbuch, in dem der *Struwwelpeter* noch ganz am Schluss stand, lag dann auf dem Weihnachtstisch und erfreute nicht nur den kleinen Carl, sondern alle, die ihn sahen. Schließlich fand sich sogar ein Verleger. Damit trat der *Struwwelpeter* (1845) seinen einmaligen Siegeszug durch die Welt an. Er ist zur berühmtesten deutschen Kinderbuchfigur geworden. Und das vielleicht deshalb, weil er so gar nicht dem Bild entspricht, das sich liebevolle Eltern von ihrem braven Nachwuchs machen.

Der *Struwwelpeter* in seiner ursprünglichen Gestalt

Obwohl Heinrich Hoffmann noch weitere Bilderbücher malte und schrieb (zum Beispiel *König Nussknacker und der arme Reinhold*, 1851, und *Prinz Grünewald und Perlenfein mit ihrem lieben Eselein*, 1871) konnte er an den großen Erfolg des *Struwwelpeter* nicht mehr anknüpfen.

Neben seinen Kinderbüchern veröffentlichte er Gedichte, Komödien und vor allem satirische Texte. Hoffmann war ein politisch engagierter Mensch, der schon 1838 beim ersten Deutschen Sängerfest einen Toast auf die Pressefreiheit ausgebracht hatte und auch sonst keinen Hehl aus seiner politischen Gesinnung machte. Seit 1845 gehörte er regelmäßig dem „Wahlkolleg der 75er" an, das in Frankfurt über die Mitglieder der „Gesetzgebenden Versammlung" entschied. Er selbst wurde mehrfach in die „Gesetzgebende Versammlung" gewählt und engagierte sich dort für die Emanzipation der Frankfurter Juden. 1848 wurde er schließlich in das Vorparlament zur Nationalversammlung berufen. Obwohl er seinen Heidelberger Studienfreund, den badischen Revolutionär Friedrich Hecker, in seinem Haus beherbergte, war er kein Republikaner, sondern ein Anhänger der konstitutionellen Monarchie unter Führung Preußens. In seinen politischen Satiren wandte er sich gegen seiner Meinung nach allzu radikale Revolutionäre ebenso wie auch gegen ihre politischen Widersacher.

Heinrich Hoffmann starb am 20. September 1894 in Frankfurt und wurde auf dem Hauptfriedhof beerdigt. Sein Geburtshaus in der „Fressgasse" steht nicht mehr. An dem Neubau erinnert eine Gedenktafel an den Arzt und Autor. Erhalten hat sich das letzte Haus, in dem er wohnte, im Grüneburgweg 95, wo auch der Komponist Engelbert Humperdinck lebte, der Schöpfer der Oper *Hänsel und Gretel*.

Arthur Schopenhauer

Die Angst des wohlsituierten Bürgers vor der Revolution, die Hoffmann in seinen Satiren aufs Korn nahm, saß auch einem der großen deutschen Denker buchstäblich im Nacken. Der Philosoph Arthur Schopenhauer, der sich im Juli 1833 in Frankfurt niedergelassen hatte, war ein Gegner jeder Gewalt und besonders der Revolution von 1848. Schopenhauers Verhältnis zu Frankfurt blieb unentschieden. Einerseits lobte er die Stadt als „a comfortable place"[61], andererseits nannte er Frankfurt eine „kleine, steife, innerlich rohe, Municipal-aufgeblasene, bauernstolze Abderiten-Nation, der ich mich nicht gerne nähere"[62].

Durch das Erbe seines vermögenden Vaters konnte der am 22. Februar 1788 in Danzig geborene Schopenhauer ein finanziell sorgenfreies Leben führen. Er hatte in Göttingen und Berlin zunächst Medizin, dann Philosophie studiert und war in Jena promoviert worden. Ende 1818 erschien sein Hauptwerk *Die Welt als Wille und Vorstellung*, in dem er sich Gedanken darüber machte, wie der Mensch dem Tretrad des Willens entkommen könne. Er beschrieb drei Möglichkeiten: die Kunst, das Mit-Leiden und die Resignation.

Im August 1831 übersiedelte Schopenhauer zum ersten Mal nach Frankfurt, als sich in Berlin die Cholera auszubreiten begann. Er vollendete seine Übersetzung von Balthasar Gracians *Handorakel und Kunst der Weltklugheit* (die allerdings erst nach seinem Tod erschien). Im Juli 1832 ging er nach Mannheim, kehrte aber nach einem Jahr zurück, um bis zu seinem Tod am 21. September 1860 in Frankfurt zu bleiben. Er ist auch auf dem Hauptfriedhof beerdigt worden. Seine beiden letzten Wohnungen in der Schönen Aussicht Nummer 17 und Nummer 16 wurden im Zweiten Weltkrieg zerstört – und mit ihnen ein Teil seines Nachlasses.

In den 27 Jahren seines Aufenthalts hat er nur ganz wenige und zudem sehr kurze Reisen unternommen. In Frankfurt entstand ein großer Teil seines Werks. Er arbeitete an einer erweiterten Neuauflage von *Die Welt als Wille und Vorstellung*, die schließlich 1844 bei Brockhaus erschien. „Hier in Frankfurt findet er sein Glück im Winkel, sein Bücherheil, in dem er die Biedermeierethik eines Rentiers vervollkommnen kann"[63], schreibt Ruthard Stäblein in seinem Schopenhauer-Porträt.

1851 veröffentlichte er sein letztes großes Werk, die Aphorismen zur Lebensweisheit *Parerga und Paralipomena*, die Schopenhauer zu einem fast populären „Alltagsphilosophen" machten. Der Mensch, so Schopenhauer, könne zu einem bescheidenen Glück finden, wenn er auf seine Gesundheit achte, sich in Selbstzufriedenheit, manchmal sogar Verzicht übe, seine persönliche Freiheit verteidige und das Nachdenken nicht vergesse.

Schopenhauer befolgte selbst seine Maximen und ließ sich auch nicht vom Geschlechtstrieb ablenken, den er für einen Trick der Natur hielt, um den Fortbestand der Menschheit zu sichern. Er blieb Junggeselle und lebte nach einem strengen, selbst entworfenen Reglement. Morgens arbeitete er bis 11 Uhr, dann empfing er Besucher oder auch nicht, spielte eine halbe Stunde Flöte und begab sich zum Mittagessen. Nach dem Essen ruhte er, las etwas und trank seinen Kaffee. Am Nachmittag spazierte er mit seinem Pudel durch die Frankfurter Umgebung, manchmal und selbstverständlich nur im Sommer badete er im Main. Die ausgedehnten Spaziergänge mit Hund machten Schopenhauer in Frankfurt berühmter als seine Bücher.

Friedrich Stoltze

Zu den demokratisch gesinnten Frankfurter Schriftstellern, die ihrem politischen Unmut auch publizistisch Luft machten, gehörte neben Heinrich Hoffmann auch Friedrich Stoltze. Der am 21. November 1816 in Frankfurt geborene Gastwirtsohn hatte zunächst als Kaufmann in seiner Heimatstadt und in Lyon gearbeitet. Danach unterrichtete er als Lehrer bei Friedrich Fröbel in Thüringen. 1845 entschloss er sich, freier Schriftsteller zu werden. Er brachte mehrere selbstverfasste Zeitungen heraus, vor allem von 1852 bis 1879 die *Frankfurter Krebbel-(& Warme Brödercher-)Zeitung* und von 1860 bis 1891 die *Frankfurter Latern.*

Friedrich Stoltze

Durch seinen Vater und durch seine Schwester hatte er schon früh zur republikanischen Bewegung gefunden. Mit seinem Vater, der in seinem Gasthaus „Zum Rebstock" sogenannten Demagogen und exilierten Polen eine Zuflucht bot, besuchte Stoltze als 16-Jähriger das Hambacher Fest. Mit seinen bissigen Satiren machte er sich bei den politisch Mächtigen unbeliebt und wurde zeitweilig sogar steckbrieflich gesucht. So schrieb er 1848, als die Nationalversammlung in der Paulskirche zu scheitern drohte, *An das deutsche Volk*:

> „Schon wieder hebt die alte Lüge
> Das Haupt nach deinem Morgenrot!
> Halt' fest, mein Volk, an deinem Siege,
> Und sei getreu bis in den Tod!
> Halt' fest an dem, was du erkoren,
> Was du mit Schweiß und Blut erkauft:
> Der Freiheit aus dem Volk geboren
> Und auf dein Vaterland getauft! [...]"[64]

Als überzeugter Demokrat war er antipreußisch und großdeutsch eingestellt, wobei ihn sein Nationalismus gelegentlich über das Ziel hinausschießen ließ – vor allem wenn er seinen „Erzfeind“ Frankreich attackierte. Das Deutsche Reich, wie es Bismarck nach dem Sieg im Spiegelsaal von Versailles gründen ließ, war nicht ganz nach dem Geschmack Stoltzes. Vor allem störte er sich daran, dass dem preußischen Ministerpräsidenten und späteren Reichskanzler Bismarck eine Schlüsselrolle zugefallen war. Denn mit Bismarck lebte er in einer Art publizistischem Dauerkonflikt. Immer wieder zwischen 1862 und 1890 veröffentlichte Stoltze gegen Bismarck gerichtete Gedichte in seiner *Frankfurter Latern*. 1866, als die preußischen Truppen in Frankfurt einmarschiert waren, hatte Stoltze für kurze Zeit ins Schweizer Exil gehen müssen. Nach seiner Rückkehr wurde er im Ton deutlich moderater, blieb aber bis zu seinem Tod am 28. März 1891 einer der schärfsten Kritiker Bismarcks.

Stoltze verfasste neben seinen politischen Gedichten, für die er meist die hochdeutsche Sprache wählte, eine Fülle von Texten in Frankfurter Mundart, darunter viele Gelegenheitsarbeiten. Sie werden heute noch gelesen und öffentlich vorgetragen, besonders seine neunstrophige Hymne auf die Mainmetropole. Die erste Strophe ist in Frankfurt sogar zu einem viel zitierten geflügelten Wort geworden:

> „Es is kää Stadt uff der weite Welt,
> die so merr wie mei Frankfort gefällt,
> un es will merr net in mein Kopp enei:
> wie kann nor e Mensch net von Frankfort sei! […]“[65]

Um die wissenschaftliche Beschäftigung und seinen Nachlass kümmert sich ein Frankfurter Freundeskreis, der im Stoltze-Turm (Töngesgasse 34–36) ein kleines Museum unterhält und regelmäßig Ausstellungen präsentiert.

Dichtung in Frankfurter Mundart

Wer in Hessen in Mundart dichtete, der blieb in seiner Wirkung auf die Region beschränkt, in der er lebte. Das konnte auch gar nicht anders sein, denn einen einheitlichen hessischen Dialekt gibt es noch nicht einmal in Ansätzen. In Hofgeismar wurde und wird ganz anders gesprochen als in Hirschhorn. Und der *Datterich* (1841) in seiner originalen Darmstädter Mundart war schon für einen Frankfurter nicht leicht zu verstehen. Auf einer Marburger oder Kasseler Bühne gespielt, hätte er kaum für Lacher gesorgt. So bleibt das Beste der hessischen Mundartliteratur einem kleinen Kreis von Kennern vorbehalten, die „ihren“ Stoltze oder „ihren“ Niebergall schätzen und verehren. Die literarische Qualität der im regionalen oder lokalen Dialekt geschriebenen Texte wird nur selten erkannt. Und noch seltener ist es, wenn sich Germanisten mit einem Mundartdichter beschäftigen. Zu diesen wenigen Ausnahmen zählt Karl Malß. Der Germanist Volker Klotz, der dem Lustspielautor zusammen mit Erwin Th. Rosenthal und Rainer Schönhaar eine sorgfältig kommentierte Werkausgabe gewidmet hat, sieht in Malß einen Pionier, der die „Lokalposse“ mitbegründete und gleich zur Vollendung brachte. Kein anderer Dramatiker habe damals, „weder im Inland noch im Ausland, die heimische Umwelt derart treffsicher, liebevoll und zugleich bösartig auf der Bühne zum Sprechen gebracht wie dieser introvertierte Karl Malß. Nirgends sonst, ob in heiteren oder ernsten Stücken der Restaurationszeit, belebt sich die Szene so zwingend aus einem Ensemble geringfügiger Redewendungen und Sprachgesten, was jene kleinen und mittleren Leute bewegte, deren Nachkommen wir sind. Unaufdringlich, oft ohne es selber gewahr zu werden, rücken sie heraus mit ihren Begierden und Nöten, ihren Vorurteilen und Nachsichtigkeiten, ihren Beklemmungen und Ausschereien“[66].

Das Lob hätte den melancholischen Lustspielautor gefreut, denn sein Leben war von stetigen Geldsorgen, von gesundheitlichen Problemen und einer immer stärker werdenden Hypochondrie geprägt. Am 2. Dezember 1792 in Frankfurt geboren, war Malß seiner Vaterstadt ein Leben lang treu geblieben. Er ging nach seinem Architekturstudium nicht als Beamter in den preußischen Staatdienst, was möglich gewesen wäre, sondern widmete sich ganz dem Frankfurter Theater, für das er 1842 als Mitpächter finanzielle Verantwortung übernahm und für das er seine Komödien schrieb. Am bekanntesten wurde sein Lustspiel *Der alte Bürger-Capitain* von 1820, in dessen Vorrede er eine Lanze für die Frankfurter Mundart brach:

„Em Annern werd die Sproch net gefalle,
Des kennt awer nor ä Auswärtiger seyn;
Dann ze Frankfort redde *So* mer alle;
Gros, klän – ähner wie der anner so fein.
’s Hochdeitsch is net de Frankforter ihr Sach,
Es reddes manche, es is aach dernach,
Un selbst im Casino kimmt *die* Woor net vor,
Liewer Franzesch – net wohr.
Fregt dann e Mann der uff Weld sich versteht,
Wie hot er, oder *was* hot er geredt;
Es redd so ejeder nach seim Schnawwel,
Der Preiß seegt die Jabel – mir die Gawwel,

Der Franzos seegt Serviett – un mir Salvet.
Es redd so käner wie's geschriwe steht.
Wann ich mein Lustspiel het hochdeitsch gemacht
Gewiß, es het Niemand driwer gelacht."[67]

Und so wird auch heute noch drüber gelacht, wenn der Bürger-Capitain nach der erfolgreichen Inspektion der Feuerspritzen das Lieschen beruhigt, das nun eine baldige Feuersbrunst befürchtet:

„Do dervor wolle uns Gott bewahrn; awer wanns doch den Winter noch der Fall seyn sellt, so winscht ich es det Morje brenne, weil grad jetzt die Anstalte so schen derzu getroffe seyn. Do kennt mer sich widder recht auszächene."[68]

Der Schauspieler Samuel Friedrich Hassel als *Herr Hampelmann*

Neben dem *Bürger-Capitain* verfasste Malß noch eine Reihe weiterer Komödien, die zu seinen Lebzeiten gern gespielt wurden, auch wenn sich mancher Frankfurter Bürger angegriffen fühlte und sich der Autor immer wieder in den Vorworten zu seinen Neuauflagen verteidigen musste. Gelegentlich werden in Frankfurt noch *Die Landpartie nach Königstein* (1832), *Das Stelldichein im Tivoli* (1832) und *Herr Hampelmann im Eilwagen* (1834) aufgeführt. Karl Malß starb am 3. Juni 1848 in Frankfurt.

Ein kritischer Geist, der politisch und volkstümlich zugleich sein konnte, war auch der 1808 in (Frankfurt-)Rödelheim geborene Maximilian Leopold von Langenschwarz. Er stammte aus einem armen jüdischen Elternhaus, konnte aber dank Gönnern aufs Gymnasium gehen und Buchhändler lernen. Seit 1830 reiste er als Schauspieler und Rezitator durch Europa und Russland. 1842 ließ er sich als Naturheilarzt in Paris nieder. Er soll auch in London gelebt haben und dann nach Deutschland zurückgekehrt sein. Letzte Lebenszeichen hat es angeblich 1867 aus New York gegeben. Seither gilt er als verschollen.

Langenschwarz veröffentlichte zahlreiche Bücher, darunter, anonym, eine kritische Auseinandersetzung mit Metternich und dessen Politik (*Europäische Geheimnisse eines Mediatisirten.* Hamburg 1836). Daneben schrieb er Texte in Frankfurter Mundart, die zwischen 1839/40 in fünf Heften in Hanau erschienen. Im ersten Heft über „Bergerliche Haamlichkeite" findet sich auch die Posse *Ä nächtlich Begewweheit*, in der Langenschwarz das pragmatische Politikverständnis seiner Frankfurter Mitbürger aufs Korn nahm und Erinnerungen an die Passivität während des Wachensturms weckte: Franz Bimbler, seines Zeichens Strümpfe- und Nachtjackenhändler, glaubt des Nachts, die Revolution sei ausgebrochen und will freudig für die Menschenrechte kämpfen. Aber ehe er seine Unterwäsche gefunden und genügend Proviant eingepackt hat, ist die Revolution auch schon vorbei und der Ratsschreiber steht vor seiner Tür. Er habe gehört, so der städtische Beamte, wie Bimbler „Ich komm gleich zur Revolution" zum Fenster hinaus gerufen habe. Erschrocken antwortet Bimbler:

> „Enaus hab ich gewollt, um se all tot zu schmeiße! – Die Rebelle hab ich totschmeiße wolle! Korz un klaa! Kenne Se de Bimbler net? Glawwe Se, ich dät mei Berjerpflicht net kenne? For was zahl ich denn mei Steuern un Abgabe? Hab ich en Strumplade oder hab ich kaan? Die Rebeller wollt ich totschmeiße – die Uffrihrer – frage Se mei Fraa! – Frage Se mei Fraa! Ich beruf mich uff se – Da gucke Se her uff mei gewehr! Is des net vom Landstorm 1813? He? Glaawe Se, ich wollt mer mein Strumplade verscherze? Ja den Deiwel aach! Gewe Se mer nor emol aan her, so en Revolutionär! Ich schieß en kaputt wie e Ratt!"[69]

Die meisten anderen Frankfurter Mundartautoren sind heute vergessen. Wilhelm Sauerwein ebenso wie Johann Jakob Fries, Paul Quilling, Georg Leonhard Beck oder der Sohn von Friedrich Stoltze, Adolf Stoltze, dessen 1887 uraufgeführter Schwank *Alt-Frankfurt* zumindest noch dem Namen nach bekannt ist. Karl Ettlinger bildet dabei eine Ausnahme. Der am 22. Januar 1882 geborene Sohn einer jüdischen Kaufmannsfamilie hatte zunächst eine Banklehre begonnen, war dann aber Redakteur der Münchner Zeitschrift *Jugend* geworden. Unter dem Pseudonym „Von eme alde Frankforder" veröffentlichte er in der *Jugend* regelmäßig Gedichte in Frankfurter Mundart. Auch mit heiteren Theaterstücken machte er sich einen Namen. Unter einem weiteren Pseudonym, „Karlchen", schrieb er Humoresken, die in Buchform hohe Auflagen erreichten. In den Zwanzigerjahren des letzten Jahrhunderts tourte er mit einem Kabarettprogramm durch deutsche Bäder und Großstädte. Bis zur Machtübernahme durch die Nationalsozialisten war Ettlinger ein begehrter Autor, der sich Verlage und Zeitungen für seine Gedichte, Szenen und Geschichten aussuchen konnte. Danach war alles anders. Seine Bücher konnten nicht mehr erscheinen, und 1939 erhielt er endgültig Berufsverbot. Er starb am 29. Mai 1939 in Berlin. In seinem 1908 in Berlin veröffentlichten Band *Moritzchens Tagebuch* erinnerte er sich an seine jüdische Kindheit in Frankfurt. Seine Bücher werden bis heute immer wieder aufgelegt.

Der bekannteste zeitgenössische Frankfurter Mundartautor ist der 1931 geborene Kurt Sigel, der Gedichte und Geschichten jenseits der Dialektidylle schreibt. In seinem modernen Frankfurterisch betrachtet er die Probleme des Kleinbürgers aus der Froschperspektive. Seine Gedichte sind deftig und manchmal verstörend. Die Harmoniebedürftigkeit der Mundart bekämpft er mit Skepsis. „Er setzt Misstrauen gegen Vertrauensseligkeit, Unbehagen gegen falsches Behagen, und zuweilen mitten im Sprachgepolter kann er sogar zärtlich werden"[70], schrieb Herbert Heckmann einmal und meinte damit bestimmt nicht den folgenden Vierzeiler:

„Treue Fraue soll mer schlaache
Luch mit Truch vergelde
so nor isse zu ertrache
die beste aller Welde."[71]

In der preußischen Provinz

Mit dem Ende der Nationalversammlung in der Frankfurter Paulskirche wurden die Uhren in Deutschland wieder zurückgestellt. Frankfurt blieb der Sitz des Deutschen Bundes, der immer stärker von der Konkurrenz der beiden Großmächte Preußen und Österreich dominiert wurde. Bis es schließlich zum militärischen Konflikt kam. Die Freie Stadt Frankfurt stellte sich auf die Seite Österreichs und verlor. Im Juli 1866 rückten die siegreichen Preußen in Frankfurt ein. Mit Kurhessen und Nassau wurde Frankfurt in das Königreich Preußen einverleibt.

Frankfurt profitierte von der Eingliederung in Preußen und von der mit Macht einsetzenden Industrialisierung, denn zwischen 1871 und 1910 wurden fast alle umliegenden Städte und Dörfer eingemeindet. Die Einwohnerzahl stieg von 90 000 auf 415 000.

Für auswärtige Besucher blieb Frankfurt ein interessantes Reiseziel. So besuchten im Jahr 1867 der russische Schriftsteller Fjodor M. Dostojewski und seine Frau Anna Grigorjewna die Mainmetropole auf ihrem Weg nach Baden-Baden, wo Dostojewski (wieder einmal) sein Geld verspielen würde. Die Dostojewskaja hat in ihren Tagebüchern den Stadtbummel zwischen zwei Zügen festgehalten:

„Zuerst gingen wir in die Gr. Gallusstraße, die als mit wunderschönen Bäumen dicht bestandene Allee beginnt. Die Bäume standen gerade in voller Blüte, sie hatten große, weiße Blütendolden. Wir fragten nach ihrem Namen und erfuhren, dass es Akazien seien. So habe ich also zum ersten Mal in meinem Leben eine blühende weiße Akazie gesehen. Sie hat mir sehr gut gefallen. Am Ende dieser Straße befindet sich das Gutenberg-Denkmal, das von drei Gestalten gebildet wird: Gutenberg und zwei andere Buchdrucker. Ein paar Schritte weiter, auf dem Roßmarkt, ist das Goethe-Denkmal. Weiter führt eine Straße, die Zeil, in der Art unseres Njewski Prospekts, mit wunderschönen Geschäften [...]. Wir bogen in eine andere Straße in Richtung Main. Bei uns zu Hause hängt ein Bild von Frankfurt am Main an der Wand, das aber Frankfurt vom anderen Ufer aus gesehen darstellt. Als Kind mochte ich dieses Bild immer besonders gern, deshalb wollte ich es jetzt unbedingt mit eigenen Augen sehen. Wir gingen eine lange und heiße Straße entlang, die Fensterläden der Häuser waren gegen die Hitze geschlossen, die Stadt war menschenleer. Schließlich erreichten wir das Ufer. Als ich den Fluss sah, musste ich einfach aufschreien, so sehr ähnelte die Natur hier meinem Bild: da war die Brücke mit dem Turm, die Insel, die Sandbank, sogar die Barken und Flöße schwammen hier, genauso wie auf meinem Bild!“[72]

Bemerkenswert fand der amerikanische Schriftsteller Mark Twain, der 1878 Europa besuchte, das Frankfurter Bewirtungs- und Beherbergungsgewerbe. Mit gespieltem Unverständnis schilderte er in seinem *Bummel durch Europa* die umständlichen Vorbereitungen für den Empfang des Großherzogs von Baden in seinem Hotel. „Es scheint doch ebenso schwer zu sein, einen Monarchen an Land zu bringen, wie ein Schiff vom Stapel zu lassen“, resümierte er das Ereignis, das seine Aufmerksamkeit so gefesselt hatte, dass er über die anderen Sehenswürdigkeiten der Stadt recht wenig zu berichten wusste. Aufgefallen war ihm noch, dass „die Leute alle sehr saubere Sachen“ trugen. „Hier in Frankfurt waren selbst in den engsten, ärmlichsten und ältesten Vierteln der Stadt schmucke und saubere Kleider die Regel. Die kleinen Kinder beiderlei Geschlechts sahen alle so appetitlich aus, dass man sie getrost auf den Schoß nehmen konnte.“[73] Später, 1891 in Berlin, übersetzte Mark Twain, der sich gern über die deutsche Sprache lustig machte, den *Struwwelpeter* ins Englische, wobei es sich mehr um eine eigenwillige Nachdichtung handelte. Und er schenkte, wie sein historisches Vorbild Hoffmann, das Manuskript seinen Kindern zu Weihnachten. Über den deutschen Text, den er sich gern laut vorlas, soll er sich immer wieder amüsiert haben.

Einem Besucher gefiel es in Frankfurt so gut, dass er dort für drei Jahre blieb, nämlich von 1869 bis 1872: Wilhelm Busch. Der Dichter, Zeichner und Maler war mit der Frankfurter Bankiersfamilie Kessler befreundet, für die sein Bruder Otto als Hauslehrer arbeitete. Das Dienstmädchen der Kesslers soll das Vorbild für die *Fromme Helene* (1872) sein, die Busch in dieser Zeit schrieb und zeichnete. Über das Verhältnis Buschs zur Hausherrin Johanna Kessler ist viel spekuliert worden. Der Briefwechsel endete 1877 abrupt und wurde erst 1891, nach dem Tod des Bankiers, wieder aufgenommen. Busch kam danach, bis zu seinem Tod 1908 wieder regelmäßig nach Frankfurt.

Unter preußischer Herrschaft und ohne die Last, eine deutsche Hauptstadt sein zu müssen, entwickelte sich die Mainmetropole bis zum Ersten Weltkrieg mehr und mehr in Richtung einer modernen und weltoffenen Großstadt. Die jüdischen Bürger genossen endlich die gleichen Rechte. Der Handel und vor allem das Bankenwesen blühten. Die wichtigste Börse allerdings stand weiterhin in Berlin. Großen Industriebetrieben wurde die Ansiedlung ermöglicht. Das brachte zahlreiche neue Arbeitsplätze und ließ die Einwohnerzahl weiter ansteigen.

Die Frankfurter Zeitung

Frankfurt wurde während der Weimarer Republik zu einem literarischen Zentrum in Deutschland. Das verdankte es vor allem zwei Einrichtungen: der 1856 von Leopold Sonnemann gegründeten *Frankfurter Zeitung* und dem Frankfurter Radiosender, der am 1. April 1924 seinen Betrieb aufnahm. Beide Institutionen versammelten bis heute bedeutende Journalisten, Schriftsteller, Soziologen und Philosophen um sich, die damals oft noch am Anfang ihres Berufsweges standen.

Alfons Paquet

Das Feuilleton der *Frankfurter Zeitung* prägten Rudolf Geck und sein Nachfolger Benno Reifenberg, die u. a. mit Siegfried Kracauer, Alfons Paquet, Joseph Roth und Paul Tillich zusammenarbeiteten.

Der am 26. Januar 1881 in Wiesbaden geborene Alfons Paquet war der „dienstälteste" unter ihnen. Er hatte schon 1904 seine ersten Beiträge für die *Frankfurter Zeitung* geschrieben. Von seinen ausgedehnten Reisen um die Welt brachte er Reportagen mit, die auch gesammelt in Buchform erschienen. Von 1916 bis 1918 war er Korrespondent in Stockholm, danach ließ er sich dauerhaft in Frankfurt nieder. Als Schriftsteller hatte Paquet 1901 mit dem Erzählungsband *Schutzmann Mentrup und anderes* debütiert. Seine realistische, am Naturalismus geschulte Sprache prägt auch seine Reiseschilderungen, die ihn in kurzer Zeit populär machten. Obwohl er als praktizierender Christ und später als Quäker jede Form von Gewalt ablehnte, warb er in seinen Reisereportagen aus Russland für die soziale Revolution Lenins. Seine Berichte erschienen noch vor dem Ende des Ersten Weltkriegs in der *FZ* und 1919 unter dem Titel *Im kommunistischen Rußland* als Buch.

In seinen Dramen *Fahnen* (1923) und *Sturmflut* (1926), die beide von Erwin Piscator an der Berliner Volksbühne uraufgeführt wurden, profitierte Paquet von seinen Erfahrungen, die er im kommunistischen Russland gemacht hatte. Im Gegensatz dazu verharren die Hauptfiguren in seinen Erzählungen und Romanen, mit Ausnahme von *Die Prophezeiungen* (1923), eher in politischer und gesellschaftlicher Passivität. Als Autor war Paquet, der seit 1918 in Frankfurt lebte, auch seiner Wahlheimat eng verbunden und schrieb unter anderem über *Frankfurt als Bücherstadt* (1924), *Frau Rath und ihre Welt* (1931) und *Die Frankfurterin* (postum 1947).

In seiner Funktion als Kuratoriumssekretär setzte sich Paquet für die Verleihung des Goethepreises an Sigmund Freud ein. Das war 1930 eine höchst umstrittene Entscheidung. 1932 wurde er in die angesehene Preußische Akademie der Künste berufen. Er verließ sie allerdings schon wenig später wieder unter Protest. Denn unterdessen war Adolf Hitler an die Macht gekommen, und er wollte dem Regime nicht als Aushängeschild dienen. Obwohl er kurzzeitig das Feuilleton der *Frankfurter Zeitung* leitete, hatte er bis zu seinem Tod am 8. Februar 1944 nur eingeschränkte Publikationsmöglichkeiten.

Als Benno Reifenberg 1924 die Feuilletonleitung übernahm, gab er das Filmressort dem am 8. Februar 1889 in Frankfurt geborenen Architekten, Soziologen und Schriftsteller Siegfried Kracauer. Nur kurz nach Paquet, 1907, hatte er seine ersten Artikel für die *Frankfurter Zeitung* geschrieben, seit 1921 arbeitete er in der Lokalredaktion. „Seine später epochemachende soziologische Filmkritik", schreibt der Kulturhistoriker Wolfgang Schivelbusch, „hatte ihren Ursprung in seiner journalistischen Tagesarbeit in den zwanziger Jahren. Von den Redakteuren der *Frankfurter Zeitung* ist er der einzige, dessen journalistisches Werk nicht nur überdauerte, sondern sich richtig erst in der Nachwirkung entfaltete"[74]. Kracauer lotete die Grenzen des klassischen Feuilletons aus und war einer der ersten, der sie überschritt, vor allem mit seinen soziologischen Studien. Mit seinem Buch *Die Angestellten*,

Die Frankfurter Innenstadt mit Börse, Hauptwache und Katharinenkirche, Luftbild von 1929

in dem er eine neue gesellschaftliche Klasse ausmachte, erregte er 1930 großes Aufsehen.

Neben seiner publizistischen Tätigkeit schrieb Kracauer auch noch Erzählungen und zwei autobiographische Romane. Seine Erfahrungen, die er in der Redaktion der *Frankfurter Zeitung* gemacht hatte, verarbeitete er 1934 in *Georg*. Der Roman entstand in seinem Pariser Exil und konnte erst postum 1973 erscheinen. In seinem ebenfalls stark autobiographisch geprägten Erstling *Ginster*, den er 1928 anonym herausbrachte, schilderte Kracauer den Ersten Weltkrieg aus der Sicht eines jungen Intellektuellen, der in Frankfurt als Ingenieur tätig ist und dem Frontdienst entgehen kann. Der Roman ist die aus Gesprächen und Reflexionen entwickelte Mentalitätsgeschichte einer gerade erwachsenen Generation, die zunächst kollektiv den Krieg bejahte, dann aber erkennen musste, dass die vom Kaiser proklamierte und von vielen beschworene „Einigkeit" aller Deutschen nur eine Illusion war. Ernüchterung und Trauer führten dann konsequent zur Revolution. Im August 1933 wurde Kracauer gekündigt und lebte als freier Autor in Frankreich. 1941 floh er nach New York und arbeitete als Filmhistoriker am Museum of Modern Art und in den Fünfzigerjahren als Forschungsdirektor für angewandte Sozialwissenschaft an der Columbia University. In den USA entstanden seine großen Studien über den deutschen Film und seine Theorie des Films.

Noch eines Mitarbeiters der *Frankfurter Zeitung* soll an dieser Stelle gedacht werden, weil er die Heimatstadt der *FZ* zum Schauplatz eines Romans wählte, der bis heute gelesen wird. Der aus Fürth stammende Erzähler und Kritiker Jakob Wassermann hatte schon 1898 als Theaterkritiker für die *Frankfurter Zeitung* aus Wien berichtet. Dann waren seine Romane entstanden, mit denen er ein großes Publikum erreichte. Der erfolgreichste von ihnen ist *Der Fall Maurizius* (1928), den er in Frankfurt spielen ließ. Darin geht es um die Revision eines gravierenden Fehlurteils. Der 16-jährige Sohn entdeckt gegen seinen Vater, den Staatsanwalt, die wahren Hintergründe eines Mordes. Marcel Reich-Ranicki nannte Wassermann einen „radikalen Moralisten, freilich mit einer Schwäche zum billigen Pomp. Er war ein passionierter Psychologe mit dem Drang zur handfesten Kolportage. Sensationelle Stoffe mit rätselhaft-skurrilen Arabesken und pseudophilosophischem Tiefgang, spannende Geschichten mit metaphysischer Perspektive – dies etwa ist die Mischung, der Jakob Wassermann seine enorme Leserschaft verdankte“[75].

Schriftsteller im Radio

In Deutschland war das Radio relativ spät eingeführt worden, weil das zuständige Reichspostministerium lange befürchtete, Revolutionäre könnten sich der Sender bemächtigen und über das Radio zum Umsturz aufrufen. Deshalb wurde der Rundfunk, als er endlich am 19. Oktober 1923 mit der ersten Sendung aus dem Berliner Vox-Haus begann, zum privat betriebenen „Unterhaltungsrundfunk“ degradiert, der sich aller politischen Meinungsäußerungen zu enthalten hatte. Das kontrollierten „Überwachungsausschüsse“ und „Kulturbeiräte“. In Frankfurt war der Arzt Hans Flesch zum künstlerischen Leiter der Südwestdeutschen Rundfunkdienst AG berufen worden, die am 1. April 1924 ihren Sendebetrieb begann. Flesch, am 18. Dezember 1896 in Frankfurt geboren, hatte ursprünglich Schauspieler werden wollen, studierte dann aber Medizin. Der neugeschaffene Rundfunk bot ihm die Gelegenheit zumindest einen Teil seines Traums zu verwirklichen. 1929 ging er als Intendant zur damals größten deutschen Sendegesellschaft, der *Berliner Funkstunde*. 1933 wurde Flesch von den Nationalsozialisten im KZ Oranienburg inhaftiert, angeklagt und im Juni 1935 freigesprochen. Er schlug sich mit verschiedenen Arbeiten durch und wurde Ende 1942, trotz „Wehrunwürdigkeit“ als „Halbjude“, dienstverpflichtet. Er arbeitete wieder als Arzt, zuletzt als Sanitätsoffizier im „Volkssturm“. Seit März 1945 ist er verschollen. Hans Flesch und sein Nachfolger, der Komponist und Musikschriftsteller Ernst Schoen, der 1933 nach Großbritannien emigrierte, machten, wie Wolfgang Schivelbusch schreibt, den „Frankfurter Sender zu einem Innovationszentrum für die Rundfunk-Genres der Reportage, der neuen Musik, des Hörspiels und des freien Streitgesprächs“[76]. Es gelang ihnen, Schriftsteller und Komponisten zu gewinnen, die speziell für den Rundfunk schrieben und komponierten. Dazu gehörten Autoren wie Walter Benjamin oder Theodor W. Adorno. Am 23. März 1927 sprach der Philosoph, Literaturkritiker und Übersetzer Walter Benjamin zum ersten Mal im Frankfurter Sender – über *Junge russische Dichter.* Es folgten Vorträge, literarische Kritiken, experimentelle „Hörmodelle“ und Sendungen für Kinder und Jugendliche, darunter 1932 das Hörspiel *Radau um Kasperl*, das ursprünglich den Titel *Kasperl und der Rundfunk. Eine Geschichte mit Lärm* heißen sollte und als eine Art Geräuschrätsel für Kinder gedacht war. Es lief am 10. März 1932 über den Frankfurter Sender. In einer Szene des Hörspiels erklärt ein Karussellbesitzer dem Kasperl, wie man die Zahl vier schreibt, aber Kasperl versteht das völlig falsch:

> „DER KARUSSELLMANN: Bitte Schoen, ich schreibs Ihnen vor: E i n e n Strich von oben nach unten, n o c h e i n e n von links nach rechts und zum Schluss n o c h e i n e n von oben nach unten, macht 4.
> KASPERL: Macht drei.
> DER KARUSSELLMANN: Macht vier.
> KASPERL: Macht drei.
> *Der Wortwechsel beschleunigt sich. Kasperl zählt auf:*
> ein Strich und noch ein Strich und noch einer – macht drei.
> DER KARUSELLMANN: Wenn ich Ihnen doch sage, dass das eine Vier ist. Habens denn nichts in der Schule gelernt?
> KASPERL: Dös könnt Ihnen so passen, die Leut frotzeln. Erst habens gesagt einen Strich, dann sagens noch einen Strich und dann sagens zuletzt nochmal einen. Das macht drei. Und das werdens gleich sehen, wie das drei macht. *Man hört den Knall von drei Backpfeifen.* Eine Watschn und noch eine Watschn und noch eine Watschn. Dös macht drei Watschn. Dem hätten wir das Rechnen mal ausgetrieben.
> *Der Wortwechsel geht in eine Keilerei über.*“[77]

Das Spektrum von Benjamins Radioarbeiten war breit und reichte von einer Geschichte der Räuberbanden in Deutschland bis zu Autorenporträts von André Gide oder Bertolt Brecht.

Der am 11. September 1903 in Frankfurt geborene Philosoph und Soziologe Theodor W. Adorno verfolgte einen ähnlichen Ansatz wie Benjamin in seinen Schulfunksendungen und vor allem in den von ihm verfassten Einleitungen zu den Frankfurter „Studiokonzerten“. Er wollte seine Hörer an Kunstformen heranführen, die sich einem spontanen Verständnis entzogen. Ähnlich überlegt wie bei der Musik gingen Flesch und Schoen auch beim Hörspiel, der originären Radiokunstform, vor. Bereits am 24. Oktober 1924 hatte der Frankfurter Sender das erste deutsche Radiohörspiel ausgestrahlt: *Zauberei auf dem Sender* von Hans Flesch. Ähnlich wie Benjamins Hörspiel *Radau um Kasperl*, mit dem jüngeren Hörern das Radio als zu hinterfragendes Medium nahegebracht werden sollte, zeigte Flesch mit der Live-Produktion, an der sein gesamtes Team beteiligt war, das Radio als mediale Inszenierung.

Die großen Autoren der Weimarer Republik standen dem neuen Medium lange skeptisch gegenüber, obwohl sie sich gelegentlich zu Autorenabenden einladen ließen. Man sah die Kultur von der Technik bedroht und fürchtete um den Buchumsatz oder den Bestand der Theater. Erst gegen Ende der Zwanzigerjahre begannen einige Schriftsteller, sich intensiv mit dem Radio auseinanderzusetzen und Hörspiele zu schreiben, die nur für den Rundfunk und nicht (auch) für das Theater gedacht waren. Der bekannteste von ihnen ist Bertolt Brecht, der schon 1927 *Vorschläge für den Intendanten des Rundfunks* gemacht hatte. Er wollte aus dem politisch noch stark kontrollierten Medium einen demokratischen Rundfunk machen. 1932 entwickelte er dazu seine „Radiotheorie“, in der er „zur Umfunktionierung des Rundfunks“ aufrief: „Der Rundfunk ist aus dem Distributionsapparat in einen Kommunikationsapparat zu verwandeln.“[78]. Das heißt, die Hörer sollten aktiv in die Programmgestaltung einbezogen werden und im Radio mitreden können. Die Chance einer Umsetzung seiner Ideen hatte Brecht nicht mehr. Die Machtübernahme durch die Nationalsozialisten verhinderte jedes Experiment im Radio. Für Goebbels war das junge Medium nur noch ein wichtiges Propagandainstrument. Die Inhalte mussten sich dem politischen Primat unterordnen.

Titelseite aus der *Südwestdeutschen Rundfunk-Zeitung*, 1932

Am 29. Juli 1929 hatte der Frankfurter Sender Brechts *Der Lindberghflug* aus Baden-Baden übernommen. Die Musik stammte von Kurt Weill und Paul Hindemith. Das Frankfurter Rundfunkorchester spielte. In seinem „Radiolehrstück für Knaben und Mädchen" stellte Brecht dem Helden den Hörer als gleichberechtigten Partner gegenüber, um eine die pädagogische Absicht konterkarierende Identifikation zu verhindern.

„Unter Ernst Schoen", schreibt Wolfgang Schivelbusch, „entwickelte Radio Frankfurt in den Jahren 1929–33 ähnlich kompromisslos wie die neue Musik einen neuen Hörspieltypus, mit dem es ebenso einsam in der Rundfunklandschaft stehen sollte. Das Hörspiel als soziologisches Experiment und Lehrstück. Die persönliche Freundschaft Schoens mit Walter Benjamin und über diesen die Verbindungen zu Brecht spielten dabei sicher eine Rolle."[79]
In einer Sendung begegneten sich die beiden Frankfurter Medienunternehmen, nämlich in der *Stunde der Frankfurter Zeitung*, in der u. a. Alfons Paquet, Joseph Roth und Fritz von Unruh eigene Texte vortrugen. Einer der Höhepunkte dieser Reihe war der Auftritt von Thomas Mann, der am 13. Juli 1924 aus seinem noch nicht vollendeten *Zauberberg* las.

Frankfurt mit seiner angesehenen Zeitung, seiner Rundfunkanstalt, der Universität, dem Institut für Sozialforschung, dem Theater, an dem Max Ophüls inszenierte, und dem Freien Jüdischen Lehrhaus, an dem u. a. Franz Rosenzweig, Martin Buber, Erich Fromm, Leo Löwenthal, Siegfried Kracauer und der Literaturnobelpreisträger Samuel Joseph Agnon unterrichteten, zog Künstler und Intellektuelle aus der Welt an. So kamen auch der amerikanische Autor Thomas Wolfe und (wenn wir Wolfe glauben) der Ire James Joyce im September 1928 als Touristen nach Frankfurt, wo sich die beiden bei einer Stadtrundfahrt begegneten. Das für ihn denkwürdige Ereignis schilderte der damals noch weitgehend unbekannte Wolfe in einem Brief an die Bühnenbildnerin Aline Bernstein, mit der er gerade eine Affäre hatte:

> „Als ich um halb vier auf dem Bahnhofsplatz einstieg, war der Bus schon voll von großen, handfesten Deutschen – nur zwei Plätze waren noch frei, und neben dem einen saß ein Herr, der rasch zu mir aufblickte, als ich durch den Gang kam. Er lächelte nervös und sagte ganz schnell auf Englisch: ‚Setzen Sie sich hierher.' Ich setzte mich neben ihn; er zog die Knie an und rückte zur Seite, als ob er sich vor mir fürchtete. Der Herr war James Joyce. Vielleicht hat er mich wiedererkannt von damals, als wir im September vor zwei Jahren den Ausflug von Brüssel nach Waterloo gemacht haben. Er wirkte viel älter, ganz gebeugt, aber sehr elegant angezogen – das heißt, besser als damals, und an Stelle der einen schwarzen Augenklappe trug er in der Sonne eine dunkle Brille, während er in Innenräumen eine gewöhnliche Brille aufsetzte.

Wir gingen ins Rathaus und ins Goethehaus – beide waren wunderschön. Im Rathaus, das hier Römer heißt, mussten alle vor der Besichtigung der Hauptattraktion, des großen Kaisersaals, in riesige Filzpantoffel schlüpfen. Joyce wanderte allein umher und besah sich alles, während eine deutsche Dame den Touristen einen langatmigen Vortrag hielt; dann begann er, sich für den schön blank polierten Fußboden zu interessieren und völlig geistesabwesend in seinen Filzpantoffeln hin und her zu schlittern. Wir hatten noch kein Wort miteinander gesprochen, aber die ganze Zeit lächelten wir einander unsicher zu, und an den Türen bestand jeder mit lebhaften Gebärden darauf, dem anderen den Vortritt zu lassen. Am Goethehaus war die Rundfahrt zu Ende, und als wir nach der Besichtigung wieder auf die Straße kamen, sagte er zu mir, es sei ‚ein Schoenes altes Haus'. Ich sagte, es sei eines der Schoensten Häuser, die ich kenne – was auch stimmte –, und so etwas könne man heutzutage nicht mehr bauen. Dann sagte ich, ich wolle noch einmal in die Altstadt gehen, die ganz nah vom Goethehaus ist und in der man sich wirklich wie im Märchen fühlt. Er wollte das gleiche tun und, wie er sagte, ‚sich dort eine Weile verirren'. Ich Idiot war zu unbeholfen und zu schüchtern, um zu fragen, ob ich ihn begleiten dürfe – er hätte bestimmt ja gesagt, denn er wollte offensichtlich nett und freundlich sein, und für mich wäre ein Spaziergang mit ihm eine große Sache gewesen."[80]

Die Frankfurter Alte Oper. Luftbild von 1929

Elias Canetti

Nur ungern war der 16-jährige Elias Canetti 1921 nach Frankfurt gekommen. Im bulgarischen Russe nahe der Grenze zu Rumänien geboren, hatte Canetti schon einen Weg über England, die Schweiz und Österreich hinter sich, ehe er in dem Land eintraf, dessen Sprache er als Kind nur unter Qualen gelernt hatte. Frankfurt war für die Mutter eine Alternative zu Wien und Zürich, wo er als einziger Junge in einem Mädchenpensionat gelebt hatte. Seine Mutter befürchtete, dass er verblöde und sich in seinem „Paradies" vor der Wirklichkeit drücke. „Du mußt dorthin, wo es kein Vergnügen für dich ist. Ich will dich nach Deutschland bringen. Da geht es den Leuten jetzt schlecht. Da sollst du sehen, wie es zugeht, wenn man einen Krieg verloren hat"[81], soll sie ihm gesagt haben. In Frankfurt ist Canetti nicht heimisch geworden, obwohl er sein Abitur am Wöhler-Realgymnasium ablegte. Eine große Demonstration mit 60 000 Teilnehmern auf der Zeil nach der Ermordung von Walther Rathenau soll bei ihm prägende Erfahrungen hinterlassen haben, an die er sich später, in seinem 1960 erschienenen Hauptwerk *Masse und Macht* erinnerte. Zum Studium ging Canetti 1924 nach Wien. An dem Haus in der Bockenheimer Landstraße, dem heutigen „Hotel Palmenhof", ist eine Gedenktafel angebracht. Ausgesprochen gern war Canetti in die Frankfurter Theater gegangen, die, wie es aus heutiger Sicht scheint, nicht hinter den anderen fortschrittlichen Institutionen in Frankfurt zurückstehen wollten.

Adam Kuckhoff und Ludwig Fulda

Dramaturg und Regisseur am Neuen Theater war von 1917 bis 1920 Adam Kuckhoff gewesen. Am 28. Februar 1918 war dort sein Drama *Der Deutsche von Bayencourt* uraufgeführt worden. Das Stück (das 1937 umgearbeitet als Roman bei Rowohlt erscheinen sollte) handelt von einem Deutschen, der nach Frankreich ausgewandert ist und dort ein ruhiges Leben als unterdessen französischer Staatsbürger führt. Als der Erste Weltkrieg beginnt, begegnen ihm die Menschen plötzlich mit Scheu und Misstrauen. Als er drei geflohenen deutschen Soldaten Unterschlupf gewährt, wird er zum Tod verurteilt und erschossen. Kuckhoff hatte kein, wie es auf den ersten Blick scheint (und wie es später der Rezensent des Romans im *Völkischen Beobachter* glauben machen wollte), antifranzösisches Heldenepos geschrieben. Ohne einordnende Erläuterungen, nur mit seinen Figuren, wollte Kuckhoff zeigen, wie Hass und Chauvinismus entstehen.

Der am 30. August 1887 in Aachen geborene Sohn eines Nadelfabrikanten, der mit einer Dissertation über Schillers Theorie des Tragischen promoviert worden war, hatte zunächst an den Theatern in Düsseldorf und Elberfeld gearbeitet, ehe er nach Frankfurt kam. 1920 übernahm er die Leitung des neu gegründeten „Frankfurter Künstlertheaters für Rhein und Main", das als Wanderbühne durch die Lande reiste. Kuckhoffs Vorbilder waren neben Schiller vor allem Lessing und Büchner, dessen Werke er 1927 herausbrachte und mit einem umfangreichen Einleitungsessay versah. Nach dem Ende des Frankfurter Theaterprojekts in der Inflationszeit ließ er sich als freier Schriftsteller in Berlin nieder. Während des Zweiten Weltkriegs ging er in den aktiven Widerstand gegen Hitler und schloss sich der „Roten Kapelle" an, die Kontakt zur sowjetischen Führung unterhielt. Nach der Enttarnung der Widerstandsgruppe wurde Kuckhoff am 5. August 1943 in Berlin-Plötzensee hingerichtet.

Ein Liebling nicht nur des Frankfurter Theaterpublikums war Ludwig Fulda. Er wurde am 15. Juli 1862 in Frankfurt geboren und stammte aus einer jüdischen Kaufmannsfamilie. Gegen den Willen seiner Eltern hatte er Germanistik und Philosophie studiert. Schon früh begann er Theaterstücke zu schreiben und lebte seit 1884 als freier Schriftsteller, zunächst in München, dann in Berlin. Mit seinen frühen naturalistischen, sozialkritischen Dramen, besonders aber mit den neoromantischen Lustspielen wurde Fulda zu einem der erfolgreichsten deutschsprachigen Theaterautoren der Jahrhundertwende. Bis 1932 veröffentlichte er 38 Dramen und zwölf Einakter. Allein 1932 standen 429 Fulda-Inszenierungen auf den deutschen Spielplänen. Daneben übersetzte er Bühnenwerke englischer und französischer Autoren. Er war der erste Präsident des deutschen PEN-Zentrums, Vorsitzender des Verbandes der Bühnenschriftsteller und Gründungsmitglied der Sektion Dichtkunst der Preußischen Akademie der Künste. Aus Anlass seines 70. Geburtstags brachte das Frankfurter Schauspielhaus am 11. Juli 1932 eine Neuinszenierung seiner Abderiten-Komödie *Des Esels Schatten*, bei der Paul Verhoeven Regie führte, und der Magistrat der Stadt Frankfurt verlieh ihm seine Ehrenplakette für besondere Verdienste um das Bühnenwesen. Schon kurz nach der Machtübernahme durch die Nationalsozialisten, am 5. Mai 1933, wurde der Hochgeehrte aus der Akademie der Künste ausgeschlossen. Keines seiner Stücke durfte mehr außerhalb der Veranstaltungen des Jüdischen Kulturbunds gespielt werden. Seinen Sohn Karl, der 1935 über Frankreich in die USA emigriert war, konnte der Dramatiker noch 1937 besuchen. Er kehrte nach Deutschland zurück und bemühte sich 1938 nach der Reichspogromnacht um ein Ausreisevisum für die USA. Eine letzte Demütigung erteilte ihm der NS-Staat im März 1939, als er vom Wirtschaftsministerium aufgefordert wurde, den Ring des Wiener Burgtheaters, der ihm 1933 als meistgespielter Bühnenautor überreicht worden war, abzugeben. Derartige Schmuckgegenstände zu besitzen war Juden unterdessen verboten. Wenige Tage später, am 30. März 1939, nahm sich Ludwig Fulda in seiner Berliner Wohnung das Leben.

„Hulet, hulet, besje Windn“

„Der Dom trägt einen Altfrankfurter Hut, eine richtige, hochvornehme Kaufmannstiara“, schrieb der elsässische Autor René Schickele in seinem Reisebuch *Himmlische Landschaft*.

> „Am Mainkai stehn mächtige Bürgerhäuser. Sie haben etwas vor sich gebracht, die Herren, einen achtungfordernden Abstand zwischen sich und den Strom gelegt. Es sind lauter Respektspersonen, an denen, bei näherem Zusehn, ein Zug von Gekränktsein auffällt. Wahrscheinlich finden sie, die Welt komme täglich mehr herunter.
>
> Dicht vor ihrer Nase baden Tausende im Main, Jünglinge und Mädchen, viele unterscheidet man kaum, sogar im nassen Badekostüm. Auf dem Motorboot lächeln, kopfnicken sie vorbei, junge Männer, junge Frauen. Gegenüber gibt es eine riesige neue Markthalle, Hafengebäude, Fabriken. Den Strom entlang baden sie, Tausende von Leibern glänzen an der Sonne“.[82]

Als René Schickeles Buch 1933 bei S. Fischer in Berlin erschien, da hatte sich die Nacht schon über Frankfurt und ganz Deutschland niedergesenkt. Schikkele selbst lebte nicht mehr in Deutschland. Er war bereits im November 1932 nach Südfrankreich emigriert, wo er 1940 starb.

Nachdem es schon vorher zu einzelnen Übergriffen gekommen war, machte die NS-Regierung am 1. April 1933 mit dem ohne größeren Widerstand durchgesetzten Boykott jüdischer Geschäfte, Anwaltsbüros und Arztpraxen unmissverständlich deutlich, dass sie es nicht bei den verbalen Attacken belassen würde. Auch in Frankfurt wurden Juden misshandelt und verhaftet, Schaufenster beschmiert und Menschen, die sich nicht vom Einkauf oder dem Gang zum Arzt abhalten lassen wollten, beschimpft und bedroht.

Die 1928 in Frankfurt geborene Silvia Tennenbaum schildert in ihrem Roman *Straßen von gestern*, der 1981 unter dem Titel *Yesterday's Streets* zuerst in englischer Sprache herauskam, nicht nur den Boykott selbst, sondern auch die Reaktion der nicht-jüdischen Bevölkerung. Tennenbaum war väterlicherseits die Ur-Urenkelin von Maria Belli-Gontard, die Mitte des 19. Jahrhunderts mehrere Bücher zur (Frankfurter) Geschichte und Kulturgeschichte herausgebracht hatte. Silvia Tennenbaums Stiefvater war der Dirigent Hans

Wilhelm Steinberg, der 1934 eine Dependance des Jüdischen Kulturbundes in Frankfurt gründete. Mit ihrer Mutter und ihrem Stiefvater floh Tennenbaum 1936 zunächst in die Schweiz und dann in die USA, wo sie eine erfolgreiche Schriftstellerin wurde. In *Straßen von gestern* schildert sie das Leben der jüdischen Familie Wertheim aus dem Frankfurter Westend in der Zeit vor dem Ersten Weltkrieg bis zum Ende des Zweiten Weltkriegs in der Emigration. Sie geht aber auch der Frage nach, was die nicht-jüdischen Deutschen an Hitler so faszinierte:

> „Die Strüplers hörten sich im Rundfunk eine Rede des Führers an, der ihnen all die Dinge versprach, nach denen sie sich so lange vergeblich gesehnt hatten. Rache für den Versailler Vertrag und den Dolchstoß in den Rücken. Schluss mit der Entartung, Schluss mit der Schande von Weimar, der Republik der Juden. Keine Musik mehr, die wie das Zerreißen von Stoff und das Poltern herabfallender Kisten klang. Keine Gemälde mehr, auf denen nichts zu erkennen war. Keine Bücher mehr, die mit Spitzfindigkeiten, mit ironisch gezeichneten Bildern durchsetzt waren. Keine Affronts mehr gegen das Vaterland ... Herr Strüpler ballte die Fäuste. Dies war ein Mann, den er verstehen konnte, ein Mann, der seine Sprache sprach.“[83]

Nach dem Boykott der jüdischen Geschäfte und Praxen sah auch Frau Strüpler ihre Stunde gekommen:

> „Frau Strüpler stand im Hof, rief ordinäre Schimpfworte zu den Fenstern ihrer jüdischen Mieter hinauf und drohte ihnen mit gerichtlicher Vertreibung – etwas das nicht in ihrer Hand lag, obwohl sie sich in dem Gedanken gefiel, dass sie jetzt endlich einen ganzen Teil der Bevölkerung zur Zielschiebe ihres aufgespeicherten Zornes, zu ihren Opfern, machen könnte.“[84]

Das „Gesetz zur Wiederherstellung des Berufsbeamtentums“, das am 7. April 1933 verabschiedet wurde, war ein weiterer Schritt auf dem Weg, die deutschen Juden zu isolieren und ihnen ihre Lebensgrundlagen zu entziehen. „Beamte“, heißt es darin, „die nichtarischer Abstammung sind, sind in den Ruhestand zu versetzen“. Damit war die gesetzliche Grundlage für die umfangreichen „Säuberungsaktionen“ in der öffentlichen Verwaltung geschaffen, die nicht nur staatliche und kommunale Stellen, sondern auch Opernhäuser, Theater und das Frankfurter Funkhaus erfassten.

Die Frankfurter Kaufmannsfamilie Frank verließ im Sommer 1933 ihre Heimatstadt. Tochter Anne, am 12. Juni 1929 geboren, war gerade vier Jahre alt. Spätestens seit den Boykottaktionen gegen jüdische Geschäfte, Kanzleien und Arztpraxen am 1. April 1933 ahnte ihr Vater Otto Frank, was sich in Deutschland noch ereignen würde. Zunächst ging es nach Aachen und dann nach Amsterdam, wo er einen Absatzmarkt für die Opekta-Werke aufbauen sollte. Nachdem die deutschen Truppen zu Beginn des Zweiten Weltkriegs in die Niederlande einmarschiert waren, verschlechterte sich die Situation für die jüdischen Bürger von Tag zu Tag. Im Juli 1942 versteckte sich die Familie im Hinterhaus Prinsengracht 263. Vom 12. Juni 1942, ihrem 13. Geburtstag, bis zum 1. August 1944 führte Anne Frank ihr Tagebuch, das zu einem erschütternden Dokument des nationalsozialistischen Rassenwahns wurde. Ein Kind erlebte Terror und Verfolgung, aber es resignierte nicht. In der Enge des Verstecks wuchs eine Persönlichkeit heran, deren Gedanken und Gefühle ein beeindruckendes Zeugnis geblieben sind.

Am 4. August 1944 wurde Anne Frank verhaftet und über das Sammellager Westerbork nach Auschwitz-Birkenau deportiert. Im Oktober 1944 kam sie nach Bergen-Belsen, wo sie im März 1945 an Typhus starb.

Ihr Tagebuch erschien, von Otto Frank bearbeitet, 1947 in Amsterdam unter dem Titel *Het Achterhuis*. Eine deutsche Übersetzung kam 1950 heraus, aber erst die Taschenbuchausgabe von 1955 fand weite Verbreitung. Zehn Jahre nach dem Ende des Zweiten Weltkriegs und mitten im „Wirtschaftswunder" erinnerte das persönliche Zeugnis eines Kindes an die Schuld einer Nation, die die nationalsozialistische Vernichtungspolitik nur zu gern vergessen hätte. Die Jugendbegegnungsstätte Anne Frank und eine Gedenktafel am Haus Ganghoferstrasse 24, einer ihrer Wohnorte, erinnern in Frankfurt an sie.

Der Frankfurter Römer in Hakenkreuzfahnen

Wie schnell Frankfurt nationalsozialistisch geworden war, hat die Schriftstellerin Irmgard Keun schon 1937 beschrieben. Keuns Bücher waren im nationalsozialistischen

Deutschland unerwünscht. Die in Berlin geborene Autorin ging 1935 ins belgische Exil und kehrte nach dem Beginn des Zweiten Weltkriegs illegal nach Deutschland zurück, wo sie versteckt lebte. In ihrem Roman *Nach Mitternacht*, der im Amsterdamer Exilverlag Querido erschien und dessen Anfang in Frankfurt spielt, schilderte sie den Besuch Adolf Hitlers im Frühjahr 1933:

> „Am Opernplatz war ein Getummle von Menschen und Hakenkreuzfahnen und Tannengirlanden und SS-Leuten. Es herrschte ein Durcheinander von aufgeregten Vorbereitungen wie bei einer Weihnachtsbescherung wohlhabender Eltern mit mehreren Kindern. Man ist ja gewohnt, dass immer was los ist in Deutschland mit fieberhaften Feiern, darum fragt man oft schon gar nicht mehr, warum eine Feier nun wieder ist mit Girlanden und Fahnen. [...] Da sagte der SS, um acht Uhr komme der Führer durch die Mainzer Landstraße zum Opernhaus gefahren. Um auf die andere Seite zu kommen, müssten wir einen Umweg machen. Natürlich, der Führer kam! Dass ich das auch vergessen konnte. Wo doch das Bertchen Silias Reihendurchbrecherin ist, und die Frau Silias tagelang von nichts anderem redete. Es fing an zu regnen. Auf dem Opernplatz sammelten sich Menschen, immer mehr, immer mehr. Es sah gefährlich aus, als würden sie einander totdrükken. Alle wollten was sehen, manche wussten vielleicht noch nicht mal, was es zu sehen gab, trotzdem riskierten sie glatt ihr Leben."[85]

Irmgard Keun hielt Distanz zum NS-Regime. Andere Autoren dienten sich an und beteiligten sich an der „Gleichschaltung" der Schriftstellerverbände, der Dichterakademien, des Buchhandels und der Verlage. Noch nicht einmal vier Monate dauerte es, bis die wichtigsten deutschen Schriftstellerinnen und Schriftsteller ins Exil getrieben und der ganze Literaturbetrieb auf die neue Regierung eingeschworen war. Schon im April 1933 begannen Studenten zusammen mit SA-Formationen Buchhandlungen und Bibliotheken nach den Schriften der jetzt verfemten Autoren zu durchsuchen. Zum traurigen Höhepunkt dieser ersten Verfolgungswelle wurde die Bücherverbrennung am 10. Mai 1933, die von der „Deutschen Studentenschaft", dem Dachverband der lokalen Studentenschaften, initiiert worden war.

Bücher, die auf den Verbotslisten standen, durften weder für Bibliotheken angeschafft noch in Buchhandlungen verkauft werden. Der Frankfurter Buchhändler Heinrich Cobet, der in dieser Zeit in der „Frankfurter Bücherstube" von Walter Schatzki arbeitete, berichtete nach dem Krieg, dass sie trotzdem ihren „guten Kunden" diese Bücher besorgt und „unter dem Ladentisch" verkauft haben. Das war riskant, denn auch die Dachorganisation der Buchhändler, der Börsenverein, war selbstverständlich „gleichgeschaltet" worden und schloss widerständige Buchhändler aus, was einem Berufsverbot gleichkam. Zu den „verbotenen" Autoren gehörten fast alle, die ins Exil gegangen waren. Aber auch Werke von weiterhin in Deutschland lebenden

Schriftstellern, die ansonsten unbehelligt publizieren konnten, fanden sich auf der Liste. Das verunsicherte Schriftsteller, Publizisten und Journalisten, die im nationalsozialistischen Deutschland veröffentlichen wollten, erheblich – und so war es auch von Goebbels gedacht. Das Damoklesschwert des Verbots sollte über allen hängen, die sich an die Schreibmaschine setzten. Man muss das bedenken, wenn man Texte beurteilt, die während der NS-Zeit geschrieben und publiziert worden sind.

In der Nacht vom 9. auf den 10. November 1938 brannten überall in Deutschland die Synagogen. Den Vorwand für die Pogrome hatte das Attentat des jungen Juden Herschel Grünspan auf den deutschen Diplomaten Ernst von Rath in Paris geliefert. Aber der „spontane Volkszorn“ war genau geplant. Systematisch wurden Synagogen angezündet, jüdische Einrichtungen demoliert, jüdische Deutsche misshandelt und verhaftet. Die Pogromnacht sollte die über Jahrhunderte gewachsene Lebensgemeinschaft zwischen jüdischen und nichtjüdischen Deutschen endgültig beseitigen.

An den Brand der Frankfurter Börneplatz-Synagoge erinnerte sich der Schriftsteller Valentin Senger in seinem autobiographischen Roman *Kaiserhofstraße 12* (1978).

Für den am 28. Dezember 1918 in Frankfurt geborenen Sohn russisch-jüdischer Eltern waren die Jahre zwischen 1933 und 1945 eine Zeit der tiefsten Erniedrigung. Unerkannt, mit falschen Papieren versehen, führte er ein „ganz normales“ Leben und musste ohnmächtig mit ansehen, wie die Nationalsozialisten gegen Juden und jüdische Einrichtungen vorgingen. Als er am 9. November 1938 hörte, dass die Synagoge am Börneplatz brannte, hielt es den Lehrling der Eisen- und Stahlbaufirma Fried & Sohn nicht mehr an seinem Arbeitsplatz:

> „Und dann stand ich in der Menschenmenge auf dem Platz und sah die Flammen, die aus dem großen Kuppelbau des Gotteshauses schlugen. Etwa hundert Meter von der brennenden Synagoge entfernt bildeten SA-Leute und Hilfspolizisten einen Kordon, sodass niemand näher an die Brandstelle herankonnte. Ganz vorne, noch vor der Absperrung, stand eine Gruppe Hitlerjungen, feixte und machte eine Gaudi aus dem schrecklichen Geschehen.
>
> Die Menschen hinter der Absperrung waren eher betreten, ich hörte kein Wort der Zustimmung. Neben mir erzählte eine alte Frau, sie habe gesehen, wie man am Zoologischen Garten Juden mit Lastwagen abtransportiert habe. Ein Mann sagte, er komme gerade von der Friedberger Anlage, die dortige Synagoge brenne ebenfalls und auch die Alte Synagoge an der Allerheiligenstraße […].
>
> Ich sah nichts als die Flammen und den Rauch, obwohl viele hundert neugierige Menschen um mich herumstanden, und in meinen Ohren klang, als stünde er dicht neben mir, Papas leise, traurige Stimme: ‚Hulet, hulet, bejse Windn.‘ Ich hätte mich nur umdrehen müssen, um ihn zu sehen, so nahe war er mir. Und in mei-

nem Kopf zitterte der Refrain mit: ‚Lang wet doieren der Winter, Summer is noch wait.' Ich weinte, die Tränen rannen mir die Backen hinunter, und es war mir gleichgültig, ob mich jemand beobachtete."[86]

Die brennende Synagoge am Frankfurter Börneplatz am 10. November 1938

Nach dem Zweiten Weltkrieg hat sich Senger, nach einem heftigen Flirt mit dem Kommunismus und der nicht minder heftigen Entfremdung von DDR und SED, in seinen Romanen und Erzählungen vor allem der jüdischen Kultur und dem jüdischen Leben in Deutschland durch die Jahrhunderte gewidmet. In seinen Erinnerungen *Kurzer Frühling* (1984) und *Der Heimkehrer* (1995) wandte er sich der Nachkriegszeit zu. Er starb am 4. September 1997 in Frankfurt. Seine 1978 erschienenen Erinnerungen *Kaiserhofstraße 12* hatte der Hessische Rundfunk 1980 verfilmt. Senger war bis zu seiner Pensionierung verantwortlicher Redakteur für Wirtschafts- und Sozialpolitik beim Fernsehen des Hessischen Rundfunks.

In der Pogromnacht 1938 wurde auch das jüdische Kinderheim von Bertha Pappenheim in Neu-Isenburg teilweise niedergebrannt. Bertha Pappenheim war am 27. Februar 1859 in Wien geboren worden und lebte seit 1888 in Frankfurt. Als „Anna O." ist sie in die Geschichte der Psychoanalyse eingegangen. Das Pseudonym wurde erst 1953 gelüftet. Bertha Pappenheim war während der Pflege ihres Vaters psychisch schwer erkrankt. Behandelt wurde sie von dem Wiener Arzt Josef Breuer, der den Bericht über die zweijährige Therapie 1895 in den gemeinsam mit Freud publizierten *Studien über Hysterie* veröffentlichte. Seither gilt der „Fall Anna O.“ als Ur- oder Gründungsszene der Psychoanalyse. Bertha Pappenheim hat sich darüber nie geäußert. In Frankfurt entfaltete sie eine umfangreiche Tätigkeit in der städtischen und vor allem jüdischen Wohlfahrtspflege. Höhepunkt ihres aufopferungsvollen Wirkens war 1907 die Gründung des von ihr geleiteten „Heimes des Jüdischen Frauenbundes“ in Neu-Isenburg. Neben ihrer Arbeit verfasste sie Denkschriften zur Lage der jüdischen Bevölkerung in Galizien, übersetzte jiddische Volksbücher ins Hochdeutsche, schrieb Kindergeschichten, Erzählungen, ein Theaterstück und beeindruckende Gedichte. Für ihre Heimkinder verfasste sie auch kleine Gebete:

> „Nachtgebet
> Laßt uns in Ruhe und Stille den Tag beschließen, wie die Sonne allabendlich in das wohlige Dunkel schlüpft, um uns köstlichen Schlaf zu bereiten. Wir haben auch heute Arbeit und Pflichten gelernt, haben gelacht und gespielt jedes zur Zeit und mit Maß und konnten wachsen in Ernst und Frohsinn.
> Möge uns auch diese Nacht die heilige Schechina segnen und erfüllen, daß wir der Sonne Licht wieder sehen und unsere Glieder kräftig regen, bei Arbeit und Spiel und Liebe empfangen und geben.
> Amen“[87]

Im April 1936 wurde Bertha Pappenheim, schon schwer erkrankt, von der Gestapo verhaftet, weil sich eines ihrer Heimkinder despektierlich über Hitler geäußert hatte. Am 28. Mai 1936 ist sie gestorben. Ihr Grab liegt auf dem Jüdischen Friedhof in der Frankfurter Rat-Beil-Straße. Ihr Kinderheim wurde in der Pogromnacht 1938 teilweise niedergebrannt und 1942 zwangsgeräumt. Die Kinder und ihre Erzieherinnen wurden deportiert, wahrscheinlich in das KZ Theresienstadt.

Mit der Reichspogromnacht und ihren schrecklichen Verwüstungen endete auch das, was vom jüdischen Kulturleben in Frankfurt noch übrig geblieben war.

Martin Buber, der zunächst nicht emigriert war, hatte 1933 sein Jüdisches Lehrhaus neu eröffnet. „Fünf Jahre lang, bis Ende 1938, war es das kulturelle Lebens- oder vielmehr Überlebenszentrum der Frankfurter Juden, nicht mehr die esoterische Randerscheinung der zwanziger Jahre, sondern von der gesamten Gemeinde anerkannt und benutzt. Hier konnte sich das geistige und kulturelle Leben, von dem die Juden in der Öffentlichkeit zunehmend ausgeschlossen waren, in der Isolation entfalten, und zwar in diesen Jahren noch in einer Freiheit, die der nichtjüdischen Außenwelt aus Grund der politischen Gleichschaltung bereits genommen war.“[88]

Nach der Pogromnacht wurde das Lehrhaus geschlossen. Auch die 1934 von dem ehemaligen Frankfurter Generalmusikdirektor Hans Wilhelm Steinberg gegründete Frankfurter Dependance des „Kulturbundes deutscher Juden", die Konzerte, Bunte Abende, Filmvorführungen, Vorträge und Ausstellungen organisiert hatte, musste ihren Betrieb einstellen. Martin Buber emigrierte nach Palästina und wurde Professor für Sozialphilosophie an der Universität Jerusalem. 1953 erhielt er den Friedenspreis des Deutschen Buchhandels. Buber starb am 13. Juni 1965 in Jerusalem.

Am 1. September 1939 begann der Zweite Weltkrieg mit einem von deutscher Seite fingierten, angeblichen polnischen Überfall auf den Sender Gleiwitz. Die Anzettelung des Kriegs, die Ermordung von Millionen Menschen und die dauernde Misshandlung von Zwangsarbeitern rächten sich bitter. Nach ‚Blitzsiegen' im Osten und Westen wendete sich langsam das Blatt. Immer mehr Familien hatten Opfer zu beklagen, die Versorgungslage wurde schwieriger, und dann begann, im Sommer 1942, die systematische Bombardierung deutscher Städte, großer Industrieanlagen und wichtiger Versorgungseinrichtungen. Die gotische Altstadt von Frankfurt ging am 18. und 22. März 1944 in Flammen auf. Die Schriftstellerin Marie Luise Kaschnitz erinnerte sich später in ihrem Buch *Orte* (1973):

> „Als wir in die Stadt Frankfurt zogen, waren gerade die ersten Bomben gefallen. Die Altstadt stand noch, der Laden mit den Zinnsoldaten, Zinnbäumchen, vierspännigen Zinnkutschen, auch die Fahrgasse und das geschwungene Dächlein, unter dem Würste verkauft wurden und das ‚Die Schirn' hieß. Vor meinen Augen sozusagen ist das alles zu Asche und Staub zerrieben worden. In der höchsten Loge des Opernhauses bin ich noch gesessen und habe neben den gipsernen Engelbeinen auf die Bühne gesehen und den traurigen König in der Oper Don Carlos singen hören: Du hast mich nie geliebt. Ein paar Tage darauf war die Oper eine Ruine, das Flügelpferd vom Giebel verschwunden, an die Widmung der Bürger ‚Dem Wahren, Schönen, Guten' erinnerte man sich später mit Spott. Goethes Geburtshaus ist beizeiten aufgenommen worden, Millimeter um Millimeter, mit Stoffproben, Tapetenproben, es konnte verschwinden und verschwand. Man hat nicht getrauert, hat das alles gewissermaßen zum Opfer gebracht in der Meinung, je mehr Städte zerstört würden, desto eher seien Krieg und Gewaltherrschaft vorbei."[89]

Bei den beiden Angriffen auf Frankfurt starben über 4800 Menschen, unersetzliche Kunst- und Kulturschätze wurden vernichtet, darunter Kostbarkeiten aus der Stadtbibliothek und große Teile des Stadtarchivs.

Das Kultur- und damit auch das literarische Leben in Frankfurt kamen, soweit diese überhaupt noch bestanden hatten, während des Zweiten Weltkriegs fast ganz zum Erliegen.

Neuanfänge

„Wenn man in Frankfurt steht, zumal in der alten Innenstadt, und wenn man an München zurückdenkt: München kann man sich vorstellen, Frankfurt nicht mehr“, notierte der Schweizer Schriftsteller Max Frisch im Mai 1946 in sein Tagebuch. Nur eine Tafel zeige noch, wo einmal das Goethehaus gestanden habe. Am Ende des Zweiten Weltkriegs glich Frankfurt einer Geisterstadt. Unvorstellbar, dass dort einmal Menschen gewohnt hatten:

> „Dass man nicht mehr auf dem alten Straßenboden geht, entscheidet den Eindruck: die Ruinen stehen nicht, sondern versinken in ihrem eigenen Schutt, und oft erinnert es mich an die heimatlichen Berge, schmale Ziegenwege führen über die Hügel von Geröll, und was noch steht, sind die bizarren Türme eines verwitterten Grates; einmal eine Abortröhre, die in den blauen Himmel ragt, drei Anschlüsse zeigen, wo die Stockwerke waren. So stapft man umher, die Hände in den Hosentaschen, weiß eigentlich nicht, wohin man schauen soll.“[90]

Für den Schweizer Max Frisch, der aus einem Land kam, das vom Zweiten Weltkrieg verschont geblieben war, hatte der Anblick Frankfurts etwas Unwirkliches. Dem Rheinhessen Carl Zuckmayer, der seit 1933 nicht mehr in Deutschland gelebt hatte, erging es ähnlich, als er 1946 als Zivilbeauftragter der amerikanischen Regierung für Kulturfragen nach Frankfurt kam, in die Stadt, die seinen *Fröhlichen Weinberg* 1925 so begeistert gefeiert hatte:

> „Ich ging durch die zerstörte Altstadt, stand auf den Trümmern des Römerbergs, wie in einem Alptraum, aus dem man nicht erwachen kann. Ich kannte in dieser Stadt, in der viele meiner Freunde gelebt hatten, keinen Menschen mehr, wusste keine Adresse, von den meisten nicht, ob sie noch lebten.
>
> Dann aber, in dem kleinen, von den Amerikanern beschlagnahmten Hotel, in das man mich für die Übernachtung eingewiesen hatte, ereignete sich etwas völlig Unerwartetes. Als ich meinen Quartierschein vorwies, auf dem mein Name stand, starrte mir der alte, verhungert aussehende Portier ins Gesicht. Und dann sagte er, im schönsten Frankfurterisch: ‚Ei sin Sie womöschlisch der vom Fröhlische Weinbersch?‘ Und als ich nickte, packte er meine Hände.
>
> ‚Ei was e Freud‘, sagte er immer wieder, ‚ei was e Freud, dass Sie haamkomme sin! Wissese was? Sie krische e weiß Handtuch ins Zimmer, das gewwe mir nämlich sonst net, die Herrn lasses als mitgehe. Awwer Sie krische e Handtuch un zwei Kisse!‘ Das war meine Begrüßung in der Heimat.“[91]

Von den 550 000 Einwohnern vor dem Zweiten Weltkrieg lebten noch 269 000 in Frankfurt. 13 Millionen Kubikmeter Schutt mussten beseitigt werden. Der zügige Wiederaufbau erfasste auch die Symbole der Frankfurter Geschichte und Kultur. Am 18. Mai 1948, zum 100. Jahrestag der Natio-

Trampelpfade durch die Trümmer Frankfurts

nalversammlung, wurde die wiedererrichtete Paulskirche mit einem Festakt und zahlreichen weiteren Veranstaltungen eingeweiht. Beim Festakt sprach Fritz von Unruh.

Der Dramatiker und Romancier, der in der Weimarer Republik zu den bedeutendsten deutschen Schriftstellern gezählt hatte, war während der NS-Herrschaft über Italien und Frankreich in die USA geflüchtet. Der überzeugte Pazifist trat nach seiner frühen Emigration zum ersten Mal wieder in Deutschland auf und hielt seine *Rede an die Deutschen*. „Was erwarten Sie zu hören von mir, dem Ausgebürgerten, dem Flüchtling, der heute seit sechzehn Jahren zum ersten Mal wieder auf deutschem Boden steht?“, fragte von Unruh die Anwesenden in der Paulskirche. „Oder verlangen Sie etwa durch mich zu erfahren, dass die Tragödie deutscher Raubtiermoral vergeben und vergessen ist? Wer unter uns könnte sich selber vergeben – und vergessen? Wer?“[92]

Noch im selben Jahr konnte Fritz von Unruh den Goethepreis entgegennehmen, der schon 1945, gleich nach dem Ende der NS-Herrschaft, wiederbelebt worden war. Den 1927 von der Stadt Frankfurt gestifteten Preis hatten in der Weimarer Republik u. a. Stefan George, Albert Schweitzer, Sigmund Freud, Ricarda Huch und Gerhart Hauptmann erhalten. Der erste Preisträger nach dem Ende des Zweiten Weltkriegs war der Physiker Max Planck. Ihm folgten 1946 der Schriftsteller Hermann Hesse und 1947 der Philosoph Karl Jaspers.

1949 wurde der Goethepreis an Thomas Mann verliehen. Der Literaturnobelpreisträger war zum ersten Mal nach seiner Emigration 1933 wieder nach Deutschland gekommen. Die Reise hatte politische Brisanz. „Aus Deutschland hatten ihn bösartige Briefe erreicht", schreibt der Mann-Biograph Hermann Kurzke. „Er habe Deutschland verraten und möge draußen bleiben. Auch Morddrohungen waren dabei. Mal diskreter, mal aufdringlicher Polizeischutz auf der ganzen Reise wird die Folge sein."[93]

Dazu muss man die Vorgeschichte kennen. Von seinem amerikanischen Exil hatte Thomas Mann während des Zweiten Weltkriegs über den Deutschen Dienst der BBC regelmäßig Botschaften an seine *Deutschen Hörer* gesendet und darin auch den Bombenkrieg der Alliierten gegen die deutsche Zivilbevölkerung verteidigt. Das hatte direkt nach Kriegsende zu einem heftigen Streit zwischen den in Deutschland gebliebenen Autoren und Thomas Mann als Repräsentanten des Exils geführt. In seiner Rede in der Paulskirche ging Thomas Mann auf seine besondere Situation ein, dass er zum ersten Mal wieder in Deutschland sprach:

> „Ich weiß, dass der Emigrant in Deutschland wenig gilt, – er hat noch nie viel gegolten in einem von politischen Abenteurern heimgesuchten Lande. Es versteht sich wohl, daß diese Ablehnung eines jeden, der sich lossagte, nicht wenig beitrug zu der Scheu, die mich vier Jahre nach der Vollendung des Unheils von Deutschland ferngehalten hat."[94]

Von Frankfurt reiste Mann in die Sowjetische Besatzungszone, um seine Rede in Weimar am 1. August 1949 noch einmal zu halten. Diese Reise, nicht lange nach dem Ende der Berliner Blockade und kurz vor Gründung der DDR als sowjetischer Satellitenstaat sorgte für neuen Ärger. Aber Thomas Mann ließ sich nicht beirren. Sein Besuch, so betonte er immer wieder, gelte dem ganzen Deutschland.

Seit der Ehrung für Thomas Mann wird der Goethepreis nicht mehr jährlich, sondern im Drei-Jahres-Rhythmus verliehen wie der 1977 gestiftete Theodor-W.-Adorno-Preis, der für herausragende Leistungen auf den Gebieten Philosophie, Musik, Theater und Film vergeben wird.

In wenigen Jahren nach dem Ende des Zweiten Weltkriegs gelang es einer Handvoll tatkräftiger Männer, die Weichen für Frankfurt als Buch- und Literaturstadt zu stellen. Der Börsenverein für den Deutschen Buchhandel konstituierte sich in Frankfurt neu, die Frankfurter Buchmesse wurde 1948 wiederbelebt, und die Deutsche (National-)Bibliothek nahm ihren Sitz in Frankfurt.

Auch zwei der bedeutendsten deutschen Verlage zogen nach Frankfurt: S. Fischer und Suhrkamp. Samuel Fischer hatte seinen Verlag 1886 in Berlin gegründet und die Werke von Gerhart Hauptmann, Hugo von Hofmannsthal, Carl Zuckmayer, Alfred Döblin und Thomas Mann herausgebracht. Als er 1934 starb, trat sein Schwiegersohn Gottfried Bermann Fischer das schwere Erbe an. Er wusste aber, dass er im nationalsozialistischen Deutschland nicht bleiben konnte und entschloss sich, den Verlag S. Fischer in Berlin in andere Hände zu geben. Gottfried Bermann Fischer konnte mit 700 000 Büchern nach Wien gehen und gründete am 1. Mai 1936 seinen neuen Verlag. Den S. Fischer Verlag führte Peter Suhrkamp als Kommanditgesellschaft weiter. Zu den Geldgebern gehörten der Bruder von Hermann Josef Abs, Clemens Abs, und der Tabakunternehmer Philipp Reemtsma. Der 1891 im Oldenburgischen geborene Suhrkamp, der Volksschullehrer gelernt und am Theater gearbeitete hatte, leitete bereits die Literaturzeitschrift des Verlags, die *Neue Rundschau*, und war 1933 zum Vorstandsmitglied ernannt worden. Er wusste, was ihm bevorstand. Am 13. April 1944 wurde Peter Suhrkamp nach der Denunziation durch einen Spitzel von der Gestapo verhaftet und vor dem Volksgerichtshof in Berlin des Hoch- und Landesverrats angeklagt. Auch nachdem das Verfahren Mitte Oktober 1944 eingestellt worden war, blieb Suhrkamp in Haft und wurde erst am 8. Februar 1945 entlassen. Am 4. Oktober 1945 erhielt er als erster Verleger in Berlin von der Britischen Militärregierung eine Lizenz und konnte seine Arbeit fortsetzen. Er veröffentlichte jetzt auch Bücher, zum Beispiel von Thomas Mann, deren Rechte bei Fischer lagen; denn Bermann Fischer sah den Suhrkamp Verlag weiter als Teil seines Unternehmens an. Das führte zum Streit zwischen beiden Verlegern, denn Suhrkamp wollte sich nicht unterordnen und seinen Verlag, den er mit Mühen und unter Einsatz seiner Gesundheit über die NS-Zeit gebracht hatte, auch behalten.

Plakat der ersten Frankfurter Buchmesse nach dem Zweiten Weltkrieg

Der Streit eskalierte und führte schließlich zu einem Vergleich vor der Wiedergutmachungskammer des Frankfurter Landgerichts. Die Peter Suhrkamp verbundenen Autoren durften entscheiden, wo sie künftig publizieren wollten. 33 von ihnen blieben beim Suhrkamp Verlag, mit Hermann Hesse an erster Stelle. Zu ihnen kam Bertolt Brecht, und damit sind auch die beiden Namen genannt, dem der Suhrkamp Verlag sein Überleben in schwierigen Zeiten verdankte. Dafür hielt Peter Suhrkamp seinem Autor Brecht die Treue, als der im Westen Deutschlands regelrecht verfemt war.

Schon wenige Tage nach dem Vergleich gründete Bermann Fischer den S. Fischer Verlag in Frankfurt neu. Der ursprüngliche Sitz Berlin war nicht erst seit der sowjetischen Blockade ein unsicherer Ort. Auch Peter Suhrkamp hatte bereits 1946 einen Zweigverlag in Frankfurt gegründet, der seit Oktober 1948 faktisch der Hauptsitz war. Der S. Fischer Verlag, der im Laufe der Jahre noch Goverts, Krüger und Stahlberg übernahm, brachte große Namen nach Deutschland zurück, wie Thomas Mann, Arthur Schnitzler oder Alfred Döblin. Er machte Franz Kafka bekannt, veröffentlichte 1955 *Das Tagebuch der Anne Frank* und 1958, als bis dahin größten Erfolg, *Doktor Schiwago* von Boris Pasternak. Bermann Fischer setzte sich für angelsächsische Autoren wie Virginia Woolf, Arthur Miller, Tennessee Williams, William Faulkner oder Thornton Wilder ein, schuf Taschenbuchreihen wie die *Fischer Weltgeschichte*, die hohe Auflagezahlen erreichten, und öffnete seinen Verlag für Politik, Psychologie, Philosophie und Naturwissenschaften.

Auch Peter Suhrkamp baute seinen Verlag aus der Substanz heraus neu auf. Notgedrungen oder glücklicherweise musste er um neue Autoren werben, deren Werke er mit Geduld und Hingabe entwickelte. Sein eigenes Leben ordnete er ganz seiner Arbeit unter. Seit 1952 wurde er dabei von dem 1924 in Ulm geborenen Siegfried Unseld unterstützt, der nach seiner Promotion über Hesse zunächst Buchhändler geworden war. 1959, nach dem Tod Suhrkamps, wurde Unseld Verleger und setzte das Lebenswerk Suhrkamps erfolgreich fort. 1963 erwarb er den renommierten Insel-Verlag, bei dem unter anderem die Werke von Rainer Maria Rilke erschienen. Ein gewaltiges verlegerisches Risiko war sein Einsatz für fremdsprachige Autoren, vor allem für die spanische und lateinamerikanische Literatur. Für die überragende Bedeutung, die der Suhrkamp Verlag über Jahrzehnte für das geistige Leben in Deutschland hatte, prägte der Philosoph und Literaturwissenschaftler George Steiner den berühmten Begriff der „Suhrkamp-Kultur". Nach dem Tod von Siegfried Unseld im Jahr 2002 übernahm seine Witwe Ulla Unseld-Berkéwicz die Verlagsleitung. Seit Anfang 2010 hat der Verlag seinen Sitz in Berlin.

Frankfurt zählt heute über 200 Verlage, darunter der auf genossenschaftlicher Basis organisierte Verlag der Autoren mit 160 Gesellschaftern, der

Stroemfeld Verlag von KD Wolff, der durch seine Werkausgaben von Hölderlin und Kafka Aufmerksamkeit erregte, und der Verlag Schöffling & Co. des ehemaligen Suhrkamp-Lektors Klaus Schöffling. Der Eichborn Verlag des umtriebigen Vito von Eichborn, der lange Zeit mit seiner unkonventionellen Art für Furore im deutschen Buchhandel gesorgt hatte, ist unterdessen schon Geschichte.

Mit dem Frankfurter Rundfunksender, der bereits, unter amerikanischer Kontrolle, am 1. Juni 1945 seinen Betrieb wieder aufgenommen hatte, baute der Schriftsteller Alfred Andersch seit Mitte 1948 sein „Abendstudio" als Forum für Literatur, Philosophie und Gesellschaftskritik auf. Andersch wurde am 4. Februar 1914 in München geboren und absolvierte zunächst eine Buchhändlerlehre. Als Mitglied des Kommunistischen Jugendverbands wurde er 1933 für mehrere Wochen im Konzentrationslager Dachau interniert. Er arbeitete danach als Buchhalter und Werbegraphiker, ehe er 1940 als Soldat eingezogen, aber ein Jahr später wieder entlassen wurde. Ende 1943 wurde Andersch erneut eingezogen und desertierte im Juni 1944 in Italien. Nach seiner Kriegsgefangenschaft gab er zusammen mit Hans Werner Richter die Zeitschrift *Der Ruf* heraus, die bei den amerikanischen Militärbehörden auf heftige Kritik stieß. Schließlich wurden Andersch und Richter entlassen. Seit 1947 arbeitete Andersch an den *Frankfurter Heften* von Eugen Kogon mit und nahm an den ersten Tagungen der „Gruppe 47" teil, die Hans Werner Richter als lose Vereinigung junger Schriftsteller gegründet hatte.

Andersch verlangte von seinem Intendanten Eberhard Beckmann einen Freibrief für seine inhaltliche Gestaltung, und er bekam ihn. Innerhalb weniger Jahre wurde das „Abendstudio" zum zentralen Forum der wissenschaftlichen und künstlerischen Avantgarde. Diskutiert wurde über die Krisis des Individuums in der verwalteten Welt ebenso wie über die Frage „Kommt die Monarchie?". Zu den Mitarbeitern des „Abendstudios" und des von Andersch begründeten „Features" zählten Ernst Bloch, Eugen Kogon, Walter Dirks, Hans Magnus Enzensberger, Max Frisch, Walter Jens, Wolfgang Koeppen, Ingeborg Bachmann, Siegfried Lenz, Ludwig Marcuse und Arno Schmidt.

Für die „Frankfurter Schule" um Theodor W. Adorno, Max Horkheimer und Herbert Marcuse wurde der Hessische Rundfunk später sogar zu einem zentralen Publikationsmedium. Ein großer Teil ihrer Vorträge sind im Hessischen Rundfunk zum ersten Mal veröffentlicht worden, zumeist von ihnen selbst gesprochen. Max Horkheimer war 1949 nach Frankfurt zurückgekehrt und auf seinen alten Lehrstuhl berufen worden. Im August 1950 hatte das Institut für Sozialforschung seine Arbeit wieder aufgenommen. Adorno war bis Ende 1949 in seinem amerikanischen Exil geblieben. Er erhielt erst 1953 ei-

Im *Abendstudio* des Hessischen Rundfunks (v. l. n. r.): Redakteur Hartmann Görtz und die Verleger Peter Suhrkamp, Ernst Rowohlt und Kurt Desch (1949)

ne außerordentliche Professur für Philosophie und Soziologie. Herbert Marcuse lebte weiterhin in den USA.

Die literarische Tradition, die Alfred Andersch begründete, wird bis heute im Hessischen Rundfunk gepflegt. Im Hörfunk, speziell auf der Kulturwelle hr2, gibt es mit den täglichen Lesungen von Romanen, Erzählungen und Gedichten, mit dem von Peter Härtling moderierten Quiz *Literatur im Kreuzverhör*, mit Buch- und Hörbuchrezensionen, Features und Hörspielen ein breites literarisches Angebot. Ein langfristig angelegtes Projekt ist das *Literaturland Hessen*. Mit einer Vielzahl von Partnern sucht hr2-kultur nach verschütteten literarischen Traditionen in Hessen. Zu der landesweiten Aktion, die selbstverständlich auch Frankfurt einschließt, gehören öffentliche Veranstaltungen, Radiosendungen, Reisen und verschiedene Publikationen. Allein an dem im zweijährigen Turnus stattfindenden „Tag für die hessische Literatur" beteiligen sich regelmäßig fast 100 Städte und Gemeinden mit rund 200 Veranstaltungen.

Die *Frankfurter Rundschau* war die erste Lizenzzeitung in der amerikanischen Zone und nach den *Aachener Nachrichten* in der britischen Zone die zweite überhaupt. Die erste Ausgabe erschien am 1. August 1945. Unter dem Herausgeber Karl Gerold, der aus dem Schweizer Exil zurückgekehrt war, wurde der Wiederaufstieg ehemaliger NS-Funktionäre genauso angeprangert wie die Wiederbewaffnung der Bundeswehr oder das allzu forsche Auftreten von Politikern wie Franz Josef Strauß. Auch unter seinem Nachfolger

Werner Holzer, der von 1973 bis 1991 Chefredakteur war, änderte sich an dieser Linie nichts, und selbst bis heute, trotz veränderter Besitzverhältnisse, ist die Grundausrichtung beibehalten worden, bei neuen Themen wie sozialer Gerechtigkeit, Umweltschutz oder dem Umgang der westlichen Welt mit den Ländern in Asien, Lateinamerika und Afrika.

Neben der *Frankfurter Rundschau* erscheint seit April 1946 die *Frankfurter Neue Presse.* Als deren Aufgaben und Ziele sah der erste Verleger Hugo Stenzel das Eintreten für Völkerversöhnung, religiöse Toleranz und sozialen Fortschritt, für Demokratie und den kulturellen Neuaufbau.

Die erste Ausgabe der *Frankfurter Allgemeinen Zeitung* erschien am 1. November 1949. Sie verstand sich als Nachfolgerin der 1943 von den Nationalsozialisten verbotenen *Frankfurter Zeitung* und widmete sich in ihrem Feuilleton besonders der literarischen Kritik, die seit 1973 vor allem von einem Mann geprägt wurde: Marcel Reich-Ranicki.

Der am 2. Juni 1920 in Włocławek geborene Reich-Ranicki stammte aus einer deutsch-polnischen Familie. Nachdem die Firma seines Vaters Konkurs angemeldet hatte, ging er 1929 nach Berlin, wo er nach 1933 die Verfolgung der jüdischen Bevölkerung durch die Nationalsozialisten am eigenen Leib erlebte. 1938 konnte er zwar noch unter schwierigen Bedingungen sein Abitur machen, aber das Studium blieb ihm untersagt. Er wurde nach Polen abgeschoben und Ende 1940 im Warschauer Ghetto interniert. Der Deportation konnten er und seine Frau Tosia entgehen. Seine Eltern und sein Bruder wurden ermordet. Nach der Befreiung arbeitete er unter anderem für den polnischen Geheimdienst und als Lektor für deutsche Literatur in Warschau, geriet aber in Konflikt mit dem kommunistischen Regime und siedelte 1958 in die Bundesrepublik über. Auf der Suche nach Publikationsmöglichkeiten reiste er nach Frankfurt zur *FAZ* und bot seine Dienste als Rezensent an. Er durfte das neueste Buch von Arnold Zweig besprechen und acht weitere Rezensionen schreiben, bevor sich die Wege wieder trennten. Denn Reich-Ranicki arbeitete unterdessen auch für die *Welt*, und das behagte der *FAZ* nicht. Von 1960 bis 1973 war er Literaturkritiker der *Zeit*, dann holte ihn der neue Feuilletonherausgeber Joachim C. Fest als Leiter des Literaturblatts nach Frankfurt. In dieser Funktion, die er bis zu seiner Pensionierung 1988 ausübte, und als Moderator des *Literarischen Quartetts* im *ZDF* (von 1988 bis 2001) war Reich-Ranicki ein Medienstar, der mit seinen pointierten und meinungsfreudigen Rezensionen Bestseller machen und Bücher zu Misserfolgen führen konnte.

Reich-Ranickis zunächst sehr gutes Verhältnis zu Fest wurde 1986 nachhaltig getrübt, als der Herausgeber einen Vortrag abdruckte, den der Historiker Ernst Nolte bei den renommierten Frankfurter Römerberggesprächen nicht gehalten hatte. Nolte hatte darin die Einzigartigkeit des Holocaust bestritten und den deutschen Massenmord an den Juden als Kopie der bolschewistischen Schreckensherrschaft dargestellt. 2002 geriet er dann selbst in den Fokus einer Polemik von Martin Walser. Der Schriftsteller übergab der *FAZ* die Druckfahnen seines neuesten Romans *Tod eines Kritikers* mit der Bitte um Vorabdruck. Frank Schirrmacher, seit 1994 Nachfolger von Joachim C. Fest als Feuilletonherausgeber (und vorher Nachfolger von Reich-Ranicki als Literaturchef), antwortete Walser in einem offenen Brief und lehnte den Vorabdruck ab, weil das Buch ein „Dokument des Hasses", eine „Exekution", eine „Abrechnung" mit Marcel Reich-Ranicki sei. „Ihr Buch ist nichts anderes als eine Mordphantasie. Daß der Mord keiner ist, macht die wonnevolle Spekulation unangreifbar [...]. Mord, Mordkommission, das spielt hier immer mit der Erinnerung an den Massenmord der Nazis."[95] Auch im Suhrkamp Verlag, wo der Roman schließlich erschien, sorgte das Buch für Turbulenzen.

2012 hielt Marcel Reich-Ranicki, der im hohen Alter noch einen breit angelegten Kanon der deutschen Literatur zusammenstellte und herausgab, am Holocaust-Gedenktag die Rede im Deutschen Bundestag. Am 18. September 2013 ist er in Frankfurt gestorben.

Das Schweigen der Väter

> „Ich habe mich fast bis an den Rand der geistigen Zurechnungsfähigkeit in der bundesdeutschen Gesellschaft komplimentiert: ‚Er muss etwas irr sein; er lebt freiwillig und ohne jeden ausreichenden Grund in Frankfurt!'"[96]

Das schrieb 1983 der Schriftsteller Horst Krüger. Er stammte aus Magdeburg, hatte Philosophie bei Martin Heidegger studiert, den Zweiten Weltkrieg als Fallschirmspringer mitgemacht, bis er desertierte, war Redakteur von Alfred Döblins Monatsschrift *Das goldene Tor* gewesen und hatte das ambitionierte Nachtprogramm des Südwestfunks in Baden-Baden geleitet. 1967 ließ er sich als freier Autor in Frankfurt nieder, wo er 1999, im Alter von 80 Jahren auch starb.

Für Horst Krüger war der Frankfurter Auschwitz-Prozess (1963–65) Anlass, über seine eigenen Erfahrungen in der NS-Zeit nachzudenken und sie zu einem „Buch der Erinnerung" zu verarbeiten, das 1966 unter dem Titel *Das zerbrochene Haus – Eine Jugend in Deutschland* erschien. Die Aufbruchsstimmung der Wirtschaftswunderzeit hatte vieles verdeckt oder in den Hintergrund treten lassen. Erst der Frankfurter Auschwitz-Prozess brachte die Wende.

Von der Frankfurter Staatsanwaltschaft wurde gegen mehr als 1200 Beschuldigte ermittelt und es wurden über 1000 Zeugen befragt. Ende Dezember 1963 begann die Hauptverhandlung gegen 22 Angeklagte wegen Mordes bzw. Beihilfe zum Mord. In 20 Monaten vernahm das Gericht 360 Zeugen, darunter 211 Auschwitz-Überlebende. Was die Öffentlichkeit über die unvorstellbaren Gräuel und die menschenverachtende Grausamkeit der SS-Bewacher in dem Vernichtungslager erfuhr, wollten viele Deutsche zunächst nicht glauben. Aber die gut vorbereitete und sorgsame Prozessführung widerlegte jeden Zweifel. Das war vor allem dem hessischen Generalstaatsanwalt Fritz Bauer zu verdanken, dem es nicht nur um eine Bestrafung der Täter, sondern auch um eine umfassende Analyse des nationalsozialistischen Unrechtsregimes ging, auf die es aber immer noch unbefriedigende Antworten gab. Vielleicht war das Schweigen der Väter, von denen die meisten in den Nationalsozialismus verstrickt gewesen waren und Hitlers Angriffskrieg als Soldaten geführt hatten, die wichtigste Ursache für das Aufbegehren der Kinder. Frankfurt wurde eines der Zentren der 68er-Bewegung, der APO, die zwar für heftige Unruhe in Deutschland sorgte, aber zu keiner Zeit die demokratische Grundordnung in der Bundesrepublik ernsthaft gefährdete.

Plakat des sozialistischen Deutschen Studentenbunds

Andererseits hat die später so genannte 68er-Bewegung in all ihren Facetten frischen Wind durch den Westen Deutschlands geblasen und eine ganze Menge scheinbarer Gewissheiten, erstarrter Traditionen und gesellschaftlicher Tabus infrage gestellt.

Das blieb auch nicht ohne Auswirkungen auf den Umgang mit Literatur in Frankfurt. Die Fünfziger- und beginnenden Sechzigerjahre waren in Frankfurt nicht von größeren literarischen Debatten geprägt. Die Studentenbewegung und der sich anschließende Häuserkampf im Westend bedeuteten einen literarischen

Urknall, der eine neue Autorengeneration und den März Verlag von Jörg Schröder hervorbrachte, in dem Rolf Dieter Brinkmanns und Ralf-Rainer Rygullas *ACID*, eine Anthologie über die amerikanische Beat Generation, erschien.

Von den Älteren waren es vor allem Adam Seide und Horst Bingel, die sich schon vorher dem kulinarischen Kulturbetrieb verweigert hatten. Der aus Hannover stammende Seide war 1962 nach Frankfurt gekommen, um zwischen Bildender Kunst und Literatur zu vermitteln. Seine Romane waren breite Panoramen der Geschichte und Zeitgeschichte. So schilderte er in *Rebecca* (1987) die wechselvolle Geschichte eines jüdischen Altersheims im 20. Jahrhundert. Seine größte Wirkung entfaltete er mit seinen Zeitschriften *Der Egoist* und *Der neue Egoist*, in denen die künstlerische Avantgarde ihr Publikationsforum fand. (Er starb am 29. April 2004 in Limburg. Nach seinem Tod haben ihm Studenten der Karlsruher Hochschule für Gestaltung 2005 ein eigenes Archiv gewidmet und feiern jährlich einen „Adam Seide Literaturtag".)

Horst Bingel, am 6. Oktober 1933 in Korbach geboren und am 14. April 2008 in Frankfurt gestorben, hatte Mitte der Fünfzigerjahre mit schmalen Gedichtbänden begonnen und mit seinen lakonischen, bisweilen witzigen und skurrilen Alltagserzählungen in *Die Koffer des Felix Lumpach* (1962) und *Herr Sylvester wohnt unter dem Dach* (1967) Kritikerruhm geerntet. In der Eremitenpresse von V. O. Stomps veröffentlichte er ab 1956 sechzehn Hefte der *Streit-Zeit-Schrift*. 1966 und 1967 war er der Organisator des „Frankfurter Forums für Literatur", bei denen sich Schriftsteller aus Westeuropa mit Autoren aus Ost- und Südosteuropa trafen, was in Zeiten des Kalten Krieges auch eine politische Provokation war. 1968 veranstaltete er in Frankfurt eine „Internationale literarische Messe der Avantgarde", die ein Vorläufer der Minipressen-Messen und der Gegenbuchmesse wurde.

Im selben Jahr brachte der am 6. Mai 1926 in Frankfurt geborene Franz Mon (der eigentlich Franz Löffelholz heißt) seinen Band *herzzero* mit längeren experimentellen Texten heraus. Im Hauptberuf Lektor, dann Leiter des Frankfurter Hirschgraben Verlags, vertraute Mon in einer hochpolitisierten Zeit ganz auf die Kraft der Sprache. Er zerlegte sie, untersuchte ihre Lautung und setzte sie neu zusammen. Er entwarf Wort- und Satzkombinationen, deren Sinn darin bestand, keinen greifbaren Sinn zu haben. Für Mon, der gemeinhin der „Konkreten Poesie" zugerechnet wird, ist das Uneindeutige das Konkrete. Auf das Verständnis seiner Lyrikerkollegen, die sich mit ihren Gedichten in die gesellschaftliche Diskussion einmischen wollten, konnte er nicht hoffen. Er ist seinen Weg trotzdem konsequent weitergegangen.

Die Generation der jungen, politisch denkenden und schreibenden Autoren traf sich im 1962 gegründeten „Club Voltaire" oder von Mai bis Oktober

1968, wie Renate Chotjewitz-Häfner in ihrem literarischen Wegweiser für Frankfurt schreibt[97], im „Heidi-Loves-You-Shop" von Paul Gerhard (später: Hadayatullah) Hübsch und seiner Freundin Heidi neben dem Hotel Palmenhof.

Die Konflikte im Frankfurter Westend eskalierten, als die Studenten in anderen Teilen der Bundesrepublik bereits auf dem Marsch durch die Institutionen waren. Zwischen 1970 und 1974 verbündeten sich die Protagonisten der 68er-Bewegung und Bürger, um ein im Zweiten Weltkrieg weitgehend unzerstörtes Wohnviertel zu erhalten.

Der rasante Aufstieg Frankfurts zu einem der führenden europäischen Finanz- und Handelszentren hatte stadtplanerische Überlegungen in den Hintergrund treten lassen. Ein Opfer dieses unkontrollierten Wachstums wurde das Westend mit seinem Bestand an gründerzeitlichen Villen. Immer mehr Dienstleistungsunternehmen drängten mit ihren Büroneubauten in diesen zentral gelegenen Stadtteil. Der Bodenspekulation waren Tür und Tor geöffnet. Die am 31. Januar 1901 in Karlsruhe geborene Schriftstellerin Marie Luise Kaschnitz hat darüber Buch geführt. Sie war mit ihrem Mann 1941 nach Frankfurt gezogen und lebte im Haus Wiesenau 8 mit großen Unterbrechungen bis zu ihrem Tod am 10. Oktober 1974. Während der Bombenangriffe auf die Stadt hatte sie Frankfurt verlassen und war erst 1946 wieder in ihre Wohnung gezogen. In dieser Zeit entstand ihr 14 Gedichte umfassender Zyklus *Rückkehr nach Frankfurt*, in dem sie eindringlich das zerstörte Frankfurt beschrieb und der ihr den Ruf einer „Trümmer-Dichterin" einbrachte. Marie Luise Kaschnitz war sensibilisiert für Eingriffe in die historische Substanz einer Stadt, die sie liebte. In den Jahren 1966/67 hielt sie in ihrem Buch *Tage, Tage, Jahre* fest, wie das Westend sein Gesicht veränderte. Im Gegensatz zu anderen literarischen Berichten aus dieser Zeit kommt bei ihr eher Trauer als Wut zum Ausdruck:

> „22. Februar.
> Eben, um zehn Minuten nach acht Uhr abends habe ich die Zeitung weggelegt, es war da auf der dritten Seite von einem Pilzhaus die Rede, keine international wichtige, vielmehr eine städtische Angelegenheit, aber für mich wichtig, ein Stoß, der vieles in Bewegung brachte, eine Warnung, ein Signal. Dass diese Bauweise raumsparend ist, leuchtete mir ein, es würde auch anderen einleuchten, Personen, die etwas zu sagen hatten, schon sah ich die Pilzhäuser aus der Erde schießen, auf freien Plätzen, aber auch anstelle von Gebäuden, die bereits standen und zu diesem Zweck abgerissen werden mussten, wie in unserer Gegend schon viele Wohnhäuser abgerissen und durch Bürobauten ersetzt worden sind. […] Das Pilzhaus wird Schule machen, keine Versicherungsgesellschaft ohne Pilzhaus, schon höre ich die Äxte an den wenigen noch übrig gebliebenen alten Bäumen und den

Rammbock an der Flanke unseres Hauses, das Todesurteil ist ausgesprochen, ich selbst habe es ausgesprochen, habe die Kündigung geschrieben, wahrscheinlich will ich es so haben, will obdachlos sein, will wandern, welcher Gedanke mich doch aufs Äußerste erschreckt.“[98]

Buchtitel zum Frankfurter Häuserkampf (1974)

Der Häuserkampf im Frankfurter Westend ist gleich mehrfach literarisch beschrieben worden, in *Wohnhaft im Westend* (1970) von Horst Karasek und Helga M. Novak, in dem Roman *Die Erde ist unbewohnbar wie der Mond* (1973) von Gerhard Zwerenz und von Jörg Fauser, der damals als junger Autor in Frankfurt lebte. Am 16. Juli 1944 in Bad Schwalbach geboren, hatte sich Fauser nach einem abgebrochenen Studium mit Gelegenheitsarbeiten durchgeschlagen. Als Chronist gesellschaftlicher Randgruppen stürzte er sich in Frankfurt auch in den Häuserkampf und berichtete in seinem autobiographischen Roman *Rohstoff* davon, der 1984 erschien, drei Jahre vor seinem Unfalltod am 17. Juli 1974 in Feldkirchen bei München:

„Wir näherten uns unserem Ziel im Morgengrauen, ein Trupp dunkler Gestalten, dick in Parkas und Lederjacken vermummt, unter denen wir die Brecheisen und Wagenheber trugen. Unsere Stiefel knirschten auf dem frühen Frost. Wir gelangten ohne Aufsehen an die Rückfront des Gebäudes, zum Souterrain. Irgendwo in der Ferne war eine Polizeisirene zu hören, sie kam aber nicht näher. Die Tür war kein Problem. Schon standen wir in dem leeren Haus. Es hatte vier Stockwerke, Parkettfußböden, gekachelte Bäder, Stuckengel an den Decken, schmiedeeiserne Gitter an den Balkonen, eine weitgeschwungene Treppe, Wintergärten und lag an der Bockenheimer Landstraße in der Nachbarschaft von Versicherungen, Banken, Werbeagenturen, Universitätsinstituten, Bibliotheken und anderen besetzten Häusern. Ein persischer Immobilienhändler und Westendspekulant wollte aus dem Wohnhaus ein Bürohaus machen. Nun, ab heute würden wir hier eine Weile wohnen.“[99]

In Frankfurt selbst hatte sich schon lange eine Gegenbewegung gebildet, die eine an Widersprüchen so reiche Stadt geradezu als belebend für die eigene literarische Arbeit empfand.

In Frankfurt schreiben

Nach der Gründung der *Pardon* 1962 und der *Titanic* 1979 war Frankfurt so etwas wie die Satire-Hauptstadt Deutschlands. Die „Neue Frankfurter Schule" um Robert Gernhardt, F. K. Waechter, Eckhard Henscheid, Chlodwig Poth, Hans Traxler, F. W. Bernstein, Bernd Eilert und Peter Knorr knüpfte, bewusst oder nicht, an die Frankfurter Satiretradition des 19. Jahrhunderts an.

Robert Gernhardt war Schriftsteller, Zeichner, Maler und Drehbuchautor. Er schrieb Gedichte, satirische Texte, Essays, Theaterstücke, Kinderbücher, Radiosendungen und Bildergeschichten. Geboren wurde er am 13. Dezember 1937 in Reval (heute Tallin) als Sohn einer baltendeutschen Familie. 1939, mit dem Beginn des Zweiten Weltkriegs, musste die Familie nach Posen übersiedeln. Als der NS-Spuk und der Krieg vorbei waren, floh Robert Gernhardt mit seiner Mutter und seinen beiden Brüdern nach Deutschland. Seit 1946 lebten sie in Göttingen. Sein Vater war im Krieg gefallen. Gernhardt studierte an den Akademien in Stuttgart und Berlin Malerei, außerdem an der Freien Universität in Berlin Germanistik. Nach seinem Studium hätte er in den Schuldienst gehen können, aber er entschied sich 1964 für Frankfurt und heuerte bei der zwei Jahre zuvor gegründeten Satirezeitschrift *Pardon* an. Bis 1976 schrieb und zeichnete er zusammen mit F. W. Bernstein und Friedrich Karl Waechter die zweiseitige Beilage *Welt im Spiegel*, die als Tageszeitungsparodie Ereignisse, Menschen und das Medium selbst aufs Korn nahm. Daraus entstand 1966 auch das erste gemeinsame Buch *Die Wahrheit über Arnold Hau*. 1979 gehörte Gernhardt zu den Mitbegründern des Satiremagazins *Titanic*, das zunächst in Konkurrenz zur *Pardon* stand. Die *Pardon* wurde dann allerdings schon 1982 eingestellt. Um die beiden Zeitschriften entstand die „Neue Frankfurter Schule". Knorr und Gernhardt hatten ihr satirisches Werkzeug auch bei Unterhaltungssendungen des Hessischen Rundfunks geschärft, ehe sie zusammen mit Bernd Eilert Texte und vier Drehbücher für Otto Waalkes schrieben. In die Literaturgeschichte ist Gernhardt mit seinen Gedichten eingegangen. Es dauerte allerdings lange, bis er bei der Literaturkritik Anerkennung fand. Er galt als Humorist und Satiriker; seine Gedichte wurden als Nonsens abgetan. Dabei sind sie kleine, komplexe Kunstwerke, in denen Gernhardt souverän mit Strophen- und Reimformen, mit Rhythmus und Versmaß umgeht. Fast beiläufig zitiert er

Welt- und Literaturgeschichte, scheut sich nicht vor Kalauern und setzt gern eine Schlusspointe. Über seine Gedichte durfte man nicht nur lachen, man sollte es sogar. Gernhardt steht in der Tradition von Morgenstern, Ringelnatz oder Heinz Erhardt. 2004 entwickelte er in der *Frankfurter Allgemeinen Zeitung* zehn Thesen zum komischen Gedicht. Die neunte lautete:

> „Das komische Gedicht ist der Königsweg zum Lachen.
> Obwohl der Mensch gerne lacht, fällt es ihm, auf sich gestellt, schwer, zum Lachen zu finden. Also muss er zum Lachen gebracht werden, und dabei haben sich kurze Mitteilungsformen als besonders effektive Transportmittel erwiesen: Fabel, Anekdote, Witz. Sie alle aber übertrifft das Gedicht. Rascher und umstandsloser als jeder Witz vermag es der Zweizeiler, einen nach Auflösung drängenden befremdlichen Sachverhalt aufzubauen, ja aufzustauen: ‚Die schärfsten Kritiker der Elche' – Wieso Kritiker? Weshalb Elche? – ‚waren früher selber welche' – Ach so! Deshalb!"[100]

In seinen Vorlesungen, Vorträgen und Essays setzte sich Gernhardt immer wieder mit der „Hochkomik" auseinander, die keine mindere Literaturform sei, sondern nur ein anderer Blick auf die menschlichen und gesellschaftlichen Phänomene, die alle Schriftsteller beschäftigen. Neben seinen Gedichten schrieb Gernhardt auch Theaterstücke, wie *Die Toscana-Therapie* (1986), und Erzählungen, in denen er sich satirisch-kritisch mit dem linksbürgerlichen Hedonismus seiner einst politisierten Generation auseinandersetzte, mit Beziehungsproblemen und wortreicher Nichtkommunikation.

Robert Gernhardt starb am 30. Juni 2006 in Frankfurt. Nach ihm ist ein Preis benannt, der seit 2008 von dem Hessischen Ministerium für Wissenschaft und Kunst und der Landesbank Hessen-Thüringen an je zwei Autoren vergeben wird, um ihnen ein literarisches Projekt zu ermöglichen. Außerdem ist die ständige Ausstellung des ebenfalls 2008 eröffneten Frankfurter Museums für komische Kunst „Caricatura" den Vertretern der „Neuen Frankfurter Schule" gewidmet.

Kein Mitglied dieser informellen Gruppe, sondern ein ganz eigenständiger Kopf war Matthias Beltz, am 31. Januar 1945 im Vogelsberg-Dorf Wohnfeld geboren und am 27. März 2002 in Frankfurt überraschend gestorben. Der studierte Jurist brach 1970 sein Referendariat ab, um als Arbeiter bei der Adam Opel AG in Rüsselsheim den revolutionären Kampf in die Betriebe zu tragen. Der Agitationserfolg war gering und so schloss er sich zunächst *Karl Napps Chaos Theater* und danach dem *Vorläufigen Frankfurter Fronttheater* an. Als Kenner der Frankfurter Volksseele lotete er deren Untiefen aus und verbrämte das erschreckende Ergebnis philosophisch, am liebsten mit Heidegger. In seinem 2003 uraufgeführten Theaterstück *Die Frankfurter Verlobung* finden sich einige Sätze, die die Qualität von Aphorismen haben:

> „Je länger du auf den Beton Frankfurts schaust, um so weniger schaut zurück. Frankfurt hat die wunderbare Tendenz zum Nichts. Die Stadt ist tot und schämt sich nicht. Sie hat alles hinter sich und spielt sich trotzdem nicht so auf wie Wien. Frankfurt ist der coolste Friedhof Europas. Hier wachst du morgens zwischen Gräbern auf – und bist der Schöpfer deiner Welt, denn um dich sind Chaos und Nichts.“[101]

Diese Erkenntnisse eines Wahl-Frankfurters haben nichts mit der Wien-Kritik eines Helmut Qualtinger zu tun. Sie sind keine Abrechnung und keine Liebeserklärung, sondern Kabarett, wie es Beltz verstand.

Auch Herbert Heckmann, der seine Heimatstadt heiß und innig liebte, war deshalb nicht blind für bestimmte Charakterzüge, die die Frankfurter Gesellschaft über Jahrhunderte gepflegt hatte:

> „Sie hatten es nie gern, wenn ihre Schwächen an die große Glocke gehängt wurden. Johann Conrad Friederich, der ihnen ein zu böses Maul hatte, ärgerten sie aus der Stadt heraus. Ludwig Börne nahmen sie kaum wahr. Der Handel und die Künste fanden meist nur bei Festakten zueinander. Am liebsten ging man noch ins Theater und zeigte sich in bester Garderobe. Kunstgenuss als gesellschaftliches Ereignis. Das Geldverdienen brauchte schließlich einen erhebenden Hintergrund. Ein Zitat zur rechten Zeit, ein schönes, kostbares Bild an der Wand und Schubert vierhändig: Bildung konnte nichts schaden.“[102]

Herbert Heckmann wurde am 25. September 1930 in Frankfurt geboren und starb am 18. Oktober 1999 an seinem letzten Wohnort Bad Vilbel. Er war von 1963 bis 1979 Herausgeber der im S. Fischer Verlag erscheinenden *Neuen Rundschau* und von 1984 bis 1996 Präsident der Deutschen Akademie für Sprache und Dichtung in Darmstadt. Der kulinarischen Genüssen durchaus zugeneigte Heckmann verfasste neben Romanen, Erzählungen und Gedichten auch Kulturgeschichtliches über das Kochen und den Wein sowie eine Reihe von Büchern über Hessen und besonders Frankfurt. In *Die Trauer meines Großvaters* (1994) erinnerte er sich an seine Jugend im nationalsozialistischen Frankfurt. Mit großer Leidenschaft erfand er fiktive Biographien, mit denen er exemplarisch und subtil komisch menschliche Schwächen entlarvte und politischen Opportunismus anprangerte. Unter dem Pseudonym Fritz Schönborn ließ er 1980 seine *Deutsche Dichterflora* erscheinen, in der er pflanzliche Eigenschaften auf Dichterkollegen projizierte und umgekehrt. Das Buch machte Sensation, bis der wirkliche Autor bekannt war. So heißt es über das „Jüngergarn“:

> „Wächst kerzengerade im Schwimmpflanzenbestand stehender Gewässer. Es liebt kalte, gedankentiefe Gewässer und Dom Pérignon. Man hat es aber auch schon in Schwimmanstalten für Männer angetroffen. Selten! […] Der brennend scharfe Saft der Pflanze soll für das Vieh stark giftig sein, besonders für Wiederkäuer.

> Hingegen fressen Kulturziegen das ernste Jüngergarn erwiesenermaßen recht gern und setzen geschmeidiges Fett an, das sie über den Winter ihrer eigenen Bedürfnislosigkeit rettet. Abgekocht und abgestanden ist der Saft für Menschen unschädlich. [...] Unbestreitbar ist die blutstillende Wirkung des Heilkrauts sowie sein Gebrauch bei Wunden aller Art, Gewissensbisse eingeschlossen."[103]

Hanne Kulessa, Carolina Romahn und Ruthard Stäblein haben 2002 für ihr Lesebuch *Die Stadt am Fluß* 68 in Frankfurt lebende oder mit Frankfurt verbundene Autoren gezählt, die Bedeutung über Frankfurt hinaus besitzen. Es dürften aber mehr sein. Das Spektrum reicht von dem Erzähler Reinhold Batberger und der 2013 verstorbenen Lyrikerin Elisabeth Borchers bis zu der sowohl als Malerin als auch als Schriftstellerin arbeitenden Alissa Walser und der 1932 in Oberschlesien geborenen Stefanie Zweig, die mit ihren autobiographischen Afrika-Romanen weltberühmt wurde, aber auch mit ihren Büchern über ein Haus in der Rothschildallee ein großes Jahrhundertpanorama von Frankfurt geschaffen hat. Stefanie Zweig starb 2014 in ihrer Wahlheimat Frankfurt. Dazwischen tummeln sich so bekannte Autor_innen wie Zsuzsa Bánk, Paulus Böhmer, Mechthild Curtius, Ria Endres, Volker Erbes, Alban Nikolai Herbst, Ulrike Kolb, Elsemarie Maletzke, Harry Oberländer, Silke Scheuermann, Werner Söllner, Peter Zingler und Gerald Zschorsch.

Fünf von ihnen sollen schließlich herausgestellt werden, nicht weil zwei bereits den Büchner-Preis erhalten haben und die anderen drei ihn jederzeit erhalten könnten, sondern weil sie als Flaneure Frankfurt immer wieder neu erkunden und darüber berichten.

Wenn der leicht bayerische Akzent nicht wäre, könnte man Eva Demski für eine geborene Frankfurterin halten, so lange lebt sie schon in der Stadt, deren kulturelles Leben sie seit Jahrzehnten mitprägt. Aber Eva Demski wurde am 12. Mai 1944 in Regensburg geboren. Ihr Vater, Rudolf Küfner, war dort Bühnenbildner. Über Wiesbaden zog die Familie nach Frankfurt, wo der Vater als Chefbühnenbildner des Hessischen Rundfunks u. a. die großen Unterhaltungsshows ausstattete. Eva Demski verbrachte die letzten Jahre ihrer Kindheit im Frankfurter Stadtteil Dornbusch. Heute lebt sie wieder dort. „Als ich ein Kind war", schrieb sie 2007 in einem Porträt ihres Stadtteils, „wohnten wir in der Mechthildstraße, einer stillen, netten, bürgerlichen Straße, die nahe beim Hessischen Rundfunk lag. Zur Schule fuhr ich wenige Stationen mit der Straßenbahn, an der Ecke gabs ein Kino mit einer anscheinend sehbehinderten Kassiererin, die uns in die erst-ab-sechzehn Filme ließ, ohne mit der Wimper zu zucken. Es war eine angenehme Kindheit am Dornbusch. Alle hatten Gärten und keiner Geld. Es gab einen Laden, in dem Laufmaschen repariert wurden (mit einem Nädelchen, das die entwischte Masche den ganzen Strumpf hinauf wieder einfing, was ich sehr gern sah und lernen wollte, es schien eine nette, ruhige Arbeit zu sein)“[104]. Aber Eva Demski machte dann doch lieber Abitur. In Mainz und Freiburg studierte sie Germanistik, Kunstgeschichte und Philosophie. Danach arbeitete sie als Dramaturgieassistentin an den Städtischen Bühnen in Frankfurt und als freie Verlagslektorin. 1969 ging sie als Kulturjournalistin zum Fernsehen des Hessischen Rundfunks und berichtete für die aktuellen Kulturmagazine. Daneben drehte sie Fernsehfeatures über Schriftsteller wie Joseph Roth, Wolfgang Koeppen, Rose Ausländer oder Gottfried Benn. 1977 entschied sie sich, künftig nur noch als freie Schriftstellerin zu arbeiten. 1979 erschien ihr erster Roman *Goldkind*, der das Schicksal eines vaterlosen Jungen im Nachkriegsdeutschland schildert. Das „Goldkind“ soll später die Firma seines Großvaters übernehmen, aber bis es dazu kommen könnte, ist das Unternehmen pleite. Eva Demski erzählt einerseits in einem großen historischen Panorama von den Verlierern des Wirtschaftswunders und andererseits von einem jungen Menschen, der mit den Idealen einer vergangenen Zeit erzogen wird und nicht zu sich selbst finden kann. Am Ende wird er, gerade als die Studentenrevolte beginnt, von einem Taxi überfahren. Eine ähnliche Thematik hat auch ihr zweiter Roman *Karneval* von 1981. Hier ist es ein Mädchen aus einem „besseren“ Haus, das an der gesellschaftlichen Realität scheitert. Ihren Roman *Scheintod* legte Eva Demski 1984 in die Zeit Mitte der Siebzigerjahre, als die Bundesrepublik von dem Terror der RAF erschüttert wurde. Der plötzliche Tod eines jungen Anwalts, der Kontakte zur Terroristenszene unterhielt, führt bei der Witwe zu einer kritischen Bestandsaufnahme ihres eigenen Lebens und das ihres Mannes, von dem sie sich getrennt hatte. Von der Kritik wurde ein autobiographischer Hintergrund vermutet, weil Eva Demskis Mann, der Strafverteidiger Reiner Demski, 1974 überraschend gestorben war. Er war einer der Strafverteidiger Gudrun Ensslins gewesen. Noch einmal in die unmittelbare Nachkriegszeit, dieses Mal in der bayerischen Provinz, führt der Roman *Afra*. Mit satiri-

Eva Demski

schem Witz erzählt sie vom Auf- und Abstieg eines Mädchens, das eine Bäuerin zur Mutter und einen farbigen GI zum Vater hat. In ihren Romanen verwebt Eva Demski persönliche Schicksale mit den ersten Jahrzehnten der wie Phönix aus dem Nazireich aufgestiegenen Bundesrepublik. In *Das Narrenhaus* konzentrierte sie 1997 den alltäglichen Wahnsinn in den 14 Stockwerken eines großen Wohnhauses. Von Etage zu Etage entfaltet sich ein Welttheater voller kurioser Normalitäten. Eva Demski ist eine Erzählerin von hohen Graden. Das zeigen nicht nur ihre Romane, sondern auch ihre Porträts, ihre Essays, ihre Betrachtungen und ihre Reisebücher über die Donau, Venedig, den Rheingau und andere Orte, wo sie gern autobiographische Bezüge entdeckt. Dort, wo die Oberfläche ganz ruhig scheint, beginnt sie zu graben und findet kleine, oft verstörende Schätze, die wir sonst übersehen hätten. Zuletzt hat sie kluge, witzige und äußerst lesenswerte Bücher über das Kochen und das Gärtnern verfasst.

Schon seit seinem zweiten Roman *Abschaffel*, der 1977 erschien, zählt Wilhelm Genazino zu den wichtigsten und von der Literaturkritik hoch geschätzten Autoren. Aber erst im Jahr 2004, als er den bedeutendsten deutschen Literaturpreis, den Georg-Büchner-Preis, erhielt, ist er auch einer breiten Öffentlichkeit bekannt. Dass er plötzlich im Rampenlicht stand, zu Interviews und Fernsehsendungen gebeten wurde, hat ihn und sein Schreiben nicht verändert. Genazinos Texte entziehen sich der oberflächlichen Lektüre. Sie müssen gelesen werden wie sie entstanden sind. Als genau beobachtender Flaneur führt uns Genazino durch den Kosmos des Alltäglichen, durch Lebensgeschichten, denen jede Verruchtheit fehlt, selbst wenn seine Anti-Helden ins Bordell gehen. Es sind akribische Betrachtungen von nur scheinbar Unwichtigem: „Solche Lächerlichkeiten nahm Abschaffel in unerhörter Vergrößerung wahr.“[105] Bei Wilhelm Genazino werden aus solchen Lächerlichkeiten Metaphern der menschlichen Existenz. Wenn er durch die Frankfurter Straßen streift, entgeht ihm kein Detail, keine versteckte Geste und kein achtlos weggeworfener Kronenkorken. Alles ist ihm gleich wichtig; hinter allem versteckt sich eine Geschichte, die gefunden oder erfunden werden muss.

Als nicht wenige Autoren den Arbeiter als Sujet ihrer Romane und Erzählungen entdeckten, hat sich Genazino dem stetig wachsenden Heer der (kleinen) Angestellten zugewandt und für sich den „Angestelltenroman“ als ideale Form entdeckt. „Die Figur des Arbeiters war mein Vater, die Figur des Angestellten war ich“[106], schreibt er in seinen autobiographischen „Spaziergängen in der Mitte Deutschlands“, die 2013 unter dem Titel *Tarzan am Main* erschienen. Genazinos Protagonisten wie *Abschaffel* sind nicht, wie die Angestellten in der Weimarer Republik, von nackter Existenznot bedrängt, sondern werden durch ihre Unauffälligkeit auffällig.

Genazino wurde am 28. Januar 1943 in Mannheim geboren und studierte nach dem Volontariat bei einer Tageszeitung Germanistik, Philosophie und Soziologie in Frankfurt. Er arbeitete bei der Satire-Zeitschrift *Pardon* als Redakteur, bis er 1971 entlassen wurde. Nach den Erfahrungen in einer hierarchisch geprägten Angestelltenexistenz, die er im Rückblick ambivalent bewertet, entschloss er sich, freier Schriftsteller zu werden und schrieb zusammen mit Peter Knorr satirische, kabarettartige Dialoge, unterhaltende Hörspiele und Features für den Hessischen Rundfunk. Bis heute arbeitet Genazino für das Radio, dessen Sendungen (vor allem die Hörspiele) ihn schon früh mit neuen künstlerischen Positionen bekannt gemacht haben. Mit einer Unterbrechung von sechs Jahren, die er in Heidelberg verbrachte, lebt Genazino in Frankfurt. Es scheint gerade das Anti-Großstädtische zu sein, das Provinzielle in der behaupteten Metropole, das Frankfurt zum idealen Ort für seine Romanfiguren macht, die sich mit dem abgefunden haben, was das Leben für sie nicht bereithält. In der *Abschaffel*-Trilogie (1977–79) ist das so wie in *Ein Regenschirm für diesen Tag* (2001), *Eine Frau, eine Wohnung, ein Roman* (2003), *Die Liebesblödigkeit* (2005), *Mittelmäßiges Heimweh* (2007) oder in *Das Glück in glücksfernen Zeiten* (2009).

Wilhelm Genazino. Foto: Annette Pohnert / Carl Hanser Verlag

Zu Frankfurt hat sich Genazino vielfach geäußert und scharf zwischen Schein und Sein getrennt. Schein ist der Blick von außen oder von oben aus dem Flugzeug; Sein ist die Realität der Stadt: „Wer nach der Landung das Gefühl einer Enttäuschung nicht los wird, muss sich, je mehr sich der Stadtkern nähert, auf weitere Desillusionierungen einstellen."[107] Die Frankfurter nehmen ihm das nicht übel. Ganz im Gegenteil: 2011 wurde *Abschaffel* bei „Frankfurt liest ein Buch" zur gemeinsamen Lektüre ausgewählt.

Es ist aus der Mode gekommen, von einer „engagierten Literatur" zu sprechen, wenn der Autor bestehende gesellschaftliche Verhältnisse kritisiert und für ihre Veränderung Partei ergreift. Der 1958 in Fulda geborene, in Frankfurt lebende Matthias Altenburg aber gehört zu dieser Spezies. In polemischen Essays, scharf und spitz geschriebenen Kritiken wie auch in seinem erzählerischen Werk hält er den Verhältnissen seinen klug geschliffenen literarischen Spiegel vor. 1992 ging er im *Kampf den Flaneuren* mit seinen Kolleg_innen ins Gericht, um ihre Distanz zur Lebenswirklichkeit zu beklagen. Sein engagiertes Schreiben bedeutet nicht, er würde auf die Vielfalt literarischer Formen verzichten. Neben Romanen wie *Landschaft mit Wölfen* (1999), *Die Liebe der Menschenfresser* (2002) und *Die Toten von Laroque* (2003) schrieb er das Theaterstück *Alles wird gut. Eine Sommerkomödie* (1995) und trat im Frankfurter Stalburg Theater zusammen mit dem Gitarristen Atilla Korap auf. Journalistische Texte, zum Beispiel über den Kulturbegriff eines Oberbürgermeisters, führen regelmäßig zu kontroversen Debatten.

2012 erschien eine gedruckte Version seines Blogs *Geisterbahn* unter dem Titel *Jan Seghers' Geisterbahn. Tagebuch mit Toten.* Von diesem Autor stammen mittlerweile fünf Kriminalromane mit dem Frankfurter Kommissar Robert Marthaler. Es ist kein Geheimnis, dass Matthias Altenburg leidenschaftlich und schnell Fahrrad fährt, Rennrad. Das teilt er mit seinem Kommissar und dieser Sphäre entstammt die Hälfte seines Pseudonyms. Jan von Jan Ulrich, die andere, Seghers, kommt von der aus Mainz stammenden Anna Seghers.

Zuletzt erschien *Die Sterntaler-Verschwörung* (2014), worin es um deutlich wiedererkennbare Unebenheiten in der hessischen Landespolitik geht. Die Landtagswahl 2008 endete mit einem Patt, die großen Projekte der noch amtierenden Landesregierung wie der Flughafenausbau schienen gefährdet, wenn die Opposition an die Macht kommen würde. Der damalige politische Realthriller mit dem Ypsilanti-Coup, eine Regierungsmehrheit zusammen mit der Linken zu erlangen, mit Verrat, Intrigen und bitteren Enttäuschungen dient Jan Seghers als Vorlage für einen spannenden Krimi. Dort wird die Angelegenheit durch Verschwörung und Auftragsmord erledigt. So ist das üblich in Kriminalromanen. In Frankfurt und sehr weit darüber hinaus schätzen die Leser den ruhigen „Sound" der Krimis von Jan Seghers, mit dem er seine Fälle in ein kritisches Panorama der gesellschaftlichen Realität einbettet. Kommissar Marthaler mit seinem kooperativ konzentrierten Arbeitsstil, seinem Gerechtigkeitssinn und seinen normalen Defekten genießt hohe Sympathie bei den Lesern. *Die Sterntaler-Verschwörung* spielt aber nicht nur in der Landeshauptstadt Wiesbaden und in Frankfurt, sondern auch in einem kleinen Ort im Spessart: „Es dämmerte gerade erst, als der junge Mann an diesem Morgen in seinem Haus in der kleinen Ortschaft Schwarzenfels erwachte."[108]

Schwarzenfels im „Bergwinkel“ im Main-Kinzig-Kreis mit seiner imposanten Burg entwickelt sich zum Literatur-Ort. 2006 erschien der Roman von Ulrike Edschmid: *Die Liebhaber meiner Mutter.*[109] Das Cover zeigt die Burg Schwarzenfels, die sich aus einem Nebelfeld erhebt. Aus dem Nebel der Erinnerung rekonstruiert die Grimmelshausen-Preisträgerin von 2013 die Liebesbeziehungen ihrer Mutter, die mit ihren Kindern während des Zweiten Weltkriegs und in der Nachkriegszeit auf der Burg lebte. Das so einfühlsam wie schnörkellos geschriebene Buch schildert eine Frau, die den schwierigen Verhältnissen der Kriegs- und Nachkriegszeit ihr eigenes Leben mit Liebe, Verstand und Fantasie entgegensetzt.

Dem am 31. Juli 1951 in Frankfurt-Sachsenhausen auf die Welt gekommenen Martin Mosebach ist ein ähnliches Verhältnis zur Geburtsstadt eigen wie Goethe. Ambivalent könnte man es nennen, Hassliebe trifft es vielleicht besser. Bei Goethe heißt es „Frankfurt bleibt das Nest“, „ein leidig Loch“ sei die Stadt. Einerseits. „Ich könnte keine liebere Stadt als Frankfurt nennen“ – andererseits. Bei Martin Mosebach klingt das böse Lob so: „Es gehört zu meinem besonderen Verhältnis zu meiner Geburtsstadt Frankfurt am Main, dass ich sie als eine der verdorbensten und hässlichsten Städte Deutschlands erlebe und in meiner Phantasie und in meinem inneren Bild von der Stadt an sie als eine der schönsten Städte denke, die ich kenne.“[110] Und an einer anderen Stelle im Buch heißt es: „Was ich von Frankfurt sehe, ist etwas anderes, als was ich von Frankfurt weiß. Was ich von meiner Stadt weiß, ist mir aber ebenso wichtig wie das, was ich sehe.“[111] Das Frankfurt-Buch, aus dem die beiden Zitate stammen, ist eines der schönsten und klügsten. Sein Autor fordert ebenfalls zu ambivalenten Urteilen heraus. Da ist der meisterhafte Erzähler, dem alle Raffinessen der Form zu Gebote stehen. Der Reiseschriftsteller, der fremde Kulturen wunderbar genau und mitfühlend schildert. Dann gibt es den Alleskönner, der Opern-Libretti, Filmdrehbücher, Hörspiele, Theaterstücke und Gedichte schreibt. Es gibt aber auch den Ketzer, der sich 2007 in seiner *Häresie der Formlosigkeit. Die römische Liturgie und ihr Feind* scharf gegen die liturgischen Ergebnisse des Zweiten Vatikanischen Konzils wendet und die Rückkehr zur lateinischen Tridentinischen Messe einklagt.

Mosebach hat sich selbst einmal als „Reaktionär“ bezeichnet, und man darf sich darüber wundern, wie dieser aus allen Nähten platzende polyphone Meistererzähler, der alles Fremde beschreiben kann und versteht, wie ein solcher Symphoniker der Literatur politisch und kirchlich der eintönigen Strenge und einem nach rückwärts weisenden Staatsverständnis das Wort redet.

Mit Preisen wurde und wird er reichlich bedacht. 2007 erhielt er den Georg-Büchner-Preis der Deutschen Akademie für Sprache und Dichtung, deren Mitglied er auch ist. Bei der Rede zur Preisverleihung versuchte er, einen gleichsam leninistischen Kern in Büchners Revolutionsverständnis herauszuarbeiten, was zu heftigen Kontroversen führte. Große Freude bereitete sein Roman *Der Nebelfürst*, der 2001 in der Anderen Bibliothek erschien, die damals zum Frankfurter Eichborn Verlag gehörte. Dort kam auch das elegant und scharfsinnig von Mosebachs Freund Asfa-Wossen Asserate geschriebene Buch *Manieren* (2003) heraus, das Martin Mosebach redigierte. Mit seinem Roman *Das Blutbuchenfest* (2014) wurde Mosebach, der nach eigener Aussage zu den wenigen seiner Generation gehöre, „die ihre Geburtsstadt nicht verlassen haben“[112], Finalist beim Preis der Leipziger Buchmesse.

Bodo Kirchhoff ist ein so bekannter wie erfolgreicher Autor, dessen Bücher zunächst bei Suhrkamp erschienen, ab 2001 – mit dem Roman *Parlando* – werden sie von der Frankfurter Verlagsanstalt verlegt.

Bodo Kirchhoff wurde am 6. Juli 1948 in Hamburg geboren, wuchs in Süddeutschland auf und studierte in Frankfurt am Main Pädagogik. Danach begann er zu publizieren: Theaterstücke, Essays, Reportagen, Erzählungen und Romane. Er lebt in Frankfurt und am Gardasee, wo er Schreibkurse anbietet, die mittlerweile einen legendären Ruf haben. Mit Romanen wie *Infanta* (1990), *Parlando* (2001), *Erinnerungen an meinen Porsche* (2009), *Die Liebe in groben Zügen* (2012) und besonders *Verlangen und Melancholie* (2014) begründete er seinen Rang als einer der großen Gegenwartsautoren.

Mit seinem *Schundroman* (2002) hat es eine besondere Bewandtnis. Denn ebenfalls 2002 erschien Martin Walsers bereits erwähnter grotesk-gemeiner Schlüsselroman *Tod eines Kritikers*. Neben dem berühmten Kritiker Marcel Reich-Ranicki tauchen dort noch andere Größen des Literaturbetriebs wie Walter Jens oder die Suhrkamp-Verlegerin Ulla Unseld-Berkéwicz auf. Es gehörte nicht viel Fantasie und Scharfsinn dazu, den wenig kunstvoll verschlüsselten Roman als nur halbwegs sublimierte Rache eines Autors an einem Kritiker zu lesen, der ihm gelegentlich spürbar zugesetzt hatte. Die literarische Welt staunte aber nicht schlecht, als Bodo Kirchhoff in seinem gleichzeitig erschienenen *Schundroman* ganz ähnliche reale Konstellationen zu einer Parodie des Genres Trivialroman und einer gepfefferten Abrechnung mit dem Literaturbetrieb verarbeitete. Dort tötet ein Auftragskiller im Gewusel der Frankfurter Buchmesse einen sehr berühmten Literaturkritiker, allerdings aus Versehen. Er hätte jemand anderes um die Ecke bringen sollen. Natürlich spielt auch eine Frau keine unwesentliche Rolle. Beide Romane zusammen machten einen Skandal, den man einerseits aus sicherer Distanz genießen konnte, der auf der anderen Seite mit der Verletzung des wirklichen Marcel Reich-Ranicki und scharfen, ernst gemeinten Kontroversen in den Feuilletons schmerzte und wütend machte.

Kirchhoffs Roman *Verlangen und Melancholie* wurde von nicht wenigen Kritikern als sein bisher bestes Buch gelobt. Dort findet der Protagonist Hinrich eines schönen Maitages einen Brief mit schwarzem Rand. „Wer mag gestorben sein?“, fragt er sich. Vor neun Jahren war seine geliebte Frau Irene bei einem Sturz aus 43 Metern ums Leben gekommen. Nun beginnt eine Reise durch die Erinnerung. Hubert Spiegel fand den Roman in seiner Rezension in der Frankfurter Allgemeinen Zeitung „aus einem Guss und stimmig bis in kleinste Motiv“[113]. Der Autor sei auf der Höhe seiner Kunst angelangt.

Viele Autoren haben sich nach 1945 mit der Mainmetropole beschäftigt, wohl auch dank der Buchmesse und den anderen literarischen Institutionen in der Stadt. Frankfurt ist eine Literaturstadt geblieben, mit zahlreichen Veranstaltungen im Literaturhaus, in der Romanfabrik, im Hessischen Literaturbüro im Mousonturm, im Holzhausenschlößchen, im Goethehaus, in den Bibliotheken, in den Buchhandlungen, in den Verlagen und im Sendesaal des Hessischen Rundfunks. Daneben gibt es die Poetik-Dozentur an der Frankfurter Universität und Festivals wie Open Books während der Buchmesse, literaTurm, die Frankfurter Lyriktage, die Goethe-Festwochen, die Kulturtage der Europäischen Zentralbank oder „Frankfurt liest ein Buch“.

Eine Besonderheit war 1974 die Einführung des ersten Stadtschreibers von Bergen. Die Idee stammt von dem 1912 in Aschaffenburg geborenen Schriftsteller und Journalisten Franz Josef Schneider, der zu den Mitgliedern der legendären Gruppe 47 gehörte. Schneider hatte im Feuilleton der *Frankfurter Zeitung* Artikel veröffentlicht und auch in Peter Suhrkamps *Neuer Rundschau* publiziert. Nach dem Krieg arbeitete er wieder als Journalist und als Werbefachmann. Schneiders Idee war es, Schriftsteller ein Jahr ohne finanzielle Sorgen in Bergen-Enkheim wohnen zu lassen. Für die Bürger des Frankfurter Stadtteils und die Ausgezeichneten bedeutete das eine neue Erfahrung. Die meisten Schriftstellerinnen und Schriftsteller genossen den Aufenthalt und suchten den Kontakt zu den Bürgern. Nicht nur für das literarische Leben in Frankfurt ist der Stadtschreiber zu einer wichtigen Institution geworden. Unterdessen sind viele Städte diesem Vorbild gefolgt, aber für ein Jahr Stadtschreiber von Bergen zu sein, ist noch immer eine besondere Auszeichnung.

Anmerkungen

1 Deutsche Sagen. Herausgegeben von den Brüdern Grimm. Ediert und kommentiert von Heinz Rölleke. Frankfurt am Main 1994, S. 498.
2 Thietmar von Merseburg: Chronik. Neu übertragen und erläutert von Werner Trillmich. Darmstadt 9-2011, S. 437.
3 Zit. n.: Robert Diehl: Frankfurt am Main im Spiegel alter Reisebeschreibungen vom 15. bis zum 19. Jahrhundert. Würzburg (Reprint der Ausgabe Frankfurt am Main 1939) 1984, S. 6.
4 Vgl. Klaus Arnold: poeta laureatus – Die Dichterkrönung Ulrichs von Hutten. In: Peter Laub (Bearb.): Ulrich von Hutten. Ritter – Humanist – Publizist 1488–1523. Kassel 1988, S. 237–247.
5 Der Frankfurter: Eine Deutsche Theologie. Übertragen von Joseph Bernhart. München 1950, S. 267.
6 Zit. n.: Fried (Hg.): Frankfurter Messe, a. a. O., S. 52.
7 Zit. n.: Diehl, a. a. O., S. 222.
8 Zit. n.: ebenda, S. 209.
9 Des Herrn von Blainville [...] Reisebeschreibung durch Holland, Oberdeutschland und die Schweiz besonders aber durch Italien. Erster Band. Lemgo 1764, S. 143.
10 Historia von D. Johann Fausten. Text des Druckes von 1587. Hg. von Stephan Füssel und Hans Joachim Kreutzer. Stuttgart 2006, S. 5.
11 ebenda, S. 167.
12 ebenda, S. 168 f.
13 ebenda, S. 19.
14 Johann Wolfgang Goethe: Sämtliche Werke in 18 Bänden. Hg. von Ernst Beutler. Band 10. Zürich und München 1977, S. 660.
15 Wolfgang Deichsel: Sturm und Drang. Friedrich Maximilian Klinger. In: Hans Sarkowicz (Hg.): Die großen Frankfurter. Frankfurt am Main und Leipzig 1994, S. 98.
16 Vgl. Johann Pezzl: Biographisches Denkmal Riesbeck's, Verfasser der Briefe eines reisenden Franzosen und anderer Schriften. Kempten (d. i. Wien) 1786, S. 13 f.
17 Johann Kaspar Riesbeck: Briefe eines Reisenden Franzosen. Hg. von Heiner Boehncke und Hans Sarkowicz. Berlin 2013, S. 56.
18 ebenda, S. 509.
19 Johann Michael von Loen: Gesammelte Kleine Schriften. Band II. Hg. von J. C. Schneider und J. B. Müller. (Reprint) Frankfurt am Main 1972, S. 24.
20 Heinrich Heine: Der Rabbi von Bacherach. In: Ders.: Sämtliche Schriften. Hg. von Klaus Briegleb. Band 1. Frankfurt am Main u. a. 1981, S. 486.
21 Blainville, a. a. O., S. 147 f.
22 Adolph Freiherr Knigge: Der Roman meines Lebens. Vierter Theil. Riga 1783, S. 235 f.
23 Joachim Heinrich Campe: Erste Sammlung merkwürdiger Reisebeschreibungen für die Jugend. Zweiter Theil. Siebente verbesserte Ausgabe. Braunschweig 1831, S. 129 f.
24 Wilhelm von Humboldts Tagebücher. Hg. Von Albert Leitzmann. Erster Band. Berlin 1916, S. 28.
25 Tagebücher von K. A. Varnhagen von Ense. Zehnter Band. Hamburg 1868, S. 233.
26 Ludwig Börne: Die Juden in Frankfurt am Main. In: Ders.: Sämtliche Schriften. Hg. von Inge und Peter Rippmann. Erster Band. Düsseldorf 1964, S. 7 f.
27 Friedrich Hegel an Nanette Endel am 13.11.1797. In: Briefe von und an Hegel. Hg. von Johannes Hoffmeister. Band 1: 1785–1812. Hamburg 1952, S. 56.
28 Friedrich Hölderlin: Sämtliche Werke und Briefe. Hg. von Günter Mieth. Briefe. Berlin ^{2}1995, S. 247.
29 ebenda, S. 240.
30 ebenda, S. 301.

31 Johann Gottfried Seume: Spaziergang nach Syrakus. Hg. von Jörg Drews. Frankfurt am Main 2001, S. 378.
32 August von Kotzebue: Erinnerungen aus Paris im Jahre 1804. Berlin [3]1804, S. 10.
33 Goethes Werke. Hg. im Auftrage der Großherzogin Sophie von Sachsen. II. Abtheilung. Goethes Naturwissenschaftliche Schriften. 6. Band. Zur Morphologie. I. Theil. Weimar 1891, S. 144 f.
34 Brief Johann Wolfgang Goethes an Charlotte von Stein vom 5.5.1780. In: Goethes Briefe. Hg. von Karl Robert Mandelkow. Band 1. München [3]1986, S. 302.
35 Justinus Kerners Briefwechsel mit seinen Freunden – Hg. von Theobald Kerner. Erster Band Stuttgart und Leipzig 1897, S. 44 f.
36 Brief von Dorothea von Schlegel an Gräfin Julie Zichy vom 8. Mai 1816. In: Dorothea v. Schlegel geb. Mendelssohn und deren Söhne Johannes und Philipp Veit. Briefwechsel. Hg. von J. M. Raich. Zweiter Band. Mainz 1881. S. 348 f.
37 Tagebucheintrag vom 29. Mai 1822 in: Die Tagebücher des Grafen August von Platen. Hg. von G. v. Laubmann und L. v. Scheffler. Zweiter Band. Stuttgart 1900, S. 524 f.
38 Henning Boëtius: Die Geschwister Brentano. In: Hans Sarkowicz/Ulrich Sonnenschein (Hg.): Die großen Hessen. Frankfurt am Main und Leipzig 1996, S. 159 f.
39 Christian Brentano: Der unglückliche Franzose oder Der Deutschen Freiheit Himmelfahrt. Hg. von Herbert Levin. München 1923, S. 27.
40 ebenda, S. 49.
41 Wolfgang Klötzer: Frankfurt am Main von der Französischen Revolution bis zur preußischen Okkupation 1789–1866. In: Gall (Hg.), a. a. O., S. 303 und 314.
42 Brief Wilhelm von Humboldts an Charlotte Diede vom 23. April 1828. In: Wilhelm von Humboldts Briefe an eine Freundin. Hg. von Albert Leitzmann. Erster Band. Leipzig 1909, S. 353 f.
43 Johann Ludwig Deinhardstein: Skizzen einer Reise […] in Briefen an einen Freund. Wien 1831, S. 113.
44 Karl Immermann: Werke in fünf Bänden. Hg. von Benno von Wiese. Vierter Band: Autobiographische Schriften. Frankfurt am Main 1973, S. 29.
45 Heinrich Laube: Reisenovellen. Sechster Band. Mannheim 1837, S. 207.
46 Ignaz Franz Castelli: Memoiren meines Lebens. Hg. von Josef Bindtner. II. Band. München o. J., S. 196.
47 Brief Friedrich von Schillers an Johann Wolfgang Goethe vom 16. Oktober 1795. In: Friedrich Schiller: Werke und Briefe. Hg. von Otto Dahn u. a. Band 12: Briefe II 1795–1805. Hg. von Norbert Oellers. Frankfurt am Main 2002, S. 73.
48 Friedrich Schiller: Die Teilung der Welt. In: Ders.: Werke und Briefe, a. a. O. Band 1: Gedichte. Hg. von Georg Kurscheidt. Frankfurt am Main 1992, S. 24 f.
49 Victor Hugo: Rheinreise. Mit einem Nachwort von Friedrich Wolfzettel. Frankfurt am Main 1982, S. 163.
50 Michael Hohmann: Europäische Beiträge zur Romantik an Rhein und Main. In: Wolfgang Bunzel/Ders./Hans Sarkowicz (Hg.): Romantik an Rhein und Main. Darmstadt 2014, S. 203.
51 Alexandre Dumas: Eine Reise an die Ufer des Rheins im Jahre 1838. Übers. von Hanne Holzhäuser. München 1999, S. 108.
52 Brief von Nikolai Gogol vom 14.12.1844. In: Ders.: Gesammelte Werke. Hg. von Angela Martini. Band 5: Briefe. Stuttgart 2002, S. 298.
53 Florian Balke: Der Nabel Europas. In: Frankfurter Allgemeine Zeitung vom 8.5.2012, S. 37.
54 Ludwig Börne: Briefe aus Paris. Vierundsiebzigster Brief. In: Ders.: Sämtliche Schriften. Hg. von Inge und Peter Rippmann. Dritter Band. Düsseldorf 1964, S. 521.
55 Alfred Estermann: Ludwig Börne. In: Hans Sarkowicz/Ulrich Sonnenschein (Hg.), a. a. O., S. 132.
56 Ludwig Börne: Menzel, der Franzosenfresser. In: Ders.: Sämtliche Werke. Dritter Band, a. a. O., S. 871.

57 Zit. n.: Stenografischer Bericht, a. a. O. Siebenter Band. Frankfurt am Main 1849, S. 4819.
58 Eckart Kleßmann: Vorwort. In: Johann Conrad Friederich: „Der deutsche Casanova". Vierzig Jahre aus dem Leben eines Toten. Erster Band. Frankfurt am Main und Leipzig 1991, S. XX.
59 Anonym (Johann Conrad Friederich): Vierzig Jahre aus dem Leben eines Todten. Erster Band. Tübingen 1848, S. 34.
60 Heinrich Hoffmann: Lebenserinnerungen. Hg. von G. H. Herzog und Helmut Siefert. Frankfurt am Main 1985, S. 139 f.
61 Brief von Arthur Schopenhauer an seine Schwester Adele vom 1. Dezember 1835, zit. n.: Ders.: Ein Lebensbild in Briefen. Zusammengestellt und hg. von Angelika Hübscher. Frankfurt am Main 1987, S. 79.
62 Zit. n.: Rüdiger Safranski: Schopenhauer und die wilden Jahre der Philosophie. München 1987, S. 419.
63 Ruthard Stäblein: Arthur Schopenhauer. In: Hans Sarkowicz/Ulrich Sonnenschein (Hg.), a. a. O., S. 192.
64 Friedrich Stoltze: An das deutsche Volk. In: Ders.: Hochdeutsche Gedichte. Frankfurt am Main 9-1920, S. 19.
65 Friedrich Stoltze: Frankfurt. In: Ders.: Gedichte in Frankfurter Mundart. Zweiter Band. Frankfurt am Main 27-1920, S. 7.
66 Volker Klotz: Karl Malss und seine Lokalpossen. In: Karl Malss: Frankfurter Mundartstükke. Hg. von Volker Klotz, Erwin Th. Rosenthal und Rainer Schönhaar. Frankfurt am Main 1988, S. 438.
67 (Karl Malß:) Die Entführung oder der alte Bürger=Capitain. Frankfurt am Main 1820, S. IVf.
68 ebenda, S. 15 f.
69 Max Leopold Langenschwarz: Häusliche Szene bei der Revolution. In: Waldemar Kramer (Hg.): Ausgewählte Frankfurter Mundartdichtung. Frankfurt am Main 1966, S. 240.
70 Herbert Heckmann: „E bees Maul". Oder wie ihm der Schnabel gewachsen ist. Über Mundarttexte von Kurt Sigel. In: Kurt Sigel: Krumm de Schnawwel – Grad de Kerl. Düsseldorf 1980, S. 230.
71 ebenda.
72 Anna Grigorjewna Dostojewskaja: Tagebücher. Die Reise in den Westen. Königstein 1985, S. 159 f.
73 Mark Twain: Ein Bummel durch Europa. Übersetzt von Ulrich Steindorff Carrington. Frankfurt am Main und Berlin 1969, S. 8 und 6.
74 Wolfgang Schivelbusch: Intellektuellendämmerung. Zur Lage der Frankfurter Intelligenz in den zwanziger Jahren. Frankfurt am Main 1982, S. 66.
75 Marcel Reich-Ranicki: Über Jakob Wassermann. In: Frankfurter Allgemeine Zeitung vom 23.11.2006.
76 Schivelbusch, a. a. O., S. 50.
77 Walter Benjamin: Radau um Kasperl: In: Ders.: Drei Hörmodelle. Frankfurt am Main 1971, S. 102.
78 Bertolt Brecht: Der Rundfunk als Kommunikationsapparat. In: Ruth Blaes/Heike Kraft (Hg.): Geschichten, die das Medium schrieb. Schriftsteller über 80 Jahre Radio. Berlin 2002, S. 36.
79 Schivelbusch, a. a. O., S. 69 f.
80 Thomas Wolfe: Briefe. Hg. von Elisabeth Novell. Übers. von Susanne Rademacher. Reinbek 1961, S. 132 f.
81 Elias Canetti: Die gerettete Zunge. Geschichte einer Jugend. München/Wien 1977 u. 1994, S. 325 f.
82 René Schickele: Himmlische Landschaft. Berlin 1933, S. 106 f.
83 Silvia Tennenbaum: Straßen von gestern. Frankfurt am Main 2012, S. 422 f.

84 ebenda, S. 426.
85 Irmgard Keun: Nach Mitternacht. Frankfurt am Main 1998, S. 28 f.
86 Valentin Senger: Kaiserhofstraße 12. Darmstadt/Neuwied 5-1986, S. 112 und 114 f.
87 Zit. n.: Helga Heubach (Hg.): Das Heim des Jüdischen Frauenbundes in Neu-Isenburg, 1907 bis 1942. Neu-Isenburg 1986, S. 40.
88 Schivelbusch, a. a. O., S. 41.
89 Marie Luise Kaschnitz: Orte. Frankfurt am Main 1973, S. 32.
90 Max Frisch: Tagebuch 1946–1949. Frankfurt am Main ^{2}1997, S. 40 f.
91 Carl Zuckmayer: Als wär's ein Stück von mir. Horen der Freundschaft. Band 2. Frankfurt am Main 1976, S. 560 f.
92 Zit. n.: Günter Mick: Die Paulskirche. Frankfurt am Main ^{2}1997, S. 344 f.
93 Hermann Kurzke: Thomas Mann. Das Leben als Kunstwerk. München 1999, S. 541.
94 Thomas Mann: Ansprache im Goethlaht 1949. In: Ders.: Gesammelte Werke in zwölf Bänden. Band 3: Reden und Aufsätze. Frankfurt am Main 1960, S. 485 f.
95 Frankfurter Allgemeine Zeitung vom 29.5.2002.
96 Horst Krüger: Der Schriftsteller und seine Stadt. In: Gerhard König/Adam Seide (Hg.): Ein halbes Jahrhundert Kunst und Literatur. Was da ist in Frankfurt. Frankfurt am Main 1983, S. 90–92.
97 Vgl.: Renate Chotjewitz-Häfner: Frankfurt – ein literarischer Wegweiser. In: Maria Gazetti (Hg.): Frankfurt. Literarische Spaziergänge. Frankfurt am Main 2005, S. 34 f. und 44 f.
98 Marie Luise Kaschnitz: Tage, Tage, Jahre. Aufzeichnungen. Frankfurt am Main 1971, S. 5.
99 Zit. n.: Chotjewitz-Häfner, a. a. O., S. 36.
100 Frankfurter Allgemeine Zeitung vom 20.2.2004.
101 Matthias Beltz: Die wunderbare Tendenz zum Nichts. In: Alf Mentzer/Hans Sarkowicz (Hg.): Richtisch beese Mäuler. Hessische Satiren. Frankfurt am Main 2011, S. 233.
102 Herbert Heckmann: Frisch gebabbelt. Eine ergötzliche Charakterkunde der Frankfurter. In: MERIAN 8/1977, S. 116–118.
103 Zit. n.: Herbert Heckmann: Gedanken eines Katers beim Dösen. Hg. von Heiner Boehncke und Hans Sarkowicz. Frankfurt am Main 2009, S. 23 f.
104 Eva Demski: Nur über die Straße. In: Gerd Kittel/Hans Sarkowicz (Hg.): RheinMain – Mobilität. Frankfurt am Main 2007, S. 10.
105 Wilhelm Genazino: Abschaffel. Reinbek 1977, S. 15.
106 Wilhelm Genazino: Tarzan am Main. Spaziergänge in der Mitte Deutschlands. München 2013, S. 29.
107 ebenda, S. 7.
108 Jan Seghers: Die Sterntaler-Verschwörung. Reinbek bei Hamburg 2014, S. 15.
109 Ulrike Edschmid: Die Liebhaber meiner Mutter. Frankfurt am Main und Leipzig 2006.
110 Martin Mosebach: Mein Frankfurt. Frankfurt am Main und Leipzig 2002, S. 146.
111 ebenda, S. 113.
112 ebenda, S. 110.
113 Frankfurter Allgemeine Zeitung vom 27.12.2014.

2. Mit Goethe durch Hessen

Mit Goethe durch Hessen. Das ist eine lange Reise; denn der gebürtige Frankfurter hat zwar den größten Teil seines Lebens in Weimar zugebracht, aber an nicht wenigen Stationen auf hessischem Gebiet Spuren hinterlassen, die von enormer Bedeutung für die Weltliteratur sind.

Unter seinen schönsten Gedichten sind ein paar, die mit der Frankfurter Gerbermühle am Main verknüpft bleiben. In Darmstadt erschien 1773 die von ihm und seinem Freund Johann Heinrich Merck besorgte Buchausgabe des Schauspiels *Götz von Berlichingen mit der eisernen Hand*, die den 24-jährigen Lizentiaten der Rechtswissenschaft mit einem Schlag berühmt machte. Gedruckt wurde das Buch in der Fürstlichen Hof- und Kanzleibuchdruckerei in Darmstadt. Die Uraufführung fand am 14. April 1774 in Berlin statt.

In Wetzlar erlebte Goethe 1774 das autobiographische Unterfutter seines Romans *Leiden des jungen Werthers*, der in der Weygandschen Buchhandlung Leipzig herauskam. Goethe überarbeitete 1787 seinen Roman, wobei unter anderem das Genitiv-s entfiel. Bei aller epochalen Wichtigkeit seines Werkes blieben doch zeit seines Lebens diese beiden Veröffentlichungen, der *Götz* und der *Werther*, die einzigen Erfolge beim breiten Publikum. Dass Wetzlar sich nicht in „Werther-Stadt“ hat umbenennen lassen, liegt wahrscheinlich am traurigen Ausgang des Briefromans.

1775 kam Goethe häufig nach Offenbach, um Lili Schönemann in einer Umgebung zu treffen, die ihm wohl mehr behagte als das Frankfurter Milieu.

Sehr viel später, im Juli 1814 und im Mai 1815, rückten mit Wiesbaden und dem Rheingau dann noch einmal hessische Regionen ins Zentrum von Goethes Leben.

Bevor wir die genannten Orte in der Reihenfolge von Goethes Lebenslinie erkunden, soll noch ein literarischer Ratschlag erteilt werden. Literarische Denkmäler, Dichterhäuser, Schauplätze, Archive und andere biographische Knotenpunkte im Leben herausragender Autorinnen und Autoren besitzen einen unvergleichlichen Vorteil. Man kann sich ihnen nähern, sich von ihnen entfernen, man kann die Differenzen zwischen Leben und Werk ausmessen, den historischen Wandel einst beschriebener Orte und Plätze nachvollziehen oder die Verwandlung von Wirklichkeit in Literatur studieren mit einer einzigen, völlig unaufwendigen, ortsunabhängigen, bescheidenen Tätigkeit: der Lektüre. Also empfehlen wir zum Beispiel, einen Besuch der Werther-Stätten in Wetzlar mit der vielleicht abermaligen Lektüre des

Werther zu verbinden. Beileibe nicht, um Abschnitt für Abschnitt im Buch mit den einschlägigen Gegebenheiten in der Wirklichkeit zu vergleichen. Sondern, um die Intensität der Lektüre um die Energien zu verstärken, die von der Anschauung realer Literaturplätze ausgehen können.

Bei dieser hessischen Goethe-Reise sind ein paar sehr nützliche Angaben zu finden, die beim Besuch der entsprechenden Orte helfen können.

Frankfurt am Main

Johann Wolfgang Goethe hat sich nie als Hesse gefühlt. Und Frankfurt ist zwar seine Geburtsstadt, war aber nie/nicht der Mittelpunkt seines Lebens. Es fing nicht gut an am 28. August 1749. In *Dichtung und Wahrheit* beschreibt Goethe seine Geburt:

Goethes Geburtshaus im Frankfurter Hirschgraben (nach dem Umbau)

„Am 28. August 1749, mittags mit dem Glockenschlage zwölf, kam ich in Frankfurt am Main auf die Welt. […] Durch Ungeschicklichkeit der Hebamme kam ich für tot auf die Welt, und nur durch vielfache Bemühungen brachte man es dahin, daß ich das Licht erblickte.“[1]

Bettine Brentano hatte Goethe nach Gesprächen mit seiner Mutter, der Frau Rat Goethe, im November 1810 berichtet:

„[…] sie legten Dich in einen sogenannten Fleischarden [einen Holztrog, *d. A.*] und bläheten [massierten, *d. A.*] Dir die Herzgrube, ganz an Deinem Leben verzweifelnd. Deine Großmutter stand hinter dem Bett, als Du zuerst die Augen aufschlugst, rief sie hervor: ‚Rätin! Er lebt!‘“[2]

Goethe kam also durch die belebende Wirkung des Weins zur Welt und er verlangte in seinem letzten Augenblick nach einem Glas Wein und einem Glas Wasser. Dass die Frankfurter Familie Goethe wohlhabend war, konnte man auch an Menge und Qualität des im Keller lagernden Weins ablesen. Frau Rätin nannte die wertvollen Flaschen „die alten Herren“, und sie hatte viel Arbeit mit ihnen. Betrat man das Haus im Hirschgraben, wurde man vom angenehmen Duft gepflegten Weins empfangen. Frankfurt war zu dieser Zeit nicht nur eine Stadt des Weinhandels, sondern auch des Weinbaus. Vor dem Friedberger Tor und auf dem Röderberg besaß Goethes Großvater Friedrich Georg Göthé jeweils Garten und Weinberg. Und der Wein sollte den Dichter sein Leben lang als hochwillkommene und vielfach bedichtete Stimulanz begleiten. Darauf kommen wir zurück, wenn vom Rheingau die Rede sein wird.

Goethes Arbeitszimmer vor der Zerstörung im Zweiten Weltkrieg

Goethes Verhältnis zur Vaterstadt, die ihm das Ehrenbürgerrecht verweigerte, sollte immer zwiespältig bleiben. Nach der Kindheit im Haus am Großen Hirschgraben ging er 1765 zum Studium nach Leipzig. Drei Jahre später kehrte er, auf Leben und Tod erkrankt, in sein Elternhaus zurück. 1770 wechselte er zur Fortsetzung des Studiums nach Straßburg und wurde schon ein Jahr darauf in Frankfurt als Advokat zugelassen. Um seinen juristischen Horizont zu erweitern, ging er als Praktikant an das Reichskammergericht in Wetzlar.

Am 30. Oktober 1775 verließ er Frankfurt in Richtung Weimar, wohin ihn Herzog Karl August berufen hatte. Von da an kam er nach Frankfurt nur noch zu Besuch.[3]

Wenn man heute das Haus im Großen Hirschgraben besucht, das nach seiner Zerstörung im Zweiten Weltkrieg wieder originalgetreu errichtet wurde, kann man das Zimmer im Mansardengiebel sehen, in dem Weltliteratur geschrieben wurde: im November/Dezember 1771 das Drama *Götz von Ber-*

lichingen mit der eisernen Hand, von Ende Februar bis Anfang April 1774 innerhalb von sechs Wochen *Die Leiden des jungen Werthers*, eine Art Gründungsakt der modernen Literatur in Europa. Nach dem *Clavigo* im selben Jahr entstand dort 1775 das Schauspiel *Stella*. Dass ein literarischer Text in kürzester Zeit geschrieben wurde, sagt wahrhaftig nichts über seine Qualität; Goethe schrieb allerdings nicht einfach nieder, was ihm einfiel. In seinem beängstigend guten Gedächtnis hatte er seine Dramen, Prosatexte oder Gedichte fast druckreif gespeichert, bevor er die Meisterwerke zu Papier brachte.

Am 14. Januar 1772 wurde auf dem Platz der Hauptwache die Kindesmörderin Susanna Margaretha Brandt hingerichtet. In seinem Mansardenzimmer mag er den Schock verarbeitet haben, über den er später in *Dichtung und Wahrheit* schrieb. Wichtiger war, dass er die arme Mörderin mit der Gretchen-Figur des *Faust* identifizierte. So parierte Goethe die Schläge, die ihm

Faust und Grete in Frau Marthes Garten. Umrissradierung von Moritz Retzsch (1816)

das Leben versetzte, mit der Feder. Im Schreiben kam er zu sich selbst und eignete sich seine Wirklichkeit an. In einem Brief an den Frankfurter Freund Johann Jakob von Willemer vom 22. Dezember 1820 heißt es, „[...] dass Schriftstellen eine unheilbare Krankheit ist, deswegen man wohltut, sich auch darein zu ergeben“[4]. Wirklich stabil wurden Ansichten und äußere Eindrücke erst, wenn sie im literarischen Werk verankert waren. Der junge Goethe war auch ein Genie der Wahrnehmung. Ein Augenmensch mit der Fähigkeit, das Gesehene detailliert und durchdacht in Sprache zu verwandeln.

Als Kulisse für den *Faust* spielte Frankfurt mit seinen alten Häusern und Gassen eine große Rolle. Einige Gelehrte meinen auch, der *Osterspaziergang* hätte den Main entlang aus der Stadt zur Gerbermühle geführt. Mephisto jedenfalls entwirft mit seiner Wunschstadt ein Panorama von Frankfurt:

> „[...] Ich suchte mir so eine Hauptstadt aus,
> Im Kerne Bürger-Nahrungs-Graus,
> Krumm-enge Gäßchen, spitze Giebeln,
> Beschränkten Markt, Kohl, Rüben, Zwiebeln;
> Fleischbänke, wo die Schmeißen hausen,
> Die fetten Braten anzuschmausen;
> Da findest du zu jeder Zeit
> Gewiss Gestank und Tätigkeit.
> Dann weite Plätze, breite Straßen,
> Vornehmen Schein sich anzumaßen;
> Und endlich, wo kein Tor beschränkt, Vorstädte, grenzenlos verlängt.“[5]

Das Bild der Stadt schwankt hier wie Goethes eigene Urteile und Beobachtungen. Die „engen Gässchen“ bedrücken den jungen Schriftsteller: „Frankfurt bleibt das Nest. Nidus wenn Sie wollen. Wohl um Vögel auszubrüteln, sonst auch figürlich spelunca, ein leidig Loch. Gott helf uns aus diesem Elend. Amen“[6], schrieb er in einem Brief vom 28. November 1771 an Johann Daniel Salzmann in Straßburg. „Weite Plätze, breite Straßen“ hingegen deuten auf die internationalen Verkehrswege und die Weltoffenheit Frankfurts hin. Und so bemerkte er: „In einer Stadt wie Frankfurt befindet man sich in einer wunderlichen Lage; immer sich kreuzende Fremde deuten nach allen Weltgegenden hin.“[7] Enge und Weite, Respekt und Verachtung, Fluch und Lobgesang sind Ausdruck seiner ambivalenten Ansichten über Frankfurt. Bezieht man die Eltern mit ein, die „Frohnatur“ der Mutter Katharina Elisabeth, Strenge und Disziplin des Vaters Johann Caspar, der als Kaiserlicher Rat ehrenhalber in der Stadt eine bedeutende Position hatte, so kommt man zu der Einsicht, dass Goethe eine ganz normale Hassliebe zu seiner Geburtsstadt pflegte. Immerhin konnte er auch geradezu schwärmerisch über Frankfurt reden:

> „Wenn mich jemand früge, wo ich mir den Platz meiner Wiege bequemer, meiner bürgerlichen Gesinnung gemäßer, oder meiner poetischen Ansicht entsprechender denke, ich könnte keine liebere Stadt als Frankfurt nennen; sie hat das edelste Verhältnis und das bedeutendste zur Geschichte unserer Tage; sie ist gerade groß genug, dass sie die Ambition eines jungen, regsamen Gemütes befriedige.“[8]

Goethe schrieb aus Weimar öfter an seine Familie in Frankfurt; der Vater hätte wohl gern auf die Post seines Sohnes verzichtet. Es handelte sich nämlich um mehr oder weniger offene Bettelbriefe. Ruhm und Ehre fand er zur Genüge am Hof des Herzogs, Geld zunächst offenbar nicht. Nach dem Tod des Vaters am 27. Mai 1782 – Johann Wolfgang war 33 Jahre alt – flossen dann aus dem Erbe die Mittel für den Sohn spürbar ergiebiger.

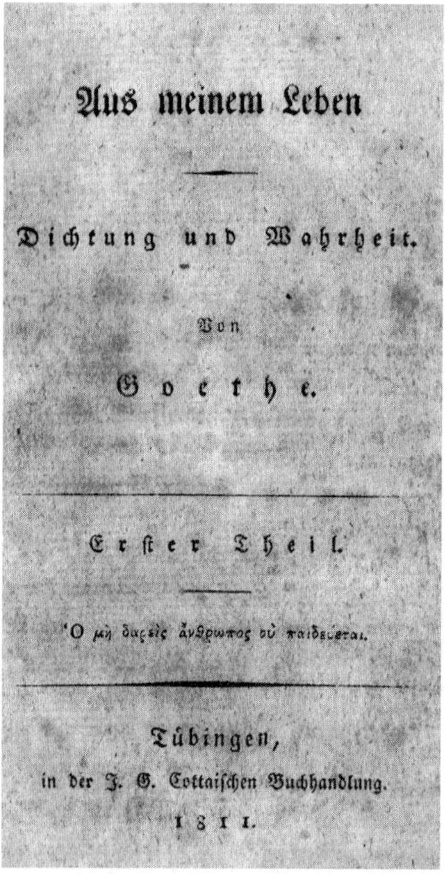
Aus meinem Leben

Dichtung und Wahrheit.

Von

Goethe.

Erster Theil.

Ὁ μὴ δαρεὶς ἄνθρωπος οὐ παιδεύεται.

Tübingen,
in der J. G. Cottaischen Buchhandlung.
1811.

Titelblatt der ersten Ausgabe von Goethes Lebenserinnerungen (1811)

Gern führte Goethe seine engsten Freunde und Freundinnen der Mutter in Frankfurt vor, und dabei wollte er nichts dem Zufall überlassen. Im August 1779 instruierte er die Mutter über den rechten Umgang mit Herzog Karl August. Später machte er auf dem Weg nach Frankfurt mit Frau Christiane in Gelnhausen Halt, ließ Frau Christiane und Sohn August dort warten, um vorauszureisen und die Mutter haarklein auf den richtigen Umgang mit seinen Lieben einzuschwören, über die man sich, wegen der nicht standesgemäßen Heirat, auch in Frankfurt das Maul zerriss.

Die Besuche waren selten, Frankfurt rückte an die Peripherie von Goethes Horizont. Eine enge Freundschaft aber verband ihn mit dem Bankier Johann Jakob von Willemer und seiner Frau Marianne. Der Landsitz der Familie war die Gerbermühle, am Main im

Frankfurter Stadtteil Oberrad gelegen. Die Liebesbeziehung von Goethe und Marianne von Willemer wurde poetisch verrätselt, es ist aber erwiesen, dass Marianne zum *Buch Suleika Nameh* des *West-östlichen Divan* (1819/27) einige Gedichte beigesteuert hat. Ebenso erwiesen ist, dass Goethe während seines Aufenthalts im Stadthaus der Willemers und in der Gerbermühle vom 8. bis 15. September 1815 einige der Gedichte dieses Buches direkt an Marianne von Willemer gerichtet hat. Das älteste lautet so:

Marianne von Willemer

„Nicht Gelegenheit macht Diebe,
Sie ist selbst der größte Dieb;
Denn sie stahl den Rest der Liebe,
Die mir noch im Herzen blieb.

Dir hat sie ihn übergeben,
Meines Lebens Vollgewinn,
Daß ich nun, verarmt, mein Leben,
Nur von Dir gewärtig bin.

Doch ich fühle schon Erbarmen
Im Karfunkel Deines Blicks
Und erfreu' in Deinen Armen
Mich erneuerten Geschicks.“[9]

Nach diesem Besuch sah Goethe Marianne nie wieder, er hatte sich, wie von vielen anderen, von ihr „losgeschrieben“.

1792 war ihm von der Stadt Frankfurt die Stelle eines Ratsherrn angeboten worden. Er hatte abgelehnt. Am 2. Dezember 1817 ließ er sich aus steuerlichen Gründen aus dem Frankfurter Bürgerbuch streichen, in das er am 3. September 1771 nach geleistetem Advokateneid eingetragen worden war. Es scheint so, als habe in Goethes Beziehung zu Frankfurt das Geld eine nicht geringe Rolle gespielt.

Immerhin wurde die Frankfurter Universität nach ihm benannt, und da wird über ihn noch heute geforscht und gelehrt. Auch über sein Verhältnis zu Marianne von Willemer, das immer noch Geheimnisse birgt – und so soll es auch bleiben.

Auf Goethes Spuren in Frankfurt führen alle Wege ins Goethehaus im Hirschgraben. Und da sollte man sich Zeit lassen. Für eine Führung durchs Haus, einen Museumsbesuch mit der einzigartigen Sammlung von Gemälden der Goethezeit. Aber auch für einen Aufenthalt in der reichhaltigen Bibliothek. Dort Goethe zu lesen ist ein nachhaltiges Vergnügen.

Und all die anderen Goethe-Sehenswürdigkeiten in Frankfurt? Sie nicht zu finden, dürfte kaum möglich sein. Ein paar seien noch angeführt: die Katharinenkirche, wo Goethe getauft und konfirmiert wurde, das Städel-Museum, wo Johann Heinrich Wilhelm Tischbeins berühmtes Bild, *Goethe in der römischen Campagna* (1787) hängt, das von Ludwig von Schwanthaler entworfene Goethe-Denkmal, das 1844 am Roßmarkt eingeweiht wurde, dann natürlich die Gerbermühle, in der der Dichter vor allem der Hausherrin Marianne von Willemer wegen des Öfteren weilte, und von da aus passenderweise zum Willemerhäuschen auf dem Sachsenhäuser Mühlberg, wo Goethe und Marianne von Willemer 1814 die Freudenfeuer zum Jahrestag der Leipziger Völkerschlacht beobachteten. Dort versprachen sich beide, immer bei Vollmond aneinander zu denken.

Darmstadt

Goethe hatte das Studium der Rechtswissenschaften in Straßburg mit Müh' und Not mit einer Arbeit beendet, die aus 56 rasch hingeschriebenen Thesen bestand. Im August 1771 kehrte er nach Frankfurt zurück. Dort wurde er als Anwalt zugelassen.

Er arbeitete am *Götz* und interessierte sich kaum für die Juristerei. Am 29. Februar 1772 besuchte er zum ersten Mal den Schriftsteller und späteren Kriegsrat in landgräflichen Diensten Johann Heinrich Merck in Darmstadt. Mehr als das bürgerliche Klima in Frankfurt lag ihm der hohe, empfindsame Ton seiner dortigen Freunde und Freundinnen, die sich zum „Kreis der Empfindsamen“ bzw. zur „Gemeinschaft der Heiligen“ versammelt hatten: Merck, Louise Henriette von Ziegler, Karoline Flachsland und Henriette von Roussillon. Von Frankfurt nach Darmstadt ging er meist zu Fuß. In *Dichtung und Wahrheit* schildert Goethe sich als einen umherziehenden, seltsamen Wanderer zwischen den Städten:

> „Man pflegte mich daher den Vertrauten zu nennen, auch, wegen meines Umherschweifens in der Gegend, den Wanderer. Dieser Beruhigung für mein Gemüt, die mir nur unter freiem Himmel, in Tälern, auf Höhen, in Gefilden und Wäldern zu-

teil ward, kam die Lage von Frankfurt zustatten, das zwischen Darmstadt und Homburg mitten inne lag, zwei angenehmen Orten, die durch Verwandtschaft beider Höfe in gutem Verhältnis standen. Ich gewöhnte mich, auf der Straße zu leben, und wie ein Bote zwischen dem Gebirg und dem flachen Lande hin und her zu wandern. Oft ging ich allein oder in Gesellschaft durch meine Vaterstadt, als wenn sie mich nichts anginge, speiste in einem der großen Gasthöfe in der Fahrgasse und zog nach Tische meines Wegs weiter fort. Mehr als jemals war ich gegen offene Welt und freie Natur gerichtet. Unterwegs sang ich mir seltsame Hymnen und Dithyramben, wovon noch eine, unter dem Titel ‚Wanderers Sturmlied', übrig ist. Ich sang diesen Halbunsinn leidenschaftlich vor mich hin, da mich ein schreckliches Wetter unterwegs traf, dem ich entgegen gehn mußte."[10]

In den folgenden Jahren besuchte Goethe Darmstadt noch mehrfach, auch um das Großherzogliche Museum zu inspizieren, das er ausführlich würdigte und lobte.

Im Mai 1775 trat er seine Reise in die Schweiz an. Das Motiv war ein bisschen merkwürdig. Er wollte erkunden, ob er Lili Schönemann entbehren könne, mit der er sich ja gerade erst verlobt hatte.

Als Reisebegleiter stehen drei Grafen zur Verfügung: die Brüder Friedrich Leopold und Christian zu Stolberg sowie Christian von Haugwitz. Freund Merck rät von dieser Gesellschaft ab, und Goethe findet schon in Darmstadt Grund, den schwärmerischen Naturburschen zu misstrauen. In *Dichtung und Wahrheit* heißt es:

„Unter die damaligen Verrücktheiten, die aus dem Begriff entstanden: man müsse sich in einen Naturzustand zu versetzen suchen, gehörte denn auch das Baden im freien Wasser, unter offnem Himmel, und unsre Freunde konnten auch hier, nach allenfalls überstandener Schicklichkeit, auch dieses Unschickliche nicht unterlassen. Darmstadt, ohne fließendes Gewässer in einer sandigen Fläche gelegen, mag doch einen Teich in der Nähe haben, von dem ich nur bei dieser Gelegenheit gehört. Die heiß genaturten und sich immer mehr erhitzenden Freunde suchten Labsal in diesem Weiher; nackte Jünglinge bei hellem Sonnenschein zu sehen, mochte wohl in dieser Gegend als etwas Besonderes erscheinen, es gab Skandal auf alle Fälle. Merck schärfte seine Konklusionen, und ich leugnete nicht, ich beeilte unsre Abreise."[11]

Eine bemerkenswerte Erinnerungsstätte an Goethe in Darmstadt liegt im Süden der Stadt, in der Nähe des Böllenfalltors: der Hergottsberg mit Goethe-Teich und Goethe-Felsen. Nicht an der Teufelsklaue, an der 1871 eine Erinnerungstafel angebracht wurde, sondern beim Goethe-Felsen, vor dem eine Holztafel installiert wurde, schrieb Goethe den *Fels-Weihegesang an Psyche*.

Der Goethe-Teich indes ist nicht der Weiher, in dem die Grafen (nackt!) badeten. Dies geschah im Woog, wo keine Tafel steht. Im Herrengarten, dem ältesten Park in der Innenstadt, erinnert das Denkmal eines antiken Jünglings an Goethe und Merck.

Wetzlar

1693 war das Reichskammergericht von Speyer nach Wetzlar verlegt worden. Als Goethe auf Geheiß seines Vaters am 25. Mai 1772 in die Stadt kam, um als Rechtspraktikant an diesem Gericht seine mit Fleiß vernachlässigten juristischen Erfahrungen zu komplettieren, machte er sich keine Illusionen über seinen Aufenthalt. Beim Gericht war eine ominöse Untersuchungskommission eingerichtet worden, deren Ergebnisse fast jeder Bürger in Wetzlar fürchtete. In *Dichtung und Wahrheit* notierte er später:

> „Da ich mir alle diese ältern und neuern Zustände möglichst vergegenwärtigt hatte, konnte ich mir von meinem Wetzlarschen Aufenthalt unmöglich viel Freude versprechen. Die Aussicht war nicht reizend, in einer zwar wohl gelegenen, aber kleinen und übel gebauten Stadt eine doppelte Welt zu finden: erst die einheimische alte hergebrachte, dann eine fremde neue, jene scharf zu prüfen beauftragt, ein richtendes und ein gerichtetes Gericht; manchen Bewohner in Furcht und Sorge, er möchte auch noch mit in die verhängte Untersuchung gezogen werden; angesehene, so lange für würdig geltende Personen der schändlichsten Missetaten überwiesen und zu schimpflicher Bestrafung bezeichnet: das alles zusammen machte das traurigste Bild und konnte nicht anreizen, tiefer in ein Geschäft einzugehen, das, an sich selbst verwickelt, nun gar durch Untaten so verworren erschien."[12]

Der 23-jährige Jurist indes ließ sich auf das „Geschäft" kaum ein; die „Ritterrunde" im Gasthaus „Zum Kronprinzen" war ihm lieber. Oder er ging – wie er in *Werthers Leiden* berichtete – in das kleine Dorf Garbenheim, „ungefähr eine gute Stunde von der Stadt", und genoss dort die Sommertage in vollen Zügen:

> „Eine gute Wirtin, die gefällig und munter in ihrem Alter ist, schenkt Wein, Bier, Kaffee; und was über alles geht, sind zwei Linden, die mit ihren ausgebreiteten Ästen den kleinen Platz vor der Kirche bedecken, der ringsum mit Bauerhäusern, Scheuern und Höfen eingeschlossen ist. So vertraulich, so heimlich hab' ich nicht leicht ein Plätzchen gefunden, und dahin lass' ich mein Tischchen aus dem Wirtshause bringen und meinen Stuhl, trinke meinen Kaffee da und lese meinen Homer."[13]

Den Weg von Wetzlar nach Garbenheim kann man heute gut als literarischen Spaziergang zurücklegen. Vom Lottehaus geht man am Rosengärtchen vorbei, gelangt zum Goethebrunnen und dann über den Wahlheimer Weg zum Goetheplatz in Garbenheim. Hier spätestens wird der *Werther* noch einmal gelesen, damit man sich bei der Rückkehr in die Werther-Stadt dort zurechtfindet. Besser ist es, am Anfang der Tragödie zu beginnen. Unter dem 16. Juni schreibt der Autor des *Werther*: „Unsere jungen Leute hatten einen Ball auf dem Lande angestellt, zu dem ich mich denn auch willig finden ließ. Ich bot einem hiesigen guten, schönen, übrigens unbedeutenden Mädchen die Hand“[14]. In seiner Kutsche solle er „Charlotten S.“ mitnehmen, und die sollte alles andere als „übrigens unbedeutend“ sein. Man kommt sich näher beim „Contretanz“. Draußen zieht ein Gewitter auf. „Wonnevollste Tränen“ fließen beim Abschiedskuss auf ihre Hand. Und weil Goethe bereits ein Meister in der Parallelbeschreibung von äußerer und innerer Natur war, zeigt das Gewitter den Ausgang der todtraurigen Geschichte schon an.

Lotte

Der „Ball auf dem Lande“, wo sich der Urknall des ungemein erfolgreichen *Werther*-Romans ereignete, wurde im Jagdhaus der Grafen von Nassau-Weilburg gegeben. Darin ist heute das Heimatmuseum Hüttenberg/Goethehaus Volpertshausen untergebracht. Also geht es noch nicht in die Stadt zum Lottehaus, sondern zu den Bildern der Ballbesucher vom 16. Juni des ersten *Werther*-Jahres. Auf einem Stich nach Daniel Chodowiecki ist Lotte zu sehen, die für ihre Geschwister Brot schneidet:

> „Sie hielt ein schwarzes Brot und schnitt ihren Kleinen rings herum jedem sein Stück nach Proportion ihres Alters und Appetits ab, gab's jedem mit solcher Freundlichkeit, und jedes rief so ungekünstelt sein: ‚Danke!‘, indem es mit den kleinen Händchen lange in die Höhe gereicht hatte, ehe es noch abgeschnitten war […].“[15]

Eine mittlerweile mythische Szene, die in ihrer Unschuld aber auch schon von Ungemach kündet; denn Lotte, die mit Albert – „ein braver lieber Kerl, dem man gut sein muss“ – so gut wie verlobt ist, wird hier viel eher als mütterliche Frau denn als mögliche Geliebte geschildert.

Man darf den *Werther* in Wetzlar deshalb getrost als Führer durch die realen Stätten des Romans nutzen, weil der literarische Briefschreiber in diesem Fall wirklich der Rechtspraktikant Johann Wolfgang Goethe war, dem dort die unglückliche, unmögliche Liebe zu Charlotte Buff, spätere Kestner, widerfuhr. Goethe-Werther hatte Lotte, die Tochter eines Ordensamtmanns, wirklich im Juni 1772 kennengelernt und sich schnurstracks verliebt.

Schattenriss von Charlotte Buff („Lotte“)

Die Leiden

des

jungen Werthers.

Erster Theil.

Leipzig,

in der Weygandschen Buchhandlung.

1774.

Titelblatt der Erstausgabe von *Die Leiden des jungen Werthers* (1774)

Jetzt geht es endlich ins Lottehaus, das ehemalige Deutschordenshaus nicht weit vom Dom. Nirgends lassen sich der *Werther* und seine Wirkung besser studieren. Man findet *Werther*-Übersetzungen in 32 Sprachen, eine Reihe von *Werther*-Fortsetzungen, Parodien, Kritiken und höchst spannende Einzelheiten aus der Rezeptionsgeschichte. In einigen Ländern etwa hatte die Obrigkeit den 1774 erschienenen Briefroman verboten, um dem grassierenden *Werther*-Fieber Einhalt zu gebieten. Genaue Zahlen sind naturgemäß nicht bekannt, aber gewiss ist, dass es nicht wenige Anschluss-Selbstmorde gegeben hat.

Dem Selbstmord des unglücklich verliebten Werther lag eine wirkliche Tragödie zugrunde. Der braunschweigische Gesandtschaftssekretär Karl Wilhelm Jerusalem, der für eine verheiratete Frau geschwärmt hatte, war in seiner Wohnung in Wetzlar erschossen aufgefunden worden. Als wäre die Geschichte nicht ohnehin schon verwickelt genug gewesen, hatte sich Jerusalem die Selbstmordwaffe von Kestner, Lottes Verlobten, geliehen. „Dürfte ich Ew. Wohlgeb. wohl zu einer vorhabenden Reise um ihre Pistolen gehorsamst ersuchen? – J“[16], schrieb er am 29. Oktober 1772 in einem Billett an den Kollegen Kestner.

Im Jerusalemhaus am Schillerplatz lässt sich die Wetzlarer *Werther*-Inspektion bestens beenden. Die beiden Räume, in denen der unglückliche Liebhaber zuletzt gelebt und sich umgebracht hat, sind als Museum eingerichtet.

Offenbach

Die 1758 geborene Anna Elisabeth Schönemann, kurz genannt Lise oder Lili, stammte aus gutem Hause. Ihr Vater war langjähriger Teilhaber des Bankhauses Schönemann und Beyder, die Mutter, die von Goethe ungemein geschätzt wurde, löste 1772, nach dem Tod ihres Mannes, die Assoziation mit Beyder, um mit ihrem ältesten Sohn ein neues Bankgeschäft zu begründen. Sie war eine erfolgreiche, selbstständige Grande Dame. 1770 hatte sie in Frankfurt am Großen Kornmarkt das Haus zum Liebeneck bauen lassen, eine mit allem Komfort ausgestattete Stadtvilla ganz in der Nähe von Goethes Geburtshaus.

Lilis Onkel, der Kaufmann Jean George d'Orville, wohnte in Offenbach. Dort versammelte auch die berühmte Schriftstellerin Sophie von La Roche, die Großmutter Bettine von Arnims, bedeutende Gelehrte und Dichter ihrer Zeit um sich, und auch andere berühmte Leute wie der Mozartverleger Johann André lebten in Offenbach. Die Stadt galt neben dem steif-bürgerlichen Frankfurt als beschwingt, musisch und feierfreudig.

Erwähnt wird Offenbach hier allerdings, weil Lili Schönemann oft beim Onkel und bei Freunden in Offenbach war und sie dort mit dem zunächst stark verliebten Erfolgsautor Goethe schöne Tage und Stunden erlebte. Jean George d'Orville und sein Schwager Peter Bernard wohnten wie auch André in großzügigen Häusern am nördlichen Ende der Herrngasse. Dorthin kamen Lili und Goethe oder man feierte in den Gärten der Familien Bernard und d'Orville am Mainufer. Bei schlechtem Wetter zog man in den Gartensaal. Bevor wir Goethe und Lili in Offenbach finden, geht es noch einmal zurück nach Frankfurt in das Haus mit dem sprechenden Namen „Liebeneck". Dort hatte Goethe die 16-jährige Lili Schönemann kennengelernt.

> „Die Gesellschaft war zahlreich, ein Flügel stand in der Mitte, an den sich sogleich die einzige Tochter des Hauses niedersetzte und mit bedeutender Fertigkeit und Anmut spielte. Ich stand am untern Ende des Flügels, um ihre Gestalt und Wesen nahe genug bemerken zu können; sie hatte etwas Kindartiges in ihrem Betragen, die Bewegungen, wozu das Spiel sie nötigte, waren ungezwungen und leicht. [...] Am Schluß trat ich etwas näher und sagte einiges Verbindliche [...]. Sie wußte gar artig meine Worte zu erwidern, behielt ihre Stellung und ich die meinige. Ich konnte bemerken, daß sie mich aufmerksam betrachtete, und daß ich ganz eigentlich zur Schau stand, welches ich mir gar wohl konnte gefallen lassen, da man mir

> auch etwas gar Anmutiges zu schauen bot. Indessen blickten wir einander an, und ich will nicht leugnen, dass ich eine Anziehungskraft von der sanftesten Art zu empfinden glaubte."[17]

Die Empfindung trog nicht. Bald war man beeindruckt von diesem schönen Liebespaar. Goethe wurde als „Apoll", als „außergewöhnliches Geschöpf Gottes" gefeiert. Dem Arzt Christoph Wilhelm Hufeland, zu dessen Patienten Goethe in Weimar gezählt hatte, sollte es im hohen Alter noch fast die Sprache verschlagen, als er sich an Goethe als Orest in der *Iphigenie*-Uraufführung 1779 in Weimar erinnerte: „Noch nie erblickte man eine solche Vereinigung physischer und geistiger Vollkommenheit und Schönheit in einem Manne, als damals an Goethe."[18] Dieser Wundermann und weltberühmte Autor hatte mit Lili Schönemann nun eine überzeugende Geliebte und einige Zeit später auch Braut gefunden. Emil Pirazzi schwärmte noch hundert Jahre später in seinem Buch *Bilder und Geschichten aus Offenbachs Vergangenheit* (1879) von den „süßen Blicken ihrer lieben Augen", dem „Zauber ihres Pianospiels" und dem „prickelnden, pikanten Reiz ihrer witzsprühenden Unterhaltung."[19]

So liebreizend Lili gewesen sein mag, so rasch entzog sich ihr Goethe nach der Verlobung durch Flucht. Gern löste er solche Probleme durch das Antreten einer Reise; in die Schweiz ging es in diesem Fall. Und wie ebenfalls nicht unüblich, schickte Goethe der verlassenen Geliebten seine Gefühle in Gedichtform, in der sogleich die Schweizer Berge als poetisches Nachbild aufscheinen. Zusammen mit seinem Schauspiel *Stella* erhielt Lili Schönemann im Januar 1776 folgende Verse:

> „An Lili
> Im holden Tal, auf schneebedeckten Höhen
> War stets Dein Bild mir nah;
> Ich sah's um mich in lichten Wolken wehen,
> Im Herzen war mir's da.
> Empfinde hier, wie mit allmächt'gem Triebe
> Ein Herz das andre zieht,
> Und daß vergebens Liebe
> Vor Liebe flieht."[20]

Nun steht uns in Offenbach ein recht großes Gedächtnisgelände für diese kurze Liebe zur Verfügung: der Lili-Park samt Lili-Tempel. Nur leider hat die Stadt Offenbach es nicht vermocht, Park und Tempel als öffentlichen Erinnerungsort zu erhalten. Sie sind heute in Privatbesitz und können gemietet werden, zum Beispiel für Hochzeiten. Allerdings ist der Ort gerade dafür nicht besonders geeignet. Denn zur Hochzeit kam es traurigerweise zwischen

Lili Schönemann, Pastell von 1782

Goethe und Lili nicht. Auch Lili hatte „ihren“ Tempel zusammen mit Goethe nie betreten können, weil er erst sehr viel später errichtet wurde. Das kam so:

Das Haus des Offenbacher Schnupftabakfabrikanten Johann Nikolaus Bernard in der Herrnstraße wurde an den Frankfurter Bankier Friedrich Metzler verkauft, weil die Bernards zusammen mit der Familie d'Orville in den Jahren 1775 bis 1778 ein sehr viel schöneres und sehr viel größeres Gebäude errichteten. Die miteinander verwandten Familien lebten fortan in einem luxuriösen Anwesen, das ebenfalls in der Herrnstraße lag und heute unter dem Namen „Büsing-Palais“ bekannt ist. Freiherr Adolf von Büsing hatte das Bernard d'Orville'sche Herrenhaus Ende des 19. Jahrhunderts umbauen und modernisieren lassen. Im Zweiten Weltkrieg wurde es völlig zerstört und 1984 wieder aufgebaut. Heute ist der Palais eng mit der literarischen Kultur Offenbachs verbunden, weil in einem Seitenflügel die schöne Stadtbibliothek, genannt Bücherturm, untergebracht ist.

Der Lili-Park war seinerzeit Teil des Bernard'schen Gartens, der von Lili „Onkel Bernards Garten“ genannt wurde. Dort mögen Goethe und Lili sich getroffen haben, vielleicht auch in dem Gartenhaus, das auf dem Anwesen stand. Ganz gewiss aber nicht im Metzler'schen Badetempel (dem „Lili-Tempel“), den der Bankier erst 1798 errichten ließ, als Lili Schönemann längst mit dem aus dem Elsaß stammenden Baron Bernhard Friedrich von Türckheim verheiratet war. Das alte Bernard'sche Haus in der Herrnstraße, das der Geheimrat Friedrich Metzler gekauft hatte, steht nicht mehr.

Ende Juli 1814 kam Goethe nach Wiesbaden zur Kur. Er stieg zunächst im „Weißen Adler", dann gemeinsam mit seinem Komponistenfreund Friedrich Zelter im „Schwarzen Bären" ab. Standesgemäß lud ihn, den Weimarer Minister, an den Sonntagen der Herzog ins Biebricher Schloss ein. Goethe hatte eine gute Phase. Er kurte mit Disziplin und Hingabe und schrieb flüssig am *West-östlichen Divan*. Aus Frankfurt kam Franz Brentano mit seiner Frau Antonia zu Besuch.

Zum ersten Mal seit 24 Jahren voller Kriegswirren und nach der Besetzung des linken Rheinufers durch die Franzosen sollte am 16. August das traditionelle Sankt-Rochus-Fest wieder gefeiert: werden. Die zerstörte Rochus-Kapelle war nach dem Pariser Friedensvertrag vom Juni 1814 rasch wieder aufgebaut worden, und schnell fanden sich Scharen von Pilgern in Rüdesheim ein, um zum Rochus-Fest auf der Bingener Rheinseite zu gelangen. Goethe, der nicht mehr gut zu Fuß war, stand sein 65. Geburtstag unmittelbar bevor. Er mietete für sich und seine Freunde eine Kutsche und kehrte am 15. August in der Rüdesheimer „Krone" (später „Zum Adler") neben dem Adlerturm ein. Dort erinnert heute eine Tafel auf der Rheinseite an den Besuch. Die kleine Rochus-Gesellschaft um Goethe besuchte noch am Abend die Brömserburg, die der Universalgelehrte fälschlicherweise sogleich als römisches Kastell identifizierte. Goethes Autogramm findet sich im „Verzeichnis Derjenigen Fremden, Welche Die Brömserburg Besuchten 1813–18".

Johann Wolfgang von Goethe, nach einer Kreidezeichnung von Lips (1791)

In der Kapelle bemerkte Goethe sofort, dass ein schönes Bild des heiligen Nothelfers fehlte. Nach eigener Skizze ließ er später in Weimar von Heinrich Meyer und Louise Seidler ein Bild malen, das den Heiligen zeigt, der auf Pilgerfahrt geht und sein letztes Geld verschenkt. Einige Kunstfreunde glauben im Heiligen Rochus die Züge Goethes zu erkennen, was aber näherer Prüfung nicht standhält. Man kann das heute im Nachfolgebau der Kapelle überprüfen, wo das Bild gut versteckt hängt. Goethe schrieb dann den Text *Sankt-Rochus-Fest zu Bingen*, der mit folgenden Versen beginnt:

„Zu des Rheins gestreckten Hügeln,
Hochgesegneten Gebreiten,
Auen die den Fluss bespiegeln,
Weingeschmückten Landesweiten
Möget mit Gedankenflügeln
Ihr den treuen Freund begleiten.“[21]

Vom 1. bis zum 8. September 1814 weilte Goethe im Winkeler Landhaus der Brentanos. Daran erinnern heute die beiden „Goethe-Zimmer“, in denen der poetische Gast bei seinem Besuch gearbeitet und genächtigt hat. Nach langen Verhandlungen unterschrieb das Land Hessen im Dezember 2014 den Kaufvertrag mit der Familie von Brentano in Winkel am Rhein. Nach der Sanierung des Hauses und der Nebengebäude wird das Brentanohaus von einer Betreibergesellschaft unterhalten werden, zu der neben der Stadt Oestrich-Winkel auch das Freie Deutsche Hochstift in Frankfurt gehört. Die beiden Goethe-Zimmer wurden seit Goethes Besuch im Frühherbst 1814 kaum verändert. Nach der Sanierung werden sie mit diesem einstigen Ort romantischer Geselligkeit in authentischer Weise an die Goethezeit erinnern und sie lebendig halten. Die Markenrechte am berühmten „Goethewein“ fallen mit dem Kauf des Hauses auch an das Land Hessen. Was hat es mit diesem Wein auf sich? Goethes sehr geschätzter „Eilfer“, der Riesling des Jahrgangs 1811, der ihm von den Frankfurter Brentanos des Öfteren nach Weimar geschickt wurde, war von außergewöhnlicher Qualität. Seine Lage, den „Winkeler Hasensprung“, teilen sich heute mehrere Weingüter. Diesem Wein, Goethes „Eilfer“ dürfte wohl der höchst mögliche poetische Adel zuteil geworden sein. Ihm wurde ein Gedicht im *Schenkenbuch* des *West-östlichen Divan* gewidmet, und er blitzt immer wieder einmal in Goethes übrigen Weingedichten auf. Unser Rat lautet daher: Richten Sie sich ein Goethe/Riesling(„Winkeler Hasensprung“)-Wochenende im Rheingau ein. Wandern Sie durch die wunderbaren Weinberge und lesen Sie am bestmöglichen Ort, was Goethe über den Rheingau geschrieben hat: die Wein-Gedichte, den von Weinseligkeit überfließenden Bericht *Das Sankt Rochus-Fest zu Bingen* und die poetisch-landeskundlichen Ausführungen *Im Rheingau Herbsttage*. Dann tauchen Sie in die Kulturlandschaft des Rheingaus ein, der als Goethes Weinparadies zu den utopischen Regionen gehört, die schon da sind und sich nicht erst nach einer Ewigkeit auftun.

Im Jahr darauf fuhr Goethe wieder nach Wiesbaden zur Kur. Am 27. Mai 1815 kam er dort an, wohnte erneut im „Schwarzen Bären“ und genoss das bekömmliche Kurleben. Von Anfang Juli bleibt eine Episode zu berichten, die ihre Spuren in Form des Goethe-Steins hinterlassen hat, der sich oberhalb der Gaststätte „Nürnberger Hof" in Frauenstein befindet. Mit der Familie Cramer unternahm man seinerzeit einen Ausflug zum „Nürnberger Hof". Mit von der Partie war die 17-jährige Philippine Lade, die Goethe schon im Jahr zuvor kennengelernt und als begabte künftige Schauspielerin ausgeguckt hatte. Sie versuchte sich an einer kleinen Naturskizze, die aber Goethe nicht besonders gefiel. „Ach! Sie können alles besser machen als ich!", rief sie aus und zerriss das Blatt. „Eines aber kann ich, was Sie nicht können!", ließ sie verlauten und rannte schnell einen Weinberg hinauf. In trauriger Überschätzung der eigenen Kräfte versuchte der 66-jährige Dichter ihr nachzulaufen, stürzte aber und geriet in eine ziemlich gefährliche Lage, aus der ihn erst herbeieilende Passanten befreiten. Das Mädchen weinte. Goethe lachte und tröstete Philippine.

Der Goethe-Stein ist eine spitz nach oben verlaufende Pyramide, die treffend eine Sentenz des Dichters verkörpert. „Diese Begierde, die Pyramide meines Daseyns, deren Basis mir angegeben und gegründet ist, so hoch als möglich in die Lufft zu spizzen, überwiegt alles andre und lässt kaum Augenblickliches Vergessen zu."[22]

Nach längeren Umwegen kehrte Goethe nach Wiesbaden zurück, um dann im September in Frankfurt mit Marianne von Willemer – auch in der Gerbermühle – am *West-östlichen Divan* zu arbeiten.

Die dritte Rheinreise im folgenden Jahr endete am 20. Juli, kurz vor Münchenholzen mit einem Achsenbruch des Reisewagens. Es ging gleich zurück nach Weimar und dann ersatzweise zur Kur nach Bad Tennstedt. Am 6. Juni 1816 war Goethes Frau Christiane gestorben.

Anmerkungen

1 Johann Wolfgang von Goethe: Werke. Hamburger Ausgabe in 14 Bänden. Band 9: Autobiographische Schriften I. Hg. von Erich Trunz. München 2000, S. 10.

2 Zit. n. Heiner Boehncke/Joachim Seng (Hg.): „Will keiner trinken? keiner lachen?" Goethe und der Wein. Berlin 2014, S. 49.

3 Über Goethes Frankfurter Jahre kann man sich ausführlich informieren in: Heiner Boehncke/Hans Sarkowicz: „Was niemand hat, fand ich bei Dir". Eine Frankfurter Literaturgeschichte. Darmstadt 2012, S, 91 ff.

4 Johann Wolfgang von Goethe an Johann Jakob von Willemer am 22. Dezember 1820. In: Marianne und Johann Jakob von Willemer: Briefwechsel mit Goethe. Hg. von Hans-J. Weitz. Frankfurt am Main 1965, S. 105.

5 Johann Wolfgang von Goethe: Werke. Hamburger Ausgabe in14 Bänden. Band 3: Dramatische Dichtung I. Hg. von Erich Trunz. München 2000, S. 316 f.

6 Johann Wolfgang Goethe an Johann Daniel Salzmann am 28. November 1771. In: Goethes Werke. Herausgegeben im Auftrage der Großherzogin Sophie von Sachsen. IV. Abt. Goethes Briefe. 2. Band. Weimar 1887, S. 8.
7 Johann Wolfgang von Goethe: Werke. Hamburger Ausgabe in 14 Bänden. Band 10: Autobiographische Schriften II. Hg. von Waltraud Loos und Erich Trunz. München 2000, S. 127.
8 Bettine von Arnim an Sophie Brentano im Oktober 1824. In: Wolfgang Herwig (Hg.): Goethes Gespräche. Band 3.1. Zürich und Stuttgart 1971, S. 730.
9 Johann Wolfgang von Goethe: Werke. Hamburger Ausgabe in 14 Bänden. Band 2: Gedichte und Epen II. Hrsg. von Erich Trunz. München 2000, S. 63.
10 Goethe: Werke. Hamburger Ausgabe. Band 9, München 2000, S. 521.
11 Goethe: Werke. Hamburger Ausgabe. Band 10, München 2000, S. 129.
12 Goethe: Werke. Hamburger Ausgabe. Band 9, München 2000, S. 531.
13 Johann Wolfgang von Goethe: Werke. Hamburger Ausgabe in 14 Bänden. Band 6: Romane und Novellen I. Hg. von Erich Trunz und Benno von Wiese. München 2000, S. 14 f.
14 ebenda, S. 20.
15 ebenda, S. 21.
16 Zit. n. Johann Christian Kestners Bericht an Goethe vom November 1772. In: Goethe, a. a. O., S. 522.
17 Goethe: Werke. Hamburger Ausgabe. Band 10, München 2000, S. 87.
18 Christoph Wilhelm Hufeland. In: Journal der practischen Heilkunde 76. II. Stück. Februar 1833, S. 30 f.
19 Emil Pirazzi: Bilder und Geschichten aus Offenbachs Vergangenheit. Offenbach 1879, S. 197 ff.
20 Johann Wolfgang von Goethe: Werke. Hamburger Ausgabe in 14 Bänden. Band 1: Gedichte und Epen I. Hg. von Erich Trunz. München 2000, S. 105.
21 Goethe: Werke. Hamburger Ausgabe. Band 1, München 2000, S. 338.
22 Johann Wolfgang Goethe an Johann Caspar Lavater, am 20. September 1780. In: Goethes Werke. Hg. im Auftrage der Großherzogin Sophie von Sachsen. IV. Abt. Goethes Briefe. 4. Band. Weimar 1889, S. 299.

3. Von Residenz zu Residenz

Kassel

Seine besondere Bedeutung im literarischen Leben verdankt Kassel den hessischen Landgrafen. Erstmals 913 urkundlich erwähnt, wurde die Stadt nach dem Aussterben des thüringischen Landgrafenhauses 1277 Residenz. Ihre erste Blüte erlebte die Stadt unter Philipp dem Großmütigen (reg. 1509–1567), der den (protestantischen) Schmalkaldischen Bund gegen den (katholischen) Kaiser Karl V. führte. Nach dem Tod Philipps, als sich Hessen in die beiden Landgrafschaften Hessen-Kassel und Hessen-Darmstadt spaltete, wurde Kassel zu einem der wichtigsten Zentren von Wissenschaft und Kultur in Deutschland.

Schon die Beinamen der beiden Landgrafen Wilhelm IV., *der Weise* und Moritz, *der Gelehrte* symbolisieren die geistigen Interessen von zwei Herrschern, die politisch kaum eine Rolle spielten. Bedeutende Mathematiker und Astronomen, Komponisten und Maler kamen nach Kassel und fanden dort begeisterte Aufnahme. Moritz der Gelehrte versuchte sich sogar selbst

Kassel aus der Vogelschau. Stich von Matthäus Merian, 1646 (Ausschnitt)

als Musiker und Schriftsteller. Er verfasste ein Lehrbuch der Poetik und schrieb Theaterstücke, Tragödien nach biblischen Vorbildern und Satiren. Er trat damit in die Fußstapfen des um 1525 in Kassel geborenen Hans Wilhelm Kirchhof, der zunächst am Kasseler Hof tätig gewesen war und dann das Burggrafenamt in Spangenberg übernommen hatte, wo er auch am 30. September 1602 starb. Unter Wilhelm dem Weisen war Kirchhof der Mann für alle Gelegenheiten, der immer den passenden Text parat hatte. Allein 19 Komödien sollen aus seiner Feder stammen. Ihm wird auch das *Spiel vom Bauernkrieg* zugeschrieben, in dem Philipp der Großmütige auftritt und Thomas Müntzer zum Tod verurteilt. Als Kirchhofs Hauptwerk gilt die in sieben Teilen erschienene Erzählungssammlung *Wendunmuth* (Frankfurt/Main 1563–1602/03), die persönliche Erfahrungen mit weltgeschichtlichen Ereignissen und der Übersetzung eines älteren Buches vereint. Eine typische Fabel daraus handelt *Von der Mönche Geizigkeit.*

> „Ein andächtiger Bruder und Mönch des Bettlerordens hatte einem sehr reichen Mann, der auf dem Totenbett in den letzten Zügen lag, die Beicht angehört. Nach dem Beicht aber führet er des Mannes einzigen Sohn vor den Vater (denn in der Beicht waren sie gar allein gewesen) und erzählete ihm in Gegenwart des Vaters mancherlei, so er seinen Ordensbrüdern für seine Seel zu bitten verheißen hätte zu geben; und dass er es selber hören sollte, wollte er den Vater, auf dass es möchte aufgezeichnet werden, noch einmal darum fragen, wie er auch tat.
>
> Der Kranke ward immerzu schwächer, und hatte ihm auch die Sprach nachgelassen; darum, als der Mönch fragte, ob er nit so und so viel in sein Kloster für Begängnis, Seelenmess', Jahrzeit, Kelche, Messgewänder und viel anderes mehr zu geben verordnet, nickt er mit dem Haupt, ja zu bedeuten.
>
> Der Sohn aber vermerket nunmehr seines Vaters Unvernunft oder Verachtung der zeitlichen Güter, auch des Mönchs geizige Betrüglichkeit, sprach deshalb ihn also an: ‚Vater, soll ich den Mönch die Stiegen hinabwerfen?'
>
> Der gab darauf ein Zeichen mit dem Haupt, dass er es willig wäre. Derhalben nahm der Sohn den Mönch beim Hals, warf ihn zur Tür hinaus, dass er über und über purzelt, und sagt: ‚Siehe, dies hast du weg, und es ist ohn Not, dass du es solltest aufschreiben und notieren.'"[1]

Auch über die Verheerungen des Dreißigjährigen Krieges hinweg blieb Kassel für Künstler und Gelehrte ein attraktiver Ort – besonders seit der Bergpark durch den 1701 berufenen italienischen Architekten Giovanni Francesco Guerniero umgestaltet und mit zahlreichen kleinen Bauwerken ausgestattet worden war. Krönender Abschluss des Ensembles ist der 63 Meter hohe unbewohnte Riesenpalast, das Oktogon (1718 vollendet), mit der in Kupfer getriebenen Nachbildung des farnesischen Herkules. An den darunter liegenden Kaskaden beginnen die fast den ganzen Park durchziehenden Wasserspiele.

Das Gegenstück zum Oktogon bildet das zwischen 1786 und 1798 unter Landgraf Wilhelm IX. erbaute Schloss Wilhelmshöhe. Es bestand ursprünglich aus drei selbstständigen, nur mit Terrassen verbundenen Flügeln, die erst 1829 mit zweigeschossigen Bauten verbunden wurden. Die einzigartige Anlage mit dem Schloss, dem Oktogon, dem reichgegliederten Park und der charakteristischen Schneise, deren Verlängerung als Wilhelmshöher Allee bis in die Innenstadt reicht, ist die bedeutendste Schöpfung des italienischen Barocks nördlich der Alpen und seit 2013 UNESCO-Weltkulturerbe.

Das Riesenschloss und die Kaskaden um 1840

Die Kasseler Landgrafen zählten zu den reichsten Fürsten in Deutschland und sogar in ganz Europa. Das Geld für ihren prachtvollen Auftritt verdankten sie sogenannten Subsidienverträgen, die etwas weniger vornehm als „Soldatenverkauf" bezeichnet werden. Landgraf Friedrich II., der von 1760 bis 1785 regierte, hatte eine englische Prinzessin geheiratet und war damit zum militärischen Verbündeten der britischen Krone geworden. Hessische Soldaten galten als mutig, gut ausgebildet und hervorragend ausgerüstet. Im Siebenjährigen Krieg (1756–1763) kämpften sie ebenso auf englischer Seite wie in Amerika, wo die Siedler endlich ihre Unabhängigkeit von der Kolonialmacht Großbritannien erlangen wollten. Für die Familien in Nordhessen, die ihre Söhne lange entbehren mussten oder sie sogar ganz verloren, bedeuteten die Verträge zwischen Kassel und London Not und materielles Unglück. Der Landgraf dagegen hatte nun genügend Mittel, um seine Residenz glänzend auszubauen. Adolph Freiherr von Knigge, der Verfasser des heute noch sprichwörtlichen Regelwerks *Über den Umgang mit Menschen* schildert in seinen *Briefen auf einer Reise aus Lothringen nach Niedersachsen*

(1793), wie Friedrich II. unermüdlich bestrebt war, aus Kassel eine der glänzendsten Städte Mitteleuropas zu machen.

„Bald nach Endigung des Siebenjährigen Kriegs fing der Landgraf an, die ersparten englischen Subsidien, wovon ihm noch große Summen nachgezahlt wurden, zur Verschönerung seiner Stadt anzuwenden. Es wurden Wälle niedergerissen, Gräben ausgefüllt, neue Gassen und Plätze angelegt, und wer Geld hatte und es sich angenehm machen wollte, musste ein Haus bauen. Kassel schien ein Mittelding zwischen Paris und Berlin werden zu sollen. Er suchte Fremde hineinzuziehen, selbst fürstliche Häuser, wie z. B. den Hof von Hessen-Rheinfels, von Hessen-Philippstal und die berüchtigte alte Prinzessin von Soubise. Schauspiele und Feste aller Art lockten die Reisenden; große italienische, große französische Opern, Opera comique, französisches Schauspiel, großes, heroisches Ballett, öffentliche, freie Maskenbälle, Jagden, Konzerte bei Hofe u. dgl. m. Kassel bekam jährlich zwei Messen, womit es aber nicht fort wollte; der Landgraf stiftete neue Kollegien, Akademien, Lotterien, ein Lotto und zwei Ritterorden, unterhielt einen, der Anzahl nach, königlichen Hofstaat, und die Stadt wimmelte von schönen, prächtig gekleideten Offizieren und Soldaten. Da waren Garden aller Art zu Fuß und zu Pferde; manche Korps hatten beinahe so viele Offiziere wie Gemeine, und zuweilen waren in seiner Armee über zwanzig Generale. Reiche und liebenswürdige Fremde nahmen, verführt durch diesen Glanz, an seinem Hofe oder im Militär Dienste. Ein leichter, freier Umgang, aber zugleich auch ein hoher Grad von Libertinage verbreiteten sich unter allen Ständen; hierzu trug hauptsächlich das Heer von Ausländern, besonders von Franzosen und Italienern, viel bei, die der Landgraf vorzüglich begünstigte. Wie die Zugvögel kamen die Abenteurer in Schwärmen herangezogen, um hier Fütterung und ein lustiges Leben zu finden.“[2]

Der Friedrichsplatz in Kassel, um 1840

Der am 16. Oktober 1752 in Bredenbeck bei Hannover geborene Knigge war 1772 von Landgraf Friedrich II. als Hofjunker und Assessor der Kriegs- und Domänenkasse nach Kassel geholt worden. Von seinem Dienstherrn geschätzt und gefördert, war Knigge wegen seiner spitzen Zunge bald, wie sein Biograph Peter Kaeding schreibt, „der gefürchtetste und bestgehasste Mann am Hofe“. Niemand schien vor seinen Attacken sicher. „Während er harmlose Geschichten und Anekdoten zum besten gibt, rätseln Damen und Kavaliere ängstlich und doch voller Erwartung, wer diesmal das Opfer seines kritischen Witzes werden könnte, wer am Ende seine Maske verlieren, wer bloßgestellt und verhöhnt die Gesellschaft verlassen und seine ohnmächtige Wut hinter einem gezwungenen Lächeln verbergen wird“[3].

Aber auch Knigge selbst blieb nicht ungeschoren. Denn eines Tages verkündete die intrigante Landgräfin, ganz überraschend für ihn, seine Verlobung mit der mittellosen Hofdame Henriette von Baumbach. Wehren konnte er sich dagegen nicht, und bereits eine Woche später war er verheiratet. Die Hochzeit soll in „Gesundbrunnen“ bei Hofgeismar stattgefunden haben. Das Bad war seit 1701 systematisch ausgebaut worden: mit dem Schlösschen Schönberg, dem von Simon Louis du Ry erbauten Brunnentempel, den Badehäuschen und dem weitläufigen Park. Im 18. und zu Beginn des 19. Jahrhunderts diente es dem Kasseler Hof und den Spitzen der kurhessischen Gesellschaft als Sommerfrische. Knigge dürfte wenig Gefallen an dem Aufenthalt in „Gesundbrunnen“ gefunden haben. Das Gefühl, dem Landgrafen und seiner Gattin mit Haut und Haaren ausgeliefert zu sein, ohne seine Stellung bei Hof wesentlich verbessern zu können, war schließlich im März 1775 der Grund dafür, Kassel zu verlassen. Er ging nach Nentershausen, wo seine Schwiegermutter, die Frau von Baumbach, ein Hofgut verwaltete, das noch heute steht. Aber das dörfliche Leben wurde Knigge schon bald zu eng, und er bemühte sich, zunächst ergebnislos, um eine neue Anstellung in fürstlichen Diensten. Im Sommer 1777 glaubte er sein Glück gefunden zu haben und zog mit seiner Familie nach Hanau an den Hof des hessischen Erbprinzen Wilhelm. Aber auch dieses Glück erwies sich für einen ehrgeizigen jungen Mann als brüchig. Den erträumten Aufstieg konnte er in der kleinen Residenz am Main nicht erreichen, obwohl in einem Hanauer Verlag die ersten Theaterstücke von ihm, gesammelt in zwei Bänden, erschienen. Vor allem sein Interesse an Freimaurerei und Geheimgesellschaften führte ihn schließlich 1780 nach Frankfurt, wo er seinen *Roman meines Lebens in Briefen* herausbrachte. In den vier Bänden schilderte er das, was er an den von ihm besuchten Höfen erlebt hatte.

Wie populär der Herkules und die Kaskaden um diese Zeit schon waren, beweist ein Brief von Matthias Claudius an den Philosophen Johann Georg

Hamann vom April 1777. Nach einem gut einjährigen Aufenthalt als Oberlandkommissar und Zeitungsredakteur in Darmstadt hatte Claudius seinen Hausrat versteigert und der südhessischen Residenz den Rücken gekehrt. Die Fahrt nach Wandsbek wurde selbstverständlich in Kassel unterbrochen:

> „Morgens 9 Uhr in Kassel, wird gleich nach Winterkasten hinausgekutscht, den Garten, die mächtigen Kaskaden und den ungeheuren Herkules oben auf der Spitze des Berges in Augenschein zu nehmen. Lieb Weibel konnte nicht so viele hundert Treppen den Berg hinaufsteigen, sind als beim höllischen Gericht, eine Grotte mit mythologischen Figuren und gelblichen Glastüren, die einen sonderbaren Effekt nach innen und außen machen, wieder umgekehrt."[4]

Während von Matthias Claudius in Kassel niemand Notiz nahm, musste der Herzog von Weimar sogar inkognito reisen, um unerkannt zu bleiben. Johann Wolfgang Goethe, mit dem er auf dem Weg in die Schweiz war, nutzte Kassel als Zwischenstation und speiste mit dem Naturforscher Georg Forster, der gerade seinen aufsehenerregenden Bericht über die zweite Weltumsegelung von James Cook veröffentlicht hatte. Unter dem Datum vom 10. Oktober 1779 berichtete Forster an den Philosophen und Schriftsteller Friedrich Heinrich Jacobi:

> „Vor vier Wochen war Goethe nebst dem Kammerherrn und dem Oberforstmeister von Wedel bei mir. Ich soupierte mit ihnen, ohne zu wissen, dass der Letztgenannte der Herzog von Weimar wäre. Zum Glück bewahrte mich mein guter Genius, dass ich ihm keine Sottise sagte, wiewohl ich von großen Herren überhaupt mit großer Freimütigkeit sprach. Ich wette, es hat Goethen Mühe gekostet, bei einigen Gelegenheiten über meine Treuherzigkeit nicht loszupruschen. […]
>
> Da sich Goethe anfangs nicht genannt hatte, so kannte ich ihn nicht, und – erkundigte mich nach ihm – bei ihm selbst. Sie kennen ihn und wissen, was es für ein Gefühl sein kann, ihn kaum eine Stunde lang zu sehen, nur ein paar Minuten lang *allein* zu sprechen und als ein Meteor wieder zu verlieren. Sagen lässt sich das nicht."[5]

Der 1754 bei Danzig geborene Forster unterrichtete von 1779 bis zu seinem Weggang nach Wilna 1784 Naturwissenschaften am Collegium Carolinum in Kassel. „Hier habe ich wenig Amtsgeschäfte", schrieb Forster kurz nach seiner Ankunft in Kassel an Jacobi, „denn das Collegium Carolinum hat eine geringe Anzahl von Studenten. Allein die Lektionen, die ich an dem neuerrichteten Kadettenkorps geben muss, binden mich dergestalt, dass ich Kassel keine Woche verlassen kann, es sei denn, dass ich einem meiner Herrn Kollegen die große Verbindlichkeit haben wollte, dass er meine Arbeit in meiner Abwesenheit über sich nähme. Übrigens bin ich ziemlich heiter. Die Gegend hier herum ist reizend schön, die Obstgärten prangen mit einer Verschwendung von Blüten, und allenthalben ist's voll Nachtigallen."[6]

Scherenschnitt von Georg Forster

So schön die Umgebung auch war, Forster klagte mehr als einmal über die teure Hauptstadt, die eingeschränkten Reisemöglichkeiten und die dürftige Ausstattung mit Lehrmaterialien.

Auch die Kasseler Gesellschaft schien dem späteren Revolutionär und Kopf der Mainzer Republik nicht gepasst zu haben: „Hier leb' ich so einsam, dass ich fast keinen Umgang habe noch suche. Zwei oder drei gute Menschen nehme ich aus, allein ob sie alle hier bleiben, ist ungewiss."[7]

So hatte Forster viel Zeit, um sich seinen völkerkundlichen Studien zu widmen und als Rezensent zu arbeiten. Sein Name war immerhin schon so bedeutend, dass Goethe ihn in Kassel aufsuchte. Natürlich versäumte es der Dichterfürst auch nicht, möglichst viel von der berühmten Residenz zu besichtigen und schwärmte: „Wir gehen unter den Kasseler Herrlichkeiten herum und sehen eine Menge in uns hinein. Die Gemäldegalerie hat mich sehr gelabt, wir sind wohl und lustig"[8].

Wie sehr Goethe Kassel auch als Ort der Gastlichkeit schätzte, macht eine Notiz vom 13. Dezember 1792 deutlich. Auf dem Rückweg von Düsseldorf und Münster übernachtete er in der Stadt und stellte dabei Betrachtungen über das bürgerliche Leben an:

> „Wie düster aber auch in der letzten und schwärzesten aller Nächte meine Gedanken mochten gewesen ein, so wurden sie auf einmal wieder aufgehellt, als ich in das mit hundert und aberhundert Lampen erleuchtete Kassel hineinfuhr. Bei diesem Anblick entwickelten sich vor meiner Seele alle Vorteile eines bürgerlich städtischen Zusammenseins, die Wohlhäbigkeit eines jeden einzelnen und seiner von innen erleuchteten Wohnung und die behaglichen Anstalten zur Aufnahme von Fremden."[9]

Dass diese ganze Herrlichkeit auch Geld kostete, das die Menschen in dem kleinen Land allein gar nicht aufbringen konnten, vergaßen die meisten. Nur wenige mutige Autoren wagten offene Kritik. Zu ihnen gehörte der 1754 in (Frankfurt-)Höchst geborene Johann Kaspar Riesbeck. Aus gutem Grund erschienen seine *Briefe eines reisenden Franzosen über Deutschland* 1783 anonym in Zürich. Die beiden rund 800 Seiten starken Bände lösten gerade wegen ihrer ungewöhnlichen Offenheit auf dem europäischen Buchmarkt eine Sensation aus. Darin hatte er auch ohne Scheu auf die Folgen der Subsidienverträge mit England hingewiesen:

> „Dieser Staat ist der militärischste von ganz Deutschland; seine Bauern sind nicht nur alle exerziert, sondern auch immer in die ganze weite Welt marschfertig. Die Verschickung der hessischen Truppen nach Nordamerika ist an sich nicht ärgerlich, weil dieser Hof mit dem von St. James [der Londoner Residenz] in einer beständigen Verbindung steht. Allein diese Verbindung selbst ist für das Land keine vorteilhafte Maxime. Unmöglich können die englischen Subsidien den Schaden ersetzen, den diese Verbindung bisher dem Lande wie dem Fürsten zugefügt hat. Nach dem letzten schlesischen Krieg war das Land von allen jungen Mannschaften entblößt, und kaum waren einige wieder nachgewachsen, als sie nach Amerika wandern mußten. Es sollen in allem nun gegen 20 000 Hessen nach diesem Weltteil gegangen sein, wovon gewiß die Hälfte nicht wieder zurückkommt."[10]

Gegen Subsidien, d. h. gegen finanzielle Zuwendungen, stellten die Kasseler Landgrafen, wie schon berichtet, im 18. Jahrhundert den Großmächten, vor allem England, Soldaten zur Verfügung. Um die vertraglich festgelegten Kontingente erfüllen zu können, gingen die Werber oft skrupellos vor. Der aus Sachsen stammende Schriftsteller Johann Gottfried Seume, der ihnen 1781 in die Hände gefallen war und die unfreiwillige Reise nach Amerika antreten musste, berichtete darüber in seiner Autobiographie *Mein Leben* (1813) und in seinem *Spaziergang nach Syrakus im Jahre 1802*.

> „In Vacha hatten mich ehemals die Handlanger des alten Landgrafen in Beschlag genommen und nach Ziegenhain und Kassel und von da nach Amerika geliefert. Jetzt sollen dergleichen Gewalttätigkeiten abgestellt sein. Doch möchte ich den fürstlichen Bekehrungen nicht zu viel trauen; sie sind nicht sicherer als die demagogischen. Es wäre unbegreiflich, wie der Landgraf seit langer Zeit so unerhört willkürlich, zum Verderben des Landes und einzig zum Vorteil seiner Kasse, mit seinen Leuten geschaltet und förmlich den Seelenverkäufer gemacht hat, wenn es nicht durch einen Blick ins Innere erklärt würde. Die Landstände wurden selten gefragt und konnten dann fast keine Stimme haben. Der Adel ist nicht reich und unabhängig vom Hofe. Die Minister und Generale hatten ihren Vorteil dem Herrn zu Willen zu leben. Jeder hatte vom Hofe irgend etwas, oder hoffte etwas, oder fürchtete etwas, für sich oder seine Verwandten. Die großen Offiziere gewannen Geld und Ehre, die kleinen Unterstützung und Beförderung. Die Übrigen litten den Schlag. Das Volk selbst ist bis zum Übermaß treu und brav. Hier und da war Verzweiflung; aber der alte Kriegsgeist half. Die Hessen glauben, wo geschlagen wird, müssen sie dabei sein."[11]

So schwer auch das Schicksal die Soldaten und ihre Familien traf, gesamtwirtschaftlich gesehen waren die Subsidienverträge äußerst vorteilhaft, denn die Ausrüstung der Truppen musste aus der Landgrafschaft stammen. Diese Klausel brachte der hessischen Wirtschaft enorme Gewinne. Nach dem Ende des amerikanischen Unabhängigkeitskriegs befanden sich über 20 Millionen Taler in der fürstlichen Schatulle. Damit konnte der Landgraf sogar als Kreditgeber auftreten und erhebliche Summen in den Ausbau der Stadt und der Schlossanlage investieren, die von den Besuchern immer wieder bestaunt wurden.

Aber nicht jeder ließ sich von der Pracht beeindrucken. Jean Paul etwa, der im September 1801 mit seiner jungen Frau Karoline von Meiningen nach Kassel reiste, um dort einen Arzt aufzusuchen, sah vor allem Elend und Armut:

> „Ich war in Kassel, meiner Karoline wegen. In Tonklumpen wohnen die Bauern; in der Stadt gibts wenige Ellbogen, die nicht eine bettelnde Hand aufmachen, die zwei langen ausgenommen, die sogar jede Hand stehlen, die mit dem Zepter. Über den durchaus reinen und großen Sonnenglanz der Wilhelmshöhe spreche der Teufel, der mehr Zeit hat, zu malen, als Leute, die er holt."[12]

Im Gegensatz zu Jean Paul besuchten andere Schriftsteller, wie Heinrich von Kleist oder Justinus Kerner, gern Kassel. Johann Heinrich Jung-Stilling führte sogar seine Marburger Studenten in die Residenz, um im Wilhelmshöher Schlosspark die zum Teil sehr seltenen Bäume zu begutachten. Und Friedrich Hölderlin verbrachte an der Seite Susette Gontards, seiner Frankfurter „Diotima", einen der wenigen glücklichen Augenblicke seines Lebens. Am 6. August 1796 berichtete er seinem (Halb-)Bruder Karl Gok:

> „Ich lebe seit drei Wochen und drei Tagen sehr glücklich in Kassel. [...] Die Natur, die einen hier umgibt, ist groß und reizend. Auch die Kunst macht einem Freude. Der hiesige *Auegarten* und der *Weißenstein* haben Anlagen, die unter die ersten in Deutschland gehören. Auch haben wir Bekanntschaft mit braven Künstlern gemacht. Die Gemäldegalerie und einige antike Statuen im Museum machten mir wahrhaft glückliche Tage."[13]

Eine zusätzliche Attraktion für Kassel waren die Brüder Grimm, die ihre Stadt heiß und innig liebten – vor allem die Aue und Wilhelmshöhe. Es ist kein Zufall, dass sie sich in der Nähe dieser beiden Orte ihre Wohnungen suchten, zum Beispiel am Wilhelmshöher Tor und dann an der Schönen Aussicht. Über den Blick aus dem zweiten Stock ihres Hauses am Wilhelmshöher Tor, wo sie insgesamt sieben Jahre bis 1822 blieben, schrieb Wilhelm Grimm an seinen Freund Achim von Arnim:

„Ich lebe hier fast wie auf dem Lande, links stehen ein paar große Paläste auf der andern Seite des Platzes, wovon nur wenig bewohnt ist, rechts schaue ich in das weite Tal mit dem Habichtswald geschlossen. Da höre ich, wenn kein Wagen kommt, nur ein paar Hähne schreien und die Schildwachen rufen.“[14]

Während Wilhelm Grimm wegen seines Herzleidens nur kleinere Spaziergänge in die Umgebung unternehmen konnte, scheute sein Bruder Jacob auch vor größeren Wanderungen nicht zurück. Hauptziel blieb aber Wilhelmshöhe, obwohl Jacob Grimm die Kaskaden nicht recht mochte, wie er in einem Brief an Ludowine von Haxthausen gestand:

„Ein Wasserfall, von Menschenhand gemacht, kann uns nicht befriedigen. Alle Wilhelmshöher Fontänen setzen uns zwar in Erstaunen, dass die bloße Kunst dergleichen unternimmt und ausrichtet. Bei näherer Überlegung spüren wir aber doch etwas Leeres in der Sache. Das rührt daher, weil nichts an seiner wahren, natürlichen Stelle ist. Ein kleiner Wiesenbach enthält viel mehr Wahrheit und Poesie, und nun gar ein herrlicher Strom wie der Rhein und sein Fall, wie z. B. bei Schaffhausen.“[15]

Das Aquädukt im Wilhelmshöher Park um 1840

Ludowine von Haxthausen wird die Abneigung des Romantikers gegen die unromantische Technik sicherlich geteilt haben. Denn sie gehörte dem Bökendorfer Märchenkreis um Annette von Droste-Hülshoff an, dem die Brüder Grimm wichtige Beiträge für den zweiten Band ihrer in der Kasseler Zeit entstandenen *Kinder- und Hausmärchen* verdankten. Der Märchenkreis hatte sich zu Pfingsten 1818 mit den Brüdern in Kassel getroffen. Die Wohnung der beiden Sprachforscher und Literaturwissenschaftler entwickelte sich zu einem Zentrum romantischer Geselligkeit. Neben Achim und Bettine von Arnim kamen u. a. Clemens Brentano, Ludwig Tieck, Hoffmann von Fallersleben, August Wilhelm Schlegel und Friedrich Schleiermacher nach Kassel. August von Platen berichtet in seinem Tagebuch ausführlich von seinem Besuch bei Jacob Grimm, der nach einem Zwischenspiel bei dem in napoleonischer Zeit in Kassel residierenden König von Westfalen nun wieder in kurfürstlichen Diensten stand. Am ersten Tag des Aufenthalts, am 23. September 1821, wurde lebhaft und kontrovers über Literatur diskutiert, der zweite Tag galt den Sehenswürdigkeiten der Stadt – vor allem natürlich der kurfürstlichen Bibliothek:

> „Den folgenden Morgen lud er mich nach der Bibliothek und war mir darin sehr gefällig. Sie hat ein schönes Lokal, und ich sah manches Merkwürdige an Manuskripten und Büchern, eines mit Bildern von Holbein. Auf der Straße nahm ich von Grimm Abschied, der mir freundlich die Hand drückte. [...]
>
> Kassel liegt schön, doch die Ansicht selbst ist unbedeutend, da es gar keine Türme hat. Die Bauart ist sehr regelmäßig, die Straßen und Plätze breit und groß; im Ganzen offenbart sich aber gleichwohl etwas Kleinstädtisches."[16]

Das Kleinstädtische störte die Brüder Grimm wenig, ganz im Gegenteil, sie genossen die Überschaubarkeit Kassels, und der Abschied fiel ihnen schwer, als sie 1829 dem Ruf nach Göttingen folgten. „In unserm stillen Leben hat sich endlich eine Haupt- und Staatsaktion zugetragen, eine Art Ehescheidung und Wiederheirat"[17], schrieb Jacob Grimm am 15. November 1829 an seinen Freund, den Juristen Karl Hartwig von Meusebach.

Aber nicht alle waren von der Stadt und ihrer Umgebung so begeistert wie die Brüder Grimm. Der Frankfurter Ludwig Börne zum Beispiel konnte Kassel bei seinem Besuch im Mai 1828 „trotz seiner schönen Gegend" wenig abgewinnen. Er fand die Stadt schlicht „langweilig" und stellte sich immer wieder die Frage: „Was hast du Esel in Kassel zu tun?" Selbst der damalige Hofkapellmeister Louis Spohr konnte ihn nicht umstimmen. Spohr schätzte vor allem, wie seiner zweibändigen *Selbstbiographie* (1861) zu entnehmen ist, die Aue und die reizende Umgebung, die er in häufigen Spaziergängen erkundete. Börne empfahl er Wilhelmshöhe, weil es „so etwas Ähnliches in der Welt nicht mehr gäbe". Offensichtlich ließ sich Börne von diesem überschwänglichen Lob gleich zweimal verführen, den Aufstieg zu wagen. In zwei Briefen an Jeanette Wohl, die „Brotherrin seiner Seele", berichtete er am 8. und am 15. Mai von den beiden Ausflügen:

> „Sonntag sah ich bei schönem Wetter Wilhelmshöhe. Schön, aber menschen- und erinnerungsleer. Jahrhunderten begegnet man in Versailles, hier kaum dem heutigen Tag. [...] Heute am Himmelfahrtstag ist alle Welt dort. Vorigen Sonntag vor 11 Uhr stak ich in der Keule des Herkules auf Wilhelmshöhe und hielt dort in Gedanken eine schöne Rede an die unter mir liegende Welt."[18]

Dass der für Besucher begehbare Herkules nicht nur für rhetorische Übungen, sondern auch für amouröse Abenteuer dienen konnte, belegen die 1848/49 erschienenen Memoiren *Vierzig Jahre aus dem Leben eines Toten* des 1789 in Frankfurt geborenen Johann Conrad Friederich. Die Lebenserinnerungen des ehrgeizigen Schriftstellers, die man allerdings nicht immer für bare Münze nehmen sollte, zählte der große Kenner hessischer Literatur Herbert Heckmann zu den turbulentesten ihrer Gattung.

> „Die freiherrliche Familie fuhr den zweiten Tag nach Wilhelmshöhe, wohin ich sie zu Pferde begleitete, und dann in ihrer Gesellschaft den Park, die Löwenburg, die Danaidengruppe, das chinesische Dörfchen, die Teufelsbrücke und so weiter, im Grunde nur kostbare Spielereien, besah. Da der Baron und ich ein paar Dukaten springen ließen, so sprangen auch die Wasser. Wir gingen längs der Kaskade hinauf bis zum Oktogon und zur Riesenbildsäule des Herkules, in dessen Keule ich mit den beiden Mädchen stieg, die Alten blieben unten, auch hier Wallfrieden die untrüglichsten Beweise meines Wohlwollens gebend, während Sophie durch die Öffnung der Keule nach oben zu die mächtige Mannbarkeit des Kolosses bewunderte, und dann lachend auch ihr errötendes Fräulein darauf aufmerksam machte.“[19]

Der Wilhelmshöher Park war zu einem Ausflugsziel für die Kasseler geworden. Wer Glück hatte, konnte vielleicht sogar den Kurfürsten hinter einem Fenster des Schlosses stehen sehen. Aber auch die anderen mussten sich nicht langweilen. Am zweiten Pfingsttag verwandelte sich der ganze Park in einen gewaltigen Rummel. Die Wasser sprangen (auch ohne Dukaten!), und wer wollte, durfte das Schloss besichtigen. Franz Dingelstedt, der am 30. Juni 1814 im oberhessischen Halsdorf bei Marburg geborene Schriftsteller, schilderte in seinem 1839 veröffentlichten *Wanderbuch* einen solchen Tag mit Kind und Kegel im Park. In diesem Band, der auch seine 1836 erstmals erschienenen *Bilder aus Hessen-Kassel* enthält, setzte sich Dingelstedt mal liebevoll und mal satirisch mit der Residenzstadt und dem kurfürstlichen Hof auseinander.

> „Oberflächlich betrachtet, gleicht Kassel der Schwesterstadt Darmstadt, oder dem jüngeren Karlsruhe, die miteinander und mit manchen mittleren Haupt- und Residenzstädten einen und denselben Familienzug gemein haben: kleine Großstadt, große Kleinstadt. Das Gemachte, Gespreizte, Gewaltsame spricht aus ihren Gesichtern und Gestalten. Die Wurzel, aus der sie geilen Wuchses emporgeschossen, ist der Hof; das Schloss der Kristallisationspunkt, um den die Stadt sich angesetzt. Alle sind, mehr oder minder, neue Städte, künstliche Städte. Was Kassel vor der weitverzweigten Verwandtschaft voraus hat, besitzt es von Natur, durch seine Lage, und ebenso sehr von Kunst wegen, Baukunst und Gartenkunst, welche an diesem Fleckchen Erde, wie kaum an irgend einem anderen, gleichzeitig und einheit-

> lich gearbeitet haben. Kassel, Wilhelmshöhe, Au: sie gehören untrennbar zusammen, sind wie von einem Geiste geschaffen, wie aus einem Gusse entstanden. Dieses charakteristischen Vorzuges kann sich nicht einmal eine unserer sogenannten Weltstädte neueren Datums rühmen. […]
>
> Kassel ist von innen heraus gewachsen, nach einem bestimmten, fast notwendigen Prozess. Dass die Stadt außerhalb des Fremdenverkehrs lag und weder in Handel noch in Industrie sich besonders hervortat, gab oder gibt ihr noch zur Stunde eine gewisse Abgeschlossenheit, und der starre, trotzige Absolutismus, welcher in den Charakterbildern des hessischen Herrscherstammes seit Jahrhunderten den durchgehenden Familienzug bildet, prägte dieser Abgeschlossenheit noch einen, so zu sagen, souveränen Stempel auf."[20]

Das ist ein durchaus zwiespältiges Lob für Kassel, und es verwundert nicht, dass Dingelstedt – wie schon Knigge – in der unterdessen kurfürstlichen Residenz nicht glücklich wurde und sie 1838, nach weiteren satirisch-politischen Texten, sogar verlassen musste.

Ähnliches erlebte Malwida von Meysenbug, allerdings nicht in ihrer Heimatstadt Kassel. Die Tochter eines hessischen Staatsministers und Vertrauten des Kurfürsten wurde am 28. Oktober 1816 geboren. Sie hätte am Hof standesgemäß leben können, zog es aber vor, ihren eigenen Weg zu gehen. Unter dem Einfluss der Bücher von Bettine von Arnim und Rahel Varnhagens wandte sie sich den Schriftstellern des Vormärz (wie Dingelstedt) zu

Blick von der Fulda auf Kassel. Stahlstich von 1842

und erlebte in Frankfurt die 1848er-Revolution, die sie nachhaltig prägte. 1852 wurde sie wegen ihrer Verbindung zu Revolutionären aus Berlin ausgewiesen und musste ins Exil gehen. Die Freundin Friedrich Nietzsches und Richard Wagners war eine engagierte Pazifistin, Frauenrechtlerin und Vorkämpferin der Arbeiterbewegung, die mit ihren *Memoiren einer Idealistin* (zuerst auf Französisch 1869, deutsch 1876) und *Der Lebensabend einer Idealistin* (1898) die Diskussion über Demokratie und Frauenemanzipation in Europa nicht unwesentlich mitbestimmte. Daneben schrieb sie Erzählungen und einen Roman. Sie verstand sich als Europäerin, lebte viele Jahre in London, Paris und Rom, wo sie 1903 im Alter von 86 Jahren starb.

An die ersten 30 Jahre ihres Lebens in Kassel erinnerte sie sich oft und in ihren autobiographischen Aufzeichnungen auch sehr detailliert. So verdanken wir ihr auch einen Bericht über die Unruhen in Kassel nach der französischen Julirevolution von 1830. Ihr Vater, der damit beauftragt war, eine Verfassung auszuarbeiten, zog als einer der engsten Mitarbeiter des verhassten Kurfürsten die Wut der Aufständischen auf sich. Sie marschierten schließlich zu seinem Haus, weil sie ihn, zu Unrecht, dort vermuteten. Die damals 14-jährige Malwida erlebte ihre erste kleine Revolution mit noch friedlichem Ausgang:

> „Kaum dass wir Zeit hatten, uns von den Fenstern zurückzuziehen, so flogen schon große Pflastersteine gegen die Fenster des ersten Stocks und einige erreichten sogar den zweiten Stock, den wir bewohnten. Zu gleicher Zeit erfolgten heftige Schläge gegen die Haustür. Mein jüngerer Bruder hatte die Geistesgegenwart gehabt, beim Herannahen der Volkshaufen die Türe zu schließen und die inneren Riegel vorzuschieben. Die wütende Menge wollte die Türe mit Gewalt öffnen, und Gott weiß, welches unser Schicksal gewesen wäre, wenn nicht zu rechter Zeit Hilfe gekommen wäre. Zwei junge Offiziere zu Fuß brachen sich Bahn durch die Menge. Es waren der Erbprinz und sein Adjutant. Sie stellten sich vor unsere Tür und der Erbprinz richtete einige Worte an die Aufrührer, befahl ihnen auseinanderzugehen und sich zu beruhigen, und versprach, dass ihre gerechten Wünsche gehört und befriedigt werden sollten. Dieser Beweis von Mut machte einen großen Eindruck."[21]

Mut ist auch das Stichwort für einen Autor, der am 18. März 1806 als Sohn eines Tabakfabrikanten in Kassel geboren wurde. Friedrich Armand Strubberg, der sich auch nur Armand nannte, hätte, wie sein Vater, ein erfolgreicher Kaufmann werden können, wäre ihm nicht schon früh sein hitziges Temperament in die Quere gekommen. Nach einem Duell musste er 1826 in die USA flüchten, wo er mit einer kurzen Unterbrechung bis 1854 lebte. Nach einem weiteren Duell hatte er einen falschen Namen angenommen und war nach seinem Medizinstudium in Louisville in die Einsamkeit des Indianergebiets am Leona River gezogen – bis ihn Siedler, Sklavenhalter und Glücksritter einholten. Er ging 1846 als Arzt und Kolonialdirektor in das gerade gegründete Friedrichsburg. Aber schon nach einem Jahr kam es zum Streit, und Strubberg ließ sich als Arzt in Arkansas nieder, wo er bei der Bärenjagd von einem giftigen Insekt ins Auge gestochen wurde. Das veranlasste ihn, nach Deutschland zurückzukehren. Von 1860 bis 1885 lebte er wieder in Kassel. Bereits 1858 hatte er begonnen, seine Erlebnisse im „Wilden Westen“ aufzuschreiben. Bis 1875 erschienen unter seinem Pseudonym Armand 19 Romane in 54 Bänden. Strubberg kann heute mit Recht als Vorläufer und auch als Ideengeber von Karl May angesehen werden, denn May selbst war nur einmal in den USA: 1908 als Tourist, um die Niagara-Fälle und New York zu sehen.

Friedrich Armand Strubberg

1885 siedelte Strubberg nach Gelnhausen über, wo er am 3. April 1889 starb.

In Kassel hatte Strubberg noch die Auflösung des Kurfürstentums miterlebt. Es war keine Revolution, die das Ende herbeiführte, sondern die preußische Armee. Sie besetzte 1866 im Krieg gegen den Deutschen Bund Kassel, das fortan nicht mehr Residenz, sondern nur noch Hauptstadt der preußischen Provinz Hessen-Nassau war. Im Deutsch-Französischen Krieg beherbergte Kassel einen kaiserlichen Gast, der allerdings nicht freiwillig nach Nordhessen gekommen war. Am 2. September 1870 hatte die französische Armee bei Sedan kapituliert. Dabei war auch Napoleon III. gefangen genommen worden. Seine Haft verbrachte der französische Kaiser bis zum März 1871 in einem noblen Gefängnis, nämlich in Schloss Wilhelmshöhe, wo er im ersten Stock mehrere Räume bewohnte. Kurz nachdem er sich in Richtung seines englischen Exils abgesetzt hatte (wo er Anfang 1873 starb), besuchte Theodor Fontane Wilhelmshöhe und ließ sich die Räumlichkeiten zeigen. Was er dabei über den Tagesablauf des abgesetzten Monarchen erfuhr (und natürlich auch seine durchaus zwiespältigen Eindrücke von Kassel), schilderte er 1872 in seinem Kriegsbericht *Aus den Tagen der Occupation*. Napoleon III. hatte nur noch einen kleinen Hofstaat, Besuche empfing er nur selten.

> „Das Leben auf Wilhelmshöhe, wie es in einem engsten Zirkel sich bewegte […], war auch zugleich ein sehr zurückgezogenes, sich absolut auf Schloss und Park beschränktes. Der Kaiser ging, ritt, fuhr; – das erhielt den Körper frisch; an schlechtesten Tagen mußte die Billardtafel aushelfen. Im Übrigen aß er, las und schrieb er; seine alten literarischen Gewohnheiten traten sofort wieder in den Vordergrund."

Die Kasseler, die ihm im Park von Wilhelmshöhe begegneten, sollen sich „jederzeit rücksichtsvoll" gegen ihn benommen haben.

> „Nur ein einziger Ausnahmefall ist festgestellt: ein 17-jähriger Heißsporn hatte sich eingefunden, um als zurückgebliebener Oberquartaner, aber fortgeschrittener Patriot ‚Deutschland von seiner Geisel zu befreien'. Dieser Brave war aber kein Kasseler, sondern natürlich ein Berliner."[22]

Der nach dem Friedensschluss und der Reichsgründung ausgelöste wirtschaftliche Aufschwung kam auch Kassel zugute und hinterließ seine Spuren im Stadtbild. Die alte Residenzstadt und das neue bürgerliche Kassel verglich der in Basel geborene Kunsthistoriker Jacob Burckhardt in einem Brief an seinen Freund Max Alioth vom 24. Juli 1875. Wilhelmshöhe und die Terrassengärten gefielen ihm sehr.

> „Dagegen hat das Bauwesen der landgräflichen Zeit etwas sehr Mäßiges. Die Gebäude an dem dafür viel zu großen Friedrichsplatz sind alle zu niedrig und könnten einen großen Sockel mehr brauchen; man möchte ihnen zurufen: alleh hopp! macht euch aus dem Boden hervor! […] Von den bescheidenen landgräflichen Parkbauten würde die Orangerie Sie doch entzücken; sie ist für die aufgewandten Mittel doch ein malerisch treffliches Gebäude. – Das moderne reiche Kassel hat einige gute Sachen in derbem und schönem Backstein, dann etliche horribel riskierte Balkonfassaden neueren Berliner Stiles etc.; viel mehr Üppiges en somme als in Basel jemals wird erlaubt werden."[23]

Mit der Behäbigkeit des Kasseler Bürgertums, das seine gründerzeitliche Euphorie bis in die Balkonfassaden trug, musste sich auch der Komponist Gustav Mahler auseinandersetzen, als er für ein von der Musikgeschichte kaum beachtetes Zwischenspiel am Opernhaus engagiert war. „Unser Orchester macht Strike", schrieb er im April 1885 an seinen Freund Friedrich Löhr, „weil Herr Hofkapellmeister sich blamiert sieht und hat sogar der Intendant die Unverfrorenheit gehabt, an meinen Edelmut zu appellieren und mich zum Verzichten bewegen wollen. Ich habe ihm natürlich heimgeleuchtet und bin nun im Theater ein toter Mann."[24] Die Stücke, die Mahler ausgewählt hatte, so scheint es, wollte man in Kassel weder spielen noch hören. Die Stadt selbst gefiel dem Komponisten gut, besonders die „freundliche Fulda", die sich „behaglich" durch die Stadt und die Umgebung ziehe.

Ganz anders urteilte Rainer Maria Rilke bei seinem Aufenthalt am 25. Juli 1905:

> „Kassel hielte mich schon heute nicht mehr. Die Rembrandts freilich sind sehr wert, einmal hier zu sein, aber sobald die Gemäldegalerie schließt, ist alles fortgenommen. Die altmodischen, sentimentalen Terrassengärten aus kurfürstlicher Zeit sind voll Pose und Spielerei, die Paläste sind kleinlich, die Straßen und was sich auf ihnen bewegt, erinnern an Düsseldorf."[25]

Samuel Beckett, der 1906 in Dublin geborene Literaturnobelpreisträger, war da ganz anderer Meinung. Denn er hatte sich als 22-Jähriger in seine Cousine Peggy Sinclair verliebt. Und die war ausgerechnet nach Kassel gezogen. Zwischen 1928 und 1932 hielt sich Beckett mehrfach und oft über Monate in Kassel in der heutigen Bodelschwinghstraße 5 auf. Die Beziehung scheiterte schließlich, und Peggy starb schon wenig später, gerade 22 Jahre alt, an Tuberkulose. Beckett hat ihr gleich zwei literarische Denkmäler gesetzt, versteckt in seinem Theaterstück *Das letzte Band* (1958) und sehr viel eindeutiger in seinem Roman *Traum von mehr oder minder schönen Frauen*, der allerdings erst 1993 und damit nach seinem Tod erschien. Über die Ankunft in Kassel heißt es da:

> „Hinab dann die kopfsteingepflasterte Gasse trauriger Weihnachtsbäume, die zwischen Trambahn und Trottoir vielfach in grätiger Stauung zitterten, flog der prächtige Wagen zum Kirchturm hin, der in makellos majestätischer Ausrichtung die jetzt schemenhafte Größe des Herkules ausstach und die dürftigen Kaskaden, die lustlos und selbstvergessen herabfielen, das bisschen, was da war, und weil es wohl oder übel musste, runter in die verstopfte Rinne der schneeverkleideten Hohenzollerngrotte zum Schloss."[26]

Gleich jeden Respekt vor der vergangenen Größe Kassels ließ Joachim Ringelnatz vermissen, als er 1927 seine *Reisebriefe eines Artisten* in Reimform schrieb. Kassel taucht darin gleich zweimal auf. Einmal als Elegie auf die Karpfen in einem Fischgeschäft in der Wilhelmstraße 15:

> „[…] Und ich denke mir ihre Seele
> Wie eine Kellerassel,
> Die Kniebeuge übt. – – –
> Ja und sonst hat mich in Cassel
> Nichts weiter erregt oder betrübt."

Wilhelmshöhe scheint er aber mindestens zur Kenntnis genommen zu haben, denn ein Gedicht trägt den Namen der Kasseler Sehenswürdigkeit. Feinnervige architektonische oder kunsthistorische Betrachtungen wird man allerdings von Ringelnatz nicht erwarten dürfen. Dafür aber eine gehörige Portion Unsinnspoesie. Und so bleiben Kassel und die Wilhelmshöhe ungelobt. Der griffige Zweizeiler allerdings, der das Gedicht etwas unterhalb der Mitte teilt, ist zumindest ins Kasseler Volksvermögen eingegangen:

> „Ich brauchte mindestens zwei Flöhe
> Für einen Reim auf Wilhelmshöhe."[27]

Die nordhessischen Wälder waren für Hans Jürgen von der Wense der Grund, warum er 1932 nach Kassel zog. Die Stadt wurde ihm zum Ausgangspunkt für ausgedehnte Wanderungen durch die deutschen Mittelgebirge. Der am 10. November 1894 im ostpreußischen Ortelsburg geborene Schriftsteller, der zwischen 1919 und 1922 als Komponist Aufsehen erregt hatte, veröffentlichte zu Lebzeiten nur rund 50 Seiten Text. „Das Gros seiner literarischen Arbeiten", so der Wense-Herausgeber und -biograph Reiner Niehoff, „wurde von Wense nicht verlegt, sondern abgelegt, und zwar auf circa 30 000 beidseitig beschriebenen, in 315 farbigen Mappen verwahrten, systematisch und alphabetisch geordneten losen Blättern und verblieb unpubliziert im Zustand einer ungeheuren Materialsammlung: Übertragungen und Nachdichtungen aus über 100 Sprachen und Dialekten aus allen Zeiten und Zonen des Erdballs, Vermerke und Funde zu Kultur und Klima, Geologie und Siedlungskunde der deutschen Mittelgebirge, Exzerpte, Essays und Entwürfe zu allen Feldern der Literatur und des Wissens vom Mythos bis zur Mühlenkunde, thematische Arbeiten zum Stab oder zum Stehen, Marginalien, Notizen und Anmerkungen zu Skurrila, gleich ob Tiere, Pflanzen, Namen oder Wolkenformationen. Außerdem verfasste Wense 40 Tagebücher, beschrieb 359 Messtischblätter, sorgte für gut 40 Kompositionen, verfertigte 3000 Photos und verschickte 5000 bis 6000 Briefe"[28] Zusammen mit Valeska Bertoncini hat Niehoff 2005 eine zweibändige, nach Stichwörtern geordnete Auswahl aus diesem „Mammutwerk der Verzettelung" herausgegeben. Darin heißt es zum Beispiel unter „Kernzelle":

> „Es erschreckte mich etwas, dass du neulich nicht die Fuldabrücke erinnertest, über die wir so oft gefahren sind, kernzelle der stadt Kassel. Wenn man schon stadtbaukunst studiert. […]
>
> Dir den rat: Zögere nicht! Versäume nichts! Denn vieles geht jetzt unter, warum habe ich so vieles nicht noch aufgenommen? Heute wurd das 1866 denkmal beseitigt, am bahnhofswall. […]"[29]

Diesen Brief, in dem Wense an die Anfänge Kassels erinnerte, ging am 13. Mai 1965 an seinen Freund Hartwig Eickhoff. Wense war, so Niehoff noch einmal, „der radikalste Flüchtling, den die Literaturgeschichte zu bieten hat", ein Einzelgänger, der sich in seiner bedingungslosen Konsequenz von nichts und niemanden beeinflussen ließ, auch nicht von der nationalsozialistischen Kulturbürokratie, die Künstler zur Emigration zwang oder mit Vergünstigungen zum ideologischen Gleichschritt verführte. „1933 wollte ich einzelne meiner Arbeiten den Verlegern anbieten", schrieb Wense 1949 in seinem *Lebensbericht*, „da warf mich die Hitler-Zeit in eine noch bedrängtere Einsamkeit – der Musikkammer anzugehören, schien mir unmöglich, solange alle meine Freunde verfemt waren und im Ausland leben mußten, auch würde meine umstürzlerische Musik sowieso keine Gnade finden, so zog ich es vor, verschollen zu bleiben und dafür frei – ohne Makel diese Zeit zu durchstehen, war mein einziger Ehrgeiz. In der Tat bin ich einer der wenigen Deutschen, die während dieser ganzen Jahre keiner einzigen Organisation eingereiht waren"[30].

Was es bedeutete, nicht angepasst zu sein und in die Mühlen der NS-Justiz zu geraten, musste der Schriftsteller Wolfgang Borchert in der Stadt erfahren, aus der der nationalsozialistische Blutrichter Roland Freisler stammte. Als junger Soldat war der aus Hamburg stammende Borchert im November 1943 in die Kasseler Hindenburg-Kaserne verlegt worden. Nachdem er auf seiner Stube Witze über Propagandaminister Goebbels erzählt hatte, wurde er verhaftet und im Januar 1944 in das Wehrmachtsuntersuchungsgefängnis nach Berlin-Moabit gebracht.

Wegen „Zersetzung der Wehrkraft" erhielt er eine Gefängnisstrafe von neun Monaten. Schwerkrank schrieb er kurz nach Kriegsende sein Hörspiel und Theaterstück über einen Kriegsheimkehrer, der nur Abweisung erlebt und die alten Eliten wieder an der Macht sieht. *Draußen vor der Tür* (1947) wurde ein großer Erfolg, über den sich Borchert aber nicht mehr freuen konnte. Er starb bereits am 20. November 1947 und damit nur kurz nach dem Ende des Zweiten Weltkriegs. Der Militärdienst hatte seine Gesundheit ruiniert.

Viele Menschen in Europa, die jüdischen Glaubens waren oder unter die nationalsozialistischen Rassegesetze fielen, waren noch in den letzten Kriegsmonaten in den Konzentrationslagern ermordet worden oder starben, wie Anne Frank, an Infektionen.

2002 veröffentlichte der SPIEGEL-Redakteur Martin Doerry die Briefe seiner Großmutter, der jüdischen Ärztin Lilli Jahn. Sie war am 5. März 1900 in Köln geboren worden und hatte Medizin studiert. Zusammen mit ihrem Mann, der Protestant und ebenfalls Arzt war, zog sie nach Immenhausen bei

Kassel, wo ihre fünf gemeinsamen Kinder geboren wurden, und betrieb dort eine Hausarztpraxis, bis die Nationalsozialisten an die Macht kamen und sie ihren Beruf aufgeben musste. In Immenhausen wurde die Familie immer stärker ausgegrenzt. 1942 ließ sich ihr Mann wegen einer anderen Frau von ihr scheiden. Damit war auch ihr letzter Schutz verschwunden und sie wurde gezwungen mit ihren fünf Kindern nach Kassel umzuziehen, während ihr früherer Mann mit seiner neuen Familie in Immenhausen blieb. In der kleinen Wohnung in Kassel lebte auch ihre Nichte Marilis, die auf den Beginn ihres Studiums in Marburg wartete. Ende August nahm die Gestapo Lilli Jahn wegen eines angeblichen Verstoßes gegen die Polizeiordnung fest und brachte sie in das Lager Breitenau, nicht weit von Kassel.

Im Mittelschiff der ehemaligen Klosterkirche von Breitenau war das Lager eingerichtet, während die Gemeinde den Ostteil für Gottesdienste nutzte

In dem ehemaligen Kloster war im Mittelschiff der Kirche das Lager eingerichtet worden, während die Gemeinde den Ostteil weiterhin zum Gottesdienst nutzte. Von dort schrieb sie, weil sie kein Papier erhalten durfte, auf allen möglichen Zetteln an ihre Kinder. Ihre Briefe, die oft herausgeschmuggelt werden mussten, gehören zu den bewegendsten Dokumenten aus dieser Zeit, geprägt von den Sorgen um ihre Kinder in dem nur wenige Kilometer entfernten Kassel, manchmal aber auch beschäftigt mit der eigenen Not, die sie ihre Kinder nicht zu sehr spüren lassen wollte. So schrieb sie am 3. Oktober 1943:

„Meine innigstgeliebten Kinder, alle 6,
erst heute in 8 Tagen darf ich wieder an Euch schreiben, aber ein guter Mensch hat mir Freimarken und Umschlag geschenkt und wird mir auch morgen diese Zeilen besorgen [...] Meine größte und einzige Freude hier sind Eure Briefe und Grüße, und ich kann Euch gar nicht genug dafür danken! [...] Könnt ihr denn den Käse wirklich entbehren? Und das Brot? Ich bin jedenfalls sehr dankbar für das, was Ihr schickt, denn wir bekommen nur wenig zu essen, nie Butter, nie Fleisch, alle 14 Tage ein kleines Stückchen Wurst, immer nur Suppen, und sonntags ist es ganz schlimm. Da gibt es ½7 Uhr morgens ein Stück trockenes Brot und diese elende Kaffeebrühe, um 11 Uhr entweder eine dünne Suppe oder Pellkartoffel, Sauce und Gurke und um 4 Uhr wieder ein Stück trockenes Brot abwechselnd mit etwas Wurst oder einem Löffel Quark und dazu Kaffee und dann nichts mehr bis zum anderen Morgen. [...]

Schade, daß Vati nicht mehr so oft zu Euch kommen kann; sieht er jetzt etwas besser aus? Bestellt ihm extra liebe Grüße [...].“[31]

Den Kindern, denen die Mutter schon genommen war, wollte sie nicht noch den Vater nehmen. Deshalb ließ sie dem Mann, der sie durch die Scheidung den Nazi-Schergen ausgeliefert hatte, „extra liebe Grüße“ bestellen.

Im März 1944 wurde Lilli Jahn nach Auschwitz-Birkenau deportiert, wo sie im Juni 1944 starb. Von vielen anderen Gefangenen aus Breitenau sind sämtliche Spuren verloren gegangen. Für die Bevölkerung des kleinen Orts, die wusste, was in dem Lager vor sich ging und unter welchen katastrophalen Bedingungen die Menschen dort leben mussten, schien das alles so selbstverständlich gewesen zu sein, dass man sich nach Kriegsende gar nicht mehr daran erinnern konnte oder wollte.

In der Nacht vom 22. auf den 23. Oktober 1943, als Lilli Jahn schon in Breitenau inhaftiert war und ihre Kinder in der Kasseler Wohnung lebten, wurden bei einem alliierten Luftangriff drei Viertel der Kasseler Altstadt zerstört. Auch Schloss Wilhelmshöhe entging den verheerenden Bombennächten des Zweiten Weltkriegs nicht. Der Mittelbau mit den Repräsentationsräumen wurde bis auf die Außenmauern zerstört.

Daran erinnerte 1977 der Schriftsteller Manfred Hausmann. Als Fabrikantensohn war er am 10. September 1898 in Kassel geboren worden, hatte den Ersten Weltkrieg als Soldat erlebt und danach u. a. Kunstgeschichte und Philosophie studiert. In der Weimarer Republik wurde er vor allem mit drei Romanen berühmt: mit den Geschichten über einen Erlösung suchenden Mörder und Landstreicher, *Lampioon küßt Mädchen und kleine Birken* (1928) und *Salut gen Himmel* (1929), sowie mit dem Selbstfindungsabenteuer einer Abiturientengruppe, *Abel mit der Mundharmonika* (1932). Während der NS-Zeit verließ er Deutschland nicht und zählte sich später zur „Inneren

Emigration", was so nicht ganz stimmte, denn er arbeitete u. a. an Propagandablättern mit. Das alte Kassel hatte er noch genau vor Augen, als er für die Zeitschrift MERIAN schrieb:

„Die Bezeichnung ‚Freiluftmuseum', die der Altstadt Kassels beigelegt worden ist, trifft, auch wenn sie lobend gemeint war, die Sache nicht. In dem Wort Museum schwingt immer etwas von schöner, aber nicht mehr lebendiger, von abgeschriebener Vergangenheit mit. Und gerade das galt für die Altstadt nicht. Sie war vielmehr, solange sie bestand, von einem so dichten Leben, von einem so gedrängten Beieinanderwohnen und -werken ihrer Bürger erfüllt, dass es des Guten fast zu viel wurde. Jedes Winkelchen und schließlich auch jedes Gärtchen musste baulich genutzt werden. Immer enger schmiegten sich die Häuser aneinander, und immer höher wuchsen sie empor, bis zu sechs Stockwerken, das ausgebaute Dachgeschoß mitgerechnet. Und wie die Häuser, so traten sich auch die Menschen sozusagen auf die Füße. [...] Wenn menschliche Unvernunft einen Baum, der sich durch Jahrhunderte hindurch zu seiner ehrfurchtgebietenden Kronenherrlichkeit emporgemüht hat, in einer halben Stunde umlegt, dann ist das ein Jammer und eine Schande. Vernichten geht schnell, das Wachstum braucht seine gute, lange Zeit. Wie viel jammervoller und schändlicher ist aber erst die sinnlose Vernichtung einer so einzigartigen Haus für Haus und Gasse für Gasse herangewachsenen Kostbarkeit, wie sie die Kasseler Altstadt darstellte!"[32]

Aber nicht nur die kurfürstliche Residenz mit ihrer winkligen Altstadt wirkte anziehend auf Dichter, Musiker, Maler und Wissenschaftler, auch das heutige, das neue Kassel ist wieder attraktiv. Die am 10. Dezember 1921 in dem waldeckischen Ort Schmillinghausen geborene Christine Brückner hatte zusammen mit ihrem Mann, dem aus Süddeutschland stammenden Otto Heinrich Kühner, Kassel sogar als „ständigen Wohnsitz" erkoren und das 1977 so begründet:

„In Kassel lebt man, weil man hier geboren oder hierher versetzt wurde, an eine der Bundes- oder Landesbehörden oder zur Bundeswehr, weil man ans Staatstheater engagiert wurde oder an der Gesamthochschule zu lernen oder zu lehren hat. Aber wer wie ich freiwillig nach Kassel gezogen ist, der muss das begründen. München, das hätte man verstanden; die Insel Ischia hätte jeden überzeugt, sogar ein waldeckisches Dorf, schließlich stamme ich vom Lande. Aber ausgerechnet Kassel! Ich zähle viele Gründe auf, aber die Summe des Aufgezählten scheint nie so recht zu überzeugen, allenfalls im documenta-Jahr; dann gerät Kassel in den Blickpunkt der Weltöffentlichkeit, dann erinnern sich alle Freunde, sogar die aus Übersee, an uns, rufen an, fallen nach fünfstündigem Ausstellungsbesuch erschöpft oder verärgert, niedergeschlagen oder begeistert in die Sessel, blicken sich um, horchen, sagen: Ruhig habt ihr's hier! Nah bei der Stadt wohnt ihr auch! Die Umgebung ist eigentlich auch hübsch. Viel Wald! Ihr wandert doch so gern! Ein Lob für die Museen, den Herkules: im Grunde ein Monstrum, aber doch eine grandiose Apotheose aus Natur und Kunst! [...]

> Habe ich Wurzeln geschlagen in dieser Stadt, frage ich mich. Ich bin kein Baum. Ich könnte diese Stadt verlassen, aber ich will es nicht. Wir sind schon einmal über den Wehlheider Friedhof gegangen, ein Spaziergang, nichts weiter, aber wir überlegen nun doch: Möchten wir hier begraben sein?“[33]

Christine Brückner wuchs in Gegnerschaft zu Hitler auf. Ihr Vater gehörte während der NS-Zeit zur „Bekennenden Kirche“ und musste seinen Dienst verlassen. Nach dem Abitur wurde Christine Brückner dienstverpflichtet, u. a. im Generalkommando Kassel und in einem Flugzeugwerk in Halle. Nach dem Ende des Zweiten Weltkriegs legte sie ihr Examen als Diplombibliothekarin ab und studierte danach u. a. Volkswirtschaft und Literaturwissenschaft in Marburg. 1954 beteiligte sie sich an einem Schreibwettbewerb des Bertelsmann Verlags und gewann den 1. Preis. Von dem Erfolg ermutigt, veröffentlichte Christine Brückner weitere Romane, Erzählungen und Kinderbücher, bis sie 1972 einen schrecklichen Unfall erlitt. Bei der Fahrt zu einer Lesung wurden sie und ihr Mann, der Schriftsteller und Maler Otto Heinrich Kühner, bei einem Unfall schwer verletzt. Danach habe sie, berichtete sie später, ein unglaublich starkes Lebensgefühl erfasst, von dem etwas in ihre *Poenichen*-Romane gedrungen sei. Zwischen 1975 und 1985 veröffentlichte sie die Trilogie *Jauche und Levkojen*, *Nirgendwo ist Poenichen* und *Die Quints*. Darin schilderte sie das Schicksal einer Familie aus Pommern vom Ersten Weltkrieg bis in die Gegenwart. Ihre Romanheldin ist Maximiliane von Quint, eine positiv gezeichnete Identifikationsfigur, die sich von NS-Terror, Krieg und Vertreibung nicht unterkriegen lässt. Christine Brückner ging es dabei weniger um historische Detailtreue und mehr um die Menschen, die sich mit allen ihren Fehlern und Schwächen durch das Leben kämpfen. Die Trilogie, für die Theodor Fontane ihr Schreibpate war, wurde ein gewaltiger Erfolg, ebenso wie ihr Theaterstück *Wenn du geredet hättest, Desdemona* (1983), in dem elf fiktive und historische Frauen von Sappho bis Gudrun Ensslin ihr eigenes Bild von Weiblichkeit und ihr Verhältnis zu den Männern bestimmen.

Wer so schreibt wie Christine Brückner, wer Romanheldinnen erfindet, die mit Würde, Moral und Wärme ihr Schicksal meistern, der muss sich in Deutschland den Vorwurf gefallen lassen, Unterhaltungsliteratur zu fabrizieren. Christine Brückner hat es meisterhaft verstanden, auf dem schmalen Grat zwischen Massengeschmack und Hochkultur zu wandeln. Auch Literaturkritiker haben ihr Anerkennung gezollt, aber das war ihr nicht so wichtig wie die Anerkennung durch ihre Leser.

Christine Brückner lebte seit 1960 in Kassel und arbeitete seit 1967 mit Otto Heinrich Kühner sehr eng zusammen. 1984 gründeten sie die „Stiftung Brückner-Kühner“, die im zweijährigen Turnus zusammen mit der Stadt

Kassel den „Kasseler Literaturpreis für grotesken Humor" verleiht. Nur gut zwei Monate nach ihrem Mann ist Christine Brückner am 21. Dezember 1996 in Kassel gestorben. Sie liegen aber nicht auf dem Wehlheidener Friedhof in Kassel begraben, sondern in Christine Brückners Geburtsort Schmillinghausen. Ihr ehemaliges Wohnhaus in der Hans-Böckler-Straße 5 ist unverändert erhalten und kann besichtigt werden.

Für das literarische Leben setzt sich heute in Kassel und Nordhessen neben der „Stiftung Brückner-Kühner" auch der Verein „Literaturhaus Nordhessen" mit dem „Literaturbüro Nordhessen" ein, das Veranstaltungen organisiert. Etwas Besonderes sind die Kasseler „Literatur-Spaziergänge", die regelmäßig zu den herausragenden Orten der Literatur in Kassel führen.

Arolsen

Die zweite Residenz in Nordhessen neben Kassel war gut zweihundert Jahre lang Arolsen, als Sitz der Fürsten von Waldeck. Die Herrscher über ein nur wenige tausend Einwohner zählendes Ländchen lebten auf entschieden zu großem Fuß. Ihr prachtvolles Residenzschloss, das sich im Grundriss an Versailles orientierte, benötigte gut hundert Jahre bis zur endgültigen Fertigstellung, von 1710 bis 1811.

Als 1655 die zweite Auflage von Matthäus Merians *Topographia Hassiae* erschien, war Arolsen noch der „Graefflich Sitz" einer der Waldecker Linien, die schließlich 1692 ausstarb. Unter Graf Anton Ulrich begann dann der Ausbau Arolsens zur repräsentativen Barockresidenz. Im September 1788 besuchte der Universalgelehrte und Politiker Wilhelm von Humboldt den damals regierenden Fürsten Friedrich von Waldeck. In seinem Reisetagebuch berichtete er ausführlich davon. Sein Führer war der Hofbibliothekar Ernst Wilhelm Cuhn. Hier ein Auszug:

> „Ich wurde dem Fürsten vorgestellt. Vorher führte man mich noch im Schloss herum. Wir besahen einige schöne Gemälde, den General Wolf von West, ein Paar Stücke vom jungen Tischbein, der seinen Stücken viel Grazie, aber wenig Ausdruck zu geben weiß. Das Kabinett des Fürsten gefiel mir sehr. Seinem Arbeitstisch gegenüber stand Mendelssohns Büste, hinter dem Arbeitstisch auf einem Schrank andre Büsten, z. B. Sokrates. An den Wänden hingen Gemälde großer Männer: Friedrich II., Peter I., Heinrich IV. u. s. f. Dem Arbeitstisch sah man an, dass es wirklich ein Arbeitstisch war. Der Fürst kam von einer Spazierfahrt, ganz unangezogen, nur am Stern etwa kenntlich. Sieht man ihn nicht als Landesherrn, sondern bloß als privatisierenden Fürsten an, so ist er gewiss ein vorzüglich achtungswerter Mann. Er spricht sehr bestimmt immer mit Sachkenntnis,

fragt – was die wenigsten Fürsten verstehn – sehr vernünftig, und lässt nirgends Stolz, nicht einmal Eitelkeit, sondern vielmehr überall Bescheidenheit und eine gewisse Schüchternheit blicken.

Im Ganzen merk ich von Arolsen an, dass es sehr angenehm sein muss da zu leben. Es herrscht in der Gesellschaft ein recht guter Ton, es sind viele vernünftige, oder wenigstens belesene Menschen da, die Gegend ist sehr schön, die Stadt klein, aber niedlich gebaut, Fremden kommt man – wenn wir nach uns schließen sollen – mit allen nur möglichen Höflichkeiten zuvor."[34]

Arolsen um 1655. Stich von Matthäus Merian

Auch der „in Deutschland reisende Deutsche" Karl Julius Weber, der über einen der „Teufelswege, die einen ganzen Tag hinwegnehmen", von Korbach nach Arolsen gelangt war, fühlte sich in der kleinen Residenzstadt wohl. 1828 schrieb er:

„Arolsen an der Aar ist recht gut gebaut, eben, offen, zwischen Gärten und Alleen, die Kirche steht in der Mitte und am Ende des Städtchens das hübsche Schloss, wo ich zwei schöne Gemälde sah, Wests Tod des Generals Wolf und mehrere Tischbeins, darunter Arminius, nebst einer interessanten Sammlung von Münzen und Altertümern. Hinter dem Städtchen, das 1800 Seelen zählt, ist eine herrliche Allee 100jähriger Eichen in sechs Reihen und 2000 Schritte lang, die man im *verpappelten* Deutschland selten mehr findet und die nach dem ehemaligen Lustschloss Louisenthal führt. Zu Arolsen ist man in der Stadt und auf dem Lande zugleich, und es hat mir hier gefallen."[35]

Seine Selbständigkeit büßte das Fürstentum 1867 ein, als sich der Regent Georg Victor aus finanziellen Gründen gezwungen sah, Preußen die innere Verwaltung des Landes zu überlassen. In der Novemberrevolution von 1918 verlor das waldecksche Fürstenhaus schließlich auch den Thron.

Schloss Arolsen. Federzeichnung von Ludwig Waldschmidt (1853)

Die zahlreichen bedeutenden Kunstwerke und die kostbare Bibliothek haben sich im Residenzschloss erhalten. In der heute 35 000 Bände umfassenden „Fürstlich Waldeckschen Hofbibliothek" ist vor allem die Literatur und die wissenschaftliche Forschung des 18. Jahrhunderts glänzend vertreten. Den Grundstock bildeten rund 400 Handschriften und Drucke, die 1576 bei der Aufhebung des nahe bei Arolsen gelegenen Augustiner-Chorherrenstifts Volkhardinghausen an den waldeckschen Hof gekommen waren.

Das ehemalige Kloster hatte aber nicht nur seinen geistigen Grundbesitz in die nahe Residenz geliefert, es diente nach seiner Auflösung auch als Ort der Einkehr, der Kontemplation und des religiösen Nachdenkens. Hier verbrachte der am 10. August 1556 im (heute ebenfalls zu Arolsen gehörenden) Mengeringhausen geborene Theologe und Kirchenlieddichter Philipp Nicolai wichtige Jahre seines Lebens. Nach seinem Studium an den Universitäten in Wittenberg und Erfurt (1574 bis 1579) hatte er sich nach Volkhardingshausen zurückgezogen, um sich ganz seinen theologischen Forschungen widmen zu können. Seit 1583 war er als Pfarrer in Herdecke und dann in Köln tätig. 1587 kehrte er nach Waldeck zurück, wurde Pfarrer in Altwildungen (heute Bad Wildungen) und Hofprediger. Daneben übernahm er die Erziehung des Grafen Wilhelm Ernst von Waldeck. 1596 ging er als Pfarrer nach Unna und wechselte 1601 als Hauptpastor an die St. Katharinenkirche nach Hamburg. Dort starb er am 26. Oktober 1608. Mit seinen gegen den Calvinismus gerichteten Büchern hatte sich der treue Luther-Anhänger Nicolai schon früh Feinde gemacht. So verweigerte ihm der hessische Landgraf Wilhelm 1590 die Promotion in Marburg (die er dann 1594 in Wittenberg nachholte). Die einstmals brisanten theologischen Schriften Nicolais sind heute so gut wie vergessen. Berühmt und vielgesungen sind aber noch seine

Kirchenlieder, vor allem die Choräle „*Wachet auf, ruft uns die Stimme* und *Wie schön leuchtet der Morgenstern*:

„Wie schön leuchtet der Morgenstern
Voll Gnad und Wahrheit von dem Herrn
Die süße Wurzel Jesse.
Du Sohn Davids aus Jakobs Stamm
Mein König und mein Bräutigam,
Hast mir mein Herz besessen;
Lieblich, freundlich
Schön und herrlich,
Groß und ehrlich,
Reich an Gaben,
Hoch und sehr prächtig erhaben. […]“[36]

409.
Ein Geistlich Braut-
Lied der gläubigen Seelen/ von Je-
su Christo irem himlischen Bräutgam:
Gestellt vber den 45. Psalm deß
Propheten Dauids.
D. Philippus Nicolai.

Wie schön leuchtet der Morgenstern / Voll Gnad vnd Warheit
Du Sohn Dauids/auß Jacobs Stam / Mein König vnnd mein
von dem HERRN/ Die süsse Wurtzel Jesse/ Lieblich/freundlich/
Bräutigam/ Hast mir mein Hertz besessen/
Schön vnd herrlich Groß vnd ehrlich / Reich von Gaben/ Hoch vnd sehr
prächtig erhaben.

I.
Wie schön leuchtet der Morgenstern/
Voll Gnad vnd Warheit von dem HERRN/
Die süsse Wurtzel Jesse?
Du Sohn Dauid/auß Jacobs Stam/
Mein König vnd mein Bräutigam/
Hast mir mein Hertz besessen/
Lieblich/freundlich/
Schön vnd herrlich / Groß vnd ehrlich/
Reich von Gaben/
Hoch vnd sehr prächtig erhaben.

Fff Ey

Erstdruck von *Wie schön leuchtet der Morgenstern* (1599)

Nicolai hat die schon erwähnte Christine Brückner vergessen, als sie 1964 ihr nicht unkritisches Porträt von Arolsen schrieb und all die berühmten Männer aufzählte, die in ihrer „kleinen Stadt" geboren worden waren:

> „Da ist nahezu Schild an Schild an den Häusern. Christian Rauch, der Bildhauer des deutschen Klassizismus, ist der größte Sohn der Stadt. Mein Gymnasium trägt heute seinen Namen. In der Stadtkirche stehen marmorn und schön seine Statuen von *Glaube, Liebe, Hoffnung*. Sein Geburtshaus in der Rauchstraße ist gewiss das kleinste unter den Geburtshäusern der großen Männer. Die Kaulbachs stammen von hier. Der romantische Dichter Stieglitz. Ein Arolser hat das Lied gedichtet ‚König Wilhelm saß ganz heiter einst zu Ems, dacht gar nicht weiter/ an die Händel dieser Welt …' Keineswegs ein Dichter, sondern ein Arzt. Wolrad Kreusler, August Bier, August Bunsen (Bunsenbrenner!), Geheimrat Mannel, Rudolf Klapp (Klappsches Kriechverfahren), die Vorfahren von Franz Marc – viele große Männer in der kurzen Geschichte einer so kleinen Stadt. Aber keiner der großen Söhne liegt auf dem Friedhof begraben. Vielleicht haben sie hier die ‚Proportionen des Lebens' gelernt, aber als sie ihnen dann zu klein wurden, zogen sie fort."[37]

Diese Beobachtung von Christine Brückner scheint nicht nur für Arolsen zu gelten, sondern für das ganze Waldecker Land. Heinrich Stieglitz, den sie erwähnt, ist ein gutes Beispiel. Der am 22. Februar 1801 geborene Sohn eines jüdischen Kaufmanns verbrachte nur seine ersten Kindheitsjahre in Arolsen und Waldeck. Zur Schule ging er schon in Gotha. Berühmt wurde er später, in Berlin, weniger durch seine Gedichte und Lieder als durch eine spektakuläre Aktion seiner Frau. Charlotte Stieglitz beging am 29. Dezember 1834 Selbstmord, um ihren von Selbstzweifeln gequälten Mann durch den schmerzlichen Verlust zum Dichter reifen zu lassen. Das Aufsehen war zwar groß, aber der Erfolg gering. Heinrich Stieglitz ist als Schriftsteller vergessen, während über seine weitaus interessantere Frau (die ebenfalls Gedichte schrieb) bis heute Bücher erscheinen.

Flüchtige Begegnungen mit dem Waldecker Land hatten auch zwei zeitgenössische Autoren. Elke Heidenreich wurde 1943 „durch Zufall" in Korbach geboren, als ihre Mutter vor den alliierten Bombenangriffen in Nordhessen Schutz suchte. Im selben Jahr kam auch F. C. Delius auf die Welt, nicht in Korbach, sondern in Rom. Die Familie zog später in das osthessische Wehrda und von dort 1958 nach Korbach, wo der Schüler Delius für die *Waldeckische Allgemeine* schrieb, seine ersten Gedichte veröffentlichte und 1963 auch Abitur machte. Seitdem lebt er in Berlin.

Darmstadt

„Darmstadt ist Kassel nicht unähnlich, nur etwas weniger übersichtlich", schrieb Rainer Maria Rilke 1905 und fuhr im Vergleich fort: „Ein paar alte sympathische Häuser, eine aus sehr verschiedenen Stücken bestehende alte Residenz und dann, zwischen dem Häuserdurchschnitt, Denkmäler und Denksteine für die ‚Kolonisten'."[38] Einen wichtigen Unterschied gab es allerdings. Kassel war keine Residenz mehr, während in Darmstadt ein leibhaftiger und regierender Großherzog saß, der als Förderer der Künste auch weit außerhalb der Landesgrenzen großes Ansehen genoss.

Die Darmstädter Souveräne hatten seit der Erbteilung nach dem Tod Philipps des Großmütigen, 1567, wenig Geschick in finanziellen Dingen bewiesen. Es gelang ihnen über die Jahrhunderte hinweg nur mit Mühe, ihren Besitz zusammenzuhalten. So wurde das großzügig geplante Barockschloss im Stadtkern schließlich nur zu einem Viertel fertig. Aber trotz leerer Kassen durften Künstler und Wissenschaftler immer auf Förderung hoffen.

Landgraf Ernst Ludwig, der von 1678 bis 1739 regierte, hielt sich nur noch selten in Darmstadt auf. Er frönte seinen kostspieligen Vergnügungen: der Jagd, der Goldmacherei und dem Theater. Am Ende seiner Regierungszeit war das Land hoch verschuldet. Erst seinen Nachfolgern gelang die allmähliche Konsolidierung. Trotz der drakonischen Sparmaßnahmen unter dem zumeist in Pirmasens lebenden „Soldaten-Landgrafen" Ludwig IX. entfaltete sich in Darmstadt ein reiches künstlerisches Leben. Selbst der sonst so kritische Johann Kaspar Riesbeck sparte nicht mit Lob:

Darmstadt um 1655. Stich von Matthäus Merian

„Ich machte einen Ritt nach Darmstadt, einem kleinen, aber allerliebsten Ort. Man beschrieb mir zu Frankfurt die Einwohner als steif; allein ich fand den Zirkel, worein ich geriet und der aus einigen Räten und Offizieren bestand, ungemein artig, belebt und unterhaltend. Ich wünschte mir zur Würze meines Lebens keine andre Gesellschaft, als die mir Darmstadt darbot, wie dieser Ort auch überhaupt einer von denen wäre, worin ich meine Zelte für immer aufschlagen würde, wenn das Schicksal mich den Ort meines Aufenthalts frei wählen ließe. Man ist in der Mitte zwischen vielen großen Städten, die alle nicht weit entfernt sind, hat eine Gesellschaft, so gut als sie nur die größte Stadt geben kann, kann das Ländliche mit dem Städtischen ungemein schön verbinden, genießt eine sehr gute Luft und die ausgesuchtesten Lebensmittel um den wohlfeilsten Preis. Die Popularität des Hofes, der niedliche, für jedermann geöffnete englische Garten, die schönen Wachtparaden, die hübschen und munteren Mädchen, die Jagdpartien, die man ohne besondere Kosten mitmachen kann, kurz, alles bietet Unterhaltung und Vergnügen im Überfluss dar. Der regierende Fürst, dessen Talente vorzüglich die militärischen sein sollen, hält sich sehr wenig in Darmstadt auf. Der Erbprinz, der immer daselbst residiert, ist der artigste und beste Mann von der Welt. Er weiß nichts von dem Dunst affektierter Hoheit, der viele andere Fürsten Deutschlands umgibt und die Fremden von ihnen verscheucht.“[39]

Grabmal der Großen Landgräfin. Stich von J. C. Susemihl

Vor allem der Erbprinz, der spätere Großherzog Lud(e)wig I., förderte das künstlerische Leben in der Residenz. Vor ihm war die 1721 geborene und mit 53 Jahren in Darmstadt gestorbene Karoline von Hessen-Darmstadt der Mittelpunkt eines literarischen Zirkels gewesen. Zu ihren Freunden (und Bewunderern) zählten Voltaire, Klopstock, Wieland und Friedrich der Große, von dem auch ihr Grabspruch stammt: „Femina sexu, ingenio vir“ („Dem Geschlecht nach eine Frau, dem Verstand nach ein Mann"). Goethe nannte sie voller Verehrung die „Große Landgräfin". Zusammenfassend urteilte der in Darmstadt geborene Schriftsteller Kasimir Edschmid:

> „Darmstadt ist eine Stadt der Fürsten. Der Ort dankt ihnen seine Existenz und seinen Ruhm. Als die Fürsten nach dem Willen der Geschichte abtraten, dachte die Stadt nicht daran, zu resignieren.
>
> Schon der erste Großherzog Ludwig war musenfreundlich gewesen. Als Erbprinz spielte er bei den Opernaufführungen die erste Geige. Als Großherzog dirigierte er bei den Proben das Orchester. Schiller las ihm privat im ‚Fürstenlager' an der Bergstraße den *Don Carlos* vor. Aus dieser Zeit stammt die große Tradition des Darmstädter Theaters.
>
> Goethe hat Darmstadt sehr geschätzt. Er kam oft zur Zeit der ‚Empfindsamen' aus Frankfurt herüber. Im *Werther* kann man nachlesen, wie angeregt die geistige Atmosphäre Darmstadts war, als Goethe mit seinem schwärmerischen Kreis durch die Darmstädter Wälder zog, wie er Kahn fuhr, sang und dichtete. Unter seinen Begleiterinnen war auch Herders Braut. Herder nannte die Umgebung Darmstadts eine ‚melancholische Zaubergegend'. Mit dem zweiten Wort hat er wohl recht, mit dem ersten nicht. Die Landschaft ist heiter."[40]

Goethe hatte, als er 1772 in Darmstadt zum Kreis der „Empfindsamen" stieß, gerade seinen *Götz von Berlichingen* vollendet. Seiner Abneigung gegen den bürgerlichen Lebensstil in Frankfurt entsprach das Schwärmerische und Unverbindliche seiner Darmstädter Freunde Johann Heinrich Merck, Luise von Ziegler, Henriette von Roussillon und Karoline Flachsland, die Herder später heiratete. Einige der besten Gedichte Goethes sind in dieser Zeit entstanden. Goethe hat in den folgenden Jahren noch mehrfach Darmstadt besucht, u. a. um das Großherzogliche Museum zu inspizieren (und ausführlich zu loben).

Johann Heinrich Merck.
Stich nach G. F. Schmoll

Zu seinen Darmstädter Freunden zählte auch der am 11. April 1741 geborene Schriftsteller Johann Heinrich Merck. Als einer der gefürchtetsten und angesehensten Kritiker seiner Zeit schrieb er u. a. in den *Frankfurter Gelehrten Anzeigen*, für die auch Goethe Rezensionen verfasste (und die er sogar zeitweilig herausgab), und im Wielandschen *Merkur.* Seit 1767 stand er in landgräflichen Diensten, zuerst als Kanzleisekretär und später als Kriegsrat. Zusammen mit dem Erbprinzen, der die erste bemannte Ballonfahrt am 21. November 1783 bei Paris mitverfolgt hatte, führte der Apothekersohn Merck zahlreiche naturwissenschaftliche Versuche durch. Kurz vor Weihnachten 1783 gelang ihm der erste unbemannte Ballonaufstieg in Deutschland. In einem Brief an den Anatomen Samuel Thomas (von) Soemmering berichtete Merck von seinen Experimenten:

> „Laut der Frankfurter Reichspostzeitung erhellt, dass uns in Darmstadt die Priorität der Luftballons gehört; denn wir haben einen Sack von Goldschlägerhäutchen steigen lassen, noch vor Weihnachten. Seitdem ist unser Erbprinz von Paris zurückgekommen, und hat die Luftballons zu Dutzenden mitgebracht, die aber bis auf Einen nicht gestiegen sind, weil sie alle höchst leidlich gemacht waren. Nächstens wird einer von Taft mit elast. Harz überzogen 7 Fuß in Diameter steigen. Als ein echter deutscher Prinz hat er (unter uns gesagt) sogar die Eisenfeile und das Vitriol mitgebracht. Was ist in Deutschland nicht möglich, und besonders in Darmstadt?“[41]

Merck war ein zutiefst unglücklicher Mensch, der viel versuchte und fast immer scheiterte. Seine Kattunfabrik ging in Konkurs. Auch sein Verlag konnte wirtschaftlich nicht überleben, obwohl er 1772 Goethes *Von deutscher Baukunst* und ein Jahr später auch den *Götz* herausbrachte. Wie seinen Freund Goethe oder Lichtenberg (der wie er die Schulbank des Darmstädter Pädagogs gedrückt hatte) interessierten ihn naturwissenschaftliche Forschungen, die wiederum zu umfangreichen Korrespondenzen mit den Gelehrten seiner Zeit führten. Politisch begeisterte sich Merck für die Französische Revolution und reiste 1790 nach Paris. Von den Menschen enttäuscht und von seiner Melancholie geleitet nahm er sich am 27. Juni 1791 in Darmstadt das Leben.

Merck hatte lange unter dem Schutz von Friedrich Karl von Moser gestanden, der als Staatskanzler und Präsident die Regierungsgeschäfte führte. Moser wollte aus dem politisch rückständigen und hochverschuldeten Ländchen einen aufgeklärten Staat mit aufgeklärten Bürgern machen.

Dazu gehörte natürlich auch eine Zeitung: die *Hessen-Darmstädtische privilegirte Land-Zeitung.* Für die Redaktion dieser Zeitung sollte ein erfahrener Mann verpflichtet werden. Da traf es sich gut, dass Matthias Claudius vorübergehend die Arbeit an seinem *Wandsbecker Boten* eingestellt hatte. Er war also frei. Und kein Geringerer als Johann Gottfried Herder, der Philosoph und Prediger, setzte sich für ihn ein. Am 17. August 1776 traf Claudius mit seiner Familie in Darmstadt ein. Zunächst erhielt er die Stelle eines Oberlandkommissars und konnte dabei auch verfolgen, wie der Landgraf von Kranichstein aus seiner großen Leidenschaft, der Hetzjagd, frönte. Claudius hat sich später, als er wieder in Wandsbeck war, darüber lustig gemacht und einen parforcegejagten Hirschen an den Landgrafen schreiben lassen:

„Durchlauchtiger Fürst,
Gnädigster Fürst und Herr!

Ich habe heute die Gnade gehabt, von Ew. Hochfürstlichen Durchlaucht parforcegejagt zu werden; bitte aber untertänigst, dass Sie gnädigst geruhen, mich künftig damit zu verschonen. Ew. Hochfürstl. Durchl. sollten nur einmal parforcegejagt sein, so würden Sie meine Bitte nicht unbillig finden. Ich liege hier und mag meinen Kopf nicht aufheben, und das Blut läuft mir aus Maul und Nüstern. Wie können Ihr' Durchlaucht es doch über das Herz bringen, ein armes unschuldiges Tier, das sich von Gras und Kräutern nährt, zu Tode zu jagen? Lassen Sie mich lieber tot schießen, so bin ich kurz und gut davon. Noch einmal, es kann sein, dass Ew. Durchlaucht ein Vergnügen an dem Parforcejagen haben; wenn Sie aber wüssten, wie mir das Herz schlägt, Sie täten's gewiss nicht wieder, der ich die Ehre habe zu sein mit Gut und Blut bis in den Tod etc. etc."[42]

Am 1. Januar 1777 erschien die erste von Matthias Claudius redigierte *Land-Zeitung*. Ziel des Blattes war es, die Landbevölkerung mit wichtigen Informationen zu versorgen und Ratschläge für alle Bereiche des Lebens zu geben. Pro Ausgabe standen vier Druckseiten zur Verfügung, die Claudius allein füllen musste – entweder mit Übernahmen aus anderen Zeitungen oder mit eigenen Texten. Bereits nach 35 Nummern, mit der Ausgabe vom 30. April 1777, stellte Claudius seine Arbeit ein und Schloss als „Görgel" mit dem Satz: „Jetzt schreib' ich nicht mehr viel lieber Herr! Jetzt ist schön

Matthias Claudius

Wetter draus, das muss ich geniesen, ist doch vielleicht der letzte Sommer den ich erlebe.“[43] Moser war enttäuscht und schrieb später wenig Schmeichelhaftes über Claudius: „Er war zu faul, mochte nichts thun als Vögel singen hören, Clavier spielen und spazieren gehen, konnte die hiesige Luft nicht vertragen, fiel in eine tödtliche Krankheit und ging von selbst zu seinen See-Krebsen wieder zurück. Doch hat man ihm die ersten Monate der damals entstandenen Land-Zeitung zu dancken, welche die einzige dieser Art in ganz Deutschland ist, bisher inner Lands so viel Nutzen gestiftet, und außerhalb so viel Beyfall erhalten hat.“[44] Es war also eine Trennung „im gegenseitigen Einvernehmen“. Claudius hatte sich in Darmstadt nicht wohl gefühlt und auch die regelmäßige Arbeit nicht vertragen. Trotzdem ist sein berühmtestes Gedicht höchstwahrscheinlich in dieser Zeit entstanden: *Der Mond ist aufgegangen*. Die Idee soll Claudius auf einem Spaziergang gekommen sein, als er auf dem Weg nach Traisa abends auf den Wiesen am Schnampelweg nach dem Alexandertempel hin tiefe Nebel liegen sah. Friedrich Karl von Moser musste 1780 seinen Dienst quittieren.

„So versäumte Darmstadt die günstige Gelegenheit, sich zum Mittelpunkt eines großen Kreises zu machen“, schrieb der Darmstädter Literaturwissenschaftler und Demokrat Georg Gottfried Gervinus in der Mitte des vorigen Jahrhunderts. „Merck, Sturz, Lichtenberg gingen von hier aus; Ewald, Moser, Claudius, Hamann, Herder, Goethe waren hier oder waren leicht zu fesseln gewesen; aber dieser Stadt ist es eigen, ihr eigenes Licht unter den Scheffel zu stellen und fremde Talente ungeschickt zu wählen oder zu versäumen.“[45]

Im 19. Jahrhundert wurde es zunächst ruhig um die landgräfliche Residenz. In den Reisebeschreibungen bekannterer Autoren findet sich Darmstadt im Allgemeinen nur kurz erwähnt. August von Kotzebue störte sich 1804 an dem Gedenkstein, den Friedrich der Große im Herrngarten für die „Große Landgräfin“ Henriette Karoline hatte errichten lassen. Der Komponist Carl Maria von Weber hatte 1810 entsetzliche Langeweile und Achim von Arnim beschrieb 1820 seiner Frau Bettine das von Georg Moller erbaute Hoftheater als einen „zierdelosen Kasten“ und dachte „in Ehren an Schinkel“[46], Wilhelm Hauff fand 1822 Darmstadt „schön, die Oper herrlich, aber die Hessen – Esel“[47].

Dem Herausgeber der *Wiener Jahrbücher der Literatur*, Johann Ludwig Deinhardstein, wurde 1830 in Frankfurt gleich ganz abgeraten, Darmstadt zu besuchen. In seinen *Skizzen einer Reise* […] *in Briefen an einen Freund* berichtete er davon:

> „Nicht ohne alle Besorgnis kam ich nach Darmstadt. Man hatte mir in dem dieser Stadt so nah liegenden Frankfurt allenthalben gesagt, dass dort die gefährlichsten Unruhen ausgebrochen wären. Ein im Weidenbusch wohnender Fremder,

der eben von Darmstadt gekommen war, erzählte mir einige Stunden vor meiner Abreise, dass dort das Militär in den Straßen kampiere, um die Bürger von den entsetzlichsten Gewalttätigkeiten zurück zu halten. Der Palast des Großherzogs sei fast ganz zerstört. Ich kam nach Darmstadt, und fand von alledem – nicht das Geringste, nicht eine Spur davon. Es hatte niemand an Unordnung auch nur gedacht. Indes geben Gerüchte dieser Art Beweise der Beschaffenheit der Zeit. Wie kann man einer Nachricht von einem weit entfernten Orte Glauben beimessen, wenn man von Orten, die von uns ein paar Stunden entfernt liegen, nichts Wahres erfährt.

Darmstadt ist eine sehr schön gebaute Stadt. Breite Straßen, schöne, meistens zwei Stockwerke hohe, symmetrisch gebaute Häuser, welche in manchen Straßen nicht neben einander, sondern durch gleichmäßige Zwischenräume von einander getrennt stehen, und ein vortreffliches Straßenpflaster zeichnen sie aus. In Nebengässchen finden sich wohl noch einige alte Häuser, doch sind ihrer nur wenige. Imponierend erhebt sich die vor zwei Jahren gebaute katholische Kirche einzeln auf einem erhöhten Platze. Es ist ein einfaches, großartiges Rundgebäude mit einer Kuppel ohne Turm, auf welcher sich eine Galerie befindet, von der man den schönsten Überblick Darmstadts und seiner Umgebungen genießt."[48]

Auch Ludwig Börne hatte man in Frankfurt vor den revolutionären Umtrieben in Darmstadt gewarnt. Aber die Aufstände in Paris waren in der südhessischen Residenz folgenlos geblieben. „Es ist eine Ruhe auf den Straßen wie bei uns in der Nacht", schrieb Börne am 4. September 1830 an Jeanette Wohl, „und die paar Menschen, die vorübergehen, treten nicht lauter auf als die Schnecken. Es war alles gelogen. Die Bürger sind unzufrieden, aber nicht mit dem Großherzog, sondern mit den Liberalen in der Kammer, die dem Großherzog seine Schulden nicht bezahlen wollen."[49] Auch Karl Immermann fand drei Jahre später Darmstadt „nun freilich gar zu still. Diese kleinen Residenzen haben ein zwiespältiges Dasein. In der Regel fehlt es ihnen nicht an einem Kreise vorzüglicher Menschen, der sich aber doch bald aushöhlt, weil es an der soliden Unterlage größerer Verhältnisse gebricht"[50].

Nur ein Jahr später, 1834, versuchten Georg Büchner und Friedrich Ludwig Weidig mit dem *Hessischen Landboten* die vielfach beschworene Ruhe in Darmstadt und im Großherzogtum zu erschüttern. Die Wirkung der schmalen Schrift blieb gering. Die meisten, die ein Exemplar erhalten hatten, lieferten es aus Angst vor Denunzianten und Spitzeln gleich selbst bei der Polizei ab. Richtig revolutionär wurde es in Darmstadt und im Großherzogtum erst 1848, als sogar die Presse- und Versammlungsfreiheit zu den erkämpften Zugeständnissen gehörten.

Danach herrschte wieder Ruhe im Land. Bezeichnend für die Situation Darmstadts im 19. Jahrhundert ist der Ausspruch des Drehermeisters Dummbach in Ernst Elias Niebergalls *Datterich* (1841). Auf die Frage, ob denn die neue Eisenbahn ein Nutzen für Darmstadt sei, hat der stets Zeitung lesende Biedermann sofort die Antwort parat: „E bedeidender Nutze, ohne Froog. Nemme-Se nor, wieviel reise dann an Dammstadt vabei, die wo sonst ihr Lebdaag net vabeigerahst wehrn."[51]

Der am 13. Januar 1815 in Darmstadt geborene Niebergall besuchte wie Georg Büchner das Pädagog und ging dann zum Theologie-Studium nach Gießen. Aber erst in der 1833 verbotenen Burschenschaft „Germania" lernte er Büchner kennen. Er trat dem ebenfalls bald aufgelösten Corps „Palatia" bei, was ihm eine langwierige Disziplinaruntersuchung eintrug. Ohne Abschluss arbeitete er seit 1835 als Hauslehrer in Dieburg und verfasste seine ersten literarischen Arbeiten, zunächst Erzählungen, die in der Frankfurter *Didaskalia* erschienen, und sein Mundart-Lustspiel *Des Burschen Heimkehr oder: Der tolle Hund* (1837). 1840 kehrte er als Lehrer nach Darmstadt zurück und veröffentlichte ein Jahr später anonym seine „Localposse in der Mundart der Darmstädter", den *Datterich*. Seine Komödie um den unglücklichen Zecher in einer biedermeierlichen Scheinidylle fand kaum Beachtung. Niebergall, der bereits am 19. April 1843 starb, erlebte die Uraufführung nicht mehr. Sie fand erst 1862 statt.

„Der Datterich ist ein armseliger Schnorrer", schreibt Herbert Heckmann in seinem Niebergall-Porträt, „der seine ganze Phantasie aufbieten muss, um die existentiellen Notwendigkeiten wie Durst und Hunger befriedigen zu können. Er ist ein Bürger auf der Schattenseite der Gesellschaft, ein Particulier, ohne ersichtlichen Beruf, ein genialer Lump, ein immerdurstiger Wirtshausgänger, der die Kunst, Schulden zu machen und davon zu leben, bis zur Vollkommenheit gebracht hat. Seine Lebensauffassung, die er dem verduzten Steifschächter zum besten gibt, lautet kurz und bündig: ‚Bezahle, wann mer Geld hat, des is kah Kunst: awer bezahle, wenn mer kahns hat, des is e Kunst, liewer Mann, un die muss ich erscht noch lerne.'"[52] Diese und ähnliche Sätze sind in Darmstadt und Umgebung heute fast zu Sprichwörtern geworden.

Darmstadt hat im 19. Jahrhundert noch einen zweiten großen Satiriker hervorgebracht, der das Schicksal von Niebergall teilt, nämlich kaum über die Grenzen seiner Heimatstadt hinaus die verdiente Anerkennung gefunden zu haben: Wilhelm von Ploennies. Niebergall hat er nicht mehr gekannt. Er wurde 1828 in Darmstadt geboren und starb mit 43 Jahren als vorzeitig in den Ruhestand versetzter Offizier der großherzoglichen Armee. Ploennis gilt als „Begründer der modernen Gewehrwissenschaft" und hat grundlegende Monographien über Feuerwaffen, besonders über das Zündnadelgewehr, verfasst. 1869, also nur zwei Jahre vor seinem Tod, veröffentlichte er unter dem Pseudonym Dr. med. Ludwig Siegrist eine herrliche Militär-Satire mit dem Titel: *Leben, Wirken und Ende weiland Seiner Exzellenz des Oberfürstlich Winkelkramschen Generals der Infanterie Freiherrn Leberecht vom Knopf.* Die Parallelen zur Darmstädter Kleinstaaterei waren zum Greifen, aber das Buch fand so gut wie keine Beachtung. Noch nicht einmal aufregen wollte man sich darüber, wenn Ploennies den menschenverachtenden Soldatenverkauf aufs Korn nahm oder sich für die Revolution von 1848 erwärmte.

Die Begeisterung für Kunst und Kultur, die das 18. Jahrhundert in der kleinen Residenz mitgeprägt hatte, kehrte erst mit Großherzog Ernst Ludwig zurück, der von 1892 bis 1918 regierte. Nationales und internationales Aufsehen erregte 1901 die von ihm angeregte Ausstellung „Ein Dokument deutscher Kunst" auf der Mathildenhöhe. Rückblickend erinnerte sich Theodor Heuss:

> „Für uns, als wir jung waren, begann das zwanzigste Jahrhundert, als Versprechen wie als Aufgabe, recht eigentlich in Darmstadt. […] Für unser jugendliches Bewusstsein war Hessens letzter Großherzog Ernst Ludwig die geistig wichtigste Erscheinung unter den damaligen deutschen Monarchen. […]
>
> Der Titel der Ausstellung war natürlich damals ziemlich umstritten, er galt vielen als zu anmaßend. Ich finde ihn heute noch schön in seiner Mischung von fast schlichter Bescheidenheit (‚Ein Dokument deutscher Kunst') und doch bewusstem Anspruch. Das völlig Neue nun dies: da waren nun nicht für ein paar Sommermonate Bilder und Plastiken zusammengebracht, sondern eine Lebens- und Arbeitsgemeinschaft geplant, eine ‚Künstlerkolonie', Wohnhäuser, Ateliers und Werkstätten, festliche Räume – den Stab der gedachten mitklingenden Symphonie führte Jo-

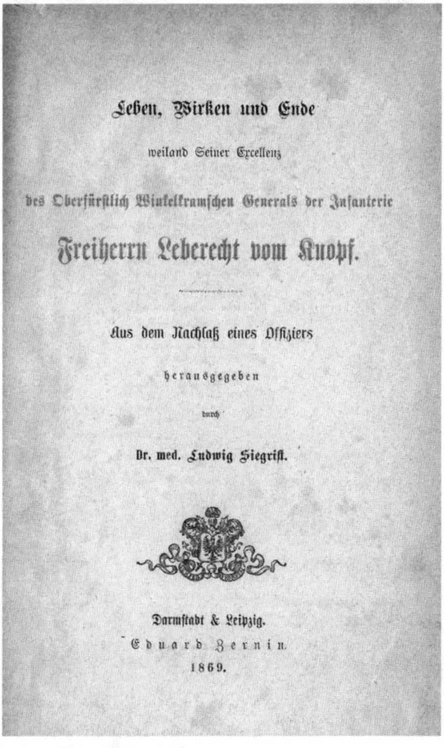
Leben, Wirken und Ende
weiland Seiner Excellenz
des Oberfürstlich Winkelkramschen Generals der Infanterie
Freiherrn Leberecht vom Knopf.
Aus dem Nachlaß eines Offiziers
herausgegeben
durch
Dr. med. Ludwig Siegrist.
Darmstadt & Leipzig.
Eduard Zernin.
1869.

Titelblatt des *Leberecht Knopf* (1869)

sef Maria Olbrich, der aus der Schule des großen Pioniers eines neuen Formwillens, Otto Wagner, in Wien kam. […]

Der hessische Großherzog war ganz offenbar in seiner inneren Gesinnung das, was man heute einen Avantgardisten nennt. Der Begriff war damals in den geistigen Dingen noch nicht im Schwange: er ist jetzt ein Literatenschnörkel, um der oder der Gruppe, ohne Verbindlichkeit, zu bestätigen, dass sie ihrer Gegenwart, um, sagen wir, zehn Jahre voraus sei. Ich glaube nicht, dass es Ernst Ludwig auf das ‚Voraussein' ankam, sondern auf das ‚Gegenwärtigsein', das heißt die Chance, von dem Historismus der Bau- und Schmuckformen, in dem das 19. Jahrhundert und auch seine starken Begabungen experimentierten, loszukommen. Das Wort ‚Jugendstil' war etwas wie eine programmatische Fanfare, unter deren Klingen auch die Darmstädter Gruppe ihre Durchbruchsschlacht gewann. Freilich dauerte es nicht sehr lange, dass der Begriff eine misstrauische Ironie um sich sammelte, als er bei den Nachläufern in die Unverbindlichkeit des Modischen geriet."[53]

Plakat von Joseph Maria Olbrich für die erste Ausstellung der Darmstädter Künstlerkolonie (1901)

Wer sich für zeitgenössische Kunst und Architektur interessierte, konnte nun nicht mehr an der großherzoglichen Residenz „vabei-rahse". „In Darmstadt scheint sich wirklich eine Art Oase aus dem gräulichen Flugsand der ‚modernen' Stilmacherei zu erheben"[54], schrieb Richard Dehmel im Februar 1901 und fasste damit zusammen, was viele dachten. Für Rainer Maria Rilke gehörte 1905 der Gang zur Mathildenhöhe schon zum Pflichtprogramm:

„[…] die Häuser der kleinen Niederlassung sind ganz gut in das Grün hineingepasst und geben wenig Ärgernis. Gegen Farben und Formen ist nicht viel zu sagen, nur denkt man eigentlich nicht an Häuser dabei, sondern an Fenster, Dächer, Türen und andere Bruchstücke […]"[55].

Wie Ludwig Fertig in seiner sorgfältig recherchierten Darstellung des „Literarischen Lebens in Darmstadt im 18. und 19. Jahrhundert" (*Unsre löbliche Residenz*, 2003) eindrucksvoll dokumentiert, zog die kleine Residenz durch die Mäzenatenrolle des kunstsinnigen Großherzogs Schriftsteller aus allen Teilen Deutschlands an. Der „Überbrettl"-Erfinder Ernst von Wolzogen war genauso unter ihnen wie Frank Wedekind, Fritz von Unruh oder Vicki Baum.

Auch nach dem Ende der Kolonie auf der Mathildenhöhe blieb Darmstadt eine „Stadt der Künste". Dafür sorgten Hermann Graf von Keyserling mit seiner 1920 gegründeten „Schule der Weisheit" und die zahlreichen Schriftsteller, die sich unterdessen in der südhessischen Metropole niedergelassen hatten oder hier geboren waren, wie z. B. Karl Wolfskehl, der 1925 über die Darmstädter schrieb:

> „Ob es einen Darmstädter ‚Charakter' gibt, ist sehr zweifelhaft, umso sicherer aber gibt es eine Darmstädter Physiognomie, die aus allen einzelnen Köpfen, die dieser geistigen Landschaft entwachsen sind, hervorleuchtet [...]. Und rücken wir näher, die Rhythmik ihres Wesens zu erkunden, so finden wir allerdings über und in all diesen vielen Gesichtern das eine unverwüstliche Urantlitz, geknetet aus Spottlust und gutem Herzen, innerlicher Freiheit und Biedermannstum, Eifer und Verträumtheit: man findet den überlegenen Deklassierten, den Datterich, dies Monumentalbild der Darmstädter Selbstironie. Als Datterich tritt der Darmstädter bescheiden, aber selbstbewusst neben jene großen dichterischen Typen der europäischen Welt: Don Quichote, Falstaff, Eulenspiegel, die als ‚nicht mehr und noch nicht', zwiefach beleuchtet, Kinder einer Kultur und einer Zeit [...] durch die Jahrhunderte bestehen bleiben. [...] Jedem von ihnen haftet aber, worauf es hier allein ankommt, ein Stück innerlichen Outsidertums, Datterichtums an, eine Unfähigkeit oder Unwilligkeit, Charakter, Meinungen und Neigungen ins jeweils Gebräuchliche abzustimmen, eine innerliche Freiheit und Selbstgenügsamkeit, die sich oft [...] bis zur sonderlingshaften Verkauzung die eigene Art bewahrt."[56]

Karl Wolfskehl hatte ein durchaus gespaltenes Verhältnis zu seiner Heimatstadt; einmal bedeutete sie ihm „Wirklichkeit, nämlich alles", ein anderes Mal nannte er sie „ein vertrocknetes Nest, klein, bös, unverständig, alles was dort west – und verwest"[57]. Der Sohn des Bankiers und Politikers Otto Wolfskehl war am 17. September 1869 in Darmstadt geboren worden. Nach dem Studium lebte er vor allem in München, wo er – zunächst im „Kosmiker"-Kreis – als „Zeus von Schwabing" zum Mittelpunkt der Bohème wurde. Er besuchte aber regelmäßig seine Heimatstadt. Bereits 1893 hatte er Stefan George kennengelernt, zu dessen elitärem Dichterzirkel er bald gehörte. Der aus Büdesheim bei Bingen stammende George war ein Jahr jünger als Wolfskehl. Er hatte von 1882 bis 1888 das Darmstädter Ludwig-Georgs-Gymnasium besucht und sogar eine eigene Zeitschrift mit dem Titel *Rosen und Disteln* herausgebracht. Auch nach dem Abitur blieb er, wie Ludwig Fertig schreibt, der südhessischen Residenz verbunden. Er habe mehrfach die Stadt besucht und sei, zur Verwunderung der Darmstädter, würdevoll durch die Straßen geschritten. Durch Wolfskehls Vermittlung stieß 1899 der gerade 19-jährige Friedrich Gundolf zum George-Kreis. Auch er stammte aus Darmstadt. Gundolf schrieb zwar auch Gedichte, aber wichtiger wurde sein wissenschaftliches Werk mit Monographien über Caesar, Shakespeare, Goethe und Stefan George, von dem er sich allerdings in seinen letzten Lebensjahren abwandte. Gundolf starb 1931 in Heidelberg.

Wolfskehl hielt seinem „Meister" lebenslang die Treue, wenn auch zuletzt etwas distanzierter. Für ihn wurde George, wie er am 20. Dezember 1933 (und damit nur gut zwei Wochen nach Georges Tod) an Albert Vewey schrieb, „Maßstab, kein Gedanke, keine Zeile, die nicht an seiner Art gemessen wurde [...]. So selten ich ihn sah"[58]. Trotzdem gelang es Wolfskehl, ein eigenständiges literarisches Werk zu schaffen. Seine bilderreichen, oft überladen und konstruiert wirkenden Gedichte (*Ulais*, 1897, *Gesammelte Dichtungen*, 1903), die Elemente der Romantik und des Jugendstils aufnehmen, offenbaren sein Interesse am Mythischen und weisen auf sein großes Ziel hin: die Trennung von jüdischem Erbe und deutscher Kultur aufzuheben. 1933 musste er das Scheitern seiner Idee erleben. Wolfskehl floh in die Schweiz, dann nach Italien und schließlich nach Neuseeland, wo er am 30. Juni 1948 starb. Die Dichtungen seines Exils sind geprägt von der Rückbesinnung auf die jüdische Geschichte und von der Sehnsucht nach seiner deutschen Heimat. Wolfskehl litt unter der Emigration und versuchte seine Einsamkeit dadurch zu vertreiben, dass er Briefe an seine zahlreichen Freunde in aller Welt schrieb.

Wolfskehl hatte es genossen, Schriftsteller zusammenzubringen – und junge Autoren zu fördern. Zum Beispiel den am 11. Oktober 1895 in Darmstadt geborenen Hans Schiebelhuth, der schon als Schüler Gedichte in der Nachfolge Stefan Georges verfasst hatte. Schiebelhuth schrieb Zeitungskritiken und arbeitete an den *Hessischen Radikalen Blättern* mit, die Carlo Mierendorff seit 1919 unter dem Titel *Das Tribunal* herausgab. Der zwei Jahre jüngere Mierendorff (geboren am 24. März 1897 im sächsischen Großenhain) war in Darmstadt zur Schule gegangen und gehörte zum Kreis um den Kleinverlag „Die Dachstube", in dem 1917 und 1918 auch seine ersten Novellenbände erschienen. Er sah seine Zukunft allerdings nicht in der Literatur, sondern in der Politik. Nachdem er in Heidelberg Staatswissenschaften, Soziologie und Nationalökonomie studiert hatte, engagierte er sich als Gewerkschafter und Sozialdemokrat. Für die SPD zog er 1930 in den Reichstag ein und arbeitete als Pressereferent für den hessischen Innenminister Wilhelm Leuschner. 1933 wurde er verhaftet und fünf Jahre lang in verschiedenen Konzentrationslagern gefangen gehalten. Nach seiner Entlassung war er eine der zentralen Figuren des sozialdemokratischen Widerstands und des Kreisauer Kreises. Er starb am 4. Dezember 1943 bei einem alliierten Luftangriff auf Leipzig. Mierendorffs essayistisches Werk ist den Gedanken der politischen Aufklärung und der Volksbildung verpflichtet. Berühmt wurde sein *Hätte ich das Kino!!* (1920), ein Plädoyer für die demokratische Aneignung des damals noch neuen Mediums:

Carlo Mierendorff, 1918, aus: *Hätte ich das Kino!* Ausstellungskatalog des Deutschen Literaturarchivs in Marbach (1976)

> „Wenn im Film Bild ganz das Wort überwand, ist die Verwirrung von Babel überwunden. Er hat nicht Dialekt, er ist nicht Idiom. Er ist Jargon aller Welt! In allen Sprachen geschrieben, Brücke zu allen. Zu Dualas wie Deutschen, zu Armeniern wie Amerikanern kann ich gleichermaßen reden, kann Gutes geredet werden, haben es nur einmal im Atelier die Schauspieler in das Objektiv gedolmetscht.
> Es schwillt über die Zonen, zuckt in die Winkel der Kontinente.
> Gläserne Kugel, überspanne das Kino den ganzen Erdball.
> In den Zenith blickend mögen die Pole sich betrachten.
> Gut und Böse zucke mahnend und eifernd am Himmel.
> Der letzte Einäugige auf der nördlichen oder südlichen Halbkugel wird mir nicht entgehen.
> Wer das Kino hat, wird die Welt aushebeln.“[59]

Wie Mierendorff veröffentlichte auch Schiebelhuth seine ersten Bücher im Verlag „Die Dachstube“. Es waren seine Lyriksammlung *Der kleine Kalender* (1919) und vor allem die „neo-dadaistischen Ungedichte“ *Der Hakenkreuz-*

zug (1920), in dessen Titelgedicht er die nationalsozialistischen Judenpogrome vorwegnahm. So lauten die ersten beiden Strophen:

> „Es ist ein Hakenkreuz auf dieser Welt!
> Meidet jeden Meier!
> Schwarz-weiß-rötet Eure Gesinnungen!
> Nähert Euch dem Weltpopogrom!
>
> Es ist ein Hakenkreuz auf dieser Welt:
> Ich habe
> Die christlichen Droschkenkutscher aufgefordert
> Nicht mehr mit jüdisch-aussehenden
> Chaisenpferden zu fahren.
> Ich habe den Papst gebeten
> In die Kommunistische Partei einzutreten
> Und die Schöne Neue Kunst zu unterstützen."[60]

Trotz dieses Gedichts blieb Schiebelhuth in seiner Lyrik weitgehend unpolitisch. Seine dominierenden Themen waren die zwischenmenschlichen Beziehungen und das Eingebundensein des Menschen in die Natur. Einen Namen machte er sich auch mit der Übersetzung des Werks von Thomas Wolfe ins Deutsche. 1937 ließ er sich mit seiner amerikanischen Frau in den USA nieder, wo er am 14. Januar 1944 in East Hampton starb. Postum wurde ihm der Büchner-Preis für 1945 verliehen.

Dem Kreis um die „Die Dachstube", zu dem auch Fritz Usinger, Theodor Haubach und der Verleger Peppy Würth gehörten, hat Ernst Kreuder 1946 eine berühmte Erzählung gewidmet: *Die Gesellschaft vom Dachboden*. Kreuder, der seit 1934 in Darmstadt und in Mühltal lebte, schildert darin, wie Peter Härtling es genannt hat, eine „fröhliche Rebellion". Sechs Verschworene gründen einen Geheimbund, der sich hehre Ziele setzt und eine skurrile Gegenwelt zum bürgerlichen Alltag entwirft.

> „‚Nieder mit allem Tiefsinn, in welcher Verkleidung er sich auch immer hier einschleichen möge.'
> ‚Nieder!' riefen wir und tranken.
> ‚In der modernen Literatur', fuhr Waldemar fort, ‚herrscht ein trüber Ernst, ein feierliches, nebliges Pathos, eine düstere Bitternis, eine grabeskalte Unbarmherzigkeit. Wichtigkeit! Man komme mir nicht mit dem so genannten Ernst der Zeit. Zugegeben, dass wir es heute wieder einmal besonders schwer haben, aber wurde etwa zu besseren Zeiten nicht friedhofsbang und novemberdunkel geschrieben? Ich frage euch, warum gehen wir gern ins Kino, sobald es dort einen amerikanischen Lustspielfilm gibt? Um uns totzulachen.'"[61]

Die Gesellschaft vom Dachboden ist Kreuders wichtigstes Buch. Seine anderen Romane, Erzählungen und Essays sind so vergessen wie der Autor selbst, der 1953 den Georg-Büchner-Preis erhielt und in seinen letzten Lebensjahren kaum noch öffentliche Beachtung fand, obwohl er von der Kritik hoch gelobt worden war. Kreuder starb am Heiligen Abend des Jahres 1972 in Darmstadt. Trotz vieler prominenter Autoren, die immer wieder an sein Werk erinnern, steht die wirkliche Entdeckung von Kreuder noch aus.

Fast ganz vom Buchmarkt verschwunden sind auch die Romane von Kasimir Edschmid. Der als Eduard Hermann Wilhelm Schmid am 5. Oktober 1890 in Darmstadt geborene Lehrersohn hatte schon mit seiner dritten Veröffentlichung einen Sensationserfolg. 1915 erschienen bei Kurt Wolff unter dem Titel *Die sechs Mündungen* seine ersten Novellen, die ihn zum Wortführer des literarischen Expressionismus machten.

Mit der von ihm zwischen 1919 und 1923 herausgegebenen Reihe *Tribüne der Kunst und Zeit* avancierte Edschmid zum bedeutendsten Theoretiker der Bewegung. „Die Realität muss von uns geschaffen werden", forderte er programmatisch. „So wird der ganze Raum des expressionistischen Künstlers Vision. Er sieht nicht, er schaut. Er schildert nicht, er erlebt. Er gibt nicht wieder, er gestaltet. Er nimmt nicht, er sucht. Nun gibt es nicht mehr die Kette der Tatsachen: Fabriken, Häuser, Krankheit, Huren, Geschrei und Hunger. Nun gibt es ihre Vision."[62] Aber Edschmid erkannte schon bald, dass sich der Expressionismus in seinen formalen Möglichkeiten erschöpft hatte und wandte sich dem gehobenen Unterhaltungsroman und dem Reisebericht zu. So heißt es in seinem Essayband *Die doppelköpfige Nymphe* von 1920:

TRIBÜNE
DER
KUNST UND ZEIT

Kasimir
Edschmid
Über
den Expressionismus
in der Literatur
und die
neue Dichtung

HERAUSGEBER
KASIMIR EDSCHMID

Titelblatt des ersten Heftes der von Kasimir Edschmid herausgegebenen *Tribüne der Kunst und Zeit* (1919)

„Nun kommt die stille Arbeit. Ich bin für Leistung. Aber ich bin gegen Expressionismus, der heute Pfarrerstöchter und Fabrikantenfrauen zur Erbauung umkitzelt."[63]

Aber seine expressionistische Vergangenheit holte ihn wieder ein. Als die Nationalsozialisten in Deutschland die Macht übernahmen, gehörte Edschmid zwar nicht zu den verbotenen Autoren, aber er durfte nur noch eingeschränkt publizieren. Er zog sich immer häufiger nach Italien zurück und widmete sich fast ausschließlich der umfangreichen Darstellung von Geschichte und Kultur des von ihm so geliebten südeuropäischen Landes. Bis 1941 erschienen vier Bände. Der fünfte folgte 1948. Während er mit seinen historischen Romanen über die Kunstseidenindustrie, Georg Büchner, Simón Bolívar oder die Staufer in der Bundesrepublik nur noch Achtungserfolge erzielen konnte, wurde er in Darmstadt zum Mittelpunkt eines neuen Kreises. Im Park Rosenhöhe entstand eine Künstlerkolonie, die „Zugereiste" und „Eingeborene" friedlich vereinte. Zu den „Zugereisten" gehörten Wolfgang Weyrauch und Karl Krolow. Der 1904 in Königsberg geborene Weyrauch hatte nach dem Studium als Redakteur beim *Berliner Tageblatt* und als Lektor beim Deutschen Verlag in Berlin gearbeitet. Nach dem Kriegsdienst und sowjetischer Gefangenschaft war er Zeitschriftenredakteur und von 1950 bis 1958 Lektor des Rowohlt Verlages. Er schrieb Gedichte, Erzählungen und Hörspiele, in denen er immer wieder existentielle Fragen aufgriff. Das Grauen des Zweiten Weltkriegs machte ihn zu einem kämpferischen Pazifisten, der nicht müde wurde, die atomare Aufrüstung anzuprangern. Seine gesammelten Gedichte sind 1987 unter dem Titel *Atom und Aloe* von Hans Bender herausgegeben worden. Weyrauch lebte von 1967 bis zu seinem Tod 1980 in Darmstadt.

Karl Krolow stammte aus Hannover, wo er am 11. März 1915 das Licht der Welt erblickt hatte. Bereits während der NS-Zeit veröffentlichte er Gedichte, aber seinen Ruhm als Lyriker begründeten erst seine nach dem Zweiten Weltkrieg erschienenen Lyrikbände. 1956 erhielt er den angesehensten deutschen Literaturpreis, den Georg-Büchner-Preis, den die in Darmstadt beheimatete Deutsche Akademie für Sprache und Dichtung vergibt (Krolow sollte später ihr Präsident werden). In seiner Laudatio sagte Ernst Kreuder damals, Krolow leiste mit seinen Gedichten einen Beitrag „an der Erkundung, an der Enträtselung des Daseins". So sei ihm „der Tod nicht nur eine poetische Farbe, sondern auch das Wissen um die ständige Anwesenheit der verborgenen Gegenseite des Lebens. Die Anziehungskraft dieses Gegenpols ist ihm wie ein Sog bekannt"[64]. Krolow hat sich oft mit dem Tod beschäftigt, dem er sich schreibend entgegenstemmte. Gestorben ist er so, wie er sich in seinem Gedicht *Schreiben II* gewünscht hatte, das ein halbes Jahr vor seinem Tod entstand:

„Ich bin am Leben. Ich schreibe.
Was alles verlor seinen Sinn?
Dass ich schreibend derselbe bleibe
Und mitten im Leben bin,

im selben Leben, das ständig
sein Dasein bestätigen muss,
doch immer noch lebendig
geblieben. Und sein Schluß,

manchmal im voraus genommen,
bekommt sogar seinen Sinn.
Aber dies Ende mag kommen,
wenn ich mitten im Schreiben bin."[65]

Karl Krolow starb am 21. Juni 1999 in Darmstadt. Er war nicht nur ein großer Lyriker, der, wie der Kritiker Rolf Michaelis einmal schrieb, das unsichere Gelände zwischen Leben und Tod, Lieben und Verlassenwerden, Gesundheit und Krankheit, Glück und Angst erkundete, sondern er übersetzte auch Gedichte aus dem Französischen und schrieb Essays, zum Beispiel über seine geliebte Wahlheimat Darmstadt:

„Die Darmstädter üben in ihrer Stadt die kritische Nachsicht, die unbeschwerte Liberalität eines unveralteten ‚laisse faire, laissez aller'. Man hat auf diese Weise viel erreicht: einen Stadtstil, der bis zum Poststempel reicht und doch diese Kuriosität nicht nötig hätte. Seine kulturellen Institutionen sind nicht aus der Diskussion verschwunden und werden das auch in Zukunft nicht. Sein Hang zur Lässigkeit entwickelt unversehens schöpferische Kräfte, eine Darmstädter Merkwürdigkeit wie sein origineller *Datterich*, Lichtenberg und Merck: man merkt auf bei diesen Namen, die nach Darmstadt gehören wie die Rheinstraße und das Glokkenspiel im Schloss, wie eine der schönsten Platzanlagen, die ich kenne: der Friedensplatz, klar umrissen, eine nach klassizistischen Maßen gehaltene Fläche zwischen Schloss-Nordteil, Museum und Mollerbau-Ruine des früheren Theaters. Die intelligible und musische Heiterkeit, die von dieser Stadt dank mancher ihrer Bewohner, dank eines besonders veranlagten Menschenschlages ausgeht, ist unter hessischen Städten wohl nicht zu übertreffen. Dabei ist Darmstadt eine Stadt ohne jenen falschen Glanz, den man so rasch leid wird, ohne Aufwand, vielmehr so, wie seine Bewohner zu leben gewohnt sind, eine Stadt ruhiger Planung, in der Fürsten bauten, die sich keinen Pomp gestatteten."[66]

Karl Krolows ehemalige Nachbarin im Park Rosenhöhe, die am 21. Mai 1932 in Darmstadt geborene Gabriele Wohmann, schlug da schon kritischere Töne an, als sie 1985 für das ZDF Darmstadt porträtierte.

„Wegen der paar Jugendstilhäuser hänge ich nicht an Darmstadt. Leben lässt es sich da, gewiss, aber objektiv beurteilen kann ich es nicht. Ich mache mir vor, dass ich eingelebt bin, ich bin es hier – aber nur mit meinem Mann. Die Fremde ist eine Operation der Seelenverfassung, die Fremde kann plötzlich überall sein, plötzlich und oft auch in Darmstadt – ich gehe allein durch ein paar Straßen in meinem Quartier: absolut fremd … Das Empfinden der Vertrautheit dauert kürzer. […] Dass die Stadt mit ca. 140 000 Einwohnern nicht zu groß ist, passt mir sehr, zu Fuß erreichbare Stadtränder sind mir recht; in der Innenstadt fehlt es an Bäumen und Anlagen, wo es viel schöner sein könnte, ist es nicht schön genug. –

Aber noch, gerade noch, jetzt noch, umrahmen Felder, Waldpartien wenigstens im Osten und im Süden Darmstadt, bedroht von Straßen, von immer mehr Straßen … Neudeutsch gesagt: von Autofreundlichkeit, Autoverkehrsgerechtigkeit. Wie überall. Natürlich und überall wird alles immer weniger angenehm, immer unwohnlicher."[67]

Gabriele Wohmann gehört mit ihrem umfangreichen Werk an Erzählungen, Romanen, Gedichten, Essays, Theaterstücken, Fernsehfilmen und Hörspielen zu den wichtigsten Autorinnen der Bundesrepublik. Vor allem gilt sie als Meisterin der Kurzgeschichte. Gabriele Wohmann sei, schrieb Sabine Doering zum 80. Geburtstag der Schriftstellerin in der *FAZ*, „hart mit allen Ideologien ins Gericht gegangen. […] seien es die autoritären Familienstrukturen der Nachkriegszeit, die nicht minder starren autoritären Fixierungen der 68er Generation oder der Diät- und Gesundheitswahn unserer Tage – stets gilt ihre Sympathie dem Individuum, das sich und seine Träume allen Beschädigungen zum Trotz zu bewahren versucht. Und da die Verletzlichkeit der Menschen gleich bleibt, die Bedrohungen aber, denen sie ausgesetzt sind, sich beständig verändern können, spiegeln die Bücher von Gabriele Wohmann mit seismographischer Genauigkeit ein halbes Jahrhundert west- und gesamtdeutscher Mentalitätsgeschichte"[68]. Zu ihren bekanntesten Büchern zählen die Romane *Abschied für länger* (1965), *Schönes Gehege* (1975), *Frühherbst in Badenweiler* (1978), *Der Flötenton* (1987) und *Bitte nicht sterben* (1993). Gabriele Wohmann wurde u. a. 1988 mit dem Hessischen Kulturpreis ausgezeichnet.

Sicherlich einen der originellsten, wenn nicht sogar den originellsten Beitrag zur Literatur über Darmstadt hat der Schriftsteller Arno Schmidt mit seiner 1957 veröffentlichten Erzählung *Goethe und Einer seiner Bewunderer* geleistet. Zugleich ist der Text eine Satire auf die am Rande der Mathildenhöhe beheimatete Deutsche Akademie für Sprache und Dichtung. Schmidt hatte damals in Darmstadt gelebt. In seiner Erzählung beschreibt er, wie er den für einen Tag vom Himmel herabgestiegenen Goethe im Auftrag der Akademie durch die Stadt führt:

„*Heinrichstraße:* ich machte ihn hie und da auf eine Plastik aufmerksam. „Hier: ‚Mutter mit Kind': das ist die schönste in der ganzen Stadt!" /?/!/ Er schnaubte lange, ehe er's zugab.

Die langen Straßen, autoüberströmt; Mädchen stiefelten drüben, ein Postbote radelte seines blaugelben Weges (Kennzeichen des modernen Götterboten: so'n Rad, und umgehängte Geldtasche) gefüllt mit Telegrammen und schlimmen Nachnahmen. Die Straßen waren sauberer als ‚zu seiner Zeit'. / Näher kommen: Die Preßlufthämmer rasten (langes ‚a'), dass uns die Gebisse wackelten! Dazu ein tauber Nachbar, der die Geige ohne Lehrer gelernt hat. „Und hier wohnen Sie ausgerechnet?!!" Ja, leider; ‚Dichter und ihre Gesellen'."

Gespeist wurde bei Arno Schmidt selbstverständlich auch nicht im Luxusrestaurant, sondern in der Kaufhalle:

Zweiter Stock: jetzt essen wir schnell was! Ich steckte sofort 20 Mark aus der offiziellen Tasche in die private, und lud ihn auf eine Riesenbockwurst ein – er zog Fischfilet mit Bratkartoffeln in Remouladensauce vor. / Unterhaltung, an der Stehbar: „Nee!" Das Goethehaus in Frankfurt besichtigen?: auch da schüttelte er abfällig das Gekopf (unangenehm ‚rote Wangen', nebenbei bemerkt): „So hat das nie ausgesehen!" (Da ich Goethe=Spezialist weder war noch jemals werden wollte, merkte ich mir keine seiner Ausstellungen; das kann dann mein Nachfolger in 100 Jahren machen – wenn's einen Nachfolger gibt; wenn's 100 Jahre gibt). / (Fatale Aussprache auch, Hessengemauschel; nun, ich hatte früher mal 1 Jahr in Darmstadt gewohnt, und verstand ihn schon)."[69]

Arno Schmidt war 1955 nach Darmstadt gekommen und blieb drei Jahre, ehe er in das Heidedorf Bargfeld zog, wo er bis zu seinem Tod 1979 wohnte.

Fritz Deppert, der 1932 in Darmstadt geboren wurde und vor allem Gedichte schreibt, lässt in einem seiner Prosatexte nicht Goethe, sondern Georg Büchner durch das heutige Darmstadt gehen und feststellen: „Heute lebt sich's hier wie an langen Sonntagen. Die Hütten sind weggerückt, ein paar Länder weiter."[70] Deppert, der Sohn eines bekannten Malers, leitete seit 1974 die Bertolt-Brecht-Schule in Darmstadt. Sein Selbstverständnis als Autor hat er einmal in den Satz gepackt: „Ich schreibe, weil ich hoffe, dass meine Texte den Lesern zu einem Stück Menschlichkeit mehr verhelfen."[71]

Weitere Autorinnen und Autoren wären zu nennen. Elisabeth Langgässer zum Beispiel, die mit ihrem Roman *Der Gang durchs Ried* berühmt wurde und 1950 auf dem Alten Friedhof in Darmstadt ihre letzte Ruhe fand, oder Heinrich Schirmbeck, der sich in seinem Hauptwerk, dem Roman *Ärgert dich dein rechtes Auge. Aus den Bekenntnissen des Thomas Grey* (1957), schon früh mit den Risiken, aber auch den Möglichkeiten der neuen Naturwissenschaften auseinandersetzte. Der 1915 in Recklinghausen geborene Schirmbeck lebte von 1967 bis zu seinem Tod im Jahr 2005 in Darmstadt. Kurt Drawert, der in Henningsdorf geboren wurde und am Johannes R. Becher-Literaturinstitut in Leipzig studiert hat, lebt seit 1996 in Darmstadt. In seiner Lyrik und in seinen Prosaarbeiten setzt er sich mit Grundfragen der menschlichen Existenz, mit Identitätsverlust und Heimatlosigkeit auseinander, besonders in der jüngeren deutschen Geschichte. Er leitete die „Darmstädter Textwerkstatt" und das „Zentrum Junge Literatur". Katja Behrens, 1942 in Berlin geboren, hat ihrer Wahlheimat Darmstadt 2008 mit dem *Roman von einem Feld* ein zeitgemäßes literarisches Denkmal gesetzt. Ein Jahr später stand es im Mittelpunkt der Veranstaltungsreihe „Darmstadt liest – ich auch!". Vom 11. Jahrhundert bis heute verfolgt Katja Behrens die wechselvolle Geschichte des Oberfeldes in Darmstadt und schildert in kräftigen, kontrastreichen Farben die Schicksale von Menschen, die manchmal mitten in der Gesellschaft, aber meist an ihrem Rand standen. Im Dreißigjährigen Krieg waren es betrunkene Söldner, die auf dem Oberfeld lagerten:

> „Die Dörfer der Umgebung brannten, da wollte sie sich in die Stadt flüchten. Als es dunkel war, kam sie aus dem Wald und sah die Lagerfeuer auf dem Oberfeld. Den Lärm und die Stimmen hatte sie schon von weitem gehört. Sie wusste nicht, dass sich ein Heer von Tausenden und Abertausenden von Söldnern um die Stadt zusammengezogen hatte. Sie sah nur das Gewimmel dunkler Gestalten am Bach und in den Steinbrüchen, von denen es jetzt mehrere gab. Sie brieten das geraubte Vieh, und ihre Stimmen sagten ihr, dass sie betrunken waren.
>
> Sie wollte in den Wald zurück, aber es war schon zu spät. Einer, der Holz gesammelt hatte, wie sie in einer fernen und unwiderruflich verlorenen Zeit, in der sie einen Mann und Kinder hatte, entdeckte sie.
>
> Er kam von hinten und ließ das Holz fallen. Sie drehte sich um. Er packte sie. Sie schrie."[72]

Katja Behrens war zeitweilig Vizepräsidentin des PEN-Zentrums Deutschlands, das wie die Deutsche Akademie für Sprache und Dichtung seinen Sitz in Darmstadt hat. Im John-F.-Kennedy-Haus residieren neben dem PEN-Zentrum u. a. auch das quirlige Literaturhaus, die Elisabeth-Langgässer-Gesellschaft, die Luise-Büchner-Bibliothek mit der Luise-Büchner-Gesellschaft (die seit 2012 den Luise-Büchner-Preis für Publizistik vergibt), die Frank-Wedekind-Gesellschaft, die Lichtenberg-Gesellschaft, die Literaturinitiative Darmstadt und die Gesellschaft Hessischer Literaturfreunde. Weitere wichtige literarische Einrichtungen in Darmstadt sind das Deutsche Polen-Institut und der Deutsche Literaturfonds. Beim „Literarischen März" werden jährlich jüngere deutschsprachige Lyrikerinnen und Lyriker mit dem Leonce-und-Lena-Preis und dem Wolfgang-Weyrauch-Förderpreis ausgezeichnet.

Darmstadt ist mit seinen Institutionen und Preisen eines der wichtigen literarischen Zentren in Deutschland.

Homburg

Die Landgrafschaft Hessen-Homburg hatte fast 250 Jahre seine Selbständigkeit wahren können. Berühmt wurde Landgraf Friedrich II. „mit dem silbernen Bein", der von 1638 bis 1708 lebte. Der unverwüstliche Haudegen hatte 1658 im Dienst des Schwedenkönigs vor Kopenhagen ein Bein verloren und sich als kunstvollen Ersatz ein silbernes anfertigen lassen. Als brandenburgischer Statthalter in Pommern erfocht er 1675 den Sieg von Fehrbellin mit, der das Kurfürstentum Brandenburg zur europäischen Macht werden ließ. Was ihn so unsterblich machte, war eine Befehlsverweigerung in der Schlacht. Denn statt abzuwarten, wie es ihm der Kurfürst geboten hatte, stürzte er sich mit seinen Reitern ins Getümmel. Ob er den Kampf damit wirklich für Brandenburg entschied, ist unter Historikern umstritten. Friedrich II. von Preußen („der Große") stellte in seinen 1751 zuerst in französischer Sprache erschienenen *Denkwürdigkeiten zur Geschichte des Hauses Brandenburg* nicht die Bedeutung des Homburger Prinzen, sondern, schon aus dynastischen Gründen, das für ihn schlachtentscheidende Eingreifen des Kurfürsten Friedrich Wilhelm heraus, von dem er den Ausspruch über Landgraf Friedrich überlieferte: „Wenn ich Euch nach der Strenge der Kriegsgesetze richtete, hättet Ihr das Leben verwirkt. Aber verhüte Gott, daß ich den Glanz eines solchen Glückstages beflecke, indem ich das Blut eines Fürsten vergieße, der ein Hauptwerkzeug meines Sieges war!"[73]

Büste Friedrichs II. von Hessen-Homburg von Andreas Schlüter

In die Literaturgeschichte ist der Landgraf als *Prinz von Homburg* durch Heinrich von Kleist eingegangen. Das Stück entstand zwischen 1809 und 1811. Uraufgeführt wurde es 1821 am Wiener Burgtheater, damals noch unter dem Titel „Die Schlacht von Fehrbellin". Und darum geht es in dem Drama: um Gehorsam, Befehl und Gesetz. Bei Kleist verlangt der Prinz selbst die Todesstrafe für seinen Ungehorsam, um die ursprüngliche, auch von ihm anerkannte Ordnung wiederherzustellen:

> „Ruhig! Es ist mein unbeugsamer Wille!
> Ich will das heilige Gesetz des Kriegs,
> Das ich verletzt, im Angesicht des Heers,
> Durch einen freien Tod verherrlichen!
> Was kann der Sieg euch, meine Brüder, gelten,
> Der eine, dürftige, den ich vielleicht
> Dem Wrangel noch entreiße, dem Triumph
> Verglichen, über den verderblichsten
> Der Feind' in uns, den Trotz, den Übermut,
> Errungen glorreich morgen? Es erliege
> Der Fremdling, der uns unterjochen will,
> Und frei, auf mütterlichem Grund, behaupte
> Der Brandenburger sich; denn sein ist er,
> Und seiner Fluren Pracht nur ihm erbaut!"[74]

Auch im Drama findet der Landgraf, wie im richtigen Leben, Gnade vor dem Kurfürsten. Friedrich hatte deshalb noch Gelegenheit, in Homburg das große Schloss zu errichten, in dem seine Nachfahren u. a. Wissenschaftler und Künstler bewirteten. Vor allem Landgraf Friedrich V., der mit Klopstock und Lavater befreundet war, galt als ausgesprochener Schöngeist. Er verfasste Gedichte, philosophische und theologische Schriften sowie Beiträge für den Göttinger *Staats-Anzeiger.* Adolf von Knigge feierte ihn 1771 in seinem *Roman meines Lebens*:

> „Homburg vor der Höhe ist ein kleines Städtchen. Ich wollte aber, es wohnten in manchen glänzenden Residenz- oder Reichsstädten halb so viel gute Menschen als hier. Wollen Sie einen Fürsten sehn, der sich nicht schämt, ein guter Vater zu sein, der seine Kinder selbst unterrichtet, sie selbst zu Weisheit und Tugend führt, einen Fürsten, der alle Schmeichelei hasst und die Schmeichler flieht, der seine Größe (die Größe seines Geistes und Herzens, denn er glaubt an keine andere) nicht einmal ahnt, der der beste Gatte, der teilnehmendste Freund, der gütigste, sorgsamste Landesvater ist, [...] so reisen Sie nach Homburg, und wenn Sie den Anblick dieser glücklichen, seltenen fürstlichen Familie und der guten Leute, die um dieselbe leben, recht genossen haben, dann gehen Sie auch die Anlagen zu sehen, welche der Landgraf im großen und kleinen Walde gemacht hat, weil er der schönen Natur, ohne Forderungen, nur unmerklich zu Hilfe gekommen ist. Welche herrlichen Gegenden werden Sie da erblicken! Mehr wert als die großen fürstlichen Gärten, in welchen Millionen verschwendet wurden"[75].

Johann Conrad Friederich teilte die Einschätzung Knigges und lobte in seinen Lebenserinnerungen ebenfalls die Parkanlagen, die unterdessen allerdings erheblich verändert worden waren:

„Die Umgebungen Homburgs sind pittoresk und reizend, namentlich die herrlichen Waldpartien. Der Schlossgarten, halb im altfranzösischen, halb im englischen Geschmack angelegt, die Anlagen jenseits des großen Teiches in demselben, der große und kleine Tannenwald, die hohe Pappelallee, die zu beiden führt, u. s. w. bieten die herrlichsten Spaziergänge ganz in der Nähe. Namentlich war der kaum eine Viertelstunde von der Stadt entfernte kleine Tannenwald, ein Park mit mannigfaltigen Anlagen, ein reizender Aufenthalt, in der sich äußerst geschmackvolle Anlagen mit japanesischen Häusern, Grotten, dunklen Bogengängen u. s. w. befanden, nebst einem großen Teich, in dessen Mitte eine kleine Roseninsel lag, aus deren Gebüsch eine Tempelkolonnade malerisch hervorragte."[76]

Den hochverschuldeten Zwergstaat, zu dem neben Homburg nur noch sechs Dörfer gehörten, soll, wenn man den zeitgenössischen Berichten glaubt, ein besonderes Klima ausgezeichnet haben. Der Schriftsteller und Demokrat Isaak von Sinclair beschrieb die Homburger Verhältnisse 1793 so:

„Es ist immer der Ort, der einzig in seiner Art ist: denn er ist vielleicht der einzige à proportion seiner Größe, wo so wenig aborigines und so viele Fremdlinge aus allen Zonen sind, die oft das Spiel des Schicksals waren und alle sehr heterogen und oft originell sind. Es ist eine colonie von aventurern. Das Schönste dabei ist, dass das Staatsband, das sie zusammenhält, so lax ist, dass sie sich nicht aneinander abschleifen; jeder dünkt sich sein eigener Herr und behält seine Ecken und Eigenheiten bei."[77]

Der am 3. Oktober 1775 in Homburg geborene Sinclair war nach seinem Jurastudium 1796 in die landgräflichen Dienste getreten und bis zum Geheimen Rat aufgestiegen; er führte also praktisch die Regierungsgeschäfte in der

Homburg zu Beginn des 19. Jahrhunderts

kleinen Landgrafschaft. Anfang 1805 wurde er verdächtigt, an einer Verschwörung gegen den württembergischen Kurfürsten teilgenommen zu haben. In Stuttgart stellte er sich einer Untersuchungskommission, die ihn in Haft nahm. Anfang Juli wurde er freigesprochen und nach Homburg entlassen. Sinclair zog sich ins Privatleben zurück, vertrat allerdings noch einmal (erfolgreich) die Interessen seiner Landgrafschaft, und zwar auf dem Wiener Kongress. In Wien starb er auch am 29. April 1815. Sinclair verfasste philosophische Aufsätze, Gedichte, Tragödien und Novellen, konnte aber zu keiner eigenständigen Form finden. Sein größtes Verdienst ist es, den Dichter Friedrich Hölderlin zweimal nach Homburg geholt zu haben: 1798, nach der erzwungenen Trennung von Susette Gontard, und 1804, als der Landgraf für den Dichter pro forma eine Bibliothekarsstelle geschaffen hatte. Hölderlin scheint sich in Homburg wohlgefühlt zu haben. Ende Februar 1799 schrieb er an seine Schwester:

> „Sonst machen die seltnen Schönheiten der hiesigen Gegend mein einzig Vergnügen; das Städtchen liegt am Gebirg, und Wälder und geschmackvolle Anlagen liegen rings herum; ich wohne gegen das Feld hinaus, habe Gärten vor dem Fenster und einen Hügel mit Eichbäumen und kaum ein paar Schritte in ein schönes Wiestal. Da geh ich dann hinaus, wenn ich von meiner Arbeit müde bin, steige auf den Hügel und setze mich in die Sonne und sehe über Frankfurt in die weiten Fernen hinaus, und diese unschuldigen Augenblicke geben mir dann wieder Mut und Kraft, zu leben und zu schaffen. Liebe Schwester! Es ist so gut, als ob man in der Kirche gewesen wäre, wenn man so mit reinem Herzen und offnem Auge Licht und Luft und die schöne Erde gefühlt hat."[78]

Den in diesem Brief erwähnten Eichbäumen hat Hölderlin später ein Gedicht gewidmet:

> „Aus den Gärten komm ich zu euch, ihr Söhne des Berges!
> Aus den Gärten, da lebt die Natur geduldig und häuslich,
> Pflegend und wieder gepflegt mit dem fleißigen Menschen zusammen.
> Aber ihr, ihr Herrlichen! steht, wie ein Volk von Titanen
> In der zahmeren Welt und gehört nur euch und dem Himmel,
> Der euch nährt' und erzog, und der Erde, die euch geboren.
> Keiner von Euch ist noch in die Schule der Menschen gegangen,
> Und ihr drängt euch fröhlich und frei, aus der kräftigen Wurzel,
> Untereinander herauf und ergreift, wie der Adler die Beute,
> Mit gewaltigem Arme den Raum, und gegen die Wolken
> Ist euch heiter und groß die sonnige Krone gerichtet.
> Eine Welt ist jeder von euch, wie die Sterne des Himmels
> Lebt ihr, jeder ein Gott, in freiem Bunde zusammen.
> Könnt ich die Knechtschaft nur erdulden, ich neidete nimmer

Diesen Wald und schmiegte mich gern ans gesellige Leben.
Fesselte nur nicht mehr ans gesellige Leben das Herz mich,
Das von Liebe nicht läßt, wie gern würd ich unter euch wohnen!"[79]

Eines seiner berühmtesten Gedichte, *Hälfte des Lebens*, soll beim Betrachten des Homburger Schlossparks entstanden sein.

„Mit gelben Birnen hänget
Und voll mit wilden Rosen
Das Land in den See,
Ihr holden Schwäne,
Und trunken von Küssen
Tunkt ihr das Haupt
Ins heilignüchterne Wasser.

Weh mir, wo nehm ich, wenn
Es Winter ist, die Blumen, und wo
Den Sonnenschein,
Und Schatten der Erde?
Die Mauern stehn
Sprachlos und kalt, im Winde
Klirren die Fahnen".[80]

Über die Frage, ob Hölderlin im September 1806 geistig umnachtet von Homburg nach Tübingen in das dortige Klinikum gebracht wurde, streiten heute immer noch die Wissenschaftler. Tatsache ist, dass Hölderlin in Homburg einige seiner wichtigsten Werke vollendete, darunter den zweiten Teil des *Hyperion*, das Trauerspiel *Der Tod des Empedokles* und eine nicht geringe Zahl von Gedichten, darunter an Sinclair, an die Prinzessin Auguste von Homburg und über den Main.

Friedrich Hölderlin

Unter den Nachfolgern Friedrichs V. verlagerte sich das künstlerische Leben vom Hof in den Kurbetrieb. Hauptattraktion war die 1841 von den Brüdern Blanc eingerichtete Spielbank, die die

Landgrafschaft vor dem endgültigen Bankrott rettete. Ohne die Gewinne vom „grünen Tisch" wäre die Entwicklung Homburgs sicherlich anders verlaufen, denn die Spielpächter mussten mit einem Teil ihrer Einnahmen, ähnlich wie in Wiesbaden, den Ausbau der Stadt und der Kuranlagen finanzieren. Zwar hatte es schon seit 1834, seit der Wiederentdeckung der Elisabethenquelle, einen bescheidenen Badebetrieb gegeben, aber der Aufschwung setzte erst ein, als der Landgraf einen brillantengeschmückten russischen Orden verkaufen und damit das Brunnensälchen errichten ließ, in dem bald die Elfenbeinkugel rollen sollte.

Innerhalb weniger Jahre wurde die Spielbank die Haupterwerbsquelle der Homburger, neben der die Leder- und die Maschinenfabrik keine Bedeutung gewannen. Am meisten profitierten natürlich die Brüder Blanc von dem Laster des Großbürgertums und des Adels. Ihre Gewinne waren so riesig, dass sie sich sogar mit 800 000 Gulden am Bau der Eisenbahnlinie Frankfurt–Homburg beteiligen konnten. Auf der anderen Seite standen die großen Verlierer, wie der von seinem Sohn aus der Regierung gedrängte hessische Kurfürst Wilhelm II. Über ihn schreibt Karl August Varnhagen von Ense am 30. Juli 1844:

> „Im Spielsaale den Kurfürsten von Hessen bei der Arbeit gesehen; er spielt den ganzen Tag, sitzt krumm vorgebogen auf die Karte sehend und stechend, die er in der Hand hält, und schiebt das Gold hin und her; ein widerwärtiger Anblick, der deutsche Fürst unter dem Spielervolk und mit dem Golde nochmals das Blut seiner verkauften Untertanen schnöd vergeudend!"[81]

Kurfürst Wilhelm II. verlor schließlich so viel, dass er seine Schulden nicht mehr bezahlen konnte und seine 40 Orangenbäume aus dem Hanauer Schloss Philippsruhe verpfänden musste, die dann repräsentativ zu beiden Seiten des Kurhauseinganges standen. Augenfällig wurde so den Homburger Sommergästen die Macht des aufsteigenden Bürgertums demonstriert. An Warnungen vor den Gefahren der Spielsucht fehlte es indes nicht. Über die „schmachvolle Spielhölle", in der „ehrlose Industrieritter die Gimpel zu jeder Jahreszeit rupfen dürfen"[82], klagte Johann Conrad Friederich 1848, und Karl Spindler hatte schon vier Jahre zuvor seinem Roman über den Homburger Kurbetrieb den bezeichnenden Titel *Der Teufel im Bade* gegeben. Eine satirische Pointe lieferte Heinrich Hoffmann 1853 mit seiner „Studie" über Salzloch. Seinen Arzt Dr. Polykarpus Gastfenger lässt er die Heilwirkung des Spiels wissenschaftlich „beweisen":

> „So wie ein heftiger Schreck das Schluchzen vertreibt, wie man von gewaltsamen psychischen Eindrücken, z. B. durch ausbrechendes Feuer erzählt, dass sie monomanische Seelenstörungen heilen, so kann der Verlust an der Spielbank, als heil-

same Emotion, mancherlei Nervenübel heilen. Bekannt ist, dass Angst und Furcht förderlich für die Darmsekretionen sind; wir haben also in dem Spiel ein mächtiges Hilfsmittel zur Unterstützung der abführenden Wirkung unseres Wassers. Da der Ärger die Tätigkeit der Leber zu vermehrter Gallensekretion anregt, so mag auch hierdurch im Spielverlust ein Heilmittel bei Unterleibsstockung und Leberleiden gefunden sein. Weiterhin ist es uns öfters zur Beobachtung gekommen, dass selbst stark und straff gefüllte Geldbörsen und Geldsäcke unter Gebrauch des Hasardspiels schnell und gründlich geschwunden sind; so lässt sich glauben, dass dieses Mittel bei Geschwülsten und Pseudoplasmen verschiedener Art mit Aussicht auf Erfolg in Anwendung gebracht werden könnte. Es vermehrt sichtlich die Auflösung und Aufsaugung. Es dürfte kein Mittel geben, um das nach Leo sog. skrophulöse Gesindel des Besitzes gründlicher zu kurieren. Wie rasch die Wirkung des Spiels gegen Verhärtung und Verknöcherung ist, sahen wir zum öfteren, indem Leute, die aus Hartherzigkeit nie einem Armen einen Kreuzer gaben, mit Gleichmut Tausende an der Spielbank verschleuderten.“[83]

Das Lachen über diesen gelungenen Spaß bleibt einem im Halse stecken, wenn man die 1867 in Homburg geschriebenen Briefe Fjodor Dostojewskis an seine Frau liest. Es sind verzweifelte Bitten um Geld, die der russische Schriftsteller fast nach jedem Spielbankbesuch, ob in Wiesbaden oder in Homburg, wiederholen musste. „Was für ein herrlicher Tag gestern war“, berichtete er am 19. Mai 1867 an Anna Grigorjewna, „ich bin trotz allem ein wenig im Park spazierengegangen. Man muss schon sagen, die Gegend hier ist bezaubernd. Der Park ist großartig, der Kursaal auch, die Musik sehr schön, besser als die in Dresden. Hier könnte man leben, wenn das verdammte Roulette nicht wäre.“[84]

Ab 1. Januar 1873 hätte Dostojewski in Homburg leben können, denn seit diesem Zeitpunkt gab es keine Spielbank in der Badestadt mehr. Wie in Wiesbaden hatten die Preußen, denen das Ländchen seit 1866 gehörte, das Glücksspiel verboten. Dafür erhielten die Homburger reichlich Ersatz. Die besondere Gunst, die die Hohenzollernkaiser der Stadt erwiesen, hatte weitreichende Folgen. Wo Kaiser Wilhelm II. seine Sommer verbrachte, da durfte die deutsche Aristokratie nicht fehlen.

Für die Homburger gehörten berühmte Persönlichkeiten bald zum Alltag; sie schenkten ihnen kaum noch Beachtung. Auch der englische Schriftsteller Oscar Wilde interessierte sich während seines Badeaufenthalts herzlich wenig für die gekrönten Häupter. „Ich langweile mich hier ungemein“[85], klagte er einem Freund am 7. Juli 1892; zudem hatten ihm die Ärzte noch sein geliebtes Zigarettenrauchen verboten.

Sein hochadeliger Landsmann, der Prince of Wales und spätere Edward VII., schätzte Homburg dagegen außerordentlich. Er kam regelmäßig, um sich von seinem ausschweifenden Leben zu erholen, und kreierte – ganz nebenbei – den Homburger Hut, der heute noch gelegentlich zur gepflegten Abendgarderobe gehört. Die Stadt Bad Homburg ist so stolz auf diese Erfindung, dass sie seit 1960 ein eigenes Hutmuseum unterhält.

Neben dem modebewussten englischen Thronfolger hinterließen auch zwei andere Angehörige des internationalen Hochadels in Homburg bleibende Erinnerungen: Zar Nikolaus II. weihte 1899 die in historisierend byzantinischen Formen erbaute russische Kapelle ein, und König Chulalongkom von Siam stiftete 1907 einen in Gold und Scharlachrot gehaltenen Tempel.

Aber nicht nur gekrönte Häupter zog es nach Bad Homburg. Im Haus des jüdischen Industriellen- und Verlegerehepaars Selig und Shoshana Persitz hatte sich 1921 ein Intellektuellenzirkel gebildet, zu dem neben dem bedeutenden hebräisch schreibenden Dichter Chaim Nachman Bialik auch Samuel Joseph Agnon gehörte, der 1966 zusammen mit Nelly Sachs den Literaturnobelpreis erhalten sollte. Samuel Josef Agnon war als Samuel Josef Czaczkes am 17. Juli 1888 im galizischen Buczacz geboren worden. Als Kind sprach er Jiddisch, und auch seine Anfänge als Schriftsteller sind in jiddischer Sprache. 1908 ging er nach Palästina und schrieb fortan in Hebräisch. Noch im selben Jahr erschien seine erste Erzählung, die er unter seinem Pseudonym Agnon veröffentlichte. 1913 kam er nach Deutschland und lebte zunächst in Berlin und ab 1921 in Bad Homburg, wo er eng mit Martin Buber zusammenarbeitete. Er schrieb Erzählungen, die auch in deutschen Übersetzungen verlegt wurden, und war als Herausgeber tätig. Am 5. Juni 1924 brach in seiner Wohnung an der Promenade Feuer aus und vernichtete seine wertvolle, rund 4000 Bände umfassende Bibliothek. Agnon entschloss sich, zurück nach Palästina zu gehen. Dort entstanden seine wichtigsten Werke, die ihn zum Wegbreiter der modernen hebräischen Literatur machten. Agnon starb am 17. Februar 1970 in Tel Aviv.

Zu Beginn des 20. Jahrhunderts begann man in Bad Homburg, sich intensiver mit den Resten der römischen Herrschaft in der direkten Umgebung und im Taunus zu beschäftigen. Das Interesse bestand schon seit dem 15. Jahrhundert. Auslöser war die *Germania* des Tacitus, die erstmals 1470 in Venedig gedruckt worden war. Vor allem der Limes, im Volksmund „Polgraben“ genannt, faszinierte die Forscher – und die Dichter, wie den wetterauischen Humanisten Erasmus Alberus, der um 1500 in Friedberg-Buchenbrücken geboren wurde und in Oberursel die Lateinschule aufbaute. Ab 1529 wirkte er elf Jahre lang als Pfarrer in Sprendlingen. Danach lebte er an verschiedenen Orten und suchte die Nähe von Luther und Melanchthon, deren Gegner er mit satirischem Witz bekämpfte. Er starb am 5. Juni 1553 in Neubrandenburg. Berühmt geworden ist er mit seinen Fabeln, die erstmals 1534 und dann in erweiterter Fassung 1550 erschienen. Manche seiner Fabeln reicherte er mit Landschaftsbeschreibungen an. So hat auch der Limes als „Polgrab" Einzug in seine Dichtung gefunden, und zwar in die Fabel *Von einem alten Zugochsen und einem jungen Mastochsen oder Weideochsen*:

> „[...] Rings umher liegt ein großer Wald,
> Darum die alten Heiden haben
> Bei zehn Meilen umher gegraben,
> Eine lange Zeit, eh Jesus Christ
> Auf Erden Mensch geboren ist,
> Den Graben man noch sehen kann,
> Er wird genannt von jedermann
> Der Polgrab, und zur linken Hand
> Reicht er bis in das Hessenland,
> Zur rechten Hand bis an den Rhein,
> Das kann ein langer Polgrab sein.
> Derselbe Grab'n vergeht nun sehr,
> Dieweil man seiner acht nicht mehr,
> Das Alter so feindselig ist,
> Beid', Zeit und Alter, alles frisst. [...]"[86]

Gerade die Humanisten, die aus der Antike ein neues Bildungsideal gewinnen wollten, konzentrierten ihren Sammeleifer auf römische „Originale". In der Folgezeit erschienen zahlreiche Bücher, die den Limes ausführlich würdigten, zum Teil sogar mit Karten, in denen der Verlauf des Grabens mehr oder weniger exakt eingetragen war. Immer mehr römische Altertümer kamen ans Licht der Gegenwart. Das berühmteste antike Bauwerk in Hessen, die Saalburg, identifizierte 1777 der Homburger Regierungsrat Elias Neuhof. Aber erst 1818 erließ der Homburger Landgraf Friedrich V. eine Verordnung gegen das Steinebrechen auf der Saalburg. 33 Jahre später zog Landgraf Ferdinand gegen die unterdessen verbreitete Schatzgräberei zu Felde – mit Erfolg, wie es scheint, denn 1898 konnte die Rekonstruktion begonnen werden. Seit der feierlichen Einweihung, 1907, ist die Saalburg eine Touristenattraktion ersten Ranges, die nicht nur die Phantasie von Schülern beflügelt. Der historische Boden des Vortaunus regte die Schriftstellerin Anna Seghers in ihrem französischen Exil zu einer Betrachtung über die Vergänglichkeit geschichtlicher Größe an. Die Passage findet sich in ihrem bedeutendsten Roman, *Das siebte Kreuz*, der 1942 in Mexiko erschien und sich mit dem nationalsozialistischen Terror in Deutschland auseinandersetzt:

> „Diese Hügel entlang zogen die Römer den Limes. So viele Geschlechter waren verblutet, seitdem sie die Sonnenaltäre der Kelten hier auf den Hügeln verbrannt hatten, so viele Kämpfe durchgekämpft, dass sie jetzt glauben konnten, die besitzbare Welt sei endgültig umzäunt und gerodet. Aber nicht den Adler und nicht das

Kreuz hat die Stadt dort unten im Wappen behalten, sondern das keltische Sonnenrad, die Sonne, die Marnets Äpfel reift. Hier lagerten die Legionen und mit ihnen alle Götter der Welt, städtische und bäuerliche, Judengott und Christengott, Astarte und Isis, Mithras und Orpheus. Hier riß die Wildnis, da, wo jetzt Ernst aus Schmiedtheim bei den Schafen steht, ein Bein vorgestellt, einen Arm in der Hüfte, und ein Zipfelchen seines Schals steht stracks ab, als wehe beständig ein Wind. In dem Tal in seinem Rücken, in der weichen verdunsteten Sonne, sind die Völker gargekocht worden. Norden und Süden, Osten und Westen haben ineinandergebrodelt, aber das Land wurde nichts von alledem und behielt doch von allem etwas. Reiche wie farbige Blasen sind aus dem Land im Rücken des Schäfers Ernst herausgestiegen und fast sofort zerplatzt. Sie hinterließen keinen Limes und keine Triumphbögen und keine Heerstraßen, nur ein paar zersprungene Goldbänder von den Fußknöcheln ihrer Frauen. Aber sie waren so zäh und unausrottbar wie Träume. Und so stolz steht der Schäfer da, so vollkommen gleichmütig, als wüßte er all das und stünde nur darum so da, und vielleicht, wenn er auch nichts davon weiß, steht er wirklich darum so da."[87]

Anmerkungen

1 Hans Wilhelm Kirchhof: Von der Mönche Geizigkeit. In: Den Spott zum Schaden. Prosaschwänke aus fünf Jahrhunderten. Hg. von Siegfried Arnim Neumann. Rostock [2]1977, S. 145 f.

2 Adolph Freiherr Knigge: Briefe, auf einer Reise aus Lothringen nach Niedersachsen geschrieben. Hannover 1793, S. 87 f.

3 Peter Kaeding: Adolph von Knigge. Begegnungen mit einem freien Herrn. Berlin 1991, S. 49 f.

4 Matthias Claudius an Georg Hamann am 15. April 1777. In Ders.: Botengänge. Briefe an Freunde. Hg. von Hans Jessen. Berlin [2]1965, S. 245 f.

5 Georg Forster: Werke in vier Bänden. Hg. von Gerhard Steiner. 4. Band: Briefe. Frankfurt am Main 1970, S. 132.

6 Georg Forster an Friedrich Heinrich Jacobi am 23. April 1779. In Georg Forster, a. a. O., S. 114.

7 Georg Forster an Friedrich Heinrich Jacobi am 22. Juli 1779. In: Georg Forster, a. a. O., S. 122.

8 Johann Wolfgang Goethe an Charlotte von Stein am 15. September 1779. In: Goethes Werke. Herausgegeben im Auftrage der Großherzogin Sophie von Sachsen. IV. Abt. Goethes Briefe. 4. Band. Weimar 1889, S. 60 f.

9 Johann Wolfgang von Goethe: Campagne in Frankreich. In: Ders.: Werke, Hamburger Ausgabe in 14 Bänden. Band 10. Autobiographische Schriften II. Hrsg. von Lieselotte Blumenthal u. a. München 2000, S. 347.

10 Johann Kaspar Riesbeck: Briefe eines reisenden Franzosen. Hg. von Heiner Boehncke und Hans Sarkowicz. Berlin 2013, S. 493.

11 Johann Gottfried Seume: Spaziergang nach Syrakus im Jahre 1802. Hg. von Jörg Drews. Frankfurt am Main und Leipzig 2001, S. 379 f.

12 Zit. n. Eduard Berend: Jean Paul in Kassel. In: Hessenland 26 (1912). Heft 11, S. 161.

13 Friedrich Hölderlin: Sämtliche Werke und Briefe. Hg. von Günter Mieth. Briefe. Berlin [2]1995, S. 243 f.

14 Zit. n. Wilhelm Grimm: Aus meinem Leben. Hg. von Wilhelm Schoof. Bonn u. a. 1960, S. 179.
15 Zit. n. Jacob Grimm: Aus meinem Leben. Hg. von Wilhelm Schoof. Bonn u. a. 1961, S. 225.
16 Die Tagebücher des Grafen August von Platen. Hrsg. von G. v. Laubmann und L. v. Scheffler. Zweiter Band. Stuttgart 1900, S. 489.
17 Zit. n. Jacob Grimm, a. a. O., S. 227.
18 Ludwig Börne: Sämtliche Schriften. Hg. von Inge und Peter Rippmann. Vierter Band: Briefe I. Düsseldorf 1968, S. 981–987 (in Auszügen).
19 Johann Conrad Friederich: Vierzig Jahre aus dem Leben eines Toten. Dritter Band. Tübingen 1849, S. 426.
20 Franz Dingelstedt's Sämmtliche Werke. Erste Abtheilung: Erzählende Dichtungen. Fünfter Band: Wanderbuch. Berlin 1877, S. 4 f.
21 Malwida von Meysenbug: Memoiren einer Idealistin und ihr Nachtrag: Der Lebensabend einer Idealistin. Erster Band Stuttgart u. a. 1922, S. 21.
22 Theodor Fontane: Aus den Tagen der Okkupation. In: Ders.: Lebenszeugnisse aus siebzig Jahren. Dritter Band. Naunhof und Leipzig o. J., S. 472 und 473 f.
23 Jacob Burckhardt: Briefe. Sechster Band. Hg. von Max Burckhardt. Basel/Stuttgart 1966, S. 43 f.
24 Gustav Mahler: Briefe 1879–1911. Hg. von Alma Maria Mahler. Berlin u. a. 1925, S. 37.
25 Rainer Maria Rilke an Clara Rilke am 25. Juli 1905. In: Ders.: Briefe aus den Jahren 1902 bis 1906. Hg. von Ruth Sieber-Rilke und Carl Sieber. Leipzig 1929, S. 245.
26 Samuel Beckett: Traum von *mehr bis minder* schönen Frauen. Übers. von Wolfgang Held. Frankfurt am Main 1996, S. 92.
27 Joachim Ringelnatz: Cassel/Wilhelmshöhe. In: Ders.: Das Gesamtwerk in sieben Bänden. Hg. von Walter Pape. Band 1: Gedichte I. Berlin 1984, S. 195 und 198.
28 Reiner Niehoff: „Am äußersten Ende der Welt". In: Ders. und Valeska Bertoncini: Über Hans Jürgen von der Wense. Frankfurt am Main 2005, S. 10 f.
29 Hans Jürgen von der Wense: Von Aas bis Zylinder. Werke 1. Hg. von Reiner Niehoff und Valeska Bertoncini. Frankfurt am Main 2005, S. 610.
30 Hans Jürgen von der Wense: Ein Lebensbericht. In: Reiner Niehoff/Valeska Bertoncini, a. a. O., S. 69 f.
31 Martin Doerry: „Mein verwundetes Herz". Das Leben der Lilli Jahn 1900–1944. Stuttgart und München 2002, S. 178 ff.
32 Manfred Hausmann: Cassel. In: MERIAN 30 (1977) Heft 3, S. 26 f.
33 Christine Brückner: Ständiger Wohnsitz Kassel. In: MERIAN 30 (1977). Heft 3, S. 35 und 38.
34 Wilhelm von Humboldts Tagebücher. Hg. von Albert Leitzmann. Erster Band: 1788–1798. Berlin 1916, S. 9 f. und 12.
35 Karl Julius Weber: Deutschland oder Briefe eines in Deutschland reisenden Deutschen. Band 6. Stuttgart ^{3}1855, S. 62 f.
36 Philipp Nicolai: Ein Geistlich Braut-Lied der gläubigen Seelen von Jesu Christo ihrem himmlischen Bräutigam. In: Ders.: Freudenspiegel des ewigen Lebens. Frankfurt am Main 1599, S. 409 (Nachdruck Soest 1963).
37 Christine Brückner: Meine kleine Stadt. In: Dies.: Hat der Mensch Wurzeln? Autobiographische Texte. Hg. von Gunther Tietz. Frankfurt am Main und Berlin 1988, S. 110.
38 Rainer Maria Rilke an Clara Rilke am 1. September 1905. In: Ders., a. a. O., S. 248.
39 Johann Kaspar Riesbeck, a. a. O., S. 519.
40 Kasimir Edschmid: Hessen. Porträt eines Landes. Hannover 1967, S. 14 f.
41 Johann Heinrich Merck an Samuel Thomas Soemmering am 4. Mai 1784. In: Ders.: Briefe. Hg. von Herbert Kraft. Frankfurt am Main 1968, S. 443.
42 Matthias Claudius: Schreiben eines parforcegejagten Hirschen an den Fürsten, der ihn parforcegejagt hatte, d. d. jenseits des Flusses. In: Ders.: Worauf es ankommt. Ausgewählte Werke. Nach Gattungen geordnet. Hg. von Winfried Freund. Gerlingen 1995, S. 240.

43 Hessen-Darmstädtische privilegirte Land-Zeitung. Nr. 35 vom 30. April 1777, S. 4 (Nachdruck 1978).
44 Zit. n. Hessen-Darmstädtische privilegirte Land-Zeitung 1777. Faksimileausgabe. Hg. von Jörg-Ulrich Fechner. Darmstadt 1978, S. 269.
45 Georg Gottfried Gervinus: Neuere Geschichte der poetischen National-Literatur der Deutschen. Teil 2. Leipzig 1840, S. 539
46 Achim von Arnim an Bettine von Arnim am 2. November 1820. In: Achim und Bettina in ihren Briefen. Hg. von Werner Vordtriede. Erster Band. Frankfurt am Main 1961, S. 233.
47 Wilhelm Hauff an Hermann Hauff am 25. Oktober 1822. In: Ders.: Werke. Hg. von Bernhard Zeller. Zweiter Band. Frankfurt am Main 1969, S. 595.
48 Johann Ludwig Deinhardstein: Skizzen einer Reise von […] in Briefen an einen Freund. Wien 1831, S. 116 f.
49 Ludwig Börne: Sämtliche Schriften. Hg. von Inge und Peter Rippmann. Vierter Band: Briefe I. Darmstadt 1968, S. 1114.
50 Karl Immermann: Werke in fünf Bänden. Hg. von Benno von Wiese. Vierter Band. Autobiographische Schriften. Frankfurt am Main 1973, S. 39.
51 Ernst Elias Niebergall: Dramatische Werke. Hg. von Georg Fuchs. Darmstadt 1894, S. 301.
52 Herbert Heckmann: Ernst Elias Niebergall. In: Hans Sarkowicz/Ulrich Sonnenschein (Hg.): Die großen Hessen. Frankfurt am Main und Leipzig 1996, S. 153.
53 Theodor Heuss. Ein Dokument deutscher Kunst. In: Lob der Provinz. Ein Darmstädter Lesebuch. Hg. von Heinz-Winfried Sabais. Darmstadt 1967, S. 57–59.
54 Richard Dehmel an Gustav Kühl am 2. Februar 1901. In: Ders.: Ausgewählte Briefe aus den Jahren 1883 bis 1902. Berlin 1923, S. 364.
55 Rainer Maria Rilke an Clara Rilke am 1. September 1905. In: Ders., a. a. O., S. 248 f.
56 Karl Wolfskehl: Darmstädtische Nationalgesichter. In: Karl Wolfskehl 1869–1969. Hg. von Manfred Schlösser. (Ausstellungskatalog) Darmstadt 1969, S. 293
57 Karl Wolfskehl, a. a. O, S. 292.
58 Wolfskehl und Verwey. Die Dokumente ihrer Freundschaft 1897–1946. Hg. von Mea Nijland-Verwey. Heidelberg 1968., S. 293.
59 Zit. n. Hätte ich das Kino! Die Schriftsteller und der Stummfilm. Hg. von Ludwig Greve, Margot Pehle und Heidi Westhoff. (Ausstellungskatalog) Marbach 1976, S. 405.
60 Hans Schiebelhuth: Gedichte 1916–1936. Übertragungen. Hg. von Manfred Schlösser. Darmstadt und Zürich 1966, S. 219.
61 Ernst Kreuder: Die Gesellschaft vom Dachboden. Erzählungen. Essays. Selbstaussagen. Berlin und Weimar 1990, S. 78 f.
62 Kasimir Edschmid: Über den Expressionismus in der Literatur und die neue Dichtung. Berlin 4-1919, S. 53 f.
63 Kasimir Edschmid: Die doppelköpfige Nymphe. Berlin 1920, S. 213.
64 Ernst Kreuder: Dichtung als existentielles Experiment. In: Über Karl Krolow. Hg. von Walter Helmut Fritz. Frankfurt am Main 1972, S. 63 f.
65 Karl Krolow: Im Diesseits verschwunden. Gedichte aus dem Nachlaß. Hg. von Peter Härtling und Rainer Weiss. Frankfurt am Main 2002, S. 94.
66 Karl Krolow: Einführung. In: Wolfgang Armin Nagel (Hg.): Städte in Hessen. Hanau 1971, S. 16.
67 Gabriele Wohmann: Darmstadt. Unterwegs gehöre ich nach Haus. Freiburg i. Br. 1986, S. 14 und S. 29.
68 Sabine Doering: Träume vom Himmel. Gabriele Wohmann zum Achtzigsten. In: Frankfurter Allgemeine Zeitung vom 21. Mai 2012.
69 Arno Schmidt: Goethe und Einer seiner Bewunderer. In: Ders.: Das erzählerische Werk in 8 Bänden. Band 6. Bargfeld und Zürich 1985, S. 43 und 41.
70 Fritz Deppert: In Darmstadt bin ich. Darmstadt 1982, S. 39.
71 Fritz Deppert: Länger noch als tausend Jahr. Darmstadt 1993, S. 166.

72 Katja Behrens: Roman von einem Feld. (Sonderausgabe) Darmstadt 2009, S. 51.
73 Die Werke Friedrichs des Großen. Erster Band: Denkwürdigkeiten zur Geschichte des Hauses Brandenburg. Hg. von Gustav Berthold Volz. Berlin 1913, S. 76.
74 Heinrich von Kleist: Sämtliche Werke und Briefe. Hg. von Helmut Sembdner. Erster Band. München 8-1984, S. 704.
75 Adolph Freiherr Knigge: Roman meines Lebens. Vierter Teil. Riga 1783, S. 297 f.
76 (Johann Conrad Friederich:) Vierzig Jahre aus dem Leben eines Todten. Erster Band. Tübingen 1848, S. 97
77 Zit. n. Stephan Skalweit: Der Homburger Landgrafenhof. In: Homburg vor der Höhe in der deutschen Geistesgeschichte. Hg. von Christoph Jamme und Otto Pöggeler. Stuttgart 1981, S. 37.
78 Friedrich Hölderlin: Briefe, a. a. O., S. 350 f.
79 Friedrich Hölderlin: Die Eichbäume. In: Ders.: Sämtliche Werke und Briefe. Hg. von Günter Mieth. Gedichte. Berlin ^{2}1995, S. 300.
80 Friedrich Hölderlin: Gedichte, a. a. O., S. 447.
81 Tagebücher des K. A. Varnhagen von Ense. Zweiter Band. Leipzig 1861, S. 339.
82 Johann Conrad Friederich, a. a. O., S. 97
83 Heinrich Hoffmann: Der Badeort Salzloch. In: Ders.: Humoristische Studien und Satiren. Hg. von G. H. Herzog und Helmut Siefert. Frankfurt am Main 1986, S. 280.
84 Fjodor Dostojewski: Die Briefe an Anna 1866–1880. Übers. von Brigitta Schröder. Königstein/Ts. 1986, S. 13.
85 Oscar Wilde: Briefe. Hg. von Rupert Hart-Davis. Übers. von Hedda Soellner. Band 1. Reinbek 1966, S. 334.
86 Die Fabeln des Erasmus Alberus. Hg. von Wilhelm Braune. Halle a. S. 1892, S. 115 f.
87 Anna Seghers: Das siebte Kreuz. Frankfurt am Main 1999, S. 13 f.

4. Grimm-Heimat Hessen

Die Brüder Grimm sind mit ihren *Kinder- und Hausmärchen* (1812–15) in Hessen auf einmalige Weise präsent. Dafür sorgt schon die Märchenstraße, die von Hanau aus in einem geschickten Zickzack über Steinau und Marburg in die Kasseler Region führt und darüber hinaus als „Deutsche Märchenstraße" wegen der einschlägigen Stadtmusikanten bis Bremen. Diese sind aber bekanntlich nie in Bremen angekommen. Unterwegs nimmt die Straße märchen- und sagenhaltige Nebenorte wie Gelnhausen, Schlüchtern, Fulda, Witzenhausen oder Eschwege mit.

Dass Märchenstoffe sich Orte der Anschauung suchen, dass Fremdenverkehrsämter dabei mehr oder weniger überzeugend nachhelfen, schadet weder den Märchen noch den Orten. Dabei kommt es zu spannenden Konkurrenzen. Hat Rapunzel ihr Haar aus dem „Rapunzelturm" der Trendelburg im Reinhardswald herabgelassen oder aus dem dicken weißen Turm der Veste Otzberg? Oder aber aus dem Lusthäuschen in Amönau, einem Dorf, das zur Gemeinde Wetter bei Marburg gehört. Immerhin hat der berühmte Märchen-Illustrator Otto Ubbelohde das von Frau von Bodenhausen 1615 erbaute Lusthäuschen für seine Rapunzel-Illustration zum Vorbild genommen, und die Amönauer führen dort eine Theaterfassung des Märchens auf. Hat Rotkäppchen ihre Kopfbedeckung der Schwälmer Tracht abgeschaut oder umgekehrt? Im Hotel „Dornröschenschloss Sababurg" träumt man wahrscheinlich als Zugabe von einem, der auszog das Fürchten zu lernen, und auf dem Hohen Meißner rechnet man jeden Augenblick mit Schnee.

Der Rapunzel-Turm. Illustration von Otto Ubbelohde

Wer mag, der kann sich dem Werk der Brüder Grimm

in Hessen in dieser Weise nähern. Er wird derart allerdings nur zwei Hände voll Märchen und ein paar Sagen kennenlernen und die Grimms für Fördergenies des Fremdenverkehrs halten. Ganz gewiss sind es die Märchen und nur die Märchen, die in aller Welt bekannt sind und geliebt werden; aber auf deren stabiler Basis lohnt es sich, auch andere Werke der Brüder Jacob und Wilhelm Grimm zu lesen, wie es auch Freude bereitet, den Zeichner und Illustrator Ludwig Emil Grimm kennenzulernen. Wir folgen der Grimm'schen Lebenslinie vom Geburtsort Hanau aus, streuen ein paar ihrer Texte ein und befassen uns vor allem mit den Orten in Hessen, die An- und Einsichten in Werk und Leben der Brüder Grimm gewähren.

Hanau

Jacob Grimm kam am 4. Januar 1785 in Hanau zur Welt, sein Bruder Wilhelm wurde dort am 24. Februar 1786 geboren und Ludwig Emil am 14. März 1790.

Im Jahre 1808 erschienen als Anhang zur Arnim/Brentano'schen Sammlung *Des Knaben Wunderhorn* Kinderlieder. Nicht wenige davon hatten die Brüder Grimm von Kassel aus beigetragen, und sie sollten sich ihr Leben lang mit den europäischen Kinderliedern beschäftigen. Im Berliner Nachlass fand sich ein Konvolut *Ammen-, Wiegen-, Kinderlieder* mit 99 Blättern, zum größten Teil in der Niederschrift von Jacob und Wilhelm Grimm.

Diese Blätter trug der bedeutende Märchenforscher Heinz Rölleke 1999 zu einer sorgfältigen Edition zusammen, woraus auch das hier abgedruckte Beispiel stammt. Es illustriert die Hanauer Kindheit der Brüder Grimm umso eher, als sie sich ausdrücklich als Quelle vieler Lieder auf ihre Erinnerung aus Kindertagen berufen.

„Troß Troß Trull
der Bauer hat ein Full
das Füllen will nicht laufen
der Bauer wills verkaufen
verkaufen wills der Bauer
das Leben wird ihm sauer
sauer wird ihm das Leben
der Weinstock der trägt Reben
Reben trägt der Weinstock
Hörner hat der Ziegenbock
der Ziegenbock hat Hörner
im Wald da wachsen Dörner
Dörner wachsen in dem Wald

im Winter ist es kalt
kalt ist es im Winter
Vor der Stadt wohnt der Schinder
wenn der Schinder gessen hat
so ist er satt."[1]

In Hanau erinnert unübersehbar das Brüder-Grimm-Denkmal auf dem Marktplatz an die Sammler, Forscher und Schriftsteller. Es wurde am 18. Oktober 1896 aufgestellt und aus Spenden finanziert. Fast ein Drittel der benötigten Summe von 92 000 Mark kam von Hanauer Bürgern. Das Geburtshaus am Paradeplatz (heute Freiheitsplatz) und das spätere Wohnhaus in der Langen Gasse 41 (heute Langstraße) existieren nicht mehr. Auf einer Plakette ist zu lesen: „An dieser Stelle – ehemals Paradeplatz 1 – stand das Geburtshaus der Brüder Jacob und Wilhelm Grimm. Das Gebäude wurde – wie die gesamte Hanauer Innenstadt – im Zweiten Weltkrieg am 19. März 1945 durch einen alliierten Luftangriff zerstört."

Jacob und Wilhelm Grimm. Stich von Ludwig Emil Grimm (1843)

Im Museumsteil von Schloss Philippsruhe sind ein paar herausragende Objekte zu sehen, etwa das Original der Vorzeichnung der berühmten Radierung mit dem Doppelporträt von Jacob und Wilhelm Grimm, die vom Malerbruder Ludwig Emil bei einem Besuch bei seinen Brüdern im Jahre 1843 in Berlin angefertigt wurde.

Seit 1983 wird der Brüder-Grimm-Preis der Stadt Hanau verliehen, und es spricht für Witz und Mut der Jury, dass der damalige DDR-Bürger Wolfgang Hilbig diesen Preis als erster erhielt und dass zu den weiteren Preisträgern der grandiose Übersetzer und Vorleser Harry Rowohlt sowie der Grimmelshausen-Übersetzer Reinhard Kaiser gehören.

Steinau

Im Jahre 1791 ging die Familie Grimm nach Steinau an der Straße. Dort war der Vater Philipp Grimm 1751 geboren worden und erhielt die Stelle eines Amtmannes, woraufhin die Familie ins „Amtshaus" zog. In diesem noch vollständig erhaltenen Wohnhaus der Familie Grimm befindet sich seit Juni 1998 die museale Gedenkstätte „Brüder-Grimm-Haus Steinau".

Am 29. Januar 1897 wurde die „Kasseler Grimm-Gesellschaft" ins Leben gerufen. Nachdem die Gesellschaft in der Zeit zwischen dem Ersten und dem Zweiten Weltkrieg zum Erliegen gekommen war, wurde sie am 14. April 1942, nun unter dem Namen „Brüder-Grimm-Gesellschaft", aufs Neue gegründet. Sie richtete in Steinau zusammen mit der Stadt eine sehenswerte Dauerausstellung ein, die sich auf die Kindheit und Jugend der Brüder Grimm konzentriert, aber auch ihre germanistischen Forschungen präsentiert und viele Arbeiten des Malerbruders Ludwig Emil zeigt. Eine Etage ist der europäischen Überlieferung der *Kinder- und Hausmärchen* gewidmet. Unter dem paradoxen Titel „Märchen werden Wirklichkeit" folgt die Stadt Steinau dem sich überall ausbreitenden Trend zum Event und bittet zum Beispiel zu „Märchenführungen" mit historisch oder märchenhaft gekleideten Stadtführern. Das Schloss mit der Brüder-Grimm-Gedenkstätte untersteht der Verwaltung der Staatlichen Schlösser und Gärten Hessen. In Steinau lebten die Brüder Grimm zunächst in glücklichen, ländlichen Verhältnissen. Jacob Grimm erinnerte sich:

Das Amtshaus in Steinau um 1910

> „Angenehme Auftritte im Haus waren: das Schlachten und Wurstmachen, Bakken und Kochen von Latwerge. Zuwider waren mir: die große Wäsche, Bohnenschnitt, Hopfenlesen. Kleine ähnliche Geschäfte, zum Beispiel Lesen von Linsen zum Gericht auf morgen, eines Pfunds Kaffee, eines Mäßchens Gerste, habe ich der Mutter dagegen mit gewissem Vergnügen ausgerichtet. Das Schneiden der einzumachenden Kohlstengel war ebenfalls unangenehm. Unter den Speisen waren mir verhasst: Zwiebeln und gelbe Rüben, beides aus Nachahmung des Vaters

Heidensuppe und eine Mehlsuppe, die wir Kopfwehsuppe nannten, weil dieses vorgeschützt wurde, um sich davon loszumachen. Nach dem Mittagessen zwischen dem Kaffee ging der Vater gern im Hof und Hausgarten, schnitt Weintrauben zum Dessert ab oder untersuchte den Hühner- und Enten- und Taubenstall, fütterte die Enten im Trog mit Hafer, besah die Pferde und ging durch den Schafstall zu den Kühen. Wie oft habe ich ihn den Kühen Futter vorwerfen oder sie melken sehen! Auch hielten wir Schafe, die aber meist auf dem Felde waren und nicht heimkamen, die jungen Lämmerchen waren eine besondere Freude, und der Vater sah auf schwarze wegen der schwarzen Wolle zu nicht schmutzenden Strümpfen, dergleichen wir viele Jahre trugen."[2]

Kassel

Am 10. Januar 1796 starb der Vater im Alter von 45 Jahren. Zwei Jahre später holte Henriette Zimmer, die Tante und erste Kammerfrau bei der Kasseler Landgräfin, Jacob und Wilhelm nach Kassel. In seinen Erinnerungen schreibt Wilhelm:

> „Wie wir zum ersten Mal nach Kassel weggingen, ist mir am lebhaftesten der Augenblick, wo wir aus der Stadt fuhren. Wir saßen in der Kronenwirtskutsche, ich vorne, und sah in der Ferne unseren Bienengarten mit den weißen Steinpfosten und dem roten Gittertor, und ein großer Nebel lag darauf. Ich dachte an alle die Zeit, die ich darin zugebracht. Sie war mir aber als ganz fern, und als liege ein großer Graben dazwischen, und ich sei ganz abgeschnitten und fange nun etwas Neues an."[3]

Bis zum Abitur besuchten Jacob und Wilhelm das Lyceum, das nachmalige Friedrichs-Gymnasium. Mit glänzenden Abschlüssen gingen die Brüder zum Studium nach Marburg; Jacob zum Sommersemester 1802, Wilhelm ein Jahr später. Sie studierten Rechtswissenschaft, ohne damit juristische Karrieren verbinden zu wollen. Wilhelm machte im Sommer 1806 das Advokaturexamen, Jacob verzichtete zeit seines Lebens auf akademische Abschlüsse. Sie wohnten gemeinsam in einem Zimmer in der Barfüßerstraße 35 und überschritten den Horizont der ungeliebten Juristerei in viele Richtungen. Prägend war der Einfluss des jungen Professors Friedrich Carl von Savigny, der die historische Rechtsschule begründete und die Brüder Grimm als Freund und Förderer in die historisch-kritische Aneignung von Werken der Literatur einführte. Dessen Schwager Clemens Brentano steckte tief in dem romantischen Projekt des Sammelns von Volksdichtung, der nicht selten ein wenig nachgeholfen wurde, um den Ton zu treffen, der aus deutscher Frühzeit herüberklingen sollte und dem man in den Zeiten der Freiheitskriege so sehnsüchtig verfiel. Einmal bat Brentano Wilhelm Grimm, er möge doch ins Elisabeth-Hospital zu einer alten Frau gehen, um Märchen zu erfahren, doch die Frau schwieg. Gemeinsam mit Achim von Arnim suchte Brentano überall besessen nach alten deutschen Liedern. 1805 (vordatiert auf 1806) erscheint dann in Heidelberg und Frankfurt am Main der erste Band von *Des Knaben Wunderhorn*. Von Goethe gepriesen, wurde diese legendäre Liedersammlung zum vielleicht produktivsten literarischen Erbstück der Romantik. Die Mitarbeit an dieser Sammlung geriet für die Brüder Grimm zur Schule ihrer eigenen Sammlungstätigkeit. Auch die redaktionellen Eingriffe, die Veränderungen, Kürzungen und Erweiterungen der Texte der Volksliteratur durch die aktiven Sammler konnten die Grimms hier lernen.

Marburg

Marburg eignet sich gut zum Studium der literarischen Welt der Brüder Grimm. Es gibt dort das Zentralarchiv der Deutschen Volkserzählung mit 75 000 Aufzeichnungen aus den Traditionen der oralen Kultur. In der Universitätsbibliothek werden Handschriften aus dem Grimm-Nachlass aufbewahrt, im Universitätsmuseum für Bildende Künste finden sich Bleistiftzeichnungen von Ludwig Emil Grimm.

Im Jahr 2000 wurde als hessische Gedenkstätte unter Federführung der Brüder-Grimm-Gesellschaft das „Marburger Haus der Romantik“ am Markt 16 errichtet. Auf zwei Etagen werden in diesem Haus die Vertreter der Marburger Frühromantik (Savigny, Brentano, Creuzer, Grimm, Bang u. a.) gewürdigt. Im vierteljährlichen Wechsel finden darüber hinaus Ausstellungen statt. In der Brüder-Grimm-Stube (Markt 18) werden einige Erinnerungsstücke an die Marburger Jahre der Brüder Grimm aufbewahrt. Hier findet man auch den Namen des in Marburg geborenen hessischen Malers Otto Ubbelohde. Von ihm stammen die vielleicht schönsten Illustrationen der *Kinder- und Hausmärchen* und der *Deutschen Sagen*. Motive, die Ubbelohde als Vorlage gedient haben, bietet die „Marburger Märchenroute“, die in die Elisabethkirche und um sie herum führt. Im Landratsamt Marburg-Cappel hängen Originale der Märchen- und Sagenillustrationen von Ubbelohde. Unterhalb des Schlosses kann man den „Forsthof“ in der Ritterstraße besuchen. In einem Nebengebäude des heutigen Studentenwohnheims lebte Friedrich Carl von Savigny. Dort besuchten ihn die beiden Grimms ständig. Von dort aus sieht man aufs Lahntal. Jacob Grimm hat diesen Blick in einer Abhandlung zum 50. Doktorjubiläum von Savigny beschrieben:

„Zu Marburg muss man seine Beine rühren und Treppe auf, Treppe ab steigen. Aus einem kleinen Hause in der Barfüßerstraße führte mich durch ein schmales Gässchen und den Wendelstieg eines alten Turmes der tägliche Weg auf den Kirchhof, von dem sich über die Dächer- und Blütenbäume sehnsüchtig in die Weite schaut. Da war gut auf und ab wandeln. Dann stieg man an der Mauerwand wieder in eine höher liegende Gasse vorwärts zum Forsthof. Mitten an der Treppe klebte wie ein Nest ein Nebenhaus, in dem Sie Ihr heiteres, sorgenfreies und der Wissenschaft gewidmetes Leben lebten. Ein Diener öffnete, und man trat in ein nicht großes Zimmer, von dem eine Tür in ein noch kleineres Gemach mit Sofa führte. Hell und sonnig waren die Räume, weiß getüncht die Wände, türmen die Dielen, die Fenster gaben ins Gießner Tal, auf Wiesen, Lahn und Gebirg duftige Aussicht, die sich zauberhafter Wirkung näherte, in den Fensterecken hingen eingerahmt Kupferstiche, an denen ich mich nicht satt sehen konnte, so freute mich deren zarte und scharfe Sauberkeit."[4]

Von Marburg aus gelangt man bequem ins Schwälmer Dorf Willingshausen. Dort lebte im Schloss die Familie von Schwertzell, die mit den Brüdern Grimm freundschaftliche Beziehungen unterhielt. Von Wilhelmine von Schwertzell, die in der Familie auch die „Märchen-Minna" genannt wurde, stammen die Märchen *Der Gevatter Tod*, *Jorinde und Joringel* und *Die goldnen Beinchen*. Die Freundschaft zur Familie ging auf Friedrich von Schwertzell zurück, der Wilhelms Mitschüler im Kasseler Fridericianum gewesen war und auch in Marburg studiert hatte. Auch Caroline von Verschuer, die Schwester Friedrich von Schwertzells, gehörte zum Freundeskreis; sie steuerte das Märchen *Frieder und Catherlies* bei.

Jorinde und Joringel. Illustration von Otto Ubbelohde

Von Wilhelmine von Schwertzell sind 75 Briefe und acht Billets an Wilhelm Grimm erhalten. Am 19. August 1824 schreibt sie ihm nach einem Besuch von Ludwig Emil Grimm in Willingshausen:

> „Wir sind gar sehr vergnügt gewesen, und ich wollte nur, es käme oft so. Ueber das Talent Ihres Bruders haben wir die größte Freude gehabt, und es sieht sich ihm so gut zu, da alles gelingt. Aber sein Wesen hat uns auch so sehr wohl gefallen und wenn wir ihn auf längere Zeit eingeladen, so ist uns das ganz von Herzen gegangen. Ich habe gar nicht geglaubt, dass Sie im Äußern, im Gang, in den Bewegungen einander so ausnehmend ähnlich wären."[5]

Der Mann von Friedrich von Schwertzells jüngster Schwester Charlotte war Gerhardt von Reutern. Er gilt als der Begründer der Willingshäuser Malerkolonie. Ludwig Emil Grimm erteilte ihm Mal- und Zeichenunterricht. Am Beispiel der Familie von Schwertzell kann man sehen, wie bei den Brüdern Grimm Freundschaft, Geselligkeit und gelehrte Kommunikation mit dem Sammeln von Märchen verbunden waren. Bei ihnen war die Sammelleidenschaft viel mehr eine Lebensform als eine Marotte.

Länger als 30 Jahre lebten und arbeiteten die Brüder Grimm in Kassel. Im Oktober 1805 zogen Jacob und Wilhelm in ein Fachwerkhaus in der Wildemannsgasse. Die Mutter war aus Steinau schon im Mai desselben Jahres dorthin gezogen. Später sollte dieses Haus als das „Märchenhaus" berühmt werden.

Die Suche nach Spuren der Brüder Grimm in Kassel und Umgebung ist leicht und schwierig zugleich. Von ihren sechs Wohnungen in Kassel ist eine einzige erhalten. Dass das Torwachtgebäude die gut klingende Adresse Brüder-Grimm-Platz 1 trägt, kann nicht darüber hinwegtäuschen, dass in der einstigen Kasseler Hauptwohnung der Brüder Grimm heute der Hessische Verwaltungsgerichtshof untergebracht ist. Immerhin erinnert eine Plakette am Portal an die berühmten Vormieter, die dort an der *Deutschen Grammatik* (1819–1837) an der Zeitschrift *Altdeutsche Wälder*, den *Kinder- und Hausmärchen*, den *Deutschen Sagen* (1816–1818) und auch an dem *Deutschen Wörterbuch* (1. Band 1854) gearbeitet haben.

Das 1972 eröffnete Brüder-Grimm-Museum im jüngst erst schön und aufwendig renovierten Palais Bellevue in der Schönen Aussicht Nr. 2 gibt es nicht mehr. Das Museum wurde geschlossen, weil mit der GRIMMWELT auf dem Weinberg ein modernes, weiträumiges Ausstellungshaus entstanden ist. Selbstverständlich nehmen dort die Märchen den meisten Platz ein, aber auch die vielfältigen anderen Schaffensbereiche der Brüder werden mit neuen Museumskonzepten dargeboten. Besonderen Wert wird auf die aktive Aneignung der ausgestellten Objekte durch das Publikum gelegt.

Andererseits ist die Begründung in dem Aufruf zur Gründung eines Brüder-Grimm-Museums in Kassel aus dem Jahre 1958 immer noch aktuell:

> „Die Brüder Grimm haben mit ihren *Kinder- und Hausmärchen* einen Schatz an altem, unvergänglichem Erzählgut bewahrt und erschlossen, ohne den in unserem und in manchem anderen Lande kein Kind aufwächst. Sie haben in den *Deutschen Sagen* die Erinnerung wachgehalten an Zeiten und Bereiche, in denen die Geschichte mit der Poesie verschwistert war. Sie haben das Werden unserer Sprache erforscht; sie haben den deutschen Wortschatz als untrügliches Zeugnis unseres Welterlebens zu sammeln begonnen; sie haben die große alte Dichtung in ihrer ursprünglichen Gestalt zugänglich gemacht; sie haben die umfassende Lebensordnung des alten Reiches in ihrem Wesen und Werden aufgezeigt und gedeutet [...]. Dem Umfang, der Tiefe und weiterwirkenden Fruchtbarkeit ihres Lebenswerkes ist nicht vieles aus der deutschen Geistesgeschichte vergleichbar."

Zieht man ein paar etwas altbacken klingende Formulierungen ab, so kann man auch nach mehr als 40 Jahren mit diesem Aufruf einverstanden sein. Vor allem hat er gefruchtet. Nirgends auf der Welt wird man Leben und Leistung der Brüder Grimm näher kommen als in der Kasseler GRIMMWELT.

Das Allerheiligste ist gewiss das Grimm'sche Handexemplar ihrer *Kinder- und Hausmärchen* von 1812, das in das Weltdokumentenerbe der UNESCO aufgenommen wurde. In diesem Exemplar finden sich viele handschriftliche Anmerkungen und Notizen der Brüder Grimm. Ganz besonders wertvoll sind die Namen der Erzählerinnen und Erzähler, die unter manchen Märchen stehen. Einen dieser Namen kann man zum Ausgangspunkt einer Exkursion machen: Marie. Im ersten Band von 1812 lesen wir unter *Brüderchen*

Brüderchen und Schwesterchen. Illustration von Otto Ubbelohde

und Schwesterchen in der Handschrift Wilhelm Grimms: „von der Marie 10. März 1811."

Nachdem Heinz Rölleke herausgefunden hat, dass es sich nicht um die „Alte Marie" handelt, also um Marie Müller aus Rauschenberg, wie Wilhelms Sohn Herman geglaubt hatte, sondern um die junge Marie Hassenpflug, die älteste Tochter des kurhessischen Regierungspräsidenten Johannes Hassenpflug, hat sich die „Schauenburger Märchenwache" zu einem weit über Nordhessen hinaus bekannten Zentrum der Märchenkultur entwickelt. Von dort aus und vor allem mit den Forschungen von Heinz Rölleke ist ein kräftiger Zweig der Brüder-Grimm-Forschung entstanden. Die Beiträgerinnen und Beiträger, denen die Brüder Grimm einen Großteil ihrer Märchen verdanken, traten aus der Dunkelheit hervor, in der sie nicht ohne das Zutun der Brüder Grimm verborgen waren. Die Märchen sollten aus einer vorschriftlichen Frühzeit, einer Art Goldenem Zeitalter der Volkspoesie entstammen. Hinter diesem Wunsch hatten die Beiträger zurückzutreten. Es erwies sich aber, dass die Schönheit und die Kraft der Märchen keinesfalls vermindert werden, wenn ihre Urheber, ihre Überbringer bekannt werden. Da war es eine schöne Fügung, dass zwei Beiträger in unmittelbarer Nähe der Schauenburger Märchenwache zu Hause waren: die genannte Marie Hassenpflug und der pensionierte Wachtmeister Johann Friedrich Krause. Der aus Schauenburg-Breitenbach stammende Maler, Zeichner und Holzschneider Albert Schindehütte, seit der Gründung der Märchenwache im Jahre 1997 ihr Mentor und wichtigster Ideengeber, brachte zwei Bücher zu diesen Beiträgern heraus: *Die Grimm'schen Märchen der jungen Marie*[6] und *Krauses Grimm'sche Märchen*[7]. Im Buch über die junge Marie liest man, dass Marie Hassenpflug, verheiratete von Dalwigk, 1788 in Altenhaßlau bei Gelnhausen geboren wurde und 1798 mit ihren Eltern nach Kassel gezogen ist. Seit der Heirat mit Friedrich von Dalwigk wohnte sie auf einem Gutshof in dem kleinen Dorf Hoof an der Straße von Kassel ins Waldeckische. Heute gehört Hoof ebenso wie Breitenbach zur Gemeinde Schauenburg, und aus der ehemaligen Feuerwache des Ortsteils Breitenbach ist die Märchenwache geworden. Albert Schindehüttes bildnerische Märchenwissenschaft – Illustrationen, Schriftkunst und riesige Holzschnitte – bildet den Rahmen. Lesungen und Erzählungen, Kunstausstellungen und Arbeiten mit Kindern packen das Grimm'sche Erbe beim Schopf. Vor der Märchenwache aber wurde die wahrscheinlich schönste und märchenhafteste Art gefunden, ein Märchen zu schreiben: in Spiegelschrift über einem Brunnen. Darin liest man dann richtig herum das von der Jungen Marie überlieferte Märchen *Die Wassernix*. Hier folgt der Text so, wie er in der Erstausgabe von 1812 zu lesen war:

„Ein Brüderchen und ein Schwesterchen spielten an einem Brunnen, und wie sie so spielten, plumpsten sie beide hinein. Da war eine Wassernix, die sprach: ‚Jetzt hab ich euch, jetzt sollt ihr mir brav arbeiten!' und dem Mädchen gab sie verwirrten, garstigen Flachs zu spinnen, und Wasser musste es in ein hohles Fass schleppen, der Junge aber sollte einen Baum mit einer stumpfen Axt hauen, und nichts zu essen bekamen sie, als steinharte Klöse. Da wurden zuletzt die Kinder so ungeduldig, dass sie warteten, bis eines Sonntags die Nixe in der Kirche war, da flohen sie. Und als die Kirche vorbei war, sah die Nix, dass die Vögel ausgeflogen waren, und setzte ihnen mit großen Sprüngen nach. Die Kinder erblickten sie aber von weitem, und das Mädchen warf eine Bürste hinter sich, das gab einen großen Bürstenberg, mit tausend und tausend Stacheln, über den die Nix mit großer Müh klettern musste, endlich aber kam sie doch darüber. Wie das die Kinder sahen, warf der Knabe einen Kamm hinter sich, das gab einen großen Kammberg, mit tausend mal tausend Zinken, aber die Nix wusste sich daran festzuhalten, und kam zuletzt doch darüber. Da warf das Mädchen einen Spiegel hinterwärts, welches einen Spiegelberg gab, der war so glatt, so glatt, dass sie unmöglich darüber konnte. Da dachte sie: ich will geschwind nach Haus gehen und meine Axt holen, und den Spiegelberg entzwei hauen, bis sie aber wieder kam, und das Glas aufgehauen hatte, waren die Kinder längst weit entflohen, und die Wassernix musste sich wieder in ihren Brunnen trollen."[8]

In der Schauenburger Märchenwache wird auch an den aus Breitenbach stammenden Johann Friedrich Krause erinnert, der bei den Grimms seine Märchen gegen abgelegte Kleider tauschte. Von ihm stammen u. a. *Der alte Sultan*, *Herr Fix und Fertig* und *Die drei Schlangenblätter*. Der Sohn eines Schulmeisters starb als verabschiedeter, verarmter und verwitweter Quartiermeister und Kriegsveteran in Hoof.

Die Wassernix. Illustration von Otto Ubbelohde

Die Schauenburger Märchenwache bietet eine Fülle von kulturellen Veranstaltungen. 2011 wurde dort zum Beispiel das bislang ausführlichste Kompendium über die Beiträgerinnen und Beiträger der Grimm'schen Märchen präsentiert: Heinz Rölleke und Albert Schindehütte: *Es war einmal ... Die wahren Märchen der Brüder Grimm und wer sie ihnen erzählte*[9].

Im Kontext der Forschungen von Albert Schindehütte und Heinz Rölleke entstand 2013 eine ausführliche Biographie der Märchenerzählerin Marie Hassenpflug, in der vor allem ihre Hanauer Jahre 1788 bis 1798 dargestellt werden. Man begegnet in dieser Biographie einem Mädchen, das in die Kultur der französischen Hugenotten in der Hanauer Neustadt integriert war. Ihre Großmutter hatte ihr französische Märchen, vor allem von Charles Perrault erzählt. So gelangte *Dornröschen* aus der Hanauer Neustadt zu den Brüdern Grimm nach Kassel. In dem von Albert Schindehütte illustrierten Buch sind sechs der Märchen in den Fassungen der ersten Ausgabe der *Kinder- und Hausmärchen* von 1812 abgedruckt, die Marie Hassenpflug den Brüdern Grimm erzählte.[10]

Auf dem Friedhof bei der Niederzwehrener Kirche in Kassel steht ein Gedenkstein für Dorothea Viehmann. Ihr verdankt sich ein Großteil der Märchen aus dem zweiten Band der *Kinder- und Hausmärchen*. Sie hat aber auch ein paar Irrtümer und Projektionen auf sich gezogen, die für das Projekt der Brüder Grimm bezeichnend sind. Als „Volksmärchen“ sollten sie aus einer uralten lokalen Erzähltradition vor allem der ländlichen Schichten entstammen. Dies stellt sich bei der sogenannten Viehmännin in besonders auffallender Weise als Konstruktion heraus. Wilhelm Grimm hatte sie als Bäuerin bezeichnet, ihre Märchen als „stock-hessisch“. Sie war aber die Gattin des Schneidermeisters Nikolaus Viehmann. Ihre väterlichen Vorfahren namens Pierson waren 1685 nach der Aufhebung des Edikts von Nantes als Hugenotten aus Metz nach Hofgeismar gegangen. In ihrem Elternhaus sprach man noch Französisch, und so verwundert es nicht, dass – wie es in der Märchenforschung seit langem ein Gemeinplatz ist – viele ihrer Märchen aus der französischen Literatur und nicht aus dem hessischen Volk stammen. Das schmälert die Verdienste der Grimms nicht, erfreuten sich ihre Irrtümer doch einer beispiellosen Produktivität. Die Eingriffe, Redaktionen, Umschreibungen der großen Märchensammler stehen auf einem anderen Blatt. Dass der biedermeierliche Zeitgeist, die Auffassung von Kindheit, Volkstümlichkeit, richtigem Denken und Handeln in den Märchen deutliche Spuren hinterlassen haben, verwundert nicht. Vielmehr zeugen auch die redigierten Märchen von einer unglaublichen Robustheit.

Die „Viehmännin“ also war weder „stock-hessisch“ noch gar Bäuerin. Sie wurde im damaligen Gasthaus „Zum Birkenbaum“ in Rengershausen bei

Kassel geboren, das heute ein Stadtteil von Baunatal ist. Noch zu ihren Lebzeiten wurde daraus die „Knallhütte“, wo man heute ein selbstgebrautes Brüder-Grimm-Bier trinken kann. In einem „Märchenzimmer“ gibt es allerhand Kolorit aus der Zeit der „Viehmännin“, die dort auch in Gestalt einer nicht zu dick auftragenden Schauspielerin persönlich auftritt.

Dorothea Viehmann. Radierung von Ludwig Emil Grimm (1819)

Wilhelm Grimm äußerte sich einmal über die Sicherheit, mit der Dorothea Viehmann zwei Jahre vor ihrem Tod ihre Märchen erzählt hatte:

> „Wer an leichte Verfälschung der Überlieferung, Nachlässigkeit bei Aufbewahrung und daher an Unmöglichkeit langer Dauer als Regel glaubt, der hätte hören müssen, wie genau sie immer bei der Erzählung blieb und auf ihre Richtigkeit eifrig war; sie änderte niemals bei einer Wiederholung etwas in der Sache ab und besserte ein Versehen, sobald sie es bemerkte, mitten in der Rede gleich selber. Die Anhänglichkeit an das Überlieferte ist bei Menschen, die in gleicher Lebensart unabänderlich fortfahren, stärker, als wir, zur Veränderung geneigt, begreifen. Eben darum hat es, so vielfach bewährt, eine gewisse eindringliche Nähe und innere Tüchtigkeit, zu der anderes, das äußerlich viel glänzender erscheinen kann, nicht so leicht gelangt.“[11]

Hier kann man einem der Brüder bei seiner Konstruktion der Herkunft von Märchen zuschauen. Die Erzählerin wird in einen zyklischen, bäuerlichen Lebenskreis versetzt, dem die Tradition unverfälschter mündlicher Überlieferung stabil angehört. Die überzeugenden Fähigkeiten der Viehmännin werden zurückprojiziert in eine weit entfernte Vergangenheit, die aber noch unverfälscht spricht. Die Zeit des „Es war einmal …“ verweist durch die Erzähler hindurch auf etwas zugleich weit Entferntes und Nahes, Beständiges. Mag sein, dass zu Beginn des 19. Jahrhunderts, zu Beginn der Industrialisierung, in einer Zeit sehr unruhiger politischer Verhältnisse aus der Märchenzeit Trost und Zuversicht geschöpft wurden.

In wenigen Worten soll auf das weitere Schicksal der Brüder Grimm eingegangen werden. 1829 wurden sie an die Universität Göttingen berufen. Jacob wurde dort Bibliothekar und ordentlicher Professor, Wilhelm zunächst ausschließlich Bibliothekar. 1835 erhielt auch Wilhelm eine ordentliche Professur. Als der König von Hannover (dessen Herrschaft auch Göttingen einschloss) 1837 den Eid auf die Verfassung verweigerte, protestierten die Grimms zusammen mit fünf anderen Professoren als „Göttinger Sieben" dagegen und mussten die Universität verlassen. Zuerst ging Wilhelm, dann auch Jacob zurück nach Kassel. 1840 wurden die beiden an die Preußische Akademie der Wissenschaften in Berlin berufen. Im Jahr darauf zogen sie nach Berlin, wo sie Vorlesungen und Akademievorträge hielten. Dort arbeiteten sie vor allem an ihrem Wörterbuch, das aber erst 1961 abgeschlossen werden sollte. Die Grimms sind darüber gestorben: Wilhelm am 16. Dezember 1859 und Jacob am 20. September 1863 in Berlin. Dort wurden sie nebeneinander – so wie sie gelebt hatten – auf dem Friedhof der Matthäus-Gemeinde in Berlin-Schöneberg begraben. Heute sind die Brüder Grimm die meistübersetzten deutschen Schriftsteller. Ihr Werk erscheint in über einhundert Sprachen.

Ludwig Emil Grimm, der Malerbruder, wurde 1832 an die Kunstakademie in Kassel berufen. Er starb in dieser Stadt am 4. April 1863.

Anmerkungen

1 Wiegen- und Kinderlieder. gesammelt durch die Brüder Grimm. Hg. und kommentiert von Heinz Rölleke. Weimar 1999, S. 26.

2 Jacob Grimm: Besinnungen aus meinem Leben. In: Inventar der Grimm-Schränke in der Preußischen Staatsbibliothek. Bearb. von Hans Daffis. Leipzig 1923, S. 106.

3 Wilhelm Grimm: Aus meinem Leben. Hg. von Wilhelm Schoof. Bonn 1960, S. 17 f.

4 Jacob Grimm: Aus meinem Leben. Hg. von Wilhelm Schoof. Bonn 1961, S. 78.

5 Zit. n. Wilhelm Grimm, a. a. O., S. 272 f.

6 Die Grimm'schen Märchen der jungen Marie. Arrangiert und ausgeschmückt von Albert Schindehütte. Marburg 1991.

7 Krauses Grimm'sche Märchen. Mit vielen „zeitgenössischen" Bildern und einem Findemärchen nebst Anmerkungen zur Heimatkunde von Albert Schindehütte. Revidierte und um einen Trouvaille erweiterte Neuauflage. Marburg 1991.

8 Die Wassernix. In: Albert Schindehütte, a. a. O., S. 121 (Faksimile aus dem Handexemplar der Kinder- und Hausmärchen der Brüder Grimm von 1812).

9 Heinz Rölleke/Albert Schindehütte: Es war einmal … Die wahren Märchen der Brüder Grimm und wer sie ihnen erzählte. Frankfurt am Main 2011.

10 Heiner Boehncke/Phoebe Alexa Schmidt: Marie Hassenpflug. Eine Märchenerzählerin der Brüder Grimm. Darmstadt 2013.

11 Zit. n. Kinder- und Hausmärchen. Gesammelt durch die Brüder Grimm. Vollständige Ausgabe auf der Grundlage der dritten Auflage (1837). Hg. von Heinz Rölleke. Frankfurt am Main 1999, S. 16.

5. Von den Minnesängern bis Grimmelshausen

Der Kaiserhof in Frankfurt

1147 rief der berühmte Prediger und Abt Bernhard von Clairvaux in Frankfurt in Anwesenheit von König Konrad III. zum Kreuzzug auf. Noch am selben Tag ließ Konrad seinen zehnjährigen Sohn Heinrich in der Stadt zum König krönen. Fünf Jahre später starb Heinrich, und es musste von den Reichsfürsten neu gewählt werden, was wiederum in Frankfurt geschah. Die Wahl fiel auf Konrads Neffen Friedrich von Staufen, auf Friedrich I. Barbarossa. So wurde es üblich, den König in Frankfurt zu wählen.

Unter Friedrichs Vorgängern, den Ottonen und Saliern, hatte Frankfurt nur eine Nebenrolle gespielt. Jetzt ging es wieder aufwärts. 56 Besuche von staufischen Herrschern lassen sich nachweisen. Wahrscheinlich waren es aber mehr. Denn allein 25 Hof- und Fürstentage fanden in dieser Zeit in Frankfurt statt. Und wenn die Großen des Reichs zusammenkamen, dann dürfte es auch ein ansprechendes Unterhaltungsprogramm gegeben haben.

In den fast vier Jahrzehnten, die Friedrich I. regierte, entwickelte sich im deutschen Sprachraum nach französischem Vorbild eine höfische Literatur. Inwieweit der Kaiser selbst die Herausbildung von deutschsprachiger Lyrik und Epik förderte, ist nicht bekannt. Allerdings gehörte einer der berühmtesten Minnesänger, Friedrich von Hausen, zum engsten Kreis um Friedrich Barbarossa. Er zog mit dem Kaiser in den Krieg, führte diplomatische Missionen für ihn aus und begleitete

Friedrich von Hausen. Abbildung aus der Großen Heidelberger Liederhandschrift (Codex Manesse)

ihn auch auf dem dritten Kreuzzug, bei dem er wie Friedrich I. den Tod fand. Es ist anzunehmen, dass sich Friedrich von Hausen, der für eine ganze Gruppe von Minnesängern prägend wurde, auch in der kaiserlichen Pfalz in Frankfurt aufhielt und dort seine Kunst vortrug, vielleicht sogar zusammen mit seinen Schülern. Dem Kaiser wird das, so lässt sich vermuten, gefallen haben, denn die offizielle, vom Hof besonders geförderte Literatur war mehr als dröge. Es handelte sich um chronikartige Geschichtswerke, die vor allem die Aufgabe hatten, die militärischen und politischen Leistungen der jeweiligen Herrscher zu preisen.

Friedrichs Sohn, Kaiser Heinrich VI., scheint aus einem anderen Holz geschnitzt gewesen zu sein. Zwar ließ er, wie sein Vater, die verklärende Dynastengeschichte weiterschreiben, aber als vielseitig gebildeter Herrscher suchte er auch den Kontakt zu Gelehrten und Künstlern. Er ging sogar noch einen Schritt weiter. Denn höchstwahrscheinlich unter dem Einfluss Friedrich von Hausens begann er schon als junger König zu dichten. In der *Weingartner-* und der *Großen Heidelberger Liederhandschrift* (beide frühes 14. Jahrhundert) sind drei Minnelieder mit insgesamt acht Strophen von ihm überliefert.

Nach Heinrichs Tod stürzte das Reich in die Krise. 1198 wurden gleich zwei Könige gewählt: der Staufer Philipp von Schwaben im thüringischen Mühlhausen und der Welfe Otto IV. in Köln. Krönen ließen sich die beiden in Mainz bzw. in Aachen. Minnesänger, Geschichtsschreiber und die Autoren großer Prosawerke, die weiterhin die Nähe zum Königshof suchten, mussten sich jetzt entscheiden.

Walther von der Vogelweide etwa, der berühmteste deutsche Minnesänger, zog es zunächst zu Philipp von Schwaben. Er habe einen guten Platz am Feuer gefunden, dichtete er, und zeigte sich in seinen Liedern erkenntlich. Statt um die Liebe schöner Frauen zu werben, forderte er vehement und gleich mehrfach die Kaiserkrone für Philipp:

> „Sein kaiserliches Haupt gehört so ganz zu ihr
> dass niemand, der guten Willens ist, sie rechtens scheiden darf“[1].

Auch sein berühmtestes Gedicht, *Ich saß auf einem Stein*, in dem Walther die bürgerkriegsähnlichen Zustände im Reich beklagte, entstand in dieser Zeit.

Nach der Ermordung Philipps 1208 hatte Otto IV. keinen Widersacher mehr. Er ließ sich erneut zum König wählen, dieses Mal in Nürnberg, und empfing wenig später in Rom die Kaiserkrone. Aber das Bündnis zwischen Kaiser und Papst hielt nicht lange. Als Otto alles daran setzte, das Königreich Sizilien des Staufers Friedrich (des späteren Kaisers Friedrich II.) zu erobern, exkommunizierte ihn Papst Innozenz III. im November 1210. Otto kehrte nach Deutschland zurück und lud im Frühjahr 1212 zu einem Hoftag nach Frankfurt, um sich seiner politischen Macht zu versichern. Neben den Großen des Reichs begrüßte ihn auch Walther von der Vogelweide, der unterdessen im Dienst des Markgrafen von Meißen stand. Höchstwahrscheinlich war Walther selbst in Frankfurt:

„Herr Kaiser, seid willkommen!
Der Titel des Königs ist Euch genommen,
und somit überstrahlt Eure Krone alle anderen Kronen.
Eure Hand ist voller Macht und voller Reichtum:
je nach Eurem Willen
vermag sie zu strafen und zu lohnen.
Hinzukommt, wie ich Euch verkünde:
die Fürsten sind Euch ergeben,
sie haben in aller Form Euer Kommen erwartet.
Und besonders der Meißner,
der steht wirklich für immer zu Euch!
Eher würde ein Engel zum Abfall von Gott verführt.“[2]

Wieder ergriff Walther Partei. Noch deutlicher als bei Philipp von Schwaben machte er sich zum Fürsprecher des kirchlich gebannten Kaisers und zum entschiedenen Gegner des Papstes. Aber offenbar fühlte sich Walther für seine Dienste nicht recht entlohnt. Enttäuscht wechselte er die Seiten und wandte sich dem Staufer Friedrich II. zu, der sich schließlich gegen Otto durchsetzen konnte. Walther blieb zunächst bei Friedrich, der von 1215 bis 1250 regierte. Der Kaiserhof war, wie der Mittelalter-Forscher Joachim Bumke schreibt, „ein Zentrum der Wissenschaft und Künste, und der Kaiser selber hat, als Verfasser des lateinischen Jagdbuchs *Über die*

Walther von der Vogelweide. Abbildung aus der Großen Heidelberger Liederhandschrift (Codex Manesse)

Kunst, mit Vögeln zu jagen (De arte venandi cum avibus) und als Dichter volkssprachlicher italienischer Lieder, einen bestimmenden Einfluss auf den Literatur- und Kunstbetrieb seines Hofes ausgeübt"[3]. Allerdings verbrachte Friedrich II. den größten Teil seines Lebens in Italien und nicht in Deutschland.

Konrad von Bickenbach und Bligger von Steinach

Die heute berühmtesten Minnesänger, die bei den Hof- und Fürstentagen der staufischen Herrscher in Frankfurt auftraten, waren nicht auf dem Gebiet des heutigen Bundeslandes Hessen geboren worden. Dagegen aber der Minnesänger Konrad II. von Bickenbach. Mit hoher Wahrscheinlichkeit dürfte er im Alsbacher Schloss gewohnt haben, das sein Vater Gottfried von Bickenbach um 1230 erbaut hatte. Über Konrad wissen wir wenig. Nach dem Tod seines Vaters teilte er sich die Besitzungen mit seinem Bruder Otto und heiratete um 1255 die Witwe Konrads II. von Klingenberg, sodass er abwechselnd am Main und an der Bergstraße lebte. Er soll um 1272 gestorben sein. Überliefert ist von ihm nur ein einziges Lied, von dem die dritte und letzte Strophe in der Nachdichtung von Richard Zoozmann lautet:

> „Nähm ich still, was Liebe gibt,
> Käm ich als ein Held mir vor,
> Treu im Herzen bleibt geliebt,
> Die ich mir zum Trost erkor,
> Bei den Fraun erscheint sie klug,
> Der ich Seele schenk und Sinn;
> Herzenslust und Kaiserin,
> Liebst du mich, ist mirs genug.
> Wollt ihr lieb den Frauen bleiben,
> So seid stets auf eurer Hut.
> Sind sie lieb zu euch und gut,
> Kanns den Kummer euch vertreiben."[4]

Als Conrad von Tannenberg ist der Minnesänger auch in die hessische Sagenwelt eingegangen. Allerdings spielt in der von Johann Wilhelm Wolf Mitte des 19. Jahrhunderts überlieferten Erzählung nicht der Ritter, sondern seine Gattin die Hauptrolle; denn sie befreit ihren Mann aus osmanischer Gefangenschaft. Es gilt allerdings als sicher, dass Konrad nie auf einem Kreuzzug war und damit auch nicht in einem osmanischen Verlies. Eine spannende Figur, die die Phantasie der Menschen beschäftigte, scheint Konrad aber gewesen zu sein.

Bligger von Steinach wurde im 12. Jahrhundert geboren und genoss unter seinen Dichterkollegen hohes Ansehen. So ist er auch in der *Großen Heidelberger Liederhandschrift* abgebildet. Er zählte zu dem Kreis um den Minnesänger Friedrich von Hausen, dem wichtigsten Vertreter der staufischen Dichterschule, und war offenbar auch ein angesehener Adliger. Dennoch sind biographische Daten rar. Bisher hatte man angenommen, dass es sich bei dem Minnesänger um Bligger II. von Steinach handelt. Christian Burkhart konnte aber 2014 zeigen, dass es wahrscheinlich der Sohn, also Bligger III. war, der sich nach seiner neuerbauten Burg auch Bligger I. von Harfenburg nannte.[5] Die Harfe ist auch im Wappen Bliggers in der *Großen Heidelberger Liederhandschrift* zu sehen. Überliefert sind von ihm nur zwei Minnelieder und eine Sangspruchstrophe (die nicht ganz sicher von ihm stammt). Höchstwahrscheinlich hat er mehr geschrieben, denn in Gottfried von Straßburgs *Tristan und Isolde* wird eine weitere, heute verschollene Dichtung Bliggers mit dem mittelhochdeutschen Titel *Umbehanc* („Umhang", „Gobelin") erwähnt. Welches Ansehen Bligger als Dichter um 1210 besaß, als Gottfrieds Epos entstand, macht ein Auszug aus dieser Textstelle deutlich, in der Nachdichtung von Dieter Kühn:

Bligger von Steinach. Abbildung aus der Großen Heidelberger Liederhandschrift (Codex Manesse)

„Seine Zunge, Harfe spielend,
besitzt zwei volle Gnadengaben:
es ist die Sprache, ist ihr Sinn.
Die beiden harfen miteinander
Geschichten wundersamer Pracht."[6]

Die beiden erhaltenen Lieder Bligger von Steinachs stehen in der Tradition des höfischen Minnesangs und beklagen, dass die heftig Umworbene den Sänger nicht erhört.

„Mîn alte swaere die klage ich für niuwe,
wan si getwanc mich sô harte nie mê.
ich weiz wol durch waz si mir tout sô wê,
daz mich sin verdrieze und diu nôt mich geriuwe
die ich hâte ûf trôstlîchen wân.
nein, ine mac noch enlât mich min triuwe.
swie schiere uns aber diu sumerzît aber zergê,
des wurde rât, müese ich ir hulde hân.
die naeme ich für loup und für klê."

„Meinen alten Schmerz klage ich von neuem,
denn niemals quälte er mich so sehr.
Ich weiß wohl, warum er mir so weh tut,
weil er mir zum Ärger wird und die Mühsal mich reut,
der ich mich unterzogen hatte in der Hoffnung auf Abhilfe.
Nein, ich kann nicht, es lässt mich meine Treue nicht los,
wie schnell uns auch die Sommerzeit vergeht.
Das würde anders, könnte ich ihre Gunst erlangen.
Denn sie ersetzte mir Laub und Klee."[7]

Große Waldgebiete wie der Odenwald scheinen dafür prädestiniert zu sein, Tragisches und Geheimnisvolles zusammenzubringen. So ist es kein Zufall, dass der verhängnisvolle Höhepunkt des *Nibelungenliedes* mit dem Odenwald in Zusammenhang gebracht wird. Der Mord an dem Recken Siegfried durch den bösen Hagen von Tronje soll sich nämlich an einer Quelle im Odenwald ereignet haben. In der 16. Aventiure des *Nibelungenliedes* wird die grausige Tat eindrucksvoll geschildert. Hagen von Tronje wusste, wo Siegfried verwundbar war. Nur an einer Stelle, nämlich direkt unter dem Schulterblatt (unsere Übersetzung aus dem Mittelhochdeutschen stammt von Karl Simrock):

„Als der edle Siegfried · aus dem Brunnen trank,
Er schoss ihn durch das Kreuze · dass aus der Wunde sprang
Das Blut von seinem Herzen · an Hagens Gewand.
Kein Held begeht wohl wieder · solche Untat von der Hand."[8]

Obwohl es sich bei dem *Nibelungenlied* um kein authentisches Zeugnis, sondern nur um eine Sage handelt, beanspruchen gleich mehrere Orte im Odenwald die Siegfriedquelle für sich. Am erfolgreichsten behauptete sich Grasellenbach, das ganz im Zeichen der Nibelungen steht.

Helius Eobanus Hessus, Euricius Cordus und Burkhard Waldis

Ein Neuerer der Literatur war Helius Eobanus Hessus, der am 6. Januar 1488 als Eoban Koch in Halgehausen bei Frankenberg zur Welt kam. Sein Vater arbeitete im Kloster Haina. Obwohl er nur wenig verdiente und kaum für das Auskommen seiner Familie sorgen konnte, ermöglichte er seinem Sohn den Besuch der Lateinschulen in Gemünden/Wohra und in Frankenberg. Schon während seines Studiums in Erfurt wurde Eobanus Hessus zum gefeierten Dichter, dem auch die akademische Laufbahn offenstand. Sein Lebensweg, eng mit der Reformation und Luther verknüpft, ist voller Höhen und Tiefen. Er führte ihn schließlich 1536, vier Jahre vor seinem Tod, wieder zurück nach Hessen. Philipp der Großmütige holte ihn an die Universität in Marburg. Eobanus Hessus schrieb, wie es damals durchaus üblich war, in neulateinischer Sprache, und das stört seinen Nachruhm erheblich. Er teilt, so Gisela Möncke im *Gutenberg-Jahrbuch 2004*, „das Schicksal jener Neulateiner des 16. Jahrhunderts, deren Dichtungen unter den Humanisten ihrer Zeit hoch geschätzt waren, später aber, als das Latein seine führende Rolle als Literatursprache wieder einbüßte, nur einem kleinen Kreis von Philologen und Historikern bekannt blieben“[9]. Mit anderen Worten: Den Lesern von heute ist Eobanus Hessus so gut wie unbekannt. Dagegen spielt er in der Germanistik eine herausragende Rolle. Seine Bedeutung liegt vor allem darin, dass er neue Gattungen in die deutsche Literatur einführte: die Hirtendichtung in seinem Zyklus *Bucolicon* (1509) und die Frauenbriefe mit seiner Sammlung *Heroidum christianarum Epistolae* (1514). Martin Luther, auf den er vier Elegien schrieb, schätzte ihn und nannte ihn einen „rex poetarum“, also einen „König der Dichter“. In einem seiner Hauptwerke, der Sammlung von 22 fiktiven Briefen von heiligen Frauen an ihre Geliebten, die 1514 unter dem Titel *Heroidum christianarum epistolae* erschien, findet sich ein Brief von ihm an die Nachwelt, in dem er, stolz und selbstbewusst, auch von seiner Herkunft berichtet.

> „Göttliche, was du jetzt liest, hinterließ dein dich liebender Hessus,
> dass du's zu deiner Zeit, Nachwelt, magst lesen dereinst. […]
> Dort, wo Deutschland erblickt des Rheinstromes wogende Fluten
> und es zusammen sich engt gegen den Mittelpunkt hin,
> dort besiedeln das Land, die im Altertum Chatti man nannte,
> doch das streitbare Land wird heute Hessen genannt.
> Dort ist ein Berg, berühmt durch die Kirche der Heiligen Jungfrau,
> den glasklar im Tal Wasser der Eder umspült.
> Klein ist mein Frankenberg zwar, doch dank dem Ruhm meiner Muse

wird es am letzten Platz unter den Städten nicht stehn,
falls du gnädig einmal vergönnest Nachruhm dem Dichter,
welcher, o Nachwelt, dich heute so hingebend liebt.“[10]

Der genaue Umfang des Werks von Eobanus Hessus ist bis heute nicht bekannt. Erst 2002 wurden zwei Drucke von 1509 und 1515 wiederentdeckt. Der eine enthält eine Sammlung von Gedichten italienischer und antiker Autoren, die vor allem um ein Thema kreisen: die Kluft zwischen der öffentlichen Anerkennung des Dichters und dem geringen finanziellen Gewinn, den er daraus ziehen kann. Die kleine Schrift hat Eobanus Hessus seinem zwei Jahre älteren Freund Euricius Cordus gewidmet, der wie er zum Erfurter Dichterkreis zählte. Euricius Cordus war 1486 in dem heute zu der Gemeinde Münchhausen zählenden Simtshausen (und damit nicht weit von Halgehausen) als Sohn eines Müllers geboren worden. Er studierte Medizin und promovierte 1521 im italienischen Ferrara. Sechs Jahre später wurde er der erste Professor für Medizin an der neugegründeten Marburger Universität. Als Autor machte er sich einen Namen mit seinen (satirischen) Epigrammen, wie etwa *Bauernnot*:

„Nichts Erbärmlicheres gibt es heutzutag als den Bauern,
der wie ein Sklave sein Land nicht für sich selber bebaut.
Hat er ein ganzes Jahr verbracht mit Frieren und Schwitzen,
da er in drückender Fron tausendfach Übel erlitt,
bleibt vom eigenen Feld ihm kaum genügend Saatgut;
doch was darüber hinaus, nimmt sich der faule Altar.“[11]

Die Epigramme von Euricius Cordus beeinflussten eine ganze Reihe von Schriftstellern, unter ihnen auch Lessing. Heute hat seine Bedeutung als Mediziner und Biologe sein literarisches Werk etwas in den Hintergrund treten lassen. Zu seinem Andenken verleiht der Fachbereich Humanmedizin der Marburger Universität heute die angesehene Euricius-Cordus-Medaille.

Zu den wichtigsten deutschen Autoren des 16. Jahrhunderts zählt auch Burkhard Waldis, der wahrscheinlich zwischen 1490 und 1495 in (Bad Sooden-)Allendorf geboren wurde. Sein Vater war Rat und Kämmerer der Stadt, gehörte also zum Patriziat. Waldis ließ sich nach einem bewegten Leben, zu dem Geheimmissionen, Verrat und eine gut dreijährige Gefangenschaft gehörten, 1544 als Probst und Pfarrer in Abterode nieder (das heute ein Ortsteil der Gemeinde Meißner ist). In dem kleinen Dorf schrieb oder beendete er seine wichtigsten Bücher: seine Psalmenbearbeitung *Der Psalter, In Newe Gesangs weise, und künstliche Reimen gebracht …* (1553), seine zeitgemäße Aktualisierung des *Tewerdanck* (*Teuerdank*, zuerst 1553), vor allem aber seine Sammlung von 400 gereimten Fabeln *Esopus* (zuerst 1548). Im Gegensatz zu Eobanus Hessus oder Euricius Cordus benutzte Waldis die deutsche Sprache, die sich uns heute eher über das laute (Vor-)Lesen als über das Schriftbild erschließt. Als Beispiel der Anfang der Fabel *Von einer Bonen:*

„Im dorf dort niden in der au
Da het ein arme alte frau
Ein wenig bonen zamen brocht,
Auf dass sies irem manne kocht.
Sie macht ein feur und war sein fro
Und zündts an mit ein wenig stro,
Gedacht: es ist der müe wert!
Ein bon entfiel ir auf den hert …“[12]

Burkhard Waldis, dessen Werk als Beleg dafür gilt, wie vielseitig die Literatur des 16. Jahrhunderts war, ist wahrscheinlich 1556 in Abterode gestorben.

Ulrich von Hutten

„Ich habs gewagt“. Dieser Wahlspruch macht ihn bis heute berühmt. Und er trifft tatsächlich auf einen Menschen zu, der vor nichts und niemandem Angst hatte, der sich als einer der letzten wirklichen Ritter empfand und der schließlich seinen Mut teuer bezahlen musste. Ulrich von Hutten wurde am 21. April 1488 auf der Burg Steckelberg bei Schlüchtern geboren. So romantisch sich das heute anhört, so unbequem und aufreibend muss das Leben auf einer Burg zu dieser Zeit gewesen sein. Hutten selbst hat es am 25. Oktober 1518 in seinem berühmten Brief an den Nürnberger Patrizier Willibald Pirckheimer beschrieben:

„Die Burg selbst, ob sie nun auf einem Berg oder in der Ebene liegt, ist nicht zur Behaglichkeit, sondern zur Sicherheit erbaut, mit Graben und Wall umgeben, im Innern eng, durch Stallungen für Klein- und Großvieh im Platz begrenzt; daneben finstere Kammern, die mit Kanonen, Pech und Schwefel und dem übrigen Gerät an Waffen und Kriegsmaschinen angefüllt sind; überall der Geruch nach dem Pulver der Kanonen; dann die Hunde und der Hundedreck – auch das ist ein angenehmer Duft, denke ich! Reiter kommen und gehen, unter ihnen Räuber, Diebe und Mörder; denn meistens stehen unsere Häuser allen offen“.

Der Brief, der Lebensbilanz und Rechenschaftsbericht in einem ist, endet mit dem vielzitierten Ausruf:

„O Jahrhundert! O Wissenschaften! Es ist eine Lust zu leben, wenn man auch noch nicht ausruhen darf, Willibald. Die Studien blühen auf, die Geister regen sich. He du, Barbarei, nimm einen Strick und erwarte deine Verbannung!“[13]

Ulrich von Hutten. Holzschnitt um 1520

Bei allem Optimismus, den er verbreiten wollte, ahnte Hutten doch, wie weit die Menschen noch vom Goldenen Zeitalter entfernt waren. Er selbst musste es bald erleben.

Obwohl er aus einer ritterlichen Familie stammte, war er nicht mehr zum bewaffneten Kampf ausgebildet worden, sondern ging als Elfjähriger an die Fuldaer Klosterschule, wo er Latein und Theologie lernte. Auf seiner anschließenden Wanderung durch Deutschland und Italien lernte er die freiheitlichen Gedanken der Humanisten kennen und gehörte bald zu ihnen. In seinen Schriften prangerte er die Landesfürsten an, die weder Gesetz noch Recht achteten; er attackierte den Papst und plädierte für ein einiges Deutschland mit einem starken Kaiser. Dafür wurde er von Maximilian I. 1517 in Augsburg mit dem Dichterlorbeer ausgezeichnet. Er hätte es sich danach im Dienst des Mainzer Erzbischofs gut gehen lassen können. Aber Ulrich von Hutten suchte immer wieder die Auseinandersetzung mit der Kirche und dem Papst, den er in seinen romfeindlichen Schriften wie den *Dialogi* (Mainz 1520) oder in Epigrammen höchst polemisch attackierte. So heißt es in dem 1516 in Latein verfassten Epigramm über das österliche Rom unter Papst Leo X.:

„Also sah ich sie denn, Roms halbzertrümmerte Mauern,
Wo mit dem Heiligen man selbst den Gott auch verkauft.
Sah den erhabenen Priester, o Freund, mit dem heiligen Rate,
Und in verlängertem Zug die Kardinäle geschart,
Schreiber so viel und Tross von überflüssigen Menschen,

Die mit den Pferden zugleich wallend der Purpur bedeckt.
Tätig die einen im schandbaren Werk, die anderen leidend,
Unter dem heiligen Schein frönend der wildesten Lust.
Andre sodann, die selbst auch den Schein des Guten verschmähen
Und mit erhobener Stirn Sitte verhöhnen und Zucht.
Welche mit Lust schlecht sind und mit Vollmacht; ach in deren
Joch das teutonische Volk leider so willig sich fügt.
Sie handhaben Verbot und Erlaubnis, schließen und öffnen,
Und wie es ihnen beliebt, teilen den Himmel sie aus."[14]

Die so heftig Angegriffenen wehrten sich auf ihre Weise. Sie belegten Hutten mit dem Kirchenbann und ließen ihn durch die Inquisition verfolgen. Auch beim neuen Kaiser Karl V. fand er keine Hilfe mehr. Nur noch Franz von Sickingen unterstützte ihn, aber dessen Aufstand gegen die Fürsten und die immer mächtiger werdenden Städte schlug fehl. Hutten musste in die Schweiz fliehen und verlor seine letzten Freunde. Lediglich der Reformator Huldrych Zwingli kümmerte sich noch um den total verarmten Ritter, der seine letzte Fehde mit dem großen Humanisten Erasmus von Rotterdam austrug. Zwingli gewährte ihm auf der Insel Ufenau im Zürich-See Exil. Dort starb Hutten Ende August 1523 an den Spätfolgen einer Syphilis. Er hinterließ, so Zwingli, „gar nichts von Wert; Bücher hatte er keine, Hausrat auch nicht – außer einer Feder"[15].

Petrus Lotichius Secundus

Huttens einsamer Tod in der fernen Schweiz zog schon die Aufmerksamkeit seiner Zeitgenossen auf sich und förderte die Legendenbildung. So dichtete Petrus Lotichius Secundus:

„Ich beschwöre Huttens Manen, die Asche des Dichters,
Die nun mitten im See, klein, eine Insel umschließt.
Seid mir gegrüßt, ihr Manen, euch werde als Lohn aller Mühsal
Ruhe und Frieden zuteil, sei euch die Erde nicht schwer!
Mit den Veilchen empfängst du die Tränen, die wir dir weihen,
Ruhmreicher Ritter dereinst, glücklich nun schlummernd im Tod."[16]

Petrus Lotichius Secundus schrieb seine Gedichte, wie in dieser Zeit üblich, in lateinischer Sprache. Auch Hutten tat das, er verfasste allerdings seine polemischen Schriften oft auch auf Deutsch, um damit nicht nur gelehrte, sondern möglichst viele Leser zu erreichen. Lotichius Secundus stand dagegen noch ganz in der klassischen Bildungstradition. Er war am 2. November

1528 in der Nähe der Burg Steckelberg geboren worden, nämlich in Niederzell bei Schlüchtern. Er studierte in Marburg, Leipzig und Wittenberg, unterbrach aber sein Studium, um als Soldat für den (evangelischen) Schmalkaldischen Bund zu kämpfen, danach reiste er viel, u. a. nach Frankreich (wo er sein Studium in Montpellier fortsetzte) und nach Italien (wo er in Padua zum Doktor der Medizin promoviert wurde). 1556 kehrte er nach Deutschland zurück und lehrte von 1557 bis zu seinem Tod am 7. November 1560 Medizin und Botanik an der Heidelberger Universität. Seine Gedichte, die er immer dort erscheinen ließ, wo er sich gerade aufhielt, stehen, wie Herbert Heckmann in seinem Lotichius-Porträt schreibt, „an einem Wendepunkt der deutschen Literaturgeschichte", als „die alten Gattungen wie Oden, Satiren und Elegien wieder zu Ehren" kamen. „Petrus Lotichius Secundus unterscheidet sich von seinen poetischen Kollegen, die nur belesen die römischen Vorbilder variierten. Er übernahm nicht elegische Gefühle anderer, sondern fand für seinen Abscheu vor dem Krieg, für seelisches Leiden und unglückliche Liebe den klassischen Ausdruck. Er brachte es fertig, seine persönlichen Erfahrungen, seine eigenen Liebeshändel durch das Gitter überlieferter Formen und überlieferter Metaphern spürbar zu machen. Dass der letzte der vier Bände der Elegien religiösen Themen gewidmet ist, beweist nur den Ernst seines poetischen Ansatzes. Es war sein aufgewühltes Herz, das ihn zum Dichten trieb."[17]

Lotichius Secundus, der 1550 die Belagerung Magdeburgs durch kaiserliche Truppen als Verteidiger der Stadt miterlebt hatte, wurde nicht müde, vor dem Krieg und seinen Folgen zu warnen. Seine besondere Verachtung galt den gedungenen Landsknechten, die heute für diesen und morgen für jenen Herrscher kämpften, je nachdem, wer sie gerade besser bezahlte.

> „Der Götter Schande ihr und unsrer Zeiten Schmach,
> ihr Pestilenz und Seuche des Soldatenstands,
> es treibt euch Raserei und wüste Trunkenheit
> und lasterhafte Läufte zuchtlos Tun,
> dass ihr, gehüllt in Kleider, die abscheulich sind,
> das Recht durch Frevel schändet und das Reich verderbt:
> barbarisch Schauspiel, wehe; wehe, Grauensbild!"[18]

Goethe schätzte die neulateinischen Dichter und las auch ihre Werke. Zu Lotichius Secundus hat er sich nicht geäußert, dafür aber über den von ihm als freiheitlichen Geist bewunderten Ulrich von Hutten, dem er sogar ein literarisches Denkmal setzte. Sein Gedicht *Übermacht, ihr könnt es spüren* ist in das *Buch des Unmuts* in seinen *West-östlichen Divan* eingegangen.

„Übermacht, ihr könnt es spüren,
Ist nicht aus dieser Welt zu bannen;
Mir gefällt zu konversieren
Mit Gescheiten, mit Tyrannen.

Da die dummen Eingeengten
Immerfort am stärksten pochten,
Und die Halben, die Beschränkten
Gar zu gern uns unterjochten,

Hab ich mich für frei erkläret
Von den Narren, von den Weisen;
Diese bleiben ungestöret,
Jene möchten sich zerreißen.

Denken, in Gewalt und Lieb
Müssten wir zuletzt uns gatten,
machen wir die Sonne trübe
Und erhitzen mir den Schatten.

Hafis auch und Ulrich Hutten
Mussten ganz bestimmt sich rüsten
Gegen braun' und blaue Kutten,
Meine gehen wie andre Christen.

‚Aber nenn uns doch die Feinde!'
Niemand soll sie unterscheiden:
Denn ich hab in der Gemeinde
Schon genug daran zu leiden."[19]

Das Gedicht schrieb Goethe am 26. Juli 1814 auf seiner Reise von Weimar nach Frankfurt und Wiesbaden. Die Reinschrift fertigte er bei seinem Aufenthalt in Fulda an. Es scheint kein Zufall zu sein, dass Goethe gerade auf dieser Reise an Hutten dachte, denn sein Weg führte ihn nach vielen Jahren zum ersten Mal wieder an Schlüchtern und damit auch an der Burg Steckelberg vorbei.

Hans Jacob Christoffel von Grimmelshausen

Mit Ulrich von Hutten, Petrus Lotichius Secundus und Hans Jacob Christoffel von Grimmelshausen hat das Kinzigtal drei bedeutende Autoren des Humanismus und des Barock hervorgebracht, mit Grimmelshausen sogar den bedeutendsten deutschsprachigen Dichter seiner Zeit. Vor allem ein Werk ist es, auf dem der Ruhm Grimmelshausens beruht. Darin findet sich, noch ganz am Anfang, auch folgende Szene:

> „Ich küsste das Briefchen und das Grab des Einsiedlers viel tausend Mal und machte mich dann auf den Weg, um so lange nach Menschen zu suchen, bis ich welche gefunden hatte. Zwei Tage zog ich dahin, und wenn mich die Nacht einholte, suchte ich Unterschlupf in einem hohlen Baum. Währenddessen aß ich nichts als Bucheckern, die ich unterwegs auflas. Am dritten Tag kam ich in der Nähe von Gelnhausen auf ein flaches Feld, wo mir ein Festmahl zuteil wurde. Denn dieses Feld lag voller Garben, die die Bauern, weil sie nach der berühmten Schlacht bei Nördlingen verjagt worden waren, zu meinem Glück nicht hatten einbringen können. In einer von ihnen machte ich mir mein Nachtlager, weil es furchtbar kalt war, und schlug mir den Bauch mit Weizenkörnern voll, die ich aus den Ähren rieb. Seit langem hatte ich so etwas Leckeres nicht mehr genossen."[20]

Das geschah, nachdem der Einsiedel, der im Spessart dem verstört im Wald herumirrenden Bub Lesen und Schreiben beigebracht hatte, gestorben war. Dieser freundliche alte Mann hatte aus dem vollkommen unwissenden Waisenkind mit kluger Geduld aus einer „Bestia" einen „Christenmenschen" gemacht. Die weltbekannte Geschichte des Simplicius, dessen Name in Hanau zum Simplicissimus gesteigert wurde, zum Allereinfältigsten, die vom Leben und Leiden eines Kindersoldaten im Dreißigjährigen Krieg handelt, der in den Krieg entführt wird und es darin bis zum Musketier bringt, hat viel mit Hessen zu tun. Zum einen wurde Grimmelshausen – sehr wahrscheinlich im Jahre 1622 – in Gelnhausen geboren, zum andern folgt sein Held Simplicissimus streckenweise dem Autor. Beide retteten sich, nachdem Gelnhausen mehrfach angegriffen und im Herbst 1634 von kaiserlichen Truppen gänzlich niedergebrannt und geplündert worden war, nach Hanau. Beide zogen mit den Kaiserlichen über Fulda nach Hersfeld, um dann von der Gegenseite nach Kassel verschleppt zu werden. Dann gerät der Simplex mittels Hexenflug nach Magdeburg. Spätestens hier trennt sich der Autor von seinem literarischen Geschöpf, das er auf der Suche nach einem ruhigen, geläuterten frommen Leben durch die halbe Welt schickt. Der *Simplicissimus* ist keine Autobiographie von Grimmelshausen, auch wenn man lange Zeit davon ausging. Obwohl die Quellenlage zu Kindheit und Jugend von Grimmelshausen sehr dürftig ist, kann man auf seinen Spuren – mal mehr mal weniger deutlich – in einigen hessischen Orten und Gegenden wandeln. Allen voran in Gelnhausen. Bevor ein Weg zu den einschlägigen Plätzen und Gebäuden beschrieben wird, die dort auf Grimmelshausen verweisen, soll auf ein Projekt eingegangen werden, das dafür gesorgt hat, dass man Leben und Werk des heute bekanntesten Autors aus der Barockzeit auf ganz neue Weise kennenlernen kann.

Mit dem Zitat am Anfang hat man das Projekt schon kennengelernt. Es handelt sich um die Übersetzung der zehn Teile des *Simplicianischen Zyklus* aus dem Deutschen des 17. Jahrhunderts. Grimmelshausen hat einmal erklärt, dass außer den sechs Büchern des *Simplicissimus* noch vier weitere Romane zu diesem Zyklus gehören: die *Lebensbeschreibung der Erzbetrügerin und Landstörzerin Courage* (1670), *Der seltsame Springinsfeld* (1670) sowie der erste und zweite Teil des Romanwerks *Das wunderbarliche Vogelnest* (1672 und 1675). Der Frankfurter Autor und Übersetzer Reinhard Kaiser hat den gesamten Zyklus ins moderne Deutsch übertragen. Erschienen ist er 2009, 2010 und 2012 in drei Bänden der *Anderen Bibliothek*.[21] Die Übersetzungen von Reinhard Kaiser führten zu einer spürbaren Grimmelshausen-Renaissance, die sich auch am wachsenden Interesse für die Grimmelshausen-Orte in Hessen ablesen lässt.

Gelnhausen. Stich von Matthäus Merian (1655)

Gelnhausen nennt sich Barbarossastadt. Ebenso gut könnte sie sich mit Grimmelshausens Namen schmücken. Das tut sie auch, aber auf andere Weise. Mit der neu gestalteten Grimmelshausenwelt als besonderem Schmuckstück des Museums am Obermarkt und der darin befindlichen, weltweit wohl größten Sondersammlung von Erstausgaben der Simplicianischen Schriften. Oder mit den sehr beliebten Themenführungen in historischen Kostümen. Dabei begegnet man dann dem Simplicissimus oder der Courage – verkleideten Stadtführern, die sich glänzend auskennen in Grimmelshausens Werk.

Dass der Autor *des Simplicissimus Teutsch* der aus Gelnhausen stammende Herr von Grimmelshausen war, weiß man erst seit 1837. Vorher hatte der sich hinter zehn verschiedenen Pseudonymen versteckt, die aus mehr oder weniger exakten Anagrammen gebildet wurden. Zum Beispiel Melchior

Sternfels von Fuchshaim, German Schleifheim von Sulsfort oder Simon Leugfrisch von Hartenfels. Der scharfsinnige Literaturwissenschaftler Hermann Kurz hatte 1837 so lange auf die Anagramme geschaut, bis sich ihm dahinter der Name Grimmelshausen offenbarte, wobei der *Simplicissimus*-Autor auch zwei historische Romane und ein Traktat[22] unter seinem „Klarnamen" publiziert hatte, die nicht zu den Simplicianischen Schriften zählen. Mit diesen drei Büchern wollte er wohl auch in Adelskreisen deutlich machen, dass er zu diesen Kreisen zählte, auch wenn er ausdrücklich für „Herrn Omne", also für jedermann, schreiben wollte.

Mit den Namensverwirrungen sind wir noch nicht am Ende, denn Grimmelshausen wurde auf den Namen Hans Jacob Christoffel getauft. Der Großvater Melchior hatte den Adelstitel Ende des 16. Jahrhunderts abgelegt und hieß dann schlicht Melchior Christoffel. Er war Bäcker und mit dem Adel verband man in Gelnhausen die Herren aus Hanau, an das Gelnhausen zu jener Zeit verpfändet war. Da sah es nicht gut aus, als ein Herr von Grimmelshausen eine Bäckerei zu betreiben.

Das Geburtshaus von Grimmelshausen in Gelnhausen

Hans Jacob war Enkel und Sohn eines Gelnhäuser Bäckers. Der Großvater übernahm nach dem frühen Tod des Vaters Johann Christoffel wahrscheinlich um 1626 seine Erziehung. Die Mutter Gertraud heiratete in zweiter Ehe 1627 den Barbier Johannes Burck aus Frankfurt, der zu ihr nach Gelnhausen zog. 1627 kam Hans Jacob in die lutherische Lateinschule. Das Gelnhäuser Gymnasium trägt heute seinen Namen. In Grimmelshausens Geburtshaus kann gut der zuerst steil ansteigende Spaziergang auf seinen Lebensspuren in Gelnhausen beginnen. Heute befindet sich dort, in der Schmidtgasse, das Grimmelshausen-Hotel. In der Schankstube des ehemaligen Gasthauses sind in den Fensterscheiben kunstvolle Intarsien zu sehen nach Motiven von Grimmelshausens simplicianischen Romanen. Interessierte Besucher werden keinesfalls abgewiesen, auch wenn sie nicht nach einem Hotelzimmer fragen. Eine Übernachtung aber sei dringend empfohlen, wenn man sich in Gelnhausen auf Grimmelshausens Spuren gründlich umschauen möchte. Vielleicht darf man auch die Kellertreppe hinunter gehen, um in einen gelegentlich geöffneten Wirtsraum zu gelangen, der gewiss zu Zeiten der von Großvater Melchior geführten Bäckerei auch schon vorhanden war.

Gleich hinter dem Geburtshaus steht der Hexenturm, ein original erhaltener, zur Stadtbefestigung gehörender Geschützturm aus der Mitte des 15. Jahrhunderts. Zu Grimmelshausens Zeit hieß er Fratzenstein nach einer Figur, einem Neidbild im Turmkragen. Er ist heute eine Gedenkstätte für die einst dort eingekerkerten Hexen und Hexer, die unter den unwürdigsten Bedingungen gefangen gehalten wurden. Grimmelshausen erinnerte sich an den Fall des der Zauberei verdächtigten Hafners Konrad Wisel, der im Hexenturm angekettet war, bevor er am 1. August 1633 – als Hans Jacob etwa elf Jahre alt war – am Escher in Gelnhausen hingerichtet wurde.

Nicht zu übersehen ist die ein Stück bergaufwärts gelegene Marienkirche mit ihrem grandiosen steinernen Bilderbuch am Lettner. Das sind außergewöhnlich ausdrucksstarke Plastiken aus der Mitte des 13. Jahrhunderts, die auf der linken Seite den Zug der Seligen, auf der rechten den drastisch herausgearbeiteten Zug der Verdammten darstellen. Die Verdammten werden von Teufeln in die Hölle gezerrt und zwar derart, dass man beim bloßen Anblick unter Qualen zu schmoren glaubt.

Die linke Seite dieses Weltgerichts zeigt den Zug ins Paradies, in das die Seligen einziehen dürfen. Hans Jacob muss diese Darstellung des Weltgerichts gut gekannt haben. Er gehörte nämlich dem Chor der Lateinschüler an, der, auf dem Lettner stehend, für die Gemeinde und statt der Gemeinde die Lieder aus dem lutherischen Gesangbuch sang. Grimmelshausen wurde in der Marienkirche getauft und besuchte sozusagen pflichtgemäß den Gottesdienst. So darf die Marienkirche als eines der wichtigsten Zeugnisse aus Grimmelshausens Leben gelten. Und schaut man sich in Ruhe den Zug der Verdammten mit den armen Sündern aus allen Ständen an, weiß man, dass er recht gut wusste, was die Verdammten in der Hölle erwartet. Später, sollte er in der Traumsatire *Des Abenteuerlichen Simplicii Verkehrte Welt* (1672) zeigen, wie gut er sich mit Höllenvisionen auskannte.

Von der Marienkiche gelangt man rasch zur Grimmelshausenwelt im Museum am Obermarkt. Dort, im ehemaligen Franziskanerkloster befand sich die Lateinschule, die Grimmelshausen besuchte, bis er aus den Resten der niedergebrannten Stadt nach Hanau floh. Die Nordseite des Klosters ist heute noch gut erhalten und befördert die Vorstellung von einer klösterlich strengen Schule für Jungen.

Weniger bekannt ist die ehemalige Brotschirn an der Nordseite des Untermarkts. Dorthin trug der kleine Hans Jacob das frisch gebackene Brot, wo es verkauft wurde. Er hätte wohl auch beim Großvater Melchior Bäcker gelernt, wenn – soweit bekannt – im Herbst oder Winter 1634/1635 nicht die Mutter, der Stiefvater und der Großvater bei den Angriffen von kaiserlichen Soldaten ums Leben gekommen wären.

In seiner Kindheit hat Grimmelshausen die Schrecken des Krieges, den er später ein „Monstrum" nannte, kennenlernen müssen. Dazu die Kleinkämpfe unter den Bewohnern der verpfändeten Reichsstadt, die Familientragödien und Hexenverfolgungen. All dies wird zu dem geführt haben, was man heute ein Trauma nennt. Das war die eine Seite. Auf der anderen ist schwer zu verstehen, dass und wie aus dem in den Krieg entführten Jungen, der nur ein paar Jahre die Schule besucht hatte, ein Autor von Weltrang wurde.

Man darf sich die Frage stellen, wie der Schulbub, der spätere Pferdejunge, Musketier, Regimentsschreiber und, nach dem Westfälischen Frieden von 1648, der Schaffner, Burgverwalter, Wirt und schließlich Schultheiß (Bürgermeister) von Renchen in der Ortenau, im Krieg überlebt und dabei die Basis für seine Literatur geschaffen hat. Man geht davon aus, dass er etwa 3000 damit bedruckte und publizierte Seiten hinterlassen hat.

Eine Erklärung führt zum Stiefgroßvater, dem Frankfurter Verleger und Buchhändler Magister Leonhard Burck. Die verwitwete Mutter von Hans Jacob hatte, wie schon berichtet, nach dem Tod ihres Mannes im April oder Mai 1627 Johannes Burck, Leonhards Sohn, geheiratet. Hans Jacob, Sohn des Gelnhäuser Bürgers Johann Christoffel, der offenbar wieder den Familiennamen Grimmelshausen angenommen hatte, verlor den Vater im Alter von wohl vier Jahren.

Der Stiefvater zog nach Gelnhausen. Er war Barbier, ein damals durchaus anspruchsvoller Lehrberuf. Der Stiefgroßvater Leonhard Burck trat also 1627 in das Leben des kleinen Hans Jacob. Etwa sieben Jahre lang, bis zu seiner Flucht nach Hanau, hatte der Junge demnach die Möglichkeit, durch seinen Stiefgroßvater an Bücher zu gelangen. Es lässt sich nicht hieb- und stichfest beweisen, ist aber wahrscheinlich, dass der junge Grimmelshausen diverse Bücher aus der Produktion seines Stiefgroßvaters und dessen Frankfurter Kollegen kannte. Lektürespuren könnten zum *Simplicissimus* oder der *Courage* führen.

Sicherlich ist der *Simplicissimus* keine Autobiographie des Autors. Genauso sicher aber hat dieser Autor sein Leben, seine Erfahrungen im Dreißigjährigen Krieg, seine Strategien im Kampf gegen die Schläge seines Schicksals in diesem Weltroman verarbeitet, in Literatur verwandelt.

Liest man den Roman auf der Suche nach Spuren dieser Verarbeitungen, stößt man immer wieder und in aller Deutlichkeit auf zwei „Heilmittel": auf Lesen und Schreiben. Simplicissimus ist ein Büchernarr, ein Wunderkind der Bildung. Kaum hat er vom Einsiedler das Abc gelernt, kennt er schon ganze Bibliotheken. Immer wieder ist im Roman von unbändiger Leselust die Rede. Besonders haben es dem Simplex einmal Liebes- und Heldengeschichten angetan: „Solche Bücher suchte ich mir aus, wo immer ich sie fand, und wenn ich eines ergattert hatte, hörte ich nicht auf zu lesen, bis ich damit fertig war, auch wenn Tage und Nächte darüber vergingen."[23]

Oft wird Simplex als Autor vorgestellt. Im Krieg trifft er in Westfalen einen Pfarrer, der Grimmelshausens Roman *Der keusche Joseph* gelesen hat und das Buch nicht besonders mag. Der *Simplicissimus* erschien erstmals 1668, *Der Keusche Joseph* erst zwei Jahre später. Deutlicher kann ein Autor kaum durch seine Helden hindurch auf sich selbst verweisen. Am Schluss des *Simplicissimus* überschlägt sich das Spiel mit verschlüsselten Namen und Hinweisen auf die wahre Identität des Autors. Da ist zu lesen: „Dieser Simplicissimus ist ein Werk von Samuel Greifnson vom Hirschfeld." Und weiter heißt es: „Ich habe es nach dessen Ableben unter seinen hinterlassenen Schriften gefunden". Dieser Herr vom Hirschfeld habe aber aus unbekannten Gründen seinen Namen in German Schleifheim von Sulsfort geändert. Immer handelt es sich um Anagramme von Grimmelshausen, und schließlich lüftet er sein Geheimnis. Man hätte es nur ein wenig genauer lesen müssen.

Titelkupfer der Erstausgabe des „Simplicissimus" (1668/69)

„H.J.C.V.G.
P. zu Cernheim".

Cernheim bedeutet Rheinec, was wiederum für Renchen steht, den Ort, in dem er von 1667 bis zu seinem Tod am 17. August 1676 „Praetor" war, was so viel wie Statthalter, Schultheiß, Bürgermeister bedeutet. Die Großbuchstaben verstehen sich von selbst. Die wichtigste Mitteilung in diesem mit „Schluss" überschriebenen Verwirrspiel lautet: Der – wie auch immer verschlüsselte – Autor gibt kund, dass er den *Simplicissimus* „teils schon im Alter von siebzehn Jahren" geschrieben habe.[24]

Es gibt keinen Grund dafür, an dieser Angabe zu zweifeln. Grimmelshausen hat sich aus dem Elend des Krieges und dem Schicksal als Waisenkind durch exzessives Lesen und Schreiben gerettet. Am Ende stellt sich heraus: Der Einsiedler und Lese-Lehrer war der leibliche Vater des Simplicissimus. Einen solchen musste Grimmelshausen sich herbei schreiben, denn sein Vater war früh gestorben und sein Stiefvater, der Barbier aus Frankfurt, hat für die Bildung seines Stiefsohns wahrscheinlich nicht viel ausrichten können.

Gelnhausen mit dem Geburtshaus in der Schmidtstraße, den Schrecken des Fratzensteins, der Lateinschule im ehemaligen Kloster – heute Museum mit der Grimmelshausenwelt –, mit der Marienkirche mit dem großartigen Lettner und der Brotschirn ist ein sehr markanter Erinnerungsort an einen Verfasser von Weltliteratur.

In Hanau, das im Zweiten Weltkrieg nahezu vollständig zerstört wurde, erinnert nichts an Grimmelshausen. Allerdings erinnert der *Simplicissimus* an Hanau zur Zeit des Dreißigjährigen Krieges. Der Autor baut Jakob oder James von Ramsay, schottischer Generalmajor auf Seiten der Protestanten und von Oktober 1634 bis Juni 1636 Gouverneur der Festung Hanau, unter dessen wirklichem Namen sehr prominent in den Roman ein. Am Ende stellt sich heraus, und das entstammt Grimmelshausens literarischer Phantasie, dass Ramsay der Bruder der Mutter des Simplicissimus ist. Wieder der historischen Wahrheit entsprechend hat dieser Ramsay seinen Gegenspieler Graf Philipp Moritz von Hanau als „stultus stultissimus" bezeichnet, „unter den Dummen der Dümmste" und daraus wurde (ganz sicher ist das nicht) „Simplicius Simplicissimus". Immerhin gibt es in Hanau eine Ramsaystraße und Reste der damaligen Stadtbefestigung.

Wo Hans Jacob Christoffel nach seiner Flucht aus Gelnhausen in Hanau untergekommen ist, wissen wir nicht. Dass er aber zusammen mit anderen Kindern im Januar 1635 auf dem zugefrorenen Festungsgraben spielte und eine Schar kroatischer Reiter die Jungen allesamt packte und entführte, das ist belegt. Am nächsten Tag wurden die kleinen Gefangenen auf dem Büdinger Marktplatz ausgestellt. Fanden sich Eltern oder Verwandte, die bereit waren, ein hohes Lösegeld zu zahlen, durften die Buben zurück zu ihren Lieben. Hans Jacob hatte niemanden mehr und niemand war an seinem Rückkauf interessiert. So zog er mit den Soldaten durch die Wälder über Fulda, Hersfeld nach Kassel.

Fulda ist noch aus einem anderen Grund von erheblicher Bedeutung. Im Königlichen Armeemuseum in Stockholm kann man eine Reiterstandarte sehen, auf deren Vorderseite der heilige Simplicius als Krieger mit dem Wappen der Stadt Fulda, auf der Rückseite der heilige Bonifatius dargestellt ist. Die Standarte hatten die Schweden 1631 im Dreißigjährigen Krieg von den Fuldaer Reitern erbeutet. Der junge Grimmelshausen wird die Verehrung des heiligen Simplicius, der mit seinen Geschwistern Faustinus und Beatrix 305 in Rom den Martertod erlitten hatte, während seines Aufenthalts 1634/35 in Fulda kennengelernt haben. Die Skulptur mit dem heiligen Simplicius aus der zerstörten Stiftskirche in Fulda befindet sich heute dort zusammen mit der Skulptur seines Bruders Faustinus an der Fassade des Haupteingangs zum Dom. Sehr unwahrscheinlich ist es nicht, dass der Titel eines der bedeutendsten deutschen Romane aufs Engste mit der Stadt Fulda verbunden ist. Eine literarische Reise auf den größtenteils verwehten Spuren des jungen Grimmelshausen könnte mit gutem Recht auch in den prächtigen Dom zu Fulda führen.

In Kassel endet die Spur des Autors Grimmelshausen erst einmal. Was der Pferdejunge dort erlebt hat, ist nicht bekannt. Der Marburger Archivar und Literaturhistoriker Gustav Könnecke hatte sich lange Zeit seines Lebens mit Grimmelshausens Biographie befasst. Nach seinem Tod im Jahre 1920 gab der renommierte Grimmelshausen-Forscher Jan Hendrik Scholte als zweibändiges Werk Könneckes *Quellen und Forschungen zur Lebensgeschichte Grimmelshausens*[25] heraus. Zwar stimmen bei weitem nicht alle Details in dieser ersten großen Darstellung, aber niemand, der sich mit Grimmelshausens Leben befasst, kommt an diesem Werk vorbei. Könnecke hat akribisch Grimmelshausens Weg durch den Dreißigjährigen Krieg rekonstruiert. Auch er weiß nicht, wie der Kindersoldat Grimmelshausen von Kassel nach Magdeburg gekommen ist. Mittels Hexenflug wie im Roman wahrscheinlich nicht.

Es ist außerordentlich reizvoll und von doppeltem Gewinn, wenn man den *Simplicissimus* liest und den Spuren des Helden, die in Hessen auch die des Autors sind, folgt. Die reale Topographie und die literarische Strecke finden dann so zusammen wie es im *Simplicissimus* mit seinem Gemisch aus Geschichte und Geschichten vorgezeichnet ist.

Grimmelshausens recht umfangreiches Werk erschien in einem Zeitraum von nur zehn Jahren. Seit 1649, als er heiratete und zum Katholizismus übertrat, lebte er in der Ortenau, zunächst als Verwalter bei den Reichsfreiherrn von Schauenburg und auf der Ullenburg, dann als (wenig erfolgreicher) Gastwirt in Gaisbach (wo seine Gastwirtschaft „Zum Silbernen Stern" noch authentisch erhalten ist) und schließlich als Schultheiß von Renchen, wo er auch starb und wo sein Erbe, wie in Gelnhausen, mit Hingabe gepflegt wird.[26]

Anmerkungen

1 Walther von der Vogelweide: Gedichte. Übersetzt von Peter Wapnewski. Frankfurt am Main 7-1976, S. 38.
2 ebenda, S. 147.
3 Joachim Bumke: Höfische Kultur. Literatur und Gesellschaft im hohen Mittelalter. Band 2. München 1986, S. 653.
4 Der Herrin ein Grüßen. Deutsche Minnelieder aus dem zwölften bis vierzehnten Jahrhundert. Ausgewählt und nachgedichtet von Richard Zoozmann. Leipzig o. J., S. 130.
5 Vgl. Christian Burkhart: Bligger – Der Minnesänger mit der Harfe, der kein (Neckar-) Steinacher mehr sein wollte. In: Archiv für hessische Geschichte und Altertumskunde. Neue Folge 72. Band 2014, S. 1–46.
6 Dieter Kühn: Tristan und Isolde des Gottfried von Straßburg. Frankfurt am Main und Leipzig 1991, S. 195.
7 Bligger von Steinach: Meinen alten Schmerz/Mîn alte swaere. In: Deutsche Lyrik des frühen und hohen Mittelalters. Hg. von Ingrid Kasten. Übers. von Margherita Kuhn. Frankfurt am Main 2005, S. 149 und 148.
8 Das Nibelungenlied. Übers. von Karl Simrock. Wiesbaden o. J., S. 265.
9 Gisela Möncke: Zwei Erfurter Drucke mit unbekannten Gedichten von Eobanus Hessus. In: Gutenberg-Jahrbuch. Band 79 (2004), S. 147.
10 Helius Eobanus Hessus: Eobanus an die Nachwelt. In: Lateinische Gedichte deutscher Humanisten. Hg. und übers. von Harry C. Schnur. Stuttgart ^{2}1978, S. 211 und 213.
11 Euricius Cordus: Bauernnot. In: Lateinische Gedichte, a. a. O., S. 59.
12 Burkhard Waldis: Von einer Bonen. In: Spätmittelalter. Humanismus. Reformation. Texte und Zeugnisse. Zweiter Teilband. Hg. von Hedwig Heger. München 1988, S. 575.
13 Zit. n. Winfried Trillitzsch: Der Brief Ulrich von Huttens an Willibald Pirckheimer. In: Ulrich von Hutten. Ritter. Humanist. Publizist. 1488–1523. (Ausstellungskatalog) Bearb. von Peter Laub. Kassel 1988, S. 218 und 229.
14 Zit. n. Carlheinz Gräter: Ulrich von Hutten. Stuttgart 1988, S. 111 f.
15 Huldrych Zwingli an Bonifatius Wolfhart im Oktober 1523. Zit. n. Michael Seidlmayer: Wege und Wandlungen des Humanismus. Göttingen 1965, S. 204.
16 Petrus Lotichius Secundus: Den Manen Huttens. In: Summa Poetica. Griechische und lateinische Lyrik von der christlichen Antike bis zum Humanismus. Hg. von Carl Fischer. München 1967, S. 737.
17 Herbert Heckmann: Petrus Lotichius Secundus. In: Hans Sarkowicz/Ulrich Sonnenschein (Hg.): Die großen Hessen. Frankfurt am Main und Leipzig 1996, S. 39.
18 Petrus Lotichius Secundus: Auf ein Bild deutscher Landsknechte. In: Lateinische Gedichte, a. a. O., S. 267.
19 Johann Wolfgang von Goethe: Werke. Hamburger Ausgabe in 14 Bänden. Band 2. Gedichte und Epen II. Hg. von Erich Trunz. München 2000, S. 4.
20 Hans Jacob Christoffel von Grimmelshausen: Der abenteuerliche Simplicissimus Deutsch. Aus dem Deutschen des 17. Jahrhunderts von Reinhard Kaiser. Frankfurt am Main 2009, S. 65.

21 2014 erschien in der Übersetzung von Reinhard Kaiser außerdem: Hans Jacob Christoffel von Grimmelshausen: Der keusche Joseph. Kometen der Anderen Bibliothek, Berlin 2014. Die Übersetzung des *Simplicissimus* wurde im erheblichen Maß von der Kreissparkasse Gelnhausen gefördert.

22 Die Romane tragen typisch barock-verschnörkelte Titel: Dietwalts und Amelinden anmuthige Lieb-und Leids-Beschreibung (1670); Des Durchleuchtigen Printzen Proximi, und Seiner ohnvergleichlichen Lympidae Liebs-Geschicht-Erzehlung (1672) und Simplicianischer Zweyköpffiger Ratio Status (1670). Hier gibt er sich auf dem Titel als Gelnhäuser zu erkennen: „... von Hans Jacob Christoph von Grimmelshausen. Gelnhusano".

23 Grimmelshausen: Simplicissimus, S. 302.

24 Die mit „Schluss" überschriebene Bemerkung findet sich auf der letzten Seite des Simplicissimus: Grimmelshausen: Simplicissimus, S. 668.

25 Gustav Könnecke: Quellen und Forschungen zur Lebensgeschichte Grimmelshausens. 1. Band. Weimar 1926, 2. Band, Weimar 1928.

26 Für den weiteren Lebensweg von Grimmelshausen siehe: Heiner Boehncke/Hans Sarkowicz: Grimmelshausen. Leben und Schreiben. Vom Musketier zum Weltautor. Frankfurt am Main 2011.

6. Kreuz und quer durch Hessens Mitte

Offenbach

Die Residenz der Grafen von Isenburg entwickelte sich im 18. Jahrhundert zu einer attraktiven Stadt, die zahlreiche Besucher anzog. Ein freundlicher und heiterer Ort sei Offenbach, schrieb Adolph von Knigge 1781 und empfahl die Stadt sogar als ständigen Wohnsitz.

> „Jedermann, der unter dem Schutze eines edlen guten Fürsten, welcher ohne Prahlerei seine ihm von Gott auferlegten Pflichten treu und redlich erfüllt und nur darauf stolz ist, für einen guten Menschen gehalten zu werden; der, wer ihn nur kennt, seines reinen Herzens wegen verehren muß; wer, sage ich, unter diesem Schutz frei und ruhig sein Gewerbe treiben will, der zieht gern dahin, bauet sich ein Häusgen, und so wird dann der Ort von Jahr zu Jahr größer, geselliger, angenehmer und wird in kurzer Zeit andere Städte weit übertreffen [...]. Die Gebäude sind einfach, zierlich, schön, zweckmäßig und ohne Windbeutelei gebaut. Das Ganze hat ein Ansehen von Rechtlichkeit und Würde, die des Charakters der rechtschaffenen lieben Männer, denen das Werk gehört, wert ist."[1]

Als wäre sie diesem Ruf von Knigge gefolgt, zog Sophie von La Roche 1786 nach Offenbach. Bei ihr wuchs ihre Enkelin Bettine Brentano auf. Sie war als Zwölfjährige im Sommer 1797, nach dem Tod ihres Vaters, in die „Grillenhütte" ihrer Großmutter gekommen und blieb dort mit Unterbrechungen bis 1806. Die am 6. Dezember 1730 in Kaufbeuren geborene Sophie von La Roche zählte zu den bekanntesten Schriftstellerinnen ihrer Zeit. Vor allem mit ihrer *Geschichte des Fräuleins von Sternheim*, die 1771 von ihrem früheren Verlobten Christoph Martin Wieland herausgegeben worden war, hatte sie literarischen Ruhm erworben. Darin propagierte sie eine moderate Form weiblicher Emanzipation, die aber immer auch die Verschiedenheit der beiden Geschlechter betonen wollte:

> „Die Natur selbst habe die Anweisung hierzu gegeben, als sie zum Exempel in der Leidenschaft der Liebe den Mann heftig, die Frau zärtlich gemacht; in Beleidigungen Jenen mit Zorn, Diese mit rührenden Tränen bewaffnet; zu Geschäften und Wissenschaften dem männlichen Geiste Stärke und Tiefsinn, dem weiblichen Geschmeidigkeit und Anmut; in Unglücksfällen dem Manne Standhaftigkeit und Mut, der Frau Geduld und Ergebung, vorzüglich mitgeteilt; im häuslichen Leben Jenem die Sorge für die Mittel die Familie zu erhalten, und Dieser die schickliche Austeilung derselben aufgetragen habe usw. Auf diese Weise, und wenn ein jeder Teil in seinem angewiesenen Kreise bliebe, liefen beide in der nämlichen Bahn,

wiewohl in zwei verschiedenen Linien, dem Endzweck ihrer Bestimmung zu; ohne dass durch eine erzwungene Mischung der Charakter die moralische Ordnung gestört würde."[2]

Bis zu ihrem Tod am 18. Februar 1807 schrieb Sophie von La Roche noch zahlreiche Romane, Reiseberichte und Briefsammlungen, die heute alle vergessen sind. In ihrem Haus versammelte sie die Gelehrten ihrer Zeit. Neben Goethe, den auch amouröse Abenteuer nach Offenbach lockten, waren es vor allem Clemens Brentano, Johann Gottfried Herder, Charlotte von Kalb, Johann Gottfried Seume, Johann Heinrich Merck und Wilhelm von Humboldt, der Offenbach später, 1827, als einen „angenehmen Ort in einer sehr hübschen Umgebung"[3] bezeichnen sollte.

Es war die klassische Zeit Offenbachs. Das kulturelle Leben bestimmten außer der „Grande Dame der Empfindsamen" Sophie von La Roche der Mozartverleger Johann André und die beiden Kaufleute Nikolaus Bernard und Jean George d'Orville, mit deren Nichte Lili Schönemann sich Goethe 1775 verlobte. Im vierten Teil von *Dichtung und Wahrheit* (1833) erinnerte er sich an diese Episode und schildert die Stadt, wie er sie als 25-Jähriger erlebt hatte:

Sophie von La Roche

„Offenbach am Main zeigte schon damals bedeutende Anfänge einer Stadt, die sich in der Folge zu bilden versprach. Schöne, für die damalige Zeit prächtige Gebäude hatten sich schon hervorgetan; Onkel Bernard, wie ich ihn gleich mit seinem Familientitel nennen will, bewohnte das größte; weitläufige Fabrikgebäude schlossen sich an; d'Orville, ein jüngerer lebhafter Mann von liebenswürdigen Eigenheiten, wohnte gegenüber. Anstoßende Gärten, Terrassen, bis an den Main reichend, überall freien Ausgang nach der holden Umgegend erlaubend, setzten den Eintretenden und Verweilenden in ein stattliches Behagen. Der Liebende konnte für seine Gefühle keinen erwünschteren Raum finden. Ich wohnte bei Johann André [...] und will von diesem allzeitfertigen Dichter und Komponisten nur so viel sagen als hier gefordert wird.

Er war ein Mann von angeborenem lebhaftem Talente, eigentlich als Techniker und Fabrikant in Offenbach ansässig; er schwebte zwischen dem Kapellmeister und Dilettanten; in Hoffnung jenes Verdienst zu erreichen, bemühte er sich ernstlich in der Musik gründlichen Fuß zu fassen. Als letzterer war er geneigt, seine Kompositionen ins Unendliche zu wiederholen. [...]

Trat man am Morgen in aller Frühe aus dem Hause, so fand man sich in der freiesten Luft, aber nicht eigentlich auf dem Lande. Ansehnliche Gebäude, die zu jener Zeit einer Stadt Ehre gemacht hätten, Gärten, parterreartig übersehbar, mit flachen Blumen- und sonstigen Prunkbeeten, freie Übersicht über den Fluß bis ans jenseitige Ufer, oft schon früh eine tätige Schiffahrt von Flößen und gelenken Marktschiffen und Kähnen, eine sanft hingleitende lebendige Welt, mit liebevollen zarten Empfindungen im Einklang. Selbst das einsame Vorüberwogen und Schilfgeflüster eines leise bewegten Stromes ward höchst erquicklich und verfehlte nicht einen entschieden beruhigenden Zauber über den Herantretenden zu verbreiten. Ein heiterer Himmel der schönsten Jahreszeit überwölbte das Ganze, und wie angenehm musste sich eine traute Gesellschaft, von solchen Szenen umgeben, morgendlich wiederfinden!"[4]

Mit „der freiesten Luft", von der Goethe noch sprach, war es bald vorbei. Offenbach wurde 1816 gegen den Willen seiner Einwohner in das Großherzogtum Hessen eingegliedert, und großherzogliche Häscher waren es auch, die Georg Büchner und Carl Preller, der 1834 in seiner Offenbacher Werkstatt den *Hessischen Landboten* gedruckt hatte, mit unerbittlicher Härte verfolgten. Büchner konnte nach Straßburg fliehen, Preller wurde verhaftet und verhört. Es konnte ihm zwar nichts nachgewiesen werden, aber seine Druckerei war ruiniert, und er musste ebenfalls in die Schweiz flüchten. Erst 1843 durfte er nach Offenbach zurückkehren.

Mit Bernard von Brentano schließt sich der Kreis. Er stammte aus der berühmten Dichterfamilie und wurde am 15. Oktober 1901 in Offenbach geboren. Zunächst arbeitete er als Journalist u. a. für die *Frankfurter Zeitung* und das *Berliner Tageblatt*. Nach der Machtübernahme durch die Nationalsozialisten ging er in die Schweiz, wo 1936 sein Hauptwerk, der Roman *Theodor Chindler* erschien. Brentano schildert darin die Geschichte einer Familie vom Bismarckreich bis zum Zusammenbruch des Wilhelminismus. Der Roman spielt zu einem großen Teil in Offenbach, das Brentano „Neustadt" nennt.

„Die Stadt war regellos gebaut. Die Villenviertel, in dem die wohlhabenden Leute wohnten, grenzten unvermittelt an einen Stadtteil, in dem viele Fabriken standen. Die Straße lief schnurgerade, aber plötzlich traten die Häuser zurück, kleine Vorgärten erschienen und eine Villa reihte sich an die andere ... Die Stadt hatte

> 105 000 Einwohner, davon 85 000 Arbeiter. Der Rest waren Beamte, die sogar in der Mode mit der Regierung gingen, Offiziere, die sich nur ängstlich herbeiließen, mit dem ultramontanen Professor zu verkehren … und reiche, teilweise enorm reiche Fabrikanten, die alle so liberal waren, dass sie nur mit Liberalen umgingen. Nach einer Weile merkte Elisabeth, dass man vom Regen in die Traufe gekommen war. In Bonn hatte man Chindlers boykottiert; in Neustadt beachtete man sie wenig. Erst als sich ihre finanziellen Verhältnisse besserten und das Ehepaar Diners geben konnte, lockerten sich die Widerstände. Man sprach über sie und begann sie zu besuchen."[5]

Die literarische Tradition wird heute in Offenbach u. a. mit einem renommierten Preis gepflegt. Seit 1979 sorgt der „Schriftsteller im Bücherturm" dafür, dass Literatur nichts Abstraktes bleibt, sondern Teil des öffentlichen Lebens wird. Und mit dem 1953 eröffneten Klingspor-Museum verfügt Offenbach über einen weltweit berühmten Ort, wo die Schrift- und Buchkunst des 20. Jahrhunderts in besonderer Weise dokumentiert und gepflegt wird.

Hanau

Am 27. Juli 1814 um sieben Uhr abends erreichte Goethe Hanau. In der ehemaligen Residenz der Hanauer Grafen, die seit 1736 zu Hessen-Kassel gehörte, traf sich Goethe mit dem Mineralogen Karl Caesar von Leonhard. Auf der Rückfahrt wiederholte er den Besuch. In seiner Schrift *Über Kunst und Altertum am Rhein und Main* beschäftigt er sich ausführlich mit einzelnen Fabriken und Institutionen in der Stadt, der „die neuere Zeit" einen „vorteilhaften und bewährten Ruf in naturgeschichtlicher Hinsicht verschafft" hat. Besonderes Lob erfahren die „Wetterauische Gesellschaft für die gesamte Naturkunde" und die Zeichenakademie, die „unter den Bildungsanstalten zur Kunst", so Goethe, „eine sehr ehrenvolle Erwähnung"[6] verdiene.

Eine Hanauer Sehenswürdigkeit scheint Goethe gemieden zu haben, obwohl sie gerade in ihrer schönsten Blüte stand: Wilhelmsbad. 1709 war dort die erste Heilquelle, der „Gute Brunnen", entdeckt worden. Es sollte allerdings noch 70 Jahre dauern, bis Erbprinz Wilhelm die feierliche Einweihung der Kurbadeanlage vornehmen konnte, die heute noch zu den schönsten ihrer Art in Deutschland zählt. Bereits 1782 war Kaiser Joseph II. inkognito nach Wilhelmsbad gekommen. Ihm folgten der preußische König, mit dessen Schwester der spätere Kasseler Kurfürst Wilhelm II. verheiratet war, und fürstliche Gäste aus den führenden Adelshäusern Europas. Im September 1818 erlebte der idyllische Kurort einen Höhepunkt in seiner Geschichte: Die Monarchen der Heiligen Allianz, Kaiser Franz I. von Österreich, Zar Alexander von Russland und König Friedrich Wilhelm III. von Preußen, trafen sich in Wilhelmsbad, um vorbereitende Gespräche für den Aachener Kongress, bei dem es auch um das weitere Schicksal Frankreichs gehen sollte, zu führen.

Schon wenig später erlosch der Kurbetrieb; dann versiegte auch die Quelle. Die zahlreichen Besucher, die die Attraktionen von Wilhelmsbad bewundern wollten, z. B. das mit einer raffinierten Technik ausgestattete Karussell, die Teufelsschlucht, den englischen Park oder das Comoedienhaus, störte das allerdings wenig. Sie genossen die Schönheiten der Anlage, und nur wenige, wie 1785 Joachim Heinrich Campe, erinnerten sich daran, wem Wilhelmsbad letztlich seine Pracht verdankte:

> „Wilhelmsbad, wo ich in Gesellschaft einiger Freunde einen sehr angenehmen Nachmittag zubrachte, ist ein so reizender und von dem jetzt regierenden Landgrafen so ungemein verschönerter Lustort, daß ich, wenn ich mich auf eine umständliche Beschreibung desselben einlassen wollte, viele Bogen damit anfüllen müßte. Die neuen, schönen und lachenden Gebäude, der Englische Garten voll artiger und überaus sinnreicher Anlagen, das Fasanengehege, die Sommerwohnung des Hrn. Landgrafen, welche von außen ein altes Gemäuer zu sein scheint, und gleichwohl sehr prächtige, bequeme und geschmackvolle Zimmer in sich faßt – dies alles macht ein wunderschönes Ganzes aus, an dem man sich sattsehen kann.
>
> Man sagt, dass der Urheber dieser niedlichen Anlagen sie von dem Gelde gemacht habe, welches er für die nach Amerika geschickten Hanauischen Truppen erhielt. So mußten also aus den Verwüstungen, welche der alles verheerende Krieg in dem einem Weltteile anrichtete, in dem anderen neue Paläste und bezaubernde Lustörter entstehen! Wie sonderbar!“[7]

Der Ort des feudalen Glanzes wurde am 22. Juni 1832, nur vier Wochen nach dem Hambacher Fest, von freiheitlich gesinnten Bürgern genutzt, um das „Wilhelmsbader Fest“ zu feiern (darüber mehr im 9. Kapitel). Die Kasseler Kurfürsten unterdrückten jede demokratische Regung und ließen auch die Organisatoren und Redner dieser Veranstaltung, bei der Tausende von Hanauern im Park von Wilhelmsbad zusammengekommen waren, unerbittlich verfolgen.

Hanau hatte aber schon andere Zeiten erlebt, zum Beispiel unter Graf Friedrich Kasimir von Hanau-Lichtenberg. Der hatte 1656 den Satiriker Johann Michael Moscherosch von Straßburg nach Hanau geholt. Moscherosch, der in seinen Büchern nicht mit Kritik am Adel und der höfischen Kultur geizte, saß als Präsident der Kanzlei, zuständig für Justiz- und Kirchenangelegenheiten, im Regierungskollegium des Grafen. Als einer Art Außenminister der Grafschaft war er viel unterwegs und kam kaum noch zum Schreiben. In Hanau ist keiner seiner wichtigen Texte entstanden. Schon 1660 überwarf er sich mit seinem Dienstherrn. Er selbst behauptete später, weil er die Mätressenwirtschaft des Landesvaters angeprangert hatte. Es gab allerdings auch Vorwürfe, er habe die chaotische Haushaltsführung in der Grafschaft genutzt, um sich persönlich zu bereichern. Moscherosch starb 1669 in Worms. Er war einer der wichtigsten Schriftsteller des 17. Jahrhunderts und beeinflusste u. a. auch Grimmelshausen.

Hanau, das im Zweiten Weltkrieg fast vollständig zerstört wurde, muss damals eine attraktive Stadt gewesen sein. Schon 1597 war für evangelische Glaubensflüchtlinge die Neustadt gegründet worden, die in ihrer klaren Anlage auch dem „Jungdeutschen" Heinrich Laube imponierte. Die Werke des schlesischen Schriftstellers hatte der Deutsche Bund 1835 verboten. Zwei Jahre später ließ er seine *Reisenovellen* erscheinen, in denen es über Hanau heißt:

> „Hanau […] ist ein kleines Kassel oder Berlin mit geraden hübschen Straßen, still und reinlich wie ein Schachbrett, und es kann alles Mögliche darin wohnen von Geist und Vortrefflichkeit".

Auch auf die protestantischen Glaubensflüchtlinge, die in Hanau ihre neue Heimat und ihr Auskommen gefunden hatten, spielte Laube an.

> „Solche Leute haben einen festen Kern, sei er süß oder sauer, denn sie haben ein starkes Interesse und sind das Opfer fähig – wo sie sich niederlassen, wird es durchgehends Ernst mit einer starken Existenz. Durch solche ist auch Hanau entstanden, der Emigrationsbetrieb ist in Fabriken übergegangen, welche hier ein einträgliches Dogma schnurren. Hanau versorgt halb Deutschland mit Ringen und Uhrketten, der Glaubensdrang ist in weltliche Bijouterie ausgeschlagen, man wird reich, man speist von schwer beladenen Tischen, die Dame des Hauses hat Zeit und Lust ästhetisch zu sein und von Emanzipation zu sprechen. Auch wachsen große gelbe Rüben in der Nähe."[8]

Es überrascht nicht, dass gerade dort, wo nicht nur gelbe Rüben wuchsen, sondern wo die Damen auch Lust und Zeit hatten, ästhetisch zu sein und von Emanzipation zu reden, die Brüder Jacob, Wilhelm und Ludwig Emil Grimm geboren wurden. Obwohl sie schon im Alter von sechs bzw. fünf Jahren Hanau verließen, erinnerten sich Jacob und Wilhelm Grimm später noch an viele anekdotenhafte Details aus ihrer Kindheit. In seiner *Selbstbiographie* schrieb Wilhelm Grimm 1830 über einen späteren Besuch in seiner Heimatstadt:

> „Jahre später ging ich an dem Haus vorüber, wo wir gewohnt hatten, und die offene Tür reizte mich, in den Flur einzutreten; ich erinnerte mich gar wohl der inneren Einrichtung und sah über die Mauer des anstoßenden Gartens noch den Pfirsichbaum, dessen rote Blüte mich als Kind ergötzt hatte. […]

> Nicht minder lebhaft steht mir noch in Gedanken, wie wir beide, Jacob und ich, Hand in Hand über den Markt der Neustadt zu einem französischen Sprachlehrer gingen, der neben der Kirche wohnte, und in kindischer Freude stehen blieben, um dem goldenen Hahn auf der Spitze des Turmes zuzusehen, der sich im Winde hin und her drehte."[9]

Für die Brüder Grimm war das Kinzigtal die Heimat, in die sie immer wieder gern zurückkehrten. So besuchten sie auch ihren Marburger Lehrer Friedrich Carl von Savigny auf dessen Gut Hof Trages, nicht weit von Gelnhausen und Hanau entfernt. Der am 21. Februar 1779 in Frankfurt geborene Savigny hatte schon früh seine Eltern verloren. Er studierte die Rechte und promovierte bereits mit 21 Jahren. Im selben Jahr kam erstmals Clemens Brentano auf sein Gut. Beide hatten sich kurz vorher im Haus Christoph Martin Wielands kennengelernt. Von da an bis zur Berufung Savignys als Professor nach Landshut (1808) war Hof Trages ein beliebter Treffpunkt der Romantiker (darüber mehr im 8. Kapitel). Auch Karoline von Günderrode hielt sich gern dort auf. Sie war 1792 zusammen mit ihrer Mutter und ihren fünf Geschwistern nach Hanau gezogen. Ihr früh verstorbener Vater stammte aus Hanau. 1797 verließ Karoline von Günderrode die Stadt. Auf Wunsch ihrer Mutter wechselte die 17-Jährige in das Frankfurter Cronstetten-Hynspergische Stift.

Gelnhausen

Von Hof Trages scheinen Friedrich Carl von Savigny und seine Freunde auch öfters nach Gelnhausen gezogen zu sein. Denn die Stadt spielt in zwei größeren Werken von Clemens Brentano und seiner Schwester Bettine eine wichtige Rolle. Und Gunda, die Schwester von Clemens und Bettine, heiratete 1804 in Meerholz, der damaligen Residenz der winzigen Grafschaft Ysenburg-Meerholz, Friedrich Carl von Savigny. Meerholz ist heute ein Stadtteil von Gelnhausen.

Als Freie Reichsstadt war Gelnhausen über Jahrhunderte bedeutend gewesen. Hans Jacob Christoffel von Grimmelshausen ist dort um 1622 geboren. Als kleiner Junge erlebte er 1634/35 mit, wie Gelnhausen das Opfer von gleich mehreren Brandschatzungen wurde. In seinem *Simplicissimus* berichtet der Titelheld darüber (mehr über Grimmelshausen im 5. Kapitel):

> „Da es tagte, futterte ich wieder von dem Weizen und ging dann nach Gelnhausen. Dort fand ich die Stadttore offen, teils verbrannt, teils auch noch mit Misthaufen verbarrikadiert. Ich ging hinein, konnte aber nirgendwo einen lebenden Menschen entdecken. Stattdessen lagen in den Straßen überall Tote, manche voll-

ständig nackt, andere bis aufs Hemd entkleidet. Dieser jammervolle Anblick war mir, wie sich jeder vorstellen kann, ein schreckliches Spektakel. In meiner Einfalt konnte ich mir nicht erklären, was für ein Unglück diesen Ort in eine solche Lage gebracht haben mochte. Wenig später erfuhr ich aber, dass die kaiserlichen Truppen einige Weimarische dort überrumpelt hatten."[10]

Die Stadt, die einst zu den reichsten in Deutschland gezählt hatte, erholte sich wieder von dem Unglück und profitierte von dem stark anwachsenden Verkehr auf der Kinzigstraße. Eine durchaus ansehnliche Stadt mit großen Weinpflanzungen an den Hängen der Vogelsbergausläufer erlebte Clemens Brentano, der Gelnhausen und seine Umgebung zum Schauplatz seines Märchens von *Gockel, Hinkel und Gackeleia* machte, das in der sogenannten Spätfassung 1837 (vordatiert auf 1838) bei Schmerber in Frankfurt herauskam. In der „Herzlichen Zueignung" (an Marianne von Willemer) warnte er allerdings davor, die Ortsnamen in seinem Märchen „zu strenge" zu nehmen, „denn du weißt, dass alle höchst wichtigen oder gar notwendigen Begebenheiten, Gott sei Dank, überall geschehen sind". Das galt sowohl für seine Spielereien um Gockelsruh und Hennegau als auch für seinen Kindertraum „Vadutz". Bei Gelnhausen allerdings hatte die Namensfindung einen realen Hintergrund.

„Gelnhausen prägte sich mir in der Jugend durch den Zettel an einer Bude mit Wachsfiguren ein, welcher lautete: ‚Wahrhafte Abbildung der beiden Gebrüder Vatermörder von Gelnhausen' – als sei dies eine Handlungsfirma. Später einmal durch die Stadt fahrend, glaubte ich besonders viele Bäcker- und Fleischerläden dort zu sehen; wäre aber dieses nur ein Spiel der Phantasie gewesen, so mahnt mich doch heut eine Fügung, allen Lohn, den mir Gockel je zutage scharren wird, nach Gelnhausen zu wenden."[11]

Gelnhausen wird zwar in den Märchen vielfach genannt, auch die „Herrlichkeit" der Bäcker- und Fleischerläden schilderte Brentano, aber die Beschreibung realer Gebäude oder Straßenzüge vermied der Autor. Lediglich bei den beigefügten Lithographien scheint das Äußere und Innere der Marienkirche Pate gestanden zu haben. Bei dem im Wald gelegenen Schloss der Raugrafen von Hanau könnte die Klosterruine bei (Hanau-)Wolfgang das Vorbild gewesen sein. Die eindrucksvolle Ruine der staufischen Kaiserpfalz fand keinen Eingang in die Illustrationen.

Als Clemens Brentano 1815/16 die erste Fassung seines Märchens schrieb, war das Interesse an der „Barbarossaburg" gerade neu erwacht. Jahrhundertelang hatten die sorgsam behauenen Steine der langsam verfallenden Pfalz als willkommenes Baumaterial für die Burg-Gemeinde gedient. Um 1800 hatte die Burg-Gemeinde sogar als Unterschlupf für Diebesbanden gedient.

Valentin Sengers Roman *Die Buchsweilers* (1991) über eine jüdische Familie im frühen 19. Jahrhundert spielt über längere Passagen in diesem „Räubernest". Im Krieg gegen Napoleon war auch der Mythos Barbarossas als Reichseiniger neu belebt worden. Der Lyriker Max von Schenkendorf, der sich 1813 als Freiwilliger für die Befreiungskriege gemeldet hatte, deutete ein steinernes Haupt an einer Palaswand der ehemaligen Pfalz als Bildnis Friedrichs I., dem er in einem Gedicht über die siegreich verlaufene „Völkerschlacht" bei Leipzig Bericht erstattete:

„Zu Gelnhausen an der Mauer
Steht als steinern altes Haupt
Einsam in dem Haus der Trauer
Das der Epheu grün umlaubt. [...]

Alter Herr, ich kann dir melden
Reiches, schönes Freudenwort.
Schau, dort zieh'n viel tausend Helden
In den Schlachten Gottes fort.

Und die Welschen sind geschlagen,
Und es siegt das heil'ge Kreutz,
Wieder kehrt aus deinen Tagen
Lebensfülle, Lebensreitz."[12]

Heute wird das steinerne Haupt, das früher auch als „Barbarossakopf" bezeichnet wurde, als Allegorie der Eitelkeit gedeutet.

Kaiserpfalz in Gelnhausen (um 1840)

Goethe nannte die malerische Ruine der Stauferpfalz, die er am 27. Juli 1814 auf dem Weg nach Frankfurt besuchte, eine „höchste Merkwürdigkeit". „Zeichnete jemand im rechten Sinne die Reste des Pallastes; so gäbe es ein höchst interessantes Blatt. Vielleicht ists Herrn Hundeshagen gelungen, der jetzt in Wisbaden angestellt ist."[13] Tatsächlich hatte der Wiesbadener Bibliothekar, Architekt und Archäologe Helfrich Bernhard Hundeshagen die entsprechenden Blätter in Arbeit. Der gebürtige Hanauer, der zusammen mit Jacob Grimm bei Friedrich Carl von Savigny Rechtswissenschaften studiert hatte, richtete sein Interesse immer wieder auf das (von den Romantikern gern verklärte) Mittelalter. So entdeckte er 1816 die einzige Bilderhandschrift des *Nibelungenliedes*. Da der Denkmalschutz damals noch in den Kinderschuhen steckte und ihm der Erhalt der romanischen Kaiserpfalzreste am Herzen lag, hatte er bereits 1810 einen großformatigen Band über den ehemaligen Palast angekündigt. Zu den ersten Subskribenten zählten neben zahlreichen Adligen, hohen Beamten und vermögenden Bürgern auch Wilhelm von Humboldt, die Brüder Grimm, Achim von Arnim, Friedrich de la Motte Fouqué und Johann Isaak von Gerning. Während der Schlacht in und um Hanau im Herbst 1813 wurde nicht nur die Druckerei mit den fertigen Bögen und Kupferstichen, sondern auch Hundeshagens Hanauer „Wohnung mit meinen Sammlungen und Arbeiten" gänzlich zerstört; „die Früchte vieljähriger Bemühungen und Aufopferungen für Kunst und Wissenschaft, giengen in Flammen auf"[14]. Das Werk konnte erst 1819 als „Zweite Auflage" erscheinen. Der teure und sorgfältig gedruckte Prachtband, den der von Schenkendorf besungene „Barbarossakopf" ziert, richtete das Interesse auf die immer noch beeindruckende Ruine, deren weiterer Zerstörung schließlich Einhalt geboten wurde. Kein Reisender, der auf der stark frequentierten Handelsstraße durch Gelnhausen kam und etwas Zeit mitbrachte, versäumte es, die Pfalz zu besichtigen.

Den etwas zweifelhaften Ruf der Gelnhäuser Beherbergungsbetriebe hat Bettine von Arnim in ihrem 1848 erschienenen Roman *Ilius Pamphilius und die Ambrosia* zum Ausgangspunkt einer Abenteuergeschichte genommen, die zwar mit romantischen Versatzstücken arbeitet, aber nicht unromantischer sein könnte. Bei einer Fahrt mit der Kutsche durch das Kinzigtal wird die Protagonistin von einem betrügerischen Wirt, der heimlich an den Rädern ihres Gefährts schraubt, um sie zu einem längeren Aufenthalt in Gelnhausen zu nötigen, aufgehalten. Sie entdeckt es und beschließt, mit ihrer Kammerzofe noch mitten in der Nacht aufzubrechen. Ihr Weg führt sie durch einen Wald, der als Räuberschlupfloch bekannt ist. Da bricht ihr Pferd zusammen, und der Kutscher beschließt, zu Fuß Hilfe zu holen. „Wir sind in dem allmächtig großen Wald auf einem großen freien Platz, der wohl eine

Stunde im Umfang hat ganz mit Wald umgeben. [...] Zwei Frauen im Winter, Nachts um zwei Uhr mitten auf der Chaussee haltend mit abgespannten Wagen."[15] Die Natur, die Bettine in ihren Briefen und der *Günderode* gern verklärte und zum Spiegel ihrer Seele machte, wird plötzlich zur Bedrohung, zum Komplizen von gewalttätigen Räubern, die Reisenden auflauern, Frauen vergewaltigen und jeden Widerstand mit ihren Pistolen brechen. Der Wald ist nicht mehr grün, sondern schwarz, und kein Ort des seligen Entzückens, sondern des erwartbaren Schreckens:

„Die Kammerjungfer erlauscht einen fernen Ton, – sie denkt sich das schlimmste – ‚gewiß – gnädige Frau jetzt kommen sie.' – Wer? – ‚die Spitzbuben' – ich höre es auch, nun, so wollen wir unser Leben theuer verkaufen. Aber plötzlich springt der tot geglaubte Gaul mit einem Satz auf. Er hatte gemerkt, dass dieser Lärm die Schnellpost sei und dass er ihr im Weg gelegen haben würde, was von einem Postgaul postwidrig sein würde."[16]

Trotz dieser fast schon kriminellen Methoden, um die Reisenden auszuplündern, kamen immer mehr Besucher nach Gelnhausen, um wie Goethe die staufische Kaiserpfalz zu besichtigen, oder wie Börne den, seiner Meinung nach, ganz vortrefflichen Wein zu kosten. Beide Annehmlichkeiten verband 1830 der Wiener Literat Johann Ludwig Deinhardstein miteinander, dafür hatte er anderen Verdruss:

„Ich versuchte im dortigen Gasthofe von dem dort wachsenden Weine, und fand ihn feurig und ohne Säure. Die ziemlich große, in gotischem Geschmacke erbaute, von außen durch drei Türme, von denen die Seitentürme schiefe Stellungen haben, auffallende Kirche hat im Innern schöne Holzarbeiten. Im übrigen ist Gelnhausen schlecht gebaut, die Häuser sind hoch, aber meist von Holz. Die vielen Verkäufer von Kleinigkeiten fallen dort den Reisenden wirklich beschwerlich. Als ich aus dem Wagen stieg, wußte ich mich vor ihrer Menge und ihrer Zudringlichkeit kaum zu retten."[17]

Auch wenn heute die fliegenden Händler die Besucher nicht mehr umlagern, spielen die Einnahmen aus dem Tourismus eine wichtige Rolle für Gelnhausen. Die Stadt tut auch einiges dafür, um Fremde anzulocken, zum Beispiel mit den sehr beliebten „Erlebnisführungen" in historischen Kostümen. Die großen und kleinen Sehenswürdigkeiten wurden schmuck herausgeputzt, aber eine „stille, halbländliche Stadt, deren Bewohner betrübt und fast beschämt gestehen, dass sie keine Industrie haben"[18], wie Ricarda Huch 1927 in ihrem Buch *Im alten Reich* schrieb, ist Gelnhausen nicht mehr. Seine aufregende Geschichte, die schon Ricarda Huch zu einem längeren Essay verführt hatte, lockte immer wieder Schriftsteller an: den Abenteuerschriftsteller Friedrich Armand Strubberg, der 1885 sogar nach Gelnhausen zog, Kasimir

Edschmid, Herbert Heckmann oder Wolfgang Koeppen, dessen Ziel 1976 das Geburtshaus Grimmelshausens in der Schmidtgasse war:

> „In die Schmidtgasse kam ich von der Stadtmauer und dem Hexenturm; doch begegnete ich keiner Hexe. Oder ich kam von der anderen Seite der Stadt, der Marienkirche aus dem geschlossenen 12. Jahrhundert, vorbei an lauter ältesten Häusern, dem romanischen ältesten Amtshaus Deutschlands, dem gotischen ältesten Fachwerkhaus in Hessen, über den Ober- und Untermarkt, jetzt Parkplätzen ohne Platz. Die Schmidtgasse ist, wie erwartet, alt und eng. Aber die wenigen, noch erhaltenen wirklich alten Häuser sind im Erdgeschoß stillos und nutzbringend zu kleinen, doch modernen Läden renoviert. Der ehrwürdige Gasthof zum Weißen Ochsen stellt sich in roter Leuchtschrift als Hotel vor. Ich stehe vor dem Geburtshaus des Hans Jakob Christoffel von Grimmelshausen und verneige mich."[19]

Auf und an der Straße

Mit der Entwicklung Leipzigs und Frankfurts zu bedeutenden Messestädten war das Bedürfnis der Kaufleute gewachsen, an beiden Handelsplätzen mit ihren Ständen präsent zu sein. Konkret hieß das, es musste gut ausgebaute Straßen zwischen beiden Städten geben, die einen umfangreichen Warenaustausch ermöglichten. Die beiden hessischen Verkehrswege, die dieser Bedingung entsprachen, führten zum einen über Grünberg, Alsfeld und Hersfeld, zum anderen über Gießen, Kirchhain, Treysa, Homberg/Efze, Spangenberg und Waldkappel nach Eisenach. Die beiden Straßen wurden „durch die kurzen Hessen" bzw. „durch die langen Hessen" genannt. Schon diese Namensgebung weist darauf hin, dass der Weg über Hersfeld der kürzere und damit bei den Kaufleuten auch der beliebtere war. Allerdings gewährte der Kasseler Landgraf zunächst nur auf der sichereren Straße „durch die langen Hessen" Geleitschutz und Schadensersatz bei Raubüberfällen. Er verbot regelrecht die Benutzung der schnelleren Strecke, die ihm doppelte Geleitkosten bei gleichzeitig verminderten Zolleinnahmen eingetragen hätte. Die Kaufleute, die von den eng beieinander liegenden Messeterminen gedrängt wurden, ließen es auf den offenen Konflikt ankommen, bewaffneten sich gegen Räuber und umgingen die Zollstellen auf Nebenstrecken. Schließlich lenkte der Landgraf ein, weil er um den Verlust seiner ganzen Einnahmen fürchtete, und versah auch die „kurzen Hessen" mit Geleit, allerdings gegen zusätzliche Zahlungen.

Für mehrere Jahrhunderte blieben die beiden Fernstraßen die wichtigste Verbindung zwischen Frankfurt und Leipzig. Kaiser, Könige, Landesfürsten und Gelehrte fuhren auf ihnen, z. B. 1349 Kaiser Karl IV. oder 1521 Martin Luther, als er vom Wormser Reichstag zur Wartburg zog.

Als gegen Ende des 18. Jahrhunderts die große Zeit des Reisens begann, verloren die „langen“ und „kurzen Hessen“ rasch an Bedeutung. Der Grund dafür lag im Ausbau der Kinzigstraße, die zwar schon im Mittelalter als wichtiger Heerweg gedient hatte, aber von den Kaufleuten wegen häufiger Überfälle und der Hochwassergefahr im Allgemeinen gemieden worden war. Dieser schnellste Weg zwischen Frankfurt und Eisenach, für den es über den Vogelsberg jetzt sogar eine trockene Ausweichstrecke gab, findet sich in der Reiseliteratur vielfach beschrieben, zumeist aber nur kurz, wie bei Heinrich von Kleist, Friedrich Carl von Savigny, Heinrich Laube oder Jacob Burckhardt. Auch Goethe wählte die Kinzigstrecke, wenn er von Weimar nach Frankfurt oder in den Rheingau reiste. So berichtete er seiner Frau Christiane am 28. Juli 1814:

> „Den 26ten fünf Uhr von Eisenach. Herrlicher Duftmorgen um die Wartburg. Köstlicher Tag überhaupt. In Hünfeld fand ich Jahrmarkt und bemerkte einige Späße. Um 6 Uhr im Posthaus zu Fulda. Ließ mir erzählen und erquickte mich. Magister Petri vom Gymnasium suchte mich auf. Den Tag über hatte ich weniger Gedichte geschrieben und sehr wenige gut. Den 27ten verließ ich Fulda, beim heitersten Himmel, von der Höhe betrachtete ich noch das herrliche Pfaffenthal, das, zu seinem Schaden, jetzt niemanden angehört. Bei Neuhof reifes Korn. Zwischen Schlüchtern und Salmünster Flachs und Hanfbrechen durch Städtchen und Dörfer, Haus an Haus. Der erste Storch auf der Wiese und erstes Kornernten.“[20]

Den Storch und die Kornernte könnte Goethe bei Steinau gesehen haben. Erwähnt hat er den Ort nicht, wo Jacob und Wilhelm Grimm von 1791 bis 1798 gelebt hatten. Ihr Vater, der Gerichtsamtmann Philipp Wilhelm Grimm, war fünf Jahre nach seiner Versetzung von Hanau nach Steinau gestorben. Von da an musste die Mutter die sechs Kinder mit dem verbliebenen Rest des Vermögens ernähren. Die Brüder merkten wenig von den Sorgen ihrer Mutter. Für sie war es im Rückblick eine reiche Kinderzeit. So machte auch der Malerbruder Ludwig

Ludwig Emil Grimm. Selbstporträt

Emil Grimm im Juli 1815 auf dem Weg von Kassel nach Frankfurt gern einen Abstecher nach Steinau:

> „Bei Gelnhausen fing die schöne Gegend wieder an. [...] So ging es durch Salmünster, Ahl, und ich sah meinen lieben Weinberg wieder, ein unbeschreibliches Gefühl hatte ich. Endlich sah ich auch die Stadt ruhig in der Abendsonne liegen, es war Sonntag und einzelne Spaziergänger begegneten uns. Der Eilwagen fuhr den Steinweg hinein sehr langsam wegen des schlechten Pflasters, die Leute saßen vor den Türen auf den Treppen und belasen Gemüs oder Salat und hatten mir alle bekannte Gesichter. An unsrer alten Wohnung vorbei, am Amtshaus, am Tor, wo das Storchennest drauf war, auf den Kumpen, da sah ich das Rathaus, die Kirche, das Schloss und den Platz unserer Kinderjugend."[21]

(Mehr zu den Grimms und Steinau im 4. Kapitel.)

Fulda und die Rhön

Von Hersfeld aus, wo zunächst nur eine Einsiedelei bestanden hatte, suchte der Bonifatius-Schüler Sturmius eine günstige Stelle für eine weitere christliche Niederlassung. Nach langem Suchen wurde er fündig. „Es ist ein Waldgebiet da in einer Einöde von ungeheurer Weltverlassenheit inmitten der Völker unseres Missionsgebietes, in dem wir ein Kloster erbaut und Mönche angesiedelt haben, die nach der Regel des heiligen Benedikt leben"[22], schrieb im Sommer 751 Bonifatius an Papst Zacharias und meinte damit das sieben Jahre vorher gegründete Kloster Fulda. Eine „Einöde von ungeheurer Weltverlassenheit" war der Ort allerdings nicht, denn dann hätte sich Sturmius wohl kaum für ihn entschieden. Das neue Kloster sollte nämlich keine Einsiedelei werden, sondern zum einen der Missionierung, zum anderen der Durchsetzung des fränkischen Machtanspruchs in dieser Gegend dienen. Auf die großzügige Unterstützung der Frankenherrscher, die im erbitterten Kampf mit den Sachsen standen, konnten Bonifatius und sein Schüler also rechnen. Und Hilfe hatten sie nötig, denn der von ihnen ins Auge gefasste Platz war auch von anderen heiß begehrt, lag er doch nur wenig entfernt von einem Fuldaübergang und der Stelle, wo ein alter Waldweg die Nord-Süd-Straße kreuzte. Reste einer stattlichen merowingischen Hofanlage und Brandspuren über den Fundamenten deuten darauf hin, dass die Klostergründung nicht ganz so friedlich vor sich ging, wie es Bonifatius später schildern sollte.

Schon von der Lage her hatte Fulda ideale Startbedingungen. Eine wichtige Straßenkreuzung, eine Brücke oder eine Furt boten fast immer die besten Voraussetzungen für einen schnellen wirtschaftlichen Aufstieg.

Bonifatius, der neben Fulda noch weitere Klöster wie Amöneburg und Büraberg gründete, war um 675 im englischen Wessex geboren worden. Eigentlich hieß er Winfried oder Winfryth. Vom Papst erhielt er den Auftrag, unter den Franken zu missionieren und kam so 721 nach Hessen, wo er in der Nähe von Fritzlar die berühmte (natürlich heidnische) Donar-Eiche gefällt haben soll. Damit begann seine steile Karriere, die ihn auch zu einem politisch mächtigen Mann machen sollte. Als Legat für Germanien und Bischof von Mainz wurde er zum erfolgreichen Mittler zwischen dem Papst und den fränkischen Königen. Im hohen Alter brach Bonifatius noch einmal zu einer Missionsreise auf. Am 5. Juni 754 wurde er bei Dokkum in Friesland ermordet. So wie er es sich gewünscht hatte, wurde Bonifatius in seinem Lieblingskloster Fulda beigesetzt. Bis heute ruhen seine Gebeine in der Gruft unter dem Dom.

Das Grab des Bonifatius im Fuldaer Dom

Die rasch einsetzende Bonifatius-Verehrung machte Fulda zu einem besonders attraktiven Kloster, das bald 600 Mönche zählte. Bereits vier Jahre nach der Gründung, 748, war eine Klosterschule eingerichtet worden, an der unter anderem der spätere Biograph Karls des Großen, Einhard, seine Erziehung erhielt. Der 780 in Mainz geborene Universalgelehrte Hrabanus Maurus machte sie Anfang des 9. Jahrhunderts zum kulturellen Zentrum des fränkischen Reiches. Vor allem in seiner Zeit als Fuldaer Abt (822–42) zog das Kloster bedeutende Schüler an. „So ist Fulda", schreibt Helmut de Boor in seiner *Geschichte der deutschen Literatur* (1949–62), „die geistige Heimat zweier der bedeutendsten Männer der Jahrhundertmitte, des besten Lateiners seiner Zeit, Walahfrid Strabo von der Reichenau, und des bedeutsamsten deutschen Dichters, Otfried von Weißenburg. So knüpfen die drei großen Werke der mittleren Karolingerzeit: Tatian, Heliand, Otfrieds Evangeliengedicht an Fulda an. Sie bezeugen die Mittelstellung Fuldas im geistigen Getriebe des 9. Jahrhunderts. In neuer Weise war so das Kloster seiner alten Pflicht treu geblieben, Kreuzungspunkt zu sein für die Wege von Westen, nach Nordosten und Südosten"[23].

Von herausragender Bedeutung war das Kloster auch deshalb, weil in seinem Skriptorium wichtige Werke von der Antike bis zur Gegenwart abgeschrieben wurden. Auf diese Weise ist auch ein Fragment des ältesten germanischen Heldenliedes, des *Hildebrandslieds* (9. Jahrhundert), überliefert worden. Die Fuldaer Handschrift besteht aus 68 zum Teil unvollständigen Stabreimversen, in denen die tragische Geschichte eines Vater-Sohn-Konfliktes erzählt wird. Hier der Anfang:

„Ik gihorta dat seggen
dat sih urhettun aenon muotin
hiltibrant enti hadubrant untar heriun tuem.

Ich hörte berichten, dass sich die Krieger
Hildebrand und Hadubrand allein zwischen zwei Heeren trafen."[24]

Hadubrand erkennt seinen seit 30 Jahren abwesenden Vater Hildebrand nicht. Nach einem heftigen Wortwechsel kommt es zum Kampf, bei dem einer der beiden getötet werden wird. Dem Fragment ist nicht zu entnehmen, ob Vater oder Sohn. Literaturhistoriker haben allerdings aus ähnlichen Geschichten geschlossen, dass am Ende der Vater seinen Sohn erschlägt. Die verletzte Kriegerehre wiederherzustellen ist wichtiger, als das Leben des eigenen Kindes zu schonen.

Das Text-Fragment wird heute nicht mehr in Fulda aufbewahrt. 1632 verschleppten es hessische Truppen zusammen mit anderen wertvollen Handschriften nach Kassel. Dort wird das *Hildebrandslied* in der Landes- und Murhardschen Bibliothek aufbewahrt.

Die Fuldaer Klosterschule konnte lange ihre Bedeutung wahren. Noch Ulrich von Hutten wurde dort unterrichtet. Allerdings zeigte er wenig Interesse, wie vorgesehen, Mönch zu werden.

Aber bis zum Ende des Dreißigjährigen Krieges hatte das Kloster den größten Teil seines früheren Ansehens verloren – nicht zuletzt in den ständigen Scharmützeln zwischen den Bürgern der Stadt und den Fürstäbten.

Sichtbares Zeichen für einen neuen Aufschwung wurde die barocke Umgestaltung der Stadt mit dem von Johann Dientzenhofer erbauten Dom im Zentrum. Er entstand auf dem Platz der alten romanischen Klosterkirche.

Bis zur Säkularisation 1803, die den (seit 1752) Fürstbischöfen ihre weltliche Würde nahm, scheint das fast absolutistisch regierte Fulda in keinem hohen Ansehen bei den aufgeklärten Reisenden gestanden zu haben. Man spürt die Überraschung in einzelnen Beschreibungen, wenn das vorgefertigte Bild nicht mit der Wirklichkeit übereinstimmte. Vor allem der 1788 gestorbene Fürstbischof Heinrich von Bibra entsprach nicht den gängigen Vorstellungen. Er hatte wichtige Reformen durchgeführt: im Erziehungswesen, im Straßenbau, in Handwerk und Industrie, in der Landwirtschaft und in der Armenversorgung. Selbst der sonst so kritische Johann Kaspar Riesbeck lobte ihn:

> „Der jetzige Fürst von Fulda ist ein Mann von Geschmack, guter Lebensart und liebt den Aufwand. Er denkt äußerst tolerant, und ist kein Freund der päpstlichen Hierarchie. Er nennt den Papst bei Tisch seinen Herrn Bruder. Er ist ohne Vergleich der reichste Abt in der katholischen Welt; aber zugleich auch Bischof. […] Er macht vortreffliche Schulanstalten, und gestattet seiner Geistlichkeit eine Freiheit im Reden und Schreiben, die mit der Art der katholischen Geistlichkeit in anderen deutschen Ländern stark absticht. Zu Wien hielt man es während meines dortigen Aufenthaltes für eine heldenmäßige Kühnheit, dass einige profane Gelehrte behaupteten, ‚das Konzilium wäre über den Papst'. In Fulda las ich diesen und noch dreistere Sätze in theologischen Disputationen von Mönchen, die schon ihre zwölf und mehrere Jahre alt sein mochten. Die Residenzstadt Fulda ist ein hübscher und ziemlich lebhafter Ort, und ich fand viel bessere Gesellschaften, als ich erwartete. Es fehlt dem kleinen Ort an gutherzigen Mädchen nicht."[25]

Auch der berühmte Rechtsgelehrte Friedrich Carl von Savigny, der Schwager von Clemens Brentano und Bettine von Arnim, musste erst einige Vorurteile überwinden, ehe er sich von der romantischen Lage Fuldas bezaubern lassen konnte. Am 24. Juli 1799, auf dem Weg nach Thüringen, notierte er in seinem „reinlichen Stübchen in Hünfeld" u. a.:

> „Ich kam zuerst durch das einfach schöne Kinzigtal, dann durch abwechselnde unbedeutende Gegenden bis vor Fulda. Ich war begierig, die einförmige steife Gegend und das enge finstere Mönchstädtchen zu sehen, das mir meine Phantasie vorgebildet hatte, und erstaunte nicht wenig, als ich in das anmutige Tal einzog, in dessen Mitte das Franziskanerkloster – auf einem steilen Weinberg über der Stadt, an dem eine Reihe alter Linden herunter zieht – eine sehr romantische Wirkung tat. Auch die Stadt fand ich ganz anders als ich erwartete: anstatt der engen Straßen und alten Häuser, breite reinliche Straßen mit neuen, zum Teil schönen und großen Häusern; vor dem Schloß, das mehr groß (nicht im ästhetischen Sinn)

> als schön ist, stehen einige Reihen von Linden, und auf diese folgt ein großer Platz, an dessen Ende die Fassade der neuen Domkirche sehr gut ins Auge fällt. Die Kirche selbst (ich sah sie nur von außen) gefiel mir nicht: sie ist in Form eines Kreuzes gebaut, auf dem mehrere runde niedrige Türme wie Warzen aussehen, die man abbinden möchte.“[26]

Als wichtige Poststation auf dem Hauptweg von Frankfurt nach Leipzig profitierte Fulda in hohem Maße von dem starken Verkehr auf der Kinzigstraße. Berichte über kürzere oder längere Aufenthalte in der Domstadt sind deshalb alles andere als selten. Wer viel reiste, musste fast zwangsläufig irgendwann einmal durch Fulda kommen. So auch die in Hamburg geborene und in Weimar aufgewachsene Adele Schopenhauer. Fulda sei zwar nicht groß, protokollierte die Schwester des Philosophen Arthur Schopenhauer in ihrem Tagebuch, habe aber viel Großstädtisches:

> „Schöne Gebäude, ein vorzügliches Schloß, was bei weitem größer ist als das unsere, und einen alten Dom. Auch zeigte man uns eine Art Park, der gar artig war. Mir fiel das echte, reichsstädtische Wesen auf; überall sieht man schöne, eiserne Gitter und im Garten eine ausgezeichnet schöne, breite, steinerne Treppe. Mich erfreut so etwas sehr; beweist Wohlhabenheit, die einem auch schon in dem zierlichen Staat der Bürgerinnen auffällt. Man sieht keinen echten Schal, keine prächtige Stickerei, aber alles bunt und zierlich, z. B. mit Silber gestickte Schuhe und Mützen. Dies letztere ist zwar ganz antireichsstädtisch, aber es macht sich zwischendurch recht gut.“[27]

Fuldaer Dom

Auf Kritik bei Fuldabesuchern stieß immer wieder der Dom, trotz des Bonifatiusgrabes in der Krypta. So schrieb zum Beispiel der Kunsthistoriker Jacob Burckhardt am 5. April 1841 an seine Schwester Louise:

> „Endlich zog ich in Fulda ein; es erinnert in manchem an Einsiedeln, nur dass Abtspalast und Dom getrennt sind und nicht ein so ansehnliches Ganzes bilden. – Schnell nahm ich in der kleinen uralten Michaelskirche die nötigen Notizen und Details auf, die ich Kuglern versprochen hatte und ging dann in den modernen, aber solid gebauten Dom hinein. Das Gebäude ist abgeschmackt, ich durchlief es und stieg eilig in die noch helle Gruft vor den Altar, in welchem der heilige Bonifacius ruht. – Fürchte keine katholische Regung, teure Louise; es war bloß historische Verehrung, was mich vor dem Altare festhielt. Ich habe mich mit diesem großen Mann so viel beschäftigt, dass ich an seiner Grabstätte nicht vorbeigehen durfte."[28]

Auch nach dem Ende des Zweiten Weltkriegs, als die Verbindung nach Thüringen durch die Zonengrenze jäh unterbrochen wurde, tauchte Fulda immer wieder in Büchern und Aufsätzen von Schriftstellern auf. Das Spektrum reicht dabei vom hymnischen Lob (Konrad Weiß: *Wo einst eine Landschaft Buchonien hieß*, Fritz Usinger: *Residenz des Himmels*) bis zur herben Kritik an der Stadt und ihren Bewohnern (Humbert Fink: *Ein Apostel für die Deutschen*). Die Bedeutung als Verkehrsknotenpunkt konnte Fulda, das auch ein wichtiger Industriestandort ist, bewahren. Wer mit dem ICE oder auf der Autobahn an Fulda heranrast, der sieht nicht mehr viel von der reizvollen Landschaft, die Riesbeck einst als „rau und wild" beschrieb, als „ziemlich bergit und felsigt"[29], der hat keine Zeit und sicherlich auch keine Lust, wie Goethe am 26. Juli 1814 ein Gedicht auf den gerade gesehenen *Jahrmarkt zu Hünfeld* zu verfassen, und der wird das nicht nachfühlen können, was Johann Gottfried Seume 1802 auf seinem *Spaziergang nach Syrakus* empfand, denn heute gibt es bequeme Speisewagen und an fast allen Straßen Gasthäuser:

> „Zwischen Fulda und Hünfeld drückte mich die Hitze furchtbar und der Durst war brennend; und auf meiner ganzen Wanderung habe ich vielleicht keine so große Wohltat genossen, als da ich sodann links an der Straße eine schöne Quelle fand. Leute, welche einen guten Flaschenkeller im englischen Wagen mit sich führen, haben von dieser Erquickung keinen Begriff. Der Hitze haben sie im Wagen zwar nicht viel weniger, aber die Erfrischung können sie nicht so fühlen."[30]

Von Fulda aus führten nicht nur Straßen nach Eisenach und Frankfurt, sondern auch nach Neustadt, Hammelburg, Alsfeld, Hersfeld und über die Rhön, an deren struktureller Armut auch die Erschließung mit befestigten Wegen wenig ändern konnte. Goethe interessierte an der Rhön, die er mehrfach durchfahren musste, nur der geologische Aufbau. Andere Schriftsteller dagegen, wie Friedrich Hölderlin, faszinierten die landschaftlichen Kontraste. Von Waltershausen aus, wo er als Hauslehrer bei Frau von Kalb angestellt war, hatte Hölderlin 1794 eine „kleine Exkursion übers Rhöngebirge hinein ins Fulder Land“ unternommen. An Georg Wilhelm Friedrich Hegel schrieb er am 10. Juli 1794 begeistert:

> „Man glaubt, auf den Schweizerbergen zu sein, den kolossalischen Höhen und reizenden fruchtbaren Tälern nach, wo die zerstreuten Häuserchen am Fuße der Berge, im Schatten der Tannen, unter Herden und Bächen liegen. Fulda selbst hat auch eine recht liebliche Lage. Die Bergbewohner sind wie überall etwas barsch und einfältig. Übrigens mögen sie manche gute Seite haben, die unsere Kultur vertilgt hat.“[31]

Als Wanderregion schätzte auch Franz Dingelstedt die Rhön. Der Lehrer am kurfürstlichen Lyzeum in Kassel war nach seinen frechen *Spaziergängen eines Casseler Poeten* 1838 nach Fulda versetzt worden und hatte bis 1841 genügend Zeit, die Umgebung von Fulda ausführlich kennenzulernen. Immer wieder brach er in die Rhön auf, um sich auf der Milseburg oder am Roten Moor ganz der Schönheit der Natur hinzugeben. Auf einem dieser Ausflüge, von dem er in seinem *Wanderbuch* berichtete, besuchte er auch die Burg der einstmals mächtigen Ritter von Ebersberg. Bis zur endgültigen Verwüstung ihrer Burg hatten die kampflustigen Adligen in einer blutigen Fehde mit den Fuldaer Äbten gelegen. Franz Dingelstedt wählte die Ruine später als Schauplatz für seine Novelle *Das böse Auge*.

> „Durch dunkles und gestrecktes Tannenholz stieg ich langsam den steilen gewundenen Pfad zum Ebersberge hinauf. Oben durchstöberte ich zunächst die Ruine, in hiesiger Gegend eine Rarität. Was würde man am Rhein aus zwei Türmen und einer schon halb verfallenen Rundmauer machen? Kaum, dass man, auf dem Dampfer vorüber gleitend, einen gleichgültigen Blick durch das Glas hinüberschleuderte und im Delkeskamp einen in der nächsten Minute vergessenen Namen aussuchte! Hier steht das Gemäuer, als einzig in seiner Art, mit Recht in einem viel höheren Rufe. Die Bauern nennen es Eberszwackel, nach unserer Weise ohngefähr so viel als Eberszinken, welchen Namen die beiden grauen, keck emporstrebenden Türme rechtfertigen. Die alten Recken haben ‚dem Schnee, dem Regen, dem Sturm entgegen‘ wacker gestanden; sie sind noch von der alten, soliden Konstitution, lauter kleine, eng auf einander liegende Steinchen, mit wenigem, aber sehr festem Kitt verbunden, eine Bauart, die in unserer rasch gründenden und rasch zerstörenden Zeit natürlich keine Anwendung mehr findet. Dafür wollen wir auch sehen, was in drei- bis vierhundert Jahren unsere Runkelrübensiedereien, aus Backstein gepappt, und die wie italienische Landhäuser zusammengekleisterten Kirchen geworden sein werden!“[32]

Die Armut der Rhönbewohner scheint Dingelstedt nicht aufgefallen zu sein, oder er wollte sie nicht sehen. Wilhelm Heinrich Riehl, dem eher konservativen Volkskundler, drängten sich die Bilder des Elends so auf, dass er ihnen 1856 eine eigene Abhandlung widmete, in der er u. a. auch über die Bettelei auf der Kinzigstraße berichtete:

> „Ich bin auf der ganzen Hohen Rhön von keinem Menschen angebettelt worden. Ich habe ganz allein, lediglich mit einem tüchtigen Eichenstock, flinken Beinen und einem frischen Wandermut bewaffnet, die weitgedehnten Wälder und die schaurig-öden Hochflächen durchwandert. In der tiefen Einsamkeit bei wildem Schneesturm und bei sinkender Nacht sind mir oft seltsam zerlumpte, ‚verwogene' Gestalten begegnet. Aber es hat mir niemand ein Leids getan. Und doch würde meine geringe Reisebarschaft für eine hungrige Rhöner Familie ein Kapital gewesen sein, von dem sie flott hätte leben können bis zur Kartoffelernte. Erst als ich in die begünstigteren Täler der Fulda und Kinzig niederstieg, strömten mir Betteleute in Scharen entgegen. Hier hebt die moderne Not an. Hier wird die Armut selbstbewusst, der Arme bespiegelt sich in seinem Elende, trotzt und spekuliert auf dasselbe. Es könnte einer gegenwärtig über die ganze Hohe Rhön reisen, ohne den erhöhten Notstand überhaupt wahrzunehmen, während er nicht einmal im Postwagen von Fulda nach Hanau fahren kann, ohne dass ihm allenthalben das düsterste Bild der Armut entgegentritt. Neben den Bettelleuten flutet auf dieser Straße jetzt ein wahrer Strom von Auswanderern. Bei Hanau begegnete ich einem Weibe aus dem Fulderland, welches als einziges Reisegepäck ein etwa vierteljähriges Kind auf dem Arme trug. Und in dieser Verfassung hatte sie sich zu Fuß nach einem Seehafen auf den Weg gemacht."[33]

Bad Hersfeld

Es scheint fast so, als ob Hersfeld in seiner Geschichte mehr unter Kriegen leiden musste als die meisten anderen hessischen Städte. Im späten Mittelalter tobte der Kampf sogar innerhalb der Stadtmauern, als die Bürger und die Äbte des Klosters gegeneinander um die Macht kämpften. Hersfeld war eine geistliche Gründung. 769 hatte Lull auf den Resten einer Einsiedelei das Kloster gegründet, das schon bald zum bevorzugten Aufenthaltsort für die deutschen Kaiser aufstieg. Von Karl dem Großen bis Konrad III. liebten die mächtigen Herrscher das Kloster, das sie reich beschenkten. Ihnen setzte der Mönch Lampert von Hersfeld auch ein literarisches Denkmal. Der wahrscheinlich vor 1028 geborene und nach 1081 gestorbene Gelehrte hatte zunächst (wohl um 1073) eine Biographie Lulls verfasst *(Vita sancti Lulli episcopi)*, die nicht dazu dienen sollte, Leben und Werk des Klostergründers historisch genau darzustellen. Vielmehr war Lampert daran gelegen, die Bedeutung von Hersfeld gegenüber dem Mainzer Erzbischof und dem thüringischen Landgrafen herauszustellen. Auch sein Hauptwerk, die um 1077 entstandenen *Annalen*, hatten einen politischen Zweck. Obwohl sie vorgaben, die gesamte Weltgeschichte seit der Schöpfung wiederzugeben, widmeten sie sich im Wesentlichen der Zeit unter Kaiser Heinrich IV. Im sogenannten Investiturstreit zwischen dem Kaiser und dem Papst (der im Januar 1077 mit dem „Gang nach Canossa“ seinen Höhepunkt erreichte) stellte sich Lampert eindeutig auf die Seite von Papst Gregor VII. Deutlich zeigte er Sympathien für den im März 1077 gewählten Gegenkönig Rudolf von Rheinfelden. Seine negative Darstellung des Kaisers wirkte lange nach, und manche Historiker gehen sogar davon aus, dass sie noch heute das Urteil über die Leistung Heinrichs IV. beeinflusst. Lampert war also ein Chronist mit außerordentlicher Wirkung, und er mag das gewußt haben. Denn Hersfeld war nicht irgendein Kloster, sondern eines der mächtigsten in Deutschland. 1081 ging Lampert als Abt nach Hasungen. Dann verlieren sich seine Spuren.

Als Martin Luther 1521 nach Hersfeld kam, war die Abtei bereits im Niedergang. Hersfeld war eine der ersten Städte in Hessen, die sich der Reformation anschlossen. Auf dem Weg zum Reichstag nach Worms hatte Luther in Alsfeld im „Schwanen“ übernachtet. Auf dem Rückweg machte er im Hersfelder Schloss Eichhof Rast, wo er von dem Benediktinerabt Krato feierlich empfangen wurde. Luther durfte am 1. Mai 1521 in der Stiftskirche predigen, die heute eine der eindrucksvollsten Kirchenruinen in Deutschland ist und den alljährlichen Hersfelder Festspielen eine faszinierende Freilichtbühne bietet. Wie die seit den Zeiten des Mainzer Erzbischofs und Bonifatius-Nachfolgers Lull in vielen Bauabschnitten entstandene Klosterkirche 1761 während des Siebenjährigen Krieges von französischen Truppen zerstört wurde, schilderte Ricarda Huch 1927 in ihrem Buch *Im alten Reich*. Immer wieder, musste sie feststellen, waren es Kriege, die das Aussehen der Städte und das Leben der Menschen in ihnen entscheidend verändert haben:

> „Großartig in ihrer Einfachheit muss die unzerstörte Stiftskirche gewesen sein, herrlich das ungewöhnlich breite Mittelschiff, an dessen acht Paar Rundbogen tragende Säulen sich die marmornen und alabasternen Standbilder der Äbte lehnten, mehr als lebensgroß, einige stehend, andere kniend und betend. Da die Mauern des Mittelschiffs verschwunden sind, umfängt uns nun ein weiter, ungedeckter Raum mit der einzigen Gliederung in Querbau und Chor, der über die Grabstätte erhöht ist. Glorreich erhebt sich über der Zertrümmerung der gerettete Triumphbogen, in das flimmernde Blau oder in den dunklen Wolkenzug des Himmels seine reingeschwungene, feste Linie prägend. Zu nie empfundener Andacht reißt der aus dem wuchernden Gras zu den Wolken sich spannende Bogen hin; hier ertönt keine Predigt mehr, kein Altar ist mehr da, wo die Sinnbilder des

Glaubens dargestellt und ausgeteilt wurden, gebrochen ist das geweihte Haus mit seinen Schranken wie unser Körper im Augenblick des Todes, und die Nähe einer höheren, namenlosen Erkenntnis bricht herein. Kein Grauen mehr, kein Tasten mehr am Rande bedeutungsvoller Bilder – es glüht von Angesicht zu Angesicht. Aber das auch ist doch nur Symbol, nur ein Augenblick der Ahnung, die an dem göttlich leichten Schwung des einsamen Bogens aufschwebt."[34]

46 Jahre später wäre nach der Stiftskirche beinahe die ganze Stadt von französischen Truppen niedergebrannt worden. 1807 hatten napoleonische Soldaten Hersfeld besetzt. Als bei einem Streit ein französischer Offizier getötet wurde und die ganze Stadt in Aufruhr geriet, reagierten die Franzosen mit drakonischen Maßnahmen. Die Hersfelder mussten 5000 Reichstaler zahlen und 5000 Paar Schuhe abliefern. Zusätzlich wurden 2500 Soldaten zwangseinquartiert und ein Unschuldiger zur Abschreckung hingerichtet. Damit aber nicht genug. In seiner berühmten Kalendergeschichte *Der Kommandant und die Jäger in Hersfeld* erzählt Johann Peter Hebel weitgehend wahrheitsgemäß, was dann geschah:

„[…] der französische Kaiser befahl, die Stadt Hersfeld zu plündern und alsdann an vier Orten anzuzünden und in die Asche zu legen. […] Auf Fürbitte der französischen Kommandanten in Kassel und Hersfeld wurde die Strafe so gemildert: Es sollten zwar nur vier Häuser verbrannt werden, und dies war glimpflich; aber bei der Plünderung sollte es bleiben, und das war noch hart genug. Die unglücklichen Einwohner waren auch, als sie diesen letzten Bescheid hörten, so erschrocken, so allen Mutes und aller Besinnung beraubt, dass sie der menschenfreundliche Kommandant selber ermahnen musste, statt des vergeblichen Klagens und Bittens die kurze Frist zu benutzen und ihr Bestes noch geschwind auf die Seite zu schaffen. Die fürchterliche Stunde schlug, die Trommel wirbelte ins Klagegeschrei der Unglücklichen. Durch das Getümmel der Flüchtenden und Fliehenden und Verzweifelten eilten die Soldaten auf ihren Sammelplatz. Da trat der brave Kommandant von Hersfeld vor die Reihen seiner Jäger, stellte ihnen zuerst das traurige Schicksal der Einwohner lebhaft vor die Augen und sagte hierauf: ‚Soldaten! Die Erlaubnis zu plündern fängt jetzt an. Wer dazu Lust hat, der trete heraus aus dem Glied!' Kein Mann trat heraus. […] Nicht einer! Der Aufruf wurde wiederholt. Kein Fuß bewegte sich; und wollte der Kommandant geplündert haben, so hätte er müssen selber gehen. Aber es war niemand lieber als ihm, dass die Sache also ablief, das ist leicht zu bemerken. Als die Bürger das erfuhren, war es ihnen zumute wie einem, der aus einem schweren Traum erwacht. Ihre Freude ist nicht zu beschreiben. Sie schickten sogleich eine Gesandtschaft an den Kommandanten, ließen ihm für diese Milde und Großmut danken und boten ihm aus Dankbarkeit ein großes Geschenk an. Wer weiß, was mancher getan hätte! Aber der Kommandant schlug dasselbe ab und sagte, er lasse sich keine gute Tat mit Geld bezahlen. […] Dies ist geschehen im Februar des Jahres 1807, und so etwas ist des Lesens zweimal wert."[35]

Denkmal für den braven Kommandanten Johann Baptist Lingg in Bad Hersfeld

Der Kommandant war Johann Baptist Lingg, dem Bad Hersfeld später ein Denkmal setzte.

Das Hersfelder Kloster, das im späten Mittelalter jeden politischen und wirtschaftlichen Einfluss verloren hatte, ist im 19. Jahrhundert literarisch wiedererweckt worden. Gustav Freytag ließ den zweiten Band seiner *Ahnen* dort spielen, und Ernst von Wildenbruch, der historische Stoffe liebte, nahm das Hersfelder Kloster als Beispiel, um in seinem dramatischen *Hexenlied* (1883) die Schrecken der Inquisition zu veranschaulichen. Der Mönch Menardus schildert in seiner letzten Beichte, wie er als junger Priester ein als Hexe verurteiltes Mädchen auf die Hinrichtung vorbereiten musste. Fast wäre es ihr gelungen, ihn zur gemeinsamen Flucht aus der Zelle zu überreden. Aber dann floh er allein aus Angst vor der Macht des Teufels. Das Bild der jungen Schönen auf dem Scheiterhaufen und das Lied, das sie sang, haben ihn seither nicht mehr losgelassen:

„[…] Wie taumelnde Vögel, verflattert im Meer
So glitten voll Angst ihre Augen umher;
Da trat ich heran mit dem Kruzifix,
Ihr Auge erfasste mich suchenden Blicks,
Und siehe, und siehe, verstohlener Weise
Da neigte ihr Haupt sie, da nickte sie leise,
Und ein Lächeln entstand in dem süßen Gesicht,
Wie der scheidenden Sonne verlöschendes Licht. –
Die lodernde Fackel der Henker schwang,
Ihr lechzendes Aug' in mein Auge sich trank.

Die Flamme griff in das dürre Geäst,
Ihre starrenden Augen hielten mich fest.
Die Funken stoben wie prasselnder Staub,
Ihre Lippen erbebten, wie sinkendes Laub.
Und plötzlich, und plötzlich vernahm ich ein Klingen,
Vom brennenden Holzstoß begann sie zu singen,
Wie Frühlingsregen, durchrauschend die Nacht,
So ergriff mich des Liedes süßselige Macht;
Mir war's, als trüge herüber die Luft
Fremdländischer Blumen bestrickenden Duft,
Als spräch' eine Stimme zu meinen Ohren
Vom seligen Glück, das für ewig verloren.
Die Flamme ergriff ihren nackten Fuß,
Sie neigte sich scheidend zum letzten Gruß,
Der schwarze Rauch sie wirbelnd umschwoll,
Ihr klagender Sang aus dem Rauche scholl,
Dumpf brausend die Flamme zum Himmel sprang,
Wie zitternde Glocken ertönt' ihr Gesang –
Die Ohren bedeckt' ich mit meinen Händen,
‚Das Singen, das Singen, wann wird es enden?'
Ich wandte mich schaudernd, ich floh von dem Ort –
Die klagende Stimme zog mit mir fort;
Wohin ich entfloh, wohin ich entwich,
Der Gesang, der Gesang, er begleitete mich."[36]

Als Ernst von Wildenbruch sein *Hexenlied* schrieb, für das er von den dankbaren Hersfeldern sogar ein Denkmal bekam, leitete Konrad Duden als Direktor das Königliche Gymnasium. 1876 war er nach Hersfeld gekommen. Fünf Jahre zuvor, noch im thüringischen Schleiz, hatte er zum ersten Mal seine Regeln für die Rechtschreibung zusammengefasst. 1880 ließ er dann sein Hauptwerk folgen, das *Vollständige Orthographische Wörterbuch der deutschen Sprache*, und erregte damit großes Aufsehen. Zwar existierten mit der sogenannten Preußischen Orthographie schon amtliche Regeln, aber kaum jemand hielt sich daran. Erst mit dem *Duden*, der 1901 zum verbindlichen Wörterbuch erklärt wurde, erhielt Deutschland eine bis heute gültige einheitliche Rechtschreibung. Konrad Duden stieg der Erfolg übrigens nicht zu Kopf. Er blieb bis 1905 Direktor seines Gymnasiums und starb 1911 in Sonnenberg bei Wiesbaden. Beerdigt ist er allerdings in Bad Hersfeld, wo auf vielfältige Weise an ihn erinnert wird.

Nicht weit von Bad Hersfeld, in Willershausen, heute ein Ortsteil von Herleshausen, wurden Karl und Wilhelm von Treusch zu Buttlar geboren, deren Familienstreit in die Literaturgeschichte eingegangen ist. Karl, der Ältere von beiden, hatte das Familiengut geerbt, während sich der Jüngere, unterdessen sachsen-weimarischer Major, 1723 Eleonora von Lentersheim heiratete, die Alleinerbin eines bedeutenden Besitzes war. 1729 wurde Wilhelms Schwiegermutter ermordet, höchstwahrscheinlich in seinem Auftrag. Er wollte sich damit in Besitz der gesamten Herrschaft bringen. Wilhelm wurde 1743 verhaftet und blieb unter Mordverdacht bis 1748 in Eisenach gefangen. Danach zog er zurück zu seinem Bruder auf das Gut in Willerhausen. Beide Brüder starben 1757. Diese Lebensgeschichte hatte Christian Friedrich Daniel Schubart zu einer Erzählung angeregt, die unter dem Titel *Zur Geschichte des menschlichen Herzens* 1775 im *Schwäbischen Magazin* erschien. Diese Erzählung wiederum nutzte Friedrich Schiller für sein Trauerspiel *Die Räuber*, das anonym 1781 gedruckt wurde. Außerdem waren Schillers Studienfreunde, Carl von Auritz und Wilhelm von Bibra, Verwandte bzw. Nachbarn der Familien von Lentersheim und von Buttlar.

Nicht weniger dramatisch, zumindest für Fußballfreunde, ging es am 4. Juli 1954 im Berner Wankdorf-Stadion zu. Die Nationalmannschaften von Deutschland und Ungarn standen sich im Endspiel gegenüber. Wie bekannt, gewann die deutsche Mannschaft nach außerordentlich spannenden 90 Minuten. In Wehrda, heute ein Ortsteil von Haunetal, saß damals ein 15-jähriger Junge vor dem Radio und verfolgte die Reportage von Herbert Zimmermann mit äußerster Erregung mit. Der in Rom geborene und in Wehrda in einer fast pietistischen Familienatmosphäre aufgewachsene Schriftsteller Friedrich Christian Delius war dieser Junge. In seinem autobiographischen Roman *Der Sonntag, an dem ich Weltmeister wurde* erzählte er 40 Jahre später davon:

> „Mich hielt es nicht mehr auf dem Stuhl, ich wollte meinen Stolz, meine Freude, meinen Dank in die Welt, ins Haus, ins Dorf hinausrufen und konnte mich doch vom Radio nicht trennen, wollte wissen, was weiter dort geschah, wo der Jubel herkam ... *die Fahnen schwarz rot gold sind drüben im weiten Rund zu sehen, und wir sind ergriffen ...* und auch ich war ergriffen, ein Schauer im Rücken ließ den Körper aufzittern, ich wischte die Tränen weg, wollte meine Freude zeigen und wußte nicht wem, ich fühlte deutlich, dass es mir für fast zwei Stunden gelungen war, dem sonntäglichen Alarmzustand, dem Vaterkäfig, den unsichtbaren Gottesfallen entronnen zu sein, und wußte, dass diese Ausnahmezeit, in der ich meine Makel vergessen konnte, irgendwann zu Ende ging“[37].

Alsfeld und der Vogelsberg

Geschichte scheint in der Region zwischen Fulda und Bad Hersfeld, zwischen Vogelsberg und Rhön präsenter zu sein als anderswo in Hessen. Alsfeld zum Beispiel erhielt schon 1975 vom Europarat die Auszeichnung „Europäische Modellstadt" für die vorbildliche Restaurierung der historischen Bausubstanz. Der Handel mit Wolle und Tuchen hatte die Stadt gegen Ende des 15. Jahrhunderts zur wirtschaftlichen Blüte geführt, die sich auch literarisch niederschlug. Etwa um diese Zeit entstand das *Alsfelder Passionsspiel*, das zusammen mit den Frankfurter, Friedberger, Fritzlarer und Heidelberger Passionsspielen zur sogenannten rheinfränkisch-hessischen Spielgruppe gehört. Mit seinen 8095 Versen ist das *Alsfelder Passionsspiel* aber eines der umfangreichsten geistlichen Spiele des Mittelalters. Für die Aufführungen wurden drei Tage und knapp 200 Darsteller benötigt. Im Zentrum des Spiels steht die Passionsgeschichte Jesu bis zum Pfingstwunder, angereichert mit zum Teil langatmigen religiösen Belehrungen und der stetig wiederholten Aufforderung, Buße zu tun und Gott zu danken. Überliefert sind drei Aufführungen des Passionsspiels in Alsfeld, nämlich in den Jahren 1501, 1511 und 1517.

Dass es nicht immer so fromm in Alsfeld zuging, beweisen die Schriften von Georg Nigrinus, der als Georg Schwartz 1530 in Battenberg zur Welt kam. Nach Aufenthalten in Schlesien, München, Homberg/Ohm und Gießen wurde er 1580 Prediger und Superintendent für die Grafschaft Nidda und den Bezirk Alsfeld. Nigrinus verfolgte seine theologischen Gegner, vor allem die Calvinisten und die Vertreter der Gegenreformation, mit nicht selten beleidigendem Witz, etwa wenn er Wortspielereien mit den Namen seiner Widersacher unternahm und sie mit Eseln oder Affen verglich. Dabei schoss er mehr als einmal über sein Ziel hinaus. So 1570, als er in einer kleinen Schrift die *Talmudischen Juden* als unversöhnliche Feinde der Christen bezeichnete.

Als der Schriftsteller Rudolf Hagelstange 1968 für die Zeitschrift *MERIAN* über Fulda, Werra und Saale schreiben sollte, da gab er seinem Porträt den Titel *Unberühmte Landschaft*. Das war nicht abwertend gemeint. Ganz im Gegenteil. Fast beiläufig wurde aus dem Essay eine Liebeserklärung:

> „[…] was an Städten aufsteht, fügt sich organisch und reizvoll ins größere Bild – wie etwa das schon berühmte Fulda oder die auch von prominenten Besuchern aufgesuchten Bäder: Hersfeld, Sooden-Allendorf und Salzschlirf.
>
> Überhaupt: wie viele Orte haben sich die Kennzeichnung ‚Bad' verdient! Die Heilkraft, die in der Harmonie wohnt, die aus den Quellen der Natur fließt, feiert hier lautlose Triumphe. Die Lunge atmet auf, das Auge ruht aus, das Gemüt be-

sänftigt sich angesichts der wohltuend maßvollen Erscheinung dieser in sich beschlossenen Welt.

Vielleicht muss man etwas herumgekommen sein in der Welt und manches Heroische und Widersprüchliche wahrgenommen haben, um dieser gelassenen Schönheit innezuwerden.“[38]

Kasimir Edschmid, der große Reisende aus Darmstadt, der Hessen wie seine Westentasche kannte, kam zu einem ähnlichen Urteil, als er die Gegend um Rhön, Knüll und besonders den Vogelsberg besuchte. Er scheute sogar den Vergleich mit Italien nicht, über dessen Kultur und Geschichte er ein fünfbändiges Werk verfasst hatte:

„Der Vogelsberg ist eine Provinz der feudalen Beschaulichkeit, der Tradition und Heiterkeit. Büdingen – ein oberhessisches Orvieto! Die vielen Schlösser der Familie Schlitz dagegen: eine Räuberoper der Baukunst.

Solche Kontraste sind in der Tat da. Die Schlösser in Schlitz haben Türme, die eigentlich zu Burgen passen, und das Gras wächst in ungestörter Ruhe an ihnen und den Schauseiten der Paläste in die Höhe … so als trauerten die Schlösser in ihrer dörflichen Umgebung wehmütig der Epoche nach, in der die Besitzer reichsunmittelbar waren, kleine Souveräne in einem kleinen Landstrich. Einer der Herren von Schlitz war Berater des schwedischen Abenteurerkönigs Karl XII. Zu seinen phantastischen Ideen gehörte es, Notgeld aus Kupfer einzuführen, das er später durch Edikt den Silbertalern gleichstellen ließ. Man schlug ihm den Kopf ab.“[39]

Von einer solch martialischen Vergangenheit ist man heute in Schlitz weit entfernt. 1806 fiel die kleine, aber selbstständige Reichsgrafschaft an das Großherzogtum Hessen. Heute residiert in einer der fünf Burgen die Landesmusikakademie. Florian Illies (*Generation Golf*, 2000) ist dort 1971 geboren worden und hat seine Heimatstadt 2006 in dem Buch *Ortsgespräch* porträtiert. Eine seiner Lehrerinnen war Gudrun Pausewang, die 1972 nach Schlitz gekommen ist. Bekannt geworden ist Gudrun Pausewang vor allem mit ihren Jugendbüchern, obwohl sie auch eine Reihe von Romanen für Erwachsene geschrieben hat.

Als es 1986 in dem Kernkraftwerk von Tschernobyl zu einem Super-GAU kam, also zum größten anzunehmenden Unfall, waren viele Menschen in Deutschland wie gelähmt. Ein Jahr später, als die wichtigsten Vorsichtsmaßnahmen bereits wieder aufgehoben waren, veröffentlichte Gudrun Pausewang ihren Jugendroman *Die Wolke*. Sie versuchte darin aufzuzeigen, welche verheerenden Folgen eine solche Katastrophe haben könnte, wenn sie sich in Deutschland ereignen würde. Ihr Buch spielt in Schlitz. Den Unfall verlegte sie allerdings in ein Kernkraftwerk an der nahe gelegenen bayerischen Grenze. In kräftiger Sprache schilderte sie das Chaos, die Verzweiflung und das Sterben nach dem Austritt der radioaktiven Wolke. Ihr Buch wurde zum

Millionenseller. Übersetzungen in 13 Sprachen und eine eindrückliche Verfilmung folgten. 1988 erhielt sie dafür den Deutschen Jugendliteraturpreis – nach heftigen Diskussionen. Zu dem Vorwurf, sie schüre mit ihrer schonungslosen Darstellung Angst bei Kindern und Jugendlichen, sagte Gudrun Pausewang in einem Interview mit der *Freien Presse Chemnitz*: „Wenn der Raum um das Atomkraftwerk Hals über Kopf evakuiert wird, und die Menschen leiden – wie soll man solche Vorgänge anders als drastisch schildern? Ich habe das Buch mit der Absicht geschrieben zu warnen."[40]

Gudrun Pausewang ist eine Schriftstellerin, die ihre jungen Leser ernst nimmt, sie nicht mit schönen Geschichten aus einer heilen Welt abspeist, sondern sie auf Gefahren hinweist, die unser Leben, unsere Umwelt und unsere Gesellschaftsordnung bedrohen. Sie hat es noch erlebt, was es heißt, in einem totalitären Staat ohne individuelle Freiheit aufzuwachsen. Aber sie hat es damals nicht so empfunden. Gudrun Pausewang wurde am 3. März 1928 im ostböhmischen Wichstadtl geboren. Mit ihrer Mutter und ihren fünf Geschwistern musste sie nach dem Zweiten Weltkrieg fliehen. Ihre Kindheit und ihre Flucht hat sie in ihren *Rosinkawiese*-Büchern (1980) beschrieben. In Wiesbaden machte sie Abitur und ließ sich zur Lehrerin ausbilden. 1956 ging sie nach Südamerika, wo sie an deutschen Schulen unterrichtete. Nach einem Zwischenspiel in Deutschland als Lehrerin und Germanistik-Studentin in Mainz, arbeitete sie fünf Jahre in Kolumbien, ehe sie sich endgültig in Osthessen niederließ und bis 1989 als Lehrerin an einer Grundschule in Schlitz tätig war. Auch für diese ganz jungen Leser hat Gudrun Pausewang Bücher verfasst, zum Beispiel die Geschichten über den *Räuber Grapsch*. Begonnen hatte sie 1959 mit Romanen für Erwachsene, in denen sie ihre bitteren Erfahrungen aus Südamerika, die brennende soziale

Gudrun Pausewang. Foto: Landgraf, Schlitz

Not und die politische Korruption, die sie erlebt und erfahren hatte, literarisch verarbeitete. Aber am nachdrücklichsten und wirkungsmächtigsten sind ihre Jugendromane, die heute zur Schullektüre zählen. Neben der *Wolke* sind das vor allem der Band *Die letzten Kinder von Schewenborn* (1983) über einen möglichen Atomkrieg und ihre beiden Romane über den neuen Faschismus in Deutschland *Der Schlund* (1993) und *Die Meute* (2006). 1998, mit 70 Jahren, wurde sie mit einer Dissertation über *Vergessene Jugendschriftsteller der Erich-Kästner-Generation* in Frankfurt promoviert. 2005 folgte eine weitere große Arbeit von ihr über *Die Kinder- und Jugendliteratur des Nationalsozialismus als Instrument ideologischer Beeinflussung.* (Beide wissenschaftlichen Werke erschienen unter ihrem Passnamen Gudrun Wilcke, den sie seit ihrer Heirat trägt und nach der Scheidung nicht abgelegt hat.) 2009 erhielt sie den Großen Preis der Deutschen Akademie für Kinder- und Jugendliteratur für ihr Lebenswerk. Sechs Schulen sind nach ihr benannt, u. a. in Nidda und Lauterbach.

Schifffahrt mit Knigge

In seinen 1793 veröffentlichten *Briefen, auf einer Reise aus Niedersachsen nach Lothringen geschrieben* schilderte Adolph von Knigge seine Schifffahrt auf der Fulda vom Rhönrand bis nach Kassel. Für ihn war das eine Expedition ins unbekannte Hessen.

> „Es gibt Gegenden in Hessen, wie z. B. die von Eschwege und Wanfried, an der Werra, wo uns weniger das Bild der Dürftigkeit und Niedergeschlagenheit auffällt und wo auch Gewerbe, Handel und Schiffahrt mit einigem Erfolg getrieben zu werden scheinen, aber hier an der Fulda, besonders je weiter man sich vom Strome entfernt, erblickt man nur mühselige und unlustige Anstrengung des Landmanns, gegen die natürlichen und auferlegten Lasten zu kämpfen. Da hängt ein armer Bauer mit seinen pflügenden Ochsen am jähen Abhange eines steinigen Berges, um einen undankbaren Erd-Fleck zu umwühlen und ihm einige sparsam wachsende Körner zu entlocken (in den Tälern am Flusse wird ziemlich gute Frucht gezogen), und das Vieh ist klein und dürre."[41]

Knigge nahm sich gleich mehrere Tage Zeit für seine Reise und widmete sich ausführlich den Orten und den Menschen. Er besuchte Breitenbach, das Städtchen Rotenburg mit dem Schloss der Landgrafen von Hessen-Rheinfels, Morschen und Melsungen.

> „Die Landschaft um Rotenburg her hat doch etwas Malerisches; die Berge liefern einen angenehmen Anblick – Schade; dass es keine Weinberge sind! Hier und in

der Nachbarschaft wohnen einige Leinwand-Händler, die im Lande aufkaufen und dann beträchtliche Versendungen im Großen machen. [...]

Näher bei Kassel wird die Gegend malerischer; Guxhagen mit seinem kleinen Duodez-Hafen liegt recht reizend. Das Wetter war angenehm kühl; Nachtigallen und andere Vögel wetteiferten in frohen Liedern. Rechter Hand ließen wir die Söhr, einen schönen Wald, liegen, vor welchem sich, längs dem Ufer hin, ein schmaler, lieblicher Wiesengrund ausdehnt. Dann sieht man, ein Stündchen von Kassel, Freienhagen liegen – ein kleines Lustschloss der Landgrafen mit einer angenehmen Lindenallee."[42]

Nach einem kurzen Aufenthalt in Kassel war Knigge übrigens weiter nach Hameln gefahren – wieder mit dem Schiff. Die Reise auf dem Wasser dürfte neben dem Fußmarsch die langsamste Fortbewegungsart gewesen sein.

Von der Fulda an die Werra

Ernst Koch, der sich als Schriftsteller Eduard Helmer nannte, hat 1834 eine Satire geschrieben, die zu großen Teilen in Witzenhausen spielt. In seinem Roman *Prinz Rosa-Stramin* heißt Witzenhausen allerdings „Lenzbach". Der 1808 in Singlis (heute ein Ortsteil von Borken) geborene Autor war 1816 nach Witzenhausen gezogen, wo sein Vater die Stelle des hessisch-rothenburgischen Schultheißen übernahm. Er wusste also, über was er schrieb, als er sich mit Hingabe dem Schulwesen von Lenzbach widmete:

„Jene beiden Schulen hießen die Kantorschule und die Rektorschule und erschienen mir als die beiden einzigen Stufen und Stationen zur erschrecklichsten Gescheitheit. [...] Sie waren mir sozusagen die beiden Universalbrüste aller menschlichen Weisheitsmilch. Die erstere säugte den Knaben mit Liebe und lehrte ihn das Wort Gottes buchstabieren, ihr verdank' ich also das meiste. Bei der anderen kriegt' ich die rasendsten Prügel, worauf ich gleich zurückkommen werde. Es ergibt sich schon hieraus ein fühlbarer Unterschied zwischen beiden Schulen. Ein anderer bestand darin, dass in der ersteren zweimal wöchentlich gesungen, in der anderen aber alle Tage geheult wurde, eben wegen der Prügel."[43]

Trotzdem ist *Prinz-Rosa-Stramin* ein höchst vergnügliches Buch über eine Kindheit auf dem Land und das Leben in der politisch rückständigen Residenz Kassel, wo Koch zuletzt als Referent im Innenministerium gearbeitet hatte und durch seine zunächst anonym veröffentlichten Satiren im liberalen *Verfassungsfreund* aufgefallen war. Im selben Jahr, als sein Hauptwerk (wieder zunächst anonym) erschien, geriet er als Günstling des reaktionären Innenministers Hassenpflug in Misskredit und flüchtete in die Fremdenlegion, aus der er 1837 zurückkehrte. Hassenpflug, der unterdessen Zivilgouverneur

Titel von Ernst Kochs *Prinz Rosa-Stramin* mit Zeichnungen von Hans A. Müller (1917)

von Luxemburg war, holte ihn als Regierungssekretär zu sich. Von 1850 bis zu seinem Tod im Jahr 1858 unterrichtete Koch selbst als Lehrer deutsche Sprache und Literatur in Luxemburg. Sein *Prinz Rosa-Stramin* gilt heute als „wunderliche Spätblüte der Romantik".

Witzenhausen ist damit in die Literaturgeschichte eingegangen. Bad Sooden-Allendorf, nur wenige Kilometer werraaufwärts, verdankt seinen literarischen Nachruhm nicht einem Buch, sondern einem Lied. Im Stadtteil Allendorf soll, einer alten Überlieferung zufolge, der *Brunnen vor dem Tore* stehen. Am Zimmersbrunnen, so sein richtiger Name, habe der bekannte Liederdichter Wilhelm Müller immer wieder gesessen und schließlich 1822 das Gedicht geschrieben, das Franz Schubert später vertonte. Den Lindenbaum, in dessen Schatten der Autor „so manchen süßen Traum" hatte, fällten „die kalten Winde" 1912, die schon Müller „grad' ins Angesicht" geblasen hatten. Seither sorgt eine Ersatz-Linde für heimeliges Rauschen: „Komm her zu mir, Geselle, hier find'st du deine Ruh'."

Im benachbarten Eschwege ist der Schriftsteller Rolf Hochhuth am 1. April 1931 als Sohn eines Schuhfabrikanten auf die Welt gekommen, der nach einer Buchhändlerlehre zunächst in Marburg, Kassel und München arbeitete. 1955 wurde er Lektor im Bertelsmann Lesering. Seit 1963 lebt und schreibt er als freier Autor in Riehen bei Basel. Es ist kein Zufall, dass er sich in diesem Jahr entschloss, seinen Brotberuf gegen die Unsicherheit des Autorendaseins zu tauschen. Denn am 20. Februar 1963 wurde sein „christliches Theaterstück" *Der Stellvertreter* in Berlin uraufgeführt. Es stellt die Frage, ob der Papst zu der planmäßigen Vernichtung der europäischen Juden durch die Nationalsozialisten schweigen durfte und wurde heftig diskutiert, weil Hochhuth darin eindeutig Stellung gegen den Vatikan bezog. Erwin Piscator, der bei der Premiere an der Freien Volksbühne Regie führte, nannte das Stück einen der „wenigen wesentlichen Beiträge zur Bewältigung der

Vergangenheit. Es nennt schonungslos die Dinge beim Namen; es zeigt, dass eine Geschichte, die mit dem Blut von Millionen Unschuldiger geschrieben wurde, niemals verjähren kann; es teilt den Schuldigen ihr Maß an Schuld zu; es erinnert alle Beteiligten daran, dass sie sich entscheiden konnten und dass sie sich in der Tat entschieden haben, auch dann, wenn sie sich nicht entschieden"[44]. In den *Basler Nachrichten* nahm Golo Mann den heftig attackierten Autor in Schutz und stellte die Leistung Hochhuths deutlich heraus: „Die Macht des Wortes, die diesem Gegenstand gegenüber bisher immer versagen mußte, hier versagt sie nicht. [...] Wie viel einfühlsame Menschenkenntnis, Phantasie und Mitleid, Kummer, tiefer Ekel und Zorn werden hier unter dem Bann der Kunst gezwungen! Das ist die eigentlichste Leistung. Sie erklärt, warum das deutsche Publikum sich von dem Drama hat ansprechen lassen wie noch von keinem Prozeß in Nürnberg und Jerusalem"[45]. Hochhuth hat sich noch mehrfach mit der deutschen NS-Vergangenheit auseinandergesetzt, etwa in seinem Roman *Eine Liebe in Deutschland* (1978) oder in seinem Buch über den Schweizer Hitler-Attentäter Maurice Bavaud *Tell 38* (1979).

Hochhuth ist ein streitbarer Autor, der auch zu politischen Tagesthemen Stellung bezieht, weiterhin Theaterstücke schreibt und daneben auch Gedichte verfertigt, zum Beispiel über seine Wahlheimat Basel:

> „[...] Ohne Recht nenne ich Basel als Heimatstadt:
> ein Schweizer Zöllner beargwöhnt mich nie!
> Mit bald fünfzig Jahren hat man es satt,
> verdächtigt von teutonischer Hysterie,
> mein Name *müsse* im Fahndungsbuch stehn,
> faule Deutsche zu treffen, die sich schwer überzeugen,
> meinen Namen in ihrem Buch *nicht* zu sehn,
> so tief auch hinein die den dummen Kopf beugen [...]."[46]

Blaue Blumen

Das Fachwerkschloss Escheberg im Habichtswald gehört heute zur Stadt Zierenberg. In der ersten Hälfte des 19. Jahrhunderts war es ein beliebter Treffpunkt der Romantiker. Im Haus der Familie von der Malsburg logierten u. a. die Brüder August Wilhelm und Friedrich Schlegel, Ludwig Tieck, Ludwig Emil Grimm, Franz Kugler, Wilhelm Müller und Friedrich Bodenstedt, der 1872 seinen Roman *Das Herrenhaus in Eschenwalde* veröffentlichte. Ein besonders gern gesehener Gast war Emanuel Geibel, der von Pfingsten 1841 bis Sommer 1842 auf Schloss Escheberg lebte und dort sein berühmtestes Gedicht *Der Mai ist gekommen* verfasst haben soll, was heute aber als unwahrscheinlich gilt. Er verliebte sich in die noch jugendliche Tochter des Hauses, Henriette von Malsburg. Aber eine dauerhafte Verbindung scheiterte an den Standesgrenzen, die auch für geschätzte Dichter galten. Geibel verwandelte sein Liebesleid gleich in mehrere Gedichte. Eines im Liedton beginnt mit dem Vers:

„Wenn sich zwei Herzen scheiden,
Die sich dereinst geliebt,
Das ist ein großes Leiden,
Wie's größres nimmer gibt.
Es klingt das Wort so traurig gar:
Fahr wohl, fahr wohl, auf immerdar!
Wenn sich zwei Herzen scheiden
Die sich dereinst geliebt."[47]

Geibel, dessen Vater übrigens in Hanau geboren worden ist, war der beliebteste Lyriker seiner Zeit. Mit der Familie um Karl Otto von der Malsburg verband ihn, trotz der Liebesscharmützel, eine lebenslange Freundschaft, die sich u. a. in einem umfangreichen Briefwechsel niederschlug. Seinen Gastgebern widmete er 1879 auch ein freundliches Gedicht:

„Nahe dem Hange des Bergs, den hundertjähriger Eschen
Wipfel umschattet, lag halb im Verborgnen das Schloß,
Altersgrau, doch würdig geschmückt und wohnlich im Innern,
Groß nicht, aber dem Gast freundlich, wie keines im Land.
Neben dem springenden Leu'n drei Rosen am Tor der Kapelle
Zeigte das Wappen und rings dufteten Rosen umher;
Denn weit dehnte der Garten sich hin, von rauschender Waldnacht
Nur und dem Spiegel des Teichs drüben im Tale begrenzt."[48]

Neben Schloss Escheberg gibt es um Kassel herum einen weiteren Ort, der für die Dichtung der Romantik eine herausragende Rolle spielt. Es ist die Stadt Gudensberg. Der Sage nach soll ein Schweinehirt einem seiner Tiere in den Wald gefolgt sein. Dabei pflückte er eine blaue Blume und steckte sie an seinen Hut. Im selben Augenblick öffnete sich eine eiserne Tür in der Bergwand und gab den Blick auf sagenhafte Schätze frei. Der Hirte füllte seinen Hut mit Goldstücken und ging hinaus. Da meldete sich eine Stimme und sagte leise „Vergiss das Beste nicht". Aber es war zu spät. Die Tür schloss sich für immer. Der Hirte hatte seine blaue Blume in dem Berg verloren.

Für die Romantiker, allen voran Novalis in seinem Roman *Heinrich von Ofterdingen* (1802), wurde die Blaue Blume zum geheimnisvollen Symbol für ungestilltes Verlangen, für die romantische Sehnsucht schlechthin, wie in dem Gedicht, das Joseph von Eichendorff 1818 schrieb:

„Ich suche die blaue Blume,
Ich suche und finde sie nie,
Mir träumt, dass in der Blume
Mein gutes Glück mir blüh'.

Ich wand're mit meiner Harfe
Durch Länder, Städt' und Au'n,
Ob nirgends in der Runde
Die blaue Blume zu schau'n.

Ich wand're schon seit lange
Hab' lang' gehofft, vertraut,
Doch ach, noch nirgend hab' ich
Die blaue Blum' geschaut."[49]

Fritzlar

Der bedeutendste Ort im nördlichen Hessen war lange Zeit Fritzlar, das an der stark befahrenen Straße von Kassel nach Frankfurt lag. Die beiden mächtigen Türme der Benediktinerabtei St. Peter vermitteln noch heute einen Eindruck von dem Ansehen, das Fritzlar einst genoss. 724 hatte der hl. Bonifatius das Kloster gegründet. Wenig später errichtete Karl der Große westlich der Stiftskirche eine Pfalz, die zwischen dem 9. und dem 12. Jahrhundert zahlreiche Königsbesuche und sogar, 919, eine Königswahl erlebte. Heinrich I., der Vater von Otto dem Großen, wurde in Fritzlar zum König ausgerufen.

Bonifatius beim Fällen der Donareiche

Der Name der Stadt ist eng mit einem mittelhochdeutschen Dichter verbunden, der um 1200 lebte: Herbort von Fritzlar. In dem Vorwort von seinem „liet von Troye" bezeichnet er sich als „von fritslar herbort ein gelarter schulere". Das Buch, das er im Auftrag des Thüringer Landgrafen Hermann geschrieben hatte, ist die erste Troja-Dichtung in deutscher Sprache. Herbort verwendete dafür eine französische Vorlage, die er nicht einfach ins Mittelhochdeutsche übersetzte, sondern bearbeitete und mit eigenen Deutungen versah. Im Gegensatz zu anderen Autoren seiner Zeit idealisierte er das höfische Leben nicht. Wirklichkeitsnah und mit zum Teil bösem Witz schilderte er „edle Frauen", Ritter im Minnedienst und die Gräuel der Schlachten. Aber die literarische Brillanz eines Heinrich von Veldeke oder Wolfram von Eschenbach konnte er nicht erreichen. So blieb sein Roman ohne große Wirkung. Vollständig hat er sich in nur einer einzigen Handschrift aus dem Jahr 1333 erhalten.

Die Geschichte seiner Heimatstadt Fritzlar, die seit dem 13. Jahrhundert als Bollwerk der Mainzer Erzbischöfe gegen die thüringisch-hessischen Landgrafen diente, haben Ricarda Huch und Konrad Weiß in ihren Büchern *Im alten Reich* (1927) bzw. *Deutschlands Morgenspiegel* (1950) wiedergegeben. Ganz persönliche Erinnerungen an ihre Zeit im Fritzlarer Ursulinenkloster, wo sie nach dem Tod ihrer Mutter aufgenommen worden war, und vor allem an die „Klosterbeeren an der Kirchmauer" finden sich in Bettine von Arnims 1852 erschienenem Buch *Gespräche mit Dämonen*. Vier Jahre lebte sie dort und beobachtete, wie die Nonnen freudlos ihr religiöses Tagwerk verrichteten, „so dumpf sangen, so matt waren", und wünschte ihnen die Freiheit eines Schmetterlings, der seine Raupenhülle verlassen hat.

> „Auch ihr, Nönnchen, die ihr starr in eurer Klause euch nicht mehr dreht und wendet, dem Leben abgestorben, nichts mehr auf Erden vorhabt als mit gefalteten Händen die Paternosterkugel drehn, wenn ihr die Hülle sprengt, dann werdet ihr ins Meer der Freiheit wieder fliegen."[50]

Ob die junge Bettine Brentano (später von Arnim) eine glückliche Zeit in Fritzlar verbrachte, darüber streiten sich ihre Biographinnen bis heute. Schule war zu Beginn des 19. Jahrhunderts alles andere als ein Vergnügen, ob im Kloster von frommen Nonnen unterrichtet wurde oder in städtischen Erziehungsanstalten von strengen Schulmeistern.

Richard Huelsenbeck aus Frankenau

Im späten 19. Jahrhundert, genau am 23. April 1892 wurde Richard Hülsenbeck (oder Huelsenbeck, wie er sich seit 1936 nannte) in Frankenau als Sohn eines Apothekers geboren. Er verbrachte allerdings nur wenige Jahre in seinem Geburtsort. Die Familie zog zunächst nach Dortmund und dann nach Bochum. Wenn der Dadaismus heute als eine Kunstform gilt, die nur in großstädtischer Weltoffenheit entstehen konnte, dann wird gerne übersehen, dass einer seiner wichtigsten Vertreter aus einer idyllischen Kleinstadt in Nordhessen kommt, weit weg von den kulturellen Zentren des Deutschen Reichs. Aber so provinziell konnte Frankenau nicht gewesen sein, wenn der gerade 24-jährige Hülsenbeck 1916 in Zürich zusammen mit Hugo Ball, Hans Arp, Emmy Hennings, Tristan Tzara und anderen den Dadaismus aus der Taufe hob, der nicht nur Literatur, sondern auch die Bildende Kunst, Theater und Musik umfasste. Gegen das Weltpathos des Expressionismus wollten Hülsenbeck und seine Mitstreiter „den Typus eines naiven Menschen" setzen. So jedenfalls stand es im *Dadaistischen Manifest*, das Hülsenbeck im April 1918 vor der Berliner Sezession vortrug. Mit ihren Texten und Aktionen sorgten die Dadaisten für Aufruhr und Skandal. Das an bedeutungsschwangere Reime gewöhnte Publikum fühlte sich durch Gedichte wie *Dada-Schalmei* von Richard Huelsenbeck auf den Arm genommen:

> „Auf der Flöte groß und bieder
> Spielt der Dadaiste wieder,
> Da am Fluß die Grille zirpt
> Und der Mond die Nacht umwirbt.
> Tandaradei.
>
> Ach, die Seele ist so trocken
> Und der Kopf ist ganz verwirrt,
> Oben, wo die Wolken hocken,
> Grausiges Gevögel schwirrt,
> Tandaradei. […]"[51]

Von den Nationalsozialisten wurden Hülsenbecks Werke verboten. Er selbst emigrierte 1936 mit seiner Familie in die USA. Er starb am 20. April 1974 in der Schweiz. Die konkrete Poesie der Nachkriegszeit und die Aktions- oder Happeningkunst wurden von Hülsenbeck und dem Dadaismus nachhaltig beeinflusst.

Frankenberg

Frankenberg hat einen berühmten Chronisten: Wigand Gerstenberg, der von 1457 bis 1522 lebte. Seine auf älteren Texten und persönlichem Erleben beruhende Stadtgeschichte ist immer noch lesenswert, besonders seine Schilderung des großen Brandes von 1476. Gerstenberg hat ihn als Augenzeuge wohl selbst miterlebt. Frankenberg war zu dieser Zeit ein Zentrum des Wollhandels und dadurch vermögend. Als Wilhelm von Humboldt die Stadt im September 1788 (auf dem Weg von Arolsen nach Marburg) besuchte, zeigten sich nur noch Reste des einstigen Reichtums:

> „Bis Frankenberg stieß mir nichts Merkwürdiges auf. Es ist eine kleine, schlecht gebaute Stadt auf einem Berge, so dass die Straßen bald bergauf, bald bergab gehen. Die Einwohner nähren sich vom Ackerbau und vom Tuchmachen. Mehr als 100 Familien treiben die letztere Hantierung, und in manchem halben Jahr werden für mehr als 22 000 Thaler schwer Geld Tücher für Kassel verarbeitet. Dennoch ist der Wohlstand in der Stadt nicht groß, woran vorzüglich die Größe der Abgaben Schuld ist. […]
>
> Auf der Westseite dieser Stadt war ehemals eine Burg Karls des Großen. Man sieht noch das Fundament davon, in einem großen Dreieck gelegt. Vor 50 Jahren standen auch das Tor und ein Teil der Seitenmauern noch. Neben Frankenberg ist auch ein Platz, die freie Mark, wo Karl der Große die Heiden in diesen Gegenden zuerst schlug. Der vorige Landgraf hat da eine Kolonie von 25 Häusern, Friedrichshaus, anlegen lassen.
>
> Noch ist die Kirche in Frankenberg merkwürdig. Sie ist überaus alt und mit einer Menge sehr fein gearbeiteter Bildhauerarbeit geziert. Um das Schiff herum sind von außen und innen Konsolen, auf denen ehemals kleine Bildsäulen gestanden haben.“[52]

Marburg

Marburg verdankt seine Bedeutung einer Heiligen. Die Stadt entstand im Schatten der Burg, die von den Thüringer Landgrafen auf einem strategisch günstig gelegenen Berg in der ersten Hälfte des 12. Jahrhunderts errichtet worden war. Landgraf Ludwig IV. von Thüringen schenkte Marburg 1221 seiner Frau Elisabeth zur Hochzeit. Die 1207 in Sárospatak geborene ungarische Königstochter Elisabeth war bereits mit vier Jahren an den thüringischen Landgrafenhof auf die Wartburg gekommen. Im Alter von 14 Jahren wurde sie mit Ludwig vermählt und brachte bereits ein Jahr später ihr erstes Kind zur Welt. Zwei weitere Kinder folgten in kurzen Abständen. Aber schon 1227 starb ihr Mann bei einem Kreuzzug mit Kaiser Friedrich II. Elisabeth, die wegen ihrer Mildtätigkeit beim Volk beliebt und am Hof verachtet war, hatte keine andere Wahl, als die Wartburg zu verlassen und in „ihr" Marburg zu ziehen. 1228 errichtete sie ein dem heiligen Franziskus geweihtes Hospital und lebte selbst in Armut. Eine unglückliche Rolle spielte dabei ihr Beichtvater Konrad von Marburg, der sie mit Verboten und Strafen terrorisierte. Schon damals wurde sie von den Menschen bewundert.

Nach ihrem frühen Tod am 17. November 1231 soll ihr Körper drei Tage lang allen preisgegeben gewesen sein, die sich eine Reliquie davon abtrennen wollten. Die Elisabethverehrung war so groß, dass der Deutsche Orden die Gunst der Stunde nutzte und als Grabstätte die Elisabethkirche errichten ließ. Schon 1235, nur vier Jahre nach ihrem Tod, wurde Elisabeth von Papst Gregor IX. heiliggesprochen. Neben dem Deutschen Orden und der Kirche nutzte auch Sophie von Brabant, die älteste Tochter Elisabeths, die Popularität der Verstorbenen. Als 1247 das thüringische Landgrafengeschlecht erlosch, setzte sie für ihren Sohn Heinrich das Erbe durch. So entstand die Landgrafschaft Hessen, in der Marburg mit seinem die Stadt überragenden Schloss eine wichtige Rolle spielte. Der Ausbau des Schlosses war schon unter Sophie von Brabant in Angriff genommen worden. Bis ins 17. Jahrhundert wurde daran weiter gearbeitet. Bereits im Sommer 1527 hatte Landgraf Philipp der Großmütige in Marburg die erste evangelische Universität gegründet.

Die Heilige Elisabeth. Stich von 1835

Heute ist die verwinkelt am Schlossberg liegende Stadt ein touristisches Kleinod, das nicht nur Studenten anzieht. Im 18. Jahrhundert war man da noch ganz anderer Meinung. Wilhelm von Humboldt zum Beispiel fällte im September 1788 ein vernichtendes Urteil, als er Freunde in Marburg besuchte:

„Nach allen diesen Besuchen gingen wir auf das alte Schloss, das auf einem hohen Berge liegt. Von der äußersten Galerie des Turms hat man die reizendste Gegend, die man sich denken kann. Dicht unter sich die alte räuchrige Stadt, weiter hin zu dem herrlichsten Kontrast lauter Wiesen und Gärten, durch die die Lahn sich hinschlängelt, und hinten waldichte Gebirge, die den Horizont umschließen. Ich konnte mich nicht satt daran sehen. Unverwandt hing mein Auge an den Bergen, hinter denen eben die Sonne in aller ihrer Pracht niedersank. [...]

Als Stadt betrachtet ist Marburg leicht die hässlichste und unangenehmste, die man sich denken kann. Die Häuser alt und hässlich, die Straßen unrein, eng, krumm und so bergigt, dass man an einigen Orten, wo es zu steil ist, Stufen angebracht hat, die Beleuchtung äußerst schlecht, die Stuben niedrig schief und uneben. Die Universität soll sehr schlecht sein, und der Landgraf nichts darauf verwenden."[53]

Der Schriftsteller Friedrich Christian Laukhard, der wenige Jahre zuvor in Gießen studiert hatte und dabei auch öfters nach Marburg gekommen war, bezog in seine negative Bewertung der Universität auch die Studenten mit ein, die er an ihrem Komment, d. h. ihren Bräuchen und Regeln, maß. „Die Universität war damals sehr schwach", schrieb er in seinen Lebenserinnerungen, „sie hatte kaum 180 Studenten, deren Komment elend genug war, nämlich burschikos zu reden. Die Studenten waren meist Landeskinder, und man hielt sie in gar strenger Zucht"[54].

Gelegentlich konnten es sich wohl auch die Marburger Studenten nicht verkneifen, wenigstens ein bisschen über die Stränge zu schlagen. Der sonst so tolerante Joachim Heinrich Campe zeigte dafür in seinen *Reisebeschreibungen* wenig Verständnis:

„Marburg ist eine Hochschule. Auch wenn ich dieses vorher nicht gewusst hätte, so würde der Erste, der mir bei meiner Einfahrt in diese Stadt begegnete, mich wenigstens auf die Vermutung gebracht haben. Es war ein Musensohn zu Pferde, der seine Gewaltspeitsche um nichts und wieder nichts unaufhörlich knallen ließ, um die Leute an die Fenster zu locken, damit sie ihn reiten sähen. Sein Gesicht, welches mit einer ungeheuern fingerbreiten Schmarre von oben bis unten gezeichnet war, kündigte einen von jenen jungen Donkischotten an, welche auf Abenteuer ausgehn, und nicht in der Absicht, zu lernen und sich auszubilden, sondern in der, sich zu raufen und herumzubalgen, dazusein glauben. Arme verblendete Jünglinge!"[55]

Für Marburg selbst fand Campe aber nur anerkennende Worte:

„Diese Stadt hängt – gar artig anzusehn – an der Seite eines Berges, welcher nach oben zu so steil wird, dass die aufwärtslaufenden Straßen zu bloßen Treppen werden, welche nicht befahren werden können. Den Gipfel des Berges ziert ein altes, ehemals befestigtes Schloss, und sein Fuß wird von der vorbeifließenden Lahn gewaschen. Die ganze kleine Gegend ist beinahe wie die zu Münden, von Bergen eingeschlossen und übrigens malerisch. Kommt man vollends, wie dies der Fall auf meiner Rückreise war, hier zur Nachtzeit an, so machen die erleuchteten Fenster der Häuser, von unten aus gesehn, eine sonderbare Wirkung. Es scheinen alsdann, weil man den Berg und die Stadt nicht zugleich mit sehen kann, die vielen Lichter, welche man erblickt, oben in der Luft zu schweben, welches einige Augenblicke lang eine angenehme Täuschung verursacht."[56]

Viele Reisende kamen nach Marburg, um die Grabstätte der hl. Elisabeth zu besuchen: die zwischen 1235 und 1283 vom Deutschen Orden erbaute Elisabethkirche. Johann Heinrich Jung-Stilling, der von 1787 bis 1803 in Marburg Finanz- und Kameralwissenschaften lehrte, spielt im 1804 erschienenen fünften Teil seiner berühmten *Lebensgeschichte* darauf an, wenn er rückblickend der Universitätsstadt seine Reverenz erweist:

„Diese alte, von jeher, durch den letzten Aufenthalt, Tod und Begräbnis der heiligen Landgräfin Elisabeth von Hessen berühmte Stadt, liegt krumm, schief und bucklicht, unter einer alten Burg, den Berg hinab; ihre engen Gassen, leimenen Häuser, u. s. w. machen bei dem, der nur bloß durchreist, oder den Ort nur oberflächlich kennen lernt, einen nachteiligen, aber im Grunde ungerechten Eindruck: denn so bald man das Innere des gesellschaftlichen Lebens – die Menschen in ihrer wahren Gestalt – dort kennen lernt, so findet man eine Herzlichkeit, eine solche werktätige Freundschaft, wie man sie schwerlich an einem andern Ort antreffen wird. Dies ist kein leeres Kompliment, sondern ein Dankopfer, und Zeugnis der Wahrheit, das ich den lieben Marburgern schuldig bin."[57]

Elisabethkirche in Marburg

Dass Jung-Stillings Urteil nicht nur eine freundliche Geste war, sondern ganz und gar der Realität entsprach, lässt sich leicht belegen. Allein schon der Kreis um den Juristen Friedrich Carl von Savigny, der von 1800 bis 1804 in Marburg lehrte, zog immer wieder neue Besucher in die Universitätsstadt. Vor allem die Romantiker fühlten sich hier wohl.

Friedrich Carl von Savigny hatte aber nicht nur berühmte Freunde, sondern auch bedeutende Schüler, deren Entwicklung allerdings im Studentenalter noch nicht vorauszusehen war. Am 30. April 1802 hatte sich Jacob Grimm als Studierender der Rechtswissenschaften an der Marburger Universität immatrikuliert. Ostern 1803 folgte ihm sein Bruder Wilhelm, der die gleichen Fächer belegte.

Durch seinen Fleiß und seine rasche Auffassungsgabe erwarb sich Jacob Grimm schnell die Anerkennung Savignys, der ihn zu sich nach Hause einlud und ihn mit der mittelhochdeutschen Literatur bekannt machte. Immer wieder ermahnte er die Brüder, die alten Dichter genau zu lesen und verstehen zu lernen. Durch Savigny, der sich 1804 mit einer Schwester von Clemens Brentano vermählte, fanden sie Zugang zum Marburger Romantikerkreis. Mit dem Weggang Savignys endeten auch die fast intimen Treffen, bei denen diskutiert und vorgelesen wurde. Marburg stand plötzlich nicht mehr im Mittelpunkt der romantischen Geselligkeit. Die Stadt verlor an Bedeutung. Dostojewski sah sie im Juni 1874 nur noch im Vorüberfahren. Aber dieser flüchtige Blick genügte, um seiner Frau begeistert zu schreiben:

> „Was ist die Schweiz, was die Wartburg […] im Vergleich zu dieser letzten Hälfte des Weges nach Ems. Alles, was man sich an Verführerischem, Zartem, Phantastischem in einer Landschaft nur denken kann, der bezauberndsten auf der Welt; Hügel, Berge, Schlösser, Städte wie Marburg, Limburg mit reizenden Türmen, in einer erstaunlichen Komposition von Bergen und Tälern – nichts dergleichen habe ich bisher gesehen“[58]

Fast genau ein Jahr später bummelte Jacob Burckhardt durch Marburg, besichtigte die Elisabethkirche und sah sich in seinem „alten Respekt“ bestärkt „vor Leuten des 13. Jahrhunderts, deren Bauten wie lebendige Pflanzen aus dem Boden hervorgewachsen scheinen“[59]. Auch Rainer Maria Rilke widmete der gotischen Kirche einen Besuch, als er – unruhig durch Deutschland ziehend – in Marburg Station machte, bevor er sich nach Schloss Friedelhausen bei Lollar begab. Am 27. Juli 1905 schrieb er seiner Frau Clara:

> „Nun bin ich in Marburg seit ½ 12; bin die kleine, krumme Stadt auf und abgegangen bis hinauf ins Schloss und bis zur Elisabethkirche hinunter, die um und über die Wunder der heiligen Landgräfin erbaut ist. – Liebliche deutsche Gotik, sich abspielend in der Haltung einer Hand, in der Neigung eines Kopfes, in einer

Falte, die sich schlank und steil hinaufzieht an einer schmalen Gestalt. Und in dem einen Seitenflügel steinerne Grabmäler aus dem XIV. und XV. Jahrh., – Männer, in Eisen liegend, das rechte Bein ein wenig angezogen, die eisernen Handschuh aneinandergelegt. Und das Gesicht tief drin zwischen Halsberge und Visier, beschattet und beschienen von beiden."[60]

Rilke hielt sich zweimal länger in Friedelhausen auf, im Sommer 1905 und im September/Oktober 1906. Das Schloss, das Mitte des 19. Jahrhunderts erbaut worden war, gehörte Luise Gräfin von Schwerin, die dem jungen und fast mittellosen Dichter eine äußerst zuvorkommende Freundin war. Auch nach ihrem Tod Anfang 1906 war er ein gern gesehener Gast auf dem Schloss. Bei seinem ersten Aufenthalt in Friedelhausen bereitete er, wie sein Biograph Ralph Freedman berichtet, sein *Stundenbuch* für den Druck vor. Er korrespondierte „dazu mit dem Insel-Verlag ausführlich über das Format des Buches, Buchschmuck und Schrifttype". Oft machte er Ausflüge in die Umgebung und kam dabei bis Darmstadt. Sein Schreiben allerdings ging nicht gut voran. „Der *Malte* musste auf den produktiveren Herbst warten". Rilke erlag, so Freedman, „ohne Mühe dem Reiz gesicherter Lebensverhältnisse, die Geborgenheit versprachen und deren historische Verankerung und Kontinuität ihm fühlbar wurde"[61]. Als Luise von Schwerin starb, widmete er ihr ein Gedicht, das mit den Zeilen beginnt:

„Sinnend von Legende zu Legende
such ich deinen Namen, helle Frau.
Wie die Nächte um die Sonnenwende,
in die Sterne wachsen ohne Ende,
nimmst du alles in dich auf, Legende,
und umgibst mich wie ein tiefes Blau."[62]

Als Rilke diese Sätze schrieb, traf gerade in Spanien ein junger Mann Vorbereitungen, um in Marburg zu studieren. Sein Lehrer sollte der Philosoph Hermann Cohen sein, der die weit über die deutschen Grenzen hinaus bekannte Marburger Schule des Neukantianismus begründet hatte. José Ortega y Gasset hieß der damals 23-Jährige, der im August 1907 in die Stadt an der Lahn kam und bis 1910 blieb. Mit seinen Essays über die „gesellschaftlich-kulturelle Vermassung im 20. Jahrhundert" wurde er später berühmter als sein Lehrmeister. In seiner *Meditation im Escorial* erinnerte sich Ortega y Gasset 1915 an seine Marburger Zeit:

„An dieser Stelle erlaube ich mir, mein Leser, eine persönliche Erinnerung einzuflechten. Ich kann die Landschaft des Escorial nicht betrachten, ohne dass mir fein und fern das Bild eines anderen Ortes vorschwebt, der von dem Kloster des heiligen Lorenz so verschieden ist wie nur möglich. Es ist eine kleine gotische

Stadt an einem stillen dunklen Fluß zwischen sanft gerundeten Hügeln, die ganz mit dichten Tannen- und klaren Buchenwäldern bestanden sind. In dieser Stadt habe ich das Äquinoktium meiner Jugend verbracht; ich danke ihr die Hälfte meiner Hoffnungen und fast meine ganze geistige Zucht. Es ist Marburg an der Lahn.

Vor vier Jahren verbrachte ich einen Sommer dort. Mein verehrter Lehrer, einer der größten zeitgenössischen Philosophen, schrieb damals gerade seine Ästhetik. Bescheiden wie alle schöpferischen Menschen, fand er Gefallen daran, sich mit mir über Dinge der Schönheit und der Kunst zu besprechen.“[63]

Die Marburger Schule um Hermann Cohen zog wenige Jahre nach Ortega y Gasset auch den russischen Dichter Boris Pasternak, dem 1958 für seinen *Doktor Schiwago* der Literatur-Nobelpreis verliehen werden sollte, zum Studium an die Lahn. Schon zwei Jahre vor seiner Abreise, hatte er, wie er in seiner Rilke gewidmeten Autobiographie *Geleitbrief* 1931 schrieb, beständig das Wort Marburg auf den Lippen geführt und war bei seiner Ankunft überrascht, dass zwischen dem Marburg seiner Vorstellung und dem in der Realität „irgendeine Verbindung bestand“.

„Ich blieb stehen, warf den Kopf zurück und atmete tief. Über mir hing ein schwindelerregend steiler Berg, auf dem in drei Reihen übereinandergestaffelt die Universität, das Rathaus und das achthundert Jahre alte Schloss standen. Nach zehn Schritten hörte ich auf zu begreifen, wo ich mich befand. Mir fiel ein, dass ich meine Krawatte mit der übrigen Welt im Zug vergessen hatte und dass sie nun zusammen mit den Gepäcknetzen und Aschenbechern unwiederbringlich in die Ferne getragen wurde. Unter dem Uhrturm standen müßige Wolken. Der Ort schien ihnen vertraut. […] Die Straßen klammerten sich gleich gotischen Zwergen an den steilen Hang. Sie lagen eine unter der anderen, und ihre Keller blickten in die Speicher ihrer Nachbarn. Ihre Enge war mit Wundern von Spielzeugarchitektur vollgepfropft. Die oberen, vorspringenden Stockwerke ruhten auf vorkragenden Balken. Einander fast mit den Dächern berührend, streckten die Häuser sich die Hände über die Straße entgegen. In diesen Gassen gab es keine Gehsteige. Manche waren sogar für Fußgänger gesperrt. […] Wenn die Brüder Grimm noch einmal hierherkommen könnten, wie vor hundert Jahren, als sie bei dem berühmten Juristen Savigny die Rechte studierten, so würden sie wieder als Märchensammler fortgehen.“[64]

Pasternak hat Marburg und dem kleinen Ort Ockershausen, wo er als Student wohnte, ein umfangreiches literarisches Denkmal gesetzt. Er nutzte seine Zeit auch, um die historischen Sehenswürdigkeiten der Stadt zu besuchen, die nach ihm von Ricarda Huch, Ernst Weiß, Kasimir Edschmid, Werner Bergengruen, Vilma Sturm und Karl Krolow gewürdigt wurden.

Deutsche Geschichten – Leopold von Sacher-Masoch, Hilda Stern Cohen und Peter Kurzeck

Die Ruhe und die wenig aufregende Landschaft in der Wetterau waren sicherlich ein Grund dafür, dass es den österreichischen Schriftsteller Leopold von Sacher-Masoch Ende des 19. Jahrhunderts in den kleinen Ort Lindheim verschlug, der heute zu Aktenstadt gehört. Der 1836 in Lemberg geborene Sacher-Masoch ist bis heute vor allem deshalb berühmt, weil eine sexuelle Perversion nach ihm benannt wurde.

1870 hatte er die Novelle *Venus im Pelz* veröffentlicht – die Geschichte eines Mannes, der es lustvoll erlebt, von seiner Geliebten körperlich und seelisch gequält zu werden. Der Psychiater und Sexualforscher Richard von Krafft-Ebing beschrieb dieses Phänomen erstmals wissenschaftlich und nannte es 1890 nach Sacher-Masoch „Masochismus". Damit war ein Begriff geboren, der den Schriftsteller in seinen letzten Lebensjahren wie ein Fluch verfolgte. Krafft-Ebing ging sogar soweit, von dem Romanautor auf den Menschen zu schließen und ihn selbst als praktizierenden Masochisten zu bezeichnen, wofür er allerdings keine Beweise hatte. Zu dieser Zeit lebte Sacher-Masoch schon im hessischen Lindheim. Seine Lebensgefährtin und spätere Ehefrau Hulda Meister hatte 1886 das ehemals von Venningsche Landhaus erworben, um dem unsteten Schriftsteller ein festes Zuhause zu geben und ihn zur (schöpferischen) Ruhe kommen zu lassen. Seit 1887 lebte Sacher-Masoch gelegentlich und seit Sommer 1891 ganz in Lindheim. Wie Karl E. Demandt in seinem Aufsatz über ihn schreibt, war Oberhessen in dieser Zeit eines der Zentren des politisch sehr aktiven Antisemitismus. Bei den Reichstagswahlen 1893 konnten die Antisemiten im Großherzogtum Hessen drei von neun Mandaten gewinnen. Der Marburger Otto Böckel und seine Gefolgsleute hetzten gegen jüdische Vieh- und Getreidehändler, von denen gerade die ländliche Bevölkerung in hohem Maß abhängig war. Sie nutzten geschickt immer noch vorhandene Ressentiments und wirtschaftliche Notlagen, um ihr Allheilmittel anzupreisen: Allen, also den kleinen Bauern, Handwerkern, Angestellten und Beamten, könnte es besser gehen, gäbe es keine jüdischen Geschäftsleute mehr. In diesem Sinn hatte schon der Lindheimer Pfarrer Rudolf Ludwig Oeser (der sich O. Glaubrecht nannte) 1859 in seiner immer wieder aufgelegten Erzählung *Das Volk und seine Treiber* agitiert.

In dieser Atmosphäre gründete der den Sozialdemokraten nahestehende Sacher-Masoch im Januar 1893 seinen „Oberhessischen Verein für Volksbildung". In der zweiten Grundsatzerklärung vom Dezember 1894 wurden die Ziele klar definiert:

„Der soziale Gedanke, das Charakteristikum der Gegenwart und ihr hervorstechendster Zug hat eine große volkserzieherische Aufgabe. Die ungeheuren Fortschritte der Industrie, des Handels und des Verkehrs haben einerseits den Großkapitalismus geschaffen, andererseits den ‚vierten Stand', der heute, gut organisiert und geleitet, energisch Aufbesserung seiner – vielfach allerdings trostlosen – Lebensverhältnisse verlangt [...].“[65]

Das war ein ehrgeiziges Ziel: Durch Bildung und Kultur wollte Sacher-Masoch das Los der oberhessischen Bauern verbessern und sie dazu befähigen, selbst ihr Schicksal in die Hand zu nehmen. Daneben sah er seinen Verein auch als Bollwerk gegen den Antisemitismus und rechnete es sich als sein Verdienst an, dass es dem antisemitischen Kandidaten im Wahlkreis Friedberg-Büdingen nicht gelang, 1893 in den Reichstag einzuziehen.

In kurzer Zeit gelang es Sacher-Masoch mindestens 29 Ortsgruppen zu gründen, u. a. in Büdingen, Ortenberg, Altenstadt, Echzell, Nidda, Glauberg und Groß-Karben. Er richtete Volksbibliotheken ein, veranstaltete Vortragsabende, rief Gesang-, Musik-, und Theatervereine ins Leben, vergab Stipendien und ließ Lehrmittel für die besonders schlecht ausgestatteten Volksschulen anschaffen. Es war enorm, welche Wirkung sein Verein in der Wetterau und am Vogelsbergrand erzielte. Immer misstrauisch beäugt von denen, die Sacher-Masoch für sittlich verkommen hielten, ihm seine sozialistische Einstellung nicht verziehen und seinen Kampf gegen den Antisemitismus ablehnten. Als der Schriftsteller am 9. März 1895 in seinem Haus in Lindheim starb, war auch das Ende seines Vereins besiegelt. Ohne ihn, den prominenten Initiator und Motor, löste sich der Verein langsam auf. In sein

Leopold von Sacher-Masoch in Lindheim. Foto: Archiv Michael Farin, München

Haus zog später der Historiker Karl E. Demandt. Es ist noch heute im Besitz der Familie.

Als Kind wollte Hilda Stern Cohen Schriftstellerin werden, aber veröffentlicht wurden ihre Erinnerungen und Gedichte erst sechs Jahre nach ihrem Tod.

Berta Hilde Stern (die sich später Hilda nannte) wurde am 1. Januar 1924 als Tochter eines Viehhändlers im oberhessischen Nieder-Ohmen (heute ein Ortsteil von Mücke) geboren. Die Machtübernahme durch die Nationalsozialisten bedeutete für ihre Familie eine tiefe Zäsur. Aus angesehenen Bürgern wurden über Nacht Ausgestoßene. Hilda und ihre Schwester mussten 1935 die Dorfschule verlassen. über Frankfurt und Würzburg kam sie nach Bad Nauheim, wo die 15-Jährige am jüdischen Kinderheim unterrichtete, bis die Familie nach Frankfurt zog, weil die Eltern ihr Geschäft nicht mehr weiterführen durften. Am 22. Oktober 1941 wurde sie zusammen mit ihrem Freund Horst Appel, ihren Eltern und Großeltern in das Ghetto Lodz transportiert – vom Frankfurter Güterbahnhof aus, wie sich später erinnerte.

> „Zwischen uns waren winzig kleine und wenig größere Kinder, die sich schreiend an irgendwelche Rockschöße hingen – selten jedoch die der Mutter trafen, schließlich sich zwischenklemmten –, um am Ende unter irgendeinem Stiefel am Boden zu bleiben. […]
>
> Knapp hinter mir ein heiserer Fluch – ein dumpfer Fall – meine Großmutter schießt taumelnd nach vorne – man hat ihr das erste Mal bewiesen, dass es ein Nichtweiterkönnen nicht gibt. ‚Jud, krepier' oder lauf!' Mein Großvater wankt nach vorne. Ich bin jung, noch kann ich weiter, wiederum verbiete ich mir das Denken […]“[66]

Ihre Schwester war als Zwangsarbeiterin bei Siemens in Berlin zurückgeblieben. Hilda Sterns Eltern, Großeltern und ihr Freund starben im Ghetto.

> „Noch weiß ich nicht, was war – was ist,
> nur – dass ein himmelhoher Schatten
> hart hinter meinem Rücken schweigend steht,
> dass eine Natter um mein Hirn gedreht
> an allen Nerven saugt und frißt.
>
> Allein bin ich geblieben – meine Hand
> die ausgestreckte, leer fällt sie zurück,
> die Spitzen aschengrau verbrannt,
> vom Tod berührt. Sein Blick
> liegt mir mit blauem Tupf auf allen Gliedern.“[67]

Im August 1944 wurde sie nach Auschwitz deportiert, wo sie ihre Schwester wieder traf. Beide überlebten die „Todesmärsche“ von Lager zu Lager am Ende des Zweiten Weltkriegs und wurden schließlich befreit. 1946 wanderten beide in die USA aus, wo Hilda Stern den ebenfalls aus Deutschland stammenden Werner V. Cohen heiratete und als jüdische Religionslehrerin arbeitete. Sie starb am 5. August 1997 in Baltimore. Nach ihrem Tod fand ihr Mann die Texte, die Hilda Stern kurz nach dem Ende des Krieges über ihre Leiden im Ghetto und in den Konzentrationslagern verfasst hatte. Zusammen mit der „Ernst-Ludwig Chambré-Stiftung" in Lich brachte die Arbeitsstelle Holocaustliteratur an der Universität Gießen Hilda Stern Cohens Texte 2003 unter dem Titel *Genagelt ist meine Zunge* als Buch heraus.

Das Leben nach dem Zweiten Weltkrieg, nach dem Ende der NS-Herrschaft, nach Flucht und Vertreibung war das große Thema von Peter Kurzeck. In seinen autobiographischen Romanen hielt er akribisch eine Welt fest, die nicht mehr existierte, aber ihn und uns geprägt hat. Große Geschichte interessierte ihn nur, soweit sie die kleine Geschichte berührte, die er vor allem festhalten und dokumentieren wollte. Gerade das Flüchtige, das längst Vergessene, das keiner Erinnerung wert scheint, faszinierte ihn. Kein Detail war ihm zu unwichtig. Sein fotografisches Gedächtnis lieferte ihm die Bilder aus seiner eigenen Jugend, die er vor allem in Staufenberg bei Gießen verbracht hatte, und aus seiner Frankfurter Zeit bis etwa in die Mitte der achtziger Jahre.

Peter Kurzeck wurde am 10. Juni 1943 im böhmischen Tachau geboren und musste mit seiner Schwester und seiner Mutter am Ende des Zweiten Weltkriegs fliehen. Im Mai 1946 kam er nach Staufenberg. Nach Schule und Lehre arbeitete er bei der US-Army, bis er 1977 nach Frankfurt umzog. Zwei Jahre später erschien sein erster Roman *Der Nußbaum gegenüber vom Laden, in dem du dein Brot kaufst*. Das war der Auftakt seines großartigen Erinnerungswerks, das u. a. 2004 mit dem „Preis der Literaturhäuser" ausgezeichnet wurde. Es folgten weitere Romane wie *Das schwarze Buch* (1982), *Kein Frühling* (1987) und *Keiner stirbt* (1990). Auch dem Frankfurter Bahnhofsviertel widmete er 1991 ein Buch *(Mein Bahnhofsviertel)*. 1997 begann er mit seinem Romanzyklus „Das alte Jahrhundert". Bis 2011 erschienen fünf Bände: *Übers Eis* (1997), *Als Gast* (2003), *Ein Kirschkern im März* (2004), *Oktober und wer wir selbst sind* (2007) und *Vorabend* (2011).

Wie Theodor Fontane das preußische Bürgertum im späten 19. Jahrhundert porträtierte und Marcel Proust das Fin de siècle in Paris, so hat Kurzeck das Kleinstadtleben in Oberhessen mit akribischer Beschreibungslust wie in einem monumentalen Fotoalbum konserviert. Was in Romanen anderer deutscher Autoren höchstens nur aufscheint, wurde für Kurzeck zum Gegenstand einer gründlichen Autopsie. Was er selbst gesehen, erlebt und gefühlt hatte, verwandelte sich in eine eindringliche Erzählung ohne erkennbare Höhepunkte, aber mit einer nie nachlassenden Spannung. Nichts ist so unwichtig, dass Kurzeck es hätte weglassen können. Alles musste aufgeschrieben werden, weil es sonst niemand getan hätte. Erinnerung wäre unwiederbringlich verloren gegangen, etwa an die dialektalen Land-Stadt-Probleme wie in *Vorabend*:

> „Mein Schwager spricht Dialekt. Das alte Lollarer Oberhessisch aus den Dreißiger und frühen Vierziger Jahren. Er kann Hochdeutsch. Zum Beispiel kann er Minister nachmachen und (obwohl er nie Fernsehen guckt) alle möglichen Würdenträger und Schwätzer aus dem Fernsehen. Er kann fließend Hochdeutsch, aber kann es nicht im Ernst sprechen. Er weigert sich nicht. Er spricht es bloß nicht. Schon in Gießen, der Kreisstadt, zwölf Kilometer weiter, wo sie auch nicht Hochdeutsch sprechen, aber so ähnlich, da steht er als Fremder da und wie behindert. Sprachlos. Weiß gleich auch nicht mehr, was er hier will oder soll. Ejach hätt gejan e Bejer! Ein Bier bitte! Würden Sie mir ein mittelgroßes Glas Bier möchte ich. Hunn mechtisch Dorscht! Ein Pils sagt sich leichter. Ein paar Gießener Kneipen kennt er, in die traut er sich jederzeit. Mit mir, sagte ich, geht er in alle möglichen Läden und Kneipen, in die er allein nicht reingehen würde."[68]

Für seinen Roman *Vorabend*, dessen Text er im Frankfurter Literaturhaus öffentlich freiwilligen Schreibkräften in den Computer diktierte, erhielt er 2011 den Grimmelshausen-Preis. Das Erzählen, die Urform der Literaturvermittlung, war eine Domäne von Peter Kurzeck. Seine frei gesprochenen Hörbücher sind faszinierend und amüsant zugleich. Seine CD über seine dörfliche Kindheit, *Ein Sommer, der bleibt*, wurde 2008 von der Jury der hr2-Hörbuch-Bestenliste zum „Hörbuch des Jahres" gewählt. Peter Kurzeck, der in Frankfurt und im südfranzösischen Uzès lebte, starb am 25. November 2013 in Frankfurt. In Staufenberg, wo Kurzeck 2011 zum Ehrenbürger ernannt wurde, heißt seit 2014 ein Platz nach ihm. Seinen umfangreichen Nachlass, der auch weitere Fragmente aus seinem Romanzyklus „Das alte Jahrhundert" enthält, veröffentlicht sein Verlag Stroemfeld. Der erste Band *Bis er kommt*, herausgegeben von Rudi Deuble und Alexander Losse, ist Ende 2014 erschienen.

Wetterau

Durch die Wetterau verlief schon früher eine der wichtigen Handelsstraßen. Sie führte von Frankfurt nach Kassel über Vilbel, Friedberg, Butzbach, Gießen, Marburg, Halsdorf und Wabern. Aber im Gegensatz zu heute war das Reisen mehr als beschwerlich. James Boswell, der englische Schriftsteller, benutzte den Weg im Oktober 1764, sah aber nichts von der Landschaft, weil die Öffnungen in der Lederplane zu klein waren, und reimte, kräftig durchgeschüttelt, in seinem Tagebuch:

„[...] Was für das Kind die Schaukel, sag ich dir,
Ist dieser Holterpolterwagen mir,
Fürwahr, wie unerschütterlich robust
Ich bin, wird mir erst jetzt so recht bewusst,
Seit ich geprellt auf hartem Schragen liege,
Jung-Herkules vergleichbar in der Wiege.“[69]

Matthias Claudius blieb, wie er – glücklich angekommen – am 15. Mai 1777 Johann Heinrich Merck berichtete, „der ansehnliche Dreck bei Friedberg und Butzbach in frischem Andenken“[70], Heinrich von Kleist erlebte in Butzbach gar eine existentielle Krise, als seine Kutschpferde vor einem Esel scheuten. „Die armen Pferde“, ließ er Karoline von Schlieben am 18. Juli 1801 in einem Brief wissen, „hoben sich hoch in die Höhe und gingen spornstreichs mit uns in vollem Karriere über das Steinpflaster der Stadt durch“. Obwohl Kleist noch in die Zügel griff, war das Unglück nicht mehr zu vermeiden. Der Wagen stürzte um, aber die beiden Passagiere blieben unverletzt:

„Und an einem Eselsgeschrei hing ein Menschenleben? Und wenn es nun in dieser Minute geschlossen gewesen wäre, darum also hätte ich gelebt? Darum? Das hätte der Himmel mit diesem dunkeln, rätselhaften, irdischen Leben gewollt, und weiter nichts –? Doch für diesmal war es noch nicht geschlossen, – wofür er uns das Leben gefristet hat, wer kann es wissen? Kurz, wir standen beide ganz frisch und gesund von dem Steinpflaster auf und umarmten uns. Der Wagen lag ganz umgestürzt, dass die Räder zu oberst standen, ein Rad war ganz zerschmettert, die Deichsel zerbrochen, die Geschirre zerrissen, das alles kostete uns 3 Louisdor und 24 Stunden, am andern Morgen ging es weiter – Wann wird der letzte sein?“[71]

Ähnlich tiefsinnige Gedanken sind in Börnes Reisebeschreibungen nicht zu erwarten. Im Tagebuch seiner Fahrt von Frankfurt nach Kassel im September 1828 notierte er fast nur Nebensächliches; eine Kostprobe:

„Von Vilbel muss ich nachträglich als Statistisches bemerken, dass die Stückchen Zucker im Stern auffallend klein sind, nicht größer als Erbsen. – Hinter Frankfurt verschwinden Berge, Reben und Engländer. – In Friedberg aßen wir zu Mittag. Las dort in der Darmstädter Zeitung, eine Pfarrstelle für zwei Ortschaften sei ledig, mit einem Einkommen von 581 Gulden und 49 Kreuzer.

In Gießen Professor Adrian besucht.

In Marburg die Kirche gesehen.

Im Gasthof in Halsdorf etwas gefunden, was früher noch nie in irgend einem deutschen Gasthofe: eine brauchbare Schreibfeder.“[72]

Selbstverständlich sind die Aufzeichnungen Börnes länger, aber sie werden nicht gehaltvoller. Der Frankfurter Schriftsteller hielt wenig von weitschweifigen Beschreibungen und nahm sie auf seine Art aufs Korn.

Dagegen glaubte Joachim Heinrich Campe, dessen Verlag nach seinem Tod die Werke Börnes herausbringen sollte, dass nur durch eine möglichst genaue Schilderung des Gesehenen der Boden für eine Veränderung der Missstände bereitet werden könnte. Sein Bericht über den Weg von Kassel nach Frankfurt ist eine einzige große Anklage gegen die Politik der hessischen Landgrafen, denen er die Schuld an der Armut der Landbevölkerung gab:

> „Hessen ist ein sehr bergiges Land; aber die Täler und kleinen Ebenen zwischen den Bergen haben einen guten, fruchtbaren Boden, dem zur Ernährung des Landmanns weiter nichts, als fleißige Hände und eine geschicktere Bearbeitung zu fehlen scheinen. Und hier zeigt sich zuvörderst das Nachteilige, welches die kriegerische Verfassung dieses Landes für die vorzüglichste Quelle des öffentlichen Wohlstandes, den Ackerbau, mit sich führt, auf eine in die Augen fallende Weise. Denn da die meisten kraftvollen Hände des Mannsvolks die Waffen tragen müssen, so fällt, auch in Friedenszeiten, ein Teil der schweren Feldarbeit schwachen Greisen, Weibern und Knaben zu. Diese können nicht mehr Kräfte daran setzen, als sie besitzen; und eine Folge davon ist, dass der Acker schwach und nachlässig bearbeitet wird, folglich auch weniger trägt, als er tragen könnte.“[73]

In Butzbach geboren wurde neben dem Büchner-Mitstreiter Friedrich Ludwig Weidig auch der Schriftsteller Ernst Glaeser, und zwar am 29. Juli 1902. Der Sohn eines Amtsrichters arbeitete nach dem Studium als Dramaturg am Neuen Theater in Frankfurt, schrieb für die *Frankfurter Zeitung* und leitete von 1928 bis 1930 die literarische Abteilung des Südwestdeutschen Rundfunks. Schon mit seinem ersten, 1928 veröffentlichten Roman *Jahrgang 1902* gelang ihm ein Sensationserfolg. Aus der Sicht eines Jugendlichen schilderte Glaeser die letzten friedlichen Monate im Jahr 1914 und den Ersten Weltkrieg. Sein deutlich artikulierter Pazifismus, seine Kritik am nationalistischen Pathos und nicht zuletzt sein Plädoyer für einen weniger tabuisierten Umgang mit der Sexualität von Jugendlichen stießen bei der politischen Rechten auf massive Kritik.

Als die Nationalsozialisten an die Macht kamen, stand Glaesers Name ganz oben auf den offiziellen und inoffiziellen Verbotslisten. Im November 1933 emigrierte er in die Schweiz, wo u. a. 1935 sein Roman *Der letzte Zivilist* erschien. Überraschend kehrte er im Frühjahr 1939 nach Deutschland zurück, nachdem er öffentlich für den „Anschluß Österreichs“ an Deutschland eingetreten war und sich die letzten Sympathien in Emigrantenkreisen verscherzt hatte. Ende 1940 wurde er zur Wehrmacht eingezogen und arbeitete als Schriftleiter für Luftwaffenfrontzeitungen. Auch nach dem 1942 gegen ihn ausgesprochenen Schreibverbot verfasste er weiter Propagandaartikel für diese Blätter. Nach 1945 hatte er vor allem damit zu tun, seine Rückkehr nach Deutschland zu rechtfertigen. An seine früheren Erfolge konnte er nicht mehr anknüpfen, obwohl seine Bücher immer noch hohe Auflagen erreichten. Glaeser starb am 8. Februar 1963 in Mainz und ist in Wiesbaden beerdigt.

Friedberg. Stich von Matthäus Merian (1655)

Neben Butzbach war Friedberg die zweite größere Stadt in der Wetterau, die direkt an der wichtigen Straße von Frankfurt nach Kassel lag. Entsprechend viele Besucher kamen in die (ehemalige) Freie Reichsstadt, die im 18. Jahrhundert nur noch wenig von ihrem früheren Glanz ausstrahlte. Johann Heinrich Campe zum Beispiel bemerkte bitter:

> „Die einzige Nahrung dieser verarmten freien Reichsstadt besteht in Ackerbau und Gastwirtschaft. Handel und Gewerbe von einiger Bedeutung sind gar nicht hier. Auch ist die Stadt nicht ganz so frei, als andere Reichsstädte, sondern sie hängt gewissermaßen von einem sogenannten Burggrafen ab, dessen Burg an dem einen Ende der Stadt liegt. An diese Burg ist die Stadt vor mehreren hundert Jahren für 10 000 Gulden verpfändet worden, wofür dem jedesmaligen Burggrafen gehuldigt werden muss. Dadurch erhält denn dieser auf die innern Angelegenheiten des kleinen und schwachen Freistaats einen starken Einfluß.“[74]

Gerade diese Atmosphäre war es, die den sonst sehr kritischen dänischen Schriftsteller Jens Baggesen vier Jahre später, 1789, so faszinierte, dass er heimlich die Burggräfin beim Spaziergang beobachtete und die Stadt in den höchsten Tönen lobte:

> „Friedberg ist von allen Städten, die ich gesehen habe, diejenige, die den Geist und alle Sinne am machtvollsten in die alte, romantische deutsche Ritterzeit zurück versetzt. Man sieht nichts als Berge, Haine, Ruinen, hört nichts als Gebetsglocken, denkt nichts als Andacht und träumt lauter Balladen. All das ist im Mondschein doppelt alt, schaurig, feierlich und abenteuerlich. [...]
>
> Wir gingen um die alte Burg herum. Zwei junge, leichte, lebhafte kleine Mädchen führten uns bis zur Spitze des hohen Turms, von dem wir die ganze Stadt, das Schloss, die Ruinen und die Umgebung überschauten. Wir waren uns alle drei darin einig, dass Friedberg das Romantisch-Schönste war, was wir bis dahin auf unserer Reise gesehen hatten."[75]

Erst die Nachricht vom Beginn der Französischen Revolution vermochte Baggesen, der alles andere als ein Freund der Aristokratie war, in die Realität zurückzuholen.

Das mittelalterliche Stadtbild Friedbergs war es auch, das später reisende Autoren wie Werner Bergengruen oder Ricarda Huch beeindruckte. Manfred Hausmanns Roman *Salut gen Himmel* (1929) spielt sogar teilweise in einer der historischen Sehenswürdigkeiten von Friedberg: dem Judenbad. Das Interessante und Einzigartige von Friedberg und der Wetterau haben in kleinen einfühlsamen Porträts auch zwei Autoren beschrieben, die in der ehemaligen Reichsstadt geboren wurden: Fritz Usinger und Albert H. Rausch, der sich später Henry Benrath nannte.

Der am 5. März 1895 in Friedberg geborene und am 9. Dezember 1982 dort gestorbene Fritz Usinger war vor allem Lyriker und Essayist. Sein Werk, das in einer sorgfältig editierten, sechsbändigen Ausgabe vorliegt, ist völlig vergessen. Und das, obwohl Usinger gerade nach dem Zweiten Weltkrieg das literarische Leben in der Bundesrepublik mitprägte. 1946 erhielt er den Büchner-Preis, und 15 Jahre lang war er Vizepräsident der Deutschen Akademie für Sprache und Dichtung. Seine zunächst an klassischen Idealen geformten und später ins Kosmologische führenden Gedichte wirken heute fremd, dagegen sind seine thematisch weitgespannten Essays immer noch lesenswert. So schrieb Usinger 1954 auch über seinen Freund Henry Benrath, der zwölf Jahre vor ihm in Friedberg das Licht der Welt erblickt hatte. Benrath war vor allem durch seine sorgfältig recherchierten und spannend erzählten Romanbiographien berühmt geworden, zum Beispiel über *Die Kaiserin Konstanze* (1934), *Die Kaiserin Galla Placidia* (1937) und *Die Kaiserin Theophano* (1940). Usinger verglich in seinem Essay diese historischen Romane, die wie selbstverständlich den abendländischen Bildungsfundus ausbreiteten, mit Goethes *Faust*:

„Gretchen und Helena bleiben im Bereich des Traditionell-Weiblichen, die drei Kaiserinnen Benraths erweitern es bis zu den Grenzen des Menschlichen. Gretchen und Helena haben an jedem Punkte ihres Lebenslaufes immer noch den Mann vor sich, die drei Kaiserinnen Benraths haben in der letzten Epoche ihres Lebens nur noch Gott vor sich. Gretchen ist innig, Helena ist vollkommen, die drei Kaiserinnen sind bedeutend. Das sind ganz verschiedene Kategorien der Wertung, und man kann von einer von ihnen nicht nach Belieben in eine andere überwechseln. Gretchen und Helena treten beide aus der Natur hervor und bleiben ihr Leben lang schöne Natur. Die Kaiserinnen treten wohl aus der Natur hervor und wahren sich auch eine Beziehung zu ihr, aber sie treten dann in eine menschlich-gesellschaftliche Ordnung ein, eine Ordnung der Aufgaben und Werte, die sie ganz hinnimmt. Sie sind große Herrscherinnen, deren höchster Charakter darin besteht, dass sie dienen, nicht einem Menschen, sondern einer Aufgabe, einer Ordnung, einer Idee, die irdisch verleibt werden soll, durch die Trägheiten des Stoffs, alle Begrenztheiten des Menschlichen hindurch."[76]

Benrath hätte sich sicher darüber gefreut, seine Romane so mit dem bedeutendsten Werk der deutschen Literatur verglichen zu sehen. Aber er war, als der Essay 1954 erschien, schon fünf Jahre tot. Usinger hat ihm postum ein Denkmal errichtet. Das ändert aber nichts daran, dass Benrath ein Unterhaltungsautor war, dessen Bücher sich glänzend verkauften. Seine Heimat, Friedberg und die Wetterau, hielt er stets im Gedächtnis, selbst als er in Italien lebte. Bereits 1928 hatte er, noch unter seinem richtigen Namen Albert H. Rausch, einen Lobgesang auf die Rosenfelder von Steinfurth verfasst, „die schönsten vielleicht, die es auf deutscher Erde gibt".

„Sie liegen in Äcker und Wiesen des Wettertales eingebettet, sie laufen sanfte Hügel hinan, verweilen am Gipfel im spärlichen Schatten einsamer Linden, steigen gegen die Dorfgräben nieder, rühren hier fast bis an den Straßengraben und tauchen dort erst hinter schützend vorgelagerten Klee- und Rübenpflanzungen auf. Ihr Leuchten, weithin, lockt und ruft den erstaunten Wanderer. Über die Höhe des Jahres bis tief in den Herbst sind sie das Wahrzeichen des Landes, aber ihr Glanz erschließt sich nur dem, der nahe und lange zu ihnen herüberkommt. Viel Mühe, viel Liebe einfacher Bauern hat sie in sieben Jahrzehnten dort heraufgezüchtet, sie haben dem früher armen Dorfe Wohlstand und Namen gegeben, sie haben mitten in die schweren Roggen- und Weizenäcker ihre traumhafte Schönheit ausgegossen, als dränge die Fülle nur zu der Fülle und mehre sich an ihr."[77]

Gießen

1971 verglich der in Darmstadt lebende Lyriker Karl Krolow die beiden Universitätsstädte Marburg und Gießen miteinander:

> „Gießen, das neue Gießen mit seiner neuen Universität, wirkt vergleichsweise herber, doch keineswegs dürftiger. Man sollte nur Initiativen mit Initiativen vergleichen, wie sie in beiden Städten – getragen von deren Intelligenz – so augenfällig werden. Beide Universitäten sind geschichtlich in einem Zusammenhang zu sehen, der sich schon durch die geographische Nähe anbietet. Gießen beherbergt mehr Altertümliches, als man beim ersten Hinsehen meinen mag. Es versteckt indessen – so scheint es – das Sehenswürdige: Burgmannenhäuser und Zeughaus beispielsweise in einer andersgearteten, neu errichteten Umwelt, unter Fassaden, die hier wie überall einander gleichen müssen, weil sie Zeitsprache sprechen, die Sprache gewaltiger Anstrengungen der Wiederaufbaujahre nach dem Kriege, die man genauso in Hanau wie in Frankfurt oder Offenbach versteht, weil man sie hier wie in Gießen verstehen muss, ob man will oder nicht.
>
> Die unaufdringlichen, herberen Konturen, wie sie Horizontalität, das im Landschaftsbereich angelegte und aus ihm entwickelte Flächige, mit sich bringt, kontrastiert selbstverständlich in Gießen mit Marburgs Treppenhaftigkeit und der Anschmiegsamkeit seiner Straßenpartien, die kaum je sich zu Straßenfluchten weiten, die man sich auch in Gießen schwer denken kann, wenn man sich vom Kirchenplatz über die Marktlaubenstraße zum Brandplatz bewegt, der nach dem großen Feuer vor über 400 Jahren so genannt wird und sich vor der Ruine des Alten Schlosses befindet.
>
> Das Alte Schloss ist unterdessen wiederaufgebaut und beherbergt das Oberhessische Museum. Aber der größte Teil des historischen Gießen wurde in den Bombennächten des Zweiten Weltkriegs für immer zerstört.“[78]

Als Festung hatte Gießen im Dreißigjährigen Krieg und im hessischen Erbfolgekrieg 1646 allen Angriffen und Belagerungen standgehalten, erst 1758 wurde die Stadt für kurze Zeit von den Franzosen besetzt. Als Joachim Heinrich Campe 1785 in die rund 5000 Einwohner zählende Stadt kam, fand er die alte Befestigung schon „sehr unbedeutend“; sie sollte zwischen 1805 und 1810 geschleift und in Grünanlagen umgestaltet werden. Campe lernte in Gießen u. a. einen Flugpionier kennen, der sich und seine zwei Flügel zwar schon in Kupfer hatte stechen lassen, aber in der praktischen Erprobung noch erfolglos geblieben war:

> „Zum Glück war der Ort, von welchem er sich herabstürzte, eben nicht hoch, und die ausgebreiteten großen Flügel hielten seinen Fall doch so viel auf, daß er nicht gar zu unsanft niederstürzte. Er soll indes die Hoffnung, seine Erfindung dennoch zu Stande zu bringen, keinesweges aufgegeben haben.“

Für Gießen selbst fand Campe nur lobende Worte:

> „Die angenehme Lage, die außerordentlich wohlfeilen Preise der meisten Bedürfnisse des Lebens, der gute gesellige Ton, welcher hier zu herrschen scheint, müssen diese Stadt zu einem angenehmen Aufenthalte machen.“[79]

Wilhelm von Humboldt, der Marburg so harsch kritisiert hatte, gab im direkten Vergleich Gießen den Vorzug. Unter dem 23. September 1788 schrieb er in sein Tagebuch:

> „Gießen ist eine weniger bevölkerte, aber weit besser, reinlicher und bequemer gebaute Stadt als Marburg. Die Universität ist noch kleiner, und ich bemerkte nicht einmal auf der Straße einen Studenten. So scheinen sie sich unter den übrigen Einwohnern zu verlieren.“[80]

Den Spagat zwischen den beiden Universitätsstädten hatte im 17. Jahrhundert Johann Baltasar Schupp probiert. Der am 1. März 1610 in Gießen geborene Schriftsteller und Theologe war ein begnadeter Satiriker, der kein Blatt vor den Mund nahm und gegen die Laster seiner Zeit wetterte. Er studierte in Gießen und lehrte ab 1635 in Marburg Rhetorik sowie Geschichte. Bei seinen Zeitgenossen war er vor allem als Theologe und Rhetor geschätzt. So hielt er 1648, nach dem Ende des Dreißigjährigen Kriegs, auf Wunsch der schwedischen Gesandtschaft die Dankespredigten in Münster. Danach ging er als Pastor nach Hamburg, wo er am 26. Oktober 1661 starb. Bis heute sehr lesenswert sind seine Satiren wie seine „Analyse“ des Schulwesens, die 1667 unter dem Titel *Der teutsche Lehrmeister* erschien. Darin nimmt er auch einen „hessischen Cicero“ aufs Korn:

> „Im Hessenland ist ein Procurator [Anwalt, *d. A.*] gewesen, genannt der dicke Lorentz, welcher sich der Zierlichkeit im deutschen Reden sonderlich hatte befleißigen wollen. Einstmals hatte er zu einem Jungen sagen wollen: ‚Junge, hol mir mein Messer.‘ Damit er nun kund mache, dass ein Unterschied sei zwischen ihm und einem gemeinen hessischen Bauern, hatte er gesagt: ‚Page, bringe mir mein brotschneidendes Instrument.‘
>
> Einstmals hatte er zu seiner Frau sagen wollen: ‚Frau, es hat neun geschlagen, gehe zu Bett, ich habe noch etwas zu tun.‘ Damit nun die Frau wisse, dass er ein hessischer Cicero sei, hatte er gesagt: ‚Du Hälfte meiner Seelen, du mein ander Ich, meine Gehilfin, meine Augenlust, das gegossene Erz hat den neunten Ton von sich gegeben. Erhebe dich auf die Säulen deines Körpers und verfüge dich in das mit Federn gefüllte Eingeweide.‘“[81]

Hessische Heimatdichtung kann so komisch sein wie bei Johann Baltasar Schupp, aber auch so realistisch und drastisch wie bei dem am 14. Oktober 1859 in Gießen geborenen Alfred Bock. Er gilt als Erzähler des bürgerlichen Realismus mit stark naturalistischem Einschlag, wie in seiner Novellensammlung *Hessenluft* von 1907. In der Anfangsgeschichte *Napoleon* zum Beispiel, die im heutigen Licher Stadtteil Bettenhausen spielt, bringt ein Mann seinen Schwager um, weil der seine Schwester mit einem Beil verletzt hatte. Die Tat wird als Selbstmord getarnt. In dem folgenden Ausschnitt hat der Mann, der als „Napoleon" bezeichnet wird, gerade von der Misshandlung erfahren:

> „Krebsrot im Gesicht, mit funkelnden Augen verließ er die Stube, schritt über den Hof auf die Gasse hinaus und war eine Minute später in seines Schwagers Haus, das er seit sieben Jahren nicht mehr betreten hatte. Eben kam der Olemotz aus dem Oberstock die Treppe herunter. Er schwang sein Beil in der Hand und brüllte: ‚Eckewischern, wo steckst du?' Jetzt gewahrte er im Lichtschein, der aus der Wohnstube drang, seinen Schwager. Einen Augenblick stutzte er, dann drang er auf ihn ein. Der Napoleon als der Stärkere wand ihm im Nu das Beil aus der Hand, gab ihm einen Stoß, dass er rücklings zu Boden schlug und wie tot liegen blieb.
>
> ‚Is he nu eweg?' stieß er hervor, weißen Schaum vor dem Mund. ‚Ich glaub's noch net. So ein Luppel hat neun Leben wie eine Katz.' Nahebei lag ein Waschseil. Das nahm er kurz entschlossen, schlang's dem Olemotz um den Hals, schleppte ihn in die Wohnstube und hängte ihn am Mehlkrappen auf. Darauf schraubte er die blakende Lampe niedriger und ging."[82]

Damit beginnt eine Familientragödie, die mit idyllischer Heimatliteratur nichts mehr zu tun hat. Alfred Bock wurde 1918 zum Ehrendoktor der Gießener Universität ernannt, und 1924 erhielt er den Büchner-Preis des Volksstaates Hessen. Er starb am 6. März 1932 in Gießen. Die Machtübernahme durch die Nationalsozialisten erlebte er nicht mehr mit. Sein am 14. Oktober 1893 in Gießen geborener Sohn Werner, ebenfalls ein bekannter Erzähler und Lyriker, musste 1939 emigrieren. Er ging nach Argentinien, wo er u. a. als Redakteur der Exilzeitschrift *Deutsche Blätter* arbeitete. Der Abschied von Deutschland hatte ihn stark geschmerzt. In einem Gedicht schrieb er noch im selben Jahr seiner Emigration:

> „[…] Nun mein Haar in deinem Dienst erblaßt
> Und der Abend um die Stirne spinnt,
> Deutschland, da verleugnest du dein Kind,
> Und rufst auf, dass man mich schmäht und haßt. […]"[83]

Seit 1958 lebte Bock in der Schweiz. Er starb am 3. Februar 1962 in Zürich und wurde auf dem Neuen Friedhof in Gießen beigesetzt, wo sich auch die Grabstätte seines Vaters befindet. Wie bei vielen Autoren, die ins Exil gehen mussten, ist sein umfangreiches zeitkritisches Werk so gut wie vergessen.

Mit Johann Baltasar Schupp, Alfred Bock und Werner Bock sind die wichtigsten Schriftsteller benannt, die aus Gießen stammen. Viel länger ist die

Liste der Autoren, die der Stadt ihren Besuch abstatteten oder an der Universität studierten. Dazu gehört neben den schon erwähnten Baggesen und Campe auch Friedrich Christian Laukhard, der von 1774 bis 1778 Theologie an der Gießener Universität studierte. In seinen Lebenserinnerungen berichtete er darüber:

> „Schlägereien sind in Gießen gar nicht selten. So klein die Universität ist, so viel Balgereien fallen vor: manchmal haben sie einen gefährlichen Ausgang. Zu meiner Zeit war es gewöhnlich, sich auf der öffentlichen Straße zu schlagen, und dies alsdann, wenn man zum voraus gewiß war, dass es würde verraten werden. In diesem Fall ging der Herausforderer vor das Fenster seines Gegners, nahm seinen Hieber, hieb damit einigemal ins Pflaster und schrie: ‚Pereat N. N., der Hundsfott, der Schweinekerl! tief! pereat! pereat!' Nun erschien der Herausgeforderte: die Schlägerei ging vor sich, endlich kam der Pedell, gab Inhibition, und die Raufer kamen aufs Karzer; und so hatte der Spaß ein Ende.
>
> Bordelle gibt es in Gießen nicht; aber doch unzüchtige Menscher und folglich auch – wie leider jetzt auf jeder Universität – venerische Krankheiten. Sonderbar ist es, dass der größte Teil der infizierten Studenten gerade Theologen, Schullehrer- und Predigersöhne, gewesene Waisenhäusler oder überhaupt solche sein sollen, die man zu Hause oder auf Pädagogien oder anderen eingeschränkten Schulanstalten zur Universität vorbereitet hat. [...]
>
> Zu Gießen borgen die Hauswirte nicht, oder sie geben, studentisch gesprochen, keinen Pump, höchstens bekommt auf die Art der Student nur die Milch zum Kaffee. Alles andere muss er sich selbst holen lassen, auch selbst für sein Bier sich im Wirtshaus Pump verschaffen. Auf den Stuben wird daher selten gejubelt; vielmehr setzt man sich zusammen ins Bierhaus und zecht auf Rechnung. Das ist auch die Ursache, warum alle Kneipen oder Bierschenken, wo sonst Burschen hingehen, zu allen Zeiten voll Studenten sind. Wer ein honoriger Bursche heißen wollte, ging des Abends wenigstens in eine dieser Bierkneipen, soff bis zehn oder elf Uhr und schob hernach ab."[84]

Sicherlich waren es nicht diese zweifelhaften Vergnügungen, die Gießen so attraktiv machten, dass hier u. a. Helfrich Peter Sturz, Johann Heinrich Merck, Friedrich Maximilian Klinger, Ludwig Börne und Ernst Elias Niebergall studierten, aber es ist schon bezeichnend, dass Georg Büchner 1833 gerade diese Universität wählte, obwohl er, wie er an seine Braut schrieb, die Gegend nicht mochte:

> „Hier ist kein Berg, wo die Aussicht frei sei. Hügel hinter Hügel und breite Täler, eine hohle Mittelmäßigkeit in Allem; ich kann mich nicht an diese Natur gewöhnen, und die Stadt ist abscheulich."[85]

Auf keinen Fall wollte er sich auf die „Gießener Winkelpolitik und revolutionären Kinderstreiche" einlassen, aber die „politischen Verhältnisse" lösten bei ihm dann doch eine folgenreiche „Schwermut“ aus. „Ich komme nach Gießen in die niedrigsten Verhältnisse, Kummer und Widerwillen machen mich krank“[86], heißt es in einem Brief an seine Eltern. Büchner lernte Friedrich Ludwig Weidig kennen, die zentrale Figur der demokratischen Oppositionsbewegung in Oberhessen, und gründete im März 1834 eine Sektion der „Gesellschaft der Menschenrechte“. Als der *Hessische Landbote* von der großherzoglichen Polizei entdeckt wurde, musste Büchner fliehen und geriet nach seinem frühen Tod schnell in Vergessenheit.

Der Marktplatz in Gießen um 1850

Als Karl August Varnhagen von Ense im Juli 1845 den berühmten Chemiker Justus von Liebig in Gießen besuchte, war von dem radikal-republikanischen Flügel der Burschenschaften und von revolutionären Umtrieben nichts mehr zu spüren:

> „Vortrefflich empfing mich Professor Liebig, sprach mit Zufriedenheit von Gießen und dass er keinen andern Aufenthalt wünsche, von der Blüte der Universität – hauptsächlich seine Wirkung –, von seiner angenehmen Wohnung, Aussicht, Garten etc., lobte Berzelius, fragte ob ich ihn gesehen etc. Liebig wollte eben zum Essen gehen, die andern hatten ihn schon verleugnet, eine sinnige Tochter aber glaubte mich melden zu müssen, und ich war dem klugen Mädchen recht dankbar. Zuletzt sah ich noch das weitläufige Laboratorium, in welchem fleißige Schüler auch sonntäglich arbeiten, Franzosen, Engländer, Deutsche etc.“[87]

Trotz dieser Schilderung von Varnhagen hat sich die Vorstellung von der „Wildheit und süddeutschen Ungezwungenheit" der Gießener Studenten bis in das 20. Jahrhundert erhalten. Werner Bergengruen sprach noch 1934 in seiner *Deutschen Reise* davon. Über Gießen selbst heißt es bei ihm:

> „Die flache und wenig augenmerkswerte Lage der Stadt hat es ihr verwehrt, eine äußerlich wahrnehmbare Physiognomie auszubilden. Keineswegs indessen ist sie ohne Charakter, sie ist urhessisch, und ich glaube nicht, dass es viele Orte ihres Umfanges gibt, die sich in einer solchen landsmännischen Eindeutigkeit haben erhalten können."[88]

Die Gießener Universität ist heute mit dem 1982 gegründeten Institut für Angewandte Theaterwissenschaften eine herausragende Ausbildungsstätte für angehende Autoren, Regisseure und Theaterwissenschaftler. Zu den Professoren des Instituts zählt Heiner Goebbels, der mit seinen Hör-, Musik- und Musiktheaterstücken die traditionellen Genregrenzen in Frage stellt und international hohes Ansehen genießt. Der Originalton zählt für ihn so viel wie ein Geräusch, ein elektronisch erzeugter Klang oder die Stimme eines Schauspielers. Immer wieder bezieht er literarische Texte in seine Werke ein, von Edgar Allan Poe, Joseph Conrad und – gleich in mehreren (Hör-)Stücken – von Heiner Müller. Goebbels öffnet Klangräume, die voller Überraschungen sind. Er bezieht Laien in seine Stücke ein, lässt Dirigenten tanzen und Schauspieler singen, wie Josef Bierbichler in dem szenischen Konzert *Eislermaterial.*

Heiner Goebbels wurde am 17. August 1952 in Neustadt an der Weinstraße geboren. Sein Studium der Soziologie und Musik schloss er 1975 mit einer Diplomarbeit über den musikalischen Materialbegriff bei Hanns Eisler ab. Und der gesellschaftskritische Ansatz des in Ost-Berlin gestorbenen Komponisten wurde auch zum Credo des von Goebbels 1976 mitgegründeten „Sogenannten Linksradikalen Blasorchesters", in dem professionelle Musiker und Laien gegen die politischen Verkrustungen der Endsiebziger anspielten. Das Orchester wurde 1981 aufgelöst, Heiner Goebbels spielte mit Alfred Hart im Duo bis 1988 weiter und daneben in der Rockband *Cassiber.* Er schrieb Film- und Theatermusiken und seit 1981 Hörstücke, mit denen er die bedeutendsten Hörspielpreise – zum Teil sogar mehrfach – gewann. Seine großen, vielschichtigen Collagen aus Musik, Klängen, Geräuschen und Sprache schufen autonome Welten. Das hatte es im Hörspiel so noch nicht gegeben. Auch für seine Orchesterwerke und Musiktheater-Stücke ist er vielfach ausgezeichnet worden, so 2012 mit dem hochdotierten Ibsen-Preis. Seinen Studenten in Gießen möchte er etwas von seinen künstlerischen Vorstellungen vermitteln. Sie sollen keine funktionierenden Rädchen in einem etablierten Kulturbetrieb werden, sondern er möchte sie in die Lage versetzen, „ihre eigenen Experimente zu betreiben".

Wetzlar

Werner Bergengruen hat darauf hingewiesen, dass Wetzlar, der westliche Nachbar von Gießen, „schon ein tausendjähriges Leben geführt hat, bevor es Goethe betrat“ und damit, wie es scheint, für immer und ewig zur Goethe- und Wertherstadt machte.

Zum ersten Mal urkundlich erwähnt wurde das nach dem Wetzbach benannte „Witflaria“, wie Wetzlar latinisiert hieß, im Jahre 1142. Vom 12. bis zum 14. Jahrhundert erlebte der unterdessen zur Reichsstadt aufgestiegene Marktort seine erste Blütezeit, in der auch der Bau des Doms begann. Für das im Dillgebiet gewonnene Eisenerz wurde Wetzlar der zentrale Umschlagplatz. Noch heute sind Dillenburg, in dem Wilhelm von Oranien 1533 geboren wurde, Herborn, in dem sich einst die berühmte „Hohe Schule“ befand, und Haiger, in dem der Verfasser der *Nassauischen Chronik* (1617), Textor von Haiger, das Licht der Welt erblickte, nach Wetzlar hin orientiert.

Den zweiten großen Aufschwung brachte 1693 die Verlegung des Reichskammergerichts von Speyer nach Wetzlar, das damals, wie eine Kommission betonte, zu einem großen Teil aus halbverfallenen, mit Lehm übertünchten und mit Stroh gedeckten Häusern bestand.

Auch Johann Wolfgang Goethe hatte keine bessere Meinung von der Stadt, als er am 25. Mai 1772 nach Wetzlar kam, um als Rechtspraktikant am Reichskammergericht die hohe Schule der Juristerei zu erlernen. Die Arbeit in den tristen Kanzleistuben bedeutete ihm wenig. Er ging lieber zur sog. Rit-

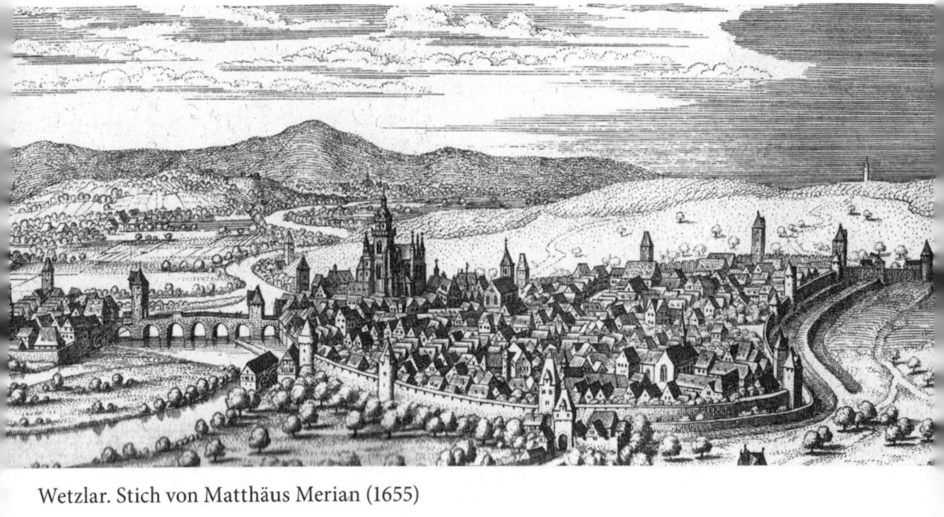

Wetzlar. Stich von Matthäus Merian (1655)

terrunde in das Gasthaus „Zum Kronprinzen“ oder in das kleine Dorf Garbenheim, wo er die Sommertage aus vollem Herzen genoss.

Das folgenschwerste Ereignis in diesen vier Monaten seines Wetzlarer Aufenthalts war für Goethe das Zusammentreffen mit dem „wünschenswerten Frauenzimmer“ Charlotte Buff, der Tochter des Deutschordensamtmannes. Der junge Dichter machte ihr den Hof, aber aus dem Techtelmechtel konnte sich nichts Ernstes entwickeln, denn Lotte war bereits vergeben: an Johann Christian Kestner, der sie später auch heiraten und mit ihr nach Hannover ziehen sollte.

Charlotte Buff und der Gesandtschaftssekretär Karl Wilhelm Jerusalem, der sich kurz nach Goethes Abschied von Wetzlar wegen einer unglücklichen Liebe umgebracht hatte, wurden als Lotte und Werther die Hauptfiguren des 1774 erschienenen Briefromans *Die Leiden des jungen Werthers*. Das Buch hatte einen so einzigartigen Erfolg, dass nicht nur Raubdrucker die Nächte durcharbeiten mussten und Parodisten sich die Finger wund schrieben, es setzte auch eine Werther-Verehrung ein, die im schlimmsten Fall zum Selbstmord und in einer harmloseren Variante zur Wallfahrt an das Jerusalem-Grab führte. Friedrich Christian Laukhard, der Wetzlar öfters während seines Studiums besuchte, schildert eine solche Jerusalem-Prozession im Frühjahr 1776:

> „Ein Haufen Wetzlarscher und fremder empfindsamer Seelen beiderlei Geschlechts beredeten sich, dem unglücklichen Opfer des Selbstgefühls und der Liebe eine Feierlichkeit anzustellen und dem abgefahrenen Geiste gleichsam zu parentieren. Sie versammelten sich an einem zu diesen Vigilien festgesetzten Tage des Abends, lasen die *Leiden des jungen Werthers* von Herrn von Goethe vor und sangen alle die lieblichen Arien und Gesänge, welche dieser Fall den Dichterleins entpreßt hat. Nachdem dies geschehen war und man tapfer geweint und geheult hatte, ging ein Zug nach dem Kirchhof. Jeder Begleiter trug ein Wachslicht, jeder war schwarz gekleidet und hatte einen schwarzen Flor vor dem Gesicht. Es war um Mitternacht. Die Leute, denen dieser Zug auf der Straße begegnete, hielten ihn für eine Prozession des höllischen Satans und schlugen Kreuze. Als der Zug endlich auf dem Kirchhof ankam, schloss er einen Kreis um das Grab des teuren Märtyrers und sang das Liedchen: ‚Ausgelitten hast du, ausgerungen‘. Nach Endigung desselben trat ein Redner auf und hielt eine Lobrede auf den Verblichenen, und bewies beiher, dass der Selbstmord – versteht sich: aus Liebe – erlaubt sei. Hierauf wurden Blümchen aufs Grab geworfen, tiefe Seufzer herausgekünstelt und nach Hause gewandert mit einem Schnupfen im Herzen.
>
> Die Torheit wurde nach einigen Tagen wiederholt; als aber der Magistrat es ziemlich deutlich merken ließ, dass er im abermaligen Wiederholungsfalle tätlich gegen den Unfug zu Werke gehen würde, so unterblieb die Fortsetzung.“[89]

Ein fast fanatischer *Werther*-Verehrer war auch der aus Magdeburg stammende Karl Leberecht Immermann, der kurz nach Goethes Tod in die ehemalige Reichsstadt kam, um „mit der Andacht die Plätze von Goethes Jugend zu besuchen und *Werther* an Ort und Stelle zu lesen". Das Ergebnis seiner ausführlichen Visitation findet sich in seinem 1833 veröffentlichten *Reisejournal*:

> „Nur in Wetzlar konnte *Werther* entstehn, in solcher reichsstädtischen Kleinlichkeit. Die Türen, die Fenster, die Schränke und Kommoden sind braun, vernutzt, altmodisch; aus wie vielem noch sonst weht einem auf diesem abgelegnen, wenig besuchten Fleckchen der Atem jener gutherzigen deutschen Philisterei entgegen, die andrerorten mehr und mehr verschwunden ist. Gewisse Kurialformeln, die man sonst nirgend mehr hört, sind hier noch in Gebrauch.
>
> Die Stadt selbst hat so etwas Deutsch-Mühseliges. Sie liegt mit ihren schiefergedeckten Häusern einen Berg grade hinauf. In mittlerer Höhe überragt der düstre Dom von braunrotem Sandstein unvollendet alle die fertigen Häuserchen. Diese Lage gibt die ganze Tiefe auf einmal kund, deshalb scheint der Ort größer, als er ist. Der erste Anbau fand am Fuße des Berges statt; dort sind die ältesten Häuser, nachher hat man sich immer mehr in die Höhe gedrückt, besonders, als das Personal des Kammergerichts eine Menge neuer Wohnungen nötig machte. Weil aber niemand gern geradezu bergan baut, sträubte man sich rechts, links, schräg, quer und schief: so viel als möglich, und aus diesen architektonischen Seitenbewegungen ist das geplagte, rumplige, abschüssige Nest entstanden, welches Wetzlar heißt. Ich behauptete, Werther sei immer noch ein Glückskind gewesen, dass er nicht schon weit früher, des Abends von der Geliebten heimkehrend, auf diesem Pflaster den Hals gebrochen habe. Wie man hier im Winter, wenn es glatteist, von einem Hause zum andern gelangt, ist mir unerklärlich."[90]

Selbst August Bebel, der Pionier der Sozialdemokratie, kam nicht an Goethe und *Werther* vorbei. 1846 war seine verwitwete Mutter mit ihm, dem sechsjährigen Knaben, von Köln nach Wetzlar gezogen. An seine Schulzeit erinnerte sich Bebel 1910 im ersten Band seines Memoirenwerks *Aus meinem Leben*:

> „Wetzlar, eine kleine, romantisch gelegene Stadt, besaß damals eine ganz vortreffliche Volksschule. Zunächst kamen wir beide in die Armenschule, die sich in einem großen Gebäude, dem Deutschen Haus, das ehemals den deutschen Ordensrittern gehörte, befand. In dem großen Vorhof zu diesem Gebäude steht links das einstöckige Haus, in dem einst Charlotte Buff, die Heldin in Goethes Werther, wohnte. Der Zufall wollte, dass ich später mehreremal in diesem Hause übernachtete, als einer meiner Vettern Cicerone für das Charlotte-Buff-Zimmer wurde. Ich kann mich auch noch der Feier zum hundertsten Geburtstag Goethes (1849) erinnern, die am Wildbacher Brunnen stattfand, woselbst sich die Goethe-Linde befindet. Der Brunnen heißt seit jener Zeit Goethe-Brunnen."[91]

Auch Ricarda Huch ging in ihrem 1927 erschienenen Buch *Im alten Reich* selbstverständlich auf Goethe und *Werther* ein, aber sie erzählte auch vom Reichskammergericht, von Tile Kolup, der 1285 als falscher Kaiser Friedrich II. in Wetzlar eingeritten war, und vom Dom, den sie mit dem Turmbau von Babel verglich. Im Gegensatz zu Ricarda Huch stellte Alfons Paquet 1936 gerade die Industriestadt Wetzlar in den Mittelpunkt seines Porträts. Er entdeckte in ihr das „Gepräge der alten Landstadt mit neuen hellen Randsiedlungen" und hielt die „flammenden Eisenwerke und die Gebäude der weltbekannten optischen Industrie"[92] für erwähnenswerter als Goethe und seinen *Werther*.

Kasimir Edschmid dagegen spürte 1963 in seinem Reisebuch *Vom Bodensee zur Nordsee* diese Allgegenwart Goethes und bezeichnete sie als „magischen Augenblick":

> „In Wetzlar hat sich die Luft der Goethezeit noch erhalten. Hier ist eine richtige Wunderkraft am Werk gewesen, es ist, als sei das Jahrhundert damals stehengeblieben vor Begeisterung, als Deutschlands stürmischer junger Genius seinen Wetzlarer Frühling und Sommer erlebte. Die ganze Schwärmerei dieser Epoche liegt noch in den Gärten mit den Holunderbüschen, die ganze Erlebnisfülle der Goethezeit weht noch über den Straßen, als fließe der Strom der damals gelebten romantischen und leidenschaftlichen Gefühle genauso unbeirrt durch die Straßen Wetzlars weiter, wie auch die Lahn unbeirrt und sanft an der Stadt vorbeifließt."[93]

Neben den Goethe-Gedenkstätten hält Wetzlar noch eine weitere literarische Sehenswürdigkeit parat: die 1989 eröffnete „Phantastische Bibliothek" mit über 150 000 Büchern zu allen Spielarten der Fantasy-Literatur. Während der alljährlichen „Tage der Phantastik" wird der Phantastik-Preis der Stadt Wetzlar verliehen, den u. a. schon Cornelia Funke und Walter Moers erhalten haben.

Städte an der Lahn

An der Lahn entlang nach Koblenz wanderte Goethe während seines Wetzlar-Aufenthalts, um sich dort mit Merck bei Frau von La Roche zu treffen. Zwischen Leun und Stockhausen warf er sein Taschenmesser in den Fluss, um aus dem Eintauchen seine Zukunft zu deuten. Obwohl Goethe das Ergebnis nicht zu seinen Gunsten auslegte, blieb es folgenlos. Überliefert ist das „Orakel" im 13. Buch von *Dichtung und Wahrheit*, in dem sich auch eine sehr schöne Beschreibung der Lahnaue findet:

„(Ich) wanderte nun diesen schönen, durch seine Krümmungen lieblichen, in seinen Ufern so mannigfaltigen Fluss hinunter, dem Entschluss nach frei, dem Gefühle nach befangen, in einem Zustande, in welchem uns die Gegenwart der stummlebendigen Natur so wohltätig ist. Mein Auge, geübt die malerischen und übermalerischen Schönheiten der Landschaft zu entdecken, schwelgte in Betrachtung der Nahen und Fernen, der bebuschten Felsen, der sonnigen Wipfel, der feuchten Gründe, der thronenden Schlösser und der aus der Ferne lockenden blauen Bergreihen."[94]

Fast die gleichen Empfindungen hatte Karl Immermann, als er 1832 das Wetzlarer Tal erreichte:

„Ein unsäglich reizender Anblick! Die goldenste Abendsonne erweckte in dem Grün der Wälder und Pflanzungen, welches sich schon herbstlich zu röten begann, reiche und doch so sanft verschmolzne Farbentöne, die Linien der Hügel und Berge gingen gelinde gegeneinander an, die Lahn war wie ein Silberband durch die Gegend geflochten, und über dem Ganzen wehete ein Hauch des Friedens und der Anmut, den ich allen euren Tagen gönne."[95]

Immermann hatte zuvor Weilburg und Braunfels kurze Besuche abgestattet, den beiden ehemaligen Residenzen. Das Barockschloss von Weilburg und das ursprünglich gotische, im 19. Jahrhundert im Sinne des Historismus umgebaute Braunfelser Schloss dienten 1906, als Rilke sich für wenige Tage in beiden Städten aufhielt, als repräsentative Hotelanlagen. In einem Brief an Mary Gräfin Gneisenau beschrieb der Schriftsteller, der mit Frau und Kind auf dem Weg nach Friedelhausen war, den „nicht schlecht gewählten" Ort Braunfels und sein Schlosshotel:

„Zwar: das Hotel ist groß und bis unter das Dach voll, ach, und voll mit denjenigen, mit denen alle diese Hotels gefüllt werden wie billige Bonbonnieren mit abgelegenen Bonbons, immer mit denselben –. Draußen aber liegt die kleine alte Stadt in der Furcht des Schlosses, als ob sie unterwegs wäre, nach der Bergkuppe zu, auf der es sich ausbreitet, und es doch nie erreichen könnte. Kleine runde Gassen sind um den Burgberg herumgelegt. Häuser sind ins Grün hineingesetzt, als ob sie darin verschickt werden sollten, so vorsichtig, kleine Giebel tauchen auf mit Blumenfenstern, und um alles herum ist ein guter, warmer, blumiger, schon etwas herbstlicher Geruch. Und über allem, wo anderswo schon der Himmel beginnt, steigt hier erst noch das Schloss, ein Stück immenser Mauer, ein Turm, ein Tor, in das eine lange alte Treppe hineinsteigt, immer dunkler werdend, auf ein anderes Tor zu, über dem der Solmssche Löwe sichtbar wird, verwittert in seinem Wappenschild. Es ist vieles verrestauriert: aber Größe ist schwer fortzubekommen, wo sie einmal war. Ich glaube: Sie würden manchen Ausblick lieben, sich an mancher Form und deutsamen Bildung freuen und auch gerne nach den Waldbergen hinübersehen."[96]

Während Rainer Maria Rilke Braunfels weitaus interessanter als Weilburg fand, war es bei Werner Bergengruen genau umgekehrt. Er widmete Braunfels nur eine kurze Bemerkung und berichtete in seiner *Deutschen Reise* gleich auf vier Seiten über seinen Aufenthalt in Weilburg, das durch seine Lage eine der schönsten Residenzstädte in Deutschland sei:

> „Die Lahn macht eine Schleife, durch die der Schloß und Stadt tragende Berg fast zur Insel wird. In Grün gefaßt, stehen die Bauten des Schlosses herrlich über dem Abhang. Dieser Abhang wirkt aus der Ferne wie eine grüne Wand; schaut man näher zu, so offenbart er parkartigen Charakter, die Weilburger nennen ihn hübscherweise ‚das Gebück'. Villen, Gärten, Wälder decken die Höhen der Umgebung. [...]
>
> Die kleine Stadt hat nie eine Eigenbedeutung gehabt, der stille Marktplatz mit seinem Neptunsbrunnen wirkt wie ein Vorhof zu den Schloßbauten, wie im Grunde der ganze Ort es tut. An diesen Gebäuden herrscht ein nüchternes gelbliches Grau mit roten Einfassungen, das von den eigentlichen Schlossbaulichkeiten auf alles Zubehör übergegriffen hat. Ungemein lehrreich ist die Schloß- und Stadtkirche, sie hat nie etwas anderes sein wollen als lehrreich. Sie wurde im Anfang des achtzehnten Jahrhunderts erbaut, aber sie nimmt bereits die ganze Trokkenheit kommender rationalistischer Jahrzehnte vorweg. [...]
>
> Auch das Schloß ist nicht frei von der beklemmenden Zweckmäßigkeit seiner Kirche, mit der es Bauherrn und Entstehungszeit gemein hat. Aber in seinen älteren Teilen finden sich Überreste des kräftigen und lebensvollen sechzehnten Jahrhunderts, und auch in den jüngeren bricht hin und wieder ein frischerer baukünstlerischer Einfall durch. [...]
>
> In diesem Schloßgarten mit seinen geschorenen Bäumen, seinen in strenger Regelmäßigkeit auf das Brüstungsgeländer verteilten Urnen schläft die Zeit. Zwei, drei betagte Damen sitzen auf weißgestrichenen Bänken in der Sonne. Ein alter Herr ist über seiner Zeitung eingenickt; dies ist gewiss, schaute ich genauer hin, ich würde lesen: ‚Mit allergnädigsten Privilegien allwöchentlich erscheinender Postbote für die Fürstentümer Nassau-Weilburg und Nassau-Usingen sowie die Grafschaft Katzenellenbogen'."[97]

Knapp 30 Jahre später fuhr Vilma Sturm die Lahn entlang, nicht mehr mit dem Fahrrad wie Bergengruen, sondern mit dem Auto, aber sie besuchte die gleichen Orte wie er: Braunfels, Weilburg, Runkel und Dietkirchen, wo für sie „das Herz der Lahn schlägt". Beide kamen auch nach Limburg, aber während Werner Bergengruen in Ruhe den 1235 geweihten Dom und die „schönen, in ihrer Unregelmäßigkeit so viel Leben bewahrenden Straßenbilder" bewundern konnte, wäre Vilma Sturm fast umgekehrt – aus Furcht vor den „Karawanen von Touristen"[98], die durch die Stadt zogen. Die so publikumsträchtige Fachwerkromantik verdankt Limburg seiner Lage an einem wichtigen Straßenknotenpunkt und der damit verbundenen Blüte von Handel und Gewerbe. Der Klerus konnte sich deshalb auch die prächtige Stifts- und Pfarrkirche St. Georg und Nikolaus, den heutigen Dom, leisten, die als großartige Bauschöpfung der spätstaufischen Zeit gilt, auch wenn Karl Immermann in seinem *Reisejournal* anderer Meinung war:

> „Das Innere machte einen höchst frappanten Eindruck. Eine Masse von runden Bogen, Bögelchen, Pfeilern und Pfeilerchen, noch unruhiger durch den farbigen Anstrich, der aber hier zu diesem unreinen Stile doch wieder recht wohl stand. Das Schiff ist zu kurz. Die ganze Form hat etwas Unentwickeltes, die Wirkung ist nur für den Augenblick, sie hält nicht fest."[99]

Trotz dieses Urteils von Karl Immermann ist der Dom eine vielbesuchte Sehenswürdigkeit geblieben. Ricarda Huch begann sogar ihr Kapitel über Limburg in ihrem Band *Im alten Reich* mit einer Beschreibung der Kirche:

> „Glorreich thront sie, verschmolzen mit der Burg, ein vollendetes Menschenwerk zwischen den Elementen; dienend trägt sie der Fels, schützend umrauscht sie der Strom, Winde und Gestirne kränzen sie. Von der alten steinernen Lahnbrücke hinaufblickend, nimmt das Auge sie auf wie Musik: der Stein wird Mauer, die Mauer wird Gestalt, die Gestalt Harmonie. Die sieben Türme der Kathedrale sollen die sieben Sakramente bedeuten; der große Turm über der Vierung, heißt es, stelle den Mittelpunkt des Glaubens, das Sakrament des Abendmahls, dar. So schweben die ewigen Mysterien des Lebens als ein triumphierender Akkord zwischen Himmel und Erde."[100]

Der Limburger Dom um 1860

Der Dom war als Ausflugsziel so attraktiv, dass Theodor Fontane in seinem Roman *Irrungen, Wirrungen* (1888) von der kleinen Reise einer Kurgesellschaft nach Limburg, Oranienstein und Nassau erzählen läßt. In Limburg wurde selbstverständlich die Krypta des Domes besichtigt. Die Kurgesellschaft wohnte in Schlangenbad. Umgekehrt machten auch viele Ausflüge von Limburg in den Taunus oder in den Rheingau.

Für viele Rheinreisende, vor allem aus dem Ausland, gehörten die „romantischen" Taunusorte zum Pflichtprogramm. Auch der französische Schriftsteller Alexandre Dumas besuchte sie 1838. Dabei scheint ihm die Burgruine Eppstein besonders aufgefallen zu sein. Ihr widmete er 1843 seinen Schauerroman *Le Chateau d'Eppstein*, der alte Sagenmotive aufgriff. Ein Graf, der sich während eines Gewitters im Taunus verirrt hat, begegnet in der Burg Eppstein, wo er Zuflucht gesucht hatte, dem Geist einer von ihrem Ehemann getöteten Herzogstochter. Das ist Anlass, die Geschichte der Ermordeten und ihrer Wiederkehr als Geist zu erzählen.

Rheingau

> „Eine Rheinreise zu schildern ist heutigen Tages so überflüssig, als wenn einer erzählen wollte, dass er ein Gedicht verfertigt habe – jeder gebildete Mensch macht jetzt Beides. Auch ist das Wort Rhein in Deutschland so bekannt und angesehen wie das Wort Nachtigall, man sieht und hört was Schönes, man ist entzückt, man himmelt bei dem einen wie bei dem anderen, der Rhein heißt so viel als schöne Gegend."[101]

Und noch einiges mehr, könnte man Heinrich Laubes Äußerung aus dem Jahr 1837 ergänzen, denn allein mit der Schönheit der Landschaft lässt sich die Rheinbegeisterung, die bis auf den heutigen Tag anhält, nicht erklären. Und nicht nur „empfindsame" Deutsche ließen und lassen sich von der euphorischen Naturbetrachtung anstecken. „Wenn die Engländer und Franzosen eine Vergnügungsreise nach Deutschland machen wollen, so verstehen sie unter Deutschland das Rheinland", so noch einmal Heinrich Laube. Und Ludwig Börne, der scharfsinnige Zyniker, bemerkte anläßlich seiner Rheinreise:

> „Es ist wunderlich zu sehen, wenn die Reisenden, besonders die Engländer, über das unaufhörliche Betrachten und Durchblättern der Karten, Kupferstiche und Panoramen vom Rhein die Landschaft selbst übersehen. Bei der Schnelligkeit der Dampfschiffe verliert man die Orte und Punkte aus dem Gesichte, ehe man aus dem Buch ersehen, wie sie heißen [...]. Es ist, als verstünden sie das Original, die Natur, nicht und müssten sich darum der Übersetzungen bedienen."[102]

Diese Form des Massentourismus, die Börne 1828 beschrieb, ist uns auch heute nicht fremd. Allerdings verfassen die begeisterten Rheinfahrer keine, wie es damals durchaus üblich war, dickleibigen Erlebnisberichte mehr, um bei den Daheimgebliebenen Neid und Bewunderung zu wecken. Die im letzten Jahrhundert in englischer und französischer Sprache erschienenen Reisebücher, oft mit herrlichen Stahlstichen, sind unterdessen begehrte Sammelobjekte, übrigens auch die entsprechenden deutschen Bände.

Erstaunlicherweise wurde die landschaftliche Schönheit des Rheins, der schon von jeher zu den wichtigsten Wasserstraßen Europas zählte, erst relativ spät entdeckt. Zwar hatte die in Rheinhessen geborene Hildegard von Bingen schon 1165 in Eibingen Benediktinerinnen angesiedelt, aber das war eine rein pragmatische Entscheidung und hatte nichts mit der – aus heutiger Sicht – traumhaften Lage über Rüdesheim zu tun. Hildegard war Äbtissin des von ihr selbst gegründeten Klosters Rupertsberg bei Bingen und suchte einen geeigneten Ort für eine Tochtergründung. Da bot sich das bereits bestehende Augustinerkloster in Eibingen an, das in Sichtweite von Rupertsberg lag. Hildegard konnte so beide Klöster leiten. Ob sie auch in Eibingen an ihren theologischen und naturkundlichen Schriften arbeitete, ist nicht bekannt. Möglich wäre es gewesen, denn eines ihrer Hauptwerke, der visionäre *Liber divinorum operum* über das Wirken Gottes, entstand zwischen 1163 und 1174/75. Das mehrfach stark veränderte Kloster brannte 1932 vollständig nieder. Das heutige Benediktinerinnenkloster St. Hildegardis, eines der markanten Wahrzeichen des Rheingaus, ist erst 1904 gestiftet worden.

Von wenigen früheren Texten abgesehen, die noch sehr stark der knappen, sachlichen Beschreibung verpflichtet sind (etwa von Johannes Butzbach, der 18-jährig, 1496, als Schneider in das Benediktinerkloster Johannisberg eingetreten war), beginnt das bewusste Sehen und Interpretieren der Natur erst in der Aufklärung. Der Mensch geht hinaus, sammelt Eindrücke und hält sie in einer literarischen oder zeichnerischen Skizze fest. Es war eines der Erziehungsideale des 18. Jahrhunderts, die Landschaft, wie es Goethe formuliert hat, „als Bild zu sehen".

Das Streben nach individueller Freiheit findet seine Erfüllung in der „freien" Natur. „Hier bin ich Mensch! Hier darf ich's sein!" ließ Goethe seinen Faust während des Osterspaziergangs ausrufen und lieferte damit das Stichwort für alle, die in der natürlichen Harmonie bewusst oder unbewusst den Gegenpol zu den verkrusteten politischen Strukturen sahen. In diesem Sinn sind auch Johann Kaspar Riesbecks 1783 gedruckte Reiseschilderungen zu verstehen, selbst wenn sie vordergründig nur das überschwängliche Lob der Landschaft, hier des Rheintals, beinhalten:

> „Als wir unsere Augen auf dem prächtigen und lachenden Rheingau geweidet hatten, fuhren wir in das Dunkel des engen Tales hin, welches sich unter Bingen öffnet, und dessen ganzen Boden der gedrängte Rhein einnimmt. Der Kontrast

Johann Kaspar Riesbeck

tat unseren Augen unbeschreiblich wohl. Die Berge, welche sturzdrohend in diesem Tal über dem Fluss hängen, sind bald mit dem mannigfaltigsten Grün bedeckt, bald nackte Felsen, hier und da blauer oder roter Schiefer, und oft auch harter Urfels. Ihre Gestalten, ihre Einschnitte, ihre Verkettung, ihre Bekleidung, ihr verschiedener und seltsamer Anbau hie und da, und die beständigen Krümmungen des Stromes machen die Aussichten alle Augenblicke abwechseln. Ungeachtet der größern Beschwerden, sind die Ufer dieses Tales doch ungleich stärker angebaut und bewohnt als die Ufer der Donau in irgendeiner Gegend. Fast alle Stunde hat man eine Stadt vor sich. Fast jeder Berg ist mit den Trümmern eines alten Schlosses gekrönt, worin ehedem ein deutscher Ritter hauste. Die Lage dieser Städte und Flecken hätte die erhabenste Phantasie nicht romantischer und malerischer angeben können."[103]

Für Heinrich von Kleist war die Begegnung mit dem Rhein einer der wenigen glücklichen Augenblicke auf der Reise nach Paris, die mehr einer Flucht aus Berlin glich – vor der verhassten Arbeit im preußischen Wirtschaftsministerium. Karoline von Schlieben schrieb Kleist, dessen Landschaftsschilderungen auch immer verschlüsselte Botschaften über das eigene Befinden waren, am 18. Juli 1801:

„Doch der schönste Landstrich von Deutschland, an welchem unser großer Gärtner sichtbar con amore gearbeitet hat, sind die Ufer des Rheins von Mainz bis Koblenz, die wir auf dem Strome selbst bereiset haben. Das ist eine Gegend wie ein Dichtertraum, und die üppigste Phantasie kann nichts Schöneres erdenken, als dieses Tal, das sich bald öffnet, bald schließt, bald blüht, bald öde ist, bald lacht, bald schreckt. Pfeilschnell strömt der Rhein heran von Mainz und gradaus, als hätte er ein Ziel schon im Auge, als sollte ihn nichts abhalten, es zu erreichen, als wollte er es ungeduldig auf dem kürzesten Wege ereilen. Aber ein Rebenhügel (der Rheingau) tritt ihm in den Weg und beugt seinen stürmischen Lauf, sanft aber mit festem Sinn, wie eine Gattin den stürmischen Willen ihres Mannes, und zeigt ihm mit stiller Standhaftigkeit den Weg, der ihn ins Meer führen wird – – und er ehrt die edle Warnung und gibt, der freundlichen Weisung folgend, sein voreiliges Ziel auf, und durchbricht den Rebenhügel nicht, sondern umgeht ihn, mit beruhigtem Laufe dankbar seine blumigen Füße ihm küssend –".[104]

Goethe, der sich nach dem Tod Schillers schon am „Rande des Daseins" gefühlt hatte, erlebte bei seinen beiden Rheinreisen, 1814 und 1815, eine neue Jugend. Er fühlte sich menschlich, geistig und künstlerisch so erfrischt, dass es ihm sogar wieder gelang, in Gedichten „aus vollem Herzen" sprechen zu können. Der *West-östliche Divan*, den er kurz vor der ersten Reise begonnen hatte, erhielt in dieser Zeit seine wesentlichen Impulse. Die vertraute alte Heimat, der Umgang mit lieben Freunden und vor allem die Begegnung mit der Frankfurter Bankiersgattin Marianne von Willemer versetzten Goethe in eine seit der Italienischen Reise kaum noch erlebte Hochstimmung. Als Ausgangspunkt diente ihm nach seiner Wiesbadener Kur das Landgut der Familie Brentano in Winkel, wo Goethe viele glückliche Stunden verlebte, wohl auch wegen des glänzenden Rheinweins.

Franz Brentano, ein Stiefbruder von Clemens Brentano und Bettina von Arnim, hatte sich 1804 zusammen mit seiner Frau das Haus gekauft, das schon bald zu einem beliebten Treffpunkt der Romantiker wurde.

Goethe stand diesem Kreis reserviert gegenüber. Die Volksliedsammlung *Des Knaben Wunderhorn* (1806/08) hatte er zwar noch mit einer positiven Rezension begrüßt, aber den Dichtungen von Clemens Brentano und Achim von Arnim konnte er wenig abgewinnen. „Deswegen bringen mich auch ein halb Dutzend jüngere poetische Talente zur Verzweiflung, die bei außerordentlichen Naturanlagen schwerlich viel machen werden, was mich erfreuen kann", schrieb Goethe 1808 an Zelter und meinte damit u. a. Arnim und Brentano, bei denen alles ins „Form- und Charakterlose" gehe. „Kein Mensch will begreifen, dass die höchste und einzige Operation der Natur und Kunst die Gestaltung sei, und in der Gestalt die Spezifikation, damit jedes ein besonderes Bedeutendes werde, sei und bleibe."[105] Für Goethe, dessen Landschaftsbeschreibungen fast wissenschaftlichen Charakter annehmen, war schon die romantische Naturbetrachtung, die Stimmungen und Gefühle favorisierte, eine kleine Provokation, denn selbst wenn die Romantiker genaue Ortsbezeichnungen verwandten, blieb die Schilderung zumeist vage. Für Brentano wurde das Gedicht zum entscheidenden Medium, um Naturempfindung und eigenes Erleben in Einklang zu bringen. *Nun Gute Nacht!, mein Leben*, *Auf dem Rhein* („Ein Fischer saß im Kahne") und *Lore Lay* heißen drei seiner berühmtesten Gedichte. Nur vordergründig sind diese Verse unpolitisch, denn Brentano war, wie viele Romantiker neben ihm, auch ein patriotischer Sänger, der das napoleonische Frankreich letztlich hasste und im Rhein ein Symbol der deutschen Einheit sah.

Der patriotische Lyriker und Reisebuchautor Ernst Moritz Arndt, der nicht müde wurde, für die nationale Erhebung gegen Napoleon zu werben, fand 1813 den fast schon programmatischen Titel für eine seiner kleinen Schriften: *Der Rhein. Teutschlands Strom, aber nicht Teutschlands Gränze.*

Auch nach dem Ende der Befreiungskriege blieb der Rhein der „vaterländische Strom". Selbst Dorothea von Schlegel, die 1799 Napoleon noch einen wahrhaft großen Menschen genannt hatte, konnte sich dieser Stimmung nicht entziehen. Am 7. August 1816 schrieb sie an Rahel Varnhagen:

> „Vorige Woche haben wir eine kleine Reise ins Rheingau gemacht; wir waren drei Tage aus, haben den Rhein wiedergesehen. O mit welchem Vergnügen! Wie man einen Bruder, einen herzlich teuren Freund wiedersieht, mit klopfendem Herzen und glühenden Wangen. Das Gefühl der Heimat, das man sich nicht erkaufen und nicht anräsonnieren kann, habe ich nirgends noch gefunden als an den Ufern dieses lieben Stroms – ‚Herzblut Germania's' nennt ihn Graf Stolberg. Es ist auch wahr! Wenn man ihn so stark, so gleichmütig und ernst fließen sieht, heiteres, liebes Leben gebend und erhaltend, so meint man, es müsse die Pulsader des Landes sein, die zum Herzen führt und davon herkommt."[106]

Die romantische Rheinbegeisterung erfasste in ihren unpolitischen Zügen bald fast alle Länder Europas, sogar Frankreich. In nachnapoleonischer Zeit war es vor allem Madame de Staëls Deutschlandbuch *De l'Allemagne*, das für den bildungsbeflissenen Bürger unseres Nachbarlandes die Rheinreise zu einer Pflichtübung werden ließ. Auch andere bedeutende Schriftsteller mochten sich dieser „voyage philosophique et pittoresque" nicht entziehen. Alexandre Dumas, Gérard de Nerval und Victor Hugo suchten die Einmaligkeit und Schönheit des Flusses. Für Victor Hugo, der im Sommer und Herbst 1840 Deutschland besuchte, war der Rhein noch immer der Grenzstrom. Die Beschlüsse des Wiener Kongresses wollte er nicht anerkennen. Trotzdem ist sein Reisebericht *Le Rhin* alles andere als ein politisches oder gar agitatorisches Buch. Vielleicht gerade deshalb wurde es ein so großer Erfolg.

Als überzeugter Wanderer wählte Victor Hugo für seinen Weg von Lorch nach Bingen bewusst die linke Rheinseite, weil „die römischen, romanischen und gotischen Ruinen des linken Ufers weit mehr Interesse für den Fußgänger haben als die Schiefer des rechten". Dieses Urteil hinderte ihn allerdings nicht daran, gelegentlich auch einen Blick auf die andere Rheinseite zu werfen, besonders wenn es sich bei einer Rast in einem kleinen Dorf anbot:

„Hier gab es statt eines Gasthofes nichts als eine Bierkneipe und statt eines Diners nichts als eine sehr harte Hammelkeule, vor der mich ein Student, der vor der Tür seine Pfeife rauchte, zu warnen suchte, indem er mir erzählte, dass eine Stunde vor mir ein hungriger Engländer angekommen sei, sie anzuschneiden vergeblich versucht und endlich zurückgegeben habe. Ich antwortete zwar nicht so stolz wie der Marschall Crequi vor der genuesischen Festung Gavi: ‚Was der Rotbart nicht nehmen konnte, wird der Graubart nehmen', aber ich aß den Hammelbraten.

Als sich die Sonne senkte, machte ich mich wieder auf den Weg. Die Landschaft war ernst, aber reizend. Hinter mir hatte ich die gotische Kapelle von St. Clemens gelassen. Zu meiner Linken hatte ich das rechte Rheinufer voller Weinreben und Schiefer. Die letzten Sonnenstrahlen röteten in der Ferne die berühmten Hänge von Assmannshausen, an deren Fuß hinter Nebel oder vielleicht hinter Rauch sich Aulhausen, das Dorf der Töpfer, verriet. Hoch über der Straße, die ich verfolgte, und über meinem Haupt erhoben sich stufenweise von Berg zu Berg drei Schlösser […].“[107]

Eine der wichtigsten Quellen für Victor Hugo waren die Rheinsagen, die sich bei den Reisenden einer außerordentlichen Beliebtheit erfreuten. Schon 1822 hatte Wilhelm Hauff in einem Brief an seinen Bruder gespöttelt: „Alle zehn Minuten schaut eine alte Ruine aufs Schiff hinunter, und die Gesellschaft erzählt sich munter die Sagen, die von diesen Burgen unter dem Volke leben.“[108]

Vor allem die Engländer schwärmten für die zum Teil gruseligen Sagen. Ann Radcliffe, die führende Vertreterin des englischen Schauerromans, zog es schon aus diesem Grund fast magisch an den Rhein. Ihr folgten, aus sicherlich ganz unterschiedlichen Beweggründen, die Dichterkollegen Lord Byron, Edward Bulwer-Lytton und William M. Thackeray, dessen berühmte *Kickleburys on the Rhine* (1851) den Ausklang der romantischen Rheinbegeisterung in England markieren.

Zum guten Ton gehörte es für Besucher von der Insel auch, in einem Ort Station zu machen, der gar nicht am Rhein liegt (sondern am Main), aber trotzdem zum Rheingau gehört: Hochheim. So berichtet beispielsweise der englische Schriftsteller James Boswell in seiner *Großen Reise* davon, dass er 1764 das Dorf besuchte, das „dem besten alten Rheinwein zu seinem englischen Namen verholfen hat“[109]. Bis heute ist die anglisierte Form von Hochheim, „Hock“, in Großbritannien das Synonym für „Wein aus Deutschland“, auch wenn sich dahinter nicht immer Rheingauer Riesling, sondern eher „Liebfrauenmilch“ verbirgt.

In die Literaturgeschichte ist Hochheim, wenn man den Angaben Christian von Strambergs in seinem *Rheinischen Antiquarius* von 1867 traut, durch den englischen Dichter Lord Byron eingegangen. 1813 soll er sich in dem Dorf aufgehalten haben. Im dritten Gesang seines epischen Gedichts *Childe Harold's Pilgrimage* (1812–18) findet sich ein dreistrophiges Lob der Rheinlandschaft, das sich, so Stramberg, auf Hochheim beziehe, allerdings ohne den Ort ausdrücklich zu erwähnen.

Wohl nicht zuletzt animiert durch das Lob ihrer Dichter besuchte sogar die englische Königin Victoria 1850 den berühmten Weinort und erhielt dafür ein Denkmal.

Geisenheim mit Schloss Johannisberg

Unterdessen hatten die Amerikaner die Reize der Rheinlandschaft entdeckt, zusammen mit ihren Dichtern John Trumbull, Henry Wadsworth Longfellow (der mit Ferdinand Freiligrath befreundet war), James Fenimore Cooper. Herman Melville, Harriet Beecher Stowe, Mark Twain und Ernest Hemingway. Longfellow hat Geisenheim sogar literarisch verewigt. In seinem dramatischen Werk *The Golden Legend* von 1851 lässt er den versöhnlichen Schluss des Dramas durch die Geisenheimer Kirchenglocken einläuten. Am Marktbrunnen, der seit 1949 Longfellowbrunnen heißt, sind diese Schlussworte in neuer Übersetzung eingemeißelt:

„Was für ein Läuten mag das sein,
es klingt so mild, so tief und rein?
Das ist zum Sonnenuntergang
Voll Wehmut, dass der Tag versank,
der Glockenklang von Geisenheim."

Dass Longfellow wirklich in Geisenheim war, ist eher unwahrscheinlich. „Möglicherweise“, schreibt Wolf-Heino Struck in seiner *Geschichte der Stadt Geisenheim*, „hat ihn ein im Motiv verwandtes Gedicht Adelheids von Stolterfoth aus dem Jahr 1826 angeregt, betitelt ‚Abend am Rhein, Geisenheim‘“[110]. An Geisenheim vorbei ist Longfellow aber auf jeden Fall gefahren, und das schien schon Anregung genug gewesen zu sein.

Es ist schwer, in der umfangreichen deutschen, englischen und französischen Literatur über den Rhein auch nur eine kritische Stimme zu entdecken. Da musste schon der überzeugte Altfranke Karl Immermann kommen, um in seinem *Reisejournal* 1833 das seiner Meinung nach allzu positive Bild zurechtzurücken:

> „Die Natur macht noch wenig Eindruck auf mich, ich habe das schwärmerische Versenken in das tote Zeug satt. Die Rheinlandschaft steht weit über Gebühr im Preise. Dieses kulissenartige Geschiebe von Schiefer, ohne Wald, nur mit starren Weinpfählen gespickt, hat etwas gar Monotones. Ein paar Punkte sind indessen vortrefflich, dazu gehört das Siebengebirge, Koblenz, die Gegend bei Bingen, das Mainzer Panorama. Die Menschenwelt ist *meine* Welt. Die Gruppe bleibt mir Hauptsache, Strom, Fels und Wald sehe ich als Nebenwerk an. Dafür sich schmachtend zu begeistern, verrät immer etwas Hysterie und Schwäche.“[111]

Es scheint, dass Immermann nicht nur der Landschaft wenig Positives abgewinnen konnte, auch das typische Produkt dieser Gegend wird er wohl verschmäht haben, denn sonst wären ihm kaum die „mit starren Weinpfählen gespickten“ Hänge unangenehm aufgefallen. Dem wahren Weinfreund lacht nämlich das Herz beim Anblick der Rebenhügel. Und Wilhelm Grimm ließ es sich sogar etwas kosten, um einen der edelsten Tropfen, aus dem Kabinettkeller des Fürsten Metternich in Schloss Johannisberg, genießen zu können. Am 17. Oktober 1833 schrieb er an einen Göttinger Kollegen:

> „Mir geht immer das Herz auf, wenn ich den Rhein und seine glückseligen Ufer wieder sehe, seine gesegneten Felder, die Bäume, welche Haupt und Arme ordentlich ausstrecken und nicht wie hier als verknorzte und krummbeinige Dachshunde auf dem Felde hocken. Einen schönen Nachmittag haben wir auf der Altane des Johannisberger Schlosses gesessen, ich glaube ruhiger und vergnügter als der Fürst Metternich selbst, bei einer Flasche seines Kabinettsweines, der zwar mit Gold muß bezahlt werden, wogegen aber auch aller andere Wein nur eine Art gutartiger Essig ist. Denke ich an das Land, das man dort überschaut, und das, was einem dabei in der Seele auf und ab spaziert, so kommt mir die hiesige verlebte Gegend, in welcher die Georgia Augusta [Name der Universität Göttingen, *d. A.*] ihre Schafe weidet, wie eine Verbannung vor, die einen dumm macht.“[112]

Schloss Johannisberg, das bis 1803 den Fuldaer Fürstäbten gehört hatte, war und ist eines der berühmtesten Ausflugsziele im Rheingau. Schon 1814 hatte

Goethe den berühmten Blick vom Altan des Schlosses beschrieben, der sein Auge „stellenweise mit einzelner frischer Anmut ergötzt“[113]. Später besuchten u. a. Karl Julius Weber (1828) und Heinrich Laube (1837) das „etwas aristokratisch abgelegene“ Johannisberg, wie es Laube in seinen *Reisenovellen* bezeichnet: „Das Wort Johannisberg gehört zur deutschen Nationalität, in ihm vereinigen sich alle Parteien.“[114] Der Besitzer dagegen, der erzkonservative österreichische Staatsmann Klemens Wenzel Fürst von Metternich, behagte weder Heinrich Laube noch Karl Gutzkow, dessen Schriften 1835 durch Bundestagsbeschluss verboten worden waren. 1839 besuchte Gutzkow das Schloss seines Widersachers. Auf Metternich gehen die „Karlsbader Beschlüsse“ zurück, mit denen die Pressefreiheit unterdrückt und ein System von Polizeispitzeln geschaffen wurde. Gutzkow inspizierte die Räumlichkeiten und stellte Vergleiche an zwischen Metternich und dessen Vertrauten Friedrich von Gentz auf der einen Seite und den Jungdeutschen, zu denen er sich zählte, auf der anderen:

> „Der edelste deutsche Wein und die konservative Politik sind durch den Johannisberg Vor- und Nachsatz eines und desselben Gedanken. Man denkt in demselben Augenblicke an die duftigste Blume, die uns aus einem grünen Römerglase entgegenhauchen kann, und an Kongresse, Protokolle, unterdrückte Revolutionen.
>
> Fürst Metternich wurde von Österreich mit dem 1813 an Deutschland zurückfallenden Johannisberg belehnt. Dieser Staatsmann verdient es, Deutschlands erster Küfer und Kellermeister zu sein, denn wer verstand sich so auf den Most der Geister, auf die brausende Gewalt, welche die Tonnenreifen der Staaten sprengen konnte, auf die Beherrschung der sauern und der weinigen Gärungen der Nation? Ist es mir doch, als sähe ich Friedrich von Gentz mit dem Winzermesser die Stökke beschneiden, die überreif abfallenden Trauben von der Erde auflesen und sorgsam nach Wind und Wetter schauen, ob die heurige Ernte gut geraten wird oder nicht. Es ist ein wildes, revolutionäres Leben, das Traubenleben. Ein geheimer Bund waltet zwischen dem zurückgebliebenen Stock und dem Gewächs, das schon im Fasse liegt. Es wird unruhig in den Kellern, wenn die Reben blühen, die Reifen springen, die edlen schon gekelterten Säfte jauchzen auf mit den keimenden Hoffnungen des zurückgebliebenen Stammes.“[115]

Die Unruhen, die Karl Gutzkow fast prophetisch vorausgesagt hatte, brachte die deutsche Revolution von 1848/49. Auch der Rheingau blieb davon nicht unberührt. Der schwerste Aufstand brach allerdings am 11. Mai 1849 in Baden aus. August Heinrich Hoffmann von Fallersleben, Dichter des Deutschlandliedes und wegen seiner freiheitlich-liberalen Gesinnung verfolgt, beobachtete die Ereignisse von Geisenheim aus. Er war gerngesehener Gast des Weingutbesitzers Karl Dresel. Im Haus des Freiherrn von Zwierlein, in dem auch seine Nichte, die Rheinsagen-Sammlerin Adelheid von Stolterfoth, lebte, bei den Familien Lade und Dresel trafen sich Schriftsteller, Komponisten und Gelehrte wie Ferdinand Freiligrath, Franz Liszt, Georg Herwegh, Hoffmann von Fallersleben, Emmanuel Geibel, Levin Schücking und Karl Simrock in geselliger Runde.

Die badischen Revolutionäre verloren schließlich gegen die preußischen Interventionstruppen. Der Rheingau hat aber nicht nur politische Freigeister beherbergt, sondern auch hervorgebracht. Am 24. Oktober 1771 wurde in Johannisberg (das heute zu Geisenheim gehört) der Publizist und Schriftsteller Johann Ignaz Weitzel geboren, der u. a. 1795 bei Schiller in Jena studierte. In diesem Jahr erschien in Mainz auch sein erstes Buch, das sich mit dem *Geist der fränkischen Revolution* auseinandersetzte. Weitzel war einer der frühen Anhänger der Französischen Revolution, aber seine Begeisterung wich nach einem Besuch in Paris, als er mit den Schrecken des Terrorregimes konfrontiert wurde. Ernüchtert verfasste der 24-Jährige seine Analyse, die die Revolution als Mittel der Politik nicht ablehnte, aber auch Bildung und Tugend als Voraussetzung einforderte. In einem Staat, so Weitzel, wo Luxus herrsche und eine große Ungleichheit der Güter die Armen zu Sklaven der Reichen mache, sei Freiheit nur eine Chimäre.

Nachdem Weitzel als Verwaltungsbeamter in französischen Diensten gearbeitet hatte, wandte er sich 1801 verstärkt dem Journalismus zu. Bis 1816 leitete er die *Mainzer Zeitung* und eine Reihe von weiteren, allerdings nicht so bedeutenden Blättern. Ludwig Börne nannte ihn später einen der besten deutschen politischen Schriftsteller. Aus dem revolutionär gestimmten Schriftsteller wurde im Laufe der Jahre ein Freund der preußischen Reformen. Seit 1816 durfte er den Titel eines herzoglich-nassauischen Hofrats führen. Von 1821 bis zu seinem Tod im Jahr 1837 leitete er die Landesbibliothek in Wiesbaden.

Das Herzogtum Nassau, zu dem der Rheingau gehörte, zählte zu den Armenhäusern in Deutschland. Die Auswanderungsquote war hoch, vor allem unter den Bauern, die von ihren Erträgen nicht mehr leben konnten. Mehrere Missernten hintereinander oder, was genauso schlimm war, über längere Zeit ein Überangebot ließen viele verzweifelte Winzer in der Mitte des 19. Jahrhunderts zum letzten Mittel greifen. Der Schriftsteller und Kulturwissenschaftler Wilhelm Heinrich Riehl berichtete 1853 davon:

> „Gleich hinter dem Johannisberg wurde im Spätsommer 1850 der Wanderer durch den Anblick eines weitgedehnten Berghanges überrascht, auf welchem sich Tausende von kleinen qualmenden Feuern aneinander reihten, zur Nachtzeit anzuschauen, als habe hier ein Kriegsheer sein Lager aufgeschlagen, während sie bei Tag dem von der Höhe Herabsteigenden das ganze Rheintal in die dichteste

Rauchhülle versenkten. Es war dies ein großartiges Rodungsfeuer, welches die auf kleine Pyramiden gehäuften Rasenstücke samt dem endlosen Wurzelwerk eines buschigen Waldbodens verzehren und so die Fläche zum ersten Umbruch fruchtbar machen sollte, ein Rodungsfeuer, nicht, wie in Amerika, wider die uralte Wildnis gerichtet, sondern wider das Elend der Überkultur, wie es in den angrenzenden königlichen Rebenhügeln des Johannisberges unter goldgleißender Hülle sich verbirgt. Die alten Rheingauer würden sich allesamt im Grabe umdrehen, wenn sie erführen, dass man Anno 1850 an den Grenzfurchen des Johannisberges neue – Kartoffeläcker angelegt."[116]

Eltville um 1860

Erst mit der Gründung des Deutschen Reiches änderte sich die Situation für die Winzer entscheidend. Der Rhein, nun wieder mit nationaler Symbolik befrachtet und von Denkmälern umrahmt, musste sich aus unzähligen Männerkehlen auch noch besingen lassen. Den Wein- und Sektabsatz trieb diese gründerzeitliche Rheinbegeisterung in schwindelnde Höhen. Thomas Mann schildert in seinen 1954 erschienenen Bekenntnissen des Hochstaplers Felix Krull die Stimmung in diesen Jahren. Mann kannte den Rheingau von mehreren Reisen. Er hatte aber Eltville selbst wohl nie gesehen. Felix Krull, der sein Leben rückblickend erzählt, ist der Sohn eines Sektfabrikanten aus Eltville:

„Der Rheingau hat mich hervorgebracht, jener begünstigte Landstrich, welcher, gelinde und ohne Schroffheit sowohl in Hinsicht auf die Witterungsverhältnisse wie auf die Bodenbeschaffenheit, reich mit Städten und Ortschaften besetzt und fröhlich bevölkert, wohl zu den lieblichsten der bewohnten Erde gehört. Hier blühen, vom Rheingaugebirge vor rauen Winden bewahrt und der Mittagssonne glücklich hingebreitet, jene berühmten Siedlungen, bei deren Namensklange dem Zecher das Herz lacht, hier Rauenthal, Johannisberg, Rüdesheim, und hier auch das ehrwürdige Städtchen, in dem ich, wenige Jahre nur nach der glorreichen Gründung des Deutschen Reiches, das Licht der Welt erblickte. Ein wenig westlich des Knies gelegen, welches der Rhein bei Mainz beschreibt, und berühmt durch seine Schaumweinfabrikation, ist es Hauptanlegeplatz der den Strom hinauf und hinab eilenden Dampfer und zählt gegen viertausend Einwohner. Das lustige Mainz war also sehr nahe und ebenso die vornehmen Taunusbäder, als: Wiesbaden, Homburg, Langenschwalbach und Schlangenbad, welch letzteres man in halbstündiger Fahrt auf einer Schmalspurbahn erreichte. Wie oft in der schönen Jahreszeit unternahmen wir Ausflüge, meine Eltern, meine Schwester Olympia und ich, zu Schiff, zu Wagen und mit der Eisenbahn, und zwar nach allen Himmelsrichtungen: denn überall lockten Reize und Sehenswürdigkeiten, die Natur und Menschenwitz geschaffen."[117]

Auch Ende des 19. und zu Beginn des 20. Jahrhunderts lockte der Rheingau mit seinen Reizen und Sehenswürdigkeiten noch viele Schriftsteller. Man traf sich entweder im Oestricher „Schwan“ oder in der Assmannshäuser „Krone“, wo schon Ferdinand Freiligrath, Theodor Fontane, Victor von Scheffel, Peter Rosegger, Franz Grillparzer, Gottfried Keller, Emanuel Geibel, Egon Friedell und Gerhart Hauptmann Gäste gewesen waren. Für Freiligrath war die „Krone“ sogar ein ganz besonderer Ort. Seit 1839 wohnte er zeitweise in St. Goar und war mit Adelheid von Stolterfoth befreundet. In der „Krone“ beendete er 1844 seine Gedichtsammlung *Ein Glaubensbekenntnis*, das seine Wende zum politischen Dichter markiert. Berühmt geworden war Freiligrath mit Gedichten, die seine Leser mit süß-farbigen Orientfantasien beglückten. 1841 hatte ihm der preußische König Friedrich Wilhelm IV. auf Vorschlag Wilhelm von Humboldts sogar eine jährliche Pension in Höhe von 300 Talern zugesprochen. Die gab er Anfang 1844 zurück und bekannte sich mit seinem *Glaubensbekenntnis* zur politischen Opposition. An das Ende des Bandes setzte er ein Widmungsgedicht, das den Ort der Vollendung und seinen Gesinnungswandel dokumentiert. Die Urschrift zeigt die Zuspitzung auf den einen Herrscher, Friedrich Wilhelm IV. Hatte es im Entwurf ganz allgemein „gegen Thron und Kron“ geheißen, so wurde daraus in der Endfassung „gegen eine Kron“:

„Zu Assmannshausen in der Kron',
Wo mancher Durst'ge schon gezecht,
Da macht ich *gegen* eine Kron'
Dies Büchlein für den Druck zurecht!
Ich schrieb es ab bei Rebenschein,

Weinlaub um's Haus und saft'ge Reiser;
Drum, wollt ihr rechte Täufer sein,
Tauft's: Vierundvierz'ger Assmannshäuser!"[118]

Schon im September 1844 wurde das *Glaubensbekenntnis* verboten. Freiligrath musste Deutschland für zwei Jahre verlassen. Später wurde er sogar steckbrieflich gesucht. In der „Krone" erinnern heute eine Büste und ein kleines Museum an ihn, das in seinem ehemaligen Zimmer eingerichtet wurde.

Seit 1993 wird jedes Jahr in den beiden letzten Septemberwochen das Rheingau Literatur Festival als literarische Fortsetzung des Rheingau Musik Festivals gefeiert. In Kelterhallen, Weingütern, Klöstern und Schlössern lesen Autorinnen und Autoren aus ihren Werken und unterhalten sich mit einer Moderatorin oder einem Moderator. Dabei spielt der Rheingauer Riesling eine nicht unbedeutende Rolle. Literatur und guter Wein gehen beim Festival eine stabile Beziehung ein.

Am letzten Festivaltag, immer ein Sonntag, wird der sehr beliebte Rheingau Literatur Preis vergeben. Beliebt und weithin bekannt, weil die Ausgezeichneten neben der Preissumme 111 Flaschen sehr guten Wein aus dem Rheingau bekommen. Zu den Preisträgern zählen u. a. Robert Gernhardt und Bodo Kirchhoff.

Anmerkungen

1 Adolph Freiherr Knigge: Der Roman meines Lebens. Vierter Theil. Riga 1783, S. 237 f.
2 Sophie von La Roche: Geschichte des Fräuleins von Sternheim. Hg. von C. M. Weiland. Erster Theil. Leipzig 1771, S. 248.
3 Wilhelm von Humboldts Briefe an eine Freundin. Hg. von Albert Leitzmann. Erster Band. Leipzig 1909, S. 284.
4 Johann Wolfgang von Goethe. Hamburger Ausgabe in 14 Bänden. Band 10: Autobiographische Schriften II. Kommentiert von Waltraud Loos und Erich Trunz. München 2000, S. 96 ff.
5 Bernard von Brentano: Theodor Chindler. Wiesbaden 1951, S. 8 f. und S. 20 f.
6 Goethes Werke. Hg. im Auftrage der Großherzogin Sophie von Sachsen. I. Abt. 34. Bd. 1. Abt. Weimar 1902, S. 139 und 146.
7 Joachim Heinrich Campe: Erste Sammlung merkwürdiger Reisebeschreibungen für die Jugend. Zweiter Theil. Braunschweig 7-1831, S. 148 f.
8 Heinrich Laube: Neue Reisenovellen. Zweiter Band. Mannheim 1837, S. 202 f.
9 Zit. n. Die Brüder Grimm. Hg. von Hermann Gerstner. Ebenhausen 1952, S. 13 f.
10 Hans Jacob Christoffel von Grimmelshausen: Der abenteuerliche Simplicissimus Deutsch. Aus dem Deutschen des 17. Jahrhunderts von Reinhard Kaiser. Frankfurt am Main 2009, S. 460 f.
11 Clemens Brentano: Gockel, Hinkel und Gackeleia. In: Ders.: Werke. Hg. von Wolfgang Frühwald und Friedhelm Kemp. Dritter Band. München und Wien ^{3}2002, S. 619.

12 Max von Schenkendorf: Das Bild in Gelnhausen. In: Max von Schenkendorfs Gedichte. Stuttgart und Tübingen 1815, S. 63 f.
13 Brief Johann Wolfgang von Goethes an seine Frau Christiane vom (28.) Juli 1814. In: Goethes Werke. Hg. im Auftrage der Großherzogin Sophie von Sachsen. IV. Abt. 25. Bd: Goethes Briefe. 28. Juli 1814–21. Mai 1815. Weimar 1901, S. 2.
14 Bernhard Hundeshagen: Kaiser Friedrichs I Barbarossa Palast in der Burg zu Gelnhausen. [Mainz] ²1819, S. 3.
15 Bettina Arnim: Ilius Pamphilius und die Ambrosia. Zweite Auflage [die tatsächlich die erste ist]. Leipzig 1848, S. 135.
16 ebenda, S. 136.
17 Johann Ludwig Deinhardstein: Skizzen einer Reise … in Briefen an einen Freund. Wien 1831, S. 101.
18 Ricarda Huch. Im alten Reich. Leipzig und Zürich 1927, S. 69.
19 Wolfgang Koeppen: Gemein ist jedermanns Angst. Hans Jakob Christoffel von Grimmelshausen. Zum 300. Todestag. In: Frankfurter Allgemeine Zeitung vom 14. August 1976.
20 Brief Johann Wolfgang von Goethes an seine Frau Christiane vom (28.) Juli 1814. In: Goethes Werke. Hg. im Auftrage der Großherzogin Sophie von Sachsen. IV. Abt. 25. Bd: Goethes Briefe. 28. Juli 1814–21. Mai 1815. Weimar 1901, S. 2.
21 Ludwig Emil Grimm: Erinnerungen aus meinem Leben. Hg. von Wilhelm Praesent. Kassel und Basel 1950, S. 102 f.
22 Briefe des Bonifatius. Willibalds Leben des Bonifatius. Neu bearb. von Reinhold Rau. Darmstadt 1968, S. 291
23 Helmut de Boor: Die deutsche Literatur von Karl dem Großen bis zum Beginn der höfischen Dichtung. München 8-1971, S. 44 f.
24 Epochen der deutschen Lyrik. Band 1: Gedichte von den Anfängen bis 1300. Hg. von Werner Höver und Eva Kiepe. München 1978, S. 32.
25 Johann Kaspar Riesbeck: Briefe eines reisenden Franzosen. Hg. von Heiner Boehncke und Hans Sarkowicz. Berlin 2013, S. 494.
26 Der junge Savigny. Hg. von Adolf Stoll. Berlin 1927, S. 106.
27 Tagebücher der Adele Schopenhauer. Hg. von Kurt Wolff. Erster Band. Leipzig 1909, S. 13 f.
28 Jakob Burckhardt: Briefe. Erster Band. Hg. von Max Burckhardt. Basel 1949, S. 170 f.
29 Johann Kaspar Riesbeck, a. a. O., S. 494.
30 Johann Gottfried Seume: Spaziergang nach Syrakus im Jahre 1802. Nördlingen 1985, S. 386.
31 Friedrich Hölderlin: Sämtliche Werke und Briefe. Hg. von Günter Mieth. Briefe. Berlin ²1995, S. 150.
32 Franz Dingelstedt's Sämmtliche Werke. Erste Abt. Fünfter Band: Wanderbuch. Berlin 1877, S. 112 f.
33 Wilhelm Heinrich Riehl: In der Rhön. In: Deutsches Land und Volk. Hg. von Wilhelm Wohlrabe. 11. Heft. Halle a. S. o. J., S. 141.
34 Ricarda Huch, a. a. O., S. 413.
35 Hebels Werke in einem Band. Hg. von Dieter Pilling. Berlin und Weimar ³1978, S. 124 f.
36 Ernst von Wildenbruch: Hexenlied. In: Bad Hersfeld. Ein Lesebuch. Hg. von York-Egbert König und Thomas Wiegand. Husum 1998, S. 118 f.
37 Friedrich Christian Delius: Der Sonntag, an dem ich Weltmeister wurde. Reinbek 1996, S. 114 f.
38 Rudolf Hagelstange: Unberühmte Landschaft. In: MERIAN 21 (1968). Heft 2, S. 8.
39 Kasimir Edschmid: Vom Bodensee zur Nordsee. Berlin u. a. 1965, S. 108.
40 Interview von Ulrike Nimz mit Gudrun Pausewang in der Freien Presse Chemnitz vom 25. März 2011.
41 Adolph Freiherr Knigge: Briefe, auf einer Reise aus Lothringen nach Niedersachsen geschrieben. Hannover 1793, S. 76 f.

42 ebenda, S. 78 und 84.
43 Ernst Koch: Prinz Rosa-Stramin. [Nachdruck] Marburg 1965, S. 7.
44 Erwin Piscator: Vorwort. In: Rolf Hochhuth: Der Stellvertreter Reinbek 79.-90. Tsd. 1972, S. 7.
45 Golo Mann: Die eigentliche Leistung. In: Rolf Hochhuth: Dokumente zur politischen Wirkung. Hg. von Reinhart Hoffmeister. München 1980, S. 48.
46 Rolf Hochhuth: Station Basel. In: Ders.: Schwarze Segel. Essays und Gedichte. Reinbek 1986, S. 22.
47 Emanuel Geibel als Mensch und Dichter. Hg. von Adolph Kohut. Berlin o. J., S. 70.
48 Emanuel Geibel's Briefe an Karl Freiherrn von der Malsburg und Mitglieder seiner Familie. Hg. von Albert Duncker. Berlin 1885, S. 24.
49 Joseph von Eichendorff: Die blaue Blume. In: Ders.: Sämtliche Gedichte. Versepen. Hers. von Hartwig Schultz. Frankfurt am Main 2006, S. 334.
50 Bettine von Arnim: Gespräche mit Dämonen. In: Diss.: Sämtliche Werke. Hg. von Waldemar Oehlke. Siebenter Band. Berlin 1922, S. 21.
51 Richard Huelsenbeck: Dada-Schalmei. In: Der Große Conrady. Hg. von Karl Otto Conrady. München 2008, S. 617.
52 Wilhelm von Humboldts Tagebücher. Hg. von Albert Leitzmann. Erster Band 1788–1798. Berlin 1916, S. 15 ff.
53 ebenda, S. 23 ff.
54 Magister Laukhard. Sein Leben und seine Schicksale von ihm selbst beschrieben. Hg. von Heinrich Schnabel. München 1912, S. 80.
55 Joachim Heinrich Campe: Erste Sammlung merkwürdiger Reisebeschreibungen für die Jugend. Zweiter Theil. Braunschweig 1831, S. 111.
56 ebenda, S. 110 f.
57 Johann Heinrich Jung-Stilling: Lebensgeschichte. Hg. von Gustav Adolf Benrath. Darmstadt 1976, S. 442.
58 Fjodor Dostojewski: Die Briefe an Anna 1866–1880. Übers. von Brigitta Schröder. Königstein/Ts. 1986, S. 135.
59 Jacob Burckhardt an Max Alioth am 24. Juli 1875. In: Ders.: Briefe. Sechster Band. Hg. von Max Burckhardt. Basel 1966, S. 43.
60 Rainer Maria Rilke: Briefe aus den Jahren 1902 bis 1906. Hg. von Ruth Sieber-Rilke und Carl Sieber. Leipzig 1929, S. 246.
61 Ralph Freedman: Rainer Maria Rilke. Der junge Dichter 1875–1906. Frankfurt am Main und Leipzig 2006, S. 341 f.
62 Rainer Maria Rilke: Sinnend von Legende zu Legende. Auf den Tod der Gräfin Luise Schwerin. In: Ders.: Sämtliche Werke. Zweiter Band. Wiesbaden 1956, S. 9.
63 José Ortega y Gasset: Meditation im Escorial. In: Ders.: Gesammelte Werke. Band I. Stuttgart 1954, S. 374.
64 Boris Pasternak: Geleitbrief. Entwurf zu einem Selbstbildnis. Übers. von Gisela Drohla. Köln und Berlin 1958, S. 50 f. und S. 57.
65 Zit. n. Karl E. Demandt: Leopold von Sacher-Masoch und sein Oberhessischer Volksbildungsverein zwischen Schwarzen, Roten und Antisemiten. In: Hessisches Jahrbuch für Landesgeschichte 18. Band. Marburg 1968, S. 193.
66 Hilda Stern Cohen: Genagelt ist meine Zunge. In: Andrea Enk/Karoline Sinur/Hans Sarkowicz (Hg.): „Und nun landein!“ Hessische Autoren neu entdeckt. Frankfurt am Main 2010, S. 170 f.
67 Hilda Stern Cohen: Allein bin ich geblieben. In: Andrea Enk u. a., a. a. O., S. 182.
68 Peter Kurzeck: Vorabend. Frankfurt am Main und Basel 2011, S. 231.
69 Boswells große Reise. Deutschland und die Schweiz 1764. Hg. von Frederick A. Pottle. Übers. von Fritz Güttinger. Stuttgart und Konstanz 1955, S. 190.
70 Matthias Claudius: Botengänge. Briefe an Freunde. Berlin ^{2}1965, S. 250.
71 Heinrich von Kleist. Briefe 1793–1804. Hg. von Helmut Sembdner. München 1964, S. 193.

72 Ludwig Börne: Sämtliche Schriften. Hg. von Inge und Peter Rippmann. Zweiter Band. Düsseldorf 1964, S. 721 f.
73 Joachim Heinrich Campe, a. a. O., S. 106 f.
74 ebenda, S. 119.
75 Jens Baggesen: Das Labyrinth oder Reise durch Deutschland in die Schweiz 1789. Hg. und übers. von Gisela Perlet. München S. 235 und S. 239.
76 Fritz Usinger: Das dichterische Werk Henry Benraths (1954). In: Ders.: Werke. Essays I: Aufsätze aus den Jahren 1939 bis 1955. Hg. von Siegfried Hagen. Waldkirch 1985, S. 142 f.
77 Albert H. Rausch: Die Welt der Rose. Steinfurth 1928, S. 9.
78 Karl Krolow: Einführung. In: Wolfgang Armin Nagel: Städte in Hessen. Hanau 1971, S. 14.
79 Joachim Heinrich Campe, a. a. O., S. 116.
80 Wilhelm von Humboldts Tagebücher, a. a. O., S. 25.
81 Johann Balthasar Schupp: Der deutsche Lehrmeister. Hg. von Paul Stötzner. Leipzig 1891, S. 31.
82 Alfred Bock: Der Napoleon. In: Andrea Enk u. a. (Hg.), a. a. O., S. 139 f.
83 Werner Bock: Abschied von Deutschland. In: Ders.: Tröstung. Buenos Aires 1951, S. 72.
84 Magister Laukhard, a. a. O., S. 45 f. und S. 42 f.
85 Georg Büchner an Wilhelmine Jaeglé nach Mitte Januar 1834. In: Ders.: Briefwechsel. Marburger Ausgabe. Band 10.1. Hg. von Burghard Dedner, Tilman Fischer und Gerald Funk. Darmstadt und Mainz 2012, S. 30.
86 Georg Büchner an die Eltern nach dem 27. März 1834. In: Ders.: Briefwechsel, a. a. O., S. 38.
87 Tagebücher von K. A. Varnhagen von Ense. Dritter Band. Leipzig 1862, S. 107.
88 Werner Bergengruen: Deutsche Reise. München 1959, S. 110.
89 Magister Laukhard, a. a. O., S. 67 f.
90 Karl Immermann: Werke in fünf Bänden. Hg. von Benno von Wiese. Vierter Band: Autobiographische Schriften. Frankfurt am Main 1973, S. 237.
91 August Bebel: Aus meinem Leben. Frankfurt am Main 1964, S. 29 f.
92 Alfons Paquet: Der Frankfurter Rundhorizont. Frankfurt am Main 1937, S. 42 f.
93 Kasimir Edschmid, a. a. O., S. 94
94 Johann Wolfgang von Goethe: Werke. Hamburger Ausgabe in 14 Bänden. Band 9: Autobiographische Schriften I. Hg. von Erich Trunz. München 2000, S. 556.
95 Karl Immermann, a. a. O., S. 235.
96 Rainer Maria Rilke an Gräfin Mary Gneisenau am 1. September 1906. In: Ders.: Briefe aus den Jahren 1906 bis 1907. Hg. von Ruth Sieber-Rilke und Carl Sieber. Leipzig 1930, S. 66.
97 Werner Bergengruen, a. a. O., S. 104 ff.
98 Vilma Sturm: Meine lieben Flüsse. Frankfurt am Main 1962, S. 103.
99 Karl Immermann, a. a. O., S. 235.
100 Ricarda Huch, a. a. O., S. 49.
101 Heinrich Laube. Neue Reisenovellen. Mannheim 1837, S. 223.
102 Ludwig Börne, a. a. O., S. 717 f.
103 Johann Kaspar Riesbeck, a. a. O., S. 557 f.
104 Heinrich von Kleist, a. a. O., S. 190.
105 Johann Wolfgang von Goethe an Karl Friedrich Zelter am 30. Oktober 1808. In: Briefwechsel zwischen Goethe und Zelter 1799–1832. Hg. von Max Hecker. Erster Band: 1799–1818. Frankfurt am Main 1987, S. 239.
106 Dorothea v. Schlegel geb. Mendelssohn und deren Söhne Johannes und Philipp Veit. Briefwechsel. Hg. von J. M. Raich. Erster Band. Mainz 1881, S. 372 f.
107 Victor Hugo: Rheinreise. Übers. von C. Dräxler-Manfred und Wolfram Schäfer. Frankfurt am Main 1982, S. 106 und S. 116 f.
108 Wilhelm Hauff an Hermann Hauff am 25. Oktober 1822. In: Wilhelm Hauff: Werke. Hg. von Bernhard Zeller. Zweiter Band. Frankfurt am Main 1969, S. 596.

109 Boswells große Reise, a. a. O., S. 192.
110 Wolf-Heino Struck: Geschichte der Stadt Geisenheim. Frankfurt am Main 1972, S. 203 (dort auch das Gedicht von Longfellow)
111 Karl Immermann, a. a. O., S. 15.
112 Wilhelm Grimm an Karl Lachmann am 17. Oktober 1833. In: Die Brüder Grimm. Ihr Leben und Werk. Hg. von Hermann Gerstner. Ebenhausen 1952, S. 169.
113 Goethes Werke. Herausgegeben im Auftrage der Großherzogin Sophie von Sachsen. I. Abt. 34. Band. Erste Abteilung. Weimar 1902, S. 56.
114 Heinrich Laube, a. a. O., S. 238.
115 Karl Gutzkow: Reiseeindrücke aus Deutschland, der Schweiz, Holland und Italien. Jena 1876, S. 62 f.
116 Wilhelm Heinrich Riehl: Land und Leute am Rhein. Hg. von Günther Wohlers. Koblenz 1935, S. 166.
117 Thomas Mann: Bekenntnisse des Hochstaplers Felix Krull. Der Memoiren erster Teil. Frankfurt am Main 1974, S. 266 f.
118 Ferdinand Freiligrath: Ein Glaubensbekenntnis. Mainz 1844, S. 323.

7. Grosse Welt reist ins Bad

Schlangenbad und Bad Schwalbach

In dem Roman *Irrungen, Wirrungen* von Theodor Fontane wird eine der Hauptfiguren, die junge Käthe von Sellenthin, von Mutter und Schwiegermutter genötigt, eine vierwöchige Kur in Schlangenbad anzutreten. „Käthe hatte gelacht und nichts davon wissen wollen, am wenigsten von Schlangenbad, ‚es sei so was Unheimliches in dem Namen und sie fühle schon die Viper an der Brust', aber schließlich hatte sie nachgegeben". Von dem Kurbetrieb, der sie erwartete, zeichnete sie allerdings kein einladendes Bild.

> „Nun, ich denk' es mir so. Jeden Morgen Briefe. Dann Promenadenkonzert und Spaziergang mit den zwei Damen, am liebsten in einer verschwiegenen Allee. Da setzen wir uns dann und lesen uns die Briefe vor, die wir doch hoffentlich erhalten haben, und lachen, wenn er zärtlich schreibt, und sagen ‚ja, ja'. Und dann kommt das Bad und nach dem Bade die Toilette, natürlich mit Sorglichkeit und Liebe, was doch in Schlangenbad nicht unterhaltlicher sein kann als in Berlin. Eher das Gegenteil. Dann gehen wir zu Tisch und haben einen General zur Rechten und einen reichen Industriellen zur Linken [...]. Und nach Tische Lesezimmer und Kaffee bei heruntergelassenen Jalousien, so dass einem die Schatten und Lichter immer auf der Zeitung herumtanzen. Und dann Spaziergang. Und vielleicht, wenn wir Glück haben, haben sich sogar ein paar Frankfurter oder Mainzer Kavaliere herüber verirrt."[1]

Das klingt nach gepflegter Langeweile. Wenig ist in dieser Erzählung davon zu spüren, dass Schlangenbad auch noch in der zweiten Hälfte des 19. Jahrhunderts ein Modebadeort war, allerdings nicht mehr beim europäischen Hochadel, sondern beim Großbürgertum. Vor allem die blaublütigen Gäste hatten kräftig in den Ausbau der beiden Kurorte investiert – durch die oft ganz erklecklichen Summen, die sie für ihre Aufenthalte bezahlen mussten. Denn ins Bad reiste man nicht ohne stattliches Gefolge. Kurfürst Clemens August von Köln beispielsweise zog 1736 mit 76 Pferden in Schlangenbad ein und beanspruchte im ersten Hotel am Platz, dem Mainzer Hof, nicht weniger als 80 Zimmer. Zwar konnte sich nicht jeder kleine Landesherr einen solchen Aufwand leisten, trotzdem waren die Kapazitäten in jedem Sommer bald erschöpft. So sah die Markgräfin von Bayreuth, die Schwester Friedrichs II. von Preußen, 1738 „nur im Vorüberfahren Schlangenbad und Schwalbach, die beide überfüllt waren"[2], und musste schließlich in Wiesbaden übernachten. Selbst Angehörige des europäischen Hochadels, wie die

Prospekt von Schlangenbad um 1860

Markgräfin, konnten also nicht erwarten, in den beiden Orten jederzeit Aufnahme zu finden.

Diese außergewöhnliche Entwicklung ist schwer zu erklären. Sicherlich spielte die idyllische Lage in den Tälern des Taunus eine Rolle, aber das allein dürfte es nicht gewesen sein. „Nicht was schön ist, ist Mode, sondern was Mode ist, ist schön", sagt ein deutsches Sprichwort treffend. Schlangenbad und Langenschwalbach (seit 1875 Bad Schwalbach) waren über 200 Jahre lang Mode, und wer auf sich hielt, reiste zumindest ein paar Tage im Jahr dorthin. Schon 1581 hatte der berühmte Dr. Jacob Theodor, der sich nach seinem Geburtsort Bergzabern Tabernaemontanus nannte, in seinem *Newen Wasserschatz* den Weinbrunnen von Langenschwalbach an erster Stelle genannt. Dieses positive Zeugnis eines angesehenen Arztes dürfte dem sächsischen Kurfürsten die Entscheidung erleichtert haben, zur Wiederherstellung seiner angegriffenen Gesundheit gerade diesen Kurort aufzusuchen. Der Tross mit insgesamt 225 Pferden musste allerdings ins Eltviller Schloss des Mainzer Kurfürsten ausweichen, wohin dann jeden Tag das Schwalbacher Wasser durch Träger gebracht wurde. Das Ganze galt damals als nicht so ungewöhnlich, denn bis 1829, bis zum Bau des ersten Badehauses in Langenschwalbach, mussten die Kurgäste in hölzernen Wannen in ihren eigenen Zimmern baden. Da es noch keine Wasserleitungen gab, wurden die Bütten von „Badenymphen" gefüllt und geleert, deren Hygienevorstellungen sich nicht immer mit denen ihrer Kunden deckten. Das gab zwar häufig Anlass zu Klagen, hielt aber niemanden vom Besuch des Brunnenortes ab. Ganz im Gegenteil: Von Jahr zu Jahr stiegen die Kurgastzahlen. Neben gekrönten Häuptern waren es vor allem Schriftsteller und Gelehrte, die es nach Langenschwalbach zog. Im Juni 1774 besuchte Goethe zusammen mit Johann Kaspar Lavater die Badestadt. Der Schweizer Freund notierte in sein Tagebuch:

> „Um ½ 6 Uhr langten wir nach einigen harten Stößen den Berg hinab – im stillen berühmten Schwalbach an; Wirtshaus an Wirtshaus – alle Menschen vom kleinsten Kinde bis zum Greisen mit Krügen in der Hand. Wir stiegen beim weißen Ross ab, ein ordentlich Quartier – nahm Himbeer-Essig. Goethe fing ein Briefchen an meine Frau an – ich vollendets. Nachher gingen wir spazieren in der breiten, doppelten übereinander stehenden Allee. Herrlich angenehm. Trafen wenige Personen an. Gingen zum Brunnen, der mit roten Steinen eingefasst, in einer Vertiefung, in zwon gevierten Aushöhlungen aufquoll. Wir versuchten das Wasser. Stark. Vitriolisch. Goethe rezitierte uns eine Romanze aus dem Schottischen. Ein elender Mann offerierte uns Büchelchen. Ich kaufte Gedichte im Geschmack des Chaulieu und las sie und schrieb Billets."[3]

Auf dem Rückweg von Köln, am 31. Juli 1815, machte Goethe wieder Station in Langenschwalbach. Er speiste im Posthaus und hinterließ Sulpiz Boisserée einen Brief, in dem er seinen Freund nach Wiesbaden einlud. Boisserée war von Wiesbaden aus über Schlangenbad nach Langenschwalbach gewandert, um von dort aus einen Abstecher zur Burg Adolfseck zu machen:

> „Blondes schlankes Leinweber-Mädchen, Nettchen, im letzten Haus an der Wiese nach Adolphs-Eck, führt mich – Gar freundliches angenehmes Kind von 12 Jahren mit auffallend hohlen Mundwinkeln, die sich beim Lächeln etwas in die Höhe ziehen. Der alte Vater arm, hat die Gicht in den Händen, kann dem Kind kein Paar Schuhe verdienen. […]
>
> Eingeschlossenes stilles Tal der Aar. Friede der Liebe in so fester stiller Burg. Die Menschen da wie die Liebe selbst tief im Herzen so in der Burg verschlossen und von dem Wirrwarr der Welt getrennt."[4]

Führungen in die Umgebung und der Transport von Badewasser waren die einzigen bescheidenen Verdienstmöglichkeiten, die der ärmeren Bevölkerung blieben; die großen Gewinne machten andere. „Gold und Silber führt unser Wasser nur für wenige und einzelne, so für den Doktor, die Wirte, die Spielpächter"[5], schreibt Dr. Polykarpus Gastfenger 1860 in seiner Studie *Der Badeort Salzloch*. Schon der Name des Autors verrät, dass es sich bei dem umfangreichen Text, der sich in insgesamt sieben Kapitel gliedert, um eine Satire handeln muss. Kein Geringerer als der Frankfurter Arzt und *Struwwelpeter*-Autor Heinrich Hoffmann verbarg sich hinter dem Pseudonym, um die Modereisen seiner Zeit und die Scharlatanerien, die mit den Badegästen getrieben wurden, aufs Korn zu nehmen. Hoffmann wusste genau, worüber er schrieb. Er kannte zahlreiche Kurorte aus eigener Anschauung – natürlich vor allem diejenigen, die direkt vor seiner Haustür lagen. Entsprechend deutlich drängen sich Vergleiche zu den Bädern im Taunus oder am Taunusrand auf, auch wenn, wie Hoffmann in seiner Autobiographie mit schelmischem Lächeln erzählt, die Badeärzte in Nauheim ihm vertraulich zuflüsterten: „Nun, den Wiesbadenern haben Sie aber etwas abgegeben! Und die Wiesbadener freuten sich, dass die Wildbader eins abgekriegt hätten."[6] Wer nun wirklich „eins abgekriegt" hatte, war dem Frankfurter Autor weniger wichtig. Ihm ging es darum, den Beutelschneidern und selbsternannten Gesundheitsaposteln, egal in welchem Ort, humorvoll die Leviten zu lesen.

> „Jedes lebende Geschlecht will sein Opfer haben, wie der tobende See im Tell, um daran seinen Mut und seinen Unmut auszulassen, oder, um uns derber auszudrücken, es bedarf eines Esels, dessen Sack es prügele. Zu einem dieser Opferesel hat man nun in den letzten Jahrzehnten die Bäder, deren Luxus und vor allem das Spiel an den Bädern auserwählt. Wie wenig die Angriffe dem Opfer geschadet, wie wenig die Prügel des Sacks bis zur Haut des Esels hindurchgedrungen sind, beweist aufs Überzeugendste die Blüte und das Gedeihen der alten bekannten, das Emporkommen neu erfundener Badeorte."[7]

Wer den oft gelangweilten Badegästen etwas zur Zerstreuung anbieten konnte, durfte auf regen Zuspruch rechnen. Nicht selten wurden Badeorte zuerst nach ihren geselligen Attraktionen bewertet und in zweiter Linie nach der Heilkraft des Wassers. Für die Romantiker wurde Schlangenbad zu einem beliebten Ziel. Bettine von Arnim zum Beispiel reiste immer wieder von Frankfurt in den Taunusort und brachte auch ihre Freunde mit, darunter ihren Bruder Clemens und Achim von Arnim, ihren späteren Mann. Der ganze Familientross habe sich in Schlangenbad getroffen, heißt es in *Goethe's Briefwechsel mit einem Kinde* (1835). „Unsre Familie samt anhängenden Freunden ist so groß, dass wir ganz Schlangenbad übervölkern."[8]. Das Lob Schlangenbads kennt bei Bettine von Arnim viele Facetten. „Ich schwelge hier, es gefällt mir Alles", gibt sie in *Clemens Brentano's Frühlingskranz* (1844) einen Brief an ihren Bruder wieder:

> „Am liebsten ist mir der Morgen, wo man nur Bauern begegnet und der Abend, wo die Lichter in den Hüttchen brennen, man sieht da das ganze Familienleben hellerleuchtet. – Da geh ich oft Abends spät noch mit dem Voigt hinab den Talweg, und da durch ein kleines Fensterchen sehe ich die armen Leute sitzen und emsig spinnen und wirken, so fern von allem Bedürfnis im Reichthum des Fleißes, der Andacht und des Vertrauens! Eine so kleine Stube deucht mir so voll von dem Gefühl ihres innern Wertes dieser Menschen, die ihr schwer errungenes Abendbrod gerne teilen mit dem ärmeren Gast."[9]

Oliver Bock spricht in seinem Aufsatz über Schlangenbad davon, dass Bettines „phantasievolle Darstellung des naturnahen Lebens in einem engen Taunustal“ erheblich dazu beigetragen habe, „dass Schlangenbad zum Inbegriff eines romantischen Kurorts inmitten einer ursprünglichen Landschaft wurde“[10]. Zu den Attraktionen Schlangenbads zählten auch die Esel, mit denen die Kurgäste Ausritte in die nähere Umgebung machen konnten. Eine verunglückte Eselstour nach Rauenthal schildert Bettine von Arnim in ihrem Briefroman *Die Günderode*, der 1840 in zwei Bänden und ohne den Namen der Verfasserin erschien.

Aber nicht nur die Romantiker fanden in der ersten Hälfte des 19. Jahrhunderts den Weg nach Langenschwalbach und Schlangenbad. Der Jungdeutsche Karl Gutzkow ließ seinen Roman *Wally, die Zweiflerin* zum Teil in Langenschwalbach spielen. Das 1835 erschienene Buch wurde von der Zensur sofort verboten, wie überhaupt alle Schriften des „Jungen Deutschland“. Der gerade 24-jährige Autor wanderte ins Gefängnis wegen „verächtlicher Darstellung des Glaubens der christlichen Religionsgemeinschaften“. Auch wurde Anstoß an einigen, für die damalige Zeit sehr freizügigen erotischen Szenen genommen. Gutzkow, der seine letzten Lebensjahre in Frankfurt verbrachte, hat den literarisch nicht sehr bedeutsamen Roman später mehrfach umgearbeitet. Die Angriffe gegen die christliche Religion ließ er unverändert. Die heute harmlos wirkenden erotischen Szenen schwächte er deutlich ab. So zeigte sich in der eingefügten Sigunen-Erzählung die Protagonistin nicht mehr „in vollkommener Nacktheit“, sondern in „ihrer ganzen natürlichen Schönheit“, und eine „hohe Lilie“ deckte als „Blume der Keuschheit“ jetzt die ganze Sigune, wo sie vor-

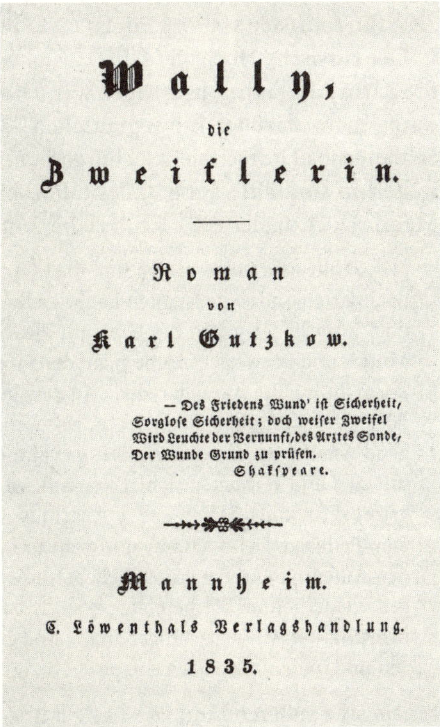
Wally,
die
Zweiflerin.
Roman
von
Karl Gutzkow.

— Des Friedens Wund' ist Sicherheit,
Sorglose Sicherheit; doch weiser Zweifel
Wird Leuchte der Vernunft, des Arztes Sonde,
Der Wunde Grund zu prüfen.
Shakspeare.

Mannheim.
C. Löwenthals Verlagshandlung.
1835.

Titelblatt der Erstausgabe von Gutzkows *Wally, die Zweiflerin* (1835)

her nur „die noch verschlossene Knospe ihrer Weiblichkeit" verborgen hatte.[11]

Schwalbach, das für Gutzkow „unter den nassauischen Bädern das tristeste"[12] war, bekam kräftig sein Fett weg:

> „Ein Gewitter in Schwalbach ist immer eine Katastrophe; aber sie geht vorüber. Noch gefährlicher ist es, wenn der Himmel jene weinerliche Laune hat, dass er von der grauen Wolkendecke unaufhörlich einen nassen Staub tröpfeln lässt. Dann kann man in Schwalbach am besten alle jene Übel bekommen, für welche sein Stahlwasser so gut sein soll. Ist man nicht melancholisch, so wird man es erst."[13]

Gutzkow stand mit seiner Meinung ziemlich allein. Schon 1833, zwei Jahre bevor *Wally, die Zweiflerin* erschien, hatte der englische Major Francis Head unter dem Titel *Bubbles from the Brunnens of Nassau* in London ein Buch veröffentlicht, das sich als äußerst werbewirksam für die beiden Taunusbadeorte erwies. 128 englische Familien besuchten im Jahr darauf allein Langenschwalbach. Von da an blieben die „Brunnens of Nassau" beliebte Reiseziele für Touristen von der Insel.

Der russische Hochadel schätzte vor allem Schlangenbad, seit dort 1852 die Zarin Alexandra abgestiegen war. Dieser kaiserliche Glanz konnte allerdings nicht darüber hinwegtäuschen, dass sich Langenschwalbach und Schlangenbad immer mehr zu bürgerlichen Kurorten entwickelten, in denen weiterhin sorgfältig auf Standesunterschiede geachtet wurde, wie Thomas Manns Hochstapler Felix Krull zu berichten weiß:

> „Ich zählte acht Jahre, als ich und die Meinen einige Sommerwochen in dem benachbarten und so namhaften Langenschwalbach verbrachten. Mein Vater nahm dort Moorbäder gegen die Gichtanfälle, die ihn zuweilen plagten, und meine Mutter und Schwester machten auf der Promenade durch Übertreibungen in der Form ihrer Hüte von sich reden. Mit dem gesellschaftlichen Verkehr, der sich uns dort, wie an anderen Plätzen, bot, war wenig Ehre einzulegen. Die in der Umgegend Ansässigen mieden uns wie gewöhnlich; die vornehmen Fremden kargten mit sich und verhielten sich abweisend, wie das im Wesen der Vornehmheit begründet ist, und was sich uns zu Anschluss und Gemeinsamkeit darbot, war nicht vom Feinsten. Dennoch war mir wohl zu Langenschwalbach, denn ich habe stets den Aufenthalt an Badeorten geliebt und später den Schauplatz meiner Wirkungen wiederholt an solche Plätze verlegt. Die Ruhe, die sorglos geregelte Lebensführung, der Anblick wohlgeborener und gepflegter Menschen auf den Sportplätzen und in den Kurgärten entspricht meinen tiefsten Wünschen."[14]

Einen ganz anderen Eindruck hatte Rainer Maria Rilke, als er am 4. Oktober 1906 auf der Reise nach Berlin in Schwalbach übernachtete. An die Schriftstellerin Mary Gräfin Gneisenau schrieb er:

„Gestern fuhr ich durch Wiesbaden, wo Sie nun bald sein werden; aber Sie werden dann kaum dieses kleine benachbarte Bad hier sehen, in das ich, um eines Besuches willen, herüberfuhr; denn schon jetzt geht es zu, Hotel nach Hotel, und ist verlassen, und die Alleen vor meinem Fenster, in all ihrer unbenutzten Bequemlichkeit, geben, als wüssten sie vom Saisonende, ihre Blätter ab."[15]

Bad Soden

Für solche melancholische Prosa, die an Rilkes berühmtes Gedicht *Herbsttag* erinnert, waren die auf Kurzweil und Erholung ausgerichteten Taunusbäder eigentlich nicht der geeignete Ort. Man musste schon außerhalb der Saison kommen, um eigenen Gedanken in Ruhe nachgehen zu können. Im Sommer war das kaum möglich, weil immer eine „Gesellschaft" lockte. Allerdings diente der Kuraufenthalt oft auch als gute Gelegenheit zum Gedankenaustausch.

So avancierte z. B. das erst seit Beginn des 19. Jahrhunderts bekannte Soden innerhalb weniger Jahre zu einem beliebten Künstlertreffpunkt. Zwar hatte schon 1701 der Badebetrieb in dem Salinenort begonnen, aber noch 1815 war, wie Heinrich Hoffmann sich 1891 erinnerte,

„das Dorf noch ganz anders primitiv als jetzt und noch kein luxuriöses teures Fremdenbad. […] Die Gäste waren fast nur Frankfurter. Man fuhr sich die Möbel und die Betten zum Teil hinaus und lebte in stiller Behaglichkeit für wenig Geld. […]

Ich erinnere mich noch einer Landpartie auf Bauernleiterwagen, eines Feuerwerks des Herrn Bankier Goll, der bösen Buben der Frau Fay, die mich prügelten und verfolgten, und meiner großen Neigung und Geschicklichkeit, in den Bach zu fallen und meine schmucken Kleider zu verderben; einmal wurde mir sogar vom ‚Frankfurter Hof' eine Badewanne aus dem oberen Stockwerk über den Kopf gegossen. Und doch waren es fröhliche und kräftigende Tage für einen schwächlichen Knaben."[16]

Ausflüge in den Taunus gehörten für die Frankfurter Gesellschaft schon fast zum guten Ton. Im Allgemeinen führten sie zu den Gasthäusern nach Kronberg, Soden oder Schwalbach. Die ganz Mutigen machten sich zu dem damals noch nicht mit einem Straßennetz erschlossenen Feldberg auf, dessen Besteigung schon fast als gefährlich galt. Ungeachtet der Warnungen brach zu Pfingsten 1811 eine aus elf Personen bestehende Wandergruppe auf, um unter der Führung der beiden Maler Peter Cornelius und Christian Xeller den Feldberg zu bezwingen. Der Reisebericht, der erstmals 1923 im Druck erschien, ist eine herrliche Satire auf die Ruinen- und Mittelaltersehnsüchte der Romantik, denn nicht nur im „wilden" Taunus, auch in den Burgen von Königstein, Falkenstein, Eppstein und Kronberg mussten die ritterlichen Helden gegen Geister und vermeintliche Bösewichter kämpfen.

> „Nun war man gleich am Fuß des Berges, worauf die Festung und der Flecken Kronenburg nach altertümlicher Art erbaut waren. Die ganze Gesellschaft erstieg rasch und tapfer diejenigen Bollwerke, welche die Natur hier so unüberwindlich erbaut hatte. Aber es zeigten sich hier nicht wie in Königstein boshafte und übelgesinnte Riesen, Gnomen und bezauberte Ritter, um uns den Einzug zu verweigern, es stand uns vielmehr alles offen, wir wurden sogar von dem bezauberten Kommandanten des Kastells, der wie ein Ziegenhirt aussah, mit einer großen Reverenz empfangen. Da sagte einer unsrer Helden: ‚Es ist doch nichts erhabener als die Tapferkeit, die Fama trägt immer ihre Siege vor sich her, und alles huldigt ihr und zahlt Tribut.'"[17]

Solche gefährlichen Abenteuer musste Marianne von Willemer, Goethes „Suleika", bei ihren Ausflügen in den Taunus nicht bestehen. 1816 reiste sie

Die „Gigantenschlacht" von Königstein aus der *Taunusreise* von Peter Cornelius und Christian Xeller

in Gesellschaft vornehmer Frankfurter Familien nach Soden und dichtete launige Verse zur Einweihung einer Treppe auf den Dachberg.

Weniger lyrisch war es Ludwig Börne zumute, als er im Mai 1830 seine dringend benötigte Kur in Soden antrat. Als geborener Frankfurter hatte er sich selbstverständlich für das „Hausbad" der ehemals freien Reichsstädter entschieden, auch wenn der Ort zu Saisonbeginn noch wie ausgestorben war. Unter dem 9. Mai notierte Börne in sein Tagebuch:

„Ich bin erst drei Tage hier, und schon ist mir die Zeit über den Kopf gewachsen. Lang, lang, lang! Ich war der erste und bin noch der einzige Brunnengast; ich bin der Kurfürst von Soden. In einigen Wochen nennt man mich den Nestor unter den Kurgästen. Doch was wird mir das nützen bei den künftigen Damen, flösse mir auch die Weisheit süß wie Honig von den Lippen? Man kann, gleich Mahomet, noch im vierzigsten Jahre ein Held werden und Länder erobern; aber nach der Ansicht aller weiblichen Historiker endet das heroische Zeitalter der Männer mit dem dreißigsten Jahre. Schlimm! Ich werde ein geistlicher Kurfürst bleiben."[18]

Erst am 25. Mai 1830 trafen weitere Gäste ein. „Börne liebte den Umgang mit Frauen; hier war er in einem Frauenbade", berichtete Gutzkow später. „In seiner freundlichen und still sinnenden Weise schloß er sich jedem gemeinschaftlichen Vergnügen an [...]. Bei einer frühen Morgenwanderung auf den Dachberg ging er mit der Laterne voran, ein Kreis von Badegästen hinterher."[19]

Diese für Börne ungewohnte Idylle wurde jäh durch die französische Julirevolution beendet. Gestärkt und erfrischt verließ Börne Soden und ging nach Paris. Sein Biograph Gutzkow, der an Langenschwalbach so wenig Gutes gelassen hatte, fühlte sich in Soden sichtlich wohl und machte erfolgreich Werbung für den Ort. Im Sommer 1844 traf er hier auf seinen publizistischen Widersacher August Heinrich Hoffmann von Fallersleben, den Dichter des Deutschlandliedes. Obwohl ihn Hoffmann von Fallersleben „wegen seiner Schandartikel gegen mich zur Rede"[20] stellte, verlief die Begegnung unerwartet friedlich; beide waren wohl in bester Urlaubslaune. Hoffmann von Fallersleben hatte seine Reise von Leipzig in die Schweiz und nach Italien in Soden unterbrochen, über das er 1868 in seiner Autobiographie schreiben sollte:

„Soden liegt in einer lieblichen Gegend am Fuße des Taunus. Es hat viele Mineralquellen, die zum Baden und Trinken benutzt werden. Ich ließ mich nur auf das Trinken ein und beobachtete pünktlich die üblichen Verhaltensregeln.
Nach einigen Tagen befand ich mich sehr schlecht und mußte zu einer weniger starken Quelle übergehen. [...] Bei allem Langweiligen, welches am Ende jeder Badeort hat, war es doch für mich meist angenehm und mitunter sehr kurzweilig. Obschon Soden eigentlich nur ein Frankfurter Bad und Vergnügungsort ist,

und von eben so viel Frankfurter Juden wie Christen besucht wird, so finden sich doch auch andere Leute ein, die angelockt durch die schöne Gegend und die Leichtigkeit, schnell her- und wegzukommen, eine Zeitlang hier verweilen."[21]

Zu diesen Besuchern und Gästen im Sommer des Jahres 1844 zählten auch Nikolaus Lenau und Felix Mendelssohn Bartholdy, der seiner Schwester Fanny Hensel immer wieder die Schönheiten des Sodener Kurlebens schilderte, so auch in einem Brief vom 25. Juli 1844:

„Wenn du nicht auf 14 Tage nach Soden kommen und mit mir die unglaubliche Behaglichkeit dieses Landes und Aufenthaltes genießen kannst, so helfen alle Beschreibungen zu nichts. [...] Die Meinigen erholen sich mit jedem Tag mehr und mehr, und ich liege unter Apfelbäumen und großen Eichen; in letzterem Falle bitte ich den Schweinehirten, dass er seine Tiere unter einen andern Baum treibt, um mich nicht zu stören (gestern vorgefallen!). Ferner esse ich Erdbeeren zum Kaffee, zum Mittag und zum Abend, trinke Asmannshäuser Brunnen, stehe um 6 Uhr auf und schlafe doch neuntehalb Stunden (wann gehe ich da zu Bette, Fanny?), besuche alle wunderschönen Umgegenden, treffe auf dem romantischsten Punkte Herrn B. (gestern vorgefallen!), der mir neue und gute Nachrichten von Euch allen gibt und mich Generalmusikdirektor nennt, was mir hier so fremd klingt, wie Dir Oberursel, Lorsbach und Schneidhain; ferner besuchen mich Lenau, Hoffmann von Fallersleben und Freiligrath gegen Abend, und ich bringe sie eine ¼ Stunde weit übers Feld nach Haus, und wir finden Fehler in der Weltordnung, prophezeien Wetter voraus und wissen nicht, was England in der Zukunft anfangen soll; ferner zeichne ich fleißig und komponiere noch fleißiger."[22]

Kronthal um 1860

Ferdinand Freiligrath logierte damals nicht in Soden, sondern in dem zu Kronberg gehörenden Kronthal, „am Fuße des Altkönigs". Die Lage sei „wahrhaft reizend und gehört zu dem Schönsten, was ich in der Art kenne", schrieb er am 11. Juni 1844 an den Landrat von St. Goar, Karl Heuberger. „Die ganze Gegend ist wie ein Garten, wie eine einzige große Anlage, und das Klima fast italienisch"[23]. In Kronthal, das als Badeort nur kurze Zeit existieren sollte, suchte Freiligrath die Ruhe, die ihm das sich immer stärker dem internationalen Kurtourismus öffnende Soden nicht mehr in dem Maße bieten konnte, wie er es wünschte. Andere wiederum bevorzugten Soden, gerade weil sie dort „einige Ruhe" zu finden hofften. So notierte der weltgewandte Diplomat und Schriftsteller Karl August Varnhagen von Ense, der den Betrieb in den großen Kurorten kannte, am 3. August 1853 in sein Tagebuch:

> „Außer der Stille weiß ich hier wenig zu rühmen; die Anlagen sind artig, aber von keinem Umfang, von keiner Aussicht. Die Gesellschaft ist null, und doch nicht ganz. Es finden sich einige Berliner hier […]. Ein paar Russen und Engländer stehen in der Liste."[24]

Der gesellschaftliche Rang des Taunusbades sollte sich schon bald ändern, denn innerhalb kurzer Zeit wurde Soden zum beliebten Ziel russischer Adliger und Schriftsteller auf ihren traditionellen Westeuropareisen. So verzeichnet die Gästeliste von 1860 neben Richard Wagner auch Iwan Turgenew und die Brüder Tolstoi. In seinem 1871 erschienenen Roman *Frühlingsfluten* schildert Turgenew Soden als „kleines Städtchen […] in einer malerischen Gegend". In Russland sei es „durch seine Heilquellen bekannt, die für Leute mit Brustleiden gut sein sollen"[25]. Aus diesem Grund empfahl er auch dem schwerkranken Nikolai Tolstoi, nach Soden zu kommen. „Man begegnet hier Dutzenden von Brustkranken", schrieb er am 1. Juni 1860 an den Lyriker Afanassi Fet (Schenschin) „Wenn Nikolai noch nicht fort ist, so werfen Sie sich ihm zu Füßen und beschwören Sie ihn zu gehen; treiben Sie ihn mit Gewalt fort."[26] Turgenew hatte zwar Erfolg, aber Nikolai Tolstois Gesundheitszustand verschlechterte sich auch in Soden, sodass Leo Tolstoi seinen Aufenthalt in Kissingen abbrechen und zu seinem Bruder reisen musste.

In seinem 1878 veröffentlichten Roman *Anna Karenina* verarbeitete Leo Tolstoi seine Eindrücke. Entstanden ist ein farbiges Bild der an starre Konventionen gebundenen Kurgesellschaft. So heißt es im 30. Kapitel:

> „Wie überall, wo viel Publikum zusammenkommt, vollzog sich auch in dem kleinen Kurort, wo sich die Schtscherbazkijs aufhielten, jene übliche Kristallisation der Gesellschaft, die jedem einzelnen seinen bestimmten und unverrückbaren Platz anweist. Wie ein Wassertropfen im Frost seine feststehende und unverän-

derliche Form als Eiskristall bekommt, so wird auch jedem Badegast sogleich nach seiner Ankunft der ihm gebührende Platz zugewiesen. Auch der Familie ‚Fürst Schtscherbazkij samt Gemahlin und Tochter' wurde auf Grund der Wohnung, die sie bezogen, auf Grund ihres Namens und der Bekanntschaften, die sie hier machte, in diesem Kristallisationsvorgang die ihr zukommende Stellung eingeräumt.

Im gleichen Badeort hielt sich in diesem Jahr auch eine deutsche Prinzessin auf. Deshalb schritt die Kristallisierung der Gesellschaft noch energischer voran als sonst. Die Fürstin wollte ihre Tochter unbedingt der Prinzessin vorstellen, und diese Zeremonie spielte sich in der Tat schon am zweiten Tage ab. Kitty machte in ihrem aus Paris bezogenen ‚sehr einfachen', das heißt äußerst eleganten Sommerkleid einen tiefen graziösen Hofknicks, worauf die Prinzessin sagte: ‚Ich hoffe, dass die Rosen auf diesem entzückenden Gesichtchen bald wieder aufblühen werden.' Und damit waren die Schtscherbazkijs auf ein bestimmtes Geleise festgelegt, aus dem sie nicht mehr heraus konnten. Sie lernten die Familie einer englischen Lady kennen, befreundeten sich mit einer deutschen Gräfin und ihrem im letzten Krieg verwundeten Sohn, mit einem schwedischen Gelehrten und mit Monsieur Canut und seiner Schwester."[27]

Bad Nauheim

Als Bad Sodens Stern beim europäischen Adel langsam sank, begann der von Bad Nauheim umso strahlender zu leuchten. Nachdem dort 1898 Elisabeth von Österreich, 1910 die Zarenfamilie und 1912 die deutsche Kaiserin Auguste Viktoria gekurt hatten, nannte sich Bad Nauheim stolz „Drei-Kaiserinnen-Bad".

In dem alten Sälzerort war 1835 der Solbadebetrieb eröffnet worden. Fünf Jahre später tauchten die ersten „Fremden" in der Gästeliste auf: Mr. und Mrs. Capel aus England. Der Aufstieg Nauheims begann 1846 mit der Entdeckung des sogenannten „Großen Sprudels". Eine französische Spielbankgesellschaft übernahm es 1854, die Kuranlagen auszubauen und zu unterhalten. Dafür durfte sie die Kugel rollen lassen – mit so großem Erfolg, dass das Mathildenstift im benachbarten Friedberg jedem, der an der öffentlichen Spielbank spiele, den Anspruch auf Kredit und Unterstützung verweigerte. Dem Ruf Nauheims als Herzbad schadete das Kasino nicht, obwohl sicherlich mancher Heilerfolg durch einen größeren Gewinn oder Verlust beim Spiel wieder in Frage gestellt wurde.

Im Großherzogtum Hessen nahm die Badestadt bald eine so herausragende Stellung ein, dass sich Ernst Ludwig von Hessen-Darmstadt 1905 entschloss, die Kuranlagen von bedeutenden Jugendstilkünstlern neu gestalten

Das Solbad Nauheim um 1850

zu lassen. In den Mittelpunkt rückte der von offenen Arkaden umsäumte Sprudelhof, den Werner Bergengruen 1933 als Wahrzeichen von Bad Nauheim feierte:

> „Nauheim hat schöne Anlagen, Promenaden und Parks, wie es einem Heilort seines Ranges ansteht. Allein dergleichen findet sich auch anderswo. Was aber Nauheim von vielen anderen Städten unterscheidet, ist, dass es ein natürliches, nicht von menschlichen Händen erschaffenes Sinnbild seines Wesens hat: die weiße Wassersäule im Sprudelhof. Sie empfängt den Ankömmling, der vom Bahnhof her die Stadt betritt. Man muss sie in der Dämmerung sehen, im Winter, außerhalb der eigentlichen Kurzeit, zur menschenleeren Stunde. Da mag man ihrem Steigen und Fallen lange zuschauen oder geschlossenen Auges zuhören. Kein Frost kann sie bändigen, kein Sturm sie verkrümmen, durch alle Jahres-, alle Tageszeit steht sie in Bewegung, bewegt sich im Stillstande als eine gestaltgewordene Aussage von den ewigen Heilungskräften der Erde, die dem Menschen lehensweise zugewiesen und untergeben wurde."[28]

Bei Künstlern war das Herzbad Nauheim außerordentlich beliebt. Die Liste der prominenten Schriftstellerinnen und Schriftsteller ist lang. Sie reicht von dem dänischen Publizisten Jens Baggesen und dem russischen Dichter Alexander Blok über den englischen Autor Ford Madox Ford und den Isländer Jón Stefán Sveinsson bis zu Hans Carossa, Manfred Hausmann, Erich Kästner und Joachim Ringelnatz, der in seinen 1927 erschienenen *Reisebriefen eines Artisten* den „Frühling hinter Bad Nauheim" besang.

„Zwei Eier, ein Brötchen, ein Hut und ein Hund –,
Am Himmel die weiße Watte,
Die ausgezupft
Den Himmel ohne Hintergrund
So ungebildet übertrumpft,
Erzählt mir, was ich hatte.

Erzählt mir, was ich war,
Ich hatte, was ich habe.
Aber was weiß ich, was ich bin?!
Genau so dumm und vierzig Jahr?

Ich fliege, ein krächzender Rabe,
Über mich selber hin.

Ich bin zum Glück nicht sehr gesund
Und – Gott sei Dank –
Auch nicht sehr krank.

Der Wind entführt mir meinen Hund.
Die Eier, der Kognak, das Brötchen
Schmecken heute besonders gut;
Und siehe da: Mein alter Hut
Macht Männchen und gibt Pfötchen."[29]

Auch andere Autoren haben Bad Nauheim literarisch verewigt. Jacob Wassermann lässt in seinem *Fall Maurizius* den Helden das Bad aufsuchen, und Robert Gernhardt, der 1996 in der Bad Nauheimer Kerckhoff-Klinik behandelt wurde, schilderte seine Eindrücke in dem Gedichtzyklus *Herz in Not* (2004). Eng verwurzelt mit seiner Wetterauer Heimat ist der 1967 in Bad Nauheim geborene Andreas Maier, der seinen im Jahr 2000 erschienenen Debütroman *Wäldchestag* im nahegelegenen Florstadt angesiedelt hat.

Mit seinen Romanen *Das Zimmer* (2010), *Das Haus* (2011) und *Die Straße* (2013) begann er seine breit angelegte Wetterauer Familienchronik mit dem Titel *Ortsumgehung*, die deutlich autobiographische Züge trägt. In einem Interview mit Ulrich Rüdenauer in der *ZEIT* vom 2. November 2010 berichtete Maier über seine Motivation, über sich selbst zu schreiben. Bei seiner Frankfurter Poetikdozentur 2006 habe er zum ersten Mal länger von sich erzählt. „Bis dahin wusste ich gar nicht, dass ich für mein Leben einen Wortlaut habe. [...] Die *Ortsumgehung* ist keine Heimatgeschichte, obwohl es immerfort zu Hause spielt. Es ist in erster Linie eine Krankheitsgeschichte. Der Versuch einer Rekonstruktion dessen, warum ich so bin, wie ich bin. In zweiter Linie ist es die Rekonstruktion einer Glaubensentwicklung, ein immer näher Hinkommen zum lieben Gott. [...] Mir geht es nie um Erinnerung oder Bewahrung von etwas, sondern darum, einen rhetorisch-polemischen Standpunkt zu uns Menschen und unseren zivilisatorischen Handlungen einzunehmen. Dafür dient mir die Zeitspanne zwischen früher und jetzt. Indem ich auf ein Früher verweise oder meine eigene Heimat, nicken plötzlich alle verständnisvoll und haben dieses Gefühl, früher sei irgendetwas besser gewesen. So lange es die Menschheitsgeschichte gibt, ist es eine Katastrophengeschichte."

Wiesbaden

Die heißen Quellen von Bad Nauheim und von Wiesbaden wurden schon von den Kelten geschätzt. Das verbindet beide Kurorte, die sich sehr unterschiedlich entwickelt haben. Bad Nauheim ist heute immer noch ein Herzbad. Auch in Wiesbaden wird zwar weiter gekurt, aber dort, in der hessischen Landeshauptstadt, steht heute die Politik im Vordergrund.

In der römischen Kaiserzeit gab es kaum einen größeren Ort oder ein Limeskastell ohne Therme, d. h. ohne öffentliches Bad. Die Thermen waren regelrechte Freizeitzentren. Auf dem Gebiet des heutigen Hessen sind zwei solcher Thermen bekannt: Wiesbaden als Civitas-Hauptort Aquae Mattiacorum und Bad Vilbel, wo sich eines der schönsten Mosaiken des römischen Germanien befand.

Die Bedeutung Wiesbadens, das die Römer nach den Mattiakern, einem Teilstamm der Chatten, benannt hatten, kannte schon der Geschichtsschreiber Plinius. In seiner *Naturalis historia*, die im Jahr 77 vollendet wurde, wusste er zu berichten, dass es jenseits des Rheins bei den Mattiakern heiße Quellen gebe, deren Sprudel im Abstand von drei Tagen kochend heraustrete. Die aus dem roten Sinter des Badeschlamms gewonnenen Pomadekugeln pries der Dichter Martial in zwei Epigrammen als Haarfärbemittel an.

> „Der Chattenschaum färbt rötlich das Teutonen-Haar:
> Mit Haar, das von Gefangenen stammt, kannst du gepflegter sein. […]
> Wenn du, ergraute Frau, das alt gewordene Haar verändern willst,
> nimm Mattiakische Pomadenkugeln. – Aber wenn du kahl bist?"[30]

Auch Kurerfolge sind belegt. Die Frau des Mainzer Legionslegaten T. Porcius Rufianus stiftete als Dank für die Heilung ihrer Tochter eine Statue und ließ dieses Ereignis in einer Inschrift verewigen, die sich bis auf den heutigen Tag erhalten hat.

Im frühen Mittelalter wurde es still um „Wisibada", wie der Ort seit 830 hieß. Trotzdem muss es heiß hergegangen sein an den warmen Quellen.

Heinz Biehn und Johanna Baronin Herzogenberg verweisen in ihrem Buch *Große Welt reist ins Bad* (1960) auf den Universitätsprofessor Heinrich von Langenstein, der 1325 in Langenstein bei Marburg geboren wurde. Er unterrichtete als Professor Philosophie an der Pariser Universität und ab 1384 Theologie in Wien. In seinen *Epistola ad Johannera Eberstein*, die wahrscheinlich um 1383 geschrieben wurden, als er sich in Kloster Eberbach aufhielt, berichtete er merklich entrüstet über ein Wandgemälde mit der Darstellung eines Wiesbadener Badefestes im Haus des Mainzer Kämmerers und Domherrn Johann von Eberstein:

> „Bei diesem Feste des Bauches oder richtiger, diesem öffentlichen Haus der Venus, diesem Spielwerk des Teufels, wirst du wunderbare Ungeheuer sehen: wenn der Mönch im ritterlichen Kleide sich sehen lässt, der Ritter in der Mönchskutte, die Nonne im Anzug einer öffentlichen Dirne, der Geistliche in Frauenkleidern. Da werden versteckt Küsse gegeben, es küssen sich Männer und Weiber. Im Bad sitzen sie nackt mit Nackten beisammen, nackt mit Nackten tanzen sie. Ich schweige darüber, was im Dunkeln vor sich geht, denn alles geschieht öffentlich."[31]

1688 hatte der Spaß ein Ende. Fürst Georg August Samuel von Nassau-Idstein verbot das gemeinsame Baden und ordnete an, getrennte Abteilungen für Männer und Frauen zu schaffen. Gleichzeitig versuchte er, den Kurbetrieb durch moderne Anlagen und mit Hilfe von Gutachten zu beleben. Denn seit dem 15. Jahrhundert gab es immer mehr wohlhabende Bürger, die sich eine Badereise leisten wollten und konnten. Durch seine idyllische Lage und die bekannte Heilkraft seines Wassers hätte es Wiesbaden eigentlich leicht haben müssen, in die vorderste Reihe der Kurstädte zu gelangen, aber auch die Anstrengungen des rührigen Georg August Samuel nützten wenig. 1739 fällte die berühmt-berüchtigte Skandalchronik *Amusements des Eaux de Schwalbach* ein vernichtendes Urteil über Wiesbaden. In dem anonym erschienenen Band werden u. a. das schmutzige Badewasser und das Ungeziefer in den Hotelbetten gerügt. Man solle darauf bedacht sein, ein eigenes Feldbett bei sich zu führen, lautete die Empfehlung.

Noch 1774 war der Pfarrer und Schriftsteller Johann Kaspar Lavater „voll trostloser Melancholey"[32], als er zusammen mit seinem Freund Goethe die Stadt und ihre heißen Bäder besichtigte. Goethe kannte Wiesbaden schon seit seiner Kindheit. Immer wieder hatten ihn Ausflüge dorthin geführt. Kurz vor seiner Abreise zum Studium nach Leipzig war er im Juni 1765 sogar mehrere Tage in dem „stark besuchten Bad" geblieben und hatte seiner Schwester von einem „absonderlichen Schicksal" berichtet:

> „Denke nur, wir haben allhier Schlangen, das hässliche Ungeziefer macht den Garten, hinter unserm Hause, ganz unsicher. Seit meinem Hiersein, sind schon 4

erlegt worden. Und heute, lass es dir erzählen, heute morgen, stehen einige Kurgäste und ich auf einer Terrasse, siehe da kommt ein solches Tier mit vielen gewölbten Gängen durch das Gras daher, schaut uns mit hellen funkelnden Augen an, spielt mit seiner spitzigen Zunge und schleicht mit aufgehobenem Haupte immer näher. Wir erwischten hierauf die ersten besten Steine, warfen auf sie los und trafen sie etliche mal, dass sie mit Zischen die Flucht nahm. Ich sprang herunter, riss einen mächtigen Stein von der Mauer und warf ihr ihn nach. Er traf und erdruckte sie, worauf wir über dieselbe Meister wurden, sie aufhängten und zwei Ellen lang befanden."[33]

Ähnliche Heldentaten mit einer höchstwahrscheinlich völlig harmlosen Äskulapnatter hätte der 65-jährige Goethe bei seiner ersten Kur in Wiesbaden nicht vollbringen können, denn aus dem etwas verschlafenen Ort war unterdessen eine glanzvolle Residenzstadt geworden. Der dadurch ausgelöste Bauboom kam auch dem Kurbetrieb zugute. Innerhalb weniger Jahre konnte Wiesbaden seine Gästezahlen erheblich erhöhen. Die Entscheidung Goethes, zur physischen und psychischen Erholung an die Stätten seiner Jugend zurückzukehren, dürften die Befreiungskriege gegen Napoleon erleichtert haben. In Deutschland herrschte wieder Frieden. Der Dichter und Staatsmann musste nicht mehr in die von der großen Politik unberührten böhmischen Bäder flüchten; er konnte auch die alte Heimat für seine jährliche Kur auswählen. Seine Frau Christiane scheint ihn zu diesem Schritt gedrängt zu haben, denn am 19. August 1814 schrieb er an sie:

„Zuförderst also wirst du abermals gerühmt, mein liebes Kind, dass du mich in diese Gegend zu gehen bewogen. Erde, Himmel und Menschen sind anders, alles hat einen heitern Charakter und wird mir täglich wohltätiger. Die Verhältnisse eines Badegastes sind mir nun auch schon deutlicher, ich habe ein sauberes, kühles Quartier bezogen, speise auf dem Zimmer und lebe ganz nach meiner Weise. Unter den hiesigen Angestellten und Geschäftsleuten gibt es bedeutende Männer, ich habe schon mehrere kennengelernt. Oberbergrat Cramer besitzt ein trefflich Mineralien Kabinett, das mich schon viele Abende beschäftigt. Das Schwalbacher Wasser, zusammen mit dem hiesigen Bade bekommt mir sehr wohl und so geht ein Tag nach dem andern hin, vergnüglich, heilsam und nützlich. [...]

Wiesbaden liegt in einem weiten Tal, das vorwärts, nach Süden, von Hügeln, nordwärts von Bergen begrenzt wird. Besteigt man die letzteren: so hat man eine unendliche und höchst schöne Aussicht."[34]

Der Weimarer Geheimrat, der standesgemäß reiste und logierte, merkte bald, dass auch in Wiesbaden „die Münze rund ist". Dafür wurde dem prominenten Gast auch einiges geboten. Er speiste an der Tafel des Herzogs, bewunderte die „Altertümer", badete täglich, unternahm Ausflüge, frischte alte Bekanntschaften auf und schloss neue. Kurzum, es gefiel ihm so gut, dass er im nächsten Jahr wiederkam. Ob dafür letztlich das Wiesbadener Wasser, das ihm „körperlich sehr wohlgetan", oder Marianne von Willemer, seine Frankfurter „Suleika", ausschlaggebend waren, sei dahingestellt. In den Briefen an die treue Christiane im fernen Weimar dominierten jedenfalls die kulinarischen Genüsse. So schrieb Goethe Ende Mai 1815 an seine Frau:

> „Nun bin ich so ziemlich eingerichtet, ich wohne allerliebst, aber teuer, esse gut und wohlfeil, Wein habe ich von Frankfurt verschrieben und werde mich also in diesen Hauptpunkten bald wohl versorgt finden. Morgens, nach köstlichem Schwalbacher Wasser, bade ich in dem heilsamen Wiesbade, das alles bekommt mir recht gut und ich kann dabei tätig sein. […]
>
> Des Tages gehe ich zweimal spazieren, die Gegend erscheint herrlicher, je mehr man sie sieht und schätzt.
>
> Es ist das heiterste Wetter, freilich zum Schaden des Land- und Gartenbaues, sie haben in zehn Wochen keinen anhaltenden Regen gehabt. Indessen genießt man schon hier Schotenerbsen, auch ausgelieferte; was aber besonders erfreulich ist wird doch immer der Salmen bleiben, dessen Portion mit trefflicher Gelee man, zu jeder Stunde, für 30 Kreuzer im Kursaal haben kann. Es ist jetzt grade seine rechte Zeit, ich muss mich nur in Acht nehmen, dass ich mich nicht daran überesse. Herzkirschen stehen schon, in großen Körben, an allen Ecken."[35]

Die Wiesbadener Zeit brachte Goethe nicht nur literarischen und gesundheitlichen Gewinn. Am 15. Juni 1815 schloss er mit Cotta einen Vertrag, der ihm für eine neue Gesamtausgabe ein Honorar von 16 000 Talern garantierte, und stellte im „Wiesbadener Register" die ersten hundert Gedichte für seinen *West-östlichen Divan* zusammen. Der Dichterfürst traf sich mit dem Freiherrn vom Stein, nahm am 19. Juli 1815 an der Übergabe des Schlosses Johannisberg an das österreichische Kaiserhaus teil und erhielt schließlich sogar im Wiesbadener Kursaal das Kommandeurkreuz des österreichisch-kaiserlichen Leopold-Ordens überreicht. Kein Wunder also, wenn Goethe seine Kur aus vollem Herzen genoss und auch mit Lob für die großzügig geplante Stadt und ihre Einrichtungen nicht sparte:

> „Dem Freunde der Baukunst wird der große Kursaal, sowie die neuangelegten Straßen, Vergnügen und Muster gewähren. Diese durch ansehnliche Befreiungen und Zuschüsse von höchsten Behörden entschieden begünstigten Anlagen zeugen von des Herrn Baudirektor Götz und des Herrn Bauinspektor Zais Talenten und Tätigkeit. Die großen Wohnräume, die in den neuangelegten schönen Häusern entstehen, beleben die Hoffnung, dass mancher Vorsatz auszuführen sei, den man hier im stillen nährt, um eine so viel besuchte, an Ausdehnung und Umfang täglich wachsende Stadt durch Sammlungen und wissenschaftliche Anstalten noch bedeutender zu machen."[36]

Der Kursaal in Wiesbaden um 1860

Wem nicht, wie Goethe, die Ehre zuteilwurde, Staatsgast zu sein, dem blieb nichts anderes übrig, als die hohen Herrschaften von der Ferne zu beobachten. Der Spötter Ludwig Börne in einem Brief vom 28. Mai 1820:

> „Als ich gestern nachmittag 5 Uhr Wiesbaden verließ, quoll mir gleich vor dem Tore die Rheinluft entgegen. Im Garten zu Bieberich fand ich einen Baumplatz, wo es, nicht bildlich, sondern in buchstäblicher Wahrheit, nur dämmert, fast nachtdunkel ist. So dicht verschlungen sind die Kronen der Bäume, daß kein Strahl des Tages durchfällt. Im Schlosse sah ich den Hof speisen. Welcher Aufwand. So viele Diener als Tischgenossen, und der letzteren waren wohl vierzig. Sie essen wie wir, mit dem Munde."[37]

Das 1744 vollendete Schloss in Biebrich diente seit 1806 als Residenz des neugeschaffenen Herzogtums Nassau. Erst 1840 konnte auch das von Georg Moller errichtete Stadtschloss in Wiesbaden bezogen werden.

Die Geschichte des Herzogtums Nassau ist relativ kurz. Schon 60 Jahre nach seiner Gründung erlosch es wieder, als die Preußen den letzten nassauischen Regenten, Herzog Adolph, absetzten. Bis dahin waren viele Besucher nach Biebrich gekommen. Schon der Anblick des Schlosses hatte die Reisenden fasziniert, wie Heinrich Laube 1837. „Die Residenz Biebrich, deren Fenster sich im Rheine spiegeln", schrieb er in seinen *Reisenovellen*, „sieht ebenso aus, als erwarte man die alten Ritter und Herrn, um ein Turnier oder einen

Minnehof abzuhalten."[38] Adele Schopenhauer, die Schwester Arthur Schopenhauers, hatte 1816 vor allem der Park fasziniert. In ihr Tagebuch schrieb sie:

> „Wir besahen den Garten; es ist eine andere Art als der unsere, französische und sogenannte englische Partien freundlich vereint. Dennoch ist nichts Unpassendes da, mich erfreuen immer breite gerade Alleen. Großen Spaß macht es mir, einmal wieder eine Fontäne springen zu sehen. Es hat mir immer etwas Märchenhaftes, wozu auch die prächtig blühende Orangerie und ein Bogengang von Aprikosen und Jelängerjelieber beitrugen."[39]

Die besondere Atmosphäre von Biebrich wollte auch Richard Wagner 1862 nutzen, um sein „gelegtes Meister-Ei musikalisch auszubrüten". Er nahm sich eine kleine Wohnung in der Nähe des Schlosses in der Villa „Annika" und notierte den ersten Akt und das Vorspiel zum dritten Akt seiner *Meistersinger von Nürnberg*:

> „Beim Herannahen der schönen Jahreszeit kam mir unter derartigen gemütlichen Eindrücken, zu denen die häufigen Promenaden in dem schönen Parke des Biebricher Schlosses das ihrige beitrugen, endlich auch die Arbeitslaune wieder an. Bei einem schönen Sonnenuntergange, welcher mich von dem Balkon meiner Wohnung aus den prachtvollen Anblick des ‚goldenen' Mainz mit dem vor ihm dahinströmenden majestätischen Rhein in verklärender Beleuchtung betrachten ließ, trat auch plötzlich das Vorspiel zu meinen ‚Meistersingern', wie ich es einst aus trüber Stimmung als fernes Luftbild vor mir erscheinen gesehen hatte, nahe und deutlich wieder vor die Seele. Ich ging daran, das Vorspiel aufzuzeichnen, und zwar ganz so, wie es heute in der Partitur steht, demnach die Hauptmotive des ganzen Dramas mit größter Bestimmtheit in sich fassend. Von hier aus ging ich sogleich weiter im Texte vorwärts, um ganz der Reihe nach die weiteren Szenen folgen zu lassen. – In so guter Stimmung fand ich auch die Laune zu einem Besuch bei dem Herzog von *Nassau*. Er war mein Nachbar, und ich hatte ihm so oft bei meinen einsamen Spaziergängen im Parke begegnet, daß ich es für schicklich fand, mich ihm vorzustellen. Leider wollte bei der hier stattfindenden Unterredung nicht viel herauskommen: ich hatte es mit einem sehr beschränkten aber gutartigen Menschen zu tun, welcher sich entschuldigte, seine Zigarre in meiner Gegenwart immerfort zu rauchen, weil er ohne dem nicht bestehen könnte. Im übrigen erklärte er mir seine Vorliebe für die italienische Oper, bei welcher ich ihn von ganzem Herzen beließ."[40]

Richard Wagner hatte sogar mit dem Gedanken gespielt, sich ein kleines Schlösschen im hinteren Teil des Parks, die Ruine der Mosburg, auf Lebenszeit zuteilen zu lassen, aber ihm wurde wegen der feuchten Lage des Gebäudes davon abgeraten. Lange Freude hätte ihm das Schlösschen ohnehin nicht gewährt, denn mit der Besetzung durch Preußen, 1866, endete die nassauische Fürstenherrlichkeit.

Die Mosburg im Biebricher Schlosspark um 1860

In Biebrich, das erst 1926 nach Wiesbaden eingemeindet wurde, sind zwei bedeutende Vertreter der Geistes- und Kulturwissenschaft geboren: Wilhelm Dilthey und Wilhelm Heinrich Riehl.

Dilthey kam am 19. November 1833 als Sohn des Oberhofpredigers zur Welt und studierte nach dem Abitur in Wiesbaden, das er als bester seines Jahrgangs bestanden hatte, Theologie in Heidelberg und Berlin, wo er seine grundlegenden philosophischen Werke verfasste. Dilthey gilt heute als Schöpfer einer auf das Verstehen und Erleben zurückgehenden Geisteswissenschaft, die sich deutlich vom naturwissenschaftlichen Denken abgrenzt. Nach seinem Tod wurde er 1911 auf dem Biebricher Friedhof beigesetzt.

Wilhelm Heinrich Riehl wurde zehn Jahre vor Dilthey, am 6. Mai 1823, als Sohn des Schlossverwalters in Biebrich geboren. Als Junge ging er täglich zu Fuß nach Wiesbaden, um dort die Lateinschule, das Pädagogium, zu besuchen. In seiner 1867 veröffentlichten Novelle *Abendfrieden* hat er diesen „prächtigsten Schulweg" beschrieben:

> „Im Winter war's besonders schön, da brachen wir erst um halb sieben auf, traten gar manchmal die erste Spur in den frischen Schnee und fanden es weit vernünftiger, bis an den Leib durch die Schneewehen des Chausseegrabens zu waten, als mit den anderen Leuten oben auf dem Fußpfad zu gehen; mein besonderer Stolz aber war dann eine kleine Laterne, welche ich im Dunkel voranleuchten und trotz Morgenrot und Sonnenaufgang bis zu den römischen Ruinen der neuen katholi-

> schen Kirche fortbrennen ließ, um, wie man sagt, dem Tage die Augen auszubrennen. Jene Kirche im Stile des Pantheon war übrigens, nebenbei bemerkt, von einem scharfen Theoretiker gebaut, welcher klar bewies, dass Fundamente ein höchst kostbarer Überfluss seien; er brachte auch den stolzen Säulenbau fast ohne alles Fundament nahezu bis ans Kreuz auf dem Dache; da hatte die Kirche eines Nachts das Unglück, zusammenzufallen."[41]

Riehls Novellen sind heute so gut wie vergessen. Ein Literaturhistoriker hat sie einmal als Genrebilder einer biedermännischen Moral bezeichnet und sie damit treffend charakterisiert. Riehl war ein konservativ denkender und fühlender Mensch, der die ständische Gesellschaftsordnung nicht in Frage stellte. Trotzdem engagierte er sich in seinen volkskundlichen Schriften immer wieder für die verarmte Landbevölkerung, allerdings ohne durchschlagenden Erfolg. Er war zu sehr im Standesdenken seiner Zeit verhaftet, um durchgreifende Änderungen bewirken zu können.

Nach seinem Theologiestudium hatte Riehl zunächst als Journalist gearbeitet, u. a. von 1848 bis 1850 in Wiesbaden, wo er auch Direktor des Hoftheaters war. 1851 erschien der erste Band seiner zuletzt vierbändigen *Naturgeschichte des Volkes als Grundlage einer deutschen Social-Politik*, die ihm 1854 den Ruf nach München an den Hof König Maximilians II. und eine Professur an der staatswissenschaftlichen Fakultät einbrachte. Von 1859 bis 1892 lehrte er Kulturgeschichte und war ab 1885 auch Direktor des Bayerischen Nationalmuseums und Generalkonservator der Kunstdenkmäler und Altertümer Bayerns. Als Wilhelm Heinrich *von* Riehl starb er 1897 in München. Sein Geburtshaus am Biebricher Schlosspark ziert heute eine Gedenktafel.

In München erinnerte sich Riehl gern an seine Heimat. Neben *Abendfrieden* spielen auch die Novellen *Das Theaterkind* (1867), *Der Märzminister* (1873) und *Seines Vaters Sohn* (1879) in Biebrich bzw. in der nassauischen Residenz Wiesbaden.

Nach der Gründung des Herzogtums Nassau war Wiesbaden prächtig ausgebaut worden. Die von Christian Zais und Carl Florian Goetz zwischen 1804 und 1828 geschaffene Stadtanlage mit dem Kurhausviertel im Mittelpunkt war eine der viel gerühmten Attraktionen. „Den Mangel an eigenem poetisch-romantischen Lebensgefühl", schreibt Viola Bolduan in ihrem Essay über Wiesbaden, „ersetzte Wiesbaden Anfang des 19. Jahrhunderts durch ökonomisches und architektonisches Wachstum"[42]. Auch Mutter und Tochter Schopenhauer zeigten sich beeindruckt – vor allem von dem prächtigen Kursaal, der später der wilhelminischen Prunksucht zum Opfer fallen sollte. „Der Kursaal ist ein schönes imponierendes Gebäude, wie ich es noch in keinem Brunnenorte sah", schrieb Johanna Schopenhauer 1816. „Den großen

Saal umgibt eine von hohen Marmorsäulen getragene Galerie, viele glänzende Kronleuchter blitzen von der Decke herab und vervielfältigen sich in den großen Spiegeln."[43]

Auch Achim von Arnim konnte sich vier Jahre später dem Reiz des Kursaals nicht entziehen, der „mit seiner Kolonnade alles Ähnliche" übertreffe. In einem Brief an seine Frau Bettine vom 8. November 1820 äußerte er sein Mitgefühl für Zais, den „Baumeister von grandioser Erfindung".

> „Der Mann kam vor etwas 15 Jahren nach Wiesbaden, entwarf dessen neue Erbauung, ermunterte die Regierung, ließ Teiche ab, um Straßen drin zu bauen, schaffte Geld durch Sozietäten an, wo es nötig, ihm dankt der Ort alles, und doch starb er in allgemeiner Verfolgung, weil die schweinischen Wirte nun meinten, dass niemand mehr zu ihnen ziehen werde. Aber auch dies ist nicht eingetroffen, sondern die Zahl der Gäste hatte sich diesen Sommer so vermehrt, dass nicht nur die neuen, sondern auch die alten Häuser besetzt waren."[44]

Tatsächlich hatten ihm die Gastwirte und andere Wiesbadener übel mitgespielt, weil sie durch die radikale Modernisierung, die er im Auftrag des Herzogs und auf eigene Rechnung durchführte, um ihre angestammten Pfründen fürchteten. Er war darüber mit nur 50 Jahren am 26. April 1820 gestorben, also ein gutes halbes Jahr bevor Achim von Arnim Wiesbaden besuchte.

Wiesbaden war durch die Bautätigkeit von Zais zu einem attraktiven Kurort geworden, den auch Wilhelm Grimm gern aufsuchte. Zwischen 1831 und 1834 kam er viermal nach Wiesbaden, um sein gichtiges und rheumatisches Leiden loszuwerden. Über seinen Aufenthalt 1833 wissen wir recht genau Bescheid, weil er ein Tagebuch führte und täglich nach Hause schrieb. „Der Rheumakranke", so Viola Bolduan, „hatte in der Nähe des damals reputiertesten Hotels der Stadt, dem ‚Adler', Wohnung genommen, dessen Quellwasser er trank und an dessen Table d'hôte er ‚Kalbskopf mit Malagasauce' speiste"[45]. Er ließ es sich gutgehen, spazierte durch die Stadt, machte Ausflüge an den Rhein, und besuchte das Theater ebenso wie die Bibliothek. Die Kur selbst bekam ihm nicht so gut. Vor allem schmeckte ihm das Wasser nicht. Sein Kuraufenthalt im Jahr 1834 hatte sogar fatale Folgen, wie sein Bruder Jacob Ende April 1835 berichtete:

> „Wilhelm kam von Wiesbaden, das ihm Hilfe bringen sollte, diesmal kränker heim, und sein gichtiges Magenübel warf sich nun auf das Herz, an dem er in früheren Jahren so viel gelitten hat. Einigemal wurde Lebensgefahr dadurch herbeigeführt, aber Gott hat dennoch wieder geholfen; seit zwei Monaten bessert er sich immer mehr, aber sehr langsam. Schon über ein halbes Jahr hat er seine Dienstgeschäfte nicht versehen können und auch sonst etwas zu arbeiten vermocht."

Wilhelm Grimm reiste nicht mehr nach Wiesbaden zu Kur, sondern nach Bad Soden.

In Wiesbaden gab es zudem eine Einrichtung, deren Besuch Herzkranken nicht anzuraten war: die Spielbank im Kurhaus. Der österreichische Theaterautor Ignaz Franz Castelli machte während seiner Rheinreise einen Abstecher dorthin und zeigte sich wenig amüsiert:

> „Ich habe hier auch den verführerischen grünen Tisch gesehen, wohin so mancher Hab und Gut, Glück und Gesundheit, Ehre und Leben getragen hat. Ich sah lockend aufgehäuft die Gold- und Silberrollen, ich sah den Bankier mit dem steinernen Gesichte, wie er sein: ‚Faites votre jeu, Messieurs!' rief und dann die Karten abzog und nach jeder gezogenen Karte mit einer eigenen Geschicklichkeit Münzen dem Gewinner zu- und gewonnene zu sich zur Kasse schob. Ich sah seine lauernden Croupiers mit den Banditengesichtern, überall umherspähend, keine Karte, keinen Einsatz aus den Augen verlierend. Ich stand lange davor, aber ich müsste lügen, wenn ich sagte, es hätte mich auch nur die kleinste Lust zu spielen angewandelt."[46]

Nicht alle Badegäste und Besucher blieben so standhaft wie Castelli, manche kamen sogar eigens in die Taunusbäder, um ihr Glück herauszufordern. Während im 17. Jahrhundert vor allem in den Modekurorten Langenschwalbach und Schlangenbad mit Karten und Würfeln gespielt worden war, um durch den Nervenkitzel die tägliche Langeweile zu vertreiben, entwickelte sich gegen Ende des 18. Jahrhunderts in Wiesbaden ein professionell organisierter Glücksspielbetrieb. Seit 1771 gab es einen privilegierten Spielbankpächter, der in den ersten Jahren eine verhältnismäßig geringe Gebühr an den Fiskus abzuführen hatte. Um die Einnahmen erhöhen und besser kontrollieren zu können, verbot ein herzogliches Edikt von 1814 alle Hasardspiele – außer in Bade- und Brunnenorten mit staatlich konzessionierten Pächtern. 1835 schließlich wurde dem Franzosen Antoine Chabert, der schon die Spielbank in Baden-Baden betrieb, das Monopol für alle nassauischen Bäder eingeräumt. Die Gewinne erreichten eine solche Höhe, dass es sich Chabert sogar erlauben konnte, 1845 die weniger lukrativen Spielsäle in Langenschwalbach und Schlangenbad zu schließen und zwei Jahre später als mehrfacher Millionär die Konzession weiterzugeben. Die grünen Tische in Bad Ems und Wiesbaden zogen von Jahr zu Jahr mehr zahlungskräftige Besucher an. Selbst Richard Wagner, wenn er nicht gerade an den *Meistersingern* arbeitete oder den Fürsten Metternich auf Schloss Johannisberg besuchte, fand den Weg ins Wiesbadener Casino. In seiner Autobiographie berichtet er von einem „kleinen Abenteuer", das er zusammen mit seiner späteren Frau Cosima erlebte. Während sie an einem Spieltisch verlor, machte er den Verlust an einem anderen wieder wett. Wagner animierte sein Erfolg nicht, höher zu setzen. Er war froh, nichts verloren zu haben, und ging nach Hause.

Andere kamen, um zuerst zu gewinnen und dann erhebliche Summen zu verlieren. Einer der berühmtesten Wiesbadener Spieler ist der russische Schriftsteller Fjodor Michailowitsch Dostojewski. Im Sommer 1863 hatte er auf seiner Reise nach Paris vier Tage in der Kurstadt Station gemacht und dabei immer wieder den grünen Tisch mit dem Roulette aufgesucht, um seine Schulden, die u. a. durch das Verbot seiner Zeitschrift *Vremja* entstanden waren, zu tilgen. „Ich habe zwar nicht so viel, wie ich wollte, keine 100 000 gewonnen, doch immerhin eine kleine Summe", schrieb er später am 1. September aus Paris an seine Freundin Warwara Dmitrijewna und erklärte ihr, wie man erfolgreich das Glück manipulieren könne:

> „Glauben Sie bitte nicht, dass ich nur aus Freude darüber, dass ich gewonnen und nicht verloren habe, prahle und das Geheimnis des Spieles zu kennen behaupte. Das Geheimnis kenne ich wirklich, und es ist höchst dumm und einfach: Es besteht darin, dass man sich jeden Augenblick beherrscht und bei keiner Phase des Spieles hitzig wird. Das ist alles; unter diesen Umständen kann man unmöglich verlieren und muss unbedingt gewinnen."[47]

Zwei Jahre später, bei einem weiteren Besuch in Wiesbaden, hielt sich Dostojewski nicht an sein eigenes Erfolgsrezept. Hektisch verspielte er die 3000 Rubel, die ihm sein Verleger für die Rechte an einer Werkausgabe und für einen geplanten Roman nur unter der Bedingung ausbezahlt hatte, dass Dostojewski seinen Text bis zum 1. November 1866 vorlegen würde. In nur vier Wochen, im Oktober 1866, diktierte er seiner späteren Frau, Anna Grigorjewna, den kurzen Roman *Der Spieler*. Dostojewski siedelte die Handlung in einem fiktiven Roulettenburg an, das deutliche Züge von Wiesbaden trägt. Der Ich-Erzähler, der an einem Abend mit einem Geldstück als Einsatz die schon früher von Dostojewski erträumten 100 000 Florinen gewinnt, verfällt dem Spiel so sehr, dass darüber seine Liebe zu der schönen Polina zerbricht.

Anna Grigorjewna ließ es soweit im Realen nicht kommen. Fast klaglos ertrug sie die Spielleidenschaft ihres Mannes, der die Familie fast in den finanziellen Ruin führte. Sie wusste, dass er dieser gelegentlichen Exzesse bedurfte, um weiterschreiben zu können, auch wenn es ihr immer schwerer fiel, Geld aufzutreiben. Seine Briefe an sie, entstanden in Wiesbaden oder Homburg, sind erschütternde Dokumente der Spielleidenschaft. So schrieb Dostojewski am 28. April 1871, als er wieder einmal alles verloren hatte, aus Wiesbaden:

> „Aber als ich in den Spielsaal kam, stellte ich mich an den Tisch und begann in Gedanken zu setzen: Rate ich richtig oder nicht? Und was soll ich sagen, Anja, et-

wa zehnmal hintereinander habe ich richtig geraten, sogar Zero habe ich erraten. Ich war so verblüfft, dass ich anfing zu spielen, und in 5 Minuten hatte ich 18 Taler gewonnen. Da, Anja, vergaß ich mich: Ich denke mir, ich fahre mit dem letzten Zug, warte die Nacht in Frankfurt, aber bringe wenigstens etwas mit nach Hause. Ich schämte mich ja so wegen der 30 Taler, um die ich Dich *beraubt* hatte! Ob Du mir glaubst, mein Engel, dass ich das ganze Jahr davon geträumt habe, wie ich Dir die Ohrringe kaufe, die ich Dir bis jetzt noch nicht zurückgegeben habe? Du hast in diesen 4 Jahren für mich alles versetzt, was Du besaßest, und hast mein Wanderleben geteilt, trotz Deines Heimwehs! Anja, Anja, denke auch daran, dass ich kein Schuft bin, sondern nur ein leidenschaftlicher Spieler."[48]

Als Dostojewski kurze Zeit später nach vierjähriger Flucht vor seinen Gläubigern nach Russland zurückkehren konnte, war auch seine Spielleidenschaft erloschen. Der Erfolg seiner Bücher sollte ihn von allen finanziellen Sorgen befreien.

Der niederländische Autor Multatuli (der eigentlich Eduard Douwes Dekker hieß) hat in seiner Erzählung *Rouge perd! (Rot verliert)* den Glücksmoment im Spielsaal beschrieben, statt alles verloren alles gewonnen zu haben. Seine „kleine Frau" am Spieltisch macht in diesem Augenblick das einzig Richtige:

„‚O Gott, ich danke Dir!' Ja, ja, geben Sie her, geben Sie alles her, alle vierzig! Vierzig … ‚O Gott, ich danke Dir!' Sie antwortete dem Croupier nicht französisch zurück, sondern auf Holländisch. […] Der Croupier lächelte ihr freundlich zu. Es schien dem Mann Vergnügen zu machen, dass er ihr eine so schöne Summe ausbezahlen durfte. Er schlug immer je fünf Billets um sein ‚râteau' und reichte ihr achtmal hintereinander diesen flatternden Schatz zu. Sie fasste die Scheine, kniff sie zusammen zu einem formlosen Klumpen und flog, die Umstehenden zur Seite drängend, zum Saal hinaus.

‚Nu, lauf mich nich um!' klagte die Landsmännin, pikierter als es eigentlich begründet war durch den unbedeutenden Stoß, den sie erhalten hatte. ‚Das Mensch ist wohl verrückt! Und was'n gemeines Holländisch. Gewiß aus 'n powern Viertel, aus'm Hinterhaus, irgendwo oder sonst woher. Is warraftig Sünde ums Geld! Gott weiß, was sie mit tut!'"[49]

Multatuli kannte sich mit der Wiesbadener Spielbank aus. In seinem Erzählungsband *Millionen-Studien* finden sich gleich mehrere Geschichten über das Glücksspiel und auch eine Anleitung, wie man beim Roulette sicher gewinnen könne. Der niederländische Autor, der 1820 in Amsterdam geboren wurde und 1887 in Ingelheim starb, lebte von 1870 bis 1879 in Wiesbaden und vollendete dort u. a. eines seiner Hauptwerke, den siebenteiligen Zyklus *Ideen* (1862–1877). In den Niederlanden ist er bis heute vor allem wegen seines 1860 in zwei Bänden erschienenen Romans *Max Havelaar oder Die Kaf-*

feeversteigerungen der Niederländischen Handelsgesellschaft berühmt. Darin geißelte er die holländische Kolonialpolitik und ergriff vehement Partei für die unterdrückte Bevölkerung von Java. Die Gesellschaft für niederländische Literaturwissenschaft (Maatschappij der Nederlandse Letterkunde) erklärte den Roman 2002 zum bedeutendsten Werk der niederländischen Literatur.

In Wiesbaden erlebte Multatuli noch, wie zu Silvester 1872 die Spielbank auf Befehl der preußischen Regierung schließen musste. Bis dahin hatte die Stadt sehr direkt von den Spielbankgewinnen profitiert, denn die jeweiligen Pächter mussten das Kurhaus unterhalten, Theater- und Hospitalkosten tragen, Umbauten im Kurviertel finanzieren und ihr Scherflein zur Verschönerung der Anlagen beitragen. Schon 1853 war Karl August Varnhagen von Ense aufgefallen, dass sich Wiesbaden ständig weiter ausdehnte. In sein Tagebuch notierte er:

> „Prachtvoller Eindruck dieser sonderbaren, auf allen umliegenden Anhöhen von glänzenden Villen gekrönten Stadt. Gärten, Spaziergänge, Blumen, in reichster Fülle, in geschmackvollster Anordnung. Hauptsächlich Badestadt, mit Wirtshäusern, Kaufläden, alles auf die Fremden berechnet, deren viele sich hier ansässig machen; dann ein wenig Hof- und Residenzstadt, der widrigste, schlechteste Teil der ganzen Erscheinung; endlich ist noch etwas Bürgerstadt übrig, auf den geringsten Stand herabgedrängt.“[50]

Promenade am Kurhaus in Wiesbaden um 1860

Die Gründe für den phänomenalen Aufstieg Wiesbadens sind sicherlich auch in der günstigen Lage zu suchen. Bereits 1827 war die Dampfschifffahrtslinie zwischen Köln und Mainz eröffnet worden. Noch bedeutender für die Entwicklung als Kurstadt und Ausflugsziel sollte die Einrichtung einer Zugverbindung zwischen Frankfurt und Wiesbaden werden. Bereits im ersten Jahr ihres Bestehens, 1840, beförderte die sogenannte Taunusbahn mehr als 650 000 Reisende. Den Schritt zum Weltbad vollzog die Stadt unter preußischer Herrschaft, als ihr die Hohenzollern, vor allem Wilhelm II., ihre Gunst schenkten. Sie ließen kräftig in Wiesbaden investieren. Das Kurhaus musste einem prächtigeren Gebäude weichen, und für die 1896 eingerichteten Maifestspiele wurde auf Wunsch des Kaisers sogar ein eigenes Theater errichtet.

Was Varnhagen von Ense in seinem Tagebuch schon angedeutet hatte, verwirklichte sich nun in einem rasanten Tempo: Wiesbaden wurde zu einem bevorzugten Wohnort für betuchte Pensionäre, Angehörige der Geldaristokratie und für Schriftsteller wie Gustav Freytag und Friedrich Bodenstedt.

Gustav Freytag verbrachte ab 1879 die Wintermonate in Wiesbaden. Mit seinem Lustspiel *Die Journalisten* (1852), dem Roman *Soll und Haben* (1885), den *Bildern der deutschen Vergangenheit* (1862) und dem Zyklus *Die Ahnen* (1872–80) gehörte er zu den meistgelesenen Autoren in der zweiten Hälfte des 19. Jahrhunderts. In Wiesbaden entstand keines seiner wichtigen Bücher, er dürfte sich vor allem um seine Werkausgabe gekümmert haben, die zwischen 1886 und 1888 in 22 Bänden erschien. Gustav Freytag starb am 30. April 1894 in Wiesbaden. Sein Wohnhaus in der heutigen Gustav-Freytag-Str. 18 hat den Zweiten Weltkrieg unbeschadet überstanden.

Friedrich Bodenstedt lebte ab 1876 (mit Unterbrechungen) bis zu seinem Tod am 18. April 1892 in Wiesbaden. Er war durch seine 1851 erschienenen *Lieder des Mirza-Schaffy* berühmt geworden, die der Orientsehnsucht seiner Zeit literarischen Ausdruck gaben. Bis heute bekannt ist er allerdings nicht als Lyriker, sondern als Reiseschriftsteller und Übersetzer. Die meisten seiner in Wiesbaden verfassten Bücher sind heute völlig vergessen. Historischen Reiz entfalten seine *Erinnerungen aus meinem Leben* (1888–1890), die aber seine Wiesbadener Zeit nicht mehr beinhalten, sondern schon 1850 enden.

Auch Konrad Duden verbrachte seine letzten Lebensjahre in Wiesbaden, nachdem er bis 1905 in Bad Hersfeld als Gymnasialdirektor gearbeitet hatte. Er starb am 1. August 1911 in Sonnenberg bei Wiesbaden.

Mit dem Ende der Kaiserzeit verblich auch der Glanz der Weltkurstadt. Die beginnende Inflation und die unsicheren Verhältnisse unter der französischen Besatzung zehrten an den bürgerlichen Vermögen. Mancher musste seine teuer erworbene Villa billig verkaufen.

Nach dem Abzug der französischen Besatzungstruppen, 1930, konnte sich das Badeleben nur langsam erholen, erreichte aber den Vorkriegsstand nicht mehr. Einen Lokalpatrioten wie den am 26. Januar 1881 in Wiesbaden geborenen Alfons Paquet störte das wenig. Er sah seine Stadt immer noch als Zentrum des gesamten Rheinlands. So schrieb er, ohne jeden Anflug von Selbstzweifel, 1937 in seinem Reisebändchen *Der Frankfurter Rundhorizont* über den Wiesbadener Hauptbahnhof:

> „Die Größe des Bahnhofs von Wiesbaden ist der sichtbare Triumph dieser Stadt. Er ist Kopfbahnhof, er ist eigentlich nur in einem Winkel der großen kontinentalen Schnellzugstrecken gelegen, aber alle Schnellzüge machen in ihm Halt – es ist unumgänglich! Wiesbaden, die elegante Kurstadt, liegt in der Reihe der Großstädte des Rheinlandes wie der Sonntag in den Wochentagen.“[51]

Paquet starb 1944 in Frankfurt während eines Bombenangriffs der Alliierten. Wiesbaden hatte die Bombardements, im Gegensatz zu Frankfurt, Kassel, Darmstadt oder Hanau relativ unbeschadet überstanden. Es war deshalb nicht überraschend, dass General Eisenhower, als er am 19. September 1945 das Land „Groß-Hessen“ proklamierte, Wiesbaden zur Hauptstadt des neuen Gebildes machte, dessen Name sich nach der Annahme der Verfassung am 1. Dezember 1946 auf das einfachere „Hessen“ reduzierte. Als Walter Kempowski im Dezember 1947 als Flüchtling ohne Papiere Wiesbaden erreichte, glaubte er im Paradies zu sein:

> „Ich war aus dem halbzerstörten, jämmerlich zugerichteten Rostock gekommen, einer Stadt, die unter der sowjetischen Besatzungsmacht dahinsiechte. Wiesbaden war dagegen fast unzerstört, da herrschten die Amerikaner, deren Sprache ich verstand. Durch die Straßen schlichen wundervolle Autos im Schifferklavier-Look, und wenn sie hielten, dann stiegen rassig schöne Frauen aus.“[52]

Selbst im Elend der ersten Nachkriegsjahre hatte Wiesbaden etwas von seinem mondänen Glanz bewahrt.

Das Wirtschaftswunder ließ die villenreiche Stadt, deren Schönheit und Flair nun Schriftsteller wie Kasimir Edschmid oder Karl Krolow lobten, zu einem begehrten Wohnort im Ballungsgebiet Rhein-Main werden.

Nach Wiesbaden zogen der Lyriker Wilhelm Klemm, der als geschäftsführender Gesellschafter den Kröner Verlag leitete, der Romancier und Essayist Bernard von Brentano und der polnische Autor Marek Hlasko, der in seinem deutschen Exil die Filmschauspielerin Sonja Ziemann heiratete und damit für Aufregung in der Regenbogenpresse sorgte. Hlasko, der am 14. Juni 1969 starb, ist auf dem Wiesbadener Südfriedhof begraben.

Mit dem Literaturhaus, das 2001 in die frisch renovierte Villa Clementine zog, hat Wiesbaden wieder ein literarisches Zentrum. Dort finden regelmäßig Lesungen und Veranstaltungsreihen statt. Neben dem Staatstheater und dem Kino Caligari ist es auch Spielort des *hr2 Hörfestes*, das regelmäßig Ende Januar, Anfang Februar Wiesbaden zur „Welthauptstadt des Hörens“ macht.

Anmerkungen

1 Theodor Fontane: Irrungen, Wirrungen. In: Ders.: Sämtliche Romane, Erzählungen, Gedichte. Nachgelassenes. Zweiter Band. München ³1990, S. 426 f.
2 Memoiren der Markgräfin Wilhelmine von Bayreuth. Leipzig 1920, S. 484.
3 Goethe und Lavater. Briefe und Tagebücher. Hg. von Heinrich Funk. Weimar 1901, S. 293.
4 Sulpiz Boiserée: Tagbücher 1808–1823. Hg. von Hans-J. Weitz. Darmstadt 1978, S. 223.
5 Heinrich Hoffmann: Der Badeort Salzloch. In: Ders.: Humoristische Studien und Satiren. Hg. von G. H. Herzog und Helmut Siefert. Frankfurt am Main 1986, S. 287.
6 Heinrich Hoffmann: Lebenserinnerungen. Hg. von G. H. Herzog und Helmut Siefert. Frankfurt am Main 1985, S. 147.
7 Heinrich Hoffmann: Der Badeort Salzloch, a. a. O., S. 265 f.
8 Bettine von Arnim: Goethe's Briefwechsel mit einem Kinde. In: Dies.: Werke und Briefe. Hg. von Walter Schmitz und Sibylle von Steinsdorff. Band 2. Frankfurt am Main 1992, S. 230.
9 Bettine von Arnim: Clemens Brentano's Frühlingskranz aus Jugendbriefen ihm geflochten, wie er selbst schriftlich verlangte. Charlottenburg 1844, S. 442 f.
10 Oliver Bock: Schlangenbad. In: Wolfgang Bunzel/Michael Hohmann/Hans Sarkowicz (Hg.): Romantik an Rhein und Main. Darmstadt 2014, S. 256 f.
11 Vgl. das Kapitel „Varianten“ in: Karl Gutzkow: Wally, die Zweiflerin. Hg. von Günter Heintz. Stuttgart 1983, S. 181–186.
12 Karl Gutzkow: Wally, die Zweiflerin, a. a. O., S. 22.
13 ebenda, S. 24.
14 Thomas Mann: Bekenntnisse des Hochstaplers Felix Krull. Frankfurt am Main 1986, S. 279 f.
15 Rainer Maria Rilke: Briefe aus den Jahren 1906 bis 1907. Hg. von Ruth Sieber-Rilke und Carl Sieber. Leipzig 1930, S. 88.
16 Heinrich Hoffmann, a. a. O., S. 273 f.
17 Peter Cornelius/Christian Xeller: Die Taunusreise. München 1923, S. 40.
18 Ludwig Börne: Aus meinem Tagebuche. In: Ders.: Sämtliche Schriften. Hg. von Inge und Peter Rippmann. Zweiter Band. Düsseldorf 1964, S. 793.
19 Karl Gutzkow: Börne's Leben. Hamburg 1840, S. 200.
20 Hoffmann von Fallersleben: Mein Leben. Vierter Band. Hannover 1868, S. 155.
21 ebenda, S. 154 f.
22 Briefe aus den Jahren 1833 bis 1847 von Felix Mendelssohn Bartholdy. Hg. von Paul Mendelssohn Bartholdy und Carl Mendelssohn Barholdy. Leipzig 1863, S. 416 f.
23 Zit. n. Wilhelm Buchner: Ferdinand Freiligrath. Ein Dichterleben in Briefen. 2. Band. Lahr 1882, S. 105.
24 Tagebücher von K. A. Varnhagen von Ense. Zehnter Band. Hamburg 1868, S. 213.
25 Iwan Turgenew: Frühlingsfluten. Übers. von Werner Creutziger, Wilhelm Plackmeyer und Dieter Pommerenke. Berlin und Weimar ²1977, S. 37 f.
26 Zit. n. Edgar Neis/Helm Wienkötter: Bad Soden a. T. und seine Beziehungen zur literarischen Welt des 19. Jahrhunderts. In: 225 Jahre Bad Soden am Taunus. Bearb. von Helm Wienkötter. Bad Soden 1927, S. 44 f.

27 Leo N. Tolstoi: Anna Karenina. Übers. von Fred Ottow. München 1978, S. 261.
28 Werner Bergengruen: Deutsche Reise. München1959, S. 113.
29 Joachim Ringelnatz: Gedichte I. Hg. von Walter Pape. Berlin 1984, S. 250.
30 Martial: Epigramme. Übers. und hg. von Walter Hofmann. Frankfurt am Main und Leipzig 2000, S. 571.
31 Heinz Biehn/Johanna Baronin Herzogenberg: Große Welt reist ins Bad. München 1960, S. 187.
32 Goethe und Lavater, a. a. O., S. 292.
33 Goethes Werke. Hg. im Auftrage der Großherzogin Sophie von Sachsen. IV. Abt. Goethes Briefe. 1. Band. Weimar 1887, S. 6.
34 Goethes Werke. Hg. im Auftrage der Großherzogin Sophie von Sachsen. IV. Abt. Goethes Briefe. 25. Band, S. 17 f.
35 Goethes Werke. Hg. im Auftrage der Großherzogin Sophie von Sachsen. IV. Abt. 26. Band. Weimar 1902, S. 4 f.
36 Goethes Werke. Hg. im Auftrage der Großherzogin Sophie von Sachsen. I. Abt. 34. Band, Weimar 1902, S. 103.
37 Ludwig Börne: Sämtliche Schriften. Vierter Band, S. 292.
38 Heinrich Laube: Reisenovellen. Zweiter Band. Mannheim 1827, S. 240.
39 Tagebücher der Adele Schopenhauer. Hg. von Kurt Wolff. Erster Band. Leipzig 1909, S. 33 f.
40 Richard Wagner: Mein Leben. Hg. von Martin Gregor-Dellin. Band II. München 1963, S. 697.
41 Wilhelm Heinrich Riehl: Abendfrieden. In: Ders.: Geschichten aus alter Zeit. Leipzig O. J., S. 7.
42 Viola Bolduan: Wiesbaden und Biebrich. In: Bunzel/Hohmann/Sarkowicz (Hg.), a. a. O., S. 217.
43 Johanna Schopenhauer: Ausflucht an den Rhein und dessen nächste Umgebungen im Sommer des ersten friedlichen Jahres. Leipzig 1818, S. 40 f.
44 Achim und Bettina in ihren Briefen. Hg. von Werner Vordtriede. Erster Band. Frankfurt am Main 1961, S. 245.
45 Viola Bolduan, a. a. O., S. 271 f.
46 Memoiren meines Lebens. Gefundenes und Empfundenes, Erlebtes und Erstrebtes von J. F. Castelli. Hg. von Josef Bindtner. II. Band. München o. J. (1914), S. 195.
47 F. M. Dostojewski: Gesammelte Briefe 1833–1881. Hg und übers. von Friedrich Hitzer. München 1966, S. 161 f.
48 Fjodor Dostojewski: Die Briefe an Anna 1866–1880. Übers. von Brigitta Schröder. Königstein im Taunus 1986, S. 50.
49 Multatuli (d. i. Eduard Douwen Dekker): Rouge perd!. In: Ders.: Millionen-Studien. Übers. von Wilhelm Spohr. Minden [2]1903, S. 312 f.
50 Tagebücher von K. A. Varnhagen von Ense, a. a. O., S. 219 f.
51 Alfons Paquet: Der Frankfurter Rundhorizont. Frankfurt am Main 1937, S. 15.
52 Walter Kempowski: Schieber, Schummler, Scharlatane. In: MERIAN 40 (1987), Heft 4, S. 139.

8. Auf den Spuren der Romantiker

Es gibt Bücher, die man gut und gern zu Hause lesen kann, romantische Literatur liest man besser auf Reisen. Nicht wenige ihrer Werke sind ein vielstimmig tönendes Echo von wirklich existierenden Landschaften, von Flüssen, Wäldern und Burgen, von bedeutsamen Plätzen, besonderen Orten. Romantische Literatur entstand nicht selten in Zentren der Geselligkeit, auf Sammelplätzen gemeinsamen Philosophierens oder in ausführlichen Brief-Dialogen. Die Salons, die legendären Häuser und Dichterwohnungen waren so etwas wie Kraftwerke der Kunst; hier wurden Ideen und Programme entwickelt, hier wurde in manchmal hitzigen Debatten geklärt, was man sich unter romantischer Literatur vorzustellen habe.

Da trifft es sich gut, dass in Hessen eine stattliche Reihe solcher Landschaften und Zentren der literarischen Kommunikation zu finden ist. Auf Reisen lesen: das meint, Besuche und Lektüren zu kombinieren. So kann man sich doppelt freuen; man sieht etwa den Rhein bei Rüdesheim und hat zugleich sein literarisches Double in den Texten von Clemens Brentano oder Achim von Armin vor Augen.

Man flaniert aber auch durch Frankfurts Innenstadt, sucht die Fixpunkte der romantischen Literatur und findet oft nur Reste und Ruinen oder rekonstruierte Orte der Erinnerung.

Aber gerade die Erfahrung von Verlust und radikalen Brüchen, vom Verschwinden einstmaliger Wirklichkeit kann dabei helfen, romantische Literatur zu verstehen. Sie hat die Sehnsucht nach dem Vergangenen oft genug thematisiert.

Gewiss können hier nicht alle Spuren der Literatur aus der Zeit der Romantik verfolgt werden; wir konzentrieren uns auf Frankfurt und Marburg, auf den Rheingau und das Hofgut Trages in der Nähe von Gelnhausen.[1]

Wir haben in Hessen nicht nur viele Schauplätze und Ruinen der Romantik, mit der Familie Brentano – Bettine und Clemens vor allem – verfügen wir auch über den Mittelpunkt eines weit verzweigten Netzwerkes romantischer Literatur und Geselligkeit. Von ihnen wird ausführlich die Rede sein. Wir verweisen bei der romantischen Reise in Hessen auf Orte und Stätten, die heute bequem zugänglich sind.

Frankfurter Orte

Beginnen wir am Ende, im Frankfurter Goethe-Haus. Dort arbeiten eifrige Wissenschaftler seit 1964 im Freien Deutschen Hochstift an der Frankfurter Brentano-Ausgabe, die seit 1975 erscheint. Dort befindet sich auch das Brentano-Archiv mit vielen Manuskripten und Materialien. Im Frankfurter Goethe-Museum wurden 1970 und 1978 Ausstellungen zu Clemens Brentano präsentiert; die Kataloge sind hervorragende Quellen zu seinem Leben und Werk.

Die Zentrale des Handelshauses Brentano, das Haus „Zum Goldenen Kopf" – so hatte sich in Frankfurt der italienische Name „Coppa d'Oro" (eigentlich „Goldschale") eingebürgert –, lag in der Nähe von Goethes Geburtshaus in der Großen Sandgasse. Dorthin war die Familie im Frühjahr 1778 gezogen. Das Haus wurde 1944 zerstört. Vom „Nürnberger Hof", dem vormaligen Familiensitz, ist noch ein Bogen in der Braubachstraße erhalten, der Durchgang zur Berliner Straße 33–35.

Prekär war Goethes Verhältnis zum Haus in der Großen Sandgasse, da er noch sehr viel später bedauerte, dass Maximiliane von La Roche, die Tochter von Sophie von La Roche, im Januar 1774 den Kaufmann Peter Anton Brentano geheiratet hatte und in das aufwendig umgebaute Haus gezogen war. Denn der junge Goethe hatte sich bei einem Besuch in Ehrenbreitstein bei Sophie von La Roche in „Maxe" verliebt, als er gerade nach seiner von ihm weltliterarisch ausgebeuteten unglücklichen Affäre mit Charlotte Buff aus Wetzlar geflohen war. Jahrzehnte später schwärmte er noch in *Dichtung und Wahrheit:*

> „Es ist eine sehr angenehme Empfindung, wenn sich eine neue Leidenschaft in uns zu regen anfängt, ehe die alte noch ganz verklungen ist. So sieht man bei untergehender Sonne gern auf der entgegengesetzten Seite den Mond aufgehn und erfreut sich an dem Doppelglanze der beiden Himmelslichter."[2]

Über das neue Himmelslicht Maximiliane sprach er fortan stets in den höchsten Tönen. Das Haus in der Großen Sandgasse aber färbte er im Zwielicht der Heirat mit Peter Anton Brentano unfreundlich ein. Er berichtet in *Dichtung und Wahrheit* von einem düster gelegenen Handelshaus ohne geistige Substanz.

Zurück zum Frankfurt der Brentanos. Beim Besuch im Goethe-Museum im Großen Hirschgraben kann man sich an eine Beziehung erinnern, die ganz und gar schwierig und wechselhaft war, die merkwürdige, großenteils literarisch überhöhte oder untergrabene Freundschaft zwischen Goethe und Bettine. Sie hat darüber sehr spät (1835), nach Goethes Tod, in *Goethe's Brief-*

Goethes Mutter aus der *Gallerie berühmter und merkwürdiger Frankfurter* (1861)

wechsel mit einem Kinde berichtet und ist darin ihren Wünschen und Phantasien weit mehr als der Realität gefolgt. 1806 war es zwischen Bettine und ihrer engen Vertrauten Karoline von Günderrode zum Bruch gekommen. Die 21-jährige Bettine suchte daraufhin den engen Kontakt zu Goethes Mutter, der „Frau Rath". Die spürte mit Bettine eine innere Verwandtschaft und ging gern auf die Kommunikationswünsche ein.

In einer seltsamen Übertragung glaubte Bettine an Goethe gewisse Ansprüche stellen zu dürfen, hatte er doch ihrer schönen Mutter „nachgestellt". Von 1806 bis zum Tod von Goethes Mutter im Jahre 1808 hatte Bettine die Frau Rath des Öfteren in ihrem Haus besucht; es wurden Briefe gewechselt. In Bettine von Arnims fiktivem Briefwechsel mit Goethe heißt es in einem auf den 23. April 1807 datierten Brief an Goethes Mutter:

> „Alles ist freundlich und doch feierlich. In den Zimmern ist die höchste Einfachheit zu Hause, ach so einladend! Fürchte dich nicht: sagten mir die bescheidenen Wände, er wird kommen und wird sein, und nicht *mehr* sein wollen wie Du, – und da ging die Tür auf und da stand er feierlich ernst und sah mich unverwandten Blickes an; ich streckte die Hände nach ihm, glaub' ich – bald wußt' ich nichts mehr, Goethe fing mich rasch auf an sein Herz. *Armes Kind, hab' ich Sie erschreckt*, das waren die ersten Worte, mit denen seine Stimme mir in's Herz drang; er führte mich in sein Zimmer und setzte mich auf das Sopha gegen sich über. Da waren wir beide stumm, endlich unterbrach er das Schweigen: Sie haben wohl in der Zeitung gelesen, daß wir einen großen Verlust vor wenig Tagen erlitten haben durch den Tod der Herzogin Amalie. Ach! sagt' ich, ich lese die Zeitung nicht. – So! – Ich habe geglaubt, alles interessiere Sie, was in Weimar vorgehe. – Nein, nichts interessiert mich als nur Sie, und da bin ich viel zu ungeduldig, in der Zeitung zu blättern. – Sie sind ein freundliches Kind. – Lange Pause – ich auf das fa-

tale Sopha gebannt, so ängstlich. Sie weiß, daß es mir unmöglich ist, so wohlerzogen da zu sitzen. – Ach Mutter! Kann man sich selbst so überspringen? – Ich sagte plötzlich: hier auf dem Sopha kann ich nicht bleiben, und sprang auf. – Nun! sagte er, machen Sie sich's bequem; nun flog ich ihm an den Hals, er zog mich auf's Knie und schloss mich an's Herz. – Still, ganz still war's, alles verging. Ich hatte so lange nicht geschlafen; Jahre waren vergangen in Sehnsucht nach ihm, – ich schlief an seiner Brust ein; und da ich aufgewacht war, begann ein neues Leben. Und mehr will ich Dir diesmal nicht schreiben."[3]

Bettine hat in ihrem fiktiven Brief mit dramatischem Gespür und literarischem Geschick eine Initiationsszene geschildert („begann ein neues Leben"), die geradewegs nicht ins Leben, dafür aber in die Literatur, in romantische Sehnsüchte und Projektionen führte; denn trotz Goethes gelegentlich wohlwollenden Interesses und einiger Begegnungen mit Bettine hielt er sie doch eher auf Distanz und sie wurde gar des Hauses verwiesen, weil sie Goethes Frau Christiane anlässlich einer Kunstausstellung in Weimar als „wahnsinnige Blutwurst" beschimpft haben soll.

Im Goethe-Haus kann man den Beziehungen der Familie Goethe zu den Brentanos nachgehen. Viele gedruckte Quellen, Bücher und Bilder können dabei helfen; materielle Objekte wie Möbel, Alltagsgegenstände, hübsche Memorabilien vervollständigen dort das Szenarium. Wie steht es mit anderen Erinnerungsposten an die Brentano-Familie?

Das Brentano-Haus in der Großen Sandgasse existiert nicht mehr, vom „Nürnberger Hof" ist nur noch ein Torbogen übrig. Das später nach Plänen von Karl Friedrich Schinkel gebaute prächtige Haus in der Neuen Mainzer Straße wurde nach 1869 abgerissen. Es war das am weitesten südlich von Berlin gelegene Haus, das der Berliner Architekt Schinkel je entworfen hat. Den Kontakt zu Schinkel hatte der inzwischen berühmt gewordene Clemens hergestellt. Achim von Arnim schrieb am 16. Oktober 1820 nach seinem ersten Besuch im neuen Haus an seine Frau Bettine:

„Ich besuchte mit ihm [Franz Brentano, *d. A.*] seine Wohnung, ein neues Haus in der Richtung hinter dem Gontard'schen Stifte auf dem Walle erbaut, um seine Gemälde zu sehen. Eine reiche Sammlung, ein hübsch eingerichtetes Haus, seine Kupferstiche habe ich noch nicht gesehen, doch das Einzelne wird zu weitläufig"[4].

1823 besuchte Clemens das Haus und fand es schön, den Bruder Franz jedoch mit erheblichem Kummer belastet, weil die Kinder nicht gerade wohlgeraten schienen. Bleibt der Besitz in Rödelheim, über den zu sprechen sein wird.

Beim Gang durch Frankfurt sind noch ein paar Brentano-Orte zu erwähnen. Die katholisch getauften Brentano-Kinder dürften in die Liebfrauenkirche gegangen sein, jedenfalls wäre sie „zuständig“ gewesen, belegt ist es nicht. Bestattet wurde Peter Anton Brentano, der Vater von Bettine und Clemens, neben seinen beiden ersten Frauen in der Karmeliterkirche. Im Dom befindet sich die Grabstätte von Anton Joseph Freiherr von Brentano-Cimaroli. Er entstammte dem Mailänder Zweig der Brentanos, diente im österreichischen Heer gegen die Franzosen. Bei der Verteidigung von Trier im Jahre 1791 erkrankte er, um fortan in Frankfurt zu leben. Dort erfreute sich der Cousin von Anton Brentano großer Beliebtheit; gern ging Bettine in den Dom, um am Grab des Verwandten zu verweilen. Zu erwähnen ist das Theater, das dort stand, wo heute der Rathenau-Platz ist.

Clemens Brentano

Am 3. September 1782 wurde das Komödienhaus, das erste Frankfurter Theatergebäude, eingeweiht. Goethes Mutter hatte hier ihre Loge (Nr. 9), die Brentanos waren öfter unter den Zuschauern. 1792 wurde es von einer Aktiengesellschaft übernommen. In dieser Aktiengesellschaft spielte Johann Jakob Willemer eine große Rolle. Marianne Jung, die spätere Frau Willemers, trat im Komödienhaus zwischen 1798 und 1800 ein paar Dutzend Mal als Schauspielerin und Tänzerin auf. Clemens sah Marianne Jung vermutlich im Herbst 1799 in dem Ballett *Die Geburt des Harlekin* als Pierrot. Am 10. Mai 1803 besuchte er im Komödienhaus das Stück *Nina oder Wahnsinn aus Liebe* von Bernhard Christoph d'Ariens und wurde dabei an Marianne von Willemer erinnert, der er im Jahre 1800 Gitarrenunterricht gegeben hatte. Am Tag darauf schrieb er an Achim von Arnim, den „Herzbruder“:

> „Ich schreibe dir geschwind hier ein Lied her daß ich gestern Abend nach dem Theater gemacht habe […]. Hier auf dem Theater war vor ein Paar Jahren Mariane Jung ein unschuldig treu Kind Tänzerinn, ich liebte sie still weg, der Banquier Willmer nahm sie von der Bühne und machte sie zu seinem Pflegekind (Maitresse) ich gieng zu Willmer, er vertraute sich mir an, wollte mich zum Mittel gebrauchen, die Jung fester zu binden, ich war ehrlich, die Jung liebte mich, sie weinte oft in meiner Nähe, ich sprach davon mit Willmer, seine Eifersucht vertrieb mich, wir haben uns noch lieb, so so, da ich abreiße morgen, so ließ ich der Jung durch Betine sagen, ich würde nah an ihrer Loge stehn, sie soll mich doch freundlich ansehn, ich gieng weg, es werde mir sehr wohl thun, nun sah mich auch das Liebe Kind gar freundlich an […] und da schrieb ich zu Hauß das Lied für sie, auf die Melodie da droben auf jenem Berge, die ich sie selbst singen lehrte.

„Es stehet im Abendglanze
Ein freies heiliges Haus
Da sehen mit schimmernden Augen
Viel Knaben und Jungfraun heraus,
Dort hab ich mein Liebchen gesehen
Ein freundliches zierliches Kind,
Sie konnte wohl schweben und drehen,
Wie fallende Blüthen im Wind

Und die in dem Hause wohnen
Sind heilig und wissen es nicht
Sie leben mit Kränzen und Kronen
Alltäglich ein neues Gedicht
Sie sind gleich den Göttern und handlen
Wohl täglich in andrer Gestalt,
Mein Liebchen wird auch sich verwandlen
Das tut meinem Herzen Gewalt. […]“[5]

Am 12. Mai 1803 verließ Clemens Brentano Frankfurt und heiratete am 29. November Sophie Mereau in Marburg. Dorthin werden wir etwas später gelangen.

In einem Brief vom 22. Oktober 1807 aus Kassel an Achim von Arnim berichtet Clemens von seiner ersten Begegnung mit Auguste Bußmann. Im Oktober 1806 war seine Frau Sophie Mereau gestorben. Im August 1807 hatte er Auguste Bußmann geheiratet. Diese Begegnung fand im Frankfurter Palais Thurn und Taxis statt, das heute nur noch als geschrumpfte Rekonstruktion existiert. Nicht gerade feinfühlig schrieb der seit zwei Monaten bereits unglücklich verheiratete Clemens Brentano an seinen Freund:

„[…] Entsetzlich verständig sprechend, entschloßen wie ein Mann, jungfräulich schüchtern wie eine Nonne, wirft sich mir *Auguste* […] Bussmann, Moric seine Niece, […] an den Hals. […] ich stehe neben ihr im Taxischen Hof auf der Treppe da Napoleon und die andern Fürsten auf und ablaufen, in einer Nische mit Claudine und Betine, wie eine Bildsäulengruppe, […] ich stehe wie am Pranger, mit unaussprechlicher Angst und trauriger Empfindung, das die Arme die mich öffentlich umschlangen mir wirklich ein Halseisen werden könnten […]“[6].

Die Ehe mit Auguste Bußmann dauerte dann bis zur Scheidung sieben ziemlich entsetzliche Jahre lang. Sollte man mit „romantisch“ einen zärtlich-sehnsuchtsvollen Charakter der einschlägigen Dichter verbunden haben, so dürften die wenigen Zitate aus diesem Brief das Bild ein wenig zurechtrücken. Clemens Brentano war ein großer Dichter, ein unkomplizierter Mitmensch war er beileibe nicht.

Das Petri-Haus in Rödelheim

Im Brentanopark in Frankfurt-Rödelheim befindet sich heute das von 1998 bis 2000 umfassend rekonstruierte einstige Refugium Georg Brentanos, das Petrihaus. Der 1776 geborene Georg Brentano war der älteste Bruder von Clemens und Bettine; in Franz Brentanos florierendem Handelsunternehmen sorgte er für das Bankhaus. Er war ein kundiger Kunstsammler, ein Gönner des Städelschen Instituts und Förderer des Malers Ludwig Emil Grimm. Im Mai 1808 erwarb er das größtenteils aus Überschwemmungsland der Nidda bestehende Gebiet, auf dem er – wohl nach Plänen Goethes – einen englischen Garten errichten ließ. Der Park entwickelte sich zu einem wahren Lust- und Zaubergarten mit „Laubengängen, Orangenbäumen und labyrinthischen Arkaden, Rehen und Pfauen, einem Treibhaus, einer Fasanerie und einem brückenüberwölbten Flüsschen, auf dem Barken die Gäste durch eine Märchenlandschaft trugen“, schreibt Klaus Günzel in seinem Buch *Die Brentanos. Eine deutsche Familiengeschichte* (1997).[7]

Das heute zu besichtigende Petrihaus ließ Georg 1820 von einem einfachen Fachwerkbau in ein Schweizer Haus mit klassizistischen Stilelementen verwandeln. Georgs Nichte Maximiliane, die älteste Tochter von Bettine und Achim von Arnim, erinnerte sich: „Das Poetischste von allem aber war das malerische Petrihäuschen, in dem der Onkel wohnte und auch ganz allein schlief. Es lag unter einer alten Platane nahe beim Niddawehr, so daß man immer das sanfte Rauschen des Wasserfalls hörte. […] Das ganze Häuschen war von einem Balkon umgeben, der immer mit blühenden Pflanzen geschmückt war.“[8]

Clemens Brentano. Radierung von Ludwig Emil Grimm (1837)

Den so entstandenen Landsitz verwandelte Georg im Laufe der Jahre durch Zukäufe und Tausch in ein weitläufiges Gelände, das heute von der Straße „An der Insel“ bis zum Brentano-Bad den öffentlich zugänglichen Brentano-Park bildet. Zwei noch vorhandene repräsentative Tore am Eingang des Rödelheimer Parks markieren die Lage des einstigen Haupthauses. Immerhin blieb der Name Brentano für Bad und Gelände erhalten.

Im Haupthaus und im Park gab es glänzende Feste, wie 1823 die Feier zur Silberhochzeit von Franz Brentano, über die Clemens, der das Fest ausrichtete, berichtet:

> „Die Ausführung gelang vollkommen. Ich kommandierte im blauen westphälischen Kittel alle vornehmen Gäste und selbst die hohe versammelte Geistlichkeit. Am Ende führte man mich zur Belohnung in eine versteckte, mit Mousselin ausgeschlagene Nische, worin Kinder meine Büste mit Rosen kränzten, und man rief: Vivat Torquatus Tasso!“[9]

Da war aus dem wilden romantischen Dichter schon ein gesetzter, berühmter Herr geworden.

Nach dem frühen Tod von Peter Anton Brentano im März 1797 übernahm der 1765 geborene Franz, der zweitälteste Sohn aus Antons erster Ehe, die Rolle des Familienoberhaupts. Er war mit Antonia verheiratet, einer geborenen Edlen von Birkenstock aus bestem Wiener Haus. Sie wurde die „First Lady“ der Familie Brentano. Clemens schildert sie in seinem Roman *Godwi*: „Von den Stürmen der andern verschlagen, lege ich mich oft vor dieser friedlichen, ruhigen Insel vor Anker, und der kleine Anker von Jaspis, der an ihrem Halse hängt, mit seinen sanft wogenden, tiefen, stillen Gründen, hat sich oft so mit meinen Tauen verstrickt, dass ich kappen musste, um wegzukommen.“[10]

Als Gegenpol zum Frankfurter Stadthaus, dem „Goldenen Kopf“, erwarben Franz und Antonia 1806 ein Landgut in Winkel im Rheingau. Dort wurde Wein angebaut, dort entstand ein vorzügliches Zentrum romantischer Geselligkeit. Das zweistöckige Haus mit einem imposanten Mansardendach war Mitte des 18. Jahrhunderts gebaut worden, dann verwandelte es sich unter der kundigen Leitung von Antonia in einen literarisch-künstlerischen Salon, in dem bedeutende Damen und Herren verkehrten. Legendär wurde der Besuch Goethes im September 1814. Nicht nur, weil er dort in einem ihm überlassenen Zimmer wichtige Texte schrieb. Er arbeitete am *West-östlichen Divan*, bereitete den weinkundigen Text *Sankt-Rochus-Fest zu Bingen* mit dem schönen Supplement *Im Rheingau Herbsttage* vor und erkundete eifrigst die vielen Natur- und Kulturdenkmäler des Rheingaus. Er benahm sich auch zuweilen recht merkwürdig. 1855 notierte die 75 Jahre alte Antonie Brentano in ihren Erinnerungen: „[...] Er schöpfte sich immer seinen Teller schrecklich voll Speisen, die er aber meistens immer liegen ließ, ohne sie zu genießen, was mir als Hausfrau immer das unbehagliche Gefühl hervorrief, als sei ihm nichts gut genug zubereitet.“[11] Immerhin bedankte Goethe sich überschwänglich in der, den *Rheingau-Herbsttage(n)* vorangestellten Widmung bei den Gastgebern:

> „Das lebendige Schauen der nunmehr zu beschreibenden Örtlichkeiten und Gegenstände verdanke ich der geliebten wie verehrten Familie Brentano, die mir an den Ufern des Rheins, auf ihrem Landgute zu Winkel, viele glückliche Stunden bereitete. Die herrliche Lage des Gebäudes lässt nach allen Seiten die Blicke frei, und so können auch die Bewohner, zu welchen ich mehrere Wochen mich dankbar zählte, sich ringsumher, zu Wasser und Land, fröhlich bewegen."[12]

Karoline von Günderrode

Jetzt muss des Schicksals von Karoline von Günderrode gedacht werden. Bettine hatte sie bei ihrer Großmutter Sophie von La Roche kennengelernt. Seitdem verehrte sie die ältere Freundin. An Goethes Mutter schrieb sie in *Goethe's Briefwechsel mit einem Kinde*:

> „[…] Sie war so sanft und weich in allen Zügen, wie eine Blondine. Sie hatte braunes Haar, aber blaue Augen, die waren gedeckt mit langen Augenwimpern; wenn sie lachte, so war es nicht laut, es war vielmehr ein sanftes gedämpftes Girren, in dem sich Lust und Heiterkeit sehr vernehmlich aussprach; – sie ging nicht, sie wandelte, wenn man verstehen will, was ich damit auszusprechen meine; – ihr Kleid war ein Gewand, was sie in schmeichelnden Falten umgab, das kam von ihren weichen Bewegungen her; – ihr Wuchs war hoch, ihre Gestalt war zu fließend, als daß man es mit dem Wort *schlank* ausdrücken könnte, sie war schüchternfreundlich, und viel zu willenlos, als daß sie in der Gesellschaft sich bemerkbar gemacht hätte […]".[13]

Karoline war mit 17 Jahren von Hanau in das adlige Damenstift in Frankfurt gekommen. An die strenge Hausordnung hielt sie sich kaum. Vielmehr reiste sie umher, korrespondierte fleißigst, verschrieb sich der Literatur und interessierte sich sehr für Geschichte. Im Sommer 1799 verliebte sie sich in den späteren Rechtslehrer Friedrich Carl von Savigny, der 1804 Bettines Schwester Kunigunde, genannt Gunda, heiratete. Die Sache zog sich quälend hin. In einem drei Jahre währenden Briefwechsel sprach Savigny von allerhand freundlichen Dingen, von Liebe nie.

Karoline publizierte 1804 ihr erstes Buch *Gedichte und Phantasien* unter dem Pseudonym „Tian". 1805 erschienen ihre *Poetischen Fragmente*, wieder unter ihrem Pseudonym. Auch Dramen hat sie verfasst, womit ihr jedoch kein Erfolg beschieden war.

Clemens hatte um Karoline geworben, erfolglos. Im unglücklichen Liebesreigen lernte Karoline schließlich im Sommer 1804 in Heidelberg den neun Jah-

Karoline von Günderrode. Lithographie von V. Schertle, um 1800

re älteren Philosophie- und Geschichtsprofessor Georg Friedrich Creuzer kennen, einen Mann, der durch exzentrische Intelligenz bestach. Er galt als Mittelpunkt des Heidelberger Romantikerkreises und lebte in einer Art Pflichtehe mit der um 13 Jahre älteren Witwe eines Kollegen zusammen. Unglücklicherweise war jetzt zwischen Karoline und Creuzer die Liebe gegenseitig. Doch halfen alle Schwüre, alle romantischen Vertröstungen nicht darüber hinweg, dass Creuzer sich von seiner Ehefrau und deren Kindern am Ende doch nicht trennen wollte. Karoline litt zwei Jahre lang und schwankte zwischen Hoffnung und tiefster Verzweiflung.

Im Frühjahr 1806 kam sie mit zwei Freundinnen nach Winkel, um im Haus des Frankfurter Kaufmanns Mertens Erholung zu finden. Dort erfuhr sie von Creuzers Entscheidung, bei seiner Frau zu bleiben. Am 26. Juli erstach sie sich am Ufer des Rheins. Den Dolch hatte sie sich auf der Frankfurter Messe gekauft und dann immer mit sich getragen.

Es ist alles in Winkel noch vorhanden. Das Haus, in dem Karoline Linderung suchte, der Grabstein auf dem Friedhof mit dem ergreifenden Abschiedsgedicht, das sie wahrscheinlich aus dem Gedächtnis nach Herders „Abschied des Einsiedlers“ kurz vor ihrem Freitod geschrieben hatte:

„Erde du meine Mutter u(nd) du mein Ernährer der Lufthauch
Heiliges Feuer mir Freund und du o Bruder der Bergstrom
Und mein Vater der Äther ich sage euch allen mit Ehrfurcht
Freundlichen Dank mit euch hab ich hienieden gelebt
Und ich gehe zur andern Welt euch gerne verlassend,
Lebt wohl denn Bruder u(nd) Freund, Vater und Mutter lebt wohl.“[14]

Erst am 1. Oktober 1806 erfuhr Creuzer von dem Freitod. Er schrieb an Savigny: „Vorerst scheint mir Stillschweigen über das unabänderlich Entschiedene am würdigsten der Ruhe, die der Entschlafenen gebührt. Mir kommt es zu, darauf bedacht zu sein, dass ich nicht ohne Nutzen der ernsten Schule gewesen sei, in die ich vom Schicksal geführt worden. Ich versuche wieder zu arbeiten und nicht ohne Erfolg, insofern vom einsamen Recherchiren die Rede ist, wo Tote meine Gesellschaft sind.“[15]

Anderen sei es überlassen, in Karolines Selbstmord das konsequente Ende ihrer Todessehnsucht zu sehen; sie wurde mit ihrem Leben und Sterben zu einer faszinierenden Zentralfigur der literarischen Romantik.

Bettine ehrte sie lange nach ihrem Tod mit dem Briefroman *Die Günderode*. Für Christa Wolf, die 1979 in ihrem Roman *Kein Ort. Nirgends* eine fiktive Begegnung Heinrich von Kleists mit Karoline von Günderrode schilderte, ist das Ziel des Buches „offensichtlich“. Bettine von Arnim wollte „das Vermächtnis ihrer eigenen Jugend an die übernächste Generation weiterreichen. Aufgewühlt gibt sie sich den Geschichten aus ihrer Frühzeit hin, die sich bis zu beinah übersinnlichen Erscheinungen verdichten können“[16]. Auch ihren Bruder Clemens ließ Bettine in ihrem Briefroman von der Freundin charakterisieren. Clemens habe ihr geschrieben, teilt Karoline von Günderrode Bettine mit:

> „Wie ein böser Traum sind mir manche bittere und trübe Erinnerungen von ihm vorübergegangen, sein Brief hat mich betrübt weil er mir die verworrenen Schmerzen seines Gemüts deutlich und doch wieder dunkel darstellt, auch wenn ich ihn nie gesehen hätte, würde mich dieser kalte Lebensüberdruß tief und schmerzlich bewegen. – Er stellt sich so an den Rand der Jugend als habe sie ihn ausgestoßen, wie mich das schmerzte wollte er es doch anders sein lassen, lieber die vergangne Zeit zurückrufen und fortleben ewig frisch, jung und träumerisch, wie er es gewiß könnte; es wird und muß wieder so mit ihm werden“[17].

Winkeler Sommerfrische

Zwei Jahre nach Karolines Tod kam es zur „Auswanderung ins Rheingau“, wie Bettine den vorübergehenden Umzug der Großfamilie in die Winkeler Sommerfrische nannte: die Frauen per Schiff mit Sack und Pack, mit „Hausgerät, Möbeln, Betten, Gardinen und Bildern, nicht zu vergessen drei Zimmermädchen und ein Klavier,“[18] berichtet Klaus Günzel. Die schwärmerische Begeisterung ihres Bruders Clemens für den Rheingau konnte Bettine zunächst nicht teilen. In einem Brief vom Mai 1808 an Goethes Mutter bemerkte sie:

> „Ach, Frau Mutter! Was ist hier in dem Langenwinkel für ein wunderlich Leben; das soll schöne Natur sein und ist es auch gewiss, ich hab' nur keinen Verstand, es zu erkennen. Eh' meine Augen hinüber auf den Johannisberg schweifen, werden sie von ein paar schmutzigen Gassen in Beschlag genommen, und von einem langen Feld raupenfräßiger Quetschen- und Birnbäume."[19]

Dieser Eindruck sollte bald korrigiert werden. Nur kurz darauf berichtete sie ihrem späteren Mann Achim von Arnim begeistert:

> „Da bin ich nun schon zwei Tage, komme eben von einem heißen lieben Spaziergang über den Johannisberg, siehst Du, es ist ganz göttlich hier. Die Bäume schütteln eben noch ihren letzten Blütenschmuck über die Wandrer; unser Haus ist freundlich, die Zimmer haben etwas Zellenartiges, ein jedes hat, immer nur ein Bett, ein Fenster und einen Stuhl".[20]

Clemens indes kam nach Winkel nur selten. Er darf trotzdem als Begründer der Rheinromantik gelten, wenn der Begriff auch äußerst unscharf ist und nicht nur für die Gefühle der angetrunken schunkelnden Besucher der Rüdesheimer Drosselgasse verwendet wird, sondern auch für die literarische Romantik nach 1815, die Spätphase also, die gelegentlich auch als „Verfallsphase" bezeichnet wird.

Wie dem auch sei, in einem strengen Verständnis darf man den Beginn der Rheinromantik auf den Juni 1802 datieren. Zwischen Ostern und Pfingsten 1800 war Clemens Brentano zusammen mit seinem späteren Schwager Carl von Savigny mit einer luxuriös ausgestatteten „Wasserdiligence" von Frankfurt nach Rüdesheim gefahren. Die romantische Kulisse des Rheinufers mit den weiten Buchten, sumpfigen Wiesen, mit Schilf und Weidenbäumen, Landzungen und hellen Sandbänken, mit den verfallenen Burgen, den Dörfern, Weinbergen und fernen Wäldern, muss den beiden Reisenden als poetische Initiationslandschaft vorgekommen sein. Clemens jedoch war viel stärker auf romantische Wahrnehmung eingestellt als Carl von Savigny. Man logierte in Rüdesheim im Ackermannschen Hof, und Clemens verliebte sich sogleich programmgemäß in die schöne Wirtstochter Walpurgis. An Bettine in Frankfurt schrieb er:

> „Es tut mir Leid, dass Du alles nicht auch sahst, Du würdest schöner davon sprechen, und schön sprechen soll man, damit das Schöne immer lebendiger wird und mehr. Denn die Liebe hat nimmer des Schönen genug. Savigny hat alles auch mit mir gesehen, ich dachte, hier, wo seine Studiermaschine nicht fortwährend im Gange ist, werde endlich einmal sein Inneres zu Wort kommen; doch stumm wie immer, marschiert er neben mir die Natur auf und ab, und das verdirbt mir alles Genießen".[21]

Es sollte noch zwei Jahre dauern, bis Clemens Brentano gleichsam in einem romantischen Urknall den Rhein mit all seinen mythologischen, politischen

Rüdesheim um 1860

und landschaftlichen Anklängen der literarischen Romantik zuführen sollte.

1801 war der aus einem alten märkischen Adelsgeschlecht stammende Achim von Arnim als Student in Göttingen Brentanos „Herzbruder" geworden. Den beiden schien die innig vertraute literarische Schaffensgemeinschaft auf den Leib geschneidert. Wenn irgendwer die romantischen Ideale des „Symphilosophierens", des gemeinsamen Forschens, Schreibens, Denkens und Lebens, realisiert hat, dann waren es Achim von Arnim und Clemens Brentano, die in vertrauter Freundschaft verbunden waren und sich in einer Fülle manchmal grandioser Briefe stets einander anvertrauten. Der vorbildlich edierte Briefwechsel der beiden erschien 1998 in der von Hans Magnus Enzensberger begründeten Anderen Bibliothek.

Nun trafen die beiden Freunde sich im Juni 1802, um mit einer – für Clemens erneuten – Rheinreise zu einer Fahrt durch die Wunschlandschaften der Romantik aufzubrechen. Und alles fand sich. Die Landschaft als Spiegel der Seele, Ruinen, die auf eine bessere Zeit zurückweisen, singende Schiffer, Mädchen, die die Ideen der Liebe verkörpern und als Schmelzfluss aller romantischen Anschauungen der Rhein. Man darf ihn nicht auf sein Wasser oder die raffinierten Spiegelungen reduzieren. Um 1800 war er die Grenze zwischen den deutschen Landen und Frankreich. Da wurde vieles an Schönheit und Empfindung, an Geschichtssehnsucht und Freiheitswünschen aufgefahren, um es direkt der deutschen Sache zuzuschlagen. Später ist etwa Achim von Arnim den Gefahren des Chauvinismus, eines anrüchigen Nationaltaumels nicht immer entgangen. Was aber diese eigentlich erste romantische Rheinreise auszeichnet, ist ihre Offenheit, ihr Reichtum an den neuen, kühnen, grandiosen literarischen Bildern und Formen, die sie hervorzubringen half.

Man wird Zeuge eines immensen Abwurfs an Ballast. Die Landschaft wird nicht mehr wie in den Traditionen einer nützlichen Aufklärung nach Bodenschätzen, landwirtschaftlichem Ertrag oder ingenieurwissenschaftlichen Einsichten durchsucht; sie wird zum privilegierten Teil eines Aufschwungs künstlerischen Vermögens. Alles wird neu bewertet. Alte Lieder, seit Herder nennt man sie „Volkslieder", mündliche Erzählformen wie Märchen und Sagen. Radikale Gefühle, zugespitzte Gedankenexperimente, erdachte neue Formen von Geselligkeit. Vor allem aber eines: der „romantische Sound": die kunstvolle Beschwörung natürlicher Phänomene, die schlichtschöne Anrufung des Mondes, des Waldes, der blauen Ferne, des Hörnerklangs, des „Liebchens", das leider verlassen werden muss. Das alles existiert noch nicht als Nationalgut, das dabei helfen muss, den vielen Feinden die eigene kulturelle Überlegenheit entgegenzuhalten, sondern als „wilde Romantik", die einen Überschuss an ästhetischem Reichtum produziert. Manches davon findet sich in dem Brief, den Achim von Arnim über die besagte Rheinreise an die Gräfin Schlitz schrieb:

> „Auf den Postschiffen ist ein herrliches Leben, ganz wie im Himmelreich, nur nicht umsonst, und etwas heißer. Die Rheinländer sind ein so edles Volk wie ihr Wein, sie haben außer dem Sinn für Dichtung eine helle, klingende, hohe Stimme, besonders die Schiffer. In einen alten Mantel gehüllt, ohne Plan mit einem Freunde und einem Buche umherirrend, im Gesänge der Schiffer von tausend neuen Anklängen der Poesie berauscht, ohne Tag und Nacht zu sondern, frei von Sturm und Ungewitter, denn unser Gesang führte sie uns wie Bilder unsres Gemüts – so möchte ich wohl noch einmal leben; das Leben war frisch angebrochen wie die echte Quelle des rheinischen Weines. Ich fühlte jetzt recht, wo ich in meinen Gedanken in dem Eichenwalde des Osteins stehe, nachdem es lange ahndend durch die Blätter geblickt hat und ich endlich in den schönen, einfachen, freien griechischen Tempel trete, dass eine gewaltige Dichtung durch die ganze Natur weht, bald als Geschichte, bald als Naturereignis hervortritt, die der Dichter nur in einzelnen schwachen Widerklängen aufzufassen braucht, um ins tiefste Gemüt mit unendlicher Klarheit zu dringen. Denn sehe ich nun herab aus dem griechischen Tempel, in den ich durch den deutschen Eichenwald getreten, so braust unter mir zwischen den Binger Felsen der starke Rhein und schäumt unwillig über den nutzlosen Widerstand; aber die Berge scheinen noch immer sich an ihn drängen zu wollen, die sinkenden Felsstücke mit den alten Schlössern auf ihren Spit-

zen fallen auf ihn hinab, auch die Bäume in der Höhe und die Weinstöcke tieferhin saugen ihm sein feuriges Blut aus – und wir in der Höhe nähren uns von allem dem, als wenn es aus uns hervorgegangen wäre, als aus dem ewigen schöpfenden Geiste."[22]

Briefe waren das geeignete Medium, um die signifikante Mischung aus Bericht und Reflexion, Schwärmerei und Projektphantasien mitzuteilen. Es war durchaus üblich, persönliche Briefe im Kreis von Freunden vorzulesen oder bei Gelegenheit daraus zu zitieren.

Eines dieser Projekte war die Liedersammlung *Des Knaben Wunderhorn.* Während der Rheinreise im Juni 1802 fassten die beiden fahrenden Gesellen den Entschluss, eine Sammlung von Volksliedern herauszubringen. 1805, datiert auf 1806, erschien dann der erste Band des *Wunderhorn*, 1808 der zweite. Grandios bleibt immer die Kunst vor allem von Clemens Brentano, einen „Volkston" zu treffen, den die Romantiker doch selbst erfunden haben.

Nach der Rheinreise, die für die Freundschaft von Brentano und von Arnim eine Art Gründungsmythos werden sollte, hielt der Briefwechsel zwischen den beiden Freunden über alle Differenzen, Enttäuschungen und Auseinanderentwicklungen bis 1829 an. Zwei Jahre später starb Achim von Arnim an einem Hirnschlag.

Gleich nach der legendären Reise, im Juli 1802, schrieb Achim von Arnim aus der Schweiz einen sehr ausführlichen Brief an Clemens Brentano. Darin verriet er dem Freund eine Erkenntnis, die ihm auf dem Frankfurter Marktschiff gekommen war:

„Alles geschieht in der Welt der Poesie wegen, die Geschichte ist der allgemeinste Ausdruck dafür, das Schicksal führt das grosse Schauspiel auf, [...] die Poeten werden genug begünstigt daß ihnen die Arbeit ein Spiel wird und die müssen für die übrige Menschheit arbeiten, daß sie den Zweck ihres Lebens, nicht verfehlen, daß sie nach der Arbeit einen poetischen Genuss finden nicht Langeweile mit Langeweile einkaufen."[23]

Das klingt wahrhaftig nicht bescheiden; die Poesie wird zum universellen Bindemittel, die Welt kann ohne sie nicht sein. Immerhin verdankt sich dieser poetischen Hybris eine ganze Reihe von Texten, die zum Schönsten gehören, was die deutsche Literatur zu bieten hat.

Clemens antwortet im August 1802 aus Marburg. Er versichert den Freund seiner Liebe, ermahnt ihn aber gleich, das auf dem Rhein beschlossene Projekt nicht zu vergessen:

„Sammle viel Volkssagen und Lieder und alte Bücher in der Schweiz, auf das Dichten an Ort und Stelle halte ich weniger, als auf das erfinden, und gedichtete Lesen an Ort und Stelle, der Anblick sei Erfindung und Prophetische Kritick des künftigen Lieds, das Erinnerung, oder Wiedersehn sei. – Ich hätte eigentlich mit dir reisen sollen, es reißt sich gut mit uns, und ich liebe wenige Menschen so wie dich, ich kann die Idee nicht ertragen einstens ohne dich zu leben."[24]

So bleibt der Rhein im Juni 1802, vor allem aber der Rheingau zwischen Eltville und Rüdesheim, ein Literaturdenkmal der besonderen Art. Von erheblichem Vorteil ist die Tatsache, dass man in Mainz, Biebrich oder Eltville bloß das Schiff besteigen muss, um stromabwärts zur Rechten an all den Wunderorten dieser Rheinromantik vorbeizufahren.

Wer sich gründlich und in mehreren Künsten über die Rheinromantik informieren will, sollte ins Rheinhessische nach Bingen übersetzen und dort die einschlägige Dauerausstellung *Rheinromantik* im Historischen Museum am Strom anschauen.

Neun Jahre nach der Rheinreise mit Achim von Arnim schrieb Clemens Brentano seine *Rheinmärchen* (postum 1846). Mit den eingestreuten Liedern und Gedichten und der Nähe zu Sagen und Geschichten bilden sie typisch romantische Mischformen. Im „Radlauf"-Märchen begegnen uns die Sagen vom Binger Mäuseturm und vom Rattenfänger von Hameln. An einer Stelle gedenkt Brentano der glücklichen Rheinfahrt mit Achim von Arnim. In diesen Mischungen und in der Verwendung von Zitaten jedweder Provenienz war Brentano ein Meister. Die kurze literarische Rheinreise beenden wir mit dem Anfang des Rheinmärchens „Wie der Müller Radlauf dem Rhein ein Lied sang und einen Traum hatte":

„Im Rheingau, wo jetzt Rüdesheim liegt, stand vor undenklichen Zeiten eine einsame Mühle am Rhein, umgeben von einer grünen und blumenvollen Wiese. Auf dieser Mühle wohnte Radlauf, ein junger frommer Müllerbursche. Er lebte mit der ganzen Welt im Frieden, gab den Armen gern ein Mäßchen Mehl umsonst und streute seine Brosamen den Fischen und Vögeln aus. Jeden Abend setzte er sich auf den Mühlendamm hinaus und hatte da seine Freude an den schönen grünen Wellen des Rheins, an den Ufern, die sich spiegelten, und den Fischen, die vor Lust aus der Flut emporsprangen. Ehe er aber schlafen ging, flocht er immer noch einen schönen Blumenkranz und sang dem alten Rhein ein Lied vor, ihm seine Ehrfurcht zu beweisen. Am Schlusse des Liedes warf er dann den Kranz in die Wellen, die ihn freudig hinuntertrugen, und wenn Radlauf den Kranz nicht mehr schwimmen sah, ging er ruhig nach seiner Mühle, um zu schlafen. Das Lied aber, welches er gewöhnlich sang, lautete also:

Nun gute Nacht, mein Leben,
Du alter, treuer Rhein!
Deine Wellen schweben
Schon im klaren im Sternenschein.
Die Welt ist rings entschlafen,

Es singt den Wolkenschafen
Der Mond ein Lied.
Der Schiffer schläft im Nachen
Und träumet von dem Meer,
Du aber, du mußt wachen
Und trägst das Schiff einher.
Du führst ein freies Leben,
Durchtanzest bei den Reben
Die ernste Nacht. […]“[25]

Hof Trages

Vom Rhein begeben wir uns zu einem anderen Knotenpunkt romantischer Geselligkeit, zum Hof Trages, nicht weit von Gelnhausen.

Heute gehört das Wirtschaftsgebäude von Hof Trages zu einer Golfanlage. Man darf aber große Teile des Anwesens mit Park und Herrenhaus, dem Pächterhaus, dem Günderrodehäuschen, das vor Zeiten auch als Badehaus diente, betreten, darf neugierig herumlaufen, und wenn man es richtig anstellt, darf man sich auch im „Dichterzimmer“ umschauen, das sich im Herrenhaus befindet. Das Schloss wurde erst in den Sechzigerjahren des 19. Jahrhunderts von Carl Friedrich von Savigny gebaut, dem Sohn des berühmten Rechtsgelehrten Friedrich Carl von Savigny. Und mit ihm sind wir an einem weiteren, legendären Ort romantischer Geselligkeit in Hessen angelangt. „Romantisch“ ist nicht ganz korrekt, da hier in den romantischen Jahren nach 1800 um den Hofherrn, den „geistigen Vater der historischen Schule“, herum auch Leute verkehrten, die mit der Romantik wenig gemein hatten. Aber viele der schon Genannten wie die Brentano-Geschwister, Achim von Arnim, die erste und die zweite Frau von Clemens Brentano, Karoline von Günderrode und die Brüder

Friedrich Carl von Savigny

Grimm verkehrten auf Trages und verbrachten dort ausweislich ihrer Briefe manche glücklichen Tage.

Wie eng im romantischen Netzwerk die Brentanos mit Friedrich Carl von Savigny verknüpft waren, geht schon daraus hervor, dass er mit Kunigunde/Gunda, der älteren Schwester von Bettine, verheiratet war. Clemens, der oft die Nähe des besonnenen und gelehrten, fast gleichaltrigen Freundes Friedrich Carl suchte, hätte Bettine gern mit ihm verkuppelt, gleichsam, um seiner sicher zu sein. Er aber führte mit Gunda eine lang währende, friedliche Ehe.

Zu Savigny auf Hof Trages kamen gerne von Marburg aus die Brüder Jacob und Wilhelm Grimm. Heute würde man den Hofherren als wichtige Bezugsperson, als ruhenden Pol der eher zur Unruhe neigenden jungen romantischen Freundinnen und Freunde bezeichnen. Gunda von Savigny erzählte 1998 in ihrem reich illustrierten Buch über die vielen Treffen der Romantiker und hob hervor, dass dabei junge Leute zwischen 20 und 30 Jahren eindeutig dominierten. Das lag daran, dass viele der auf Trages verkehrenden Dichterinnen und Dichter sehr früh ihre Eltern verloren hatten, wie auch Savigny selbst. Das mag bei der Gruppenbildung eine Triebkraft gewesen sein und auch den Wunsch oder die Notwendigkeit erklären, sich selbst erfinden zu müssen, eigene Formen der Daseinsbewältigung und des Lebensstils schaffen zu wollen.

In der Nähe des Herrenhauses von Hof Trages liegt das „Günderrodehäuschen"; dort wohnte Karoline von Günderrode, wenn sie Hof Trages besuchte. Karoline verlor ihren Vater im Alter von sechs Jahren. Im Sommer 1799 lernte sie in Lengfeld am Rande des Odenwalds Friedrich Carl von Savigny kennen. Sie verliebte sich in ihn, studierte Berge von Literatur, um sich dem belesenen Herrn Studenten gewachsen zu fühlen. Inzwischen hatte Clemens Brentano Savignys Beziehung zu seiner Schwester Gunda angebahnt. Savigny entschied sich für Gunda, war aber durchaus damit einverstanden, von Karoline geliebt und verehrt zu werden. Gunda war sich der Verbindung mit Savigny gewiss, duldete Karoline daher als „Dritte" im Freundschaftsbund. Weihnachten 1803 verbrachte man zu dritt auf Trages. 1804 heirateten Gunda und Savigny, zwei Monate vor diesem für Karoline schmerzhaften Datum, im April 1804, schrieb sie das Liebessonett *Der Kuß im Traume*, das sie an Savigny schickte:

„Es hat ein Kuß mir Leben eingehaucht,
Gestillet meines Busens tiefstes Schmachten.
Komm Dunkelheit! mich traulich zu umnachten,
Daß neue Wonne meine Lippen saugt.

In Träumen war solch Leben eingehaucht,
Drum leb' ich ewig Träume zu betrachten,
Kann aller andern Freuden Glanz verachten,
Weil nur die Nacht so süßen Balsam haucht.

Der Tag ist karg an süsen Wonnen,
Es schmerzt mich seiner Sonne eitles Prangen
Und mich verzehren seines Lichtes Gluthen.

Drum birg' dich Aug' dem Glanze irrdscher Sonnen
Taug Dich in Nacht, sie stillet Dein Verlangen
Und heilt den Schmerz, wie Lethes kühle Fluthen."

Es folgt eine Art P. S.:

„S:-g: ist wahr. Solche Dinge träumt das Günderrödchen, und von wem? von jemand der sehr lieb ist, und immer geliebt wird."[26]

Bettine war mit Karoline von 1799 bis 1806 in wechselnder Intensität befreundet. Der Briefwechsel ab 1804 zeugt nicht immer von starkem gegenseitigem Vertrauen, umfasst aber eine Fülle von Mitteilungen und Reflexionen ebenso wie Freundschaftsbekundungen und Gedichte, Fragmente und ständige Nachrichten aus dem romantischen Beziehungsgeflecht. Kurz vor Karolines Freitod endete die Freundschaft abrupt, aber dieses Mal lag das nicht an der durchaus zu kapriziösen Volten neigenden Bettine, sondern an der fatalen Eifersucht des auch schon erwähnten Friedrich Creuzer. Er litt unter einem ausgeprägten Brentano-Komplex und verbat seiner geliebten Karoline jeden Umgang mit Bettine, die sich diesem Verdikt fügte. Im Juni 1806 schrieb Bettine an die verlorene Freundin:

„Ich hätte gern, dass Du der Gerechtigkeit und unserer alten Anhänglichkeit zulieb' mir noch eine Viertelstunde gönntest, heut' oder morgen; es ist nicht, um zu klagen, noch um wieder einzulenken. Beides würde Dir gewiss zuwider sein, und von mir ist es auch weit entfernt. Denn ich fühle deutlich, dass nach diesem verletzten Vertrauen bei mir die Freude, die Berechnung meines Lebens nicht mehr auf Dich ankommen wird wie ehemals, und was nicht aus Herzensgrund, was nicht ganz werden kann, soll gar nicht sein. Ich habe mir statt Deiner die Rätin Goethe zur Freundin gewählt."[27]

Viel später, 1840, ehrte sie das Andenken an die Freundin mit ihrem Buch *Die Günderode*, in dem sie auf viele Briefe aus den Jahren 1804 bis 1806 zurückgriff.

Bettine war mit Achim von Arnim im Oktober 1805 auf Hof Trages zusammen Taufpatin des ersten Kindes ihrer Schwester Gunda und Savignys, das nach ihr Bettina hieß. Oft und gern hielt sie sich bei den Savignys auf

Trages auf. Von dort schrieb sie im Frühjahr 1804 an Karoline von Günderrode:

> „Der Plaudergeist in meiner Brust hat immer fort geschwätzt mit Dir, durch den ganzen holperigen Wald bis auf den Trages, wo Alles schon schlief, sie wachten auf und sagten, es wäre schon 1 Uhr vorbei, auf dem Lande blasen sie Abends die Zeit aus, wie eine Kerz, die man sparen will. Wie ich erzählte, daß Du mitgefahren warst bis Hanau, da hätten sie Dich All gern hier haben wollen, ein Jeder für sich allein, da wär ich doch um Dich gekommen. Durch Dich feuert der Geist, wie die Sonn durchs frische Laub feuert, und mir gehts wie dem Keim, der in der Sonn brütet, wenn ich an Dich denken will, es wärmt mich und ich werd freudig und stolz und streck meine Blätter aus, und oft bin ich unruhig und kann nicht auf einem Platz bleiben, ich muss fort ins Feld, in den Wald; – in freier Luft kann ich alles denken, was im Zimmer unmöglich war, da schwärmen die Gedanken über die Berg und ich seh ihnen nach.“[28]

Für die Besucher von Hof Trages ist es sehr reizvoll, in den Briefen und Schriften der damaligen jungen Romantikerinnen und Romantiker, bei Clemens Brentano, seiner Schwester Bettine, bei Karoline von Günderrode und Achim von Arnim und auch beim Gastgeber Friedrich Carl von Savigny nachzulesen, wie kunstvoll das Hofgut, die Dörfer und Städte in der Umgebung wie etwa Gelnhausen, das Freigericht, Meerholz, die Wälder des Spessarts in ihre Texte eingesponnen werden. Auch das scheint für das romantische Schreiben bezeichnend, über allem Schwärmen, über dem sehnsuchtsvollen Fernweh die konkreten Orte und Begebenheiten nicht zu vernachlässigen.

Obligatorisch ist eine Besichtigung des „Dichterzimmers“. Hier wohnten bei ihren Besuchen oft die Brüder Clemens und Christian Brentano. Dort befinden sich auch mehrere Wandzeichnungen und -gemälde, die von diesen beiden Brüdern stammen sollen. Für bildphilologische Detektivarbeit sorgte das große Wandgemälde von Christian Brentano, auf dem eine bestirnte Frauengestalt auf den auf einem Säulentorso sitzenden Dichter Petrarca zuschwebt. Offenbar wurde der Dichter gerade mit einem Lorbeerkranz gekrönt. Im Hintergrund ist die Büste eines gelockten Jünglings zu sehen, dessen Haupt von merkwürdig gezackten Strahlen umgeben ist. Der vielfach ausgewiesene Brentano-Kenner Hartwig Schulz fand als Vorlage zu diesem Bild einen Stich von August Wilhelm Schlegel.

Sehr witzig, aber wenig künstlerisch sind einige Graffiti, die von Clemens stammen sollen. Eine Figurengruppe wird vom untersetzten Goethe dominiert, der Herder nachschaut. Daneben sitzt Wieland in einem Sessel und weint. Schwach ist auch noch die traurige Prinzessin Amalie zu erkennen. Darunter ein respektlos-frecher Vers:

„Herder ist von uns gegangen,
Goethe sieht ihm traurig nach;
Wieland trocknet seine Wangen
Und Amaliens Herze brach.“[29]

Marburg

Von Hof Trages führt die romantische Reise nach Marburg, einem weiteren hessischen Hauptort dieser Bewegung. Gewiss bleibt einiges auf der Strecke, kommt es zu Verkürzungen und Auslassungen. Es bleibt aber bei der Empfehlung, die Orte der Literatur aufzusuchen, um ihre Atmosphäre, ihre authentische Zeugenschaft der Lektüre zugutekommen zu lassen.

Wenn man in Marburg auf den Spuren der Romantiker wandeln will, hat man es seit ein paar Jahren gut. Im September 2001 wurde dort, am Markt 16, das Marburger Haus der Romantik eröffnet mit Räumen für Wechselausstellungen im oberen und einer Dauerausstellung zur Marburger Romantik im unteren Stockwerk und einer Chefin, die auch gleich den einschlägigen Führer verfasst hat, Marita Metz-Becker: *Marburger Romantik um 1800 – Porträts einer bewegten Generation* (2005).

Wenn uns nun auch hier wieder ein paar Brentano-Geschwister begegnen, könnte man an der Zuverlässigkeit der Angaben zweifeln, in Wahrheit aber waren die Romantiker vor allem in den frühen Jahren der Bewegung alles andere als sesshaft. Sie scheinen andauernd unterwegs gewesen zu sein, was ihrer Literatur jedoch in mehrfacher Hinsicht entspricht. Da finden sich viele Reisemotive, da herrscht ein „unruhiger“ Stil vor, der zwischen unterschiedlichen Schreibweisen wechselt.

Bettine Brentano (von Arnim). Radierung von Ludwig Emil Grimm

Im Spätherbst 1805 zog Bettine mit ihrer Schwester Meline zu Friedrich Carl von Savigny und seiner Frau Gunda nach Marburg. Man verkehrte im Forsthof in der Ritterstraße, wo sich heute im Gartenhaus eine kleine Gedenkstätte für Bettine befindet. Sie wohnte bei Professor Weiß zur Untermiete, der den Forsthof im Jahre 1800 übernommen hatte. Im Garten des Anwesens bezog Bettine gern in einem Turm Quartier, wo sie ungestört denken, schreiben und schauen konnte. Im Nebengebäude wohnten die Savignys. Das Marburger Domizil begegnet in ihrem Günderrode-Buch. Unter dem Dezember 1805 findet sich dort ein Brief aus Marburg an Karoline:

> „Heut Morgen bin ich aus dem Bett gesprungen um das Eis mit meinem Hauch zu schmelzen. Um halb acht kamen die Studenten den Berg herauf gejubelt, es war noch dämmerig und der Nebel so dicht, daß sie wie Schatten bloß durchschimmerten. [...] Wenns Kolleg aus ist sehen wir sie wieder abziehen, da ist ihr Übermut noch größer. [...] Jetzt muss ich auf die alte Wart, es ist Neumond, ich muß sehen, wie er seine stumme verzauberte Silberwelt anstrahlt. – Heut war Speisemahl bei Savigny da erzählten die Professoren von der Spitzbubenbande die schon mehrmals eingebrochen hat in unserer Nachbarschaft, die Spitzbuben könnten sich da oben auf der Wart verstecken, – ich fürcht mich, aber grad weil ich mich fürcht, so muß ich hinauf. – Die Menschen fürchten sich auch vor der Unsterblichkeit.“[30]

Savigny war im Jahr 1800 in Marburg zum Doktor der Rechtswissenschaft promoviert und 1803 zum außerordentlichen Professor ernannt worden. Er hielt seine Vorlesungen an der Marburger Universität frei und begeisterte seine Zuhörer, zu denen auch Jacob und Wilhelm Grimm gehörten, die nicht weit vom Forsthaus in der Oberstadt wohnten.

Auch die Schriftstellerin Sophie Mereau lebte in Marburg – und selbstverständlich Clemens Brentano, der in seinen Werken deutliche Marburger Spuren hinterließ.

Sophie von La Roche, die Großmutter der Brentano-Kinder, gehörte ebenso zum Marburger Romantiker-Kreis wie der Arzt und Schriftsteller Johann Heinrich Jung, genannt Jung-Stilling. Man darf die Romantiker sich nicht als einen geschlossenen Zirkel vorstellen, in dem nichts anderes als Romantik getrieben worden wäre. Schon die Goethe-Verehrung, von der besonders Bettine befallen war, sprengt die romantische Geschlossenheit.

Etwas früher wohnte für drei Jahre, von 1789 bis 1792, eine der großen Frauen der romantischen Bewegung in der Marburger Reitgasse: Caroline Böhmer, die spätere Caroline Schlegel-Schelling. Sie war aus Göttingen gekommen, wo sie den Bergarzt Böhmer geheiratet hatte. Mit ihm hatte sie eine kleine Tochter, Therese, die, noch nicht einmal drei Jahre alt, in Marburg starb. In ihrer Verzweiflung ging sie nach Mainz, um bei ihrer Freundin Therese Förster Trost zu finden. Die Briefe von Caroline Böhmer aus Marburg gehören zum Kernbestand der romantischen Literatur.

Nur in einem sollte Caroline nicht Recht behalten: Sie hatte in Göttingen den blitzgescheiten August Wilhelm Schlegel kennengelernt. Zu Anfang ihrer Marburger Zeit schrieb sie an ihre Schwester: „Schlegel und ich! Ich lache, indem ich schreibe! Nein, das ist sicher – aus uns wird nichts."[31] Daraus wurde bekanntlich doch etwas. 1796 heiratete sie August Wilhelm Schlegel und blieb mit ihm zusammen bis 1801. Zwei Jahre später schloss sie die Ehe mit dem romantischen Naturphilosophen Schelling. Sie starb am 7. September 1809 in Maulbronn.

Sophie Mereau. Silhouette von unbekannter Hand, um 1795

Mit der Literaturtopographie *Romantik an Rhein und Main*, die – auf dem neusten Forschungsstand – mit vielen Entdeckungen aufwartet, kann man fundierte Exkursionen in die romantischen Bezirke des Literaturlandes Hessen unternehmen. Als ein Beispiel seien der Niederwald und der Ostein-Park oberhalb von Rüdesheim genannt. Wolfgang Bunzel, der beim Freien Deutschen Hochstift die Brentano-Abteilung leitet, legt dar, warum der „Ostein" eine „Ikone der Rheinromantik" genannt werden darf.

Mit dem Bau des Frankfurter Romantikmuseums, der Wiederherstellung des Osteinschen Parks auf dem Rüdesheimer Niederwald und der gründlichen Restaurierung des Brentanohauses in Oestrich-Winkel durch das Land Hessen entsteht im Rhein-Main-Gebiet eine romantische Region aus vielen literarisch bedeutsamen Häusern, Orten, Sammlungen und lebendigen Traditionen. Und romantisch heißt immer auch, dass ihre produktiven Widersprüche mitgedacht werden. Welch schöne Literaturreisen in den Rheingau, hoch zum Niederwald und in so viele andere Orte der Romantik in Hessen werden da auf neue Weise möglich.

Anmerkungen

1 Eine umfassende Orientierung über die Romantik in der Rhein-Main Region bietet: Wolfgang Bunzel/Michael Hohmann/Hans Sarkowicz (Hg.): Romantik an Rhein und Main. Eine Topographie, Darmstadt 2014.
2 Johann Wolfgang von Goethe: Werke. Hamburger Ausgabe in 14 Bänden. Autobiographische Schriften I. Aus meinem Leben. Dichtung und Wahrheit. Hg. von Erich Trunz. München 2000, S. 561.
3 Bettine von Arnim: Goethe's Briefwechsel mit einem Kinde. In: Dies.: Werke und Briefe in vier Bänden. Hg. von Walter Schmitz und Sibylle von Steinsdorff. Band 2. Frankfurt am Main 1992, S. 25.
4 Achim und Bettine in ihren Briefen. Hg. von Werner Vordtriede. Band 1. Frankfurt am Main 1988, S. 225 f.
5 Achim von Arnim und Clemens Brentano: Freundschaftsbriefe. Hg. von Hartwig Schultz. Band I. Frankfurt am Main 1998, S. 135 f.
6 Achim von Arnim und Clemens Brentano: Freundschaftsbriefe, Band II, S. 463 f.
7 Klaus Günzel: Die Brentanos. Eine deutsche Familiengeschichte. Frankfurt am Main 1997, S. 268.
8 Zit. n. Johannes Werner (Hg.): Maxe von Arnim, Tochter Bettinas, Gräfin Oriola, 1818–1894. Ein Lebens- und Zeitbild aus alten Quellen geschöpft. Leipzig 1937, S. 31.
9 Brief vermutlich vom 2. August 1823. In: Clemens Brentano: Sämtliche Werke und Briefe. Historisch-kritische Ausgabe veranstaltet vom Freien Deutschen Hochstift. Band 34: Briefe VI (1819–1823). Hg. von Sabine Oering. Stuttgart u. a. 2005, S. 415.
10 Clemens Brentano: Godwi oder Das steinerne Bild der Mutter. Ein verwilderter Roman von Maria. In: Ders.: Gesammelte Werke. Hg. von Heinz Amelung und Karl Viëtor. Zweiter Band. Frankfurt am Main 1923, S. 240 f.
11 Johann Wolfgang von Goethe: Sämtliche Werke nach Epochen seines Schaffens. Münchener Ausgabe. Hg. von Karl Richter in Zusammenarbeit mit Herbert G. Göpfert u. a. Band 11.2.: Divan-Jahre 1814–1819. Hg. von Johannes John u. a. München 2006, S. 786.
12 Johann Wolfgang Goethe: Im Rheingau Herbsttage. Supplement des Rochus-Festes 1814. In: Goethes Werke. Hg. im Auftrag der Großherzogin Sophie von Sachsen. I. Abt. 34. Band. Erste Abteilung. Weimar 1902, S. 49.
13 Bettine von Arnim: Goethe's Briefwechsel mit einem Kinde, a. a. O., S. 64 f.
14 Zit. n. Doris Hopp: Karoline von Günderrode. (Ausstellungskatalog) Frankfurt am Main 2006, S. 44.
15 Friedrich Creuzer an Savigny am 21. Oktober 1806. In: Helfried Dahlmann (Hg.): Briefe Friedrich Creuzers an Savigny (1799–1850). Berlin 1972, S. 191.
16 Christa Wolf: Nun ja! Das nächste Leben geht aber heute an. Ein Brief über die Bettine. In: Bettine von Arnim: Die Günderode. Frankfurt am Main und Leipzig 7-2000, S. 565.
17 Bettine von Arnim: Clemens Brentano's Frühlingskranz. Die Günderode. Hg. von Walter Schmitz. Frankfurt am Main 2006, S. 642.
18 Klaus Günzel: Die Brentanos, S. 141.
19 Bettine von Arnim: Goethe's Briefwechsel mit einem Kinde, S. 31.
20 Bettine und Arnim. Briefe der Freundschaft und Liebe. Band 1: 1806–1808. Hg. von Otto Betz und Veronika Staub. Frankfurt am Main 1986, S. 247 f.
21 Clemens Brentano: Briefe. 1. Band: 1793–1809. Hg. von Friedrich Seebaß, Nürnberg 1951, S. 297.
22 Ludwig Achim von Arnim: Werke und Briefwechsel. Historisch-kritische Ausgabe. In Zusammenarbeit mit der Stiftung Weimarer Klassik und Kunstsammlungen von Roswitha Burwik u. a. Band 31: Briefwechsel 1802–1804. Hg. von Heinz Härtl. Tübingen 2004, S. 53 f.
23 Achim von Arnim und Clemens Brentano: Freundschaftsbriefe, Band I, S. 21.
24 ebenda, S. 26.

25 Clemens Brentano: Rheinmärchen. In: Ders.: Gesammelte Werke. Hg. von Heinz Amelung und Karl Viëtor. 3. Band. Frankfurt am Main 1923, S. 3 f.
26 Karoline von Günderrode: Einstens lebt ich süßes Leben. Gedichte, Prosa, Briefe Zeugnisse von Zeitgenossen. Hg. von Christa Wolf. Frankfurt am Main und Leipzig 2006, S. 253 f.
27 Bettine von Arnim: Brief an Karoline von Günderrode im Juni 1806. In: Bettine von Arnim: Werke und Briefe, Band I, S. 866.
28 Dem Brief an Karoline von Günderrode liegt ein Originalbrief zugrunde. Der hier zitierte Brief stammt aus: Bettine von Armin: Werke und Briefe. Die Günderode, Band I, S. 299.
29 Wandzeitung Trages. In: Gunda von Savigny: Hof Trages. Hanau ^{2}1999, S. 18.
30 Bettine von Arnim: Die Günderode. Zweiter Teil, a. a. O., S. 637 f.
31 Briefe aus der Frühromantik. Hg. von. Erich Schmidt. Band 1. Leipzig 1931, S. 191.

9. Georg Büchner und der Vormärz in Hessen

Das Wilhelmsbader Fest 1832

30 000 Menschen hatten Ende Mai 1832 auf dem Hambacher Fest die „vereinigten Freistaaten Deutschlands“ in einem „konföderierten republikanischen Europa“ gefordert. Dieser Ruf nach einer republikanischen Verfassung, nach wirklicher Pressefreiheit, Abschaffung der Zensur und nationaler Einheit verhallte auch in dem politisch rückständigen Kurfürstentum Hessen nicht ungehört. Am 22. Juni 1832, also nicht einmal vier Wochen nach dem Hambacher Fest, versammelten sich über 8000 Menschen im Park von (Hanau-)Wilhelmsbad.

Der Burschenschafter Heinrich Brüggemann hielt eine feurige Rede gegen die Adelsherrschaft und gegen die Macht der Mätressen, womit er die Geliebte des Kurfürsten meinte. Der Frankfurter Schriftsteller Wilhelm Sauerwein, der schon am Hambacher Fest teilgenommen hatte, verkaufte sein satirisches *ABC-Buch der Freiheit* (1832), das der Hanauer Verleger Friedrich König in einer Auflage von 300 Exemplaren gedruckt hatte. Die Botschaft der politischen Schrift war, bei allem scharfen Witz, eindeutig.

Promenade von Wilhelmsbad. Lithographie von 1833

Vom „Landesvater“ bis zum „Spießbürger“ und „Jubelgreis“ nahm Sauerwein alle aufs Korn, die seiner Meinung nach eine demokratische Entwicklung in Deutschland behinderten. Dazu gehörten für ihn auch die „Freisinnigen“, die dort, wo es ungefährlich war, über politische Veränderungen redeten, aber selbst nichts unternahmen und in der Öffentlichkeit schwiegen. Sauerwein war ein Revolutionär, der auf den gewaltsamen Umsturz setzte und die grenzüberschreitende Solidarität einforderte. Unter den Handwerkern, die sich durch den preußischen Zollverein in ihrer Existenz bedroht sahen, fand die Gruppe von Intellektuellen, zu denen auch der radikale politische Publizist Johann Friedrich Funk gehörte, Sympathisanten, während sich die Stadtregierung um die Reputation Frankfurts als Bundes-Hauptstadt sorgte. Die Provokationen Sauerweins und Funks wurden verstanden. Das *ABC-Buch der Freiheit* ließ der Kurfürst einziehen. Sauerwein war davon wenig beeindruckt und propagierte weiter die Revolution. Um einer drohenden Verhaftung in Frankfurt zu entgehen, floh er im März 1834 zunächst in die Schweiz. 1835 erschienen in Biel eine neue Auflage seines *ABC-Buchs der Freiheit* und vor allem seine *Gedichte aus der Zeit und für die Zeit*. In dem Lyrikband findet sich auch sein *Lied der Verfolgten*, das in immer neuen Varianten und Umdichtungen zu einem der bekanntesten politischen Lieder des 19. Jahrhunderts wurde:

„Wenn die Fürsten fragen:
Was macht Absalon?
Dann lasst ihnen sagen:
Ei, der hänget schon.
Doch an keinem Baume
Und an keinem Strick,
Sondern an dem Traume
Einer Republik.

Wollen sie gar wissen,
wie's dem Flüchtling geht;
Sprecht, der ist zerrissen,
Wo ihr ihn beseht.
Nichts blieb ihm auf Erden,
Als Verzweiflungsstreich
Und Soldat zu werden
Für ein freies Reich.

Fragen sie gerühret:
Will er Amnestie?
Sprecht, wie sich's gebühret:
Er hat steife Knie.

Gebt nur eure großen
Purpurmäntel her;
Das gibt große Hosen
Für das Freiheitsheer."[1]

Während der Revolution 1848/49 wurde aus dem *Lied der Verfolgten* das nicht minder berühmte *Hecker-Lied* über den badischen Revolutionär Friedrich Hecker („Wenn die Leute fragen, lebt der Hecker noch? So sollt ihr ihnen sagen: Hurra, er lebet noch! Er hängt an keinem Baume, er hängt an keinem Strick. Er hängt an seinem Traume, der deutschen Republik!"). Umstritten ist, ob von Sauerwein auch *Fürsten, zum Land hinaus!* und damit ein weiteres bekanntes Revolutionslied stammt. Vieles spricht dafür, aber sichere Belege fehlen.

Der am 9. Mai 1803 in Frankfurt geborene Sauerwein war seit seinem Theologiestudium in Heidelberg auch ein politischer Autor, der in Frankfurt weder Pfarrer noch Lehrer werden durfte, aber als Verfasser von Mundartstücken seit 1830 großen Erfolg hatte. 1833 erschien seine Mundart-Schulszene *Der Gräff, wie er leibt und lebt.* Das Stück ist eine satirische Hommage an seinen früheren Lehrer Georg Friedrich Gräff, der ein stadtbekanntes Original gewesen war. Das Buch fand reißenden Absatz. Innerhalb weniger Jahre mussten mehrere Auflagen gedruckt werden. 1838 ließ Sauerwein mit *Gräff und die Schuljugend im Grünen* eine Fortsetzung folgen. Zu dieser Zeit war Sauerwein schon vier Jahre im Exil, unter dem er entsetzlich litt. In Frankfurt wurde er steckbrieflich gesucht, in der Schweiz und Frankreich schrieb er weiter seine Mundartstückchen, die in Frankfurt mit der Autorenzeile „Vom Verfasser des Gräff" erschienen und weiterhin gern gelesen wurden. Todkrank kehrte er 1844 in seine Heimatstadt zurück und starb wenig später, im Alter von 44 Jahren, am 1. April 1847.

In seinen Zeitungs- und Zeitschriftenartikeln, in seinen satirischen Schriften und seinen populären Revolutionsliedern hatte er aus seiner antifeudalen Haltung keinen Hehl gemacht. Man könnte ihn als einen redlichen Vorkämpfer für eine demokratische Umwälzung in Deutschland bezeichnen, wenn er nicht 1831 ein antisemitisches Pamphlet *(Beleuchtung der Judenemanzipation)* veröffentlicht hätte. Die jahrhundertlange Diskriminierung der Juden in Frankfurt zeigte auch bei Autoren Wirkung, denen man das nicht zugetraut hätte. Sauerwein ist kein Einzelfall. Schon Clemens Brentano hatte 1811 in der Berliner „Christlich-Teutschen Tischgesellschaft" eine satirische Rede gegen die Juden gehalten und sie danach auch drucken lassen.

Franz Dingelstedt

Auch Franz Dingelstedt, ein weiterer wichtiger Autor des deutschen Vormärz, war nicht frei von antisemitischen Ressentiments. 1836, nach seinem Studium in Marburg, hatte er eine Lehrerstelle am Kasseler Fridericianum übernommen. Seine mit spitzer Feder geschriebenen Betrachtungen, vor allem seine *Spaziergänge eines Casseler Poeten* (1837) in der Beilage zur *Landeszeitung*, erregten schnell den Unmut wachsamer Regierungsbeamter. Dingelstedt ging sogar so weit, 1838 in seiner ersten Lyriksammlung *Gedichte* zum Protest auf den Straßen aufzurufen. So heißt es in „Zapfenstreich":

> „Rüttelt hart an jedem Herzen, das der Zwang in Bande schlug,
> Blast, wie leere Spreu, von hinnen das Gespinst von Pfaffentrug,
> Alle Ketten, morsch und rostig, alle Schranken, dürr und dumm,
> Werft gleich Jericho's Trompeten schmetternd und vernichtend um. […]
>
> So die Straßen auf und nieder wandelt durch die Sternennacht,
> Trommelt, dass bei eurem Wirbel der Paläste Grund erkracht,
> Pfeift ob den verwaisten Plätzen, dass es höhnend wiederschrillt,
> Bis das Leben aus dem Schlafe, Wasser aus dem Steine quillt!"[2]

Noch 1838 musste Dingelstedt Kassel verlassen. Er wurde nach Fulda strafversetzt, wo er bis 1841 als Lehrer unterrichtete. In dieser Zeit entstanden weitere satirische Texte über Kurhessen, u. a. 1839 *Die neuen Argonauten* und ein Jahr später der *Ostergruß aus Hessen*, in dem er Partei für den gerade inhaftierten Sylvester Jordan ergriff. Der Marburger Staatsrechtler hatte wesentlichen Anteil an der als liberal geltenden Kurhessischen Verfassung von 1831 und wurde „wegen demagogischer und hochverräterischer Umtriebe" verfolgt. Erst 1845 sollte er aus dem Gefängnis freikommen.

Nur kurze Zeit nach seinem *Ostergruß* geriet Dingelstedt selbst in die Mühlen der Justiz. Noch in Fulda hatte er sein berühmtestes Buch, die *Lieder eines kosmopolitischen Nachtwächters*, geschrieben, das 1842 anonym bei Hoffmann und Campe (dem Verlag Heinrich Heines) in Hamburg erschien. Die bitter-sarkastische Satire auf das restaurative Deutschland wurde von der Zensur sofort verboten. Der Verlag durfte alle seine Bücher nicht mehr vertreiben. Was die Behörden des Deutschen Bundes so erzürnte, waren Strophen wie in dem Gedicht „An Nikolaus Lenau" über das kaiserliche Wien:

> „Komm, flieh' ein Land, wo sich die Dichter
> Verläugnen müssen und verstecken,
> Wo Mönchsgezücht und Hofgelichter

Den Staub an Kreuz und Szepter lecken,
Wo nur die sinnliche Begierde
Nach neuen Opfern täglich schmachtet,
Und was sonst gilt als Volkes Zierde
Zertreten wird und roh verachtet."[3]

Dingelstedt könnte heute in einem Atemzug mit Heinrich Heine oder Ludwig Börne genannt werden, wenn sich in seinen *Liedern* nicht auch antisemitische Ausfälle finden würden („Wohin Ihr faßt, Ihr werdet Juden fassen,/ Allüberall das Lieblingsvolk des Herrn!/ Geht, sperrt sie wieder in die alten Gassen,/ Eh' sie Euch in ein Christenviertel sperr'n"[4]) und wenn sich der radikale Vormärz-Autor nicht nach einem kurzen Aufenthalt in Paris ab 1843 zum braven Fürstendiener gewandelt hätte. In München, Weimar und Wien leitete er Hoftheater, zuletzt die berühmte Wiener Burg. 1876, fünf Jahre vor seinem Tod, wurde er sogar geadelt und durfte sich Franz Freiherr von Dingelstedt nennen.

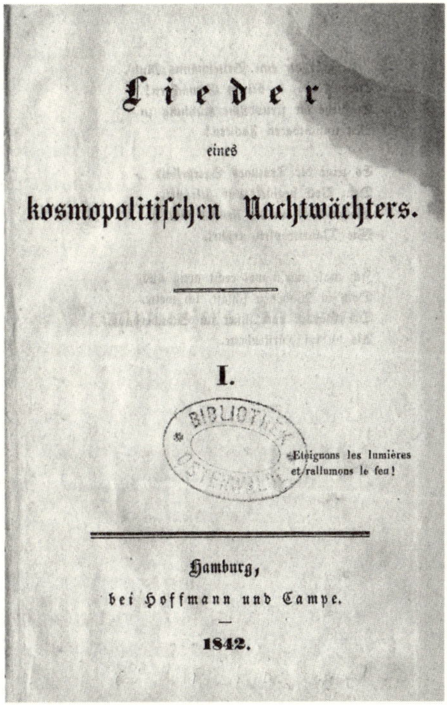
Lieder eines kosmopolitischen Nachtwächters. I. Éteignons les lumières et rallumons le feu! Hamburg, bei Hoffmann und Campe. 1842.

Titelblatt der Erstausgabe von Dingelstedts *Lieder eines kosmopolitischen Nachtwächters* (1842)

Georg Büchner – sein Leben bis zur Flucht nach Straßburg

Was hätte Georg Büchner getan, wenn er nicht schon mit 23 Jahren in Zürich gestorben wäre? Diese Frage beschäftigt und entzweit die Büchner-Biographen bis heute. Wäre er seinen revolutionären Ideen treu geblieben und hätte vielleicht 1848 in der Frankfurter Nationalversammlung gesessen? Oder wäre er an der Universität geblieben und hätte seine gerade erfolgreich begonnene Karriere als Wissenschaftler fortgesetzt – mit dem Ziel, selbst Professor zu werden oder in die Fußstapfen seines Vaters zu treten und als Medizinalbeamter in den großherzoglichen Dienst zu wechseln? Vielleicht sogar mit der Aussicht auf den erblichen Adelsstand?

Als Student in Gießen war das noch keine Frage, denn Büchner gehörte zu denen, die eine andere Gesellschaftsordnung, notfalls auch mit Gewalt, herbeiführen wollten. Das Elend der verarmten Landbevölkerung hatte er fast täglich vor Augen. Er sah aber auch, wie der Darmstädter Großherzog Ludwig II. in Saus und Braus lebte. Proteste, vor allem in Oberhessen, wurden blutig niedergeschlagen. Unter der Leitung des Gießener Studenten Paul Follen und des Butzbacher Rektors Friedrich Ludwig Weidig formierte sich eine demokratisch und national ausgerichtete Bewegung, die den revolutionären Umsturz vorbereitete und dabei zunächst Frankfurt ins Visier nahm. Auftakt sollte am 3. April 1833 der Frankfurter Wachensturm sein, um den Deutschen Bund dort zu treffen, wo er seinen Sitz hatte. Die nur kleine Gruppe der Revolutionäre rechnete damit, dass sich ihr, wie es zuvor bei einer ähnlichen Aktion in Paris geschehen war, die Massen anschließen würden. In Frankfurt hätte es dafür den Boden geben können. Mit dem Frankfurter Rechtsanwalt und Börne-Vertrauten (später auch Börne-Herausgeber) Maximilian Reinganum an der Spitze hatten 230 wohlsituierte Frankfurter Bürger ein Jahr zuvor eine aufsehenerregende „Protestation deutscher Bürger für Preßfreiheit in Deutschland“ unterzeichnet und damit den Ruf Frankfurts als „Liberalennest“ bestätigt.

Am Abend des 3. April um halb zehn rückten drei kleine Trupps auf die Hauptwache, die Konstablerwache und die Zollstätte Preungesheim vor. Obwohl der Plan verraten worden war, konnten die knapp 40 Revolutionäre die Gebäude besetzen und sogar Gefangene befreien. Aber dann schnappte die Falle zu. Denn die Frankfurter zeigten kein Interesse, den bewaffneten Aufstand zu unterstützen. Nach einer Stunde war der Spuk beendet.

Die meisten der Revolutionäre wurden verhaftet. Einige der Aufrührer konnten in die Schweiz und nach Paris flüchten, wo Börne mit ihnen Kontakt aufnahm.

Nur wenige Tage nach dem Wachensturm schrieb der Medizinstudent Georg Büchner voller Verbitterung an seine Eltern, die ihm von den Vorgängen in Frankfurt berichtet hatten:

> „Wenn in unserer Zeit etwas helfen soll, so ist es Gewalt. Wir wissen, was wir von unseren Fürsten zu erwarten haben. Alles, was sie bewilligten, wurde ihnen durch die Nothwendigkeit abgezwungen. Und selbst das Bewilligte wurde uns hingeworfen, wie eine erbettelte Gnade und ein elendes Kinderspielzeug, um dem ewigen Maulaffen Volk seine zu eng geschnürte Wickelschnur vergessen zu machen. […] Man wirft den jungen Leuten den Gebrauch der Gewalt vor. Sind wir denn aber nicht in einem ewigen Gewaltzustand? Weil wir im Kerker geboren und großgezogen sind, merken wir nicht mehr, dass wir im Loch stecken mit angeschmiedeten Händen und Füßen und einem Knebel im Munde.“[5]

Georg Büchner wurde am 17. Oktober 1813 in der Weidstraße 9 in Goddelau (heute: Riedstadt-Goddelau) geboren. Seine Eltern waren der Amtschirurg im Groß-Gerauer Amt Dornberg und Hospitalchirurg für das Hofheimer Hospital Ernst Karl Büchner und seine Ehefrau Caroline Büchner, geborene Reuß. Als Georg Büchner zur Welt kam, wohnten die Eltern seit einem Jahr in zwei Stuben im Oberstock der ehemaligen Hofreite zur Miete. Zu Anfang des Jahres 1815 zog die Familie in eine größere Wohnung in der Hospitalstraße 22, wo am 20. April 1815 Georg Büchners älteste Schwester Mathilde Büchner geboren wurde. Dort gibt es heute eine Erinnerungstafel.

Geburtshaus von Georg Büchner. Das Foto wurde der Gemeinde Goddelau 1911 von Ernst Wilhelm Büchner geschenkt

Nachdem die damalige Gemeinde Riedstadt das Haus in der Weidstraße zum 175. Geburtstag Büchners erworben hatte, wurde es vorübergehend so genutzt, als hätte es Georg Büchner erbeten. Erst war es ein Beratungszentrum der Stiftung „Soziale Gemeinschaft Riedstadt", vor allem für Alte und chronisch Kranke, dann wurde es als Obdachlosenunterkunft für politische Flüchtlinge genutzt.

Seit der Einweihung des renovierten und als Museum eingerichteten Büchnerhauses am 26. Oktober 1997 ist es nicht übertrieben, wenn man feststellt, dass es auf der Welt keinen Ort gibt, an dem so authentisch, so reflektiert und so kompetent an Georg Büchner erinnert wird wie in diesem Haus. So scheint es sich einem Diktum von Martin Walser, Büchnerpreisträger von 1981, angenähert zu haben:

> „Wenn das Wort Heiligtum noch einen Sinn hat, dann hier, in Goddelau, um das Geburtshaus Georg Büchners zu bezeichnen. [...] Das Aufblitzen dieses Genies in unserer Sprache gibt immer noch Licht und wird Licht geben in jede Zukunft hinein. Dann kommen die Leute und fragen: Wo ist der her? Dann wird geantwortet:

aus Goddelau im Hessischen. Fahren Sie hin, sein Geburtshaus steht noch da, wohlsaniert und gut gepflegt. Aber ja. Heiligtümer halten wir heilig. Wie es sich gehört."[6]

Von Goddelau zog die Familie nach Stockstadt, wo Georgs Bruder Wilhelm am 2. August 1816 zur Welt kam. Bereits im Herbst desselben Jahres erfolgte die Übersiedlung nach Darmstadt, in die „Metropole" des Großherzogtums Hessen(-Darmstadt). In dem Kleinstaat lebten damals etwa 630 000 Menschen, davon etwa 20 000 in der Residenz.

Der Vater, ein strenger Konservativer, war als Kreisarzt nach Darmstadt versetzt worden. Nach mehreren Beförderungen erreichte er 1824 mit der Ernennung zum Mitglied des Medizinalkollegs, der obersten Gesundheitsbehörde des Landes, den Endpunkt seiner Karriere. Zwischen 1823 und 1826 trat er mit Fachveröffentlichungen hervor. Darunter war ein beklemmend wirkender Aufsatz mit dem Titel *Versuchter Selbstmord durch Verschlucken von Stecknadeln*. Da geht es um eine 18-Jährige, die sich in ihrer Not an den Arzt Ernst Büchner gewandt hatte. Aus Liebeskummer hatte sie eine größere Anzahl von Stecknadeln mit der Absicht verschluckt, sich das Leben zu nehmen. Der bekannte und sehr angesehene Arzt interessierte sich für den Fall, nicht aber für die junge Frau, ihre Motive und Ängste. Schließlich verselbstständigte sich bei Ernst Büchner das Interesse an der Anatomie des Verzehrs von Nadeln, und das ging soweit, dass er die Patientin ihrer Freiheit beraubte, um das Verschlucken und Ausscheiden von Nadeln unter Laborbedingungen beobachten zu können. Der junge Georg Büchner kannte die Aufsätze des Vaters, der auf seine Publikationen mächtig stolz war. Das berühmt-berüchtigte „Erbsen-Experiment" im Drama *Woyzeck* (1837) dürfte vom „Nadelexperiment" des Vaters mehr als nur oberflächlich beeinflusst worden sein.[7] Die Mutter, Caroline, galt als warmherzig, anmutig und liebenswürdig.

In Darmstadt wurden die Kinder Luise am 12. Juni 1821, Ludwig am 29. März 1824 und Alexander am 25. Oktober 1827 geboren. Zwei weitere Kinder starben früh. Festzuhalten bleibt, dass die Darmstädter Familie in allen Phasen von Georgs Leben wichtigster Bezugspunkt blieb.

Auf der Suche nach den Wohnungen der Büchners in Darmstadt trifft man auf Kriegszerstörungen und Neubauten. Zuerst wurde der Familie als eine Dienstwohnung des Darmstädter Hospitals eine Bleibe im Armenhaus zugewiesen. Der Vater klagte über Enge und mangelnde Hygiene. Georg lebte so in unmittelbarer Nähe von Kranken und Hilfe Suchenden. An Anschauung der Lebensverhältnisse von Menschen aus den „niederen Klassen" fehlte es ihm wahrhaftig nicht. Im Mai 1819 zog man in das Haus des Bäckermeisters Schalter am Marktplatz, wo sich heute ein Neubau mit der

Adresse Markt 4 befindet. Ab etwa 1821/22 wohnte die Familie dann im Haus eines Verwandten, des Kommerzienrats Ernst Emil Hoffmann, einer hochgestellten Persönlichkeit. Das Haus in der unteren Bau-, späteren Elisabethenstraße hätte sich heute an der Südseite des Ludwigsplatzes befunden. Schließlich erwarben Ernst und Caroline Büchner im Frühjahr 1825 ein größeres Haus in der Grafenstraße (heute Nummer 39, jedoch neu bebaut), wo sich ein Garten befand, der als Weinberg kultiviert wurde. Hier schrieb Georg Büchner 1834/35 sein Drama *Danton's Tod*. Eine Gedenktafel erinnert heute daran.

Im Herbst 1821 trat Georg Büchner achtjährig in die gerade gegründete Privat-Erziehungs- und Unterrichts-Anstalt des Theologen Carl Weitershausen ein. Diese Einrichtung diente als Vorschule für das Gymnasium. Hier herrschte eine irritierende Mischung aus „schwarzer Pädagogik" mit äußerster Disziplin, einem exakt durchkalkulierten System von Strafen und Belohnungen auf der einen Seite, aus botanisch-mineralogischen Exkursionen, Landbau und Wanderungen auf der anderen. Weitershausen, der als „strammer Teutscher" bekannt war, ließ seine Schüler aber nicht nur vormilitärisch exerzieren, sondern auch turnen, was wegen der Nähe zu den Burschenschaften verboten war. So gelangte er auch zu dem Ruf eines „freigeistigen, demagogischen" Schulmeisters. Mag sein, dass Büchners Schmetterlingssammlung in den Naturerkundungen mit Weitershausen ihren Ursprung hatte. Mag auch sein, dass die durch und durch autoritäre Erziehung an dieser Anstalt den Keim für Aufmüpfigkeit und Hass gegen jede Form von Unterdrückung bildete.

Von Ostern 1825 bis Ostern 1831 besuchte Georg Büchner das berühmte Alte Pädagog in Darmstadt, einen bedeutenden, mehrstöckigen Renaissancebau, der 1627 bis 1629 errichtet worden war. Die erste Lateinschule Darmstadts bereitete auf das Studium an der Landesuniversität in Gießen vor. Zur illustren Schülerschar gehörten der Schriftsteller Helfrich Peter Sturz, Georg Christoph Lichtenberg, Johann Heinrich Merck, der Literaturwissenschaftler Georg Gottfried Gervinus und der Chemiker Justus Liebig. Im Zweiten Weltkrieg wurde das Gebäude zerstört und 1984 von einer Darmstädter Bürgerinitiative wieder aufgebaut. Im Abschlusszeugnis des neuhumanistischen Gymnasiums bescheinigte der Direktor Georg Büchner gute Kenntnisse im Griechischen, befriedigende Leistungen im Lateinischen, glücklichen Erfolg im Italienischen und ausgezeichnete Fähigkeiten im Deutschen.[8]

Dass Georg Büchner einmal Dramen schreiben würde, die heute zum festen Bestand der Weltliteratur gehören, dass er mit seinem Novellenfragment *Lenz* ein stets aufs Neue begeisterndes Stück Prosa verfassen würde, ist seinen Schülerarbeiten nicht anzumerken. Eher schon ein erstaunliches rheto-

Georg Büchner im Polenrock, undatiert. Die Bleistiftzeichnung ist beim Brand Darmstadts am 11. September 1944 vernichtet worden

risches Talent und eine auffällige Neigung zu pointierter Respektlosigkeit. So notierte er als Sottise gegen den Direktor des Gymnasiums, Carl Dilthey, einmal: „O du gelehrte Bestie, lambe me in podice“[9] (dt. in etwa „Leck mich am Arsch“). Dass unter den Mitschülern spätere Mitkämpfer für Freiheit und Gerechtigkeit, für radikale Demokratie und eine deutsche Republik waren, ist erwiesen. Jedenfalls haben Vorschule und Gymnasium mit ihren Lehrplänen, die auf die Karrieren der besseren Schichten im Großherzogtum zugeschnitten waren, keinesfalls verhindert, dass Georg Büchner eine ausgezeichnete Bildung und die Fähigkeit zu scharfer Wahrnehmung seiner Umwelt mit auf den Weg bekam.

Für eine Skizze von Georg Büchners kurzem Lebenslauf nach seiner Darmstädter Schulzeit liefert die materialreiche Büchner-Biographie von Jan-Christoph Hauschild die Daten.

Am 9. November 1831 immatrikulierte sich Georg Büchner an der Medizinischen Fakultät der Straßburger Akademie. Anfang 1832 verlobte er sich heimlich mit der Tochter seines Vermieters, Louise Wilhelmine Jaeglé. Von August bis Oktober desselben Jahres kam er zu einem Ferienaufenthalt nach Darmstadt.

Am 31. Oktober 1833 schrieb er sich an der Medizinischen Fakultät der Großherzoglich-Hessischen Landesuniversität Gießen ein. Mit einer leichten Gehirnhautentzündung hielt er sich vom 28. November bis zum 6. Januar 1834 im Darmstädter Elternhaus auf.

Auf Büchners Spuren wird man in Gießen sehr wenig finden: An dem Haus im Seltersweg 46 erinnert eine Tafel daran, dass hier einst der Student der Medizin Georg Büchner wohnte. Eine Grundschule in der Schillerstraße trägt seinen Namen. In Butzbach kann man im Museum einen Raum besuchen, der dem Vormärz und der Revolution von 1848 gewidmet ist. Dort findet sich etliches Material über Georg Büchner und Friedrich Ludwig Weidig, der Namensgeber des Gymnasiums von Butzbach ist. Auch im „Felsenmeer" bei Lautertal-Reichenbach im Odenwald erinnert eine Tafel an den Ausflug, den Büchner mit seinem Straßburger Bekannten Alexis Muston dorthin in den Sommerferien 1833 machte. Berühmt wurde die Zeichnung, die Muston von Büchner im „Felsenmeer" anfertigte. Sie ist neben dem 1944 verbrannten Bild mit den Haarlocken das einzige gesicherte Porträt des Dichters.

Vermutlich noch im Januar 1834 traf er zum ersten Mal mit dem Pfarrer und Rektor Friedrich Ludwig Weidig in Butzbach zusammen. Danach schrieb Büchner den Entwurf des später von Weidig stark veränderten *Hessischen Landboten*, der mit dem berühmten „Friede den Hütten! Krieg den Palästen" beginnt. Es erschienen zwei Auflagen, im Juli und im November 1834. Der Schluss enthält, deutlich in der Handschrift von Pfarrer Weidig, die Aufforderung zum Tyrannenmord.

„Ihr bücktet euch lange Jahre in den Dornäckern der Knechtschaft, dann schwitzt ihr einen Sommer im Weinberge der Freiheit, und werdet frei seyn bis ins tausendste Glied.

Ihr wühltet ein langes Leben die Erde auf, dann wühlt ihr euren Tyrannen ein Grab. Ihr bautet die Zwingburgen, dann stürzt ihr sie, und bauet der Freiheit Haus. Dann könnt ihr eure Kinder frei taufen mit dem Wasser des Lebens. Und bis der Herr euch ruft durch seine Boten und Zeichen, wachet und rüstet euch im Geiste und betet ihr selbst und lehrt eure Kinder beten: ‚Herr, zerbrich den Stecken unserer Treiber und laß dein Reich zu uns kommen, das Reich der Gerechtigkeit. Amen.'"[10]

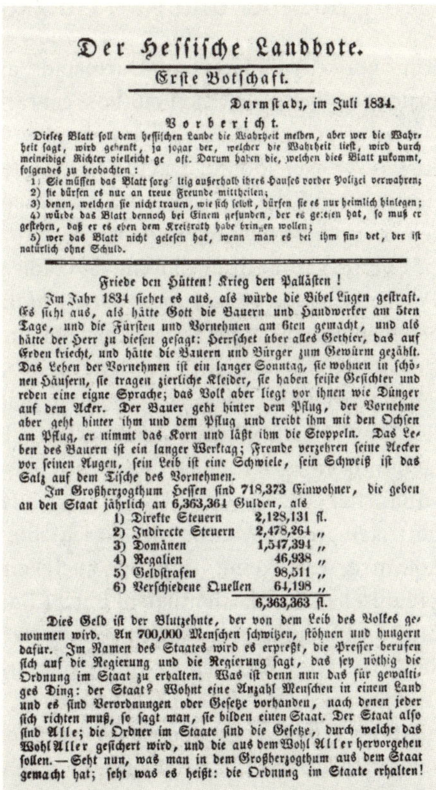

Der Hessische Landbote.

Erste Botschaft.

Darmstadt, im Juli 1834.

Vorbericht.

Dieses Blatt soll dem hessischen Lande die Wahrheit melden, aber wer die Wahrheit sagt, wird gehenkt, ja sogar der, welcher die Wahrheit liest, wird durch meineidige Richter vielleicht gestraft. Darum haben die, welchen dies Blatt zukommt, folgendes zu beobachten:

1) Sie müssen das Blatt sorgfältig außerhalb ihres Hauses vor der Polizei verwahren;
2) sie dürfen es nur an treue Freunde mittheilen;
3) denen, welchen sie nicht trauen, wie sich selbst, dürfen sie es nur heimlich hinlegen;
4) würde das Blatt dennoch bei Einem gefunden, der es gelesen hat, so muß er gestehen, daß er es eben dem Kreisrath habe bringen wollen;
5) wer das Blatt nicht gelesen hat, wenn man es bei ihm findet, der ist natürlich ohne Schuld.

Friede den Hütten! Krieg den Pallästen!

Im Jahr 1834 siehet es aus, als würde die Bibel Lügen gestraft. Es sieht aus, als hätte Gott die Bauern und Handwerker am 5ten Tage, und die Fürsten und Vornehmen am 6ten gemacht, und als hätte der Herr zu diesen gesagt: Herrschet über alles Gethier, das auf Erden kriecht, und hätte die Bauern und Bürger zum Gewürm gezählt. Das Leben der Vornehmen ist ein langer Sonntag, sie wohnen in schönen Häusern, sie tragen zierliche Kleider, sie haben feiste Gesichter und reden eine eigne Sprache; das Volk aber liegt vor ihnen wie Dünger auf dem Acker. Der Bauer geht hinter dem Pflug, der Vornehme aber geht hinter ihm und dem Pflug und treibt ihm mit den Ochsen am Pflug, er nimmt das Korn und läßt ihm die Stoppeln. Das Leben des Bauern ist ein langer Werktag; Fremde verzehren seine Aecker vor seinen Augen, sein Leib ist eine Schwiele, sein Schweiß ist das Salz auf dem Tische des Vornehmen.

Im Großherzogthum Hessen sind 718,373 Einwohner, die geben an den Staat jährlich an 6,363,364 Gulden, als

1) Direkte Steuern	2,128,131	fl.
2) Indirecte Steuern	2,478,264	„
3) Domänen	1,547,394	„
4) Regalien	46,938	„
5) Geldstrafen	98,511	„
6) Verschiedene Quellen	64,198	„
	6,363,363	fl.

Dies Geld ist der Blutzehnte, der von dem Leib des Volkes genommen wird. An 700,000 Menschen schwitzen, stöhnen und hungern dafür. Im Namen des Staates wird es erpreßt, die Presser berufen sich auf die Regierung und die Regierung sagt, das sey nöthig die Ordnung im Staat zu erhalten. Was ist denn nun das für gewaltiges Ding: der Staat? Wohnt eine Anzahl Menschen in einem Land und es sind Verordnungen oder Gesetze vorhanden, nach denen jeder sich richten muß, so sagt man, sie bilden einen Staat. Der Staat also sind Alle; die Ordner im Staate sind die Gesetze, durch welche das Wohl Aller gesichert wird, und die aus dem Wohl Aller hervorgehen sollen. — Seht nun, was man in dem Großherzogthum aus dem Staat gemacht hat; seht was es heißt: die Ordnung im Staate erhalten!

Erster Druck des *Hessischen Landboten* im Juli 1834

Mit dem ehemaligen Theologiestudenten August Becker gründete Büchner in Gießen die geheime revolutionäre

„Gesellschaft der Menschenrechte", Mitte April 1834 kam es in Darmstadt zur Gründung einer weiteren Sektion dieser Gesellschaft.

Am 3. Juli nahm Büchner an der konstituierenden Sitzung eines überregionalen „Pressvereins" teil, die auf der Ruine Badenburg bei Gießen stattfand. Bei dem Versuch 139 Exemplare des in Offenbach gedruckten *Hessischen Landboten* nach Gießen zu schmuggeln, wurde der Student Karl Minnigerode am 1. August 1834 nach einer Denunziation verhaftet. Der besorgte Büchner lief rasch nach Butzbach und Offenbach, um die Gefährdeten zu warnen. Nach dem Ende der Vorlesungen im September ging Büchner wieder zu seinen Eltern nach Darmstadt, wo er Anfang 1835 sein Drama *Danton's Tod* schrieb.

Georg Büchner und Karl Gutzkow

Kurz vor seiner Flucht aus Darmstadt, am 21. Februar 1835, hatte Georgs Bruder Wilhelm ein Paket zur Post gebracht, in dem sich zwei Briefe und das Manuskript von *Danton's Tod* befanden. Der erste Brief war an den Frankfurter Verleger Johann David Sauerländer gerichtet und enthielt die Bitte, den zweiten Brief und den „dramatischen Versuch" an den Literaturredakteur Karl Gutzkow weiterzuleiten.

Der 1811 in Berlin geborene Gutzkow redigierte das Literatur-Blatt zum *Phönix. Frühlings-Zeitung für Deutschland*, das im Verlag von Sauerländer erschien. Er hatte bei Schleiermacher und Hegel studiert und nach seiner Promotion für verschiedene Blätter gearbeitet. 1832 war sein Erstling, *Briefe eines Narren an eine Närrin*, anonym erschienen, den Börne überschwänglich lobte. Nichts komme Gutzkow lächerlicher vor, schrieb Börne in seinem „einundachtzigsten Brief" aus Paris, „als das monarchische Wesen, nichts sündlicher gegen Gott und die Natur. Er teilt meinen Abscheu gegen die vergötterten großen Männer der Geschichte und meint, die schöne Zeit werde kommen, wo es keine Hofräte so auch keine Helden mehr geben wird"[11]. Die preußische Zensur sah mit dem Buch Königtum und Adel, Bundesversammlung und Preußen insgesamt herabgesetzt und verbot den Band im Oktober 1832. Gutzkow ließ sich davon nicht beirren und publizierte weiter Satiren und Essays. 1835 kam er nach Frankfurt, um für Sauerländer das Literaturblatt des gerade ins Leben gerufenen *Phönix* zu redigieren. „Ich schrieb im *Literaturblatt* über die Freiheitsregungen", so Gutzkow später. „Diese gingen mir nicht hoch genug"[12]. Gutzkow sah in dem liberalen und weltoffenen Sauerländer einen Verleger, der ihm den nötigen Freiraum verschaffen konnte. Büchner wiederum hoffte in dem gerade zwei Jahre älteren Gutzkow einen für sein Schreiben aufgeschlossenen Menschen zu finden, der ihm die Möglichkeiten zu publizieren eröffnete. Auch der Verlag dürfte ihm schon bekannt gewesen sein, seitdem Sauerländer wegen einer überaus harmlosen Satire des Schweizer Autors Heinrich Zschokke die Gunst des Darmstädter Hofs entzogen worden war.

Der durch seine bevorstehende Flucht in finanzielle Bedrängnis geratene Büchner hoffte mit seinen schriftstellerischen Arbeiten Geld zu verdienen, wenn es ihm gelänge, Autor bei Sauerländer zu werden. In seinem Nachruf auf Georg Büchner, der im Juni 1837 im *Frankfurter Telegraph* erschien, hat Gutzkow beschrieben, wie ihn das Manuskript in Frankfurt erreichte, als er „einen gesellig verbundenen Kreis von ältern und jüngern Kunstgenossen und Wahrheitsfreunden" bei sich eingeladen hatte.

> „Kurz vor der Versammlung der Erwarteten erhielt ich aus Darmstadt ein Manuskript nebst einem Briefe, dessen wunderlicher und ängstlicher Inhalt mich reizte, in ersterem zu blättern. Der Brief lautete: ‚Mein Herr! Vielleicht hat es Ihnen die Beobachtung, vielleicht, im unglücklicheren Fall, die eigene Erfahrung schon gesagt, daß es einen Grad von Elend gibt, welcher jede Rücksicht vergessen und jedes Gefühl verstummen macht. Es gibt zwar Leute, welche behaupten, man sollte sich in einem solchen Falle lieber zur Welt hinaushungern, aber ich könnte die Widerlegung in einem seit kurzem erblindeten Hauptmann von der Gasse aufgreifen, welcher erklärt, er würde sich totschießen, wenn er nicht gezwungen sei, seiner Familie durch sein Leben seine Besoldung zu erhalten. Das ist entsetzlich. Sie werden wohl einsehen, daß es ähnliche Verhältnisse geben kann, die einen verhindern, seinen Leib zum Notanker zu machen, um ihn von dem Wrack dieser Welt in das Wasser zu werfen, und werden sich also nicht wundern, wie ich Ihre Türe aufreiße, in Ihr Zimmer trete, Ihnen ein Manuskript auf die Brust setze und ein Almosen abfordere. Ich bitte Sie nämlich, das Manuskript so schnell wie möglich zu durchlesen, es, im Fall Ihnen Ihr Gewissen als Kritiker dies erlauben sollte, dem Herrn Sauerländer zu empfehlen und sogleich zu antworten. – Über das Werk selbst kann ich Ihnen nichts weiter sagen, als daß unglückliche Verhältnisse mich zwangen, es in höchstens fünf Wochen zu schreiben. Ich sage dies, um Ihr Urteil über den Verfasser, nicht über das Drama an und für sich, zu motivieren […]"[13]

Gutzkow las das Manuskript sofort und war begeistert: „Alles, was in dem lose angelegten Drama als Motiv und Ausmalung gelten sollte, war aus Charakter und Talent zusammengesetzt." Er las seiner Abendgesellschaft, zu der auch Sauerländer zählte, daraus vor und „erregte Bewunderung vor dem Talent des jugendlichen Verfassers"[14]. Sauerländer war bereit, das Drama zu drucken. Allerdings hatte Gutzkow, wie er in seinem Nachruf 1837 offen bekannte, „große Mühe mit seinem *Danton*, da solche Dinge, wie sie Büchner hingeworfen, Ausdrücke, die er sich erlaubte, heute nicht gedruckt werden dürfen. Es tobte Sansculottenluft in der Dichtung; die Erklärung der Menschenrechte wandelte darin, mit Rosen bekränzt, aber nackt. Die Idee, die das Ganze zusammenhielt, war die rote Mütze [...] Die Spitzen der Wortspiele mußten abgestumpft werden oder durch aushelfende dumme Redensarten, die hinzugesetzt waren, krumm gebogen. Der echte Danton von Büchner ist nicht erschienen. Was davon herauskam, ist ein notdürftiger Rest, die Ruine einer Verwüstung, die mich Überwindung genug gekostet hat“[15].

Die Angst vor der Frankfurter Zensur war keineswegs unbegründet, schreiben die beiden Büchner-Forscher Burghard Dedner und Thomas Michael Mayer in der maßgeblichen wissenschaftlichen („Marburger“) Ausgabe von *Danton's Tod*. „Die sexuellen und blasphemischen ‚Eindeutigkeiten‘ von Büchners Manuskript hätten mindestens zur generellen Verweigerung der Druckerlaubnis führen können; aber gerade im Fall einer unzureichenden Bearbeitung, die der als liberal geltende [Frankfurter] Zensor hätte womöglich passieren lassen, drohte auch das nachträgliche Verbot durch Intervention des Bundes mit noch ungleich härteren Konsequenzen.“[16] Frankfurt als Sitz des Deutschen Bundes stand unter besonderer Beobachtung, darauf mussten auch die dort ansässigen Verlage Rücksicht nehmen, wenn sie ihre Existenz nicht gefährden wollten.

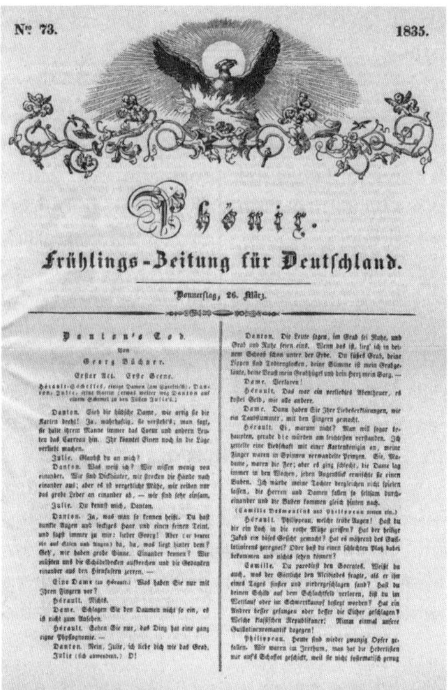
Nº 73. 1835.

Phönix.

Frühlings-Zeitung für Deutschland.

Donnerstag, 26. März.

Danton's Tod.

Von

Georg Büchner.

Erster Act. Erste Scene.

Erster Abdruck von *Danton's Tod* in der Zeitschrift *Phönix* im März 1835

Danton's Tod erschien in der von Gutzkow bearbeiteten Fassung vom 26. März bis zum 7. April 1835 im *Phönix*. Die ebenfalls bearbeitete Buchfassung kam etwa drei Monate später heraus. Für seine Ausgabe der Werke von Victor Hugo ließ Sauerländer noch 1835 die beiden Stücke *Lucretia Borgia* und *Maria Tudor* von Büchner ins Deutsche übertragen. Auch nach Büchners Tod blieb

Sauerländer den Schriften des Autors verbunden. So konnte die von Georgs Geschwistern 1850 zusammengestellte erste Werkausgabe wieder bei Sauerländer erscheinen. Der darin enthaltene biographische Essay Ludwig Büchners über seinen Bruder ist bis heute die Hauptquelle für die Forschung über das Leben Georg Büchners. Besonders bemerkenswert an der Ausgabe ist, dass sie nur wenige Monate nach dem Ende der Frankfurter Nationalversammlung, als die Restauration wieder die Oberhand gewonnen hatte, den Text des *Hessischen Landboten* in einer zwar gekürzten, aber immer noch politisch hochbrisanten Fassung präsentierte. Aber nicht nur Sauerländer, auch Gutzkow hielt Büchner die Treue über den Tod hinaus. In ebenfalls bearbeiteten Fassungen ließ er 1838 das Lustspiel *Leonce und Lena* und 1839 die Novelle *Lenz* im *Telegraph für Deutschland* drucken. Gutzkow war der erste gewesen, der das Genie Büchners erkannt hatte. Sein Verdienst ist herausragend, auch wenn er zum Teil heftig in die Texte eingriff, um sie vor der Zensur zu retten.

Als die beiden nachgelassenen Büchner-Texte erschienen, hatten sich die Wege von Gutzkow und Sauerländer schon getrennt, denn mit seinen eigenen Texten ging Gutzkow keineswegs so vorsichtig um wie mit denen von Büchner. So war seine *Vorrede* zu Schleiermachers *Vertraute(n) Briefe(n) über die Lucinde* im April 1835 in Preußen verboten worden, und kurz danach hatte sich schon neues Unheil angekündigt. Am 22. August 1835 erschien das letzte von Gutzkow redigierte *Literatur-Blatt*. Sauerländer fürchtete, wie Gutzkow in einem Brief schrieb, durch seinen Redakteur „in schlechten Credit zu kommen“[17].

Karl Gutzkow

Schon kurz nach dem Ausscheiden bei Sauerländer wurde Gutzkow verhaftet und zweieinhalb Monate im Gefängnis festgehalten. Der Grund war sein Roman *Wally, die Zweiflerin* (1835), in dem, nach Meinung der Zensurbehörden, die christliche Religionsgemeinschaft verächtlich dargestellt worden sei. Mit dem Roman, der in Mannheim in der gerade eröffneten Verlagshandlung von Zacharias Löwenthal erschienen war, wurden gleich alle Schriften der Autoren verboten, die der Frankfurter Bundestag zum „Jungen Deutschland" zählte. Gutzkow hat den Roman später mehrfach umgearbeitet. Die Angriffe gegen die christliche Religion ließ er bestehen, die heute eher harmlos wirkenden erotischen Szenen schwächte er ab.

Nach seiner Freilassung leitete er zunächst die Redaktion der *Frankfurter Börsenzeitung* und ab 1837 den *Telegraph für Deutschland*. 1840 veröffentlichte er seine Biographie Börnes, in der sich der Satz findet: „Börne war noch unglücklicher als ein Jude; er war ein Jude in Frankfurt am Main."

Großen Erfolg hatte Gutzkow seit der Frankfurter Uraufführung seiner Tragödie *Richard Savage* (am 15. Juli 1839) mit seinen zum Teil zeitkritischen Dramen, sodass er 1846 in der Nachfolge Ludwig Tiecks als Dramaturg an das Dresdner Hoftheater berufen wurde.

Nach der gescheiterten Revolution von 1848 wandte sich Gutzkow in seinem in Frankfurt geschriebenen neunbändigen Roman *Die Ritter vom Geiste* (1850/51) dem Geniekult zu. Er beschwor eine neue gesellschaftliche und politische Elite, die den als notwendig erachteten radikalen Umschwung herbeiführen sollte. Sein Roman endet aber nicht mit der glücklichen Herrschaft des Intellekts, sondern mit dem (vorläufigen) Rückzug der Protagonisten. Gutzkow wollte einen idealistischen Weg jenseits der Barrikadenkämpfe zeigen. Er wusste aber auch, dass die Zeit für ein Staatswesen, an dem alle gesellschaftlichen Schichten gleichberechtigt mitwirken konnten, noch nicht reif war. So bleibt sein Roman ein faszinierendes Zeitgemälde, dem er weitere ähnlich umfangreiche Werke folgen ließ. Im seinem ebenfalls neunbändigen Roman *Der Zauberer von Rom*, der zwischen 1858 und 1861 erschien, ist es ein überkonfessionelles Christentum, das eine Art geistiges Europa schaffen könnte. Spätestens mit diesem Roman, der dem Katholizismus eine reformerische Kraft zusprach, saß Gutzkow zwischen allen Stühlen. Kritisiert wurde er aber vor allem für die (nach damaligem Geschmack) drastischen Szenen, in denen er körperliche und seelische Misshandlungen sowie sexuelle Erfahrungen beschrieb. Gutzkow führte ein unstetes Leben und trieb ständig neue Zeitschriften- und Buchprojekte voran. Dabei kam er immer wieder für kürzere oder längere Aufenthalte nach Frankfurt. Seine Stelle als Generalsekretär der Weimarer Schillergesellschaft musste er 1864 nach einem Nervenzusammenbruch aufgeben. Zwei Jahre später zog er nach Frankfurt-Sachsenhausen, seinen letzten Wohnort, wo er am 16. Dezember 1878 unter nicht ganz geklärten Umständen starb. Psychische Probleme und Selbstmordversuche hatten seine letzten Lebensjahre überschattet.

Georg Büchner – Exil und Tod

Anfang März 1835, kurz nachdem er das Manuskript von *Danton's Tod* an Gutzkow und Sauerländer geschickt hatte, floh Georg Büchner über Weißenburg nach Straßburg. Es folgte eine Verhaftungswelle in Hessen. Der Gießener Universitätsrichter Konrad Georgi verfasste einen Steckbrief gegen Büchner. (Merkwürdigerweise brachte der Bundesminister der Finanzen als „Sonderpostwertzeichen" zu Georg Büchners 200. Geburtstag im Oktober 2013 eine Briefmarke heraus, die diesen Steckbrief zitiert und nicht etwa ein paar Zeilen des Dichters.) Im Mai plante Büchner seine *Lenz*-Novelle.

Wer aus Hessen kommend Büchner in das Elsass folgen möchte, der begebe sich nach Waldersbach im Steintal, 50 Kilometer südöstlich von Straß-

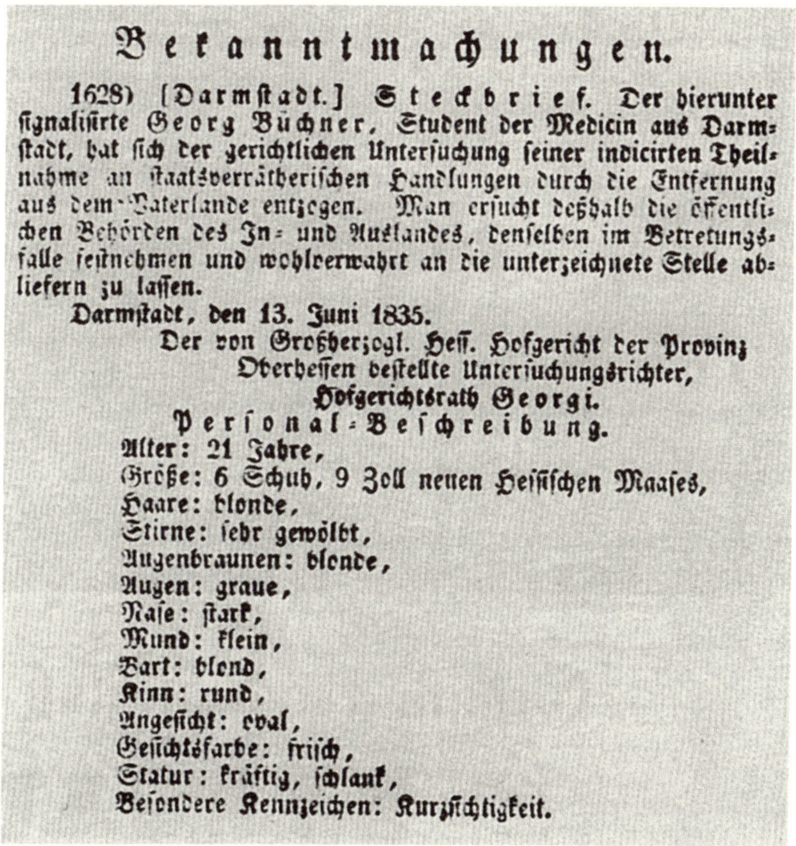

Bekanntmachungen.

1628) [Darmstadt.] Steckbrief. Der hierunter signalisirte Georg Büchner, Student der Medicin aus Darmstadt, hat sich der gerichtlichen Untersuchung seiner indicirten Theilnahme an staatsverrätherischen Handlungen durch die Entfernung aus dem Vaterlande entzogen. Man ersucht deßhalb die öffentlichen Behörden des In- und Auslandes, denselben im Betretungsfalle festnehmen und wohlverwahrt an die unterzeichnete Stelle abliefern zu lassen.

Darmstadt, den 13. Juni 1835.

Der von Großherzogl. Hess. Hofgericht der Provinz Oberhessen bestellte Untersuchungsrichter,
Hofgerichtsrath Georgi.

Personal-Beschreibung.

Alter: 21 Jahre,
Größe: 6 Schuh, 9 Zoll neuen Hessischen Maases,
Haare: blonde,
Stirne: sehr gewölbt,
Augenbraunen: blonde,
Augen: graue,
Nase: stark,
Mund: klein,
Bart: blond,
Kinn: rund,
Angesicht: oval,
Gesichtsfarbe: frisch,
Statur: kräftig, schlank,
Besondere Kennzeichen: Kurzsichtigkeit.

Steckbrief Georg Büchners vom 13. Juni 1835

burg; dorthin kam am 20. Januar 1778 der 27-jährige Theologiekandidat und Dichter Jakob Michael Reinhold Lenz in die Obhut des protestantischen Pfarrers Johann Friedrich Oberlin, um in seiner schweren psychischen Erkrankung nicht auf sich allein gestellt zu sein. Wo ließe sich Büchners *Lenz* besser lesen als dort?

Im Winter folgte ein privates Studium der Philosophie, im Dezember meldete er sich regulär in Straßburg an und begann mit den Vorarbeiten zu einer morphologischen Untersuchung über das Nervensystem der Flussbarbe.

Bei der Straßburger Naturhistorischen Gesellschaft trug er im April/Mai 1836 die Untersuchungsergebnisse vor. Er beendete seine Studie *Über das Nervensystem der Barbe* am 31. Mai in französischer Sprache. Danach arbeitete er für einen Wettbewerb des Cotta-Verlages an einer ersten Fassung des Lustspiels *Leonce und Lena* und wahrscheinlich am *Woyzeck*. Am 3. September wurde er mit seiner Abhandlung über die Barbe an der Philosophischen Fakultät der Universität Zürich promoviert. Im selben Monat arbeitete er an *Leonce und Lena* und am *Woyzeck*. Am 19. Oktober kam er nach Zürich, wo er am 15. November eine öffentliche Probevorlesung hielt. Danach wurde er zum Privatdozenten ernannt. Am 15. November begannen seine Vorlesungen über vergleichende Anatomie. Am 26. Dezember erhielt er die provisorische Aufenthaltsgenehmigung als Asylant der „Sonder-Klasse" für Zürich.

Im Januar 1837 kündigte er in einem Brief an Wilhelmine Jaeglé das Erscheinen von drei Dramen an. Im Februar wurde er krank, am 11. Februar begannen die Delirien. Die Diagnose lautete Typhus. Am 17. Februar traf seine Braut in Zürich ein, am 19. Februar, nachmittags „um halb 4" starb Georg Büchner. Am 21. wurde er auf dem Friedhof „Krautgarten" beerdigt. In der Zürcher Spiegelgasse 12 (vormals Steingasse) steht man staunend vor Büchners Sterbehaus und findet ihn dort in der Nachbarschaft eines anderen Revolutionärs. In der Nummer 14 hatte W. I. Lenin 1916/17 im Exil gelebt. Lenin allerdings wurde nicht das Glück des Scheiterns zuteil; anders als Büchner verbannte er aus seinem Sozialismus die Demokratie und errichtete ein Staatswesen, das für Büchner gewiss keinen Platz gehabt hätte.

Nach seinem Tod war Georg Büchner als Schriftsteller keineswegs vergessen, wie es aus heutiger Sicht den Anschein hat. Der Pfarrer und Historiker Heinrich Eduard Scriba zum Beispiel nahm Büchner 1843 in sein halbamtliches *Biographisch-literärisches Lexikon der Schriftsteller des Großherzogthums Hessen* auf. Nur acht Jahre, nachdem Büchner steckbrieflich gesucht worden war, gab er einen kurzen Lebensabriss, in dem er zwar den *Hessischen Landboten* nicht erwähnte, aber auch nicht verschwieg, dass Büchner „in die politischen Wirren jener Zeit verwickelt" war. Und sein Artikel endet mit dem bemerkenswerten Satz „Ein Nervenfieber, dass ihn im Febr. 1837 befiel, raffte ihn in der Blüthe seiner Jahre hinweg und endete zu frühe ein Talent, dass zu den schönsten Hoffnungen berechtigte."[18]

1923 stiftete der damalige Volksstaat Hessen den Georg-Büchner-Preis, der zunächst nur an Künstler ging, die aus Hessen stammten oder eng mit Hessen verbunden waren. Seit 1951 vergibt ihn die in Darmstadt ansässige Deutsche Akademie für Sprache und Dichtung als jährliche Auszeichnung an deutschsprachige Schriftstellerinnen und Schriftsteller. Der Georg-Büchner-Preis ist heute der wichtigste deutsche Literaturpreis.

Die Manns des 19. Jahrhunderts – Georg Büchners Geschwister

Alle Reisen auf Büchners Spur beginnen in Goddelau. Dort können sie auch enden; denn die Dauerausstellung zu seinem Werk und Leben verdient ebenso viel Aufmerksamkeit wie die Bibliothek im Büchnerhaus. Dort kann man – gewitzt durch das Studium seiner Werke – immer wieder von vorn damit beginnen, einen Autor zu lesen, dessen offenbares Geheimnis darin liegt, nie zu altern.

Tritt man durch die Eingangstür, öffnet sich zur Rechten ein kleiner Raum mit einem Tisch. Für jedes Geschwister und für Vater und Mutter Georg Büchners steht jeweils ein Stuhl am Tisch. Auf dem imaginären Platz am Tisch liegt eine schwarze Mappe, deren Inhalt über die Schicksale der Büchners informiert. Eine schöne Idee in einem Dichterhaus, das über Originalobjekte aus dem Umkreis Büchners nicht verfügt.

Blicken wir kurz in die Mappen und beginnen mit Wilhelm, dessen imposante Villa in Pfungstadt vorbildlich restauriert wurde und besucht werden kann.

Wilhelm Büchner (1816–1892) absolvierte in Zwingenberg eine Apothekerlehre, studierte dann in Heidelberg und setzte 1838/39 sein Studium in Gießen bei Justus von Liebig bis zum Staatsexamen als Apotheker fort. 1841 gründete er – zunächst im Garten seines Elternhauses in der Darmstädter Grafenstraße – eine kleine chemische Fabrik. Es gelang ihm schließlich eine Vereinfachung bei der Produktion künstlicher blauer Farbe, des Ultramarins. 1845 verlegte er die Produktion auf das Gelände der ehemaligen Krappfabrik in Pfungstadt. Rasch gelangte er mit der Herstellung des Ultramarins, das als Farbstoff und zum Bleichen von Wäsche benutzt wurde, zu Reichtum. 1863 wurde der Grundstein für seine Villa in Pfungstadt gelegt. Von 1877 bis 1884 war er als Liberaler Mitglied des Reichstages in Berlin. Bekannt wurde sein unermüdlicher Einsatz für die Volksbildung. 1878 stimmte er gegen die

Wilhelm Büchner, um 1865

Luise Büchner, um 1870

Sozialistengesetze. Am 14. Juli 1892 starb er in Pfungstadt als wohlhabender, angesehener Bürger, der sich für die sozialen Belange seiner Gemeinde stets eingesetzt hat.

Am Rande gibt es da noch eine Episode zu erzählen. Als die politischen Verhältnisse es zuließen, errichteten die Brüder Ludwig und Wilhelm Büchner im Jahre 1851 ihrem Bruder Georg in Zürich eine angemessene Grabstätte. Das schlichte Holzkreuz wurde durch einen Grabstein ersetzt. Als Inschrift wurde ein Vers gewählt, der aus der großen Eloge des Schriftstellers und Revolutionärs Georg Herwegh auf Georg Büchner stammt. Herwegh hatte das Gedicht im Februar 1841 in Zürich geschrieben und noch im selben Jahr in seinen anonym erschienenen *Gedichten eines Lebendigen* veröffentlicht.

„Ein unvollendet Lied sinkt er in's Grab,
Der Verse schönsten nimmt er mit hinab!"[19]

Als der Friedhof „Krautgarten" aufgelöst wurde, überführten Burschenschafter der „Gesellschaft deutscher Studierender" in Zürich den Leichnam am 26. Juni 1875 auf den „Germania-Hügel" am Zürichberg, wo er noch heute – mit dem falschen Geburtsort Darmstadt – zu besuchen ist. Den alten

Ludwig Büchner, um 1895

Alexander Büchner, um 1900

Grabstein vom „Krautgarten“-Friedhof setzte Wilhelm in den Garten seiner Villa. Dort verlor er sich bei Umbauarbeiten der Villa und schließlich landete der Sockel 1991 im Pfungstädter Stadtmuseum. Seit März 2001 befindet sich das Denkmal-Fragment als Leihgabe im Goddelauer Büchnerhaus.

Georgs jüngere Schwester Luise Büchner (1821–1877) war um die Mitte des 19. Jahrhunderts weit über Darmstadt hinaus eine bekannte Persönlichkeit. Vor allem in der Bildung sah sie die Ressource für die „innere und äußere“ Selbstständigkeit der Frauen. 1855 erschien ihr am meisten verbreitetes Buch *Die Frauen und ihr Beruf* zunächst anonym, weil schon der Titel für Aufruhr sorgte. Dieses Manifest für eine gleichberechtigte weibliche Erziehung war außerordentlich erfolgreich und eignet sich auch heute noch zu anregender, durchaus kontroverser Diskussion. Auch als Journalistin und Erzählerin war Luise Büchner aktiv. In ihrem zu Lebzeiten unveröffentlichten Romanfragment *Ein Dichter* schilderte sie ihren Bruder Georg als jungen Mann und das Familienleben im Hause Büchner (allerdings leicht kaschiert als Familie Brandeis). 1867 gründete Luise Büchner mit Billigung der aus dem britischen Königshaus stammenden Großherzogin Alice Vereine, die die Ausbildung und Bildung von Frauen ermöglichten und ihnen einen Erwerb sichern halfen. Später trugen diese Einrichtungen dann den Namen „Alice-Vereine“, und nicht nur in Darmstadt sind soziale Einrichtungen wie das „Alice-Hospital“ auf diese Vereine zurückzuführen. 1872 wurde der Verband deutscher Frauenbildungs- und Erwerbsvereine gegründet, und dessen erste ordentliche Generalversammlung mit internationaler Beteiligung wurde – auch als Reverenz an Luise Büchner – in Darmstadt abgehalten. Seit 1998 befindet sich die Luise-Büchner-Bibliothek im Darmstädter Literaturhaus. In dieser Spezialbibliothek zur Geschichte der Frauenbewegung, zur Sozial- und Bildungsgeschichte der Frauen gibt es auch eine Sondersammlung zu Leben und Werk von Luise Büchner. Seit 2012 schließlich wird von der in Darmstadt ansässigen Luise-Büchner-Gesellschaft der Luise-Büchner-Preis für Publizistik verliehen.

Ludwig Büchner (1824–1899) war im 19. Jahrhundert einer der bekanntesten Wissenschaftler in Deutschland. Sein Hauptwerk *Kraft und Stoff* von 1855 wurde in zahlreiche Sprachen übersetzt und erlebte allein in Deutschland binnen fünfzig Jahren 21 Auflagen. Wegen seiner materialistischen Weltanschauung verlor er die Lehrerlaubnis an der Tübinger Universität und ließ sich in seiner Heimatstadt Darmstadt als Arzt nieder. In Vorträgen und polemischen Einlassungen suchte er auch die Auseinandersetzung mit den Sozialisten. Friedrich Engels bezeichnete Büchners Materialismus als vulgär und mechanisch. Ludwig Büchner griff aber auch in das Alltagsleben der Menschen ein. So kümmerte er sich um eine natürliche, „makrobiotische" Ernährung und gründete den Freidenkerbund. Er war auch Mitbegründer des „Freien Deutschen Hochstifts" in Frankfurt am Main.

Mit einer Novelle, in der Alexander Büchner (1827–1904) 1848 den Gefängnistod des republikanischen Aktivisten Friedrich Ludwig Weidig, des Mitstreiters seines Bruders Georg, als Mord schilderte, zog er sich den Unwillen der Behörden zu. Allerdings sprach ihn das Darmstädter Schwurgericht vom Vergehen gegen das Presserecht frei. Im selben Jahr wurde er zum Doktor beider Rechte promoviert, widmete sich aber bald der Literatur, vor allem als Wissenschaftler, daneben aber auch als Autor. Mit einer Arbeit über den englischen Schriftsteller Byron habilitierte er sich an der Universität Zürich und zog 1855 nach Frankreich. Von 1867 an lehrte er als Professor für Vergleichende Literaturgeschichte in Caen, 1870 nahm er die französische Staatsbürgerschaft an. Er starb, in zweiter Ehe mit der aus Hannover stammenden Martha Bahlsen verheiratet, am 7. März 1904 in Hannover.[20]

Georg Büchners Mitstreiter – der Butzbacher Pfarrer und Rektor Friedrich Ludwig Weidig

Der am 15. Februar 1791 in Oberkleen geborene Friedrich Ludwig Weidig hatte Theologie an der Gießener Universität studiert und war Rektor einer Knabenschule in Butzbach. Als glühender hessischer Patriot verfasste er Gedichte auf den von ihm verehrten Großherzog Ludewig I. oder, wie im 1830 geschriebenen „Hessengruß“, auf seine Heimat:

„Dort, wo der Alte-King
Schaut' aus der Steine Ring
  Zur Wetter-Au!
Als er für Deutschland wacht', –
Wo nun der Aehren Pracht
Stolz mir entgegen lacht,
  Ist Hessengau.

Dort, wo die Diemel geht,
Kattenmuth frisch noch weht
  Ob Berg und Au,
Draus sie zur Teutoburg
Stürmten und blut'ge Furch
Zogen den Forst hindurch
  Ist Hessengau.

Dort, wo des Malchen Höh'n
Lüfte des Rheins umweh'n
  Ist Odins Au,
Dort, wo ein stark Geschlecht
Mannlich und schlicht und recht
Liebet der Freiheit Recht,
  Ist Hessengau.

Wo Winfried einst gelehrt,
Dunkel in Licht gekehrt,
  Ist Fulda's Au,
Wo in der Buchennacht
Er durch des Glaubens Macht
Zur Freiheit Milde bracht'
  Ist Hessengau.

Dort, wo einst Philipps Muth
Schirmte der Freiheit Gut
  In Lahna's Au,
Wo er des Geistes Nacht

Bannt' und mit Geistesmacht
Wissenschaft angefacht,
Ist Hessengau.

Jüngling' aus deutschem Blut,
Männer mit freiem Muth,
Stimmt an im Chor:
Hessen, ein grüner Zweig
Sei'st du der deutschen Eich';
Schirm' Freiheit, Recht und Reich
Jetzt, wie zuvor!"[21]

Seit 1814, als er die „Deutsche Gesellschaft" in Butzbach mitgegründet hatte, war Weidig immer wieder verhört worden. Zunächst glaubte er noch daran, auf friedlichem Weg etwas verändern zu können. Aber nachdem der Deutsche Bund 1832 als Reaktion auf das Hambacher Fest die Presse-, Vereins- und Versammlungsfreiheit aufgehoben hatte, radikalisierte sich der als höflich und herzlich beschriebene Weidig. Er wurde zum unbestrittenen Führer der oberhessischen Revolutionäre. Bei ihm liefen die Fäden zusammen, er knüpfte Verbindungen zu Revolutionären in Frankfurt und anderen Städten. Unter dem Pseudonym „Freimund Hesse" brachte er von Januar bis März 1834 vier Ausgaben seines *Leuchters und Beleuchters für Hessen oder der Hessen Nothwehr* heraus. Das konspirativ verteilte Blatt wurde zum Vorläufer des *Hessischen Landboten*, den Georg Büchner verfasste und den Weidig, zum Leidwesen des Autors, in seiner Radikalität gegen die Fürsten und die liberale Opposition abschwächte.

Weidig hatte Büchner im März 1834 in Gießen kennengelernt. Ende Juli erschien dann der *Hessische Landbote*, der eine Hetzjagd auf die verteilten Exemplare und auf die Hintermänner auslöste. Die achtseitige, in Offenbach bei Preller gedruckte Flugschrift wurde hinter Fensterläden gesteckt, unter Türen durchgeschoben oder in Höfe geworfen. Am 24. April 1835 wurde Weidig, der unterdessen als Pfarrer nach Ober-Gleen versetzt worden war, in seinem Haus verhaftet und nach Darmstadt gebracht. Im Gefängnis war er Misshandlungen und den Verhören eines sadistischen Untersuchungsrichters ausgesetzt. Trotzdem schrieb er weiter Gedichte und Briefe, darunter sehr bewegende, die an seine Frau und seine Kinder gerichtet sind. Wie verzweifelt er war, verdeutlicht ein Brief vom 5. März 1836:

„Ich muß Dir nämlich sagen, dass ich seit Schluß des vorigen Jahres mit geringen Unterbrechungen krank und gemüthskrank bin, und dass mein Gesundheitszustand noch immer sehr schwankend ist und dass ich, obgleich der Arzt Genesung mir zugesagt, doch auf Alles gefaßt bin. Doch Du und die Kinder, Ihr seid wohl, und das ist es, was ich jede Stunde jeden Tages und viele Stunden in der Nacht von

> Gott erfleht habe. […] Ich muß schließen, die Wuth der Schmerzen in meinem Kopfe und meiner Brust ist, obgleich oft versteckt, jetzt wieder satanisch"[22].

Friedrich Ludwig Weidig

Der Brief wurde nicht an seine Frau weitergeleitet. Sie erhielt ihn erst nach dem Tod ihres Mannes. Am 23. Februar 1837, nach fast zweijähriger Haft ohne Gerichtsverfahren, war Weidig in seiner Zelle gestorben. Mit seinem Blut hatte er an die Wand geschrieben: „Da mir der Feind jede Vertheidigung versagt, so wähle ich einen schimpl. Tod von freien Stücken."

Anmerkungen

1 Wilhelm Sauerwein: Lied der Verfolgten. In: Wolfgang Steinitz: Deutsche Volkslieder demokratischen Charakters aus sechs Jahrhunderten. Band II. Berlin 1979, S. 91 f.
2 Franz Dingelstedt: Gedichte. Kassel und Leipzig 1838, S. 161 f.
3 Franz Dingelstedt: Lieder eines kosmopolitischen Nachwächters. Hamburg 1842, S. 140.
4 ebenda, S. 60.
5 Georg Büchner: Briefwechsel. Marburger Ausgabe. Band 10,1. Hg. von Burghard Dedner, Tilman Fischer und Gerald Funk. Darmstadt 2012, S. 19.
6 Martin Walser: „Wenn das Wort Heiligtum noch einen Sinn hat …" In: Heiner Boehncke/Hans Sarkowicz (Hg.): Ein Haus für Georg Büchner. Marburg 1997, S. 4.
7 In einer Auswahl von (gerichts-)medizinischen Aufsätzen von Ernst Büchner kann man seine Nähe zu jener Art von Medizin nachlesen, die sein Sohn Georg nicht nur im *Woyzeck* geißelte: Ernst Büchner: Versuchter Selbstmord durch Verschlucken von Stecknadeln. Hg. von Heiner Boehncke und Hans Sarkowicz. Berlin 2013.
8 Vgl. Jan Christoph Hauschild: Georg Büchner. Berlin 1997, S. 164.
9 Zit. n. ebenda, S. 117.
10 Georg Büchner: Der Hessische Landbote. Marburger Ausgabe. Band 2,1. Hg. von Burghard Dedner unter Mitarbeit von Katja Battenfeld. Darmstadt 2013, S. 13.
11 Ludwig Börne: Sämtliche Schriften. Hg. von Inge und Peter Rippmann. Dritter Band. Düsseldorf 1964, S. 599.
12 Karl Gutzkow: Rückblicke auf mein Leben. Berlin 1875, S. 131.
13 Karl Gutzkow: Georg Büchner. In: Karl Gutzkows ausgewählte Werke. Hg. von Heinrich Hubert Houben. Siebenter Band. Leipzig o. J., S. 132 f.
14 ebenda, S. 133.
15 ebenda, S. 134.
16 Georg Büchner: Danton's Tod. Marburger Ausgabe. Band 3,2. Hg. von Burghard Dedner und Thomas Michael Mayer. Darmstadt 2000, S. 247 f.

17 Zit. n. ebenda, S. 284.
18 Heinrich Eduard Scriba: Biographisch-literärisches Lexikon der Schriftsteller des Großherzogthums Hessen. Zweite Abtheilung. Darmstadt 1843, S. 102.
19 Georg Herwegh: Zum Andenken an Georg Büchner den Verfasser von Danton's Tod. In: Ders.: Gedichte eines Lebendigen. Zürich und Winterthur 1841, S. 188.
20 Vgl. Heiner Boehncke/Peter Brunner/Hans Sarkowicz: Die Büchners oder der Wunsch, die Welt zu verändern. Frankfurt am Main 2008.
21 Gedichte Dr. Friedrich Ludwig Weidig's. Zum Besten der Kinder Weidig's herausgegeben von einigen Freunden. Mannheim 1847, S. 9 f.
22 ebenda, S. 79 und 82.

10. Ein rechtes Paradies

Hessens sonniger Süden

Die Bergstraße verdankt ihren Namen den Römern. Denn die römische „montana platea" verlief noch, um den Überschwemmungen zu entgehen, auf halber Höhe des westlichen Odenwaldabhanges und rechtfertigte damit ihre Namensgebung, die heute unverständlich erscheint. Erst sehr viel später wählte sie die leichter zu befahrende Ebene. Urkundlich erwähnt wurde die Bergstraße erstmals im 8. Jahrhundert. Im Mittelalter entwickelte sie sich zu einer der meistfrequentierten Verkehrsadern in Deutschland. Kaufleute zogen von Schwaben, Bayern und dem Elsass kommend über Darmstadt nach Frankfurt und von dort aus zu den wichtigsten Handels- und Messeplätzen.

Während die sich mit ihren Wagen nur schwerfällig fortbewegenden Händler keinen Sinn für die Schönheiten der Landschaft zwischen Odenwald und Rhein hatten, sparten die „empfindsam" Reisenden nicht mit Lob für die „deutsche Riviera", deren Baumblüte rund vier bis sechs Wochen früher einsetzt als in anderen deutschen Gegenden. Gerade die Baumblüte war es, die Adolph von Knigge auf seiner *Reise aus Lothringen nach Niedersachsen* faszinierte:

> „An einem schönen Frühlings-Tage durch die reizende Bergstraße zu fahren, den balsamischen Duft der Blüten einzuhauchen, nach allen Seiten hin die schönsten Gegenstände zu erblicken, hier eine Kettenreihe von Gebirgen, mit Weinstöcken und Obstbäumen und Wald, in so malerischer Abwechslung besetzt; auf den Gipfeln alte zerstörte Ritterschlösser; dort die weite Ebene – ein unübersehbarer Garten! und in der Entfernung die Städte und Dörfer – bedarf es mehr, um das Herz zu sanften Empfindungen zu stimmen?"[1]

Auch Knigges Zeitgenosse, der im norddeutschen Bramstedt geborene Schriftsteller Friedrich Leopold Graf zu Stolberg, gehörte zu den Bewunderern der Bergstraße. An seine Schwester Henriette Bernstorff schrieb er am 21. Mai 1775:

> „Ach die Bergstraße, die ist vortrefflich. Immer am Fuß der Berge weg in einer Allee von alten Walnussbäumen, Kornfelder zur Seite, auf denen Fruchtbäume stehen, denn in unserem vaterländischen Klima kargt man mit dem Sonnenschein nicht so, die Saaten geraten doch und heben sich über Mann hoch, wenn gleich die Bäume ihren Schatten auf sie werfen. Und die Weinberge!"[2]

1794 beschrieb Stolberg seine *Reisen in Deutschland, der Schweiz, Italien und Sicilien in den Jahren 1791 und 1792*. Und wieder lobte er die Bergstraße. Allerdings blieb auch die zweite Begegnung auf wenige Stunden beschränkt. Damit teilt die Bergstraße das Schicksal so vieler reizvoll gelegener Verkehrswege. In der Regel wurden sie vom Kutschenfenster aus flüchtig betrachtet; das genügte schon für eine ausführlichere Notiz im Tagebuch. Einen längeren Aufenthalt scheuten die meisten. Der Kontakt mit der Bevölkerung konzentrierte sich auf die kurze Rast an den Poststationen. Eine rühmliche Ausnahme bilden die schon zitierten Reisebeschreibungen Joachim Heinrich Campes. Der Hamburger Pädagoge und Verleger nahm sich 1785 Zeit und besuchte einzelne Dörfer. Mit großer Spannung erwartete er die Fahrt auf der Bergstraße, denn schon viel hatte er über dieses „höchst wunderbare Naturgemälde" gelesen:

> „Das Geringste, was ich mir vorgestellt hatte, war, dass der Weg in einer gewissen beträchtlichen Höhe an den Seitenwänden des Kettengebirges fortlaufen und überall eine weite herrliche Aussicht in eine paradiesische Ebene gewähren werde. Es war mir daher schon gar nicht recht, da ich fand, dass er fast immer auf der Ebene blieb und sich nirgends mit einiger Kühnheit erheben wollte. Aber es wird noch kommen, dachte ich, und war mit meinen Blicken immer voraus. Es folgte Berg auf Berg, und zwischen den Bergen ein hübsches Tal nach dem andern. Schön! dachte ich; aber es wird noch viel schöner kommen. Ich fuhr in einer ununterbrochenen Doppelreihe von Walnuss- und andern Obstbäumen hin, hatte zu meiner Rechten einen unübersehbaren Feldgarten, der einen unbeschreiblichen Segen von Feld- und Gartenfrüchten darbot, zu meiner Linken, bis an die Mitte der Berge, nichts als Weingelände mit Kastanien-, Mandeln-, Pflaumen-, Pfirsichen- und andern feinen Obstbäumen durchpflanzt. Herrlich! sagte ich; aber es wird gewiss noch viel herrlicher kommen. So war, der überspannten Erwartung wegen, meine ganze Aufmerksamkeit mehr auf Das, was noch kommen sollte, als auf Das, was wirklich vor mir lag, gerichtet, und – zu meiner Beschämung muss ich gestehn! – ich genoss darüber von dem vielen Schönen und Herrlichen, welches Natur und Fleiß links und rechts vor mir ausgebreitet hatten, nicht halb so viel, als mir davon zu Teil geworden wäre, wenn die Beschreiber dieser angenehmen Straße meine Erwartung minder gespannt gehabt hätten."[3]

Goethe, der Reisebeschreibungen mit einem berechtigten Misstrauen begegnete, hätte sich nicht so leicht wie Campe verführen lassen. Seine Schilderungen der Bergstraße geben fast emotionslos das wieder, was der Dichter sah. So heißt es unter dem Datum vom 25. August 1797:

> „Aus Darmstadt um 12½, nachdem wir in einer Viertelstunde expediert worden waren. Auf der Chaussee finden sich nun Steine des Grundgebirgs: Syenite, Porphyre, Tonschiefer und andere Steinarten in dieser Epoche. Darmstadt hat eine artige Lage vor dem Gebirg und ist wahrscheinlich durch die Fortsetzung des Wegs aus der Bergstraße nach Frankfurt in früheren Zeiten entstanden. Eberstadt, Fechenbach, halbe Stationen. In dieser Gegend liegen sandige Hügel, gleich-

sam alte Dünen, gegen den Rhein; vor und hinterwärts gegen das Gebirg ist eine kleine Vertiefung, wo sehr schöner Feldbau getrieben wird. Bis Zwingenberg bleibt der Melibokus sichtbar, und das schöne wohlgebaute Tal dauert. Die Weinberge fangen an, sich über die Hügel bis an das Gebirge auszubreiten. Bensheim. Heppenheim. Man ist mit der Ernte in dieser Gegend wohl zufrieden. Zwei schöne Ochsen, die ich beim Postmeister sah, hatte er im Frühjahr für dreiundzwanzig Karolin gekauft. Jetzt würden sie für achtzehn zu haben sein. Die Kühe sind im Preise nicht gefallen. Um 5½ erst von Heppenheim wegen Pferdemangel. Hemsbach. Die Birnbäume hingen unglaublich voll. Beim Purpurlicht des Abends waren die Schatten besonders auf dem grünen Grase wundersam smaragdgrün."[4]

Nüchterner ist die Bergstraße wohl selten in der Literatur geschildert worden. Als Heinrich von Kleist gut vier Jahre später den gleichen Weg in die Schweiz nahm, fand er die Landschaft selbst noch im Dezember schön, und seine von dem abgebrochenen Parisaufenthalt verdüsterte Stimmung hellte sich auf, „denn da war alles so weit, so groß, so weit, und die Lüfte wehten da so warm"[5]. Trost und Hoffnung für die Zukunft fand auch August von Kotzebue an der Bergstraße, allerdings quälten ihn mehr politische als persönliche Sorgen. In seinen *Erinnerungen aus Paris* schrieb er 1804:

„Zum ersten Mal bin ich durch diesen *Garten von Deutschland* gefahren, in dem gleichsam die Vergangenheit auf den Hügeln weilt und der schönen Gegenwart zusieht, wie sie ihr fruchtbares Wesen treibt. Wie sich doch Alles in der Welt än-

Die Bergstraße. Stahlstich nach H. Schilbach

dert! Die Raubschlösser, die vormals durch ihren Anblick dem Wanderer nur Schrecken einjagten, ergötzen ihn jetzt durch ihre malerischen Ruinen.

O, dacht ich, möchte unsern Enkeln in der zweiten Hälfte dieses Jahrhunderts die Ruhe wieder lächeln, wie die schöne Natur dem heutigen Pilger in der Bergstraße: möchten dann die Gräuel der Revolutionen nur noch wie jene Ruinen von umnebelten Bergen ihnen schimmern, und, durch das Andenken an jene Schauer, das Gefühl der glücklichen Gegenwart nur erhöhen.“[6]

Das Lob der Bergstraße war auch im 19. Jahrhundert fast einhellig. „Zaubervoll“ und „malerisch“ sind die am meisten gebrauchten Adjektive in den Beschreibungen. Andererseits reizten solche Hymnen auch zum Widerspruch. So wie Joachim Heinrich Campe die euphorisierten Schönredner 1785 attackiert hatte, so tat es Heinrich Laube gut 50 Jahre später in seinen *Reisenovellen*:

„Diese Bergstraße ist ein sehr hübscher Weg: die Berge, welche man im Osten hat, sind weich und reich belaubt, mit Ruinen geschmückt und in lockender Nähe, man fährt durch fruchtbare Obstgärten hin; nach Westen dehnt sich die Pfalz flach und eben nach Mannheim, nach dem Rhein hinüber; aber diese Bergstraße wäre ein viel hübscherer Weg, wenn sie nicht für so ausgezeichnet gälte, sie ist kleiner als ihr Ruf, es gibt schönere Straßen. Man denkt sich auch unter dem Ausdrucke Bergstraße etwas ganz Anderes, die Berge sehen bloß drein, und man fährt in einem meist ebenen Garten dahin; auch mit dem Rheine hat man nichts zu schaffen, wie's nach den Schilderungen oft zu klingen scheint. Zu viel Kurmacher schaden der Hochzeit, zu viel Lobpreiser dem Reize. Aber der eigentliche Süden Deutschlands fällt hier mit tieferen Farben auf uns herab, das Kolorit der Laubberge ist dunkler, samtner, gesättigter, der Himmel ist blauer, feine Kastanien gedeihen, der Mandelbaum grüßt, Heidelberg liegt hinter dem Berge.“[7]

Das schon kurze Zeit später beginnende Eisenbahn-Zeitalter mit der 1846 eröffneten Main-Neckar-Bahn ließ die Flut der Bergstraßen-Beschreibungen schnell abschwellen. Der Blick aus dem Coupéfenster verführte nicht mehr zu weitschweifenden Abhandlungen. Was der zugfahrende Schriftsteller gegen Ende des 19. Jahrhunderts empfand, drückte Richard Dehmel im Mai 1887 in einem Brief an seine spätere Frau Paula Oppenheimer aus:

„Ach, wohin fliege ich wieder mit meinen Gedanken – aus dem Coupé zweiter Klasse! Ja, so ein Coupé verführt selbst dazu. Wie man fliegt darin! Alles hat seine Poesie. Die Poesie der Postkutschen ist gestorben; sie feiert ihre Auferstehung in der Poesie der Bahnfahrt, nur noch verklärter. Schon dies Ungetüm, die Bahn, selbst! mit ihrer Lokomotive. In der Nacht, auf den Stationen, wenn man erwacht vom Läuten der Signalglocken: was hört man da diese Ungeheuer für Seelengespräche führen.“

Wer auf die Seelengespräche der Lokomotive achtete, der hatte wenig Sinn für die Landschaft. Entsprechend kurz fiel in Dehmels Brief die Beschreibung der Bergstraße aus:

> „Hinter Darmstadt treten dann auf der rechten Seite die Höhen des Odenwalds immer näher an die Bahnlinie heran; links bleibt es flach, da ist man in der Obstgegend. Bis kurz vor Heidelberg."[8]

Das Loblied auf die Bergstraße stimmten erst wieder die reisenden Schriftsteller des 20. Jahrhunderts an – zum Beispiel Hans Schiebelhuth, den die Wandervogelbewegung so beeindruckt hatte, dass er seine Heimat zu Fuß (u. a. zusammen mit Carl Zuckmayer) entdecken wollte. Fast ehrfürchtig schilderte er die blühende Bergstraße, „dieses Landschaftsgesicht, das mir hellste Helle, zarteste Traumseligkeit, ganze Jugendglücke aus Traum und Zauber einschließt"[9]. Werner Bergengruen empfand ähnlich, als er sich im Sommer 1933 von Frankfurt aus der Bergstraße näherte:

> „Wenige deutsche Landschaften haben so viel Lindigkeit, so viel Zärtlichkeit wie diese. Nicht anders als mit Zärtlichkeit kann ich ihr erwidern.
>
> Wer die Bergstraße südwärts reist – und dies ist die natürliche Richtung zur Gewinnung des immer südlicher werdenden Landes – der hat zur Rechten die Rheinebene, zur Linken die Kette der Odenwaldberge. Nicht sehr weit hinter Darmstadt beginnt das Gebiet des Waldes, der Berge und der Burgen, in das hier oben freilich noch ein düsterer Streifen sandigen Kiefernlandes hineinreicht. Dann reiht sich eine Augenweide an die andere, Fahrt oder Wanderung werden zu einem einzigen Freudenlachen. Die Berge treten näher, doch bleibt noch Raum für eine Kette von Vorbergen, und sie sind es, welche die Burgen und Schlösser tragen, Frankenstein, Alsbach, Auerbach, Schönberg, die Starkenburg; sanft rekken die bergsträßischen Ansiedlungen sich zu ihnen hinan. Jeder einzelne dieser Orte ist eine Verlockung, anzuhalten und zu bleiben, sich in den Gasthausgarten eines freudigen Städtchens zu setzen oder bergan in den Wald zu steigen, auf eine der Burgen, von denen der Blick weit über den Rhein trägt; einzubiegen in eine der seitlichen Talmündungen oder sich zu verlieren in den stillen, altfürstlichen Lustanlagen des Fürstenlagers.
>
> Die Berge haben teil an der Heiterkeit, sie sind ohne Schroffen; selbst der mächtige Malchen, der daneben den herzensdrolligen Namen Melibokus führt, hat das Lächelnde, das Sanfte des Landes zu seinen Füßen. Lebhaft, zierlich, zutraulich sind die Städtchen, Seeheim, Jugenheim, Zwingenberg mit seiner hochgelegenen, ummauerten Kirche, Auerbach, Bensheim, Heppenheim, wo der schwere, hitzige Bergsträßer Wein wächst. Denn dies ist Weinland wie Obstland und ein rechtes südliches Paradies."[10]

Wer Werner Bergengruens Lob jetzt noch überbieten wollte, der musste sich schon fast in die Sphären der Metaphysik begeben wie Ernst Glaeser, der in

Darmstadt zur Schule gegangen war. 1960 begann er seinen Artikel über die *Straße großer Geschichte* mit einer kühnen These:

„Die Bergstraße ist mehr als eine der üblichen Straßen, die das Land durchziehen. Sie ist eine Linie des Verstandes und der Klugheit, sie ist schön, nicht nur wegen der Blüten an den Hängen, die ihr den Namen einer deutschen Riviera eingebracht haben, sie ist auch nicht nur romantisch, so als wäre sie die ewige Wander- und Traumstätte eines Clemens Brentano – sie ist kräftiger, ein in Stein gewordener Gedanke ist sie, ein großes Beispiel für die Kunst des Menschen, das Ungezähmte der Landschaft nach seinem Willen und nach seinem Ingenium zu gestalten. Nicht sie schmiegt sich an die blüten- und fruchtträchtigen Hügel, die sie flankieren, die Hügel schmiegen sich an sie. Wie eine bunte und zärtliche Kulisse aus einer Rokokooper wirken sie, wenn sie blühen und voller Duft sind."[11]

Und Kasimir Edschmid empfahl 1960 im selben Heft der Zeitschrift MERIAN, „den Wagen irgendwo, einerlei an welcher freien Stelle"[12], stehen zu lassen und die Hänge hinaufklettern. Die Hänge, damit meinte er den westlichen Rand des Odenwaldes, der wie die Bergstraße von jeher ein beliebtes Ausflugsziel ist.

Schon Joachim Heinrich Campe und Matthias Claudius hatten den Melibokus bestiegen und den Blick von dort gepriesen. „Ich habe neulich in die berühmte Bergstraße und auf den köstlichen Melibokus eine Wallfahrt getan und bin sehr guten Muts wiedergekehrt", schrieb Claudius im Juni 1776 an seinen Dichterfreund Johann Wilhelm Ludwig Gleim. „Man übersieht oben vom Melibokus das ganze schöne Rheintal von Speyer bis über Mainz hinaus, und ich habe noch keine beßre Aussicht gesehen."[13]

Wer nicht nur den Melibokus bestieg, sondern den ganzen Odenwald kennenlernen wollte, der kam vielleicht an Ober-Ramstadt vorbei, wo Georg Christoph Lichtenberg geboren wurde.

Georg Christoph Lichtenberg und seine Familie

„Mit der Feder in der Hand habe ich, mit gutem Erfolg, Schanzen erstiegen, von denen andere mit Schwert und Bannstrahl bewaffnet zurückgeschlagen worden sind."[14]

So lautet einer von Lichtenbergs berühmten Aphorismen. Und das hier zu Tage tretende Selbstbewusstsein des Schriftstellers ist keineswegs unangemessen. Seine vor Sprachwitz, Gedankenkraft und Kritiklust strotzenden kurzen oder etwas längeren Aphorismen und Textminiaturen pflegte er dreieinhalb Jahrzehnte hindurch in *Sudelbücher* einzutragen, die sich aus 15 verschiedenen Heften zusammensetzen. Er bezeichnete sie mit fortlaufenden

Buchstaben bis einschließlich L. Nur das Heftchen für das erste *Sudelbuch A* gehört nicht in diese Reihe. Einige Aphorismen sind zu geläufigen, gern in wichtige Reden eingestreuten Schmunzelsprüchen geworden wie etwa: „Die schönen Weiber werden heutzutage mit unter die Talente ihrer Männer gerechnet."[15]

Man kann aber aus den Tiefen der *Sudelbücher* immer wieder überraschende Sprach- und Gedankenschätze heben. Eine beliebte Übung in Werkstätten zum Kreativen Schreiben besteht darin, akustische Verben zu finden, die Geräusche differenzierter beschreiben. Lichtenberg hat das unübertroffen vorgemacht:

> „Es donnert, *heult*, *brüllt*, zischt, pfeift, braust, saust, summet, brummet, rumpelt, *quäckt*, *ächtz*, *singt*, rappelt, prasselt, knallt, rasselt, knistert, klappert, *knurret*, poltert, *winselt*, *wimmert*, rauscht, *murmelt*, kracht, *gluckset*, *röcheln*, klingelt, *bläset*, *schnarcht*, klatscht, *lispeln*, *keuchen*, es kocht, schreien, weinen, schluchzen, krächzen, stottern, lallen, girren, hauchen, klirren, blöken, wiehern, schnarren, scharren, sprudeln. Diese Wörter und noch andere, welche Töne ausdrücken, sind nicht bloße Zeichen, sondern eine Art von Bilderschrift für das Ohr."[16]

Lichtenberg war ein streitbarer Aufklärer, der seine Denkblitze mit Empfindungsstärke und Wahrnehmungskraft verband. Als Schriftsteller arbeitete er bei aller literarischen Produktivität nur im Nebenberuf. Denn als Professor an der Göttinger Universität lehrte er Philosophie, Physik, Astronomie und Mathematik.[17]

Georg Christoph Lichtenberg kam am 1. Juli 1742 in Ober-Ramstadt zur Welt. Auf der Suche nach Spuren seiner Kindheit im Ort wird man erst einmal enttäuscht. Das Geburtshaus steht schon lange nicht mehr, es wurde im Jahr 1848 abgerissen. Nur die Gartentreppe ist erhalten. Sie kommt aber in den *Sudelbüchern* vor und wird dadurch zu einem, wenn auch bescheidenen, Literaturdenkmal:

Georg Christoph Lichtenberg. Kupferstich von Ernst Ludwig Riepenhausen (1800)

> „Biographia. Garten Treppe zu Oberramstadt. Meine Seelenwanderung bei Glaser Schwarz seinem Sohn. Verliebtwerden in Jungen. Schneider Schmidts Sohn in D. Doch aber nur, weil er Primus in der Stadtschule war. Ähnliche Neigungen hatte er nie gegen Mädchen verspürt. Seine Superstition [Geisterglaube, *d. A.*] beim Licht ausgehen, und -anzünden."[18]

Der 1939 in Langen geborene Schriftsteller Henning Boëtius überschreibt das erste Kapitel seines Lichtenberg-Romans *Der Gnom* (1989) mit „Die Gartentreppe 1742–1763" und baut die Erinnerung an die Treppe in Träume und Gedankenspiele ein, denen Lichtenberg – im Roman – nachhängt, als er Anfang Mai 1763 in einer Kutsche Darmstadt verlässt, um zum Studium nach Göttingen zu fahren. Zu „Schneider Schmidts Sohn" denkt Boëtius sich eine bemerkenswerte Geschichte aus:

> „Seine erste große Liebe war der Sohn des Schneiders Schmidt gewesen. Er war der Primus der Stadtschule. Georg entwickelte viel Phantasie und Findigkeit, diesen Jungen heimlich zu beobachten. Er kletterte auf Mauern, in Bäume, versteckte sich in Nischen und lauerte hinter Türen und Häuserecken. Kein Tag verging, an dem sich sein Geliebter nicht im Netz seiner Blicke verfing. Wenn er mit anderen Schülern sprach, brachte Georg das Gespräch auf den jungen Schmidt. Auch dies gehörte zu den Möglichkeiten, den Geliebten zu besitzen, ohne dass der die mindeste Kenntnis davon erhielt."[19]

Die Episode endet im Roman damit, dass Lichtenberg glaubte, seine heimliche Liebe den Mitschülern verraten zu haben und Schneider Schmidts Sohn nun Bescheid wissen müsse. Damit war die Liebe vorbei.

Die Gartentreppe, an die Lichtenberg sich erinnert, wird im Roman zu einer leuchtend roten Sandsteintreppe, die der kleine Georg (er muss jünger als drei Jahre gewesen sein, da die Familie im Juli 1745 nach Darmstadt zog) auf den Knien erklettert. Er bemerkt dabei, dass die Zahl der Stufen ungerade ist und hält diese Einsicht für einen ersten Beweis dafür, dass Mathematik und Leben etwas miteinander zu tun haben.

Erhalten ist auch die Tafel, die bei der Hundertjahrfeier von Lichtenbergs Geburt am ehemaligen Pfarrhaus angebracht wurde:

> „In diesem Hause wurde geboren am l ten July 1742
> Georg Christoph Lichtenberg, witziger Kopf, geistvoller Schriftsteller,
> wissenschaftlicher Forscher, kenntnisreicher
> Gelehrter, liebenswürdiger Mensch, redlicher Deutscher.
> Gestiftet 1842"

Sie wurde am Nachfolgebau installiert. Die Enttäuschung über das verschwundene Geburtshaus wird rasch kompensiert durch die Heimstätte, die Lichtenberg in der ihm gewidmeten Sammlung im nahe gelegenen Alten

Rathaus und im Gebäude des ehemaligen Bahnhofs gefunden hat. Und gleich ist man überrascht von einer anderen, am Eingang montierten Tafel:

ALTES RATHAUS
ERBAUT 1732 VON
JOHANN CONRAD LICHTENBERG
HEIMATMUSEUM

Im ersten Stock des schön renovierten Fachwerkhauses wurde das Lichtenberg-Zimmer eingerichtet. Dort werden als Dauerausstellung seine Biographie in Bildern sowie eine Auswahl aus der Lichtenberg-Sammlung präsentiert. Am Tresen des Heimatmuseums findet man Bücher, Heftchen und Postkarten zu Lichtenberg, und spätestens jetzt, wenn man in den ausgelegten Schriften blättert, stößt man auf das immens produktive Zentrum der Aktivitäten rund um Lichtenberg, auf den Verein für Heimatgeschichte.

Otto Weber, ehemaliger Vereinsvorsitzender, hat den detaillierten, forschungsintensiven Katalog zur Ausstellung *Lichtenberg. Spuren einer Familie*[20] herausgegeben und einen großen Teil der Aufsätze geschrieben. Diese Ausstellung war im Sommer 1992 im großen Raum des Alten Rathauses zu sehen. Gut trifft es sich, dass auf den ersten Seiten des Katalogs ein Gemälde des alten Pfarrhauses zu Ober-Ramstadt zu sehen ist, das von August Lucas stammt und sich im Besitz der Familie Lichtenberg in Bad Vilbel befindet. So hat man vom Geburtshaus einen wundersamen Eindruck: Eine Frau mit Kinderwagen scheint an dem Pfarrhaus vorbeizurasen, andere Frauen gehen in der Nähe von Hühnern Tätigkeiten nach, die man nicht versteht. Dabei aber hilft der Katalog. Unter dem Titel *Gartentreppe zu Ober-Ramstadt. Die Geburtsstadt Georg Christoph Lichtenbergs im Jahre 1742* erklärt Otto Weber Leben und Arbeit in dem 1310 zur Stadt erhobenen ehemaligen Ackerbürgerort. Gut fügt es sich auch, dass im Familien-Katalog ausführlich über Johann Conrad Lichtenberg, den Erbauer des Alten Rathauses, berichtet wird. Er war der Vater von Georg Christoph. Seine vielseitigen Fähigkeiten und Interessen haben gewiss ihren Anteil an dem weiten Spektrum philosophischer, wissenschaftlicher und literarischer Aktivitäten des Sohnes.

Johann Conrad Lichtenberg ging nach dem Besuch des Darmstädter Pädagogiums 1707 zunächst nach Gießen, um an der damaligen Landesuniversität der Obergrafschaft Darmstadt Philosophie, Theologie und klassische Sprachen zu studieren. Doch er kombinierte, ganz im Sinn des Pietismus, seine theoretische Ausbildung mit praktischen Studien. So kamen in seiner Studentenzeit die Fächer Mathematik und Architektur hinzu, und er verband an den Frankeschen Werkstätten in Halle die Theorie mit physikalisch-technischen Experimenten. Außer in Gießen und Halle studierte er noch in

Jena und Leipzig. Nach Hause zurückgekehrt, begann er eine glänzende Karriere als Kirchenmann. 1715 wurde er Adjunkt, 1716 Pfarrer in Neunkirchen im Odenwald. 1729 schließlich ging er nach Ober-Ramstadt und bekam zugleich das Amt eines Metropolitans. Drei Jahre nach der Geburt von Georg Christoph wurde er Stadtpfarrer und Definitor in Darmstadt, wo er schließlich 1750 zum Generalsuperintendenten der Obergrafschaft ernannt wurde.

Als Pfarrer ließ er die Gemeinde teilhaben an seinen weit gespannten Kenntnissen. Ganz besonders aber liebte der Vater die Kirchenmusik. 1717 hatte er die Bischofsheimer Pfarrerstochter Catharina Henriette Eckhard geehelicht, deren Schwester Sophie Charlotte seit 1711 mit dem Darmstädter Hofkapellmeister, Organisten und Operndirektor Christoph Graupner verheiratet war. Ab 1718/19 schrieb Johann Conrad Lichtenberg 25 Jahre lang die Texte zu Graupners Kantatenfolgen für die Darmstädter Schlosskirche. Dabei kamen – wie der hessische Historiker Eckhart G. Franz ausführt – mehr als 1500 Texte zusammen.

So stammt Lichtenberg aus einem „tönenden Pfarrhaus". Musik und Predigt, Unterweisung und Gespräche bildeten die akustische Heimat des späteren Physikers, Schreibers und gefeierten Hochschullehrers.

Mit 14 Jahren begann er zu schreiben, weil die im Haus gehörte Sprache ihm zu einfach schien. Zu sehr durchsetzt von abgeschliffenen Redensarten, zu farblos. Er vermisste in seiner Familie die „Beiwörter" und machte sich daran, diesem Mangel schreibend abzuhelfen. Zwar notierte er später: „Ich verstehe von Musik wenig, spiele gar kein Instrument, außer, dass ich gut pfeifen kann"[21], doch sein Gehör bleibt ein Schlüsselsinn: „In dem Hause, wo ich wohnte, hatte ich den Klang und die Stimmung jeder Stufe einer alten hölzernen Treppe gelernt und zugleich den Takt, in welchem sie jeder meiner Freunde, der zu mir wollte, schlug, und ich muss gestehen, ich bebte allemal, wenn sie von einem paar Füßen in einem mir unbekannten Ton herausgespielt wurden."[22]

Der Vater starb 1751 in Darmstadt, neun Jahre also nach Georg Christophs Geburt. In seltsamer Unschärfe schreibt Lichtenberg später für die hessische *Gelehrten- und Schriftstellergeschichte* (1781–1806/12) von Friedrich Wilhelm Strieder:

> „Als mein Vater starb, war ich etwa 7 Jahre alt; was ich von meiner Mutter und Geschwistern nachher von ihm gehört habe ist zwar mehr als hinreichend mir diesen rechtschaffenden Vater ewig werth zu machen, aber für ihr Buch uninteressant. So viel weiß ich, dass er für die damalige Zeit für einen Geistlichen sehr gute mathematische und Physikalische Kenntnisse hatte, und eben diese waren es, wodurch er die Aufmercksamkeit des Fürsten auf sich zog. Da er nun gewiss kein schlechtrer Theologe war als irgendeiner im Land, so stieg er nach und nach,

> ohne weitere Connexion, ohne Geld und ohne Bewerbung von einem Dorfprediger in einem abgelegenen, fast ein Viertel des Jahres verschneyten, elenden Nest im Odenwalde zur ersten geistlichen Würde im Lande. Er pflegte seine Kinder sehr früh mit der Einrichtung des Weltgebäudes bekannt zu machen und flößte ihnen eine Prädilection für Physic ein, die, ob ich gleich die Einwürkung davon gröstentheils aus 2ten Hand verspürte, doch dieses Gute hatte, dass ich als Primaner gewiß mehr von Astronomie wuste, als jetzt leider! von vielen von Universitäten zurückgebracht wird. Ich führe dieses an um Ihnen zu zeigen, daß mein Vater Naturlehre mit einer Art von Enthusiasmus liebte. Ja er brachte einmal in einer Wochenpredigt auf dem Dorfe Astronomie auf die Cantzel, so viel seinem Auditorio verständlich war, und er soll gesagt haben, er habe nie eine größere Stille bemerckt, und die Bauern schickten sogar einmal Deputirte ab, ihn zu bitten, er mögte doch bald einmal wieder von den Sternen predigen."[23]

Im vom Vater erbauten Alten Rathaus finden zu verschiedenen Anlässen Sonderausstellungen über Leben und Werk von Georg Christoph Lichtenberg und das 18. Jahrhundert statt. Der wichtigste Teil der Lichtenberg-Sammlung aber ist gewiss die Lichtenberg-Bibliothek, eine Präsenzbibliothek mit einer erstaunlich reichhaltigen Auswahl älterer und neuerer Schriften zu Leben und Werk des Georg Christoph Lichtenberg und Erstausgaben des berühmten Aufklärers. In dieser Bibliothek im ehemaligen Bahnhof von Ober-Ramstadt werden auch Sonderdrucke, Presseberichte, Büsten, Bilder, Plakate, Medaillen, Geräte, Modelle und andere Zeugnisse zu Lichtenbergs Leben und Werk aufbewahrt. So entstand in Ober-Ramstadt eines der wichtigsten Zentren der Lichtenberg-Forschung. Auch die 1977 gegründete Lichtenberg-Gesellschaft hat dort ihren Sitz.

Von Lichtenbergs Mutter war kurz schon die Rede. Der Sohn hatte später als Professor in Göttingen die Angewohnheit, ihrer an ihrem Todestag, dem 11. Juni, wie einer Heiligen zu gedenken. „Sterbetag meiner unvergeßlichen Mutter!!!"[24] lautete die Litanei, mit der er voller Rührung immer und immer wieder ihr Gedenken aufrief. Er teilt mit, der Gedanke an sie sei ihm „gleichsam zum Cordial geworden, das ich immer mit dem besten Erfolg nehme, wenn ich irgend zum Bösen wankend werde"[25].

Catharina Henriette hatte 16 Kinder zur Welt gebracht – von denen bereits acht bei der Geburt starben –, als Georg Christoph als 17. und letztes geboren wurde. Clara Sophie, die einzige überlebende Schwester, starb 1780 im Alter von 62 Jahren unvermählt in Darmstadt. Zusammen mit der Mutter hatte sie Georg Christoph nach dem Tod des Vaters aufgezogen. Gottlieb Christoph war der älteste der am Leben gebliebenen Brüder; er wurde 1724 geboren und starb 1756 als Hessen-Darmstädtischer Amtmann in Seeheim. Friedrich Christian (1734–1790) war Geheimer Tribunalrat in Darmstadt und reüssierte als aufgeklärter Schriftsteller. Ein Bruder indes überlebte Georg Christoph. Der 1737 geborene Ludwig Christian war Herzoglich Sachsen-Gothaischer wirklicher geheimer Legationsrat. Und wie sich das anhört, so muss er auch gewesen sein; Georg Christoph nannte ihn einen „Misanthrope" und Wolfgang Promies, der 2003 verstorbene bedeutende Lichtenberg-Forscher und Herausgeber der maßgeblichen Werk-Ausgabe, tituliert ihn als „ordentlichsten Menschen von der Welt", als knausrig-knöchernen Junggesellen. Er starb 1812 in Gotha. Dieser trockene Gelehrte war der einzige von den Brüdern, mit dem Lichtenberg von Göttingen aus hin und wieder Kontakt pflegte. Für den überragenden Göttinger Bruder wurde Ludwig Christian vor allem nach dessen Tod am 24. Februar 1799 bedeutsam. Von 1800 bis 1806 brachte er zusammen mit dem Gothaischen Gymnasialprofessor Friedrich Kries in Göttingen bei Dieterich die erste Ausgabe der *Vermischten Schriften* heraus, die neun Bände umfasste, deren drei letzten wissenschaftliche Aufsätze enthielten. Wie auch Lichtenbergs Söhne, die 1844 bis 1853 die zweite Ausgabe publizierten, die in 14 Bänden zwar keine wissenschaftlichen Schriften enthielt, dafür aber eine Auswahl von Briefen, so hatte auch der Bruder willkürlich in die Texte eingegriffen und eine eigenmächtige Auswahl getroffen.

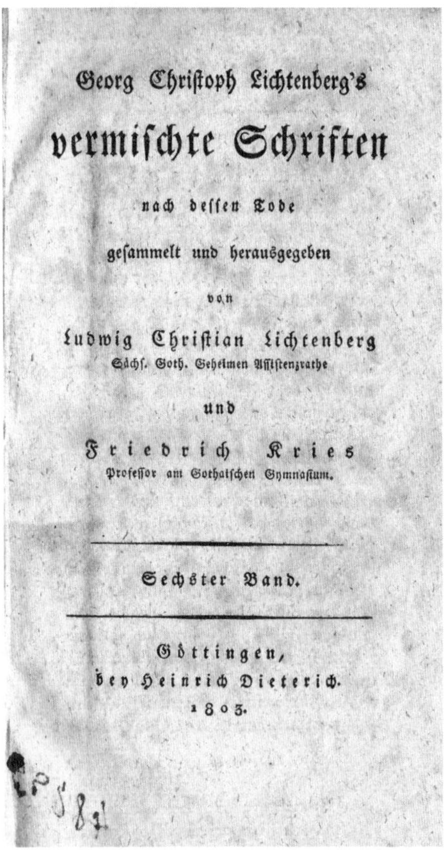
Georg Christoph Lichtenberg's

vermischte Schriften

nach dessen Tode

gesammelt und herausgegeben

von

Ludwig Christian Lichtenberg

Sächs. Goth. Geheimen Assistenzrathe

und

Friedrich Kries

Professor am Gothaischen Gymnasium.

Sechster Band.

Göttingen,

bey Heinrich Dieterich.

1803.

Der sechste Band von Lichtenbergs postum erschienenen *Vermischten Schriften* (1803)

Lichtenbergs Handschriften galten nach der von den Söhnen veranstalteten Werkausgabe im 19. Jahrhundert als verloren. 1896 jedoch fand der Germanist Albert Leitzmann in dem Haus von Lichtenbergs Enkeln in Bremen ein Konvolut loser Blätter, die nach der zeitlichen Folge ihres Entstehens in Mäppchen geordnet waren. Diese Mäppchen trugen die Buchstaben A bis L und bilden noch heute als *Hefte* die Grundlage jeder ernsthaften Beschäftigung mit Lichtenberg. Leitzmann hatte seit 1902 Lichtenbergs „Bemerkungen" unter dem Titel *Aphorismen* in chronologischer Folge mit Nummern versehen, sie kommentiert und großenteils publiziert. Als *Aphorismen* lebten sie dann von Auswahl zu Auswahl fort, und jeder Herausgeber war von dem Bedürfnis getrieben, aus den 8150 Notaten diejenigen auszuwählen, die er für besonders Lichtenberg-typisch hielt.

Lichtenberg selbst nannte seine Aufzeichnungen *Sudel-* oder *Schmierbücher*, und als solche sind sie mittlerweile zur immer noch und immer wieder überraschend und erfrischend wirkenden Quelle eines sprachwitzigen Denkens im Zickzack geworden.

Nach diesem Exkurs zur Editionsgeschichte kehren wir nach Ober-Ramstadt zurück, um es in Richtung Darmstadt zu verlassen. Dies tat Georg Christoph Lichtenberg, wie gesagt, im Alter von drei Jahren im Juli 1745.

Dafür, dass Lichtenberg ein oft zitiertes und nicht korrektes Bekenntnis zu Darmstadt abgelegt hat – „Ich bin ein Darmstadinus von Geburt"[26] –, finden sich dort recht wenige Zeugnisse, die an seine Zeit in dieser Stadt erinnern. 18 Jahre lebte er dort. Zunächst besuchte er die Stadtschule, im Herbst 1752 trat er in die Tertia des Pädagogs ein, wo die Schüler auf den Besuch der Landesuniversität in Gießen vorbereitet wurden. 1782 erinnerte Gottfried Hieronymus Amelung, ein Mitschüler Lichtenbergs im Pädagog, den inzwischen berühmten Göttinger Professor an die Schulzeit. Lichtenberg antwortete:

> „Ich saß förmlich wieder in der Selecta. Ich sah den guten Hach mit dem Pferdehaar, wie der alte Recktor auf ihn und die Bretzeln unter dem gespannten Mantel losfuhr, wie Jupiters Vogel auf ein zartes Lamm; Den kleinen Wenck mit seinen Schuhriemen nach einerley Weltgegend zu gerichtet oder gar Liebreich gegen einander gewandt."[27]

Auch in einem anderen Brief an Amelung vom März 1784 schwelgt er wieder in Erinnerungen an die Darmstädter Schulzeit:

> „Was müsste das für ein Glück seyn, einmal im Geist wieder über die zerschnittenen und zerbrannten Tafeln zu klettern, wo mancher Christliche Nahmen unter einem Galgen paradirte, die Aepfelbeklexsten Wände, in denen meine Einbildungs Krafft Medusen Köpfe und Bataillen sah wieder durchzugehen! Unsern Umgang einmal wieder zu mustern, Wittich, den unbeschnittenen, Wenck, den grosmüthigen, Kärcher den keuschen, Hach das alles umfassende Genie, Becker, den Weisen (album), Amelung mit dem Rabenhaar. Was müste das für eine Freude seyn."[28]

1761 verließ Lichtenberg das Pädagog. Als besondere Auszeichnung für den hervorragenden Schüler durfte er den Dank für die Mitschüler an die Schule und das Lehrerkollegium aussprechen. Erst zwei Jahre später brach er von Darmstadt aus nach Göttingen zum Studium auf. Viel ist über die Gründe für diese „Wartezeit" spekuliert worden. Eine einleuchtende Erklärung bietet Otto Weber. Lichtenbergs Wunsch sei es gewesen, an die hervorragende Göttinger Universität zu gehen. Die Stadt aber war stark in die Wirren des Siebenjährigen Krieges involviert, deshalb habe er bis zum Ende des Krieges 1763 gewartet. Die zweijährige Frist hat er intensiv für eigene Studien genutzt.

Im August 1762 hatte Lichtenbergs Mutter ein Gesuch beim Landgrafen Ludwig VIII. eingereicht und als Witwe um eine Studienbeihilfe gebeten. Nach einem halben Jahr wurden 100 Gulden jährlich bewilligt. Der Landgraf wollte dem begabten Lichtenberg zu einer Karriere an der Gießener Landesuniversität verhelfen, und so wurden aus der Kabinettskasse noch einmal 100 Gulden dazugelegt.

Am 21. Mai 1763 wurde er an der „Georgia Augusta" in Göttingen immatrikuliert. Schon vier Jahre später erfolgte die Ernennung zum zweiten Professor der Mathematik in Gießen. Die Rechnung des Landgrafen schien aufzugehen, aber Lichtenberg zögerte die Sache hinaus und bat um einen kleinen Aufschub, da er sich um den Sohn des britischen Admirals Swanton kümmern müsse, den er überdies auf seinem Rückweg nach England zu begleiten versprochen habe. Der spitzzüngige Freigeist Lichtenberg war durchaus in der Lage, die Register der Unterwerfung unter die Gnade des Landgrafen zu ziehen, nur kam er dennoch nicht nach Gießen, sondern blieb zeit seines Lebens in Göttingen.

Von 1770 bis 1775 hielt er sich mehrfach in England auf, wo er den aus Hannover stammenden englischen König Georg III. und die berühmtesten Gelehrten seiner Zeit kennenlernte. Im Auftrag des Königs führte er 1772/73 astronomische Ortsbestimmungen in Hannover, Osnabrück und Stade durch, um verlässlichere Landkarten entwickeln zu können. 1775 wurde er zum Professor für Experimentalphysik in Göttingen berufen. Es ist bemerkenswert, womit sich Lichtenberg in seinem Leben alles beschäftigte: mit „Gewitterfurcht und Blitzableitung", wobei er die Idee des Faradayschen Käfigs vorwegnahm, mit „aerostatischen Maschinen", dem „Luftbad", den „wichtigen Pflichten gegen die Augen" oder der Frage „Warum hat Deutschland noch kein öffentliches Seebad?". 1777 demonstrierte er als Erster elektrische Staubfiguren, die nach ihm benannten „Lichtenberg-Figuren", und druckte sie auf schwarzes Papier. „Damit war die Xerographie (der Trockendruck) entdeckt", schreibt der Kernphysiker Peter Brix. „Der Erfinder der

165

Erklärung
Hogarthischer Kupferstiche.

(Columbus breaking the Egg).
Eigentlich, Columbus wie er ein Ey auf die Spitze stellt.

Dieses kleine Blatt ist sehr gut ausgeführt, und unser Hr. Riepenhausen hat es, obgleich verkleinert, so copirt, daß schlechterdings nichts zu wünschen übrig bleibt. Der Herausgeber muß nur bedauern, daß es zum unvermeidlichen Nachtheil der Leser des Almanachs der guten Abdrücke immer nur wenige giebt. Es ist in der Copie, trotz der Verkleinerung, auch nicht ein Funken von dem Geist des Originals verloren gegangen.

Wir müssen hier nothwendig annehmen, daß unsern Lesern diese Geschichte von dem Ent-
L 4 decker

Lichtenbergs Erklärung eines Kupferstichs von William Hogarth im *Göttinger Taschen Calender für das Jahr 1793*

modernen Xerographie, Chester F. Carlsson […], würdigt in seiner *Geschichte der elektrostatischen Aufzeichnung* Lichtenberg ausdrücklich als Entdecker dieses Druckverfahrens“[29].

Lichtenberg war wahrlich ein Universalgelehrter, obwohl er heute eigentlich nur noch als Schriftsteller bekannt ist. Neben den *Sudelbüchern* und seinen brillanten Briefen sind es besonders die Erklärungen von Kupferstichen des englischen Künstlers William Hogarth, die unter Germanisten den Ruhm Lichtenbergs ausmachen. Für den von ihm herausgegebenen *Göttinger Taschen Calender* beschrieb er insgesamt 580 Kupferstiche. Bei den Lesern waren die Erklärungen so beliebt, dass selbst Goethe sie misstrauisch beäugte. Bis zu seinem Tod am 24. Februar 1799 schrieb Lichtenberg an seinen *Erklärungen*. Seinen satirischen Witz führte er wie einen Degen. Wenn er glaubte, irgendeine Torheit erkannt zu haben, sparte er nicht mit beißendem Spott. Das bekam besonders der Schweizer Theologe, Philosoph und Schriftsteller Johann Kaspar Lavater zu spüren. Dessen Hauptwerk, die *Physiognomischen Fragmente* (1775–78), in denen Lavater von den Gesichts- und Körperformen auf den Charakter eines Menschen schloss, nahm Lichtenberg besonders gern aufs Korn. Wohl auch, weil er sich selbst getroffen fühlte.

Lichtenberg muss in Göttingen eine auffällige Erscheinung gewesen sein. Klein und bucklig scheint er auf Frauen besonders gewirkt zu haben. Ebenso berühmt wie berüchtigt wurde seine Beziehung zu der 13-jährigen Stechardin, die er in sein Haus aufnahm. Die Liebe zu dem Mädchen machte in Göttingen Skandal, was ihn allerdings nicht störte. Zu seinem großen Leid starb seine Geliebte 1782, gerade 17 Jahre alt. Zwar heiratete Lichtenberg später noch und bekam acht Kinder, aber den Verlust des Mädchens verschmerzte er nie.

Von Goethe stammt die berühmte Bemerkung aus *Wilhelm Meisters Wanderjahren* (1821/29): „Lichtenbergs Schriften können wir uns als der wunderbarsten Wünschelrute bedienen; wo er einen Spaß macht, liegt ein Problem verborgen.“[30]

Die Bindung an Darmstadt, an die als glücklich erlebte Schulzeit vor allem, bestärkte Lichtenberg immer wieder in Briefen, besonders an seinen Lieblingsneffen Friedrich August, den Sohn seines ältesten Bruders Gottlieb Christoph, der 1756 in Seeheim als Amtmann starb. Der Neffe, in den Briefen zuweilen als „lieber Vetter“ angesprochen, war zeitweilig Georg Christophs Schüler in Göttingen und blieb dann nach seiner Rückkehr nach Darmstadt sein Vertrauter und Berichterstatter. Friedrich August machte später Karriere als Politiker. Er brachte es zum Hessischen Staatsminister und wurde geadelt.

Über die Denkmäler aus Lichtenbergs Darmstädter Zeit informieren die *Literarischen Spaziergänge in Darmstadt* (1993) von Karlheinz Müller ausführlich und anschaulich.

Karl der Große, Frankenstein und der Rodensteiner

Ober-Ramstadt, wo Georg Christoph Lichtenberg geboren wurde, liegt am nördlichen Rand des Odenwaldes, der schon in der Zeit Karls des Großen eine bedeutende historische Landschaft war. Das ist vor allem Einhard, dem Biographen Karls des Großen, zu verdanken. Einhard wurde um 770 in Mainfranken geboren. Für die Jahre 788 bis 791 ist belegt, dass er im Kloster Fulda, Urkunden kopierte. Dabei fiel er als so begabt auf, dass ihn Abt Baugulf nach Aachen an den Kaiserhof schickte. Damit begann sein steiler Aufstieg bis zum engsten Berater Karls des Großen. 815 schenkte ihm der Kaiser die Güter Michelstadt und Mühlheim, das spätere Seligenstadt. An beiden Orten erbaute Einhard eindrucksvolle Kirchen, für die er auf abenteuerliche Weise Reliquien aus Rom stehlen ließ. 830 zog er sich vom Hof zurück und starb am 14. März 840 als Abt des von ihm gegründeten Klosters Seligenstadt. Einhard verdanken wir vor allem seine Lebensbeschreibung Karls des Großen, die *Vita Karoli Magni*, ein Werk, so der Einhard-Kenner Josef Fleckenstein, „das nach Form und Gehalt vom antiken Erbe zehrt, ein Zeugnis der Bildungsbemühungen des Karlshofes, das die Geschichtsschreibung der Zeit auf eine neue, höhere Stufe hebt. [...] Wir sehen noch heute Karl den Großen, den schon seine Zeitgenossen ‚Vater Europas' nannten, mit den Augen Einhards"[31]. Wie um Karl den Großen so ranken sich auch um Einhard selbst einige Sagen. Vor allem seine wohl wirklich tiefempfundene Liebe zu seiner Frau Emma oder Imma lieferte den Stoff für anrührende Erzählungen. Die Sage, die seit dem 12. Jahrhundert überliefert ist, geht, so der Grimm-Forscher Heinz Rölleke, „vermutlich auf ein Verhältnis von Karls Tochter Berta mit Einhards Freund Angilbert zurück"[32]. Sie wurde vielfach literarisch bearbeitet und sogar Stoff für eine Oper von Franz Schubert *(Fierabras)*. Imma, die Tochter Karls des Großen, verliebt sich in Einhard, den Erzkaplan und Schreiber des Kaisers. Beide treffen sich heimlich nachts. Am nächsten Morgen allerdings ist Schnee gefallen und, damit Einhard keine verräterischen Fußspuren hinterlässt, trägt ihn Emma über den Schnee. Beide werden dabei aber von Karl beobachtet. Durch diesen verbotenen Liebeshandel sieht er das königliche Ansehen verletzt, lässt aber schließlich Gnade vor Recht ergehen. Die beiden dürfen heiraten und erhalten eine reiche Mitgift. „In der Kirche zu Seligenstadt liegen beide Liebende nach ihrem Tode begraben", heißt es in der Sammlung der Brüder Grimm. „Die mündliche Sage erhält dort ihr Andenken, und selbst dem nah liegenden Walde soll, ihr zu Folge,

Burg Frankenstein. Stahlstich nach J. Lange

Imma, als sie ihn ein Mal *o du Wald!* angeredet, den Namen *Odenwald* verliehen haben.“[33]

Vor allem die Burgen, die an der Bergstraße liegen, beflügelten immer wieder die Phantasie. Nicht alle waren dabei so friedvoll gestimmt wie Ludwig Tieck, der 1803 die Starkenburg besuchte. In seiner Erzählung *Eine Sommerreise* ist die Beschreibung der Burg eingegangen:

> „Walther und Ferdinand stiegen zur Ruine der Starkenburg hinauf, und erfreuten sich in der anbrechenden Dämmerung der Aussicht auf den Rhein, an welchem sie Worms, Speyer und das ferne Mannheim sahen. Die Aussicht in den Odenwald auf der andern Seite war noch schöner, die wundervolle Einsamkeit, die schönen Formen der Berge, welche alle dicht mit Wäldern bewachsen sind, erhoben das Gemüt der Freunde zu edeln Gefühlen.“[34]

Ganz andere Gefühle verbinden sich mit der Burg Frankenstein, die auf einer respektablen Odenwaldhöhe liegt. Um die Ruine aus dem 13. Jahrhundert ranken sich Gruselgeschichten, und das hat seinen Grund darin, dass es auch einen literarischen Frankenstein gibt, den Doktor der Medizin und Schöpfer eines international bekannten Monsters. Doktor wie Ungeheuer sind wiederum Geschöpfe der britischen Autorin Mary Shelley, die ihr Buch *Frankenstein or The Modern Prometheus* 1818 in London publizierte. Alle Gedankenspiele, wie die hessische Burg in den Kopf der englischen Lady gekommen sein könnte, verweist der Shelley-Biograph Alexander Pechmann allerdings in das Reich der Spekulation. „Es wurde mehrfach behauptet, dass einige Tage im August und September 1814, die Mary und [ihr späterer Mann, *d. A.*] Percy B. Shelley in Begleitung von Marys Stiefschwester Claire Clairmont auf dem Rhein verbrachten, die Inspiration für den Namen Frankenstein geliefert und dass ein kurzer, nächtlicher Aufenthalt in Gernsheim womöglich einen Spaziergang zur fünfzehn Kilometer entfernten Burg Frankenstein an der Bergstraße einbezogen hätte. Diese Behauptungen sind jedoch nie bewiesen worden. Auch die Vorstellung, Shelley sei durch den auf der Burg Frankenstein geborenen Alchimisten Johann Konrad Dippel zu ihrem Roman inspiriert worden, entbehrt jeder Grundlage. In den Briefen und Tagebüchern werden weder Dippel noch die Burg erwähnt, und auch wenn einzelne Autoren auf angeblich existierende, ‚geheime‘ Dokumente verweisen, haben sie es bislang versäumt, diese Dokumente vorzulegen oder zumindest deren exakten Standort mitzuteilen.“[35]

Sagenhaftes hat auch Fränkisch-Crumbach aufzuweisen. Mitte des 13. Jahrhunderts erbauten sich dort die Herren von Rodenstein eine Burg, die heute als romantische Ruine etwas versteckt im Wald liegt. Warum sich gerade um einen der Rodensteiner Ritter, seine Burg und vor allem die nur we-

Ruine Rodenstein. Stahlstich nach R. Höfle

nige Kilometer entfernte Ruine Schnellerts eine Legende rankt, ist heute nicht mehr nachzuvollziehen, denn im Leben des Hans von Rodenstein hatte sich nichts ereignet, was auf seine spätere Karriere als Geist hindeuten konnte. Als sogenannter Schnellertsherr soll er immer dann, wenn ein Krieg bevorstehe, mit seinem Geisterheer ausziehen. Begleitet von Knechten, Dienstboten und Trompetenbläsern durchstreiche er die Gegend. Das Knarren der Wagen, die Hoho-Schreie der Pferdeknechte und selbst einzelne Worte seien weithin zu hören. Wenn der Frieden nahe, ziehe sich der alte Herr wieder auf seine Burg zurück. Die Bauern der Umgebung haben das immer wieder bestätigt und zwischen 1742 und 1764 sogar einer Untersuchungskommission des Erbacher Grafen zu Protokoll gegeben. Diese Reichenberger Protokolle haben zu Beginn des 19. Jahrhunderts einen wahren Rodensteiner-Kult ausgelöst, der eine Fülle von zurecht vergessenen literarischen Texten hervorbrachte. Auch die Brüder Grimm haben den Zug des Rodensteiners in ihre Sagensammlung aufgenommen. Das bedeutendste Werk über die Geisterarmee hat erst im 20. Jahrhundert Werner Bergengruen verfasst. Der aus Riga stammende Autor war im Sommer 1925 nach Lindenfels gekommen und hatte dort den Sagenstoff kennengelernt. Er war so fasziniert von der Geschichte, dass er seinen Aufenthalt nutzte, um sein *Buch Roden-*

stein zu schreiben, das 1927 in der ersten Fassung erschien. Darin schildert er auch, wie er an seinen Novellenstoff gekommen ist:

„Dann muss man sich mit alten Bauern zusammensetzen, mit verschlossenen, weißhaarigen Männern von Laudenau und Neunkirchen, von Kainsbach und Gersprenz, und muss mit ihnen trinken, bis die holzschnittstrengen Züge sich beleben, bis die schweren Herzen langsam auf die Zungen gespült werden und manche scheu gehütete Vorfahrenkunde den Weg über die zögernden Lippen findet. Freilich, der eine wird dies berichten, der andere jenes, und nicht immer will sich das eine zum anderen fügen. Die Geschichten, die sie erzählen, setzen einander nicht fort; oft genug widersprechen sie auch einander und scheinen sich wechselweise aufzuheben. Aber sie alle bewegen sich um den verborgenen Mittelpunkt, um das Geheimnis dieser Landschaft zwischen der waldverhüllten Ruine und den einsamen toten Schnellertsberg, der mit seinem zerfallenen Gemäuer dort drüben jenseits des Gersprenztales liegt, zwei knappe Fußstunden vom Rodenstein entfernt."[36]

Adam Karillon und Ludwig Uhland

Als der junge Werner Bergengruen daran ging, sein *Buch Rodenstein* zu schreiben, da war Adam Karrillon, der literarische Chronist des Odenwaldes, bereits ein bekannter Schriftsteller. 1923 hatte er den erstmals verliehenen Georg-Büchner-Preis für ein Werk erhalten, das mit feiner Ironie nicht nur entlegene Weltteile vorstellte, sondern auch die gesellschaftlichen Umbrüche in einer wirtschaftlich zurückgebliebenen Landschaft wie dem Odenwald. Als Sohn eines Dorfschullehrers war der am 12. Mai 1853 in Wald-Michelbach geborene Karrillon tief mit seiner Heimat verbunden, auch wenn er später in seinem Hauptberuf als Arzt weite Reisen unternahm. Karrillon ist am 12. September 1938 in Wiesbaden gestorben.

Seine Schilderungen des dörflichen Lebens, vor allem in seinem 1908 erschienenen Hauptwerk *Die Mühle von Husterloh*, stellen ihn in eine Reihe mit den großen deutschen Erzählern des 19. Jahrhunderts. Eindrucksvoll sind auch seine autobiographischen Schriften, etwa wenn er über seine Kinderzeit berichtet:

„Ja, der Odenwald war vor fünf Jahrzehnten noch ein armer, öder Wald. Hinter dem windschiefen Balkenwerk baufälliger Häuser hörte man das Schlagen des Webstuhls. Der Meister Leineweber mit den tiefen Augenhöhlen im unrasierten Gesicht warf im Winter beim fahlen Tageslicht und beim roten Scheine der Rübölfunsel mit mageren Armen das Schifflein unermüdlich durch den Zettel, um seine hagere Gattin und die Sanskulotten seiner Nachkommenschaft zu ernähren. Im Sommer war er Steinbrecher, wenn mit Gottes Hilfe der Dezemberschnee einer strohgedeckten Hofreit das Kreuz gebrochen hatte, so dass ein Neubau erstellt werden musste.

Des Webers Nachbar dengelte im Frühjahr die Sense, hängte das Wetzsteinfutteral zwischen seine beiden Hinterbacken und marschierte mit vielen seinesgleichen in die Rheinebene hinaus zur Arbeit auf die zerstreuten fruchtbaren Hofgüter. Heimgekehrt nach der Hopfenernte machte sich diese Sorte in den dunklen Novembernächten ans Stehlen von Birkenreisern. Aus den Reisern wurden Besen. Wenn sie das erst waren, wurden sie auf einen zweirädrigen Handkarren geladen und hinausgedrückt nach den Städten des Rheinstromes, in deren winkligen Gässchen blaubeschürzte Kolonialwarenhändler willige Käufer wurden. So schlug sich dieser Teil der Waldbevölkerung durchs Leben."[37]

Adam Karrillon

Die Armut der Menschen im Odenwald, die Adam Karrillon aus eigenem Erleben schildern konnte, blieb den meisten Besuchern des Odenwalds verborgen. Für sie war die hügelige Landschaft, die ständig neue reizvolle Ausblicke eröffnete, ein kleines Paradies und ideal zum in sich gekehrten Wandern. So kam auch Ludwig Uhland im Mai 1842 in den Odenwald. Er nutzte seine beschauliche Fußreise aber nicht nur zur Erholung. In Erbach und Michelstadt forschte er nach verlorenen Liederbüchern. Aus Erbach erhielt er später, von dem gräflichen Archivrat Kehrer, „die versprochenen Auszüge – Liederanfänge, Notenbeilagen usw. – aus einem Werke, welches unlängst vergebens gesucht, sich jetzt in der Michelstädter Kirchenbibliothek wieder vorgefunden hat"[38]. Uhland arbeitete damals gerade an seiner Sammlung *Alte(r) hoch- und niederdeutsche(r) Volkslieder*, deren erster Band 1844/45 in Stuttgart erscheinen sollte. Mit der Wanderung durch den Odenwald, die in Eberbach am Neckar ihren Ausgang genommen hatte und in Miltenberg endete, ließ sich so Beruf und Vergnügen verbinden – ein Privileg des Schriftstellers.

Auch Christine Brückner, die 1973 zusammen mit ihrem Mann Otto Heinrich Kühner und Hermann Lenz den Odenwald durchmaß, gelang diese Symbiose. Die Erlebnisse während des Ausflugs fügten sich zu einem kleinen Aufsatz, der dann 1979 in dem Band *Erfahren und erwandert* erschien. In Erbach, der ehemaligen Residenz der Grafen zu Erbach-Erbach, hatten sie auch ihren Schriftstellerkollegen Rudolf Hagelstange besucht, der dort von 1970 bis zu seinem Tod 1984 lebte. Der 1912 in Nordhausen im Harz geborene Schriftsteller hatte 1946 mit seinem Gedichtband *Venezianisches Credo* den Gefühlen der Kriegsgeneration einen lyrischen Ausdruck zwischen Verzweiflung und Hoffnung verliehen. Er galt auch als ein Zeugnis der sogenannten „Inneren Emigration" während der NS-Zeit und erreichte innerhalb weniger Jahre hohe Auflagezahlen. Erfolg hatte Hagelstange später auch mit seinen Erzählungen und seinen Romanen wie *Spielball der Götter* (1959) und *Altherrensommer* (1969).

Der Gang durch das Ried

Wer heute den Odenwald erkunden will, der kann bequem mit dem Auto anreisen. Ein dichtes Netz von Straßen erschließt die einzelnen Orte. Früher führte nur ein wichtiger Handelsweg durch das Gebirge. Er kam von Würzburg und folgte zu einem großen Teil der jetzigen Bundesstraße 460, der Siegfriedstraße. Bei Heppenheim kreuzte er die Bergstraße und zog weiter nach Worms. Durch die fruchtbare Rheinebene, die sich an Odenwald und Bergstraße anschließt, ließ Elisabeth Langgässer in ihrem 1936 erschienenen Roman *Der Gang durch das Ried* einen mit Kartoffeln beladenen Lastwagen fahren:

> „Die Erde ist fett, die Erde ist lehmig und hängt sich an die Räder, der Himmel sehr hoch, nur schwach bewölkt und entleert von den Durchzugsvögeln. Nun sind sie mit ihrem Lieferauto auf dem Weg nach Worms. Es geht nach Südwesten, wenn nicht der Horizont wäre, könnte man endlos weit sehen. Nur im Osten führt eine blaue Welle von Waldbergen ihren Geländestrom bald höher, bald tiefer dahin. Man sieht sie von allen Riedorten aus den Frankenstein und den Felsberg mit seiner Handvoll Häusern, den Malchen – schneidest du ihn heraus, so denkst du, es ist der Vesuv. Und wer oben steht, dort auf den Höhenwegen, dem zeigt sich das Land wie ein Teller, auf den man Kresse gesät hat, beworfen mit unregelmäßigen Dörfern aus einer Spielzeugschachtel. Es sind Backsteinbauten, mit Ziegeln gedeckt, mitten drin ist der Kirchturm, daneben das Schulhaus, von Dorf zu Dorf läuft schnurgerade ein Weg, der von hohen Pappeln besäumt wird. An manchen Stellen blitzt Wasser auf, das sind die großen Tümpel, die Löcher, wo Torfstücke ausgestochen und Weidenzweige gehauen werden, um Kiepen und Körbe zu

flechten. Wie von dem Glasbläser hingezogen, schlingt sich der Altrhein durch die Gebüsche. Jetzt teilt er sich und umarmt eine Aue, jetzt wieder und wieder eine; seine Strömung geht langsam, langsamer, leiser; gleich wird er einschlafen, auslaufen, stehen wie die Räder an ihrem Wagen, der sich schwer durch die tiefen Furchen der Kuhfuhrwerke müht."[39]

Obwohl auch Wilhelm Heinrich Riehl, Werner Bergengruen und Kasimir Edschmid ausführlich über diese Landschaft schrieben, gilt Elisabeth Langgässers Buch als eindrucksvollste Schilderung von Mensch und Natur im Ried. Die Handlung spielt im Herbst 1930, nicht lange nachdem die französischen Besatzungstruppen das Rheinland geräumt hatten. Elisabeth Langgässer, die am 23. Februar 1899 in Alzey geboren worden war, kannte alles, was sie später in ihrem Roman verarbeitete, aus eigener Anschauung. Sie war in Darmstadt zur Schule gegangen und hatte von 1920 bis 1928 (ehe sie mit ihrer Tochter Cordelia nach Berlin zog) in Griesheim unterrichtet. Weil sie einen jüdischen Vater hatte, wurde sie noch 1936 aus der Reichsschrifttumskammer ausgeschlossen und konnte erst nach dem Ende der NS-Diktatur wieder publizieren. 1946 erschien ihr Hauptwerk *Das unauslöschliche Siegel*, dessen Geschichte von dem getauften Juden Lazarus Belfontaine von ihrem katholischen Weltbild geprägt ist. Ihr letzter Roman *Märkische Argonautenfahrt* (1950) thematisiert die Auseinandersetzung mit Schuld und Sühne von sieben Menschen im Sommer 1945. Elisabeth Langgässer starb am 25. Juli 1950 in Karlsruhe.

Gernsheim mit dem Schöffer-Denkmal. Stahlstich nach R. Höfle

Sie stammte aus Rheinhessen, das bis 1918 zum Großherzogtum Hessen gehörte. Im Ried geboren sind zwei bedeutende Büchermenschen: der Dichter Georg Büchner 1813 in Goddelau und der Buchdrucker Peter Schöffer, der an Gutenbergs 42-zeiliger Bibel mitarbeitete und später einen Teil der Gutenberg-Werkstatt übernahm. Er wurde ein international erfolgreicher Verleger und führte zahlreiche Verbesserungen im Buchdruck ein. Die Stadt Gernsheim beansprucht, sein Geburtsort zu sein. Dort soll er um 1425 das Licht der Welt erblickt haben. Gernsheim darf sich deshalb auch offiziell „Schöfferstadt" nennen und besitzt seit 1836 ein Schöffer-Denkmal, das auf dem Schöfferplatz steht. Schöffer soll hochbetagt 1503 in Mainz gestorben sein.

Der 1902 in Butzbach geborene Ernst Glaeser, der 1912 mit seinen Eltern nach Groß-Gerau gezogen war, verarbeitete seine Jugenderlebnisse in dem 1928 erschienenen Roman *Jahrgang 1902*, der durch seine radikale Kritik an kleinbürgerlichen Moralvorstellungen und wilhelminischem Chauvinismus auf heftige Ablehnung und große Begeisterung stieß, je nach Blickwinkel. Das Buch wurde ein internationaler Erfolg mit Übersetzungen in 24 Sprachen.

Peter Härtling

Das Ried ist keine Gegend, die Schriftsteller dazu verführt, dort ihre Zelte aufzuschlagen, also länger zu bleiben als für eine Lesung oder einen kurzen Wanderausflug zum Altrheinarm Kühkopf. Aber einen bekannten Autor hat es dorthin verschlagen: Peter Härtling.

Der Wahl-Hesse ist ein leidenschaftlicher Anwalt der Literatur, nicht nur weil er selbst Romane, Erzählungen, Gedichte und Kinderbücher schreibt, sondern weil die Literatur immer Trost und Ermutigung für ihn war. Härtling wurde am 13. November 1933 in Chemnitz als Sohn eines Rechtsanwalts geboren. 1941 zog die Familie nach Olmütz in Mähren. Von dort floh sie nach Zwettl in Niederösterreich, wo der Vater in russische Kriegsgefangenschaft geriet. Mit seiner Mutter, der Schwester, der Großmutter und der Tante floh Härtling weiter in den Westen und kam Anfang 1946 nach Nürtingen. Sein Vater war im russischen Kriegsgefangenenlager gestorben, seine Mutter beging Selbstmord, weil sie mit den erlittenen Schrecken nicht fertig wurde. Härtling hat sich in seinen autobiographischen Romanen und Texten immer wieder an diese Zeit erinnert, so in *Zwettl* (1973), in *Nachgetragene Liebe* (1980) über den Verlust des Vaters, in *Der Wanderer* (1988) und in seinem Jugendbuch *Reise gegen den Wind* (2000). In seiner Autobiographie *Leben ler-*

nen (2003) beschreibt er, welche Bedeutung das Lesen für ihn gewann. Büchereien, Buchhandlungen und „schäbige Bücherausleihen" wurden seine begehrten Orte. „Ich las, was mir in die Hände fiel. [...] Ich verlangte von der Literatur, dass sie mich bestärke, mich gegen das Gerede der Erwachsenen wappne, die mit schnellen Sätzen falsche Bekenntnisse ablegten"[40]. Vor allem in der Schule spürte er, dass die NS-Zeit noch nicht ganz vorüber war. Mancher Lehrer sei seiner Erinnerung treu geblieben, „indem er die geschwärzten Texte im Geschichtsbuch oder im Lesebuch auswendig ‚liest'"[41]. Härtling hielt es nicht aus, verließ die Schule und wurde Journalist erst bei der *Nürtinger* dann bei der *Heidenheimer Zeitung*. 1956 gelang ihm der Sprung ins Feuilleton der *Deutschen Zeitung*. Seit 1962 arbeitete er für die Kultur-Zeitschrift *Der Monat*, die er von 1964 bis 1970 mit herausgab. Bereits 1967 war er Cheflektor des S. Fischer Verlags in Frankfurt geworden. 1968 wechselte er in die Geschäftsleitung und wurde deren Sprecher. Zum Jahresende 1973 schied er aus dem Verlag aus und arbeitet seitdem als freier Schriftsteller.

Als Autor hatte Härtling 1953 mit Lyrik debütiert, und Gedichte schreibt er bis heute. Sein Roman *Niembsch oder der Stillstand*, zu dem ihn das Leben des Dichters Nikolaus Lenau angeregt hatte, bedeutete 1964 seinen literarischen Durchbruch. Er steht am Anfang einer ganzen Reihe von Romanbiographien über Künstler: Mörike, Hölderlin, Waiblinger, E. T. A. Hoffmann, Schubert, Schumann und Fanny Hensel-Mendelssohn. In *Hölderlin* hat Härtling berichtet, wie er sich seinen (historischen) Figuren „annähert". Er schreibe keine Biographie, heißt es da.

> „Ich schreibe von jemandem, den ich nur aus seinen Gedichten, Briefen, aus seiner Prosa, aus vielen anderen Zeugnissen kenne. Und von Bildnissen, die ich mit Sätzen zu beleben versuche. Er ist in meiner Schilderung sicher ein anderer. Denn ich kann seine Gedanken nicht nachdenken. Ich kann sie allenfalls ablesen. Ich weiß nicht genau, was ein Mann, der 1770 geboren wurde, empfand. Seine Empfindungen sind für mich Literatur."[42]

Neugier und Sympathie treiben ihn, aber er sucht als Autor auch die Distanz. Härtling bleibt Schriftsteller, auch wenn er wie in *Das Windrad* (1983) politische Themen aufgreift oder seine eigene Erkrankung zum Anlass nimmt wie in *Herzwand* (1990).

Peter Härtling hat, und das ist selten genug, mit seinen Büchern bei Erwachsenen und bei Jugendlichen Erfolg. Er wird gelesen, auch in vielen Schulen – und nicht nur in den 17, die seinen Namen tragen. Mit seinen Jugendbüchern über das Sich-Verlieben (*Ben liebt Anna*, 1979), über einen geistig behinderten Jungen (*Das war der Hirbel*, 1973), über Alter und Tod (*Oma*,

1975) oder die Wohlstandverwahrlosung von Kindern, die alles haben (*Paul das Hauskind*, 2010) erzielt Härtling Millionenauflagen. 2011 erhielt er (neben seinen vielen anderen Preisen) den Großen Preis der Deutschen Akademie für Kinder- und Jugendliteratur. 2014 wurde er mit dem Hessischen Kulturpreis ausgezeichnet.

Seit 1984 heißt auch ein Preis nach ihm, den die Stadt Weinheim an ein Prosa-Manuskript für Kinder und Jugendliche verleiht, das „sich erzählend, unterhaltend, poetisch und phantasievoll an der Wirklichkeit der Kinder und Jugendlichen orientiert" – also ganz so ist, wie Peter Härtling seine Jugendbücher versteht.

Als er sich dafür entschied, künftig als freier Autor zu arbeiten, ist er in den Süden Hessens gezogen. Am Rand der Oberrheinebene, in Mörfelden-Walldorf, hat er sich trotz der Warnungen seiner Freunde niedergelassen – und es nicht bereut:

> „Das spröde Land erschloss sich nur zögernd. Städte wie Groß-Gerau, Langen, Kelsterbach, Rüsselsheim sind keine Schönheiten, sie sind von der schweren Arbeit ihrer Bewohner gezeichnet und können nicht mit den Hinterlassenschaften barocker Patrizier prunken. Die Wälder jedoch, die sie umgeben, sind weitläufig und menschenleer, schattige Oasen für Pilzesucher und Wildbeobachter. Mit Waldspaziergängen fingen wir auch an, und ich vergesse nicht, wie uns an einem frühen Abend zwischen Walldorf und Mönchbruch ein gut dreißig Tiere starkes Damwildrudel entgegensprengte und erst knapp vor uns in einer eleganten Kavalkade abbog. Die Kinder fanden verdattert, dass ‚Rehe anderswo nicht so sind'. Wir redeten es ihnen nicht aus.
>
> Mit ‚Mönchbruch' habe ich ein Stichwort gegeben, das für die Hauptsache steht: das Ried! Es macht diese Gegend unvergleichlich. Elisabeth Langgässer, die Halbvergessene, hat es in ihren Erzählungen beschrieben, und der ‚Gang durch das Ried' ist eine ständig wechselnde, in der Tat ‚phantastische' Erfahrung. Keine Landschaft, außer dem Hochgebirge, ist so wetterwendisch wie das Ried. Es wandelt sich dauernd, schenkt fortwährend neue Bilder, Eindrücke."[43]

Gastliche Häuser

Mönchbruch, das Peter Härtling erwähnt, war ein Jagdschloss der Darmstädter Landgrafen mit einem großen Park. Erbaut hat es Landgraf Ernst Ludwig zwischen 1730 und 1732. Der jagdbegeisterte Landesherr gab auf dem Schloss große Feste. Dabei überraschte er seine Gäste auch mit skurrilen Einfällen, wie Markgräfin Wilhelmine von Bayreuth, die Schwester Friedrichs des Großen, in ihren Memoiren mit noch spürbarer Empörung vermerkte. Auf Einladung des Landgrafen besuchte sie 1738 die fürstliche

Familie im Jagdschloss Mönchbruch („Münchsbruck") und musste sich zuerst „auf sehr derbe Weise" mit „höchst obszönen Themen" traktieren lassen.

> „Wir setzten uns endlich zu Tisch, und obwohl ich mich dem Landgrafen gegenüber sehr entgegenkommend zeigte, brachte ich kein Wort aus ihm heraus. Ein glücklicher Zufall verschaffte mir endlich das Glück, den Klang seiner Stimme zu hören. Münchsbruck ist eigentlich ein Jagdschloss und besteht aus mehreren einzelnen kleinen Pavillons; ein jeder derselben enthält einen kleinen Saal und auf jeder Seite drei kleine Zimmer; diese Zimmer hatten alle Damastmöbel in verschiedenen Farben mit Gold- oder Silberborten. Bei Tische rief plötzlich die Prinzessin aus: ‚Ach, mein Gott! Ach, mein Gott!' Ich erschrak und glaubte, sie hätte ihre Anfälle, an denen sie, wie ich höre, mehrmals am Tage litt; aber sie rief mir jetzt zu, dass sich große Wunder vorbereiteten und sie habe nie etwas Merkwürdigeres gesehen. Ich dachte in der Tat, sie sei närrisch geworden; da ich aber den Landgrafen geheimnisvoll lächeln sah, beruhigte ich mich wieder. Das große Wunder bestand nun darin, dass die Damasttapeten, die in diesen Zimmern waren, im Nu weggenommen worden waren, wodurch andere, die darunter hingen und die mit Öl auf Leinwand gemalt waren, zum Vorschein kamen. Der Landgraf sagte mir bei der Gelegenheit: ‚Ew. Königliche Hoheit sehen, dass hier in der Tat gezaubert wird.' Es waren die einzigen Worte, die ich von ihm hörte. Ich war voll des Beifalls über diese Kinderei, denn man muss, wie das Sprichwort sagt, mit den Wölfen heulen."[44]

Nicht weit davon in Dieburg, unterhielt der Diplomat Friedrich Carl Willibald von Groschlag ein gastliches Haus. In seinem Schloss, das 1850 abgerissen wurde, empfing er gern und regelmäßig Schriftstellerinnen und Schriftsteller, darunter Johann Wolfgang von Goethe, Sophie von La Roche, Christoph Martin Wieland und Johann Heinrich Merck. Goethe verbrachte dort 1779 den Silvesterabend, „mit kleinen Spielen", wie er Charlotte von Stein am 1. Januar 1780 schrieb. Von dem u. a. im englischen Stil angelegten Schlosspark hat sich nur ein Teil mit dem „Trapezteich" erhalten.

Weniger komfortabel als Goethe hatte es Ernst Elias Niebergall, der 1835 als 20-Jähriger nach Dieburg kam, um die Kinder des Forstmeisters Reitz im Albinischen Schloss zu unterrichten. In Gießen war er als Theologiestudent suspendiert worden, weil er einer verbotenen Studentenverbindung angehört hatte. Erst 1839 konnte er seine theologische Prüfung nachholen. Bis dahin blieb er in Dieburg und vollendete dort sein in Gießen begonnenes Lustspiel *Des Burschen Heimkehr oder Der tolle Hund*. Außerdem schrieb er Erzählungen, die in der Frankfurter *Didaskalia* erschienen.

Südöstlich von Dieburg, in Lengfeld, das heute zur Gemeinde Otzberg gehört, trafen sich im Frühsommer 1799 auf dem Landgut der Familie von Barkhaus-Leonhardi die 19-jährige Karoline von Günderrode und der

20-jährige Student Friedrich Carl von Savigny, der später einer der bedeutendsten Rechtsgelehrten seiner Zeit werden sollte. „Auf Gut Lengfeld", so die Literaturwissenschaftlerin Dagmar von Gersdorff, „lasen Savigny und Karoline Goethes *Clavigo*, lasen *Hermann und Dorothea*. Savigny war alles andere als taub und auch keineswegs blind gegenüber der neuen Freundin, die trotz aller Schüchternheit ein unmissverständlich erotisches Flair entwickelte. Karoline empfand mit aller Stärke Savignys liebenswürdiges Wesen; seine *zauberische Gegenwart* übte eine magische Wirkung auf sie aus. An einem dieser Abende kam es zum Kuss."[45]

Beide verstanden es nicht, ihre Gefühle füreinander deutlich zu benennen, und so bedeutete das Ende des Ferienaufenthalts auch das frühe Ende einer möglicherweise großen Liebe. Am 10. Juli 1799 schrieb Karoline von Günderrode, wieder in Hanau, an Karoline von Barckhaus:

> „Ich fühle es nur zu sehr, wie weit ich von dem Ideal entfernt bin, dass sich ein S.[avigny, *d. A.*] erträumen kann, als dass ich hoffen dürfte; gewiss wird er ein Mädchen finden, das seiner Liebe würdiger ist als ich, und beinahe liebe ich ihn zu sehr, zu uneigennützig, um zu wünschen, er möchte sein Ideal nicht finden; ich weiß selbst nicht, was im Innern meines Herzens vorgeht, mit welcher Hoffnung ich mich trotz jenem traurigen Bewusstsein hinhalte, aber doch ist's so, ich kann es mir nicht verleugnen, ein leiser dunkler Glaube ist noch in mir."[46]

Zwar sollten sich Karoline von Günderrode und Savigny noch öfters wiedersehen, vor allem zusammen mit den Geschwistern Brentano auf Hof Trages, aber zu einem Aufblühen der Liebe kam es nicht mehr. Savigny heiratete Gunda von Brentano.

Orte großer Geschichte: Trebur und Lorsch

Schon 1866 beklagte der Kulturhistoriker und Schriftsteller Wilhelm Heinrich Riehl in seinen Betrachtungen über *Land und Leute vom Rhein*, dass die Landschaft um Groß-Gerau geschichtslos geworden sei: Vor dem Pflug sei „alles nur noch Hypothese".

> „Keine altertümliche Stadt, keine bedeutende alte Kirche, keine nennenswerte Ruine, nichts erinnert uns an die Vergangenheit. Der Krieg hinterlässt Trümmer, und es gibt deutsche Landschaften, die gerade darum wunderbar reich an Denkmalen sind, weil sie fort und fort verheert wurden und die Bewohner zuletzt aus Armut und Elend jedes Trümmerdenkmal stehen ließen. Der stetig leise Fleiß der höchsten Bodenkultur duldet solche Trümmer nicht."[47]

In Trebur machte sich Riehl auf die Suche nach der heute verschwundenen Kaiserpfalz, in der bis 1119 viele folgenschwere Reichsversammlungen stattgefunden hatten. Ohne nennenswertes Ergebnis. Werner Bergengruen folgte ihm 1934 in seiner *Deutschen Reise* und versuchte, sich in das Mittelalter zurückzuversetzen. Das dürfte ihm nicht leichtgefallen sein, denn von dem alten, glanzvollen Trebur ist nichts geblieben:

> „Die Landschaft jener Zeit darf man sich grundverschieden denken von der heutigen. Das Rheinbett lag mehr östlich, und der Neckar, der jetzt bei Mannheim in den Rhein fließt, hatte seine Mündung gut fünfzig Kilometer weiter nach Norden. In der Nähe von Groß-Gerau erkennt man mit einiger Aufmerksamkeit noch deutlich die Böschungen, welche ehedem den Lauf des Neckars gesäumt haben. Wo die beiden schiffbaren, flößbaren, handelsreichen Flüsse sich vereinigten, entstand die Kaiserpfalz Tribur, die manchen Reichs- und Fürstentag gesehen hat. Wer auf der weiten Fläche von Trebur steht, der möchte meinen, auf diesen Feldern müsse wohl in Hunderten von Zelten gelagert und unter freiem Himmel nach Art der altgermanischen Landgemeinde getagt worden sein; denn so schwer ist es einem heute, sich selber glaubhaft zu machen, dass hier ein mächtiges Festungswesen gestanden haben soll mit Prunksälen und Wehrtürmen, Wohnbauten, Stallungen, Vorratsspeichern und Gasträumen. Aber man darf sich wohl denken, dass es außer diesem allen einen Flusshafen gegeben haben wird, einen Stapelplatz, eine Zollerhebungsstelle und all das menschliche Leben und Sterben, wie es jeder Ortschaft eigentümlich ist. […]
>
> Heute stehen die Fachwerkhäuser der Ortschaft Trebur gutmütig beisammen. Die Gassen liegen leer in der mittäglichen Sonne. Zum Kirchenbau hat sich keine Anhöhe bieten wollen; so müssen Ummauerung und Baumbestand das ihre tun, die Kirche mit einigem Nachdruck aus der Landschaft zu heben. Unter Pappeln und Weiden, den Bäumen der stromnahen Ebene, hat der Schwarzbach seinen gemächlichen Fluss. Gänse und Enten watscheln und schnattern um die grünen Ufer. Nichts deutet auf vergangene Entscheidungen, vergangene Königsgeschicke. Zwischen Spargel- und Gemüsefeldern stehen beladene Obstbäume, in einer bäuerlichen Wirtschaft wird mir ein erquicklicher Äpfelwein vorgesetzt. Äpfelwein darf nicht anmuten wie ein saurer und geringer Traubensaft, er muss Duft und Geschmack seiner Ursprungsfrucht bewahren. Der Treburer tut es, und ich denke freundlich an ihn zurück."[48]

Im Gegensatz zu Trebur, wo heute nichts mehr davon zu spüren ist, dass dort Kaiser Heinrichs IV. unterdessen sprichwörtlicher Gang nach Canossa vorbereitet wurde, lässt die karolingische Torhalle in Lorsch ahnen, wie bedeutend das von den Karolingern geförderte Kloster im frühen Mittelalter gewesen sein muss. Seit 1991 zählt die 764 gegründete ehemalige Benediktinerabtei zum Weltkulturerbe der UNESCO. Das Ende des 8. Jahrhunderts in der Abtei entstandene *Lorscher Arzneibuch* wurde 2013 von der UNESCO zum Weltdokumentenerbe erklärt. Es befindet sich heute in der Staatsbibliothek Bamberg. Mindestens fünfmal hielt sich allein Karl der Große bei den Bene-

Lorsch. Stahlstich um 1850

diktinern auf, die er unter seinen persönlichen Schutz gestellt hatte. Für Bergengruen ist die Torhalle, die er einer ausführlichen Würdigung unterzieht, „der Märchenvogel eines fernen, eines versunkenen Landes", der sich „mitten in einer urdeutschen Landschaft"[49] niedergelassen habe. Kasimir Edschmid und Konrad Weiß ziehen Verbindungslinien zu den beiden anderen herausragenden karolingischen Bauwerken im südlichen Hessen: den Einhards-Basiliken in Michelstadt-Steinbach und Seligenstadt. Während Edschmid den direkten Vergleich meidet, gibt Weiß eindeutig der Lorscher Torhalle den Vorzug, die schon den Kunstgelehrten und -sammler Sulpiz Boisserée 1810 dazu angeregt hatte, über die Gründung einer Altertumsgesellschaft nachzudenken:

> „Auf dem Weg von Lorsch, wo ich die wenigen sehr merkwürdigen Überreste der alten Abtei gesehen, nach Heppenheim fiel mir der *Gedanke recht klar und ausführbar in die Seele*, wie man eine Gesellschaft von deutschen Altertumsforschern dereinst stiften *müsse* und *könne*, es bedürfe nur eines großmütigen freien Fürsten, der als Beschützer auftrete und einen als Vorsteher besolde und mit der nötigen Hilfe von Schreibern und Zeichnern unterstütze"[50].

Einen ideellen Mitstreiter fand Boisserée in Goethe, den seine Italienreise zu einem neuen Verständnis der mittelalterlichen Architektur geführt hatte. Beide hatten sich 1811 in Weimar kennengelernt. Am 2. August 1815 trafen sie wieder in Wiesbaden zusammen und diskutierten die Gründung einer

„Deutschen Gesellschaft für Kunst und Altertum“. Aus dem Plan ist zwar nichts geworden, aber beide engagierten sich gemeinsam – und erfolgreich – für die Fertigstellung des Kölner Doms. Auch seine Konzeption für die schließlich 1816 erschienene Schrift *Über Kunst und Altertum in den Rhein- und Maingegenden* besprach Goethe mit seinem Heidelberger Freund. Der Dichter fasste darin den kunsthistorischen Ertrag seiner beiden Reisen 1814 und 1815 zusammen. Erwähnt werden neben der bedeutsamen Kölnfahrt mit dem Freiherrn vom Stein u. a. die Sammlungen im Biebricher Schloss, in Wiesbaden, Frankfurt, Offenbach, Hanau und Darmstadt. Eine auch von Boisserée gewünschte Fortsetzung der Berichte kam nicht mehr zustande, dafür ließ Goethe seine Zeitschrift *Über Kunst und Altertum* erscheinen, in der er bis zu seinem Tod die thematisch nicht begrenzten Aufsätze zur Kunst und Literatur veröffentlichte.

Noch einmal die Bergstraße

Wenn Goethe reiste, dann nahm er die Zeugnisse der Vergangenheit immer genau in den Blick. Selbst beim Vorbeifahren sah er noch genug, um sich Notizen in seinem Tagebuch zu machen. So sind ihm natürlich auch bei seiner Reise in die Schweiz die zahlreichen Burgen und Schlösser an der Bergstraße aufgefallen. Er hatte allerdings keine Zeit, um sich die mehr oder minder gut erhaltenen Bauwerke anzuschauen. So sind ihm auch die Geschichten und Sagen entgangen, die sich um die alten Gemäuer ranken.

Im Auerbacher Schloss, das 1674 endgültig zerstört wurde, sollen, je nach Sagenversion, zwölf alte Männer oder eine verwünschte Königstochter einen gewaltigen Goldschatz bewachen. Adele Schopenhauer, die Schwester von Arthur Schopenhauer und ein aufgeklärtes 19-jähriges Mädchen, machte erst gar nicht den Versuch, nach dem verwunschenen Gold zu forschen, als sie die Ruine 1816 besuchte, so begeistert war sie von den eindrucksvollen Resten der ehemaligen Festung:

> „Mit welchem Eifer ich den Berg zur Ruine und die Ruine selbst erstieg und durchstieg, überall alles sehen musste, mich mit Efeublättern so belastete, dass ich kaum mehr fortkonnte, ist nicht zu sagen, ist mir selbst ein Rätsel. Es war mir, als wenn hier niemals an irgendetwas Mangel sein könnte: Blumen, Früchte, Blätter, alles ist hier so üppig, so groß! Zwischen allen Steinen keimt, grünt es hell hervor, und keine Sorge scheint hierher zu dringen. Über die Aussicht kein Wort – ich glaub, ich sah nie eine schönere. Sehr ermüdet ging ich von der Ruine herunter und über einen hier nah liegenden Brunnen, der sich mit seiner weißen Zierlichkeit wundersam ausnahm. Das alte Schloss stammt aus einer schönen Zeit, die

Auerbacher Schloss. Stahlstich nach Ludwig Lange

Trümmer sind köstlich, ihm gegenüber liegt eine noch größere Ruine, die Heppenheimer Burg. Wir sahen sie diesmal wegen großer Ermüdung nicht."[51]

In Heppenheim ließen sich später der jüdische Religionsphilosoph Martin Buber und seine Frau Paula nieder. 1916 war die Familie aus Berlin gekommen. In Heppenheim arbeitete Buber u. a. an seiner Bibelübersetzung. Seine Frau schrieb unter ihrem Pseudonym Georg Munk Romane. 1957 erschien *Muckensturm. Ein Jahr im Leben einer kleinen Stadt.* Darin schildert Paula Buber, wie eine typisch deutsche Kleinstadt nationalsozialistisch wurde. Sie und ihr Mann waren im Frühjahr 1938 nach Palästina emigriert. Ihr Haus wurde in der Pogromnacht vom 9. November 1938 verwüstet und sollte nach dem Krieg sogar abgerissen werden. Soweit ist es zum Glück nicht gekommen. Heute hat dort der Internationale Rat der Christen und Juden seinen Sitz.

Im Heppenheimer Stadtteil Ober-Hambach gründeten die Reformpädagogen Paul und Edith Geheeb 1910 die Odenwaldschule, in der Peter Suhrkamp 1919 unterrichtete und die u. a. Felix Hartlaub und Klaus Mann besuchten. Klaus Mann war zunächst in der Bergschule in dem Vogelsbergort Hochwaldhausen zusammen mit seiner Schwester Erika gewesen. Im September 1922 wechselte der noch 15-Jährige an die Odenwaldschule, wo er bis zum Sommer 1923 blieb. Paul Geheeb, dem Leiter dieses „abenteuerlichsten, seltsamsten aller Institute“ schrieb er am 12. Juni 1923 einen Abschiedsbrief, in dem es heißt:

> „Es bleibt mir nichts zu tun als Ihnen heute meine Dankbarkeit auszusprechen (ein Wort mit dem ich, wie Sie mir glauben dürfen, sparsam umzugehen mich gewöhnt habe), meine Dankbarkeit für die Art, in der Sie mich hier leben ließen. Es bleibt mir nichts zu tun, als Ihnen heute zu sagen, dass ich *fest* davon überzeugt bin: Es existiert in Deutschland die ‚Erziehungsanstalt‘ nicht, in der ich *so* hätte leben dürfen und können, wie Sie es mir ermöglicht haben –: absolut auf mich gestellt, die Einsamkeit genießend, die mir *Lebensvoraussetzung* ist.“[52]

In der Odenwaldschule schrieb Klaus Mann seine ersten literarischen Texte, darunter wohl auch die Novelle *Die Jungen*, die 1925 in seinem Erzählungsband *Vor dem Leben* erschien. Klaus Mann emigrierte 1933. Sein Lehrer Paul Geheeb musste Deutschland ein Jahr später verlassen und gründete in der Schweiz die École d'Humanité.

Ebenfalls in die Schweiz ging 1938 der Dramatiker Georg Kaiser, dessen literarische Anfänge in unmittelbarem Zusammenhang mit Seeheim und der Bergstraße stehen. Die Mitgift seiner Frau hatte es ihm 1908 ermöglicht, in Seeheim eine Villa zu kaufen und in Weimar ein ähnliches Haus zu mieten. In den zehn Jahren bis 1918, in denen er abwechselnd an beiden Orten lebte, entstand ein großer Teil seiner Dramen, darunter *Die Bürger von Calais*. Das Stück über die Belagerung der französischen Hafenstadt während des Hundertjährigen Krieges wurde im Januar 1917 am Neuen Theater in Frankfurt uraufgeführt. Trotz seiner Erfolge verschuldete sich Kaiser immer mehr und musste schließlich seine beiden Häuser aufgeben.

Nicht nur für Kaiser war die Bergstraße eine bevorzugte Wohngegend gewesen. Nach dem wirtschaftlichen Aufschwung, der 1871 eingesetzt hatte, waren viele vermögende Pensionäre in die südlich geprägte Landschaft gezogen. Ihre Villen bestimmen heute noch das Bild von Gemeinden wie Seeheim-Jugenheim.

An und auf dem Neckar. Hessens südlichster Zipfel

Wie ein Stück liebenswürdiger Vergangenheit wirken auch die beiden hessischen Neckarstädte Hirschhorn und Neckarsteinach. „Dem Burgruinenzauber des Rheins steht der des Neckars kaum nach", schrieb Vilma Sturm 1962 in ihrem Buch *Meine lieben Flüsse*, „wie steckt doch uns, den Deutschen, die Liebe zu dem verfallenen Gemäuer im Blut, abgesehen davon, dass uns die Romantik damit auch noch kräftig geimpft hat."[53] Für die Romantiker war die Vierburgenstadt Neckarsteinach, die Heimat des Minnesängers Bligger von Steinach, ein beliebtes Ziel für Wanderungen von Heidelberg aus.

Als romantischer Dichter, der auf den Spuren Bliggers wandelte, gelangte auch Clemens Brentano „durch ein überirdisch schönes Tal nach Neckarsteinach, wo in einem Halbkreis um den Fluss auf einem Bergrücken vier wunderschöne alte Ruinen lauern". In einem Brief an Achim von Arnim beschrieb er am 1. Juni 1806 ausführlich die Burgen und den Ort. Dem Sammler von Volksliedern bot sich auch gleich Gelegenheit, tätig zu werden:

> „Übrigens habe ich dort etwas erlebt, was am Rhein nicht zu finden ist, Gesang und Unschuld. Auf einem der Schlösser saßen sechs Mädchen auf einem flachen Turm, der weit über den Neckar und alle Berge hinsieht, und sangen in reinem, gleichem Orchesterton eine Reihe schöner Lieder in das sonnige Land hinaus. Ich setzte mich zu ihnen und bat sie, sich nicht stören zu lassen. Sie machten keine Miene und sangen herrlich weiter; die Lieder, die ich wollte, sagten sie mir ruhig her und wunderten sich, dass ich manches nicht kannte. [...] Ich habe mir einige aufgeschrieben."[54]

Ohne literarische Ambitionen wanderte Joseph von Eichendorff im Oktober 1807 den Neckar entlang und war überrascht von dem

> „echtromantischen Anblick der drei hiesigen berühmten alten Burgen, die geheimnisvoll an den grauen Felsen hangen. Unter ihnen am Neckar liegt das Städtchen Steinach. Hier ließen wir uns sogleich in die kleine, aber uralte Kirche führen, wo wir die Grabdenkmäler der 3 Gebrüder von Steinach, die einst in den Burgen hausten, betrachteten. [...] Nachmittag bestiegen wir die Burgen, von denen die erste die Harfenburg heißt. Himmlische Aussicht. Links Neckarsteinach und der gewundene Neckar, gegenüber der Dilsberg. Rechts ein schmales Wiesental, wo die stillen Bächlein gehen, von den Bergen des Odenwaldes begrenzt. Auf den Ruinen kletterten Ziegen auf und ab. Hinter der Rabenburg, welche die letzte ist und eine fürchterliche Lage auf der Felsenspitze hat, wollten wir, um nicht wieder nach Steinach zurückzukehren, den geraden Weg vom Berge auf die Straße einschlagen. Ohne Spur von Bahn, rissen wir uns nun mit Arm und Bein und Pfeifenröhren durch das dunkle Dickicht hindurch, befanden uns aber plötzlich und nicht ohne Gefahr an dem jähen Felsenabhange eines alten Steinbruchs, der uns

nötigte, weiter hinauf zu klettern, bis wir endlich nach vielen Stürzen das alte trockne Bett eines Gebirgsbaches trafen, auf dem wir denn rechts und links uns an den Sträuchern haltend, den steilen Berg senkrecht hinunterrutschten und so glücklich die Straße und das Ende unseres Abenteuers erreichten."[55]

In ähnliche Gefahren dürfte sich Justinus Kerner nicht gebracht haben, als er im Mai 1809 die „allerherrlichste Berggegend am Neckar" besuchte, wo er u. a. ein Marionettentheater begutachtete, das in Neckarsteinach ein Stück mit dem Titel „Der Prinz von Kastilien" aufführte. Seinem Freund Ludwig Uhland gab er den brieflichen Rat, „statt dem schlechten Paris den Odenwald oder sonst deutsche Gegenden" als nächste Reiseziele ins Auge zu fassen. „Die Erinnerung würde Dir gewiß teuer sein."[56]

Der amerikanische Schriftsteller Mark Twain hätte diesen Satz 1878 bei seinem nicht immer ganz ernst gemeinten *Bummel durch Europa* sicherlich unterschreiben können. Die Gruppe, mit der er reiste, war mit einem Floß auf dem Neckar unterwegs:

„Wir liefen zur rechten Zeit in den Hafen von Neckarsteinach ein, gingen ins Hotel und bestellten uns ein Forellenessen. Es sollte bei unserer Rückkehr von einem zweistündigen Ausflug zum Dorf und zur Feste Dilsberg jenseits des Flusses bereitstehen. Es war ein Weg von einer englischen Meile, und ich hatte durchaus nicht die Absicht, die ganzen zwei Stunden für diese kurze Strecke zu brauchen. Wir wollten die Hauptzeit für die Besichtigung des Ortes und der Feste verwenden.

Neckarsteinach. Stahlstich um 1850

Als wir zurückkamen, tauchten wir unsere erhitzten Köpfe in das Becken des Stadtbrunnens, begaben uns in unser Hotel und aßen im Garten behaglich und gemächlich die Forellen. Uns zu Füßen strömte der schöne Neckar. Hinter ihm lugte phantastisch die Feste Dilsberg hervor. Die anmutigen Türme und Zinnen der beiden mittelalterlichen Schlösser ‚Das Schwalbennest' und ‚Die Brüder' verstärkten den romantischen Eindruck der Landschaft um die Flussbiegung zu unserer Rechten. Wir begaben uns noch zur Zeit wieder auf das Wasser, um vor Einbruch der Dunkelheit die acht Meilen Fahrt bis nach Heidelberg zurücklegen zu können. Im milden Glanz des Sonnenuntergangs trieben wir an unserem Hotel vorüber, und die rasende Strömung peitschte uns durch die enge Passage zwischen den Deichen. Für die Brücke wollte ich persönlich die Steuerung übernehmen. Ich begab mich also auf die drei Stämme an der Spitze und befreite den Steuermann von der Schifferstange und aller Verantwortlichkeit.

Wir kamen auch höchst erfreulich vorwärts. Ich entledigte mich meines heiklen Amtes mit viel glücklichem Geschick, wenn man bedenkt, dass es mein erster Flößerversuch war. Aber da bemerkte ich, dass ich gegen die Brückenpfeiler rennen würde, statt durch die Bögen hindurchzuschießen. Ich war klug genug, sofort an Land zu springen. Im nächsten Augenblick ging ein langgehegter Wunsch von mir in Erfüllung: ich sah ein Floß Schiffbruch leiden. Es traf mitten gegen den Pfeiler und ging total in die Brüche, als wenn es eine Streichholzschachtel gewesen wäre, die der Blitz getroffen hätte."[57]

Richard Dehmel, der im Juli 1895 Neckarsteinach besuchte, dachte beim Anblick der „drei Raubritterburgen", die „an den Felsabhängen über der Landstraße kleben wie Schwalbennester" an die Gedichte seines Lehrmeisters Detlev von Liliencron. In einem Brief an ihn schilderte er seine Gefühle:

„In einem fort kamen Deine Verse über mich hergestürzt; ganze lange Stücke, von denen ich gar nicht wusste, dass ich sie auswendig weiß, fielen mir auf einmal ein und zwangen mich, sie laut zu deklamieren in der wundervollen Abenddämmerung des einsamen Waldes."[58]

Theodor Heuss, den späteren ersten Bundespräsidenten, erinnerte die Landschaft 1926 an einen anderen Dichter, der, wie wir schon gesehen haben, den Neckar sehr liebte. „Hier, in solchem Land, ist Eichendorff noch nicht gestorben", schreibt Heuss in seinem Aufsatz *Glück im Neckarwinkel*, der sich hauptsächlich mit dem Städtchen Hirschhorn beschäftigt, einem auch heute noch beliebten Ausflugs- und Fremdenverkehrsort:

„Die Landschaft schwimmt in dem fast überhellen Licht. Die Schatten, die von dem Häusergiebel abgesetzt sind, zerfließen. Nur der große, viereckige Torturm, an den sich die blauschwarze Fläche des breiten Kirchendaches anlehnt, behält Kontur, Masse, Tiefe. Die Stadt ist hart an den Fluss gebaut, ein schmaler Streifen Boden, eine Straße hat Platz. Eine alte Mauer, Festungswerk gegen Menschen und zornigen Frühjahrsfluss, geht lang hin, und kleine Giebel gucken über sie weg – die blanke Fläche ist oft genug wild geworden und in die Gassen, Stuben, Werkstätten mit einer braunen, reißenden Gewalt hineingefahren. Jetzt aber schläft alle Erinnerung an zerstörendes Ungemach – die Hochwassermarken, die man drüben eingegraben, sind fast seltsame Anekdoten.

Die Stadt ist mit der Burg, die hoch oben liegt, durch ein System von Mauern verbunden; der böhmische Wenzel hat den Herren von Hirschhorn das Festungsrecht in solchem Ausmaß gegeben, und die Anlage macht in ihrer Weite einen großartigen Eindruck. Aber ihr herber und trotziger Zweck ist heute von dicht wucherndem Efeu überdeckt, und die schroffe Höhe ist nun in einem wechselnden Grün durchbändert – ein Turm, ein halber Giebel dazwischen. [...]

An dem Abend lief ich lange am Flussufer hin. Der volle Mond stand über dem Hügelrand, und das Bild war derart, dass wir sicher in jenen ehrfurchtslosen Jahresringen, die vor dem Pathos Angst haben, gesagt haben würden, dass dies Kitsch sei. Es war aber sehr schön und fast ein bisschen aufregend, wie die Farben des Tages mit ihrem bunten Vielerlei in einem stille siegenden Grüngrau ertranken und erst langsam aus einer fast verschwimmenden Kohlezeichnung Kontur und Masse wieder heraustraten. Die Wasser wurden zu dem Hinträumenden gesprächig.“[59]

Anmerkungen

1 Adolph Freiherr Knigge: Briefe, auf einer Reise aus Lothringen nach Niedersachsen geschrieben. Hannover 1793, S. 48.
2 Friedrich Leopold Graf zu Stolberg: Briefe. Hg. von Jürgen Behrens. Neumünster 1966, S. 42.
3 Joachim Heinrich Campe: Erste Sammlung merkwürdiger Reisebeschreibungen für die Jugend. Zweiter Theil. Reise des Herausgebers von Hamburg bis in die Schweiz im Jahre 1785. Braunschweig, siebente verbesserte Ausgabe 1831, S. 186 f.
4 Goethes Werke. Hg. im Auftrage der Großherzogin Sophie von Sachsen. III. Abt. Goethes Tagebücher. 2. Band: 1790–1800. Weimar 1888, S. 84 f.
5 Heinrich von Kleist an Ulrike von Kleist am 16. Dezember 1801. In: Heinrich von Kleist: Briefe 1793–1804. Hg. von Helmut Sembdner. München 1964, S. 231.
6 August von Kotzebue: Erinnerungen aus Paris im Jahre 1804. Berlin 1804, S. 11 f.
7 Heinrich Laube: Neue Reisenovellen. Mannheim 1837, S. 243 f.
8 Richard Dehmel an Paula Oppenheimer am 10. Mai 1887. In: Richard Dehmel: Ausgewählte Briefe aus den Jahren 1883 bis 1902. Berlin 1923, S. 15 und 19.
9 Hans Schiebelhuth: Lob der Provinz. In: Ders.: Prosa – Briefe – Theaterkritiken. Hg. von Manfred Schlösser. Band II. Darmstadt und Zürich 1967, S. 40.
10 Werner Bergengruen: Deutsche Reise. München 1959, S. 132 f.
11 Ernst Glaeser: Straße großer Geschichte. In: MERIAN 13 (1960), Heft 4, S. 3.
12 Kasimir Edschmid: Reverenz von Ort zu Ort. In: MERIAN 13 (1960), Heft 4, S. 15.
13 Matthias Claudius an Gleim am 24. Juni 1776. In: Matthias Claudius: Botengänge. Briefe an Freunde. Berlin ^{2}1965, S. 201 f.
14 Georg Christoph Lichtenberg: Schriften und Briefe. Hg. von Wolfgang Promies. Erster Band: Sudelbücher I. München 1968, (Heft E 422), S. 435.

15 Georg Christoph Lichtenberg: Schriften und Briefe. Hg. von Wolfgang Promies. Zweiter Band: Sudelbücher II, Materialhefte, Tagebücher. München 1971, (Heft H 82) S. 189.
16 Lichtenberg: Schriften und Briefe. Erster Band, (Heft A 134), S. 39.
17 Als Einführung in die Werke Lichtenbergs eignet sich sehr gut: Gert Sautermeister: Georg Christoph Lichtenberg. München 1993.
18 Lichtenberg: Schriften und Briefe. Erster Band, (Heft J 853) S. 771.
19 Henning Boëtius. Der Gnom. Lichtenberg-Roman. Frankfurt am Main 1989, S. 22 f.
20 Lichtenberg. Spuren einer Familie. Ober-Ramstadt 1992.
21 Lichtenberg: Schriften und Briefe. Erster Band, (Heft B 97) S. 73.
22 Lichtenberg: Schriften und Briefe. Erster Band, (Heft B 79) S. 67.
23 Georg Christoph Lichtenberg an Friedrich Wilhelm Strieder am 1. Januar 1787. In: Georg Christoph Lichtenberg: Briefwechsel. Hg. von Ulrich Joost und Albrecht Schöne. Band III: 1785–1792. München 1990, S. 318 f.
24 Lichtenberg: Schriften und Briefe. Zweiter Band, (Staatskalender vom 11.6.1791) S. 721.
25 ebenda, (Heft K 41) S. 404.
26 Georg Christoph Lichtenberg an Georg August Ebell am 18. Oktober 1792. In: Lichtenberg: Briefwechsel. Band III, S. 1158.
27 Georg Christoph Lichtenberg an Gottfried Hieronymus Amelung am 3. Juni 1782. In: Georg Christoph Lichtenberg: Briefwechsel. Hg. von Ulrich Joost und Albrecht Schöne. Band II: 1780–1784. München 1985, S. 341.
28 Georg Christoph Lichtenberg an Gottfried Hieronymus Amelung am 5. März 1784. In: Lichtenberg: Briefwechsel. Band II, S. 833.
29 Peter Brix: „Der unvergeßliche Name unseres viel zu früh verewigten großen Naturforschers Lichtenberg". Mondkrater und elektrische Figuren. In: Georg Christoph Lichtenberg 1742–1799. Wagnis der Aufklärung. (Ausstellungskatalog) München 1992, S. 405 f.
30 Johann Wolfgang von Goethe: Wilhelm Meisters Wanderjahre oder die Entsagenden. In: Ders.: Werke. Hamburger Ausgabe in 14 Bänden. Band 8. Hg. von Erich Trunz, München 2000, S. 475.
31 Josef Fleckenstein: Einhard. In: Hans Sarkowicz/Ulrich Sonnenschein (Hg.): Die großen Hessen. Frankfurt am Main und Leipzig 1996, S. 20.
32 Deutsche Sagen. Herausgegeben von den Brüdern Grimm. Ediert und kommentiert von Heinz Rölleke. Frankfurt am Main 1994, S. 894.
33 ebenda, S. 501.
34 Ludwig Tieck: Eine Sommerreise. In: Ders.: Gesammelte Novellen. Band 5. Breslau 1838, S. 115.
35 Alexander Pechmann: Burg Frankenstein. In: Wolfgang Bunzel/Michael Hohmann/Hans Sarkowicz (Hg.): Romantik an Rhein und Main. Darmstadt 2014, S. 88 f.
36 Werner Bergengruen: Das Buch Rodenstein. Frankfurt am Main und Leipzig 1996, S. 14.
37 Adam Karrillon: Altes und Neues über ihn und von ihm. Hg. von Karl Esselborn. Darmstadt 1923, S. 132 f.
38 C. Kehrer an Ludwig Uhland am 22. Mai 1842. In: Uhlands Briefwechsel. Hg. von Julius Hartmann. Dritter Teil: 1834–1850. Stuttgart und Berlin 1914, S. 200.
39 Elisabeth Langgässer: Gang durch das Ried. Düsseldorf 1959, S. 106 f.
40 Peter Härtling: Leben lernen. Köln 2003, S. 89 f.
41 ebenda, S. 88.
42 Peter Härtling: Hölderlin. Darmstadt und Neuwied 1978, S. 7.
43 Peter Härtling: Der ungeschätzte Süden. In: MERIAN 30 (1977), Heft 8, S. 132.
44 Memoiren der Markgräfin Wilhelmine von Bayreuth. Leipzig 1920, S. 485 f.
45 Dagmar von Gersdorff: Die Erde ist mir Heimat nicht geworden. Das Leben der Karoline von Günderrode. Frankfurt am Main und Leipzig 2006, S. 40 f.
46 Ich sende Dir ein zärtliches Pfand. Die Briefe der Karoline von Günderrode. Hg. von Birgit Weißenborn. Frankfurt am Main und Leipzig 1990, S. 51 f.

47 Wilhelm Heinrich Riehl: Land und Leute am Rhein. Koblenz o. J. (1935), S. 360.
48 Werner Bergengruen, a. a. O., S. 116 f.
49 ebenda, S. 128.
50 Sulpiz Boisserée: Tagebücher. I: 1808–1823. Hg. von Hans-J. Weitz. Darmstadt 1978, S. 57.
51 Adele Schopenhauer: Tagebücher. Hg. von Kurt Wolff. Erster Band. Leipzig 1909, S. 37.
52 Klaus Mann: Briefe und Antworten 1922–1949. Hg. von Martin Gregor-Dellin. München 1987, S. 14.
53 Vilma Sturm: Meine lieben Flüsse. Frankfurt am Main 1962, S. 70.
54 Clemens Brentano an Achim von Arnim am 1. Juni 1806. In: Achim von Arnim und Clemens Brentano. Freundschaftsbriefe I 1801 bis 1806. Hg. von Hartwig Schultz. Frankfurt am Main 1998, S. 388 f.
55 Sämtliche Werke des Freiherrn von Eichendorff. Historisch-kritische Ausgabe. Hg. von Wilhelm Kosch und August Sauer. II. Band: Tagebücher. Regensburg o. J. (1908), S. 218 f.
56 Justinus Kerner an Ludwig Uhland und Karl Mayer am 3. Mai 1809. In: Justinus Kerners Briefwechsel mit seinen Freunden. Hg. von Theobald Kerner. Erster Band. Stuttgart und Leipzig 1897, S. 43 f.
57 Mark Twain: Ein Bummel durch Europa. Übersetzt von Ulrich Steindorff Carrington. Frankfurt am Main und Berlin 1969, S. 65.
58 Richard Dehmel, a. a. O., S. 206.
59 Theodor Heuss: Von Ort zu Ort. Tübingen 1959, S. 93 und 96.

Weiterführende Literatur (in Auswahl)

Askenasy, Alexander: Die Frankfurter Mundart und ihre Literatur. Frankfurt am Main 1904.

Boehncke, Heiner/Sarkowicz, Hans: Die Heimat der Romantik. Literarische Streifzüge durch den Rheingau. Frankfurt am Main 2000.

Dies.: Was niemand hat, find ich bei Dir. Eine Frankfurter Literaturgeschichte. Darmstadt und Mainz 2012.

Boehncke, Heiner/Sarkowicz, Hans/Brunner, Peter: Die Büchners oder der Wunsch, die Welt zu verändern. Frankfurt am Main 2008.

Brandt, Robert/Chotjewitz-Häfner, Renate: Literarisches Frankfurt (Main) – Bedeutende Dichter, Philosophen, Gelehrte und Verleger – Wohnorte, Wirken und Werke (16–20. Jh.). Jena 1998.

Bunzel, Wolfgang/Hohmann, Michael/Sarkowicz, Hans (Hg.): Romantik an Rhein und Main. Eine Topographie. Darmstadt 2014.

Diehl, Robert: Frankfurt am Main im Spiegel alter Reisebeschreibungen. Frankfurt am Main 1939 (Reprint, Würzburg 1984).

Enk, Andrea/Sinur, Karoline/Sarkowicz, Hans (Hg.): „Und nun landein!" Hessische Autoren neu entdeckt. Frankfurt am Main 2010.

Felke, Dieter: Mit Goethe durch Hessen. Frankfurt am Main 2005.

Fertig, Ludwig: „Deutscher Süden". Dichter an der Bergstraße. Darmstadt 1994.

Ders.: Landleben und Literaturtradition. Der Odenwald und seine Dichter. Darmstadt 1997.

Ders.: „Unsere löbliche Residenz". Literarisches Leben in Darmstadt im 18. und 19. Jahrhundert. Darmstadt 2003.

Friebertshäuser, Hans. Das hessische Dialektbuch. München 1987.

Gazetti, Maria (Hg.): Frankfurt. Literarische Spaziergänge. Frankfurt am Main 2005.

Grieser, Dietmar: Goethe in Hessen. Frankfurt am Main 1982.

Ders.: Mit den Brüdern Grimm durch Hessen. Ein literarischer Lokalaugenschein. Frankfurt am Main 1985.

Heckmann, Herbert (Hg.): Frankfurter Lesebuch. Literarische Streifzüge durch Frankfurt von der Gründung bis 1933. Frankfurt am Main 1985.

Heckmann, Herbert/Michel, Walter: Typisch hessisch. Frankfurt am Main 1980.

Dies.: Frankfurt mit den Augen Goethes. Frankfurt am Main 1982.

Hock, Sabine: Grimms Hessen. Ein literarischer Reiseführer auf den Spuren der Brüder Grimm. Frankfurt am Main 2007.

Kaiser, Gerhard R./Kurz, Gerhard (Hg.) Literarisches Leben in Oberhessen. Gießen 1993.

Kasseler Literaturkreis (Hg.): Kassel liest. Literatur und Lebensläufe. Kassel 2003.

König, Gerhard/Seide, Adam (Hg.): Ein halbes Jahrhundert Kunst und Literatur. Was da ist in Frankfurt anhand von Beispielen. Frankfurt am Main 1983.

Kroth, Olivia: Märchenschlösser und Dichterresidenzen. Literarische Streifzüge durch den Taunus. Frankfurt am Main 2001.

Dies.: Zeitreisen im Taunus. Kleine Kulturgeschichte der Region zwischen Rhein, Main und Lahn. Frankfurt am Main 2002.

Kurz, Gerhard: Kulturelles Leben und Literatur. In: Handbuch der hessischen Geschichte. Band 2: Bildung, Kunst und Kultur in Hessen 1806–1945. Hg. von Winfried Speitkamp. Marburg 2010, S. 97–243.

Lauer, Bernhard: Brüder Grimm-Stätten heute. Authentische Orte, alte und neue Mythen. In: Jahrbuch der Brüder Grimm-Gesellschaft. Bd. XIII/XIV (2003/04), S. 7–54.

Metz-Becker, Marita: Schreibende Frauen. Marburger Schriftstellerinnen des 19. Jahrhunderts. Marburg 1999.

Dies.: Marburger Romantik um 1800. Marburg 2005.

Metzner, Ernst Erich/Kuhn, Peter/Stieniczka, Norbert (Hg.): Die alten Mitten und die neuen Medien. Zur Rolle von Mundart und Hochkultur in der Moderne. Darmstadt 2007.

Müller, Karlheinz: Literarische Spaziergänge in Darmstadt. Darmstadt 1993.

Oberhauser, Fred/Kahrs, Axel: Literarischer Führer Deutschland. Frankfurt am Main und Leipzig 2008.

Ortseifen, Karl/Herget, Winfried/Lamm, Holger (Hg.): Picturesque in the highest degree … Americans on the Rhine. Tübingen und Basel 1993.

Sarkowicz, Hans (Hg.): Die großen Frankfurter. Frankfurt am Main und Leipzig ^{3}1997.

Ders.: Hessen hat ein Gesicht. Außergewöhnliche Persönlichkeiten gestern und heute. Frankfurt am Main 2013.

Sarkowicz, Hans/Sonnenschein, Ulrich (Hg.): Die großen Hessen. Frankfurt am Main und Leipzig ^{2}1997.

Schmidt, Agnes/Hausberg, Elke: Stadtrundgänge. Darmstadt aus Frauensicht 1. Von der Marktfrau zur Studentin. Darmstadt 2006.

Schoof, Wilhelm: Die deutsche Dichtung in Hessen. Marburg 1901.

Schröder, Peer/Janke, Ulrike/Liebelt, Konstanze/Nickel, Karl-Heinz/Scherer, Andrea/Schwarze, Kersti (Hg.): Kasseler Literatur-Spaziergang. Kassel 1997.

Seufert, Karl Rolf: … ist ein feins Ländlein. Eine Kulturgeschichte des Rheingaus von den Anfängen bis zur Gegenwart. Eltville 1983.
Sparkassen-Kulturstiftung Hessen-Thüringen (Hg.): Kulturelle Entdeckungen. Literaturland Hessen. Regensburg 2009.
Stäblein, Ruthard/Romahn, Carolina/Kulessa, Hanne (Hg.): Die Stadt am Fluß. Literaturstadt Frankfurt am Main. Frankfurt am Main 2002.
Sternberg, Leo: Die Nassauische Literatur. Eine Darstellung ihres gegenwärtigen Standes auf der Grundlage des älteren Schrifttums. Wiesbaden 1913.
Wagner, Jürgen: Hering mit Lakritzen. Literaturlandschaft Wetterau. Friedberg 2011.
Wingenfeld, Josef: Und alle kamen nach Offenbach. Offenbach 1975.
Worm, Heinz-Lothar: Hessische Erzählerinnen und Erzähler 1800–1900. 5 Bände. Fernwald 1999–2011.
Zimmermann, Erich: Darmstadt im Buch. Ein Führer durch das Schrifttum über die Stadt und ihre Bürger. Darmstadt 1975.

Personenregister

Ortsregister

Weitere lesenswerte Titel:

Heiner Boehncke | Hans Sarkowicz

Literaturland Hessen

Das Lesebuch

Broschur

504 Seiten | Format 14 x 21 cm | € 19,90

ISBN 978-3-7374-0459-4

Das Lesebuch zur Literaturgeschichte Hesssens!

Das besondere daran: Die Texte stammen von hessischen Autorinnen und Autoren, sie sind in Hessen entstanden oder handeln von Hessen. Das Spektrum reicht dabei von den Minnesängern (die auch auf dem Gebiet des heutigen Hessen lebten und sangen) bis zu den Schriftstellerinnen und Schriftstellern der Gegenwart. Deutlich wird dabei der literarische Reichtum eines Landes, das schon immer im Schnittpunkt wichtiger Handels- und Reisewege lag, das den Wahl- und Krönungsort deutscher Könige beherbergte und das Menschen aus allen Teilen der Welt anzog.

In zehn Kapiteln widmet sich das Lesebuch bedeutenden hessischen Autoren wie Goethe, den Grimms, Grimmelshausen, Büchner, Lichtenberg … In den ausgewählten literarischen Originaltexten darf man sich auf einige Überraschungen freuen.

Sebastian Kisters

Hessen fragt die hessenschau

… nach besonderen Orten

Broschur

ca. 144 Seiten | Format 13 x 21,5 cm | € 14,90

ISBN 978-3-7374-0460-0

Eine Reise zu den Orten der Rekorde – vom tiefsten begehbaren Ort bis zum ältesten bewohnten Haus!

Die Hessenschau ist eines der erfolgreichsten Landesmagazine Deutschlands. Jeden Abend um 19:30 Uhr zeigt die Hessenschau, was das Land bewegt. Politisch, sportlich, wirtschaftlich und menschlich. Zum Programm gehören auch Serien. Eine davon heißt: „Hessen fragt die Hessenschau". Seit 2010 stellen Zuschauer dem Reporter Sebastian Kisters Fragen nach einzigartigen Orten im Land. Das Team macht sich dann abends auf den Weg, die Lösung zu finden und meldet sich am kommenden Abend live vom tiefsten oder trockensten Ort Hessens, aus Agentenschleusen oder dem größten Kuhdorf …

Aus der Fernsehserie ist nun dieses Buch geworden. Beschrieben sind über 30 Begegnungen an Orten der Rekorde. Manches sind Momentaufnahmen. Wo am meisten Kinder geboren werden oder Menschen fortziehen, kann sich ändern. Es geht aber immer um grundsätzliche Entwicklungen und Trends, die in den Orten beschrieben werden. Andere Rekorde sind für die Ewigkeit gemacht. Oder zumindest das, was wir für ewig halten.

Leon Specht

Die schöne Blinde

LTMs zweiter Fall

Gebunden mit Schutzumschlag

288 Seiten | Format 12,5 x 20 cm | € 16,90

ISBN 978-3-7374-0463-1

Ein packender Main-Taunus-Krimi!

Aufregung im Vordertaunus. In der vielgerühmten Klinik für angewandte Psychosomatik und traumageschädigte Patienten wird eine Patientin mehrfach vergewaltigt! Der neue Fall kommt der jungen Frankfurter Kommissarin LTM gerade recht, langweilt sie sich doch im „kriminellen Sommerloch". Voller Elan stürzt sie sich in die Ermittlungen und muss feststellen, dass der Fall komplizierter ist, als er auf den ersten Blick scheint: Das Opfer ist verschwunden, und es gibt mehrere Verdächtige. Der Leiter der Klinik, Professor Dr. Dr. Werner Bartels, scheint mehr um den Ruf seines Instituts besorgt als um die Aufklärung des Falls. Eine Masse an Problemen, die sich LTM im malerischen Vordertaunus in den Weg stellen. Doch LTM wäre nicht LTM, wenn sie sich nicht mit Gewitztheit und vollem Einsatz den Schwierigkeiten des Falls stellen würde!

Petra Henschel

Vollzüglich

Vom Essen und Trinken hinter Gittern

Gebunden mit Schutzumschlag,
mit farbigen Illustrationen von Chiarina Fazio

96 Seiten | Format 17 x 24 cm | € 16,90

ISBN 978-3-7374-0464-8

Vom Kochen, Essen und Trinken im Frauengefängnis

Als Leiterin des Pädagogischen Dienstes im Frauengefängnis Frankfurt-Preungesheim begleitete Petra Henschel von 1975 bis 2008 unzählige straffällig gewordene Frauen durch ihre Inhaftierung. Angeregt durch ihre Zuständigkeit auch für die Ausbildung der Gefangenen – hier vor allem für die Lehrküche – kam ihr die Idee, über einen Bereich zu berichten, der für gewöhnlich nicht in der Aufmerksamkeit der Menschen außerhalb der Gefängnismauern steht: „Essen und Trinken", der aber ungeheuer wichtig für diejenigen ist, die zum Teil viele Jahre in Haft verbringen müssen. In Vollzüglich schreibt sie über das Kochen und die Küchen, über Essgewohnheiten und „lukullische" Vorlieben der Frauen, die Kunst des Würzens ohne Gewürze, den Mangel an bestimmten Lebensmitteln, den Einkauf und die Praxis des Tauschens. Ihre Erfahrungen ergänzt sie durch ausgewählte Rezepte der Inhaftierten und Anekdoten rund ums Essen. Der Leser erhält so Einblick in eine ihm völlig fremde Welt, die ihren ganz eigenen Genuss-Alltag hat. Mit Rezepten von Gefangenen verschiedener Nationalitäten.

Michael Geisler

Leben und Tod der Anna Katharina Duß

Die Geschichte einer Dienstmagd aus Soden

Broschur

ca. 152 Seiten | Format 13 x 21,5 cm | € 12,90

ISBN 978-3-7374-0462-4

Ein uralter Kriminalfall neu aufgerollt!

Ein grausiger Kriminalfall erschüttert im Jahre 1753/54 den kleinen Ort Soden (heute: Bad Soden) bei Frankfurt am Main: Anna Katharina Duß, Magd aus Soden, wird zum Tode verurteilt und hingerichtet: Sie soll mindestens eines ihrer beiden unehelichen Kinder umgebracht haben. Die Angeklagte blickt zurück auf ein hartes Leben in den unteren Kreisen der damaligen Gesellschaft: Das Geld, das sie als Magd im Raum Frankfurt verdient, reicht nur für das Nötigste – zwei ungewollte Schwangerschaften innerhalb weniger Jahre bedeuten unter diesen Umständen eine Katastrophe. Im Frankfurter Institut für Stadtgeschichte lagern noch heute die detaillierten Protokolle zum Fall Katharina Duß; das Verhör, die Folter und die Hinrichtung minutiös festgehalten. Michael Geisler, Vorstandsmitglied des Altenhainer Geschichtsvereins, hat sich der Protokolle angenommen und den Fall genauestens untersucht. Im vorliegenden *Leben und Tod der Anna Katharina Duß* bereitet er die Geschehnisse neu auf und kommt zu einem überraschenden Ergebnis: Katharina könnte unschuldig gewesen sein!